南开史学 成立100周年
Faculty of History, Nankai University

"南开史学百年文存"丛书

南开史学百年文存

宋元明清卷

庞乃明 主编

天津出版传媒集团
天津人民出版社
天津古籍出版社

图书在版编目（CIP）数据

南开史学百年文存. 宋元明清卷 / 庞乃明主编. --
天津 : 天津人民出版社 : 天津古籍出版社, 2023.9
ISBN 978-7-201-19575-9

Ⅰ.①南⋯ Ⅱ.①庞⋯ Ⅲ.①史学—文集②中国历史
—宋元时期—文集③中国历史—明清时代—文集 Ⅳ.
①K0-53②K240.7-53

中国国家版本馆 CIP 数据核字(2023)第 124900 号

南开史学百年文存·宋元明清卷
NANKAI SHIXUE BAINIAN WENCUN SONG YUAN MING QING JUAN

出　　版　天津人民出版社　天津古籍出版社
出 版 人　刘　庆
地　　址　天津市和平区西康路35号康岳大厦
邮政编码　300051
邮购电话　（022）23332469
电子信箱　reader@tjrmcbs.com

策划编辑　刘　庆　王　康　沈海涛
责任编辑　李佩俊
封面设计　汤　磊

印　　刷　河北鹏润印刷有限公司
经　　销　新华书店
开　　本　710毫米×1000毫米　1/16
印　　张　36.25
插　　页　2
字　　数　580千字
版次印次　2023年9月第1版　2023年9月第1次印刷
定　　价　198.00元

总　序

　　南开史学诞生于风云激荡的五四运动时期。1919年南开大学创建伊始，即设有历史学一门。从1923年正式创系，2000年改组为学院，至今南开史学走过了漫长而绚烂的峥嵘岁月。百年以来，先贤硕学筚路蓝缕，后继者恢弘开拓，逐渐形成了"中外交融，古今贯通"的学科特色和"惟真惟新，求通致用"的史学传统，从而奠定了南开史学在海内外学术界的重镇地位。

　　20世纪20年代初，应张伯苓校长的邀请，"史界革命"巨擘梁启超欣然来校，主讲"中国历史研究法"，揭橥现代新史学的两大要义，即改造中国史学和重写中国历史。梁氏对于人类文明视野下的中华民族史寄予无穷之期待，并有在南开筹设"东方文化学院"、切实推进文化传统研究的非凡构想。1923年秋，南开大学迁入八里台新址，正式建立历史系，聘请"近代化史观"的先驱蒋廷黻为创系主任，兼文科主任。不久，刘崇鋐、蔡维藩接踵而至。蒋廷黻前后执教六载，系统构建了南开世界史的课程体系。南开文科还有李济、范文澜、汤用彤、萧公权、何廉、刘节、吴其昌、余协中等一批名家执教。

　　1937年7月全国抗战爆发，南开大学与北京大学、清华大学奉命南迁，先组"长沙临时大学"，后移昆明，定名为"西南联合大学"。三校史学系融为一家，弦歌不辍。史界翘楚如北大的姚从吾、毛准、郑天挺、向达、钱穆，清华的刘崇鋐、雷海宗、陈寅恪、噶邦福、王信忠、邵循正、张荫麟，南开的皮名举、蔡维藩，以及联大的吴晗等，春风化雨，哺育一大批后起之秀。民族精魂、现代史学赖以延续和阐扬,功在不朽。

抗战胜利以后,历史系随校重返天津,文学院院长冯文潜代理系务。文学院的规模原本不大,历史系更是小中之小,冯氏苦心擘画历史系的发展事宜。1952年全国院系调整之际,北大历史系主任郑天挺、清华历史系主任雷海宗联袂赴津,转任南开历史系主任和世界史教研室主任。杨志玖、黎国彬、杨生茂、王玉哲、吴廷璆、谢国桢、辜燮高、杨翼骧、魏宏运、来新夏等卓越史家,云集景从,历史系获得突破性发展,成为名家云集的一流重镇,一时有"小西南联大"的戏称。

20世纪五六十年代,历史系除设有中国古代史、中国近现代史和世界史三个教研室外,又经教育部批准,陆续成立明清史、美国史、日本史和拉丁美洲史四个研究室,基本确立了布局合理、学术特色鲜明的学科结构。改革开放以后,南开史学更是焕发了勃勃生机。依托历史系学科及人才的优势,南开大学先后成立历史研究所(1979年)、古籍整理研究所(1983年)、日本研究中心(1988年)和拉丁美洲研究中心(1993年),在国内高校中率先创建博物馆学专业(1980年)。在1988年公布的国家重点学科名单中,中国古代史、中国近现代史和地区国别史三个二级学科全部入选。

2000年10月,历史系、历史研究所、古籍整理研究所和拉丁美洲研究中心合并组建历史学院,南开史学步入任重致远的发展新阶段。2007年,历史学入选国家一级重点学科,拥有中国史、世界史、考古学三个一级学科博士及硕士学位的授予权及博士后流动站。日本研究中心于2012年经教育部批准成为国别和区域研究基地,美国研究中心、拉丁美洲研究中心和希腊研究中心相继成为教育部国别和区域研究备案中心,同时设有中外文明交叉科学中心、科学技术史研究中心、生态文明研究院、古籍与文化研究所、美国历史与文化研究中心等科研机构。2017、2021年,世界史学科两次入选教育部一流学科建设名单,历史学院编制通过了以世界史为龙头、中国史和考古学为支撑及协同的历史学一流学科建设规划。

从梁启超、蒋廷黻、郑天挺和雷海宗开始,南开史学历经孕育(1919—1923年)、创业(1923—1952年)、开拓(1952—1978年)、发展(1978—2000年)和持续深化(2000年迄今)五个发展阶段。每一代的南开学人坚持与时代同行,和衷共济,在中国史、世界史、考古文博的学科体系、知识体系和理论体系方面踔厉风发,取得一系列卓越的学术创获。正所谓:"百年风雅未销歇,犹有胜流播佳咏。"试举其荦荦大端者,分列三项,略述于下。

第一,立足学术传统,彰显史学重镇之本色。南开的中国古代史研究积淀深厚,成就斐然。20世纪60年代,郑天挺参与全国高等学校文科教材编选计划,主编《中国史学名著选》《中国通史参考资料》,成为全国历史学子的必读著作。郑天挺、杨志玖等主编的《中国历史大辞典》和刘泽华等撰写的《中国古代史》,被视为20世纪末学界标志性的学术成果。在郑天挺、杨志玖、王玉哲、刘泽华、冯尔康、郑克晟、南炳文、白新良、朱凤瀚、张国刚、李治安、杜家骥、刘晓、陈絜、张荣强、夏炎和马晓林等几代学人的努力下,南开古代史研究在多个基础性领域内佳作迭出,长期处于领先地位。譬如,先秦部族、家族、地理考订,汉魏户籍简帛,唐代藩镇,元代军政制度、宗教和马可·波罗,明代政治文化、典籍和佛教,清代幕府、八旗、满蒙联姻和区域经济等。不仅上下贯通,形成若干断代史学术重镇,而且薪火相传、代不乏人。

南开世界古史研究亦是源远流长。雷海宗、辜燮高、黎国彬、周基堃、王敦书和于可等前辈史家开辟荆榛,在古希腊、罗马帝国、拜占庭帝国、基督教史等领域取得丰硕成果。陈志强领衔的拜占庭学团队致力于探寻历史唯物论指导下的拜占庭史宏观理论,其重大成果颇受国际同行之认可。杨巨平首次将亚历山大帝国、希腊化世界与丝绸之路开通综合考察,为"一带一路"的建设提供学理借鉴。

史学史是对人们研究历史的过程及其思维成果的反思,是对一切历史知识的再批判。以杨翼骧、乔治忠、姜胜利和孙卫国为代表的南开学人,不仅系统构建了中国史学史的资料体系,而且突破传统的"名家名著"的研究范式,着眼于探索史学发展的社会机制、古典史学的理论体系和东亚文明视野下的比较史学,极大地拓展了史学史的视野、理念及方法。

第二,把握时代脉搏,求通致用发南开之声。地区国别史是南开传统的优势学科。在美洲史领域,杨生茂、张友伦、梁卓生和洪国起等史学前辈着人先鞭,王晓德、李剑鸣、赵学功、韩琦、付成双和董瑜等接续推进,使其成为国内实力最强的研究团队。日本史在吴廷璆、俞辛焞、杨栋梁、李卓、宋志勇、刘岳兵及王美平的带领下,风起云涌,在国内独树一帜,担当领军者角色。南开大学世界近现代史研究中心依托地区国别史的雄厚底蕴,以"世界现代化进程中的社会转型"为主攻方向,超越西方现代化理论视野,以国际视野、比较视角在政治史、经济史、社会史以及环境史、医疗史等领域,致力于建构新时代中国特色的现代化史理论,成果迭出,反响巨大。

20世纪60年代以来,在著名历史学家魏宏运、来新夏、陈振江和李喜所等带领下,南开在全国高校中较早开展"四史"研究,确立深厚的学术传统和研究特色。来新夏的北洋军阀史、陈振江的义和团等研究,学术影响很大。魏宏运开辟了社会经济史视野下的抗日根据地研究,出版了学界最具影响的抗日根据地资料汇编和抗日根据地史专著。结合"乡村振兴"国家战略,王先明悉心探究20世纪中国乡村的发展历程,《乡路漫漫——20世纪之中国乡村(1901—1949)》被译为英文在国外出版。李金铮提出原创性的"新革命史"理念和方法,江沛倡导近现代交通史的研究,李喜所、元青等的近代留学生史研究,受到海内外学界的高度重视。

南开大学是全国第一家开设博物馆学专业的高校,为我国博物馆事业发展培养了大批人才。博物馆学研究团队在博物馆数字化、文化遗产活化利用、文旅融合等具有战略性、紧迫性、前瞻性的研究方向持续发力,有力提升了中国博物馆与文化遗产领域的国际学术话语权。王玉哲主编的《中国古代物质文化》是国内物质文化史研究领域的第一本专著。朱凤瀚的《古代中国青铜器》是国内青铜器研究的扛鼎之作。刘毅在明代陵寝制度研究方面的成就国内首屈一指,主编马克思主义理论研究和建设工程教材《文物学概论》,彰显南开考古文博在国内学界的影响力。刘尊志和袁胜文等在汉唐宋元考古领域取得了良好的成就。

科技史与国家战略密切相关,南开史学顺应国内外学术发展新态势,通过人才引进和学术重组,成立了科技史研究中心,在张柏春的带领下,目前正在加强对工程技术、疾病医疗、生态环境、水利灾害等方面的科技史研究,运用生态学思想理论方法探询众多科技领域之间的广泛联系、相互作用和协同演进关系。

第三,聚焦学术前沿,引领历史学科之新潮。社会史是改革开放以来中国史学界最具标志性和学术活力的研究领域。南开史学在冯尔康、常建华的引领下,成为这一领域最重要的首创者和推动者,形成了社会结构与社会生活并重嵌合的学科体系,出版《中国社会结构演变》《中国社会史概论》等著作;提出"从社会生活到日常生活""生活与制度"等学术理念,出版《日常生活的历史学》《追寻生命史》等重要学术成果;在宗族史、家庭史研究方面做出开创性贡献,形成了南开社会史的研究特色。明清以来的华北区域社会经济研究,也是南开社会史的一大重要特色,许檀、王先明、李金铮和张思等人的研究颇具学术影响力。

21世纪以来,在南开社会史丰厚的学术土壤中,医疗社会史研究破土而出,成为南开史学颇具亮色的学术增长点。余新忠、丁见民等南开学人,从中外疾病医疗史研究出发,立足中国视角和中国经验,融汇新文化史、知识史等新兴前沿理念和方法,提出"生命史学"之标识性学术理念,在国际学术舞台上发出响亮的南开声音。

以刘泽华和张分田等为代表的"王权主义反思学派",立足于中国政治思想史的深刻研究,提出"王权支配社会"等一系列重要的命题和论断,对于把握传统政治文化与政治实践的特点,具有极高的理论创新性。刘泽华所著《中国传统政治思想反思》及主编的三卷本《中国政治思想史》被译成韩文在韩国出版,《中国的王权主义》一书正在西方学者的译介之中。"王权主义反思学派"前后出版专著四十余种,在海内外学术界产生巨大的影响。

南开史学是中国环境史研究的主要倡导者和引领者。王利华和付成双领衔的南开中外环境史团队开展多项在全国具有首创性的工作:先后组织举办中国和亚洲规模最大、层次最高的国际学术会议,主持成立第一个全国性环境史研究学术团体——中国环境科学学会环境史专业委员会。2015年,历史学院联合相关学科共同创建南开大学生态文明研究院,开展文理学科交叉的生态文明基础理论研究和教育,由十多位院士、长江学者和权威学者共同开设《生态文明》大型慕课,获得多项国家和部省级建设支持或荣誉,南开环境史在全国产生了广泛的影响力。

南开史学创系百年来,秉持南开"知中国""服务中国"的教育理念,追求"做一流学术,育卓越人才"的教育目标,以培养品德高尚、学识卓越、兼具科学精神和人文情怀的优秀人才为己任。迄今已培养数万名合格人才,桃李遍及海内外。毕业生多数工作在高教、科研、新闻、出版、文化、文物考古及博物馆等部门,成为教育文化领域的著名学者和专家,还有一大批活跃在行政、经济、军事等各类管理部门,成为各个行业的领导和骨干力量。

值此百年重逢的历史节点,历史学院决定编纂一套"南开史学百年文存"丛书,以彰显南开史家群体艰辛扎实的学术探索和丰硕厚重的治史业绩,为这不平凡的世纪光影"立此存照"。凡曾执教于南开历史学科的学者均在网罗之列,择其代表性论文一篇,难免疏漏或选择不当,望读者谅解。本套书总计十卷,包括《先秦至隋唐卷》《宋元明清卷》《中国近代史卷》《中国现代史卷》《专门史卷》《世界上古中古史卷》《亚非拉卷》《欧美卷》《日本卷》《文博考古卷》。

南开史学百年来取得的累累硕果,离不开历代南开学人的辛勤耕耘和学界同人的长期扶持。述往事,思来者。新一代的南开学人将一如既往地秉持南开的"大学之道",弘扬"新史学"的创造精神,胸怀时代发展全局,引领中国史学发展的新潮流,为创立中国自己的学科体系、知识体系和理论体系不懈奋进！

　　"南开史学百年文存"丛书的编辑工作及其顺利付梓，首先需要向南开史学的先辈致以崇高的敬意。特别要提到的是，确定已故史家的入选论文，得到他们的家人、弟子的热心支持，在此一并表达谢忱。其次，要向惠赐大作的诸位师友致以诚挚的感激。尤其是不少已荣退或调离的教师，对于这一项工作极为关心，慨然提交了自己的精心之作。再次，也要感谢南开大学中外文明交叉科学中心对文存出版的慷慨资助。最后，还要感谢天津人民出版社、天津古籍出版社的各级领导和各位编辑，他们对于文存的编辑和出版等各方面，给予了细致、有力的指导和帮助。

　　因编辑时间短促，编者学术水平的限制，文集中会有疏漏之处，凡此，均由文存编委会负责，恳请各位师友不吝赐正。

编委会

2023年6月

出版说明

1."南开史学百年文存"包含十卷,即《先秦至隋唐卷》《宋元明清卷》《中国近代史卷》《中国现代史卷》《专门史卷》《世界上古中古史卷》《亚非拉卷》《欧美卷》《日本卷》《文博考古卷》,每卷由各个领域相关教研室的负责人担任主编,所选取的文章为曾全职在南开大学历史学科任教的学者具有代表性的论文。在遴选的过程中,各卷均根据实际情况有所取舍,疏漏和不当之处,敬请广大学人和读者包涵。

2.每卷文章按照发表时间依次排列。

3.有些文章因撰写和发表的时间较早,有些引文一时难以核查到准确的出处,无法按照现行规范的方式标注,故这次发表保留了刊发时的原貌。

4.本文存由南开大学历史学科学术委员会策划并统筹相关学术事宜,委托各个领域相应的教研室负责人联合教研室力量开展具体编纂工作,是历史学科全体同人的集体成果。

5.在全书编校的过程中,为保持作品原貌,对文章的修改原则上仅限于体例上、错别字的勘误等,不过也有部分作品依据作者意愿,进行了增补,或依据最新出版规范,进行了删改。

编委会
2023年6月

目　录

农民起义与张献忠 ·· 谢国桢 /001

略论明代军屯士卒的身份和军屯的作用 ················· 汤　纲 /009

清代的幕府 ·· 郑天挺 /023

清兵入关与吴三桂降清问题 ······························· 陈生玺 /048

论皇太极继位初的一次改旗 ································· 白新良 /071

地理环境与明代女真族社会经济的特点 ················ 王文郁 /105

明代北京的商业活动 ·· 李晟文 /126

明清疍民考略 ·· 傅贵九 /139

《清史稿·仁宗本纪》正误 ·· 李宪庆 /152

明代民间宗教反叛性质探讨 ································· 王　静 /170

贡献突出的抗倭援朝将领宋应昌 ·························· 周晓红 /187

马可·波罗到过中国
　　——对《马可·波罗到过中国吗?》一书的回答 ······· 杨志玖 /191

明代重赋出于政治原因说述论 ····························· 郑克晟 /212

元代"常朝"与御前奏闻考辨 ································· 李治安 /231

合失身份及相关问题再考 ···································· 王晓欣 /260

明朝后妃在皇位继承危机中的作用 ······················ 林延清 /274

元代县尉述论 ·· 薛　磊 /287

官治、民治规范下村民的"自在生活"
　　——宋朝村民生活世界初探 ······························· 习培俊 /299

祈福:康熙帝巡游五台山新探 ······························· 常建华 /325

乾隆之生母及乾隆帝的汉人血统问题 ················· 杜家骥 /348

明清时期华北的商业城镇与市场层级 ················· 许　檀 /367

正嘉之际明朝对葡外交之确定

  ——以丘道隆《请却佛郎机贡献疏》为中心 ·················· 庞乃明 /389

明代日本对华施为考辨 ·················· 高艳林 /409

明清时期徽州的清明会及其清明墓祭活动初探 ·················· 卞利 /421

中国历代疫病应对的特征与内在逻辑探略 ·················· 余新忠 /439

唐宋城隍信仰发展状况考论 ·················· 张传勇 /449

清初的奏事体制与政务运作 ·················· 马子木 /479

宋金之际中国北方云门宗的传承

  ——以佛觉法琼、慧空普融法脉为中心 ·················· 刘晓 /499

论孝定李太后崇佛与晚明佛教复兴

  ——以福建宁德支提寺为例的考察 ·················· 何孝荣 /511

再论大观改元

  ——从宋代历史语境中的《易·观》谈起 ·················· 曹杰 /532

元朝太庙中的蒙古"国礼" ·················· 马晓林 /551

编后记 ·················· /567

农民起义与张献忠

谢国桢

张献忠,字秉吾,后来又号敬轩,陕西肤施人,又有人说他是延安柳树涧人,生于明万历三十四年(1606),与李自成同年生,贫农出身。他幼年跟着父亲赶驴子到四川去贩枣,走到内江,把驴子拴在某乡绅家石牌坊的柱子上,驴粪弄脏了柱子,乡绅出来把他父亲打了一顿,而且逼迫着他父亲把驴粪用手捡开才算完事,张献忠在旁边看见父亲受了这种侮辱,非常生气。张献忠年纪长了几岁,父亲送他到乡村学房里去念书,张献忠性情倔强,不好好地上学,后来投奔延安府衙门当了一名捕快,犯了军规被革了职,没有法子又去当兵,又因犯"罪"处斩,已经绑到法场上去了,主将陈洪范看见他相貌魁伟,打他一百鞭子,算是赦了他的死罪。张献忠少年时代的遭遇,让他受到百般的折磨。崇祯三年(1630),他投到王嘉胤部下做了三十六营的一个将官,打仗非常勇敢,因为他身躯高大,再加上瘦长的黄脸盘,人们就给他一个诨号,叫作"黄虎",也叫作"八大王",不久他就成了明末义军十三家中的一员名将。

在行辈里面,他比李自成要高,自从高迎祥死后,"闯王"的名号归到李自成,张献忠有点不服气,所以独树一帜,由北而南,从河南到湖北,还往东走一直到安徽英霍诸山。当李自成在河南称雄的时候,北方的农民军跑到华中去的,我们可以将其分为三个部分:一是张献忠的部分,最为强大,他占据湖北、四川、陕南诸交界的地方;其次是罗汝才、惠登相的部分,盘踞在湖北西部房县南漳远安兴山一带;在东路的便是左革五营,屯聚在安徽的英霍山中。李自成声势壮大之后,罗汝才一部归并到李自成部下,左革五营投降了官军,那时占据在大江南北各自称雄的,北方是闯王李自成,南方便是八大王张献忠。关于张献忠,就现存的史实,约略地可以分为三方面,做一个分析。一是张献忠本身事迹的经过,二是他在所经过的地方中究竟做了些什么事情,三是官军的行为及当时社会的情况。今依次分述如下:

一、张献忠到湖北以后的事迹的经过

自从崇祯九年(1636)高迎祥失败以后,张献忠就率领着队伍,由河南到湖广,进攻襄阳,向东、西两方面奔驰,西边到了夔府,东南到了安徽的桐城,因为杨嗣昌的堵"剿",军势不利。熊文灿督理各省军务,在那里招降,那时十三家的余党,大都受"招抚",张献忠因受他"恩主"陈洪范的劝解,也在谷城受"抚"。但经不起官军的勒索,不到一年,崇祯十二年七月(1639)就在谷城脱离了官军的羁绊,经过了一年的休养,士气精壮,大败官军于罗猴山,熊文灿因之得罪弃市。左良玉也因为这事降秩,这可以说是张献忠起义的初期。从崇祯十三年(1640)起,张献忠本拟入川,为左良玉的军队所截,遂遭到在兴平县玛瑙山的大败,连眷属都被官军劫去。但是张献忠坚持斗争,终达到入川的目的。他采用的战术是"以走败敌"的办法,由崇祯十三年(1640)土地岭之役起,到十四年(1640—1641)一月开县黄陵城之役止,大半年之内,走遍了全蜀。农民军的队伍越发壮大起来,杨嗣昌的军队精疲力尽,溃不成军。张献忠率领队伍二月攻克襄阳,分兵三路:一走六安,一趋庐州,一往庐江。上江一带几乎为张献忠所有。在未入蜀以前,是游击战争,到了出蜀攻克襄阳以后,他便占领州县,布置官署。到了崇祯十六年(1643)五月下汉阳,未几又下武昌。执楚王投之江中,占据了楚王府,作为他的行宫;自称大西王,改武昌为京都;铸印曰西王之宝,府门前树立了两面大旗,一面是"天与人归",一面是"招贤纳士";九门上各树立两旗,一面是"天下安静",一面是"威震八方"。并且设立六部开科取士。到了八月里,兵破长沙,南趋永州,破广西的全州,西边破江西的吉安。他提出"免饷"的口号,号召农民,所以不到一年的工夫,就占了湘赣全境。张献忠在长沙时,有人献计东下江浙,那时左良玉正在长江下游,张献忠不愿意与之正面冲突,就率大军直下四川,这是张献忠最盛的时期。

张献忠的军队入川,前后共到过三次:首次是崇祯六年(1633),张献忠自陕西入川,为时不久,为洪承畴率兵追赶,折到湖北。第二次是崇祯十三年(1640)玛瑙山战败之后,由夔州入川,进行了半年多的游击战争,弄得官军精疲力尽。第三次是崇祯十七年(1644)正月打下夔州直抵成都,占领了全蜀,就在十一月改成都为西京,做了皇帝,立大西国,改元大顺,立定制度,改革官制,树立了禁约,大旨是:"本府秉公奉法号令森严,务期兵民,守分相安,断不虚假,仰各驿? 约法数章,如有犯者照约正法。特示。"共有六条,兹不备录。①

二、张献忠在所经过的地方,做了些什么事情

以上我们叙述了张献忠事迹的大概,以下我们再看他曾经做了些什么样的事情。

(甲)当张献忠战败后,在谷城受"抚"时候,他曾经与奸相薛国观的族侄薛某交朋友,他明白贪官污吏的情况,所以到处送礼,那些贪官也乐得受用,没有不说他好的,他面上不露声色,心中好笑。既至重举义旗以后,他在墙壁上题了许多字句,把这些受过贿赂的官吏人名都写在墙上,独有襄阳道王瑞旃,没有受他分文好处,他也写明在墙上。邑绅方岳贡曾做过松江知府,为官清廉,张献忠给他写信说:"使人人不爱钱如公,张献忠何自作贼?"方岳宗是方岳贡的哥哥,为人好任侠气,喝了酒就好骂人,张献忠很喜欢与他交朋友,方岳宗骂他几句,张献忠不以为侮,方岳宗喝醉了甚至打他几拳,张献忠反而毫不在乎。既至谷城紧急的时候,张献忠亲自开了西门,把方岳贡全家保护出来。《小腆纪年》卷二上说:"献忠至狠戾,然以居谷城久,其叛日亦不甚残杀。"②这是证明了张献忠在谷城并没有杀多少人,所杀的不过是地主阶级而已。

(乙)我们知道明代的藩王是代表地主阶级,当张献忠攻占襄阳的时候,把襄阳王朱翊铭擒住,并把他请到大堂上来,亲自献给他一杯酒说道:"吾想斩杨嗣昌的头颅,但是他远在四川,现在我想借你的头颅,叫嗣昌好得到襄阳沦陷,以至藩王被杀的罪过,请你快干一杯吧!"把襄阳王杀了之后,张献忠就把王府所藏的银两散给老百姓,人人都得到饭吃。杨嗣昌得到这个消息,果然害怕得罪帝室,就自杀了。又如楚王华奎,是明季最有钱的亲王,他平生悭吝成性,明知兵临城下,需招募守城的兵士,却一个钱也不肯拿出来。左良玉劝他道:"请您给我十万人的饷,我当为您保守城池。"但是他不肯答应,张献忠既攻下了武昌,抄出楚王府内积金共百余万两,散发给贫民。张献忠愤慨地说道:"有这些钱财,而不知道防守城池,朱胡子真庸儿也。"他又把那些有钱的绅士们聚集在一起,从西门进,从东门出去,都推到汉江里边,体现了张献忠的阶级仇恨。③

---

① (清)吴伟业:《绥寇纪略》,北京大学文科研究所藏,《明大西驳骑营都督府刘禁约碑》。

② (清)徐鼒:《小腆纪年·纪传》。

③ (明)戴笠:《流寇始终录》。

（丙）张献忠的军队纪律森严，并不是像统治阶级官书和地主文人所说的奸淫掳掠，余瑞紫《流贼陷庐州府纪》记叙张献忠到庐州的时候，队伍极为整齐，很有纪律，江南人都盼望着他来。又刘继庄《广阳杂记》上说："余闻张献忠来衡州，不戮一人，以问娄圣功，则果然也。"又如，他建都成都时所订的官制、制度，如中央的军事制度、军督府的设置，以及考试的制度，禁令条约都很井井有条，又提出"免饷"的口号，所以湖广皖赣各省，多望风归附。

三、官军的行为及当时社会的情况

我们可以看到明代官军腐败的情况，督师杨嗣昌只知道筹饷榨取老百姓，对于军事政策没有一定的把握，战况稍弛，就同着幕客游览名胜、赋诗饮酒，完全是一个腐败官僚。左良玉拥兵自重，而且与杨嗣昌不和，至于下层官吏，不是开门纳降，就是望风逃走，官吏们趁水捞鱼，到处贪污，搜刮民脂民膏。

至于当日江南的社会情况，乡绅地主的专横要比河北更厉害，有钱的人、大地主阶级也比北方多，人民受的痛苦也比北方为甚。那时江南，士大夫家有地好几万亩的也不算是稀奇，所以他们家里，动辄家僮千人，供主人的驱使，这些家僮，半由贫民投靠而来，只要投靠到某家，就从主人的姓氏，成了地主的家丁、家奴，所以明代的社会，除了贫农、佃农而外，还有家内的奴隶。顾炎武《日知录》卷十五上说："人奴之多，吴中为甚，其专恣暴横，亦惟吴中为甚。……今吴中仕宦之家有至一二千人者。"到了明末，社会上发生变动，这些家内奴隶受了二三百年的压迫，都要向主子讨还卖身契约，作翻身的运动，明季士大夫称为"奴变"。这种家内奴隶翻身运动，普遍到了江浙，以及湖皖赣各省，据王士祯的《居易录》上所载：山东富庶之区，也有"奴变"这种事情。张献忠到了湖广，打着免赋的旗号，各地的农民及家内奴隶，都纷纷响应，成了伟大的运动，王葆心《蕲黄四十八砦纪事》卷一上说：

> 四月献忠连破麻城，里仁会之首曰汤志：杀诸生六十人，而推其中与己合者，曰周文江，以应"贼"，楚士大夫家，仆隶之盛甲天下，麻城尤甚，梅刘田李、强宗右姓，家僮不下三四千人，"寇"既作，思齐以尺伍，为捍蔽，听其下纠同党，坎牲为盟，曰里仁会，诸家竞饰衣甲，以夸耀之。其人既得志，遂炮烙衣冠，推刃其故主，而投"贼"。城中大乱，城外义兵围之，里仁会之人大惧，绝城求救于献忠。献忠自战败后，步卒多降于自成，麾下惟

骑士七千人,闻麻城使至,大喜,进兵,城外义兵解围走,献忠遂入麻城。城中降者五万七千人,献忠别立一营,名曰新营,改麻城为州。[①]

麻城如此,其他地方可知,于是给张献忠增加了生力军。这种大地主在下江如此,我想在四川也不能例外,惜我手间没有书,不能提出具体的记载,但以清季而论,四川占有大批土地的地主,是比外省为多的,即如欧阳直《欧阳氏遗书》上说:

> 崇祯戊、巳而后,翻觉土狭人多,环顾锦水巴山,满目魑魅魍魉,一田土也,富连阡陌,贫无立锥,侵谋膏腴,占人世业,欺夺孤弱,全我方圆。甚之交易,则利己损人,营求则重息撒债。……绅衿棍蠹,莫不万亩千楹,更锦衣而玉食,乡农庸贩,惟有佃田租屋,且啼饥以号寒……[②]

就上边的文字虽不能举其数目字,然也可以看到四川的情形了。现在我们要说的,是在大江以南,家内奴隶翻身运动和农民争取生活、起义事件的发生。同时我们知道地主绅士阶级他们也要联合起来,与农民及家内奴隶作顽抗的斗争,这就是当时地主阶级所办的团练,所谓"义兵",就是富户与贫民斗争的集团。《蕲黄四十八砦纪事》上说:

> 桂林举人张登衡者,令广济招聚士民于大江洲上,立新治,防御"流寇"。县尉魏时光,设险于高山,以乡兵守之。[③]

这是湖北的情况,我想张献忠入蜀以后,蜀中为天府之区,大地主阶级自必众多。那时农民拥护张献忠为领袖,成为一个集团,地主绅士阶级要维护他们的产业权利,又成立一个集团,当张献忠下了全蜀,独有贵州遵义等处尚在督师王应熊手中。那时代表地主绅士集团的王祥、杨展、曾英、李占春辈,所谓"义师"(地主武装)也就是团练保甲,地主绅士的集团就应运而生了。这种地

---

① (清)王葆心:《蕲黄四十八砦纪事》卷一上。
② (清)欧阳直:《欧阳氏遗书》。
③ (清)王葆心:《蕲黄四十八砦纪事》卷一上。

主武装遂与农民军成了对立的局面,温睿临《南疆逸史·王祥传》上说:

> 祥于永宁赤水间,招集溃兵,与贼之散亡者,聚之数万人,进攻遵义复之,因据其郡。祥于其间,抚流亡,治屯田,且耕且守,蜀士避蜀者多归之,户口充实,祥以是独雄于诸镇。[1]

彭遵泗《蜀碧·杨展传》上说:

> 时献贼遣文秀等来侵,大败还,展援总兵。岁饥,人相食,展遣使告籴黔楚,自缙绅以下至子弟员皆给资,农民予牛种,择地而耕,顾从戎者补伍,百工杂役,各以艺就养,孤贫无告者廪之,令其子璟屯田于峨嵋,岁获粟数千,蜀南赖之。[2]

由上两段,可以确定王祥、杨展为地主绅士的集团,与农民军成了水火不相容的情况。当时所谓张献忠欢喜杀人,"醉柔而醒暴,无日不杀人",尤其是张献忠帝蜀以后,杀人更多,光成都一带就杀了百万人,四川的人口去了十分之八,等等的话,当然是统治阶级的诬妄宣传,我们由历史上观察张献忠两次入蜀,并不妄杀人,做了皇帝之后,正是该安定人心的时候,何以反杀起人来?可见张献忠所杀,完全是豪绅地主阶级;而且是两个集团作阶级斗争,地主劣绅迫使农民军走上这条道路,这个问题就可以迎刃而解了。[3]

上面所述事实已明,我们再把所举的事实分析起来可以得到以下的几点的结论:

(甲)就由统治阶级所写的记载里面来看,所谓张献忠的"祸"蜀,正足以说明农民起义与地主统治阶级的斗争,这种斗争是表现人民推翻封建地主阶级的革命精神。

(乙)清肃王豪格入蜀,收张献忠,蜀人称他为"仁义"之师,为何清兵到江南那样残酷,到四川就是这样的,是否把清兵的残酷这笔账都记在了张献忠头

---

[1] (清)温睿临:《南疆逸史·王祥传》。

[2] (清)彭遵泗:《蜀碧·杨展传》。

[3] (清)温睿临:《南疆逸史》;(清)彭遵泗:《蜀碧》。

上,这是很有可能性的。

(丙)四川在明代富户既是这样的多,所以仇视农民起义的心理也特别比他省为强,记蜀变的书,大半写于绅士们的手里面,所以同情农民起义的成分就少了。而况还有一层就是像彭遵泗、欧阳直这般人,生在明末,或者就在大西国做过事情,为了避免自己的嫌疑,讨清廷的欢喜,把张献忠的事情夸大起来,更显出清兵是"义师"。也就如汪悔翁的《乙丙日记》、王韬的《弢园外编》《瓮牖余谈》一样,骂太平天国,却不能洗脱他本身曾经参加革命的事实,这也是应有的事情。

可是张献忠唯一的错误,就是光为自己打算的个人英雄主义,他不能与李自成合作,而且事事与之作梗,与北方的农民军不能取得联系,因之北面有清兵的进攻,和曾英、杨展双方面的"围剿",成了包围的形势,到了后来只得弃守成都退兵北走顺庆,以至于败亡。当他屯兵西充的时候,据王源《鲁残明前编》上说:

> 黄虎尽杀妻妾,一子尚幼,亦扑杀之,而谓孙可望曰:"我亦一英雄,不可留幼子为人所擒,汝终为世子矣。明朝三百年正统,未必遽绝,亦天意也。我死,尔急归明,毋为不义,遂分其兵为四,属李、刘、艾三养子,弃成都北走。"

由这几点看来,张献忠到紧急的时候,充分表现了他的民族意识。自张献忠被清将雅布兰射死在凤凰山以后,孙可望、李定国等就都与明廷合作,发起了联明抗清的运动,支持了永历的厄运,而李定国尤为天南的砥柱;可是曾英、杨展这一般人,为地主、统治阶级充当爪牙,与清廷合作,南北夹攻,消灭农民军的势力,及至农民军失败之后,他们又内部分裂,自相残杀,这又表明统治阶级腐败的现象,真正是人民的蟊贼,他们的罪恶是不能饶恕的。

(稿费捐献飞机大炮) 一九五一年十月二十日于南开大学

本文原刊载于《历史教学》1952年第2期。

作者简介:

谢国桢(1901—1982),号刚主,河南安阳人。1919年入北京汇文学校大学预科。1925年考入清华学校国学研究院,从事历史研究。

1949 年 9 月来南开大学历史系任教,讲授明清史、目录学、历史文选等课程,一度担任中国史教研室主任。1957 年底,调中国科学院历史研究所工作。1982 年 9 月 4 日在北京逝世。著有《晚明史籍考》《明清之际党社运动考》《明末清初的学风》等。

略论明代军屯士卒的身份和军屯的作用

汤　纲

《明史·食货志》记载明代军屯的情况时说："东自辽左,北抵宣大,西至甘肃,南尽滇蜀,极于交址,中原则大河南北,在在兴屯矣。"[①]的确,明代军屯组织的缜密,规模的宏大,在中国封建社会中是空前的,集了军屯的大成。它是研究明代历史的一个重要课题。

一、明代军屯的概况

明王朝建立后,实行了军户制度,把一部分户口划为专门服兵役的特殊户籍,由兵部掌管。明朝政府就以军户作为招收士兵的来源。士兵招来后,编置到卫、所之中,当时"自京师达于郡县,皆立卫所,外统之都司,内统于五军都督府"[②]。明代军屯的士卒就由卫所军士来充当,也由卫所来管理。它的组织是以"屯"为基本单位。洪武二十八年(1395)规定以一百户为一屯。"而军屯则领之卫所。边地,三分守城,七分屯种。内地,二分守城,八分屯种。每军受田五十亩为一份。""初亩税一斗。(洪武)三十五年(即建文四年,1402)定科则:军田一分,正粮十二石,贮屯仓,听本军自支,余粮为本卫所官军俸粮。"[③]

《明史·食货志》把五十亩作为一个屯田士卒受田的亩数,是不确切的。其实,每个屯田士卒受田亩数并不一致。有五十亩的,有四十亩的,有三十亩的,也有二十亩的,甚至有的只有十二亩,如杭州、苏州等地。[④]但也有多至一二百亩的,如陕西"洪武年间每军额田一顷"[⑤]。正如《明会典》所记载的,"每军种田五十亩为一份。又或百亩,或七十亩,或三十亩、二十亩不等"[⑥]。每一屯军授

---

① (清)张廷玉:《明史》卷七七《志第五三·食货志一》。
② (清)张廷玉:《明史》卷八九《志第六五·兵志一》。
③ (清)张廷玉:《明史》卷七七《志第五三·食货志一》。
④ (清)谈迁:《枣林杂俎》《屯田》。
⑤ (清)孙承泽:《春明梦余录》卷三六《户部二·屯田》。
⑥ (明)申时行等:《明会典》卷一八《户部五·屯田》。

田多少,大致是根据土地的肥瘠和耕种条件来区别的,一般说,南方地区如苏杭等地土地肥沃,又多系种植水稻,采取精耕细作,所以授予的土地要少些。而在北方,如甘肃、陕西等地,气候寒冷,土质瘠薄,耕作比较粗放,授予的土地就要多些。

至于军士屯守的比例,《明史·食货志》大概是根据明初屯守情况加以综合的,实际上当然不会如此整齐。洪武元年(1368)在内地的滁州、和州、庐州和凤阳的军士,是七分下屯,三分守城。①但洪武二十年(1387),朱元璋命长兴侯耿炳文率领陕西士兵三万三千人往云南屯种,②这就根本不管屯守比例,而是全部军士都从事屯种了。《明会典》对此也有记载:国初创制屯田,"军士三分守城,七分屯种。又有二八、四六、一九、中半等例。皆以田土肥瘠,地方缓冲为差"。③弘治十四年(1501),户部左侍郎李孟阳说:"祖宗时天下都司卫所原额官军二百七十余万。"④屯守比例如以三七计算的话,那么全国屯田军士就有一百八十余万人;如以每军授田五十亩计算,那么全国军屯土地,就有九十多万顷。《春明梦余录》载:"国家原额屯田八十九万二千七百八十五顷。"⑤傅维鳞《明书》载:"国初原额九十万三千三百一十三顷九十五亩零。"⑥这些数字,可能会有差错,我们的推算也不精确,但可作为大致情况的说明。⑦明初军屯拥有如此众多的屯卒和如此广大的地域,毫无疑问,它自然会给明代社会带来不小的影响。

二、军屯士卒的身份

明代的屯军,社会地位极为低下。明代军队士兵的来源,大抵可以分为四个方面,即《明史·兵制》中所说的"从征""归附""谪发"和"垛集"。据《明史》的解积,"从征"就是原来参加农民起义军的所谓"诸将所部兵","归附"就是元代军队、元末各地起义部队和割据势力失败后向朱元璋投降的即所谓"胜国及僭

---

① (明)申时行等:《明会典》卷一八《户部五·屯田》。
②《明太祖实录》卷一八六,洪武二十年十月丙寅。
③ (明)申时行等:《明会典》卷一八《户部五·屯田》。
④《明孝宗实录》卷一八〇,弘治十四年十月乙丑。
⑤ (清)孙承泽:《春明梦余录》卷三六《户部二·屯田》。
⑥ (清)傅维鳞:《明书》卷六七《土田志》。
⑦ 王毓铨先生《明代的军屯》一书,认为"明初屯地总额,大致应该接近于万历间六十三万多顷的额数"。见该书第113页。

伪诸降卒","谪发"就是因"罪"被罚充军的,"垛集"就是明王朝用强制命令抑配民户为军的。这里"谪发"特别值得我们注意,因此而为军的,在明代有相当的数量,如辽东"军士多以罪谪戍"①。陕西卫所军队也"多由罪谪"②。丘濬以为明初的卫所军队,"内地多是抽丁垛集,边方多是有罪谪戍"③。"凡以罪谪充军者,名为恩军"④。《明律》和《明会典》也都载有因罪充军的条例。"靖难之役"以后,朱棣把"齐(泰)黄(子澄)奸恶九族外亲姻连亦皆编伍,有编一县尽而蔓连他邦者,人最苦之"⑤。明朝政府把当兵作为对犯"罪"者的一种惩罚手段,这说明了当时军士地位的低下。由于军士社会地位的低下,因此军户也就受到人们的歧视。"人耻为军"⑥,成为当时社会的普遍认识。一般民户怕沾上军户的牵累,而不愿和军户通婚。永乐时湖广地区的军户,"民家虑与为婚姻,徭赋将累己,男女至年四十尚不婚"⑦。明代所有的士兵既然地位都是如此之低,作为士兵一部分的屯军,自然也就不会有什么与此不同的社会地位了。

明代屯军所受的剥削也很沉重。明朝政府拨给屯军的分地,"不问腴瘠、洼亢、虚实、隔涉,但欲足数,牵纽配搭,抑配军人而使之耕"⑧。明朝政府授予份地之后,就向屯军征收"屯田子粒"。"屯田子粒"就是屯军上交给国家的租税。明初时规定屯田子粒用米交纳,永乐二年(1404)规定了其他粮食的折算标准:"每粟谷、糜谷、大麦、荞穄各二石,稻谷、蜀秫各二石五斗,稗稗三石,并各准米一石。小麦、芝麻、豆与米等。"⑨

洪武时期每份屯田应纳屯田子粒的数量,没有统一规定。宣州卫是"岁征其半,余存自食"⑩。辽东是每田一份五十亩,租十五石。⑪洪武三十五年(即建文四年,1402),制定屯田子粒科则:"每军田一份,纳正粮十二石,余粮十二石。

---

① 《明宣宗实录》卷一〇七,宣德八年十一月庚午。
② 《明太祖实录》卷二四四,洪武二十九年正月甲午。
③ (明)陈子龙:《明经世文编》卷七四《丘文庄公文集·州郡兵制议》。
④ 《明太祖实录》卷二三二,洪武二十七年三月癸酉。
⑤ (明)黄佐:《双槐岁钞》卷四《恩宥军伍》。
⑥ (清)顾炎武:《天下郡国利病书》册13《江南》引《怀庆府志·京边戍役》。
⑦ (清)张廷玉:《明史》卷一五八《列传第四六·黄宗载传》。
⑧ (明)陈子龙:《明经世文编》卷一六三《林次崖文集·应诏陈言屯田疏》。
⑨ 《明太宗实录》卷二六,永乐二年正月己未。
⑩ (清)顾炎武:《天下郡国利病书》册11《凤宁徽》。
⑪ 《明宪宗实录》卷二四四,成化十九年九月戊申。

正粮收贮屯仓,听本军支用,余粮十二石上交,供本卫官军俸粮。"①根据这一科则,那么每份屯田最低产量不得少于二十四石。如以江南苏杭地区来看,当时屯军拨给土地有二十亩、十五亩或十二亩的,以米二十四石折合成稻谷则为六十石,就需达到亩产三石、四石以至五石稻谷的高产。军屯土地达到这样的高产当然是不可能的。即使其他地区拨给土地有五十亩或一百亩的,但因土地瘠薄,同样也无法达到二十四石的高产。甘肃"临洮、兰河等卫,每军给地一份,计所入多不过十石"②。洪武三十五年(即建安四年,1402)的屯田科则,是朱棣抢得了皇帝宝座之后制定的,在他的强制推行下,永乐元年(1403)全国共征得屯田子粒二千三百多万石。③这是见于记载的最高额,为了完纳这些屯田子粒,不知有多少屯军被迫变卖家产,卖儿鬻女。但压榨总有它的饱和点,尽管朱棣紧接着于永乐二年(1404)正月又制定了"屯田赏罚例"④,千方百计来压榨屯军,但却无济于事,屯田子粒急剧下降,十年后,即到永乐十一年(1413),减低到九百一十万石,⑤第二年即永乐十二年(1414),朱棣就只好下令"余粮免其一半,止纳六石"⑥。到洪熙元年(1425),明朝政府重申这一规定,"遂以为例"⑦。屯田子粒虽然减去余粮的一半,剥削数量也仍然是十分苛重的,更何况这一减征的规定也只是具文。如云南楚雄卫,永乐以后还是"每军一名,额田一份,纳秋粮米九石二斗,夏税出于陆地"⑧。仅秋粮一项就已超过上交余粮六石约百分之五十以上。而且屯军除了上交余粮以外,还需交纳屯草及修渠等费。宁夏"屯田五十亩为一份,纳粮六石,草九束,地亩银五分,修渠采草,计每年工料合用银三两有奇"⑨。有的地方"每亩银一钱,有收至二、三钱者,屯粮每斗先取样粮一升,仍要尖斛加耗,甚或官旗揽纳,加倍征收,每以违限问罪为名,指称名色,酷意诛求"⑩。

---

① (明)申时行等:《明会典》卷一八《户部五·屯田》。
② (明)陈子龙:《明经世文编》卷三五九《庞中丞摘稿·清理固原屯田疏》。
③《明太宗实录》卷二六,永乐元年十二月壬寅。
④《明太宗实录》卷二七,永乐二年正月丁巳。
⑤《明太宗实录》卷一四六,永乐十一年十二月乙亥。
⑥ (明)申时行等:《明会典》卷一八《户部五·屯田》。
⑦ (明)陈子龙:《明经世文编》卷二五〇《巡边总论·论边墙》。
⑧ (清)张嘉颖修,(清)刘联声纂:康熙《楚雄府志》卷八《艺文志上》。
⑨ (明)陈子龙:《明经世文编》卷三五九《庞中丞摘稿·清理宁夏屯盐疏》。
⑩ (明)陈子龙:《明经世文编》卷三五九《庞中丞摘稿·清理固原屯田疏》。

马克思指出:"地租不管属于何种特殊形态,它的一切类型,总有这个共通点:地租的占有是土地所有权由以实现的经济形态。"①明王朝把份地授予屯军,屯军把收获的一部分以屯田子粒这种实物地租的形式,上交给封建国家,这说明,屯军所耕种的是地主阶级政权所掌握的国有土地,封建国家就凭借这一土地所有权来实现它对屯军的地租剥削。屯军与国家佃农在这一点上是相同的。但是,由于军屯是用军队的特殊形式组织起来的,用军事律令强制抑配份地,用军事律令强征屯田子粒,这就使得屯军受压迫与剥削的程度比一般佃农更为苛酷。一般佃农通常有地才有租,有丁才有役。但屯军却要输无地之租,出双重徭役。

先看无地之租,即所谓"包赔屯田子粒"。当屯军因种种原因抛荒或失去了土地时,还要输无地之租,这种情况当时相当普遍地存在。有的是因配拨的份地土质瘠薄或道路遥远无法耕种而抛荒,屯军虽无收获却仍需包赔屯田子粒。如宣府地区"山川棼错,地多不毛,求其可施锄犁者,仅十之三四,而沙砾半之"②。甘肃地区"若道路险远,及地方碱薄,或水利艰阻,遂多弃置抛荒"③。有些卫所的军士份地,"其田四散,一军之田或跨数圩,一圩之田,又分数处。屯官旗甲不知事体,或有锄种一、二亩者,便率全粮"④。这就使得有些屯军"不得已终身佣身以输粮而不足者"⑤。

有的是因镇守总兵及大大小小的管屯官凭借权势侵占屯军份地,但政府仍让屯军交纳屯田子粒。如"甘州屯田肥饶,多为太监、总兵等官占据,而官军则含怨陪粮,衣食不足"⑥。陕西榆林地区管屯官"侵夺屯田,隐占为业,祖孙相继,盘踞自如,凡应纳屯粮,悉置诸度外,其余官舍彼此效尤,用强霸耕,不纳子粒,往往均摊于概卫,或捐月粮扣补,或变家产包赔。……富豪者种无粮之地,贫弱者输无地之粮"⑦。安徽泗州"各卫所之官,何官不种军田,何官尽输子粒?侵占之弊有多至十数份者,而又不纳粮。其军包赔至极"⑧。

---

① [德]卡尔·马克思:《资本论》第三卷,郭大力、王亚南译,人民出版社,1953年,第828页。

② (明)陈子龙:《明经世文编》卷三五八《庞中丞摘稿·清理宣府屯田疏》。

③ (明)陈子龙:《明经世文编》卷三六〇《庞中丞摘稿·清理甘肃屯田疏》。

④ (明)陈子龙:《明经世文编》卷二一〇《方侍御奏疏·抚恤屯田官军疏》。

⑤ (明)陈子龙:《明经世文编》卷一一五《杨石淙文集·论甘肃事宜》。

⑥ 《明孝宗实录》卷一〇一,弘治八年六月癸丑。

⑦ (明)陈子龙:《明经世文编》卷三五九《庞中丞摘稿·清理延绥屯田疏》。

⑧ (清)顾炎武:《天下郡国利病书》册11《凤宁徽》引《泗州志·屯田》。

有的是因水利失修,原来的份地被大水冲毁淹没,屯地虽已丧失,但屯军仍需包赔屯田子粒。如蓟镇地区"有原系膏腴可耕之田,一遇山水泛滥,辄漂没成河者"。但明朝政府仍要"督责包赔"屯田子粒。①南京各卫所屯田"大半附江……附近田土,渐次坍没……近年子粒,俱系各军包赔……极贫之户,未免卖房鬻子"②。甚至还有的屯军已佥发去服漕运的徭役,但明朝政府却依然向他们的妻子征收屯田子粒。如金山卫"初拨屯时,以此不与海防,留三百户全伍旗军守城,以七百户全伍屯种。宣德以还,调遣屯军三百五十人漕运,而妻孥输税如故"③。

再看双重徭役。屯军耕种屯田就是以丁应役的一种军差,所以在洪武时期明朝政府就已规定,除正军豁免一切差役以外,在营的余丁和原籍户下一丁也得豁免差役,令其专一供给正军。但事实上早在明朝初期,屯军除了耕种军屯土地以外,还要负担各种差役。永乐元年(1403)朱棣对户部大臣说,数曾有令"擅役一军一民者处重法",但"卫所府县都不遵承,仍袭故弊,私擅差役,如驱犬羊"。④永乐二年(1404)制定"屯田赏罚例"(即"红牌事例"),又规定对屯军"一钱不许擅科,一夫不许私役"⑤。但这个"红牌事例"也丝毫不起作用。仁宗即位不久,在一道诏谕中就说,"先帝所立屯种法甚善。……但后来所司数以征徭扰之,既失其时,遂无其效"⑥。在仁宗下达禁止擅差屯军的诏谕后半年,又有兴州左屯卫军士范济诣阙上书,指出屯军"兼养马、采草、伐薪、烧炭诸役,兵之力疲,农之业废矣"⑦。各王府也经常役使屯军,周王有燉因其"弟宜阳王有炪等五人将婚",调拨军士营建。⑧楚王孟烷竟调派其"屯军之半预营居室"⑨。其他如宁王权、鲁王肇辉等,也都大批役使屯军修建宫殿屋宇。到世宗时期,"差役日繁,以均徭则有上中下门则诸银差",还有"所吏、屯头、旗甲、库

①(明)陈子龙:《明经世文编》卷三五八《庞中丞摘稿·清理蓟镇屯田疏》。
②(明)陈子龙:《明经世文编》卷二一〇《方侍御奏疏·兴利救弊以裨屯政疏》。
③(明)张奎修、夏有文等纂:正德《金山卫志》卷三《兵政·屯田》。
④《明太宗实录》卷一七,永乐元年二月戊辰。
⑤(明)陈子龙:《明经世文编》卷三五九《庞中丞摘稿·清理固原屯田疏》。
⑥《明仁宗实录》卷七,永乐元年十一月己丑。
⑦《明宣宗实录》卷六,洪熙元年闰七月甲寅。
⑧《明宣宗实录》卷二一,宣德元年九月壬寅。
⑨《明宣宗实录》卷二三,宣德元年十二月癸酉。

禁、水夫、兵牌、城夫诸力差"。①既有银差,又有力差,真是样样俱全。这种差役当时已经普遍存在。隆庆六年(1572)郧阳巡抚凌云翼看到有的地方在科征银差时加倍多收,因此他提议"查卫所屯田若干,每田一份正该差银若干,造册送御史查刷,仍置立循环簿稽考"②。可见明朝政府已把银差和力差作为向屯军科征的正式差役了。

屯田军士除了遭受明朝政府银差和力差的压榨以外,还有盘踞在他们头上的各级管屯官,从百户、千户,一直到镇守太监、总兵官等,也私役屯军耕种田地、樵采、修筑私第等。这种私差中,最主要的是役军种田,在永乐时已经出现,到宣宗、英宗时已广泛存在。洪熙元年(1425),行在都察院左都御史刘观等奏,右军都督佥事胡原侵占教场种艺糜谷,"又擅役屯种军士,废其农业"③。宣宗时中都留守司都督陈恭,"占夺军士田地十余顷,岁役军民耕种,收米麦三千余石,占军士一百八十余人,军匠七十余人,更番私役"④。镇守大同参将曹俭,"选壮士六百余人私役于家,占应州等处庄地一百五十余顷,又私役大同诸卫军士百余人耕种"⑤。镇守甘肃的太监王贵,"占种官田一百余顷,侵夺军屯水利,私役军余九百余名耕种"⑥。镇守宁夏的宁阳侯陈懋,"私役军种田三千余顷,夺民水利,岁收之粟召商贾收籴中盐"。"遣军挽车九百余辆,载大盐池盐往卖于西安、平凉等府",又"私遣军士二百余人,操舟三十余艘出境捕鱼采木"。又"遣军士二十余人,人给二马,赍银往杭州市货物"。⑦完全成了依靠军屯起家的官僚大地主。在明代这样的例子并不是仅见的,如宁山卫指挥使李昭,也是这样的一个官僚恶霸地主。他"毁城楼以造私居,私役旗军岁割漆二千斤,办料豆八百石,科各所铜铁六千三百斤,占耕官军屯田百余顷,收粮虚卖实收一万余石,敛各屯子粒二万余石,减克军粮五百石,皆入己。军吏二人欲奏之,遣人追回,皆杖杀之"⑧。

屯军对封建国家还有很强的人身依附关系。明朝政府把他们用军事编制

---

① (明)陈子龙:《明经世文编》卷三五九《庞中丞摘稿·清理固原屯田疏》。
②《明神宗实录》卷二,隆庆六年六月庚午。
③《明宣宗实录》卷六,洪熙元年闰七月戊午。
④《明宣宗实录》卷八五,宣德六年十二月己酉。
⑤《明宣宗实录》卷一〇八,宣德九年正月癸酉。
⑥《明英宗实录》卷一五,正统元年三月乙未。
⑦《明宣宗实录》卷七六,宣德六年二月壬子。
⑧《明宣宗实录》卷六六,宣德五年五月辛丑。

固着于土地上,不许随便离开。一个丁男一经被佥为军,就得终身服役,直到失去劳动能力才被抛弃,但还要从其户内勾解丁男来补充。"军士年六十之上,老疾者,现不能征操,又不能耕种,宜迁还,令壮者代之"①。

军队本是国家的强力工具,但明代的军屯士卒,却丧失了这一职能,他们所从事的主要是农业生产,社会地位很低,受着封建国家沉重的地租剥削和严重的超经济强制压榨。由此可见,明代以军屯形式组织的生产关系,其实是一种表现得极粗暴的农奴制度。

三、关于军屯的作用

朱元璋在其申明将士屯田令中说:"兴国之本,在于强兵足食。"②他当上了皇帝以后更夸口说:"吾京师养兵百万,要令不费百姓一粒米。"③而明代的一些臣僚也把军屯看作是明朝"一代紧要制度,行之万世不可废者也"④,是"经国之远图"⑤。新中国成立后的一些史学工作者也认为:明代的军屯,令军士一面屯种,一面防守。这样既增加了生产,也加强了国防力量。我们认为这是夸大了明代军屯的作用。现在,我们从下述几方面对明代军屯的作用来加以论述。

(一)明代的军屯没有完全解决军粮问题

明代到了中期以后,由于财政困难,国家收支入不敷出,许多大臣就往往缅怀明初的军屯制度,极力美化它,想将其重新恢复起来。有的说,明初的军屯,使得"一军之田,足以赡一军之用"⑥。有的说:"边有储积之饶,国无运饷之费。"⑦有的更把明初的军屯说成是"各卫仓廪充实,红腐相因,而军士无乏粮之虞"⑧。这些都是赞誉之词。其实,明代初期,军屯只是解决了部分军粮,并没有完全解决军粮问题。如辽东的军粮,一直有江南海运接济,直到洪武十五年(1382),朱元璋因海运艰难,命群臣"议屯田之法,以图长远之利"⑨。但并无效

---

① 《明太宗实录》卷二〇,永乐元年六月丁未。
② 《明太祖实录》卷一二,至正二十三年二月壬申。
③ (明)陆深:《俨山外集》卷三四《书辑下》。
④ (明)陈子龙:《明经世文编》卷六三《马端肃公奏疏·清屯田以复旧制疏》。
⑤ 《明宣宗实录》卷三九。
⑥ 《明穆宗实录》卷三九,隆庆三年十一月乙亥。
⑦ 《明宪宗实录》卷二四四,成化十九年九月戊申。
⑧ (明)陈子龙:《明经世文编》卷六三《马端肃公奏疏·清屯田以复旧制疏》。
⑨ 《明太祖实录》卷一四五,洪武十五年五月丁丑。

果,苏州太仓等地仍不断地储粮海运辽东。①洪武二十七年(1394),朱元璋又"命辽东定辽等二十一卫军士,自明年俱令屯田自食,以纾海运之劳"②。就在下达这一命令两年后,洪武二十九年(1396),"神策、横海、苏州、太仓等四十卫将士八万余人,由海道运粮至辽东","粮米凡八十万四千四百二十二石有奇"。③可见朱元璋令辽东卫所军士屯田自食的愿望并没有实现。陕西庄浪、河州等卫所的军粮,洪武十八年(1385)时,还在令民人趱运接济。④洪武十九年(1386)时,湖广崇山、大庸等卫,虽"屯种岁久",却依然"乏粮"。⑤山西"大同、朔、雁门诸卫军粮饷",在洪武二十七年(1394)时,仍要"有司役民转输,艰苦不胜"。⑥正由于此,明朝政府除了令民人趱运军粮以外,又大力招徕商人纳粟中盐以济边。而有些地方军粮储积的充足,倒是纳粟中盐所起的作用。如洪武二十二年(1389),"大宁军储不给",经过商人纳粟中盐,到洪武三十一年(1398)时,这里储粟达到"六十二万余石"。⑦当然,我们也不是说明初的军屯,在供给军食方面没有起到一点儿作用。隆庆三年(1569),兵部左侍郎谭纶说:"腹里当国初右武,田皆膏腴,实收子粒,足以充军食之半。"⑧这是比较接近事实的评价。但是军屯所起这样的作用,也没能持续多久,有的地区到宣德初年时,"以一卫计之,官军一年所支俸粮动以万计,而屯收子粒止有六七十石或百余石","下屯者,或十人,或四五人,虽有屯田之名,而无屯田之实"。⑨

(二)从军屯土地的来源看明代军屯的消极影响

明朝政府拨给屯军的土地,大致有如下几个来源:

一为宋元时入官田地和元末农民起义战争期间被镇压或逃亡地主所留下

---

①《明太祖实录》卷一九七,洪武二十二年八月甲寅;(明)王鏊等纂:正德《姑苏志》卷五一《田赋志·税粮》。

②《明太祖实录》卷二三三,洪武二十七年五月戊寅。

③《明太祖实录》卷二四五,洪武二十九年三月庚申;《明太祖实录》卷二四六,洪武二十九年五月乙亥。

④(明)朱元璋:《大诰》《陕西有司科敛第九》。

⑤《明太祖实录》卷一七九,洪武十九年八月乙巳。

⑥《明太祖实录》卷二三一,洪武二十七年正月戊辰。

⑦《明太祖实录》卷一九八,洪武二十二年十一月甲寅;《明太祖实录》卷二五六,洪武三十一年正月壬戌。

⑧《明穆宗实录》卷三五,隆庆三年七月辛卯。

⑨《明宣宗实录》卷五一,宣德四年二月乙未。

的部分土地。据《明史·食货志》称:"初,官田皆宋元时入官田地。"①这就是指元朝遗存下来的那一部分"官田"。在元末农民起义暴风雨的冲击下,蒙古贵族或汉族地主被镇压或被赶跑,原来被他们霸占的土地,多被明朝政府所占有。明朝政府就把上述土地拨出一部分设立军屯。如常熟县原有官田二百七十五顷六十四亩,洪武三十一年(1398)拨给了太仓卫旗军屯种。②洪武时云南建立军屯,曾查元朝逆产及荒芜民田没官田给军屯种。③元朝政府是被农民军推翻的,蒙、汉地主是被农民赶跑或镇压了的,因此这些所谓"官田",原来都是农民起义的胜利果实,是应该属于农民所有的,但明朝封建统治者却抢占了其中的很大部分;在一时经营不完的情况下,也是先占膏腴之地,只给农民留下些瘠薄土地。如湖南岳州华容田高下悬绝,但"屯壤衍沃"④。江西九江府德化县,"国初即其地设屯田,其上田皆属南昌九江卫,而次者以授民"⑤。辽东"例先择腴者以给官军"⑥。陕西"全陕内地,屯田百万,多擅膏腴"⑦。在元末农民大起义以后,明王朝抢占膏腴土地拨充军屯,这事实上是一种反攻倒算行为,它使原来可以成为自耕农的一部分农民,重新套上农奴制剥削的枷锁,这对社会生产力的发展自然是起了消极作用的。

二为没官田。明朝初期,往往把没官田也拨充军屯土地。福州的卫所屯田"或取诸废寺及籍没之产,听其耕作,以为屯田,而我郡在城三卫及镇东一卫亦不下四千余顷"⑧。山西"保德州据河为险……拨三护卫军八百调守,随将忻州抄没地一百四顷七十二亩一分……给军耕种"⑨。没官田是籍没"犯罪"的官吏或地主的土地。这些土地,原来绝大部分是出租给农民的,明朝政府把它籍没拨充军屯后,原来以佃种这些土地来生活的农民,就被剥夺了佃种权。而且明朝政府把这些土地拨充军屯后,其租额并没有什么减轻,有的甚至更重。所以,这部分土地从原来的官僚、地主手中转到明朝政府手中,看不出有什么缓

---

① (清)张廷玉:《明史》卷七七《志第五三·食货志一》。
② (明)况钟:《况太守集》卷八《请军田仍照例民佃奏》。
③ (清)刘昆:《南中杂说》《卫所》。
④ (清)顾炎武:《天下郡国利病书》册34《湖广下》引《岳州府志·土田》。
⑤ (明)沈节甫:《纪录汇编》卷二〇九《饶南九三府图说》。
⑥ (明)张萱:《西园闻见录》卷九一《屯田》。
⑦ (明)陈子龙:《明经世文编》卷二四〇《愍文复套条议·复套条议》。
⑧ (清)顾炎武:《天下郡国利病书》册38《福建》。
⑨ (明)陈子龙:《明经世文编》卷三五九《庞中丞摘稿·清理山西三关屯田疏》。

和剥削和减轻人民负担的地方,而原佃户被剥夺了佃种权,给他们的生活带来很大痛苦。

三为荒闲田。明朝政府在洪武时发布的一个命令中讲道:"边防郡县守御去处所立卫分,拨军开垦荒田屯种。"①丘濬在《大学衍义补》中也说:"惟我朝之制,就于卫所所在,有闲旷之土,分军以立屯堡,俾其且耕且守。"②这些闲旷土地,其中不少是无人耕种的荒地,明朝政府让士兵开垦荒地,使耕地面积得以扩大,无疑对生产的发展有推动作用。但我们的眼光不能停留在这里,还要看到,如果明朝政府不强迫这些劳动力来当兵,而是任凭他们自己去进行生产,其收效绝不会比当屯军开荒地的成效小。此外值得注意的是,明朝的军屯一面在开垦荒地,另一面又在抛荒大量的良田。由于屯田子粒的苛重,以及各级管屯官对屯军的奴役等,使得屯军不断逃亡。洪武三十五年(即建安四年,1402)十月,朱棣曾对兵部尚书刘儁等说:"太祖高皇帝"时,卫所军屯因"月粮有限,衣食不足",再加上诸将校"侵渔私役,困苦不胜,往往逃亡缺伍",今"内外将校不能抚恤军士,比昔有加,所以逃亡者众"。③永乐十二年(1414),朱棣又下诏谕说:"今天下军伍不整肃……有累岁缺伍不追补者。"④到正统三年(1438)离明王朝建国才七十年,"逃故军士一百二十万有奇"⑤,约占全国军队人数的一半。

屯田军士的大量逃亡,使得不少开荒耕种的土地,甚至有的膏腴之地又变成了荒田。如陕西三边"屯田满望,十室九荒"⑥。榆林地方"屯田芜秽者强半"⑦。蓟镇军屯土地"荒芜者凡一千一百顷有奇"⑧。大同"各路荒田,何啻万顷"⑨。辽东"屯军已尽废矣,举千里旷土"⑩。南京镇南等卫,"行数十里,俱是旷地。葭莽极目,不胜凄凉"⑪。事实说明明代的军屯中,同时存在着"开荒"和

---

① (明)申时行等:《明会典》卷二○二《工部二二·屯田清吏司 开垦》。
② (明)丘濬:《大学衍义补》卷三五《制国用》。
③ 《明太宗实录》卷一三,洪武三十五年十月甲寅。
④ 《明太宗实录》卷一五七,永乐十二年十月辛巳。
⑤ 《明英宗实录》卷四六,正统三年九月丙戌。
⑥ 《明世宗实录》卷一○○,嘉靖八年四月戊子。
⑦ (明)陈子龙:《明经世文编》卷三五九《庞中丞摘稿·清理延绥屯田疏》。
⑧ (明)陈子龙:《明经世文编》卷三五八《庞中丞摘稿·清理蓟镇屯田疏》。
⑨ (明)陈子龙:《明经世文编》卷三五九《庞中丞摘稿·清理大同屯田疏》。
⑩ (明)陈子龙:《明经世文编》卷三五八《庞中丞摘稿·清理辽东屯田疏》。
⑪ (明)陈子龙:《明经世文编》卷二一○《方侍御奏疏·抚恤屯田官军疏》。

"抛荒"两个互相矛盾的过程,对于这两个过程都必须给予恰当的估计,否则就不能正确地评价军屯的历史作用。

(三)明朝政府盲目依赖军屯,养兵过多,增加人民负担

朱元璋建立明王朝后,当国内基本统一,大规模的战争已经过去的时候,就应该"释甲归田",这才是发展社会经济、减轻人民负担的正确措施。但明初统治者朱元璋、朱棣等人却背道而驰,反而竭力扩充军队,洪武二十六年(1393)时已有一百八十余万,到永乐时扩充到二百七十余万。在我国历史上的封建王朝中,在开国之初就豢养如此庞大的军队,是极少见的。丘濬在《州郡兵制议》中就已论及:"臣尝考历代之制,皆是草创之初,军伍数少,而其末世乃有冗滥之失。惟我朝则是先多而后少。"①这种反常现象之所以发生,原因之一就是明朝统治者盲目地依赖军屯,以为它可以解决军粮问题,有恃无恐,放手大干。洪武二十六年(1393)统计,天下户一千六十五万二千八百七十。当时军户当在二百万户以上,那么全国就有五分之一的人户在供给军役,不算其他民户供应的军需物资,即此一端,其耗费人力、物力也就十分惊人了。武宗正德时清军,山东武定州计有户口三万,而应发遣的竟达一万二千人,"是空半州也"②。

为了维持其庞大的军队,明朝政府给人民加上了非常沉重的负担。根据明朝卫所军制的规定,每一军户,除有一个丁男去当正军以外,还得有一个余丁随同正军到卫所,帮助供给正军的军装等。其实,有的军户几乎全家丁男都去当正军了。洪武时,"福建建宁右卫军人孙德兴自甲午从军,既没,三子各籍充军"③。安徽怀远县人王出家儿"年七十余,二子俱为卒从征以死,一孙甫八岁,有司复追逮补伍"④。而每一个正军的余丁也往往不只一人,辽东"故事,每军一,佐以余丁三"⑤。每一军户,除了正军、余丁以外,又要准备一个"继丁",当正军事故逃亡时,就勾解"继丁"去当差,如果军户没有丁男,则登记"幼丁"(幼儿)。因此,一个家庭有一人去当兵时,全家都要为他来服务。

明朝政府为了防备军士逃亡,金发去充军的丁男,往往分散到遥远的卫所

---

① (明)陈子龙:《明经世文编》卷七四《丘文庄公文集·州郡兵制议》。
② (清)张廷玉:《明史》卷二八一《列传第一六九·唐侃传》。
③ 《明太祖实录》卷一九六,洪武二十二年五月庚午。
④ 《明太祖实录》卷二一七,洪武二十五年四月壬子。
⑤ (清)张廷玉:《明史》卷二〇三《列传第九一·吕经传》。

去服役。陕西高陵县有八百多军丁,散布在南京、云南、四川、贵州等地的一百三十六个卫所服役。①浙江海宁县有六千八百九十八户军户,也分散在沈阳、太原、重庆、云南等地的几百个卫所中服役。②英宗时,于谦就已指出这一制度的弊病,他说:"大同府四州七县之民……自古至今,多于腹里及迤南卫所充当军役,其各该卫分有二、三千里者,有五、七千里者,或岁久年深,抛荒失业,供役者少,事故者多,中途死者有之,或因水土不服,到卫死者有之。"③明朝政府为了防备军士的逃亡,还要"拨军挈家往守","以安其心"④。因此"军士起解者,皆金妻"⑤。当起解军士时,地方上又需金里役二名解送,充当这一差役的也往往破产。解送"至千里以外,而下产半废矣,二千里之外,下产尽废矣,三千里之外,而中产亦半废矣"⑥。结果"一军出则一家敝,一伍出则一里敝"⑦。可见明朝政府企图依赖"寓兵于农"的军屯制度,肆意扩充军队的做法,给广大劳动人民带来了多么深重的灾难。

(四)军屯制度为管屯官提供了侵占土地的方便条件,导致军事力量的低弱

照说,明朝有如此庞大的军队,应该是边防有赖了。其实不然,由于军屯制度的种种弊病,部队的战斗力非常低弱。因为军屯制度给管屯官,从百户、千户以至镇守太监、总兵官等提供了侵占土地和私役军士的方便条件,造成了大大小小的一批官僚地主。永乐时云南镇守袁宇,"占据官军屯田一千余亩","私役军人耕种"。⑧英宗时,大宁都司都指挥金事田礼等人,"占屯地四千一百二十七顷有奇"⑨。甚至景泰时,有一个百户唐兴竟占地达一千二百顷之多。⑩这些情况,我们在前面管屯官私役军士一节中已经论述,于此不再多述。由于各级军官唯知侵占屯田、私役军士、刻剥肥己,平时对卫所军士根本不去操练。如宣府总兵官纪广不肯"将各卫所精壮军士"拨付操练防边,"私役在己,或办

---

① (明)吕柟:嘉靖《高陵县志》卷二《户租志第四》。

② 《海宁县志》卷二。

③ (明)陈子龙:《明经世文编》卷三四《于忠肃公文集·复大同守御疏》。

④ 《明英宗实录》卷九,宣德十年九月壬辰。

⑤ (清)张廷玉:《明史》卷九二《志第六八·兵志四》。

⑥ (明)陈子龙:《明经世文编》卷三三二《王弇州文集·议处清军事宜以实营伍以苏民困疏》。

⑦ (明)陈子龙:《明经世文编》卷三三七《汪司马大函集·辽东善后事宜疏》。

⑧ 《明太宗实录》卷二五,永乐元年十一月戊午。

⑨ 《明英宗实录》卷一二三,正统九年十一月丁亥。

⑩ (清)张廷玉:《明史》卷一七七《列传第六五·林聪传》。

纳月钱,或种田觅利"。①这就使得许多卫所军士"手不习击刺之法,足不习进退之宜"②。英宗正统十四年(1449),兵科给事中刘斌奏:"近数十年,典兵官员既私役正军,又私役余丁。甚至计取月钱,粮不全支,是致军士饥寒之不暇,尚何操习训练之为者!"③沿海卫所也"皆不操守"④。军屯制度造成这样一批饥寒疲弱的军队,虽多何用!"一旦率以临敌,如驱羊拒狼,几何其不败也。"⑤正如于谦所说的:"兵不贵多,贵乎精,多而不精,莫若少而精之为愈也。""百万之众不用命,不如万人之斗,万人之众不用命,不如百人之奋。"⑥所以当英宗正统十四年(1449)土木之役时,明朝几十万军队"以致临敌无功,望风瓦解"⑦。后来世宗嘉靖时,沿海倭寇频仍,蕞尔小寇,竟致不可收拾。这种现象的形成,不能说和军屯制度没有关系。

综上所述,可见明代的军屯对明朝初期解决军粮问题起到了一定作用,与其他非生产性活动相比,有它的积极意义。但是从当时整个社会情况来考察,明代的军屯是弊多利少,对边防和社会经济是消极作用大于积极作用。

本文原刊载于《南开史学》1980年第1期。与南炳文先生合作。

作者简介:

汤纲(1928—2005),浙江诸暨人。1960年毕业于复旦大学历史系,1960—1980年在南开大学明清史研究室任教。1981年调入复旦大学历史系。著有《明史》(与南炳文教授合撰)、《中国通史》第八册(与蔡美彪教授等合撰)、《明清史资料》(明代部分),发表学术论文数十篇。

---

① (明)陈子龙:《明经世文编》卷三四《于忠肃公文集·宣府军务疏》。
② (清)张廷玉:《明史》卷一七六《列传第六四·刘定之传》。
③ 《明英宗实录》卷一八六,正统十四年十二月壬申。
④ (明)胡宗宪:《筹海图编》卷一一《经略一》。
⑤ (清)张廷玉:《明史》卷一七六《列传第六四·刘定之传》。
⑥ (明)陈子龙:《明经世文编》卷三四《于忠肃公文集·宣府军务疏》。
⑦ (明)陈子龙:《明经世文编》卷三四《于忠肃公文集·怠废军政疏》。

清代的幕府

郑天挺

一、清代幕府

清代地方主管官吏,自州县到督抚,总要聘请几位能干的或有学识的人才,帮助自己处理行政事务,称为师爷。法令文献上称为幕宾、幕客①、幕友②,还有西宾、宾师③、幕僚、馆宾等称,一般统称幕府。

幕府制由来已久。宋代《册府元龟》有幕府部,上溯到《周礼·六官·六军》的吏属、春秋诸国的军司马尉侯,④其说尚有待进一步考订。清雍正帝说"今之幕客,即古之参谋记室"⑤,似乎也迟了一些。我们感到,《史记》上所说,张耳"少时及魏公子毋忌为客"⑥的"客","李斯乃求为秦相文信侯吕不韦舍人"⑦的"舍人",近年考古发掘汉墓壁画上的"门下史"⑧的"史",都应该是和幕府制有关的原始职称。

幕府人员由府主自己选聘,与正规官吏由考试铨选登进的不同。明王守仁曾说:"凡荐贤于朝,与自己用人又自不同。自己用人,权度在我,故虽小人而有才者亦可以器使。若以贤才荐之于朝,则评品一定,便如黑白,其间舍短录长之意,若非明言,谁复知之。"⑨这里说的自己用人,就指的是幕府人才。既属自己用人,自然不限资格,不分亲友,不问相识与否。这种情形,一直延及到

---

① 《清世宗实录》卷三,雍正元年正月辛巳,中华书局,1985年,第71页;《清世宗实录》卷五,雍正元年三月乙酉,第114页。

② 《清高宗实录》卷七四八,乾隆三十年十一月丙子,第230页。

③ 均见刘禺生:《世载堂杂忆·张之洞罢除宾师》,中华书局,1997年,第48~49页。

④ (宋)王钦若等编:《册府元龟》卷七一六《幕府部》,中华书局,1960年,第8511页。

⑤ 《清世宗实录》卷五,雍正元年三月乙酉,第114页。

⑥ (汉)司马迁:《史记》卷八九《张耳陈余列传》,中华书局,2011年,第2571页。

⑦ (汉)司马迁:《史记》卷八七《李斯列传》,第2540页。

⑧ 北京历史博物馆、河北省文物管理委员会编:《望都汉墓壁画》,中国古典艺术出版社,1995年,第21页。

⑨ (明)王守仁:《王文成公全书》卷五《答方叔贤》,商务印书馆,1934年,第81页。

清代。从顺治十七年(1660),河道总督朱之锡偕僚属捐银赈济灾民受奖,[①]康熙二十六年(1687),云南提督万正色以纵容幕客家人,借造册勒索被议,[②]可知顺、康时已有幕府人员。雍正元年(1723)三月乙酉谕吏部:"各省督抚衙门事繁,非一手一足所能办,势必延请幕宾相助,其来久矣。"并令"嗣后督抚所延幕客,须择历练老成、深信不疑之人,将姓名具题"[③]从此幕宾取得法律上的正式地位。这里的"历练老成"本无客观标准,故"深信不疑"便成为有清一代延请幕宾的唯一条件。

二、清代幕府的情况

清代参加过各级地方机构幕府的人员很多,现在选择一部分,列表于下:

表一　部分参加过各级地方机构幕府的人员

幕主姓名	幕宾姓名	入幕年代	在幕经管事务	幕宾后来的情况	根据
靳辅	陈潢	康熙十六年	治河	治河连带被劾死	《清史列传》七一,陈潢传
班第	阿桂	乾隆十三年	金川军营办事	官至大学士,军机大臣	《清史列传》二六,阿桂传
阿里衮	赵文哲	乾隆三三年	参军幕	1773年,木果木战败死	《清史列传》七二,赵文哲传
阿桂	王昶	乾隆三三年	云南军营效力	刑部侍郎	《清史列传》二六,王昶传
阿桂	赵文哲	乾隆三三年	参军幕		《清史列传》七二,赵文哲传
阿桂	长龄	乾隆四九年	随营	大学士,军机大臣	《清史列传》三六,长龄传
傅恒	孙士毅	乾隆三四年	主章奏	四川总督	《清史列传》二六,孙士毅传
傅恒	刘秉恬	乾隆三四年	随营	四川总督	《清史列传》二七,刘秉恬传
傅恒	赵翼	乾隆三四年	参军事		《清史列传》七二,赵翼传
温福	赵文哲	乾隆三七年	参军幕		《清史列传》七二,赵文哲传
温福	王昶	乾隆三六年	四川军营办事		《清史列传》二六,王昶传
于敏中	陆费墀	约乾隆三八年	书牍	礼部左侍郎	《清史列传》二六,陆费墀传
李侍尧	赵翼	乾隆五二年	参军事		《清史列传》七二,赵翼传
福康安	长龄	乾隆五二年	随营		《清史列传》三六,长龄传
福康安	方维甸	乾隆五二年	营务	闽浙总督	《清史列传》三三,方维甸传
福康安	杨揆	乾隆五六年	谋划军务	四川布政使	《清史列传》七二,杨揆传
毕沅	高杞	乾隆六十年	粮饷军火	陕甘总督	《清史列传》三三,高杞传
董诰	王芑孙	乾隆	文奏	文士	《清史列传》七二,王芑孙传
董诰	张士元	乾隆	文牍	文士	《清史列传》七二,张士元传

① 王钟翰点校:《清史列传》卷八《朱之锡传》,中华书局,1987年,第552页。
② 王钟翰点校:《清史列传》卷九《万正色传》,第615页。
③ 《清世宗实录》卷五,雍正元年三月乙酉,第114页。

幕主姓名	幕宾姓名	入幕年代	在幕经管事务	幕宾后来的情况	根据
梁师正	王芑孙	乾隆	文奏		《清史列传》七二,王芑孙传
王杰	王芑孙	乾隆	文奏		《清史列传》七二,王芑孙传
刘墉	王芑孙	乾隆	文奏		《清史列传》七二,王芑孙传
彭元瑞	王芑孙	乾隆	文奏		《清史列传》七二,王芑孙传
勒保	舒位	乾隆	军事,文奏	文士	《清史列传》七二,舒位传
勒保	石韫玉	嘉庆五年	军事谋划	山东按察使	《清史列传》七六,石韫玉传
王朝梧	舒位	乾隆	军事,文奏		《清史列传》七二,舒位传
惠龄	阿霖	嘉庆元年	随营	江西巡抚	《清史列传》三五,阿霖传
倭什布	阿霖	嘉庆四年	军营差遣	江西巡抚	《清史列传》三五,阿霖传
那彦成	杨懋恬	嘉庆四年	随营	湖广总督	《清史列传》三五,杨懋恬传
那彦成	文孚	嘉庆四年	军需	大学士,军机大臣	《清史列传》三六,文孚传
朱勋	陆耀遹	嘉庆	军事,尺牍	文士	《清史列传》七二,恽敬传附陆耀遹传
德楞泰	阿霖	嘉庆七年	粮糈		《清史列传》三五,阿霖传
初彭龄	茅豫	嘉庆十九年			《清史列传》三四,初彭龄传
习振翎	费钧	嘉庆二二年	帮办幕务		《清史列传》三六,王鼎传
方受畴	陈建	嘉庆二三年	帮办幕务		《清史列传》三三,方受畴传
胡克家	彭兆荪	嘉庆二三年（胡为江苏布政使时）			《清史列传》七三,彭兆荪传
张敦仁	彭兆荪	嘉庆二三年（张为扬州知府时）			《清史列传》七三,彭兆荪传
曾燠	彭兆荪	嘉庆二三年（曾为淮运使时）			《清史列传》七三,彭兆荪传
曾燠	彭泰来	嘉庆十六年			《清史列传》七三,张维屏传附彭泰来传
阮元	谢兰生	嘉庆十六年	修《广东通志》		《清史列传》七三,谢兰生传
阮元	陈文述	嘉庆十六年	随赴滦阳		《清史列传》七三,陈文述传
阮元	王衍梅	嘉庆十六年	依阮元于广东		《清史列传》七三,黄安涛传附王衍梅传
阮元	张鉴	嘉庆十六年	赞画平海寇及赈灾		《清史列传》七三,张鉴传
阮元	杨凤苞		分纂《经籍纂诂》		《清史列传》七三,杨凤苞传
阮元	赵魏		手定阮元《积古斋钟鼎彝器款识》		《清史列传》七三,瞿中溶传附赵魏传
王昶	赵魏		手定王昶《金石萃编》		《清史列传》七三,瞿中溶传附赵魏传
朱珪	包世臣	嘉庆十六年	练兵		《清史列传》七三,包世臣传
明亮	包世臣	嘉庆十六年	川楚军事,不见用		《清史列传》七三,包世臣传

续表

幕主姓名	幕宾姓名	入幕年代	在幕经管事务	幕宾后来的情况	根据
百龄	张澍	嘉庆十六年	治河		《清史列传》七三,张澍传
程祖洛	陈时	道光			《清史列传》三七,程祖洛传
琦善	唐文睿	道光七年			《清史列传》四十,琦善传
赛尚阿	姚莹	咸丰元年	参军事建议不用	湖南按察使	《清史列传》七三,姚莹传
赛尚阿	严正基	咸丰元年	参军事		清史稿列传,赛尚阿传
卢荫溥	郭尚先	道光	主其家		《清史列传》七三,郭尚先传
梁章钜	朱绶	道光	章奏	文士	《清史列传》七三,顾莼传附朱绶传
陶澍	赵绍祖	道光	纂《安徽省志》	文士	《清史列传》七三,赵绍祖传
祁𡎊	梁廷枏	道光	襄办团练	内阁中书,侍读	《清史列传》七三,梁廷枏传
林则徐	梁廷枏	道光	筹防守战		《清史列传》七三,梁廷枏传
林则徐	王柏心	道光			《清史列传》七三,王柏心传
徐广缙	梁廷枏	道光	襄办团练		《清史列传》七三,梁廷枏传
李嘉端	何秋涛	道光末	李巡抚安徽奏辟自随		《清史列传》七三,何秋涛传
张亮基	左宗棠	咸丰二年	襄理战守	大学士,军机大臣	《清史列传》七三,郭嵩焘传
张亮基	郭嵩焘	咸丰二年	襄理战守	内阁中书	《清史列传》七三,郭嵩焘传
张亮基	王柏心	咸丰	参佐戎幕		《清史列传》七三,王柏心传
桂良	朱琦	咸丰			《清史列传》七三,朱琦传
王有龄	朱琦	咸丰			《清史列传》七三,朱琦传
王有龄	赵景贤	咸丰三年	团练		《清史列传》四九,赵景贤传
黄宗汉	赵景贤	咸丰三年	团练捐输		《清史列传》四九,赵景贤传
袁甲三	戴钧衡	咸丰			《清史列传》七三,戴钧衡传
袁甲三	袁保恒	咸丰五年	上允甲三留保恒于军	刑部左侍郎	《清史列传》五三,袁保恒传
袁甲三	马新贻	咸丰十一年	督办营务	两江总督	《清史列传》四九,马新贻传
王鑫	刘松山	咸丰四年	攻战	总兵	《清史列传》五一,刘松山传
丁日昌	林达泉	咸丰末		台北知府	《清史列传》七七,林达泉传
陆建瀛	冯桂芬	咸丰初年	修《盐法志》		《清史列传》七三,冯桂芬传
僧格林沁	王拯	咸丰中随赴天津	防剿		《清史列传》七三,王拯传
僧格林沁	尹耕云	咸丰三年			《清史列传》七六,尹耕云传
吕贤基	李鸿章	咸丰三年	练乡勇	大学士,直隶总督兼北洋大臣	《清史列传》五七,李鸿章传
骆秉章	左宗棠	咸丰二年			《清史列传》五一,左宗棠传
骆秉章	刘长佑	咸丰五年			《清史列传》五四,刘长佑传
骆秉章	刘典	咸丰六年	团练	陕西巡抚,新疆帮办军务	《清史列传》五五,刘典传
骆秉章	刘蓉	咸丰十年	军务	陕西巡抚	《清史列传》四九,刘蓉传
骆秉章	左宗棠	咸丰十年	襄理营务		《清史列传》五八,潘祖荫传
骆秉章	黄彭年	同治元年	赞军机	江苏布政使	《清史列传》七六,黄辅辰传

续表

幕主姓名	幕宾姓名	入幕年代	在幕经管事务	幕宾后来的情况	根据
骆秉章	郭崑焘	咸丰			《清史列传》七三,郭崑焘传
刘长佑	刘坤一	咸丰七年		两江总督	《清史列传》五四,刘长佑传
刘长佑	刘秉琳	同治元年	襄治军事	天津河间道	《清史列传》七六,刘秉琳传
郑敦谨	马丕瑶	同治元年		广东巡抚	《清史列传》五九,马丕瑶传
胜保	铁珊	咸丰十年	营务	河南河陕汝道	《清史列传》七七,铁珊传
张芾	刘秉璋	咸丰初年		四川总督	《清史列传》六一,刘秉璋传
严树森	陈建侯	咸丰十年	襄办营务	湖北荆宜	《清史列传》七七,陈建侯传
严树森	倪文蔚	咸丰十一年	营务	河南巡抚	《清史列传》五九,倪文蔚传
严树森	李宗羲	同治元年		两江总督	《清史列传》五四,李宗羲传
罗泽南	蒋益澧	咸丰三年		广东巡抚	《清史列传》五十,蒋益澧传
罗泽南	金国琛	咸丰五年	营务	广东布政使	《清史列传》七七,金国琛传
李续宾	金国琛	咸丰七年	总理营务		《清史列传》七七,金国琛传
李续宜	金国琛	咸丰八年	总理营务		《清史列传》七七,金国琛传
李续宜	游智开	同治初		广西布政使	清史稿列传,游智开传
曾国藩	杨岳斌	咸丰三年	水师	陕甘总督	《清史列传》五四,杨岳斌传
曾国藩	许振祎		治文书,襄军事		《清史列传》五九,许振祎传
曾国藩	李瀚章	咸丰三年	总理粮饷	两广总督	《清史列传》五九,李瀚章传
曾国藩	刘蓉	咸丰四年			《清史列传》四九,刘蓉传
曾国藩	李元度	咸丰三年	理营务	贵州布政使	《清史列传》七六,李元度传
曾国藩	李宗羲	咸丰八年同治三年	协理粮饷		《清史列传》五四,李宗羲传
曾国藩	李鸿章	咸丰八年	襄营务		《清史列传》五七,李鸿章传
曾国藩	刘典	咸丰十年	总司营务		《清史列传》五五,刘典传
曾国藩	穆其琛	咸丰十一年	佐军事		《清史列传》七六,穆其琛传
曾国藩	沈葆桢	咸丰十一年		两江总督	《清史列传》五三,沈葆桢传
曾国藩	钱应溥	咸丰十一年	襄办营务	军机大臣,工部尚书	《清史列传》六一,钱应溥传
曾国藩	张树声	同治元年		两广总督	《清史列传》五四,张树声传
曾国藩	丁日昌	同治元年	随征	福建巡抚	《清史列传》五五,丁日昌传
曾国藩	何璟	同治元年	营务处	闽浙总督	《清史列传》五四,何璟传
曾国藩	吴敏树		曾督两江时从之阅武		《清史列传》七三,吴敏树传
曾国藩	薛福成	同治六年		湖南按察使,出使英法意比四国大臣	《清史列传》五八,薛福成传
曾国藩	史梦兰	同治七年—九年			《清史列传》七三,史梦兰传
曾国藩	方宗诚	同治九年		知县	《清史列传》六七,方宗诚传
曾国藩	吴汝纶	同治	奏疏		清史稿列传,吴汝纶传
曾国藩	游智开	同治			《清史列传》六三,游智开传
曾国藩	李善兰	同治初			《清史列传》七三,张文虎传
曾国藩	张文虎	同治初		文士	《清史列传》七三,张文虎传

续表

幕主姓名	幕宾姓名	入幕年代	在幕经管事务	幕宾后来的情况	根据
曾国藩	左宗棠				《庸庵文编》卷四,叙曾文正公幕府宾僚
曾国藩	彭玉麟				《庸庵文编》卷四,叙曾文正公幕府宾僚
曾国藩	李云麟				《庸庵文编》卷四,叙曾文正公幕府宾僚
曾国藩	周开锡				《庸庵文编》卷四,叙曾文正公幕府宾僚
曾国藩	罗萱				《庸庵文编》卷四,叙曾文正公幕府宾僚
曾国藩	吴坤修				《庸庵文编》卷四,叙曾文正公幕府宾僚
曾国藩	李鹤章				《庸庵文编》卷四,叙曾文正公幕府宾僚
曾国藩	梅启照				《庸庵文编》卷四,叙曾文正公幕府宾僚
曾国藩	唐训方				《庸庵文编》卷四,叙曾文正公幕府宾僚
曾国藩	陈兰彬				《庸庵文编》卷四,叙曾文正公幕府宾僚
曾国藩	陈士杰				《庸庵文编》卷四,叙曾文正公幕府宾僚
曾国藩	王家璧				《庸庵文编》卷四,叙曾文正公幕府宾僚
曾国藩	周孚濚				《庸庵文编》卷四,叙曾文正公幕府宾僚
曾国藩	何栻				《庸庵文编》卷四,叙曾文正公幕府宾僚
曾国藩	高心夔				《庸庵文编》卷四,叙曾文正公幕府宾僚
曾国藩	周腾虎				《庸庵文编》卷四,叙曾文正公幕府宾僚
曾国藩	李榕				《庸庵文编》卷四,叙曾文正公幕府宾僚
曾国藩	倪文蔚				《庸庵文编》卷四,叙曾文正公幕府宾僚
曾国藩	李鸿章				《庸庵文编》卷四,叙曾文正公幕府宾僚
曾国藩	郭嵩焘				《庸庵文编》卷四,叙曾文正公幕府宾僚
曾国藩	郭崑焘				《庸庵文编》卷四,叙曾文正公幕府宾僚
曾国藩	何应祺				《庸庵文编》卷四,叙曾文正公幕府宾僚
曾国藩	邓辅纶				《庸庵文编》卷四,叙曾文正公幕府宾僚
曾国藩	程恒生				《庸庵文编》卷四,叙曾文正公幕府宾僚
曾国藩	甘晋				《庸庵文编》卷四,叙曾文正公幕府宾僚
曾国藩	陈鼐				《庸庵文编》卷四,叙曾文正公幕府宾僚

幕主姓名	幕宾姓名	入幕年代	在幕经管事务	幕宾后来的情况	根据
曾国藩	许振祎				《庸庵文编》卷四,叙曾文正公幕府宾僚
曾国藩	蒋嘉械				《庸庵文编》卷四,叙曾文正公幕府宾僚
曾国藩	凌焕				《庸庵文编》卷四,叙曾文正公幕府宾僚
曾国藩	方翊元				《庸庵文编》卷四,叙曾文正公幕府宾僚
曾国藩	李鸿裔				《庸庵文编》卷四,叙曾文正公幕府宾僚
曾国藩	柯钺				《庸庵文编》卷四,叙曾文正公幕府宾僚
曾国藩	程鸿诏				《庸庵文编》卷四,叙曾文正公幕府宾僚
曾国藩	方骏谟				《庸庵文编》卷四,叙曾文正公幕府宾僚
曾国藩	向师棣				《庸庵文编》卷四,叙曾文正公幕府宾僚
曾国藩	黎庶昌				《庸庵文编》卷四,叙曾文正公幕府宾僚
曾国藩	王定安				《庸庵文编》卷四,叙曾文正公幕府宾僚
曾国藩	吴嘉宾				《庸庵文编》卷四,叙曾文正公幕府宾僚
曾国藩	张裕钊				《庸庵文编》卷四,叙曾文正公幕府宾僚
曾国藩	俞樾				《庸庵文编》卷四,叙曾文正公幕府宾僚
曾国藩	罗汝怀				《庸庵文编》卷四,叙曾文正公幕府宾僚
曾国藩	陈学受				《庸庵文编》卷四,叙曾文正公幕府宾僚
曾国藩	夏燮				《庸庵文编》卷四,叙曾文正公幕府宾僚
曾国藩	莫友芝				《庸庵文编》卷四,叙曾文正公幕府宾僚
曾国藩	王闿运				《庸庵文编》卷四,叙曾文正公幕府宾僚
曾国藩	杨象济				《庸庵文编》卷四,叙曾文正公幕府宾僚
曾国藩	曹耀相				《庸庵文编》卷四,叙曾文正公幕府宾僚
曾国藩	刘翰清				《庸庵文编》卷四,叙曾文正公幕府宾僚
曾国藩	赵烈文				《庸庵文编》卷四,叙曾文正公幕府宾僚
曾国藩	钱泰吉				《庸庵文编》卷四,叙曾文正公幕府宾僚
曾国藩	汪士铎				《庸庵文编》卷四,叙曾文正公幕府宾僚
曾国藩	陈艾				《庸庵文编》卷四,叙曾文正公幕府宾僚

幕主姓名	幕宾姓名	入幕年代	在幕经管事务	幕宾后来的情况	根据
曾国藩	戴望				《庸庵文编》卷四,叙曾文正公幕府宾僚
曾国藩	刘毓崧				《庸庵文编》卷四,叙曾文正公幕府宾僚
曾国藩	刘寿曾				《庸庵文编》卷四,叙曾文正公幕府宾僚
曾国藩	唐仁寿				《庸庵文编》卷四,叙曾文正公幕府宾僚
曾国藩	成蓉镜				《庸庵文编》卷四,叙曾文正公幕府宾僚
曾国藩	华蘅芳				《庸庵文编》卷四,叙曾文正公幕府宾僚
曾国藩	徐寿				《庸庵文编》卷四,叙曾文正公幕府宾僚
曾国藩	冯焌光				《庸庵文编》卷四,叙曾文正公幕府宾僚
曾国藩	程国熙				《庸庵文编》卷四,叙曾文正公幕府宾僚
曾国藩	陈方坦				《庸庵文编》卷四,叙曾文正公幕府宾僚
曾国藩	任伊				《庸庵文编》卷四,叙曾文正公幕府宾僚
曾国藩	孙文川				《庸庵文编》卷四,叙曾文正公幕府宾僚
曾国藩	洪汝奎				《庸庵文编》卷四,叙曾文正公幕府宾僚
曾国藩	刘世墫				《庸庵文编》卷四,叙曾文正公幕府宾僚
曾国藩	李兴锐				《庸庵文编》卷四,叙曾文正公幕府宾僚
曾国藩	王香倬				《庸庵文编》卷四,叙曾文正公幕府宾僚
曾国藩	何源				《庸庵文编》卷四,叙曾文正公幕府宾僚
曾国藩	李士芬				《庸庵文编》卷四,叙曾文正公幕府宾僚
曾国藩	屠楷				《庸庵文编》卷四,叙曾文正公幕府宾僚
曾国藩	萧世本				《庸庵文编》卷四,叙曾文正公幕府宾僚
胡林翼	汪士铎				《张文襄公年谱》
胡林翼	王柏心	咸丰	赞议军务		《清史列传》七三,王柏心传
胡林翼	胡大任	咸丰	赞议军务		《清史列传》七三,王柏心传
胡林翼	龚绍仁	咸丰	赞议军务		《清史列传》七三,王柏心传
胡林翼	刘蓉	咸丰五年	营务		《清史列传》四九,刘蓉传
胡林翼	严树森	咸丰五年	粮台	湖北巡抚	《清史列传》五四,严树森传
胡林翼	阎敬铭	咸丰九年	粮台	军机大臣、大学士	《清史列传》五七,阎敬铭传

续表

幕主姓名	幕宾姓名	入幕年代	在幕经管事务	幕宾后来的情况	根据
胡林翼	穆其琛	咸丰十年		时州知州	《清史列传》七六,穆其琛传
张国梁	陈克家	咸丰十年		《明纪》的续成者, 1860年与张同死	《清史列传》七二,陈鹤传附陈克家传
毛鸿宾	徐灏				清史稿列传,郭嵩焘传
毛鸿宾	郭嵩焘	咸丰十一年			《清史列传》七三,周昌寿传附郭嵩焘传
恽世临	郭嵩焘				《清史列传》七三,周昌寿传附郭嵩焘传
刘琨	郭嵩焘	同治			《清史列传》七三,周昌寿传附郭嵩焘传
蒋霨远	丁宝桢	咸丰六年	留防贵州省城		《清史列传》五四,丁宝桢传
蒯贺荪	张曜	咸丰初	守御县城	山东巡抚	《清史列传》五五,张曜传
刘松山	刘锦棠			兵部右侍郎	清史稿列传,刘锦棠传
左宗棠	刘典	咸丰十年	营务帮办军务		《清史列传》五五,刘典传
左宗棠	王文韶	同治六年	办后路粮台	军机大臣,大学士	《清史列传》六四,王文韶传
左宗棠	吴观礼				《清史列传》七三,吴观礼传
左宗棠	袁保恒	同治七年			《清史列传》五三,袁保恒传
左宗棠	刘锦棠	同治			清史稿列传,刘锦棠传
左宗棠	饶应祺	同治元年	参军幕	新疆巡抚	清史稿列传,饶应祺传
左宗棠	陶模	同治	议定赋则	陕甘总督	清史稿列传,陶模传
左宗棠	施补华				《左文襄公在西北》
左宗棠	严咸				《左文襄公在西北》
左宗棠	李云麟				《左文襄公在西北》
左宗棠	王开化		参戎幕		《清史列传》五五,刘典传
左宗棠	杨昌濬		参戎幕		《清史列传》五五,刘典传
文煜	张之洞	咸丰十年		大学士,军机大臣	《张文襄公年谱》
马新贻	朱根仁	同治元年	参戎幕	知县	《清史列传》七七,朱根仁传
曹璧光	林肇元	同治七年	总理军需	贵州巡抚	《清史列传》五五,林肇元传
李秉衡	锡良			东三省总督	清史稿列传,锡良传
李鸿章	吴长庆	同治元年		广东水师提督	《清史列传》五六,吴长庆传
李鸿章	刘秉璋	同治元年			《清史列传》六一,刘秉璋传
李鸿章	张树声	同治二年			《清史列传》五四,张树声传
李鸿章	袁保恒	同治七年		刑部左侍郎	《清史列传》五三,袁保恒传
李鸿章	周馥		文牍	直隶、两广总督	清史稿列传,周馥传
李鸿章	杨士骧		治河	直隶总督	清史稿列传,杨士骧传
李鸿章	娄春蕃		刑律		清史稿列传,娄春蕃传
毛昶熙	张之洞	同治元年		大学士,军机大臣	《张文襄公年谱》
张之万	张之洞	同治元年		大学士,军机大臣	《张文襄公年谱》
张之洞	杨锐	光绪十五年	作《粤海图说》		《张文襄公年谱》
张之洞	辜汤生	光绪十七年	洋务委员(在湖广)		《张文襄公年谱》
张之洞	赵凤昌	光绪十九年			《张文襄公年谱》
张之洞	杨楷	光绪十八年	编《夷务类要》(未刊)		《张文襄公年谱》
张之洞	华世芳	光绪十八年	编《夷务类要》(未刊)		《张文襄公年谱》

续表

幕主姓名	幕宾姓名	入幕年代	在幕经管事务	幕宾后来的情况	根据
张之洞	王锦荣	光绪十八年	编《夷务类要》（未刊）		《张文襄公年谱》
张之洞	凌兆熊	光绪十七年	文案委员（在湖广）		《张文襄公年谱》
张之洞	屠寄	光绪十七年	分教两湖书院		《张文襄公年谱》
张之洞	易顺鼎	光绪十七年			《张文襄公年谱》
张之洞	许同莘		著有《旧馆辍遗》		《张文襄公年谱》
张之洞	沈瑜庆	光绪二一年			《张文襄公年谱》
张之洞	汪凤瀛	光绪二二年			《张文襄公年谱》
张之洞	陈衍	光绪二三年	编书		《张文襄公年谱》
张之洞	汤寿潜	光绪二三年	编书		《张文襄公年谱》
张之洞	梁鼎芬	光绪二四年			《张文襄公年谱》
张之洞	刘洪烈	光绪二七年	赴日本考察		《张文襄公年谱》
张之洞	罗振玉	光绪二七年	赴日本考察		《张文襄公年谱》
张之洞	陈毅	光绪二七年	赴日本考察		《张文襄公年谱》
张之洞	胡钧	光绪二七年	赴日本考察		《张文襄公年谱》
张之洞	左全孝	光绪二七年	赴日本考察		《张文襄公年谱》
张之洞	田吴炤	光绪二七年	赴日本考察		《张文襄公年谱》
张之洞	张曾畴		在幕二十年掌机宜文字		《张文襄公年谱》
张之洞	朱承均	光绪二七年	善书		《张文襄公年谱》
张之洞	杨铎				《张文襄公年谱》
张之洞	王家槐				《张文襄公年谱》
张之洞	程鳌				《张文襄公年谱》
张之洞	许宝芬				《张文襄公年谱》
张之洞	吴大蕴				《张文襄公年谱》
张之洞	朱士宜				《张文襄公年谱》
张之洞	蒋楷				《张文襄公年谱》
张之洞	李钟珏				《张文襄公年谱》
张之洞	沈曾植	光绪二四年	主两湖书院		《沈寐叟年谱》
张之洞	华蘅芳				《世载堂杂忆》
张之洞	杨模				《世载堂杂忆》
张之洞	高友唐				《世载堂杂忆》
张之洞	蒯光典				《世载堂杂忆》

从上表所列情况可以看出,各时期的幕府工作并不完全相同,具体到各个幕主的要求和幕宾的贡献也不一致。此外还有几点和一般想象不同:①武官衙门同样有公文往来,因此也有幕宾。如万正色纵容幕友勒索被议,同治时蒋日豫曾参某总戎幕①均是证明。②京官本无幕宾,但用教读老师代作诗文的不少。乾隆十五年(1750)赵翼在大学士汪由敦家教他的儿子读书,前后七八年,赵翼说汪的"诗文多余属草"②,实在就是变相的幕宾。③幕府人员有名位极低的,左宗棠幕有魏景韩,光绪十三年(1887,时左已死)还是从九品,就是官吏的最低级。③

三、清代幕宾的来源

清代选聘幕客,来源大致有下列几种——当然不仅这十四种:

——朝廷指派。乾隆三十三年(1768),赵翼由广西镇安府知府奉命参阿里衮云南军幕,继阿桂、傅恒到滇,仍在幕府凡二年,④事后仍回镇安府本任。赵翼在军中颇有建议,他写的《皇朝武功纪盛》,其中缅甸一役,魏源说他"亲在行间,闻见最确,叙述勃勃有生气"⑤。

——随长官出差。如乾隆十三年(1748),阿桂以吏部员外郎随兵部尚书班第赴金川兵营办事;⑥乾隆三十四年(1769),孙士毅以内阁侍读随大学士傅恒督师云南,主章奏,⑦刘秉恬以吏科给事中随赴军营,⑧都是明显的例子。这种随长官出征,易见才略,所以最为同侪羡慕。阿桂、孙士毅也以此役而露头角。傅恒督师金川时,幕府参佐多军机章京,练达军事,故奏报情形极为详畅。额勒登保经略川楚,奏调郎中胡思显代具奏稿,每有小衄,直陈不讳,得到好评。⑨这都是奏调属员的明显事例。

---

① 王钟翰点校:《清史列传》卷七三《蒋日豫传》,第6069页。

② (清)赵翼:《檐曝杂记》卷二《汪文端公》,中华书局,1982年,第23页。

③ 劳祖德整理:《郑孝胥日记》,中华书局,1993年,第123页。

④ (清)赵翼:《檐曝杂记》卷三《缅甸之役》,《续修四库全书》,上海古籍出版社,2002年,第325页;王钟翰点校:《清史列传》卷七二《赵翼传》,第5912页。

⑤ (清)魏源:《圣武记》卷一二《武事余记》,中华书局,1984年,第499页。

⑥ 王钟翰点校:《清史列传》卷二六《阿桂传》,第1949页。

⑦ 王钟翰点校:《清史列传》卷二六《孙士毅传》,第2005页。

⑧ 王钟翰点校:《清史列传》卷二七《刘秉恬传》,第2044页。

⑨ (清)魏源:《圣武记》卷一二《武事余记》,第499页。

应该指出,这种调取平日熟悉的人员随营入幕以备委用的情况,必须经皇帝批准。在雍正六年(1728)以前,各省督抚赴任,均如当时"上谕"所言,凡"有奏请将平日所知人员带往以备委用者,朕因督抚事务甚繁,欲得素所熟悉之人以收臂指之效,事属可行,是以允从所请,令其带往,酌量题补。近闻督抚等带往人员,在地方不甚相宜,或群相趋奉而指为上司之腹心,或妄生议论而以为上官之偏袒,其中弊端日生,以至流言不少"。并举广东巡抚杨文乾请带王士俊、殷邦翰往广东,阖省人心不服;江苏巡抚陈时夏请带蔡益仁往江苏,而江南人指为陈时夏之耳目;甘肃巡抚莽鹄立请带朱亨衍、李敏德、傅树崇往陕西,原为备办军需,而不令效力办理一事,反一人委署二缺,使试用之员不行委署为例。认为这样,"所带之二三人其得力有限,而沮众人效力之心,则为益少而无益多"。因命从前各省督抚大吏所请带往之人,"俱著回京"。①

——特殊机会物色得来的。浙江学者陈潢,精水利,有才久不遇。一次过邯郸吕祖祠题诗壁上,非常豪迈,为靳辅所见,遂各处打听,设法将他请来。康熙十年(1671)靳辅任安徽巡抚,十六年(1677)任河道总督,陈潢都在幕府。靳辅治河有功,二十三年(1684)康熙巡河,问靳辅:幕府里帮助你的是谁?靳辅回答说是陈潢。张霭生《河防述言》一卷,记述的就是陈潢的治河意见,《四库》附在靳辅《治河奏绩书》之后,陈潢原著名《河防摘要》。②又如毕沅在陕西见黄景仁都门秋思诗,十分欣赏,请他到西安,也是一例。

——国内著名学者。乾隆时,章学诚"尝与休宁戴震、江都汪中,同客宁绍台道冯廷丞署,廷丞甚敬礼之"③。戴震、汪中和章学诚都是当时著名学者。章学诚和严长明等人又都曾在毕沅幕府。④毕沅和朱筠、阮元幕府广聘当代学者,最为有名。后来还有许多学者在幕府修志书、主讲书院。如陶澍请赵绍祖(安徽人)修安徽省志;陆建瀛请冯桂芬(江苏人)修两淮盐法志;阮元请谢兰生(广东人)修广东通志;李鸿章请黄彭年(贵州人)修畿辅通志;劳崇光请郑献甫(广西人)主讲广州书院⑤,刘蓉请黄彭年主讲关中书院⑥,都不是由于本省的

①《清世宗实录》卷七一,雍正六年七月庚申,第1063页。
② 王钟翰点校:《清史列传》卷八《靳辅传》,第570~571页;卷七一《陈仪传·附陈潢传》,第5831页;又(清)纪昀总纂:《四库全书总目》卷六九《史部地理类二》,中华书局,1965年,第615页。
③ 王钟翰点校:《清史列传》卷七二《章学诚传》,第5945页。
④ 王钟翰点校:《清史列传》卷七二《严长明传》,第5928页。
⑤ 王钟翰点校:《清史列传》卷七三《郑献甫传》,第6046页。
⑥ 王钟翰点校:《清史列传》卷七六《黄彭年传》,第6288页。

人,而由于是全国著名学者。国内著名学者包括科学家,如梅文鼎在李光地幕,李锐、罗士琳均入阮元幕,李善兰在曾国藩幕。①

——国内名流。卢见曾乾隆十六年(1751)任长芦盐运使,十八年(1753)调两淮盐运使,"四方名流咸集,极一时文酒之盛。金农、陈撰、厉鹗、惠栋、沈大成、陈章等数十人为上客"②。邓廷桢"绩学好士,幕府多名流,论学不辍"③。

——地方人士。清代文官不能官本省,教官不能官本府,地方绅(退休官吏)衿(秀才)又不许干预公务。康熙时屡诫退休人员子孙"务为安静"④。康熙十八年(1679)黄机"以居乡谨饬安静"⑤特旨召用。所谓安静就是不参与地方事务。因此地方官只能依靠幕府了解一些地方情况。光绪十五年(1889),张之洞调湖广总督,一到职就派人找他的得意门生罗田人周锡恩⑥,即其例。咸丰间,张亮基、骆秉章任湖南巡抚,先后请左宗棠、刘蓉、郭嵩焘入幕,都是湖南人。骆秉章以后,毛鸿宾、恽世临、刘琨接着做湖南巡抚,都邀郭嵩焘继续任幕府。光绪时,刘坤一任两江总督,东南政事多谘商于张謇(南通人)、赵凤昌(常州人)等人。张之洞两次暂调两江总督,也都是找他们,因为他们是江苏地方人士。

——丁忧人员。清制,汉官父母死,均须离职守制,称为丁忧,但可以作幕。姚元之《竹叶亭杂记》卷五说,"松相国(松筠)督两广时,余堂叔(姚)兰宸运同时丁内艰(母死),在其幕府"⑦可证。王先谦年二十父死,他自己说"偷生奉母,糊口无资,不得已于六月赴湖北武昌见父执……荐入……原总兵王吉幕"⑧。光绪二十三年(1897),沈曾植(浙江嘉兴人)丁母忧,袁世凯在小站练兵,请他去帮忙,并提出"墨经不辟兵戎"作理由,他没有去。第二年,他应张之洞两湖书院之聘。⑨丁忧人员,有的是一时名流、专门学者,或者是政治上

---

① 王钟翰点校:《清史列传》卷六八《梅文鼎传》,第5453页;卷六九《李锐传》,第5591页;《罗士琳传》,第5627页;《李善兰传》,第5665页。

② 王钟翰点校:《清史列传》卷七一《卢见曾传》,第5837页。

③ (民国)赵尔巽等:《清史稿》卷三六九《邓廷桢传》,中华书局,2011年,第11497页。

④ 王钟翰点校:《清史列传》卷七《冯溥传》,第487页。

⑤ 王钟翰点校:《清史列传》卷五《黄机传》,第326页。

⑥ (清)刘禺生:《世载堂杂忆·梁节庵愿为入幕宾》,第81页。

⑦ (清)姚元之:《竹叶亭杂记》卷五,中华书局,1982年,第115页。

⑧ (清)王先谦:《清王葵园先生先谦自定年谱》卷上,咸丰十一年条,载王云五主编:《新编中国名人年谱集成》(第六辑),台湾商务印书馆,1978年,第10页。

⑨ 《沈寐叟年谱》,商务印书馆,1977年,第33页。

有阅历的人,暂时延入幕府,所起作用往往比经常在幕的人还要大,而且接触面也宽。

——退休或失意官吏。延聘这些人和延聘丁忧人员意义相近。特别是他们的政治阅历和失败经验都可吸取。这种人又可分为两类。一类是本人借入幕立功以便复起,如乾隆三十三年(1768)王昶以刑部郎中因案革职,云贵总督阿桂请带往云南军营效力,自备资斧(不支薪俸和差旅费),后经三年复官主事。① 一类是本人受有挫折,想借旁人的地位,发挥自己的政治主张,这在清末最多。如张佩纶、文廷式、梁鼎芬、蒯光典、汪康年、赵凤昌,他们不但无所顾忌,而且还广通声气。他们也不只在一个人的幕府中。

——京官。清制,未补缺的京官,允许请假,一般暂到各地入幕,过几年再回京。李鸿章先后在福济(安徽巡抚)、曾国藩幕,已是京官(翰林)。光绪时,张之洞在湖北,京官往投的很多,他也尽量招纳到各书院、学堂或局所,其实就是幕府。当时的人将这些京官分为三类:一是有望误失意的朝士,如上面提到的蒯光典、梁鼎芬;二是告假出京的朝士,如周树模、屠寄、黄绍箕;三是广通声气的朝士,如文廷式、张謇。②

——新贵。所谓新贵,清代多指新中举人、进士或点翰林的人。林则徐年二十举乡试,(福建)巡抚张师诚辟佐幕。③ 后来郑孝胥以光绪八年(1882)的福建解元,第二年会试前进入李鸿章幕府,④ 不久离开。于式枚光绪六年(1880)进士翰林,九年已在李鸿章幕,⑤ 都属于这一类。此外,清代还有一种腐朽风气,中进士后往往请假回籍,顺道或绕道拜访相识的地方疆吏,疆吏也就送这班新贵一些"赆敬"(银钱),或是书院的"关书"(聘书),就是通俗所谓"打秋风"。在新贵是乘机勒索,在疆吏是一种拉拢,虽贤者不免。清代许多年谱,谈到其人在中进士后往某某地方,而不说去的原因,大抵属于这一类。

——秀才。《清史稿·陈銮传》:"銮自为诸生时,两江总督百龄辟佐幕,历官江苏最久,周知利病。"⑥ 陈銮是湖北江夏人,是外地的秀才。本省的秀才作幕

---

① 王钟翰点校:《清史列传》卷二六《王昶传》,第2020页。
② (清)刘禺生:《世载堂杂忆·梁节庵愿为入幕宾》,第81页。
③ (民国)赵尔巽等:《清史稿》卷三六九《林则徐传》,第11489页。
④ 劳祖德整理:《郑孝胥日记》,第31页。
⑤ 劳祖德整理:《郑孝胥日记》,第31页。
⑥ (民国)赵尔巽等:《清史稿》卷三八一《陈銮传》,第11633页。

的更多。乾隆十四年(1749),浙江学政于敏中上言,浙江省生员(秀才)在外欠三考者(三次岁考)七十余人,请定限咨催回籍补考,①也可能由于浙江学幕的人多。

——门生故旧。李鸿章的父亲李文安(进士题名碑作李文玕)和曾国藩是道光十八年(1838)进士同年。在京时,李鸿章尝向曾问业,是年家子又是门生,后到江西投曾幕。薛福成的父亲薛晓帆是曾国藩的门生,早死。同治四年(1865)曾国藩北上镇压捻军,张榜招贤,薛福成在宝应以"门下晚学生"名义上书,条陈八事,曾国藩招他入幕。②张之洞到湖广,首先找周锡恩入幕府,就是他的门生。门生前代称为门弟子,就是学生。清代所谓门生,范围较广。凡是教读老师,统称受业师,凡是科举考试取录自己的,统称受知师。无论受业受知,自己统称门生,终身尽礼。乾隆时,一度认为,受知师才是自己仕进的引导者,受业师与仕进无关,应该加以区别,但是行不通。此外还有拜老师,又称拜门,既非受业,又非受知,结为师生关系,清末最盛。

——亲属。这是很自然的情况,但清醒的人多数认为"至亲不可用事",和"用亲不如用友"。乾隆二十九年(1764),诸暨县知县黄汝亮的重征,乾隆五十一年(1786),平阳县知县黄梅的苛敛,以至获罪,都是由于子累。③

——专业幕宾。就是学幕的人,又称刑名或刑钱师爷,也就是通俗所称的"绍兴师爷"。这是幕客的主流。

四、绍兴师爷

绍兴,清代是府名,府辖八县:山阴、会稽、萧山、诸暨、余姚、上虞、嵊、新昌。今天的绍兴在清代是山阴、会稽两县。不是说八县人人都学幕,像绍兴著名学者章学诚、李慈铭就未尝学过;也不只限于绍兴附郭的山阴、会稽两县,像著名的"绍兴师爷"汪辉祖就是萧山人;也不是除了绍兴以外无人学幕,像《幕学举要》的作者直隶名幕万维翰,就是江苏人;《入幕须知五种》主编同

---

① 王钟翰点校:《清史列传》卷二一《于敏中传》,1545页。
② (清)薛福成:《庸庵文外编》卷三《上曾侯相书》条,《续修四库全书》,上海古籍出版社,2002年,第220页。
③ (清)汪辉祖:《学治臆说》卷下《至亲不可用事》,《官箴书集成》(第5册),黄山书社,1997年,第286页。

光时名幕的张廷骧也是苏州人。①汪辉祖曾引雍正初"刑名幕友胡某歙(安徽)人"的事。②

过去学幕,有专门的学识和训练,称为幕道或幕学③,虽然没有固定的学校、学程和年限,可是要拜师,要分别行辈。所以嘉庆时梁章钜虽讽刺"绍兴三通行(即绍兴师爷,绍兴话,绍兴酒),皆名过其实","刑名钱谷之学,本非人人皆擅绝技,而竟以此横行各直省,恰似真有秘传"。但也不能不承认"亦究竟尚有师传"。④清代地方官署,除了武职和盐粮以外,都是行政和司法不分,财政和建设不分。一个知县,既要管理全县的行政事务,还要审理裁决民刑案件(刑名),征收钱粮赋税,开支各种费用(钱谷),还有往来文件(挂号),缮写公私函件(书启),考核征收田赋(征比)。因此,作幕也学习这五方面的知识。特别是关于审判的量刑轻重,裁决的是否合理,以及收支的报销(清代四柱清册以银两为单位,两以下小数达十三四位),不但是民人是否服从、上级是否批准的关键,更是一个官吏成败升黜的根据。所以"刑名、钱谷,实总其要",更是学幕的主要项目。学习的基本材料,"全在明习律例","律文一定不移,例则因时更改"。例案太多,虽有"通行"(通知各省府州县的文件),但不随时汇集公布,全靠各人的抄录札记,学幕师徒之间的传授大都在此。这可以说是业务学习。

此外还有品德修养的学习,就是"俨然以宾师自处"。什么是以宾师自处呢?就是要做幕主的朋友和老师,知无不言,而不要做他的属员,听命唯谨。因此要求做到三点:尽心,尽言,不合则去。所谓尽心尽言,就是"心尽于事,必竭所知所能","尽心之欲言","官幕如同船合命"⑤。所谓不合则去,就是"礼貌衰(降低),论议忤(意见不合),辄辞去"⑥。这种情况,据汪辉祖说是他"年二十二三初习幕学"时的情况。又说,"至余年三十七八时犹然,已而稍稍委蛇,又数年以守正为迂阔矣"⑦。案汪氏乾隆十七年(1752)年二十三,所谓年三十七八,应是乾隆三十一年(1766)、三十二年(1767),所谓又数年,如以五年计,则在

---

①(清)张廷骧编:《入幕须知五种》,沈云龙主编:《近代中国史料丛刊》(第27辑),台湾文海出版社,1966年。

②(清)汪辉祖:《续佐治药言·删改自首之报》,《官箴书集成》(第5册),第332页。

③(清)汪辉祖:《学治臆说》卷上《得贤友不易》,《官箴书集成》(第5册),第269页。

④(清)梁章钜:《浪迹续谈》卷四《绍兴酒》,福建人民出版社,1983年,第81页。

⑤(清)汪辉祖:《佐治药言·尽言》,《官箴书集成》(第5册),第314页。

⑥(清)汪辉祖:《学治臆说》卷上《得贤友不易》,《官箴书集成》(第5册),第269页。

⑦(清)汪辉祖:《学治臆说》卷上《访延贤友》,《官箴书集成》(第5册),第268页。

乾隆三十六年(1771)、三十七年(1772)。粗略地说,乾隆三十年(1765)以前大都如此,乾隆三十年(1765)有点放松,到乾隆三十五年(1770)就不太坚持了。但是不合则去的精神还存在。我听章廷谦先生(绍兴人)说,鲁迅先生说过,"我们绍兴师爷箱子里总放着回家的盘缠(路费)",这是多么坚强的不合则去的保障。

绍兴刘大白先生曾和我说,绍兴师爷还常出去游学,就是在作幕几年之后到各地上级衙署访问,寻求更多的例案,以为深造。

大白先生还谈过,绍兴师爷还创造了"江山一统"的分类法。将汉字按"江山一统"四字的第一笔,点、直、横、撇分四部,较部首分类简便的多,容易检查。他们的笔记标题、案牍索引、各种簿册(汪辉祖《学治说赘》列有稽狱囚、查管押、宪批、理讼四簿,又有客言、堂签二簿,和正入、正出、杂入、杂出四簿。又《学治臆说》说"事须谨慎者,或密书手折志之"。所以他们的簿册是很多的)都按这样分类。(大白先生20世纪30年代初逝世,他著作很多,不知此二事已否发表?)

清代地方官署,不论大小,都有幕学师爷。看事务的多少,定人数的多少。最简僻、最小的官署,也要有一人兼管刑名和钱谷,一人兼管书启、挂号和征比。清代末季,一般都以亲属管理出纳财务,等到离职才请钱谷师爷办交代,而刑名老夫子是不可缺的。所以所谓绍兴师爷是和清代相终始的。

附带说明一下,幕宾和胥吏,身份不同,来源不同,性质不向,不能相混。

五、清代幕宾的地位

清代幕府人员统称幕宾,由幕主自己延聘,不属于国家行政系统。因此,他们的聘辞、工作安排、人数及束修多少,都独立于官府之外。他们的工作称为馆地,或简称馆。入幕称为到馆,离去称为辞馆。他们和幕主的关系是宾主关系,是平等的,没有上下级隶属关系。他们称幕主为主人,为东主、东翁,或称东家;幕主称他们为西宾、西席,为老夫子;旁人都称他们为师爷。幕宾与幕宾之间,也是平等的,不因各人的年龄、行辈、学识、地位而有高下。至于他们各个人之间的私人关系,自当别论。

幕宾在馆,礼遇隆重。清代是历史上封建等级比较严格的时期,中叶以后,由于保举、捐纳打破了限制,加快了升迁,而等级差别仍然存在。各省下级对上级要行跪拜或者请安礼。①请安是屈一膝,俗称打千(或作打跧)。但是幕府主宾相见,均止相对长揖(深躬作揖)。设宴总是幕宾上座。如家内有教读的老师,老师在上;或设两席,教读老师坐东一席,幕宾坐西一席。②教读老师是不参加政治性宴会的。曾国藩每天要陪幕宾吃饭,幕宾不到齐他不先吃,③郑孝胥光绪九年(1883)入李鸿章幕,李鸿章亲自督察童仆给他安搭床铺。④从这些小事都可以看到幕宾的地位。乾隆时,陈道(字绍洙,江西新城人,著有《凝斋遗集》)的儿子陈守诚任浙江金衢严道,他写信给他儿子说:"幕中诸友,须情谊亲洽,礼貌周到,不可似向年疏忽。饮食酌定数品,只一二席稍丰,时常陪饭,便令厨子不敢省减。"又说:"诸友馆谷(工作的报酬),逐季送清。"又说:"论事当和婉相商,无执己见,轻行改窜。即或意见不合,亦宜礼貌相别,无出恶声。"⑤对幕宾是这样地恭敬周到。但是在幕宾方面,还是有"吾辈游幕之士,家果素封,必不忍去父母离妻子寄人篱下"⑥之感。

幕宾的工作报酬,称为束修、岁修,或馆谷,每年或每季由延聘的幕主自行致送,不在公家支出之列。但事实上还是由幕主的岁俸和养廉中支付。在乾隆时,"游幕之士,月修或至数十金"⑦。如果十五六人每月五十金,一年就需银万两,而州县处处需钱应用,因此竟出现了"所入廉俸即尽支领,亦不敷延请幕友"⑧的情况。也就必然导致"钱粮不能不额外加增,差徭不能不民间摊派"了。

由于幕宾的岁修不由公家开支,因此他们不算官员,不能由官吏调用。嘉庆二十三年(1818)直隶总督方受畴延请现任通判陈建帮办幕务,受到弹劾。嘉庆帝指出,督抚大吏不准以属员帮办幕务,屡经降旨饬禁,方受畴身任总督,养廉优厚,非不能延请幕友者,乃令现任通判陈建入幕办事,既旷职守,又招物议,实属违制,⑨受到严厉批评。

①(清)梁章钜:《南省公余录》卷三《拜礼》,沈云龙主编:《近代中国史料丛刊》(第44辑),台湾文海出版社,1966年,第1308页。

②(清)刘禺生:《世载堂杂忆》,第48页。

③(清)薛福成:《庸庵笔记》卷一《李傅相入曾文正幕府》,商务印书馆,1937年,第12页。

④劳祖德整理:《郑孝胥日记》,第33页。

⑤(清)陈道:《官戒·示长儿》,《清经世文编》卷二一,第530页。

⑥(清)汪辉祖:《佐治药言·俭用》,《官箴书集成》(第5册),第316页。

⑦(清)汪辉祖:《佐治药言·俭用》,《官箴书集成》(第5册),第316页。

⑧王钟翰点校:《清史列传》卷三四《姚文田传》,第2662页。

⑨王钟翰点校:《清史列传》卷三三《方受畴传》,第2578页。

幕府既不能由职官兼充,因此遇有劳绩也不能奖叙。雍正三年(1725)议年羹尧罪状时,有"将幕友张泰基等冒入军功共十八案"①一款。道光十四年(1834),闽浙总督程祖洛将幕友陈时等五人保列议叙,道光帝以督抚幕友例不准邀议叙,下部议处。②这种措置显与雍正元年(1723)三月乙酉谕,嗣后督抚所延幕客,将姓名具题,果称厥职,咨部议叙的规定不符,是后来改的。雍正知道田文镜的幕客有邹思道,李卫幕客有鲁锦,必由于造册报部所以知道。因此认为雍正元年(1723)三月乙酉谕旨并实行,也是说不通的。

从记载看,游幕的人大都为了解决家庭生活。汪辉祖在他的著作中屡次谈到这一点。乾隆时诗人黄景仁,家很穷,将出游幕,明白说过:"母老家贫,后无所赖,将游四方觅升斗为养。"③同时学者程晋芳,就是当时盛传的"鱼门先生死,士无走处"的鱼门先生。他家本来富有,到了晚年,"家赀尽,官京师至无以举火"。乾隆四十九年(1784),他请假到西安,目的是"将谋诸毕沅为归老计",到西安只一个月就死了,④都说明了这个问题。同时我们还看到,家庭生活优裕的人,如王念孙、王引之父子(王安国之子和孙),梁玉绳、梁履绳兄弟(梁师正之孙,梁同书之子),他们家没有作幕的人。

游幕既是为了疗贫,而幕宾又不算是正当出身,所以多数人在游幕之后再应科举考试。汪辉祖作了十七年幕宾,去考举人,录取后又作了七年幕宾,经过四试考取进士(乾隆三十四年、三十六年、三十七年、四十年),说明科举在幕宾心目中,同样是向往的。《三家诗拾遗》的作者范家相,会稽(今绍兴)人,"弱冠薄游为人主幕务,稍废学,年至四十,母责其泯泯无闻,乃复杜门研诵",考取进士。⑤所谓"泯泯无闻",正反映封建社会中人们对做官的倾慕心情。这种作幕后参加科举考试的例子相当多。戴震先在秦蕙田幕后举乡试,⑥林则徐、陈銮先在百龄幕后中进士⑦都是。

清代幕宾,有些先做官后入幕,有些先入幕后做官,有些由幕入官然后再入幕,有些由官入幕然后再做官,情况不尽相同。

① (清)梁章钜:《归田琐记》卷五《年羹尧》,中华书局,1981年,第89页。
② 王钟翰点校:《清史列传》卷三七《程祖洛传》,第2927页。
③ 王钟翰点校:《清史列传》卷七二《黄景仁传》,第5941页。
④ 王钟翰点校:《清史列传》卷七二《程晋芳传》,第5885页。
⑤ 王钟翰点校:《清史列传》卷六八《范家相传》,第5505页。
⑥ 王钟翰点校:《清史列传》卷六八《戴震传》,第5513页。
⑦ (清)梁章钜:《浪迹续谈》。

幕府的工作,以刑名、钱谷为主,因为每个机关都需要,但又不是任何读书人都擅长。于是出现了由幕府人员编书、著书、印书的工作。著名大幕如阮元幕府编的《皇清经解》和《国史儒林文苑传稿》,王先谦幕府编的《皇清经解续编》,毕沅幕府编的《续资治通鉴》,张之洞幕府编的《广雅丛书》,以及其他幕府所编的地方志,都有一定贡献。在幕府以个人名义发表的著作更多。

评阅试卷也是幕府人员的工作之一。这里说的试卷,指学政科考、岁考和各书院的考课。道光十七年(1837)祁寯藻为江苏学政,"幕客俞正燮、张穆、苗夔诸人并朴学通儒"①,可见对评阅试卷的重视。至于乡试阅卷另有同考官,是不能由幕府代阅的。道光二十年(1840),江南乡试正考官文庆私带湖南举人熊少牧入闱帮同阅卷,革职。这又是对科举考试不许由幕宾代阅的明显事例。

地方官的经常行政工作除了刑名、钱谷以外,还有批牍,就是批答文件,也要请人协助,涉及方面更广,需要的人更多,也就不限于一定范围。许多重大问题的解决,往往出自幕府。官文作湖广总督,"钜细事不甚究心,多假手于幕友家丁"②,不认真做事的官吏大都如此。陶澍"在江南,治河、治漕、治盐并赖王凤生、俞德源、姚莹、黄冕诸人之劳"③,勇于做事的官吏更靠幕府协助。当然也有不用幕友的。赵申乔"在官不延幕客,案牍皆手理,属吏服其公清"④,就是一个。

曾国藩在咸、同之间,"致力延揽,广包兼容,持之有恒","幕府宾僚尤极一时之盛"。⑤他"以兵事、饷事、吏事、文事四端,训勉僚属",这显然比幕学的五个方面更加宏阔。当时实际政治的要求已不同于前,时代变了,幕府人才的要求也变了,不再是从前所谓绍兴师爷了。

六、清代幕府发展的三阶段

从上面我们看出,清代幕府本身的发展可以分为三个阶段。清初到道光末为第一阶段,咸丰初(1851)到光绪中(1889)为第二阶段,光绪中到辛亥革命

① (民国)赵尔巽等:《清史稿》卷三八五《祁寯藻传附子祁世长传》,第11675页。
② (清)薛福成:《庸庵文编》卷四《书益阳胡文忠公与辽阳官文恭公交欢事》,《续修四库全书》,上海古籍出版社,2002年,第101页。
③ (民国)赵尔巽等:《清史稿》卷三七九《陶澍传》,第11605页。
④ (清)穆彰阿、(清)潘锡恩等编修:《嘉庆重修一统志》卷二八二《浙江名宦·赵申乔传》,中华书局,1986年,第13754页。
⑤ (清)薛福成:《庸庵文编》卷四《叙曾文正公幕府宾僚》,第103页。

(1911)为第三阶段,也就是以曾国藩的幕府班子和张之洞移督湖广后的幕府班子作主要划分界标。

(一)1851年以前的二百年

清自入关到道光末,虽然年代很长,社会经济的发展很快,政治事变很多,但地方政府的幕府组织变化不很显著。

大致来看,咸丰以前各地方政府的幕府班子至少有这样的特点:①国家法令对幕府的限制较严;②幕主对幕宾的礼貌尊崇;③幕宾守正,自我要求严;④幕宾管理的事务,除了特别指定以外,以刑名、钱谷、文书为主。

(二)咸丰初到光绪中

咸丰以后,由于时事的发展,各地幕府情况也与前时不同。

首先表现在幕宾的人数加多,这是行政事务加多的反映。新事物需要新知识、新研究,就需要新人才。薛福成记曾国藩的先后幕宾凡八十三人,他本人和他不知道的还不在内。[①]这种情况的促成是由于:①鸦片战争后,中外通商及海防事务的加强,如黎庶昌(后出使日本)、薛福成(后出使英、法、意、比)、陈兰彬(后出使美国)诸人的入幕;②太平天国起义,曾国藩、罗泽南之流"各举平素知名之士召练乡勇"[②],用以镇压太平军,因之左宗棠、彭玉麟、李鸿章这班人都入曾幕;③军兴以后,捐输、厘金等一时蜂起,不由地方州县经手,这方面的人员莫不入幕,李瀚章就是曾国藩幕府总理粮台、经收厘税最早的一个人;[③]④由于当时需要更多更强的人才工作,许多官员得到"破格录用"[④],造成"军兴以来,奏调人员往往不次骤迁"[⑤]的局面。奏调人员大都是参加幕府的人,这就成了官吏升迁的捷径,于是希望做幕宾的人更多了。这是和过去完全不同的。

其次,道、咸以前幕府中宾主是个人与个人的平等关系,没有职务上的上下级区别。咸丰以后,幕府人员有的参加了治军、作战、筹款、征收的实际工作,就出现了职称,也就产生了等级差别和一系列奖惩制度,幕府制有了变化。但不参加实际行政工作的幕府,仍然保持原来礼数。李元度咸丰三年(1853)

① (清)薛福成:《庸庵文编》卷四《叙曾文正公幕府宾僚》,第103页。
② 王钟翰点校:《清史列传》卷五一《左宗棠传》,第4050页。
③ 王钟翰点校:《清史列传》卷五九《李瀚章传》,第4639页。
④ 王钟翰点校:《清史列传》卷四九《刘蓉传》,第3905页。
⑤ 王钟翰点校:《清史列传》卷五四《何璟传》,第4263页。

入曾国藩幕办理营务,咸丰十年(1860)九月在徽州战败,曾国藩把他弹劾,革职拿问,[1]处理是严厉的。但曾国藩对其他无职责的幕友,还是每天早晨同他们下围棋。[2]这是和过去有同有不同的地方。

至于在合则留不合则去的幕宾品德方面,和道、咸以前还是一样的。当徽州战役后曾国藩追究李元度的战败责任时,李鸿章正在曾国藩幕府,[3]很不以为然。他同另一幕友向曾国藩力争不得,竟辞去。薛福成这样记载了他们的对话:

> 李:"果必奏劾,门生不敢拟稿。"
> 曾:"我自属稿。"
> 李:"若此,则门生亦将告辞,不能留侍矣!"
> 曾:"听君之便。"[4]

李鸿章离开曾幕到江西闲居,至咸丰十一年(1861)七月曾国藩到安庆以后,才又约李鸿章到幕府中来。应该指出,曾、李争论时,薛福成还未入曾幕,可能得之传闻,而且写在曾死以后,也许有些夸大,但是结果李鸿章离开曾幕确是事实。幕宾不合则去的自我要求还是存在的。左宗棠在西北时,幕府中吴观礼、施补华的"见机而仆",李云麟的"不欢而散"[5],都由意见不合中途离去。

在咸丰以前,幕宾只对幕主负责,并随幕主的任职为去留,幕主离职,幕宾也连带离去。除了个人的行为须负法律责任外,是不负行政责任,不受行政处分的,可以说是"置身事外"[6]。咸丰以后,地方事务加多,幕宾经管的文件也多起来,这就出现了幕宾与外间的联系。左宗棠在湖南巡抚骆秉章幕,凡见骆秉章的人,骆秉章总让他们去见左师爷,[7]幕府的地位与作用显然更加提高了。

咸丰以后,各处幕府人员加多,幕宾岁修已非官员私人名义所宜担负,逐

---

① 王钟翰点校:《清史列传》卷七六《李元度传》,第6292页。
② (清)薛福成:《庸庵笔记》卷四《曾文正公始生》,第87页。
③ 王钟翰点校:《清史列传》卷五七《李鸿章传》,第4445页。
④ (清)薛福成:《庸庵笔记》卷一《李傅相入曾文正公幕府》,第13页。
⑤ 秦翰才:《左文襄公在西北》,岳麓书社,1984年,第18页。
⑥ 《清世宗实录》卷五,雍正元年三月乙酉,第114页。
⑦ (清)刘禺生:《世载堂杂忆·左宗棠与樊云门》,第45页。

步移在书院、书局、修志局或其他局所支应。这样就出现了新的职名(总办、帮办等)。

咸丰军兴,许多著名人物由幕府变成高级官吏,如胡林翼、左宗棠、刘蓉等,在平等地位、同样名称的幕府中,自然出现变更称谓的要求。胡林翼幕均称罗泽南为罗山先生①是一证明。

有许多新起业务,涉及全国或两省以上,虽由一地主持,但用一省的幕宾名义终嫌不便,如芦汉铁路、内河轮船、湘鄂电话等,都改新称。

还有政治原因,如御史朱一新光绪十二年(1886)八月论巡阅海军太监李莲英随往,将蹈唐代覆辙,降职,一时名震全国。张之洞遂请他到广州广雅书院做山长,主持讲学。书院是省级官吏设立的,但又在官厅系统之外,山长(院长)名义清高,对省级官吏没有上下级关系,对清廷来说调解了一次争议,这样安排朱一新是适宜的。而张之洞也自认是"意在激励风节,利害非所计"②。

(三)清末二十年

清代疆吏的幕府,光绪中叶以后又和咸丰时不同,这是外患日亟时代发展的必然结果。有人认为是由于光绪十五年(1889)湖广总督张之洞"废山长制度而为分教制度","废聘请馆宾而札委文案",因而"幕宾制度永除",给他加以"破坏中国宾师之罪"③,其实并不尽然。

张之洞出生在他父亲的知府衙署里,从小就熟知幕宾情况,他对幕宾是否另有看法,不得而知。他自己聪敏多才,光绪八年(1882)第一次做地方官就未用文案。他给张佩纶的信中说:"文案无人,一切笔墨皆须己出,不惟章疏,即公牍亦须费心改定,甚至自创。"④光绪十年(1884)到两广总督任,初到"就命司道首府各举候补官才胜文案者入署办事"⑤。这种情况,过去也有。道光元年(1821)戴敦元任江西按察使,"至江西,无幕客,延属吏谙刑名者以助,数月清积牍四千余事"⑥,是由于自带人少还是反对幕府制度,尚难证实。

清代各省书院,由督抚聘请名家掌教,称为山长。原以八股、试帖为主,后

---

① (清)薛福成:《庸庵文编》卷四《叙益阳胡文忠公御将》,第94页。

② (清)许同莘编:《张文襄公年谱》卷三,商务印书馆,1947年,第57页。

③ (清)刘禺生:《世载堂杂记·张之洞罢除宾师》,第48页。

④ (清)张之洞:《张文襄公全集》卷二一四《与张幼樵》,中国书店,1990年,第34页。

⑤ (清)许同莘编:《张文襄公年谱》卷三,第57页。

⑥ (民国)赵尔巽等:《清史稿》卷三七四《戴敦元传》,第11551页。

来加课经史。讲学外,每月考试两次,上半月由省级官吏考试评阅,称为官课;下半月由山长考试评阅,称为师课。成绩优秀的给以奖金,称为膏火。这就是所谓官、师二课。张之洞在广东设广雅书院,书院设山长(校长),分经学、史学、理学、文学四门,各有分教(院长)。后到湖广又设两湖书院,先分经学、史学、理学、文学、算学、经济六门,后改经学、史学、地舆、算学四门,有分教,无山长。后来学校制度建立,书院制度废,聘请改为任命。

同治八年(1869)张之洞任湖北学政建文昌书院(后改经心书院),聘黄彭年为主讲,光绪八年(1882)张之洞在山西聘王轩为令德堂主讲,实即山长,其时还没有分校、分教之名。光绪十七年(1891)屠寄、易顺鼎分教两湖书院,而没有山长。所以说山长的废除是从张之洞在湖广开始,是可信的。

但这只是职名改换,关系并不大。陈颂万又说:"张之洞莅鄂,废去聘请之幕宾刑名师爷,刑名、钱谷皆领以札委之文案,文案决事于本官。"[①]这就涉及制度本身的根本改变了。陈颂万曾作张之洞机要文案(赵凤昌亦是机要文案),所说应该是有根据的。

文案在张之洞幕府原称文案委员。委员用作官职名称,见于乾隆时《幕学举要》,原指临时委派的监督或调查人员。如庄头当差地亩被灾,"令其呈明内务府,俟内务府委员到境同州县会勘,造具册结,给委员带回"[②]。委员本人还有他自己的本职。其后成为正式职称,变成了委派人员的专名。各省习用已久。咸丰七年(1857)王庆云作四川总督,到川抽收厘金,命司道慎选委员,并议定委员明给薪水,另外还有辕门收呈委员等。[③]张之洞到湖广后使用更广泛,如洋务委员、文案委员、矿政局委员、无烟药厂委员等,比比皆是。文案委员实即原来幕宾里的文书、书启。幕宾,原来是朋友地位,现在成了上下级关系;幕宾之间原来彼此平等,现在上面加了领导,有了等级;幕宾原来是礼聘的,现在换了札委(命令委派);幕宾原来是私人助手,现在成了正式官吏;幕宾原来只是一种名义,现在要负实际责任。性质变了,地位也变了。咸丰以来培养政治人才的幕府制度不复存在,而变成和其他行政机构一样,各人在主管事务中锻炼成长。

---

① (清)刘禺生:《世载堂杂记·张之洞罢除宾师》,第48页。
② (清)万维翰:《幕学举要》,《赈灾》,《官箴书集成》(第4册),第746页。
③ (清)王传璨编:《王文勤公年谱》,《到川抽厘》,《北京图书馆藏珍本年谱丛刊》,北京图书馆出版社,1998年,第395、406页。

这时,外事交往多,光绪十七年(1891)俄国太子(即后来的沙皇尼古拉二世)旅游武昌(今武汉)。张之洞命辜汤生以洋务委员的名义招待。[①]这样比起私人幕宾的名义较为礼貌,而且看不出地位高下。

附带指出,光绪时的督抚,由于政务发展,他们的职责已不尽同于前。咸丰末年出现外重内轻局面,[②]光绪十年(1884)中法战起,何璟任闽浙总督,屡请南北洋拨师船赴援,"旨下皆不能应"。此前,"外省官吏于劝捐抽厘等事,往往侵蚀分肥,饱其私囊,遇有他省人员前往试办,必多方掣肘,不使其废然思返不止"[③],说明各省早已有排挤外来人员情事。光绪三十年(1904)美国来议粤汉铁路事,清廷命商部(中央)与湖广总督张之洞(地方)妥筹办理。张之洞认为"参以商部,必多枝节,如无掣肘,庶几有成"[④],于是商部不问粤汉事。可见清末地方疆吏权势之大。地方疆吏所依靠的是地方财赋、地方企业和地方人士,这些经手的人,大都是新旧幕府。直到辛亥革命,像周馥和李鸿章、杨士骧、徐世昌和袁世凯,张鸣岐和岑春煊,尽管名义不同,但都有幕府渊源。这些便造成了后来的军阀割据。

本文原刊载于《中国社会科学》1980年第6期。

作者简介:

郑天挺(1899—1981),中国近现代著名历史学家、教育家,南开史学主要奠基人。祖籍福建长乐,生于北京。毕业于北京大学。1933—1951年间历任北京大学教授、北京大学秘书长、西南联合大学总务长、北京大学史学系主任等职。1952—1981年间,曾任南开大学历史系主任、国家一级教授、南开大学副校长,兼任中国史学会主席团主席、国务院学位评定委员会历史组组长、《中国历史大辞典》总编、天津市政协副主席等职。

---

① (清)许同莘编:《张文襄公年谱》卷三,第73页。
② 王钟翰点校:《清史列传》卷五四《何璟传》,第4263页。
③ 王钟翰点校:《清史列传》卷五五《晏端书传》,第4306页。
④ (清)许同莘编:《张文襄公年谱》卷九,第188页。

清兵入关与吴三桂降清问题

陈生玺

　　1644年的清兵入关,是明清之交的一个重要历史事件。这一事件关联着明朝的灭亡、李自成的失败和清朝的胜利三个方面。李自成于三月十九日进入北京,崇祯帝自缢而死,大明王朝宣告灭亡,李自成的大顺王朝正待建立,即于四月二十二日山海关之战败于清军,四月三十日退出北京,前后共四十二日。清军四月九日从沈阳出发,经山海关之战而长驱直入,于五月初二日进入北京,前后仅二十三日。从此清廷以北京为立足点,先后打败了李自成、张献忠和南明的几个小朝廷,统一了全国,建立了中国历史上最后一个空前规模的封建王朝——大清帝国。这一巨大事变,长期以来被认为是由于吴三桂降清所致。本文的目的在于说明,在明末三种政治力量的长期斗争中,为什么李自成推翻了明王朝而处于关外的清军却取得了胜利,清朝取胜的原因何在,吴三桂降清到底是怎么回事。

一、清军的南进政策与范文程进取中原的计划

　　由满族在关外建立的清政权(1616年建立称后金,1636年改称清),很早就有入据中原的计划。在皇太极时期(1627—1643)就有三种意见:一是主张从山海关以西长城各口进入关内,直取北京。北京是明王朝的首都,取北京后则河北可传檄而定,据有中原。二是取近京各处州县,内外夹攻山海关,取山海关后,可为进入中原打开通路。三是取关外锦(州)、宁(远)地方,因为锦、宁是明扼守山海关的屏障,取锦、宁则山海关易得,进入中原可以长驱直入。①主张第一、二种意见的多为汉人的降官和年轻的满洲贝勒。汉人的降官多从大一统的观念出发,认为割据一隅,非王者之策,诸贝勒则利其进入中原,掠夺财物。而清朝的最高决策者皇太极则主张第三种意见,先取锦、宁。取锦、宁一可以

――――――――――

　　①《清太宗实录》卷二二,天聪九年二月己亥条;《高鸿中陈行兵要事奏等》,《史料丛刊·天聪朝臣工奏议中》。

自固,二可以相机攻取。因为在天聪三年(崇祯二年,1629)皇太极曾从蓟镇之大安口、龙井关进入长城,围逼北京,由于明军的抵抗而未能得手,转而攻占了永平、滦州、迁安、遵化等地,派二贝勒阿敏驻守。皇太极北归时曾扬言:"且抽兵回来,打开山海,通我后路,迁都内地,作长久之计,尔等毋谓我归去也。"①但是不久,阿敏即被明军打败,狼狈弃永平而逃。事实证明,第一、二策难以实现。所以终皇太极之世,清的南进政策是以夺取关外的锦、宁地方为主,并乘机深入内地,进行大规模的掠夺。在皇太极看来,不夺取锦、宁及山海关,即使深入内地,也无法立足,而且往往于出边之时,还要受到明军的夹击。对明王朝而言,保卫锦、宁,就是为了护卫山海关,堵住清军的通路,保卫首都。所以明朝西部虽有农民起义,但是仍把军事的重心放在加强锦、宁防线上,以抵抗清军的南进。皇太极在征服了蒙古、朝鲜,夺取了皮岛,统一了东北全境以后,便下了很大的力量进取锦、宁。

崇德六年(崇祯十四年,1641)根据汉人降将张存仁、石廷柱等人的计策,用八旗轮番更代掘长壕的办法,长期围困锦州。锦州守将为祖大寿。明朝为了解锦州之围,派洪承畴总督蓟辽,集宣府、大同、蓟辽八镇十三万兵来援锦州。皇太极闻讯后,亲率大军,疾驰六日,奔至松山,乘明军指挥上的错误(此错误系由明朝政府屡次催战所迫,并非由将领无知),一举而将明军彻底打败,十三万人死伤大半。松山被围至次年二月,城破洪承畴被俘,送至沈阳后投降。锦州援绝,祖大寿也相继于三月投降。清朝拔除了南进中两个巨大的军事障碍——锦州和松山,消灭了明朝北方军队的主力。当时明朝两个最有名的将领洪承畴和祖大寿降清,对明朝政府是一个严重的打击。此后明在山海关外,就只有宁远、中前所、中后所和前屯卫四城了,形势急转直下,一蹶不振。当时许多汉官向皇太极建议,乘胜直取燕京。皇太极说:"取燕京,如伐大树,须从两旁斫削,则大树自扑,朕今不取关外四城,岂能克山海。今明国精兵已尽,我国四围纵略,彼国势日衰,我兵力日强,从此燕京可得矣。"②可见松山之战以后,明朝的精兵已尽,国势衰弱已成定局,清兵下一步是取关外四城后,再取山海关,进入中原,据有北京。所以说,松山之战是清军南进政策的一次重大胜利,为以后的进关打下了坚固的基础。

---

① 《清太宗天聪四年伐明以七大罪誓师谕》,北京大学《国学季刊》第一卷第2号。
② 《清太宗实录》卷六二,崇德七年八月壬申条。

　　皇太极对明斗争的策略是以战为主,但也争取议和。因为皇太极对进取中原有两种顾虑:一是明朝地大人多,财力丰富,很不容易征服;二是辽、金、元入主中原,易世以后皆成汉俗,他怕满族也蹈此覆辙。所以他首先着眼于自固,希望用战争打败明朝,强迫其议和。松山之战后,明军丧师失地,也曾派人前去议和,但遭浮议阻止,未成而罢。所以皇太极又于崇德七年十一月(崇祯十五年,1642)对明进行了最后一次大规模的战役,即壬午之役。派贝勒阿巴泰为统帅,率满洲、蒙古、汉军二十四旗将士之半,外藩各处归服蒙古兵之半,共八万余骑,①从蓟镇之界岭口、黄崖口入边,攻掠京畿各处,一直南下到山东兖州、淮北宿迁一带,河北、山东大部被蹂躏,残破不堪。共攻克三府十八州,六十七县,八十八城,俘虏人民三十六万,驼马骡驴牛羊五十五万,其他金银财物不可胜数,于崇德八年(崇祯十六年,1643)四月饱掠而归,明兵邀击于螺山(怀柔县北),八镇兵遇敌不战而逃。②通过壬午之役,清朝了解到,"明国三年饥馑,禾稼不登,人皆相食,或食草根树皮,饿死者十之九。兼以流贼纵横,土寇劫掠,百姓皆弃田土而去,榛芜遍野,其城堡乡村居民甚少。……我兵所向,力莫能支,明之国势已如此矣"③。因此坚信明朝必亡,中原可取。祖大寿就建议,先取中后所,收吴襄家属,再破山海关,宁远必不能守。"明之文武官员,有能无能,臣所悉知,城之虚实,兵之强弱,亦无不洞晓,或收抚,或征讨","一统之业,朝夕可定矣"。④

　　不久,皇太极病死。清朝内部因争夺皇位而发生了一场激烈的斗争,最后用立幼辅政的办法,由皇太极第九子六岁的福临继承帝位,济尔哈朗与多尔衮摄政。清人是重军功的,年轻的摄政为了加强自己的地位,必须出去作战。而且在对明的策略上,济尔哈朗与多尔衮都是属于激进派,在入关三策中,主张第一策,希望及早进入中原。所以皇太极之死,并未能影响清的南进政策,反而加速了它的进程。皇太极于崇德八年(崇祯十六年,1643)八月初九日逝世,十四日议立福临,九月十一日济尔哈朗即统率大军征明。取中后所,斩明守将游击吴良弼及马步兵四千五百人,俘四千余人。取前屯卫,斩明总兵李赋(辅)

　　①(明)陈泰来:《陈节愍公奏稿卷上》;"清人合金他失、土木寨、鱼皮鞑子四家杂部共十三万"(彭孙贻:《山中闻见录》卷六)。
　　②(清)谈迁:《国榷》卷九七《思宗崇祯十三年》。
　　③《清太宗实录》卷六五,崇德八年六月丁巳条。
　　④《清太宗实录》卷六四,崇德八年正月丙午条。

明以下四千余人,俘二千人。中前所明总兵黄色闻讯弃城而逃。[1]攻宁远时,清军遭到了吴三桂的强烈抵抗,未能得手而回。中前所距山海关只有三十里,山海关外除宁远孤城而外,已全部归清所有。这仍是皇太极南进政策的继续,关门已经岌岌可危,处于临战前夕。

在明、清之间的斗争中,给明政府以致命打击的是明末的农民起义。它使明朝政府顾此失彼。这一点却正为清人所乘。清朝内部许多人建议积极取明,也正是根据这一情况而提出的。天聪九年(崇祯八年,1635),宣大的投降生员张文衡就说"明国可取,正在此时","山、陕、川、湖,又为流贼蹂躏,彼今檄五省之兵,日事征剿,是贼与兵半天下,惟东南一隅无事,乃复困于新饷,此正东西各不相顾之时,又一进兵之机会也"。[2]在天聪七年(崇祯六年,1633),贝勒豪格就主张进入中原以后,"遣人往招流贼,谕以来归,抚辑其众"[3],利用农民军打击明朝,以坐收渔人之利。在壬午之役时,农民军已经成为中原一支强大不可忽视的政治力量,皇太极就嘱咐入边将领说:"如遇流贼,宜云尔等见明政紊乱,激而成变,我国来征,亦正为此,申戒士卒,以善言抚谕之,勿误杀彼一二人,致与交恶。如彼欲遣使见朕,即携其使来。"[4]这是很想与农民军取得联系,待之以友军,共同打击明朝。皇太极死后,多尔衮于顺治元年(崇祯十七年,1644)正月就正式派人持国书去陕西找农民军,并且提出:"欲与诸公协谋同力,并取中原,倘混一区宇,富贵共之。"[5]这封国书可能有两个含意:一是与农民军合作,共同灭亡明朝,中分天下。因为过去清朝之所谓定鼎中原,是指像金朝那样,据有河北,并不一定是指统一全中国。二是农民军若据有中土,应与清朝议和。与明朝议和,始终是清王朝在关外的政策之一。多尔衮在入关之初,还曾屡屡申述,欲向明修好,明君臣曾无一言相答之苦衷。[6]这时明国内形势发生了急遽的变化,李自成在西安称王,建国号曰"大顺",随即东渡黄河,由山西向北京进发,集中力量进攻明朝,大概还没有考虑下一步应如何对待关外的清人,所以对这封信未予回答。这说明,利用明朝内部的农民起义,

① 《清世祖实录》卷二,崇德八年九月庚午条。

② 《清太宗实录》卷二二,天聪九年正月甲申条。

③ 《清太宗实录》卷一四,天聪七年五月甲戌条。

④ 《清太宗实录》卷六三,崇德七年十月壬子条。

⑤ 《明清史料》丙编第一本,《致西据明地诸帅书稿》,台湾"中研院"历史语言研究所,第89页。

⑥ 《清世祖实录》卷四,顺治元年四月癸酉条,《多尔衮报吴三桂书》;(清)谈迁:《国榷》卷一〇〇《思宗崇祯十七年》,五月壬辰,大清摄政王谕南朝官民人等。

已经成为清朝南进政策的一个组成部分。清兵入关,正是在这种政策指导下进行的。

同年三月初,农民军已抵北京近郊,明室告急,下令吴三桂弃宁远,率兵入卫京师。吴三桂徙宁远军民五十万人,十六日到达山海关。山海关距宁远仅二百里路,吴军离宁远当在初十日以后,而沈阳在三月十六日就得知宁远撤退的消息,当即下令"修整军器,储粮秣马,俟四月初旬大举进讨"①。四月初四日,清军即将出发之际,内枢密院大学士范文程上书摄政王,提出了南取中原的全面计划和策略。范文程这次上书,对清兵入关及定鼎中原、统一全国,具有重大的战略意义。他建议:①明国西有"流寇",东有清国,四面受敌。内部政治腐败,人民流离丧乱,荼苦已极,失败已成定局。"明之受病种种,已不可治,河北一带,定属他人。"必须乘此机会,入据中原。倘若失此机会,将贻悔无穷。②"我国虽与明争天下,实与流寇角也。"明朝的劲敌虽是我国,但由于农民军纵横中原,事实上与我国争天下的主要对手是农民军。所以必须改变过去惟子女玉帛是图的抢掠政策,把老百姓和士大夫都争取到我们这方面来,实行安抚政策,"则大河以北,可传檄而定"。不要使农民军夺取天下后,我国再与之相争。"举已成之局而置之,后乃与流寇争,非常策矣。"③此次入边以后,可以直趋燕京,或相机攻取,但必须在山海关长城以西,"择一坚城,顿兵而守,以为门户",作长久之计。②

范文程的这个建议,对中原的局势、明王朝和农民军进行了全面的分析,给清朝诸王贝勒进取中原提出了一个通盘的考虑。正在此时,李自成进入北京,明王朝被推翻的消息传到沈阳,据朝鲜人的报告说:

> 顷日九王闻中国本坐空虚,数日之内,急聚兵马而行,男丁七十以下,十岁以上,无不从军。成败之判,在此一举。臣问:所谓本坐空虚者何事耶?曰:为土贼所陷云。③

清廷倾全国之兵力,投入于入关之役。当时范文程在盖州汤泉养病,清廷

---

① 《清世祖实录》卷三,顺治元年正月甲申条。
② 《清世祖实录》卷四,顺治元年四月辛酉条。
③ 《李朝实录·仁祖》卷四五,第35册,第436页。

连忙把他招来,商讨南进大计。此时明朝已亡,范文程进一步指出,此次进兵,主要的敌人就是李自成,并说李自成必然要失败,清军一定能够胜利。说李自成失败的原因有三:"逼殒其主,天怒矣;刑辱搢绅,拷劫财货,士忿矣;掠人赀,淫人妇,火人庐舍,民恨矣。备此三败,行之以骄,可一战破也。"①可见李自成进北京以后,拷掠财物,军纪不好,失于策略,把各个阶层包括皇室、官僚士大夫和老百姓都得罪了,又产生骄傲情绪,清廷是了如指掌的。范文程还建议,国家若只在关东立国,当攻掠兼施,若要统一中原,非乂安百姓不可,要"不屠人民,不焚庐舍,不掠财物"。严禁乱杀人,只有不好杀人的人,才能统一天下。②可见此时,清朝的诸王贝勒们,还没有定鼎中原、统一中国的成算,只是乘势进取,得尺则尺,得寸则寸而已。

由于范文程的这些建议,促使清兵入关时,在政策上来了一个很大的转变。

第一,过去若干年来,清廷始终是以明朝作为自己的主要敌人,现在明朝已经亡了,李自成进了北京。几个月之前,清廷还想与之通好,作为友军,共同打击明朝,现在则要来个一百八十度的大转弯,把它当作敌军。所以当吴三桂以雪君父之仇的名义来请清兵时,清廷就抓住了这一机会,接受了为明君报仇的口号,招降了吴三桂,把维护明朝统治的官绅地主都争取到自己这方面来了,把矛头指向农民军。当清军到达山海关前,吴三桂与山海关的乡绅地主去清营见多尔衮时,多尔衮就说:"汝等欲为故主复仇,大义可嘉,予领兵来,成全其美。但昔为敌国,今为一家,我兵进关,若动人一株草,一颗粒,定以军法处死,汝等分谕大小,勿得惊慌。"③清军便公开打出义师之来出民于水火为明报君父之仇的旗号,用以掩盖自己夺取中原的政治目的。

第二,改变清军过去传统的抄掠作风,实行安抚政策。八旗兵丁原来是没有固定薪饷的(薪饷制为入关以后所定),军械马匹都是依靠作战掠夺来的财物和人口进行赏赐而自备,所以掠夺财物和俘获人口为奴是作战的主要目的,俘获归己。现在为了入据中原,争取人心,必须严禁杀掠。这对满洲贵族和八旗兵丁来说,也是一个很大的限制。据说范文程为了严禁士兵劫掠,曾经给多

①(民国)赵尔巽:《清史稿》卷二三二《列传第一九·范文程传》。

②(民国)赵尔巽:《清史稿》卷二三二《列传第一九·范文程传》。

③(民国)高凌霨修、(民国)高锡畴纂:民国《临榆县志》卷八《舆地编四·纪事》。

尔衮建议,八旗兵丁"各给两月饷米而来"①。

由于这种策略与政策上的转变,使清兵在入关途中减少了很大的阻力。据当时随清军之朝鲜人说:"入关之初,严禁杀掠,故中原人士,无不悦服。"②可见清军的政策确实收到了一定的效果。

二、吴三桂降清与清兵进关之真相

松山之战以后,洪承畴与祖大寿降清,明朝在关外的主要守将为宁远的吴三桂。吴三桂为江南高邮人,辽东中后所籍,总兵吴襄之子,祖大寿之甥,是明末锦、宁祖氏军事系统(祖氏有三大将:祖大寿、祖大弼、祖大乐)的主要将领之一,曾任游击、副将等职。洪承畴总督蓟辽时,奏升其为辽东团练总兵官,时年仅二十八岁。松山之战,明军被清军包围,吴三桂与大同总兵王朴、山海关总兵马科、密云总兵唐通等六总兵乘夜突围窜逃,为清兵所击,明军死伤大半,吴三桂仅以身免。吴三桂从松山逃出后,收集散亡,悉力守宁远,清人顿兵不进。明政府即加吴三桂提督各镇援兵衔,总领辽东主客兵,以图再举,可见其很为明政府所倚重。所以在追究松山败逃战责时,王朴被诛,吴三桂仅降三级,仍守宁远。其兵力由最初的三千人,招募训练,增至三、四万,在明末北方诸将中,仍然算是一支比较有战斗力的部队。壬午之役时,清兵北归出边,诸将不敢战,吴三桂率兵入关,邀击清军,屡有斩获。崇祯十六年(1643)济尔哈朗率兵取中后所、前屯卫、中前所后,进攻宁远,亦为吴三桂所却。所以当时清廷对吴三桂也很重视,多方进行招降,均遭吴三桂拒绝。当农民军以破竹之势席卷豫、陕,北京防卫空虚时,明朝政府也考虑把吴三桂从宁远调回,以卫京师。崇祯十七年(1644)二月,崇祯皇帝召见了吴襄,询问吴三桂的兵力情况,并升吴襄为中军府都督,提督京营。很显然,崇祯皇帝也想把大明帝国的命运,寄托在吴三桂的蓟门一旅身上。三月初六日,山西全境已为农民军所陷,昌平兵变,京城戒严,崇祯帝即封吴三桂为平西伯,下令弃宁远,火速率兵入卫。吴三桂奉诏后,迟迟不行。因为他出身于辽东,他的士兵也多系辽东人,由于与清兵的长期仇杀,辽东人民和士兵家属不愿意留在辽东,所以他把宁远及其附近的兵民五十万人,全部迁徙入关。每日只行数十里,十六日到达山海关,二十

---

① (清)张怡:《謏闻续笔》卷一。
② 《李朝实录·仁祖》卷四五,第35册,第445页。

日到达丰润(一说玉田),农民军已于十九日进入北京,吴三桂闻变后,停止了进军。

形势的突然变化,对吴三桂提出了新的问题,向何处去? 在李自成已经进入北京的情况下,出路只有两条。

第一条是投降李自成。因为宣府、大同、居庸关、密云等地的明军守将,都投降了李自成。李自成正月在西安称王,二月东渡黄河,二月初七破太原,从山西到北京途中,除山西宁武关守将周遇吉抵抗外,其他地方都是望风归顺。三月初一李自成攻下宁武关时,很害怕前途有所抵抗时曾说:"宁武虽破,死伤甚多,自此达京师,大同、宣府、居庸关重兵数十万,尽如宁武,吾辈岂有孑遗哉,不如还陕图后举。""夜既深,忽报大同总兵姜瓖降表至,自成甚喜,厚款之,坐甫定而宣府总兵王承胤表亦至,且以百骑来迎。"①三月初七,李自成到了大同,初八到宣府,十四日到居庸关,居庸关守将唐通、监军太监杜之秩降。三月十七日李自成围北京,十八日太监曹化淳开彰仪门迎降,十九日李自成进北京。崇祯帝在煤山自缢身死,二十一日,明文武官员入朝李自成者三千余人。②明朝的官吏,除极少数殉节外,大多数都投降了李自成,其中也包括吴三桂的父亲吴襄。这些人,过去都是农民军的死敌,对农民军是恨之入骨的,为什么一下子变得这么快呢? 并不是他们的封建地主阶级的立场有所改变,弃旧图新,而是形势变了,大明王朝的失败已成定局,李自成的胜利已成事实,大顺王朝将取代朱明王朝而成为中国新的主宰,只有尽快地投效新的王朝,才能保护自己,或者还可以借投效之功,再有一番飞黄腾达。这是过去每一个新王朝兴起、旧王朝瓦解过程中出现的普遍现象,对吴三桂来说,当然也不例外。

第二条是率兵出关投降清朝,步洪承畴和祖大寿的后尘。这一条路子是畅通的,也是清军所求之不得的。但投降清朝和投降李自成却有很大的不同。在清朝进关以前,投降清朝者除一些失意文人和官吏外,绝大多数是在辽东战场上兵败被俘或处于绝境时被迫投降的。祖大寿第一次在大凌河之役(崇祯四年,1631)投降后,又设计逃脱了,复为明守。洪承畴在松山城破被擒之初,也曾有"延颈承刃,终始不屈,故拘锁北馆,而只给菽水云云"③。祖大寿第二次

---

① (清)徐鼒:《小腆纪年附考》卷三。

② (清)钱士馨:《甲申传信录》卷五《槐国衣冠》。

③ [朝鲜]佚名:《沈馆录》卷三。

在锦州降后,曾私派人到宁远劝妻子投降,被妻子大义凛然地拒绝了。①松山之役后,皇太极多次给吴三桂写信,招其投降,又让大凌河降将张存仁、祖可法、裴国珍、吴三桂的哥哥吴三凤给吴写信,最后又让祖大寿致函,劝吴投降,吴"答书不从"②。另外,宁远副总兵白广恩之子白良弼被清军所俘,清朝让白良弼给他父亲写信劝降,都未成功。后白广恩在陕西投降了李自成。在清兵入关以前,明将并不认为投降清朝是一条出路,这与入关以后的情况有很大的不同。吴三桂徙宁远兵民五十万入关,这一行动本身就说明吴三桂当初本无降清之意。以当时的形势而言,北方都归顺了李自成,南方声息不通,孤立无援,山海关的官吏也非走即逃,归顺了李自成。吴三桂率兵入关,军至永平,已经进入了李自成的势力范围。所以当李自成派人招降吴三桂时,吴三桂是投降了李自成的。《吴三桂纪略》引述江川县学谕金大印(原在宁远为吴三桂的部下),说吴三桂决计投降李自成时,曾"从关上至永平,大张告示,本镇率所部朝见新主(指李自成),所过秋毫无犯,尔民不必惊恐等语"。而且"江川前知县李某,永平人,言亲见告示云"。所以,吴三桂投降李自成当是事实。③

李自成进北京以后,曾先后派巡抚李甲、兵备道陈乙、降将唐通、明密云巡抚降李后为兵政府尚书的王则尧,还有张若麒、左懋泰等去招降吴三桂。

关于巡抚李甲和兵备道陈乙,孙旭《平吴录》曾记其事云:

> 自成曰:山陕河南荆襄已在掌中,大江以南,传檄可定,惟山海关吴三桂是一骁将,当招致麾下,而辽东劲敌又使我衽席不安。乃使伪巡抚李甲、伪兵备道陈乙持檄招桂曰:尔来不失封侯之位。桂领之。率众十余万,由永平取路到京,名为勤王,实为归李,途遇家人持襄手书,有亟来救父等语,及问家人,知陈沅已入贼手,乃大怒……仍拥众归山海关,乃陈兵演武场,请绅衿父老,饷以牛酒……斩李甲首祭旗,割陈乙两耳,纵之,传语曰:令李贼自送头来。④

当时山海关的乡绅余一元,在《山海关志》中记载吴三桂返关后,招集山海

① [朝鲜]佚名:《沈馆录》卷三。
②《清史列传》卷七八《祖大寿传》。
③ (清)佚名:《吴三桂纪略》,《辛巳丛编》本。
④ (清)孙旭:《平吴录》,《辛巳丛编》本。

关乡绅,为其筹饷,在演武场誓师,曾斩细作一人祭旗,则可证明这次招降是确实的。①

吴三桂为什么要投降李自成,据《平寇志》的作者彭孙贻说:"予游江右,德安马大令告余曰:有客平西(平西王吴三桂)幕者云……三桂曰,闯王势大,唐通、姜瓖皆已降,我孤军不能自立。……乃报使于自成,卷甲入朝。"②另外,李自成在驰檄左良玉、高杰、刘泽清招其投降时,曾云:"大顺国王应运龙兴,豪杰响附,唐通、吴三桂、左光先等知天命有在,回面革心,朕嘉其志,俱赐彩缎黄金,所将兵卒,先给四月粮,俟立功日升赏。"③

吴三桂在宁远时,军士缺饷达十四个月④,屡向明廷告急,得不到接济。李自成招降,犒以银两和粮饷,正是吴军所需,当是事实。

据此,我们可以说吴三桂最初是投降了李自成的。正由于这样,李自成才在北京大胆放心地搞起筹备登基大典。当接到吴三桂复叛回军山海关的消息以后,李自成却又手忙脚乱,把北京的财宝加速运向西安,准备一旦失利,逃回西安。⑤

吴三桂投降李自成,这一事实仅仅是个开始,并未发展下去,因为这时吴三桂得到了父亲吴襄在北京被拷索追赃的消息,最早向外披露此事的为《辽东海州卫生员张世珩塘报》:

> 三桂差人进北京打探老总兵圣上消息,有闯贼在北京捉挐勋戚文武大臣,拷打要银,将吴总兵父吴襄夹打要银,止凑银五千两,已交入,吴襄打发旗鼓傅海山,将京中一应大事,一一诉禀,吴老总兵已受闯贼刑法将死,吴总兵闻之,不胜发竖。⑥

当时在北京的杨士聪在《甲申核真略》中说,吴襄"在京为都督,被获将夹,复宥而宴之,吴知终不免,阴遣人赍书于子云"。该书又说:"吴襄书达三桂,不

---

① 商鸿逵:《明清之际山海关战役的真相考察》,《历史研究》1978年第5期。
② (清)彭孙贻:《平寇志》卷一〇。
③ (清)彭孙贻:《平寇志》卷一〇;(清)谈迁:《国榷》卷一〇〇《思宗崇祯十七年》。
④ (清)徐鼒:《小腆纪年附考》卷四。
⑤ (清)程源:《孤臣纪哭》。
⑥ (明)赵士锦:《甲申纪事》附录。

言被夹,而赍书人误传已夹,三桂大痛愤,以道里日期计,襄死必矣。适闻外报(指清兵南进)至,三桂权两敌之间,不如东合,遂往逆降于宁锦道中。"①所以吴三桂之降李复叛是因为得知父亲被拷追赃或得父亲的密信,当是事实。

后来各种记载又增加了吴三桂的爱妾陈沅(亦作陈圆圆)被刘宗敏所掠,吴三桂闻之,拔剑斩案曰:"大丈夫不能保一女子,何面目见人耶?"乃率兵疾归山海关,乞兵于清(《平吴录》《庭闻录》《四王合传》《吴三桂请兵始末》等)。此说便为以后的官书如《明史》《清史列传》等书所袭。很显然,渲染陈沅一事,是出于下列原因:在故明遗老和一切反清者而言,是为了讥刺吴三桂之降清,像吴梅村之《圆圆曲》谓"冲冠一怒为红颜"。在清官方而言,因为吴三桂后来叛清,用此适足以贬责吴三桂之人格。实则此事对当时形势并无多大影响。因为在封建时代,女子本来就是赠送人的礼品,随时可以用钱买到,吴三桂也不会为一个歌女而如此大动干戈。但是李自成在北京的追赃政策确实产生了很坏的影响,所以原先投降了李自成的明官都后悔了,本来是想借投效新朝以求自保,结果是被夹打追赃,性命不保,妻子儿女受凌辱,连吴三桂的家属也在所不免。所以说,吴三桂的降而复叛,是李自成进北京后所实行的错误政策的影响所造成的。因为这时许多在北京已经投降了李自成的明官,或扮作僧道,或以主代仆,伺机外逃。吴三桂得知这个消息后,当然不会自投罗网。《谀闻续笔》卷一云:"贼得京师招三桂,至永平,闻其父大将军襄为所系,索饷二十万,乃惊曰:此诱我,剪所忌耳。乃率兵还。"②因为吴三桂当时只有三十三岁,在军务倥偬、形势急变之际,不可能像人们事后所设想的那样,斟酌损益,计出万全,眼前的利害得失要起很大的作用。而且吴三桂手中还有一支相当数量的军队,有和农民军进行较量的资本,是不能轻率对待的。

吴三桂降李自成未成,便处于腹背受敌的地位。山海关外有清人,永平以西、北京为李自成。后来吴三桂曾回忆当时的情况说:"值闯贼构乱,召卫神京,计不能两全,乃乞师本朝,以雪君父大仇。"③便决计降清。降清虽非原来的主观愿望,但降清的客观基础却相当牢靠。洪承畴、祖大寿等一大批辽东将领投降了清朝,吴军又多系辽东人,入关后未站住脚,只有再返回故土。而且更

---

① (明)杨士聪:《甲申核真略》。

② (清)张怡:《谀闻续笔》卷一。

③ 《平西王吴三桂传》。

重要的是清朝对明官之招降,要比李自成积极得多。因为清朝要进据中原,单靠自己的力量是远远不够的,必须广为招纳汉官,故而也肯啖以重利,而李自成的农民军则要推翻明王朝的统治,解除贫苦农民的负担。这是两个政权在阶级本质上的不同。故于吴三桂的降清可注意者有二:

第一,吴三桂先是以大明臣子的名义,请清军助其雪君父之仇,镇压农民军,恢复明王朝的统治,然后明朝报清以土地和财物,所谓"我朝之报北朝者,岂惟财帛,将裂地以酬,不敢食言"①。

第二,请清军"直入中协、西协,三桂自率所部合兵以抵都门"②。明末蓟镇防守分为三协,中协即是喜峰口、龙井关等处,西协为墙子岭、密云等处,这是过去清兵入边的老路。而东协为界岭口、山海关等处。吴三桂让清军从西协和中协入边,而把山海关、界岭口等重要关隘,仍留在自己手中。

在吴三桂看来,他许诺给清军的条件,正是清朝过去长期所要求的,能够兑现。但形势变化,清朝的胃口比过去大了,要乘农民军进入北京、朝野混乱无主的机会,入据中原。清军是四月初九日从沈阳出发的,十三日师次辽河,多尔衮以军事咨洪承畴,洪承畴认为农民军是"遇弱则战,遇强则遁",听到清军前来,可能将北京的财物掠夺一空,向西逃窜。他建议必须计道里、限时日,从蓟州、密云近京处入边,即行追剿。所以多尔衮此次行军,并不是要到山海关来的。四月十五日,师次翁后(广宁附近),便遇到了吴三桂的请兵使者。据随清军的朝鲜人说:

> (四月)十五日卯时行军五里许,九王驻兵不进,未知其由。俄闻有俘获汉人之说,世子使译官徐尚贤微探于阵中,则范文程密言曰:山海总兵吴三桂遣副总一人,游击一人来言,山西流寇……九王欲探其言之虚实,遣其妻弟拜然与汉将一人偕往山海关,汉将一人则方留在军中云云。③

此事完全出乎多尔衮的意料之外,亦可证此次行军与吴三桂并无联系。所以便将使者一人留下(等于人质),并派一亲信同另一使者到山海关回话,探

①《清世宗实录》卷四,顺治元年四月壬申条。
②《清世宗实录》卷四,顺治元年四月壬申条。
③[朝鲜]佚名:《沈馆录》卷七。

其虚实。多尔衮得此信息后,当即改变行军路线,命锦州汉军运红衣大炮,向山海关进发。过去因为山海关为明所守,大路不通,不得不从山海关以西长城各口越险突入,现在有吴三桂来请,就可以从山海关大路行军,长驱直入了。四月十六日,多尔衮即复信吴三桂,答应吴的请求,并进一步提出要吴三桂投降,还许以高官厚禄说:"今伯若率众来归,必封以故土,晋封藩王。"①四月二十日,清军行至连山,吴三桂第二次派人前来敦促清兵,直抵关门。因为李自成的大队人马已到山海关附近,吴三桂怕自己兵少,招架不住,请清军速来助战。清军闻讯后,兼程而进,一昼夜行二百余里,二十一日黄昏时到达山海关外。据《吴三桂请兵始末》说,清军到达后,"驻于欢喜岭,高张旗帜,休息士卒,遣使往三桂营觇之,三桂复遣使往请,九王犹未信,请之者再,九王始信,而兵犹未及行,三桂遣使者相望于道,凡往返八次"②。可见此时吴三桂与清军进行了一番复杂的谈判。因为明、清之间,结仇三世,一旦和好,必有一番曲折。从清人方面言,多年以来,由于山海关阻越,不得进入中原,有此机会,急于得关,但仍有猜疑,恐怕上当。据朝鲜世子讲,清军到达山海关外,"披甲戒严,夜半移阵,骈阗之声,四面沓至,关上炮声,夜深不止"③。可见清军当时是非常警惕的。二十二日入关参战时,仍让吴三桂先与李军接战,清军在旁蓄锐以待,以观吴三桂的真假,等吴三桂与李军血战数十合时,清军才纵马入阵。从吴三桂方面言,他是以明朝将领的身份,请清兵前来助战的,并非兵败投降,清军也是以答应这个条件而来到山海关的。当时双方仍系敌体,如何践约,必定有所议论。吴三桂急需清军助战,抵挡李自成;清军急于得关,以实现进据中原的计划,有些事情可能顾不得详细讨价还价,但必定有一番虚与委蛇之语,以诱迫吴三桂就范,否则清军是不会那么容易进关的。双方当时都谈了些什么,官方没有留下记载。山海关乡绅余一元述旧诗云:"清晨王师至,驻旌威远台,平西(吴三桂)召我辈,出见勿迟回。……范公(范文程)致来意,万姓莫疑猜。"④可见山海关的乡绅也参加了这一谈判。《谀闻续笔》卷一:

> 桂念腹背受敌,势不得全,乃与清帅约云:从吾言,并力击贼,吾取北

---

① 《清世祖实录》卷四,顺治元年四月癸酉条。
② (清)计六奇:《明季北略》卷二〇;(明)冯梦龙:《燕都日记》略同。
③ [朝鲜]佚名:《沈馆录》卷七。
④ 民国《临榆县志》卷八《舆地编四·纪事》。

京归汝。不从吾言,等死耳,请决一战。问所欲,曰:毋伤百姓,毋犯陵寝,访东宫及二王所在,立之南京,黄河为界,通南北好。清帅许之,攘刀说誓,而以兵若干,助桂击贼。①

此说是否属实,不得而详。但入据燕京,掩有河北,是此次清方出兵的目的,前范文程已言之。至于立东宫,在山海关战后,李自成曾派张若麒到吴三桂军中议和,吴三桂的条件是"请归太子二王,速离京城,奉太子即位而后罢兵。自成请旋师京城,送太子军前,三桂许之"②。假若没有这个誓约的话,清兵已经入关,吴三桂已经降清,李自成大败,吴三桂怎么会向李自成索取太子及二王,答应在北京即位而后罢兵呢?山海关战后,清即以马步兵一万,属三桂追击李自成,③则是事实。李自成于四月三十日退出北京,清兵五月二日进入北京之际,吴三桂曾行火牌至京,着一应官员士民人等,俱公服集郊外,迎太子即位。④另外,当时在北京许多投降李自成的明官,多谋南遁,看见了吴三桂的檄文,许反正共立新君自赎后,像锦衣卫骆养性和侍郎沈惟炳等,即设崇祯帝灵位于午门,并传令北京人各制素冠,备法驾去迎接太子,而凶簿易舆之际,来者并非太子,而是大清的九王多尔衮,众皆惊愕,始悟其非。杨士聪《甲申核真略》记:"(五月)初一日……午后传吴三桂与□(虏)力争,不令其众入城,止头目同吴三桂护东宫以入,阖城市民大喜。不知三桂已从卢沟桥渡河追贼而西矣。是夜大雨。"⑤吴三桂的父亲吴襄及家口三十余人被李自成所杀,吴三桂入京之心甚切,当属人情之所同,但清人不许,令其西向追李,这当另有原因。在清人看来,吴三桂一入北京,故明太子即位,则主客之势一定,将不利其进取。所以吴三桂不得入京,绕城而西。这就不能不使人产生一个怀疑:在山海关时,吴三桂与清人有约,清兵入关后,吴失其所据,败李自成后,清凭借自己的军事优势而负约了。后来吴三桂叛清时,曾公开指责昔日清人背约。

其一,他在上康熙皇帝书中说:"桂念君父之仇,不共戴天,奋战逐北,直至潼关(应为故关)地方,李贼破胆而遁。桂因神京无主,返兵西向,那九颜王子

---

① (清)张怡:《谀闻续笔》卷一。
② (清)谈迁:《国榷》卷一〇一《思宗崇祯十七年》,四月戊寅,《燕都日记》亦略同。
③《清世祖实录》卷四,顺治元年四月己卯条。
④ (清)陈济生:《再生纪略》;(清)刘尚友:《定思小纪》;(清)聋道人:《遇变纪略》。
⑤ (明)杨士聪:《甲申核真略》。

(指多尔衮)顿背前盟,将顺治皇帝怀抱拥立。斯时即欲理论曲直,惟恐贵国之师扼其前,李贼之兵蹑其后,是功未成而身先丧,知者不为也。锡以王爵,封以通侯,岂得已而受命乎?……那九颜王子,贪心无厌,驱兵南入,以致灭我社稷,使十七叶神圣天子,斩宗绝嗣。……"①

其二,吴三桂在反清檄文中,明确指出当时曾"歃血定盟",条件是立明嗣君,给清封一大块土地。"正欲择立嗣君,继承大位,封藩割地,以谢满酋,不意狡虏逆天背盟,乘我内虚,雄据燕都。"②康熙发了一道讨吴诏书,只说吴三桂是"穷蹙来归",对背盟之事避而未谈。后来却让贝勒尚善以个人名义移书吴三桂说:"向者王藉言兴复明室,则曩者大兵入关,奚不闻王请立明裔,且天下大定,犹为我计除后患,剪灭明宗,安在其为故主效忠哉。"③妄图用吴三桂曾诛灭桂王一事,反驳其所谓恢复明室对清朝的指责,而对于吴檄文中所说的清人背约一事,则闪烁其词,不敢正面回答。这就暴露出清朝对此是讳莫能言的。后来乾隆时,因有人收藏吴三桂的檄文而兴大狱,亦可见对此事忌讳之深。

另外,清兵刚进北京时,杨士聪《甲申核真略》于五月初七日条下说,蓟州监军方大猷随吴三桂降清,"为余曰,吴三桂已封王,嘱抚镇文武官不得散往他处,三桂将求封齐鲁,且悉用旧人"④。齐鲁正界南北之间,与以黄河为界,亦正相吻合。六月清曾驰诏江南,"其有不忘明室,辅立贤藩,勠力同心,共保江左者,理亦宜然,予不汝禁,但当通和讲好,不负本朝"⑤。这都说明清入关之初,并无征江南之意,希望南北和好,间接透露了当初可能有以黄河为界之约。若真如此,清人已唾手而得大半个中国,吴三桂酬清亦可谓至厚矣。

其三,清兵进入北京以后,清王朝内部的意见也极不一致,阿济格就主张派人镇守北京,大肆杀掠一番回沈阳去,⑥而多尔衮却急急忙忙地宣布迁都燕京,以镇人心。在清下剃发令后,"有言其不便者曰:南人剃发不得归,远近闻风惊畏,非一统之策也。九王曰:何言一统,但得寸则寸,得尺则尺耳"⑦。可见当时的多尔衮是得取则取,根本不顾忌什么信约。清初有些学者就提出过这

① (清)黄体芳:《醉乡琐志》。
② [日]稻叶君山:《清朝全史》第三十章。
③ 《清史列传》卷八〇《吴三桂传》。
④ (明)杨士聪:《甲申核真略》。
⑤ (清)谈迁:《国榷》卷一〇二《思宗崇祯十七年》。
⑥ 《李朝实录·仁祖》卷四五,第35册,第447页。
⑦ (清)张怡:《謏闻续笔》卷一。

个问题,谈迁曾说:"且两军合势,独无成言于先乎?""吴三桂兵至榆河,建虏檄其西征以远之,若先入京师,则建虏将不复纳矣。"①

从各方面看,清在入关之初,主要是谋取北京,据有河北,并无南下或统一全国的计划,这与当时的实际情况也是相符的,他还没有这个力量。后来随着军事行动的不断胜利,由于降将的导引,才决意征江南。李介立《天香阁随笔》卷二说:"豫王渡河,兵不满万,合许定国军,声大震。先是定国杀高杰,杰妻邢氏请于史阁部必报其仇。定国惧,乃纳款□□(建虏)请兵南下,而已为乡导,时摄政王初定北都,南下之意未决,得定国,乃决策南下,豫王以轻兵径行千里,直抵扬州,定国一人故也。"②谈迁也认为,许定国杀高杰降清,"此实南北兴亡之大机"③。所以清兵入关,是依靠它的强大兵力,利用吴三桂处于李军重围的困境,以为明雪君父之仇、立其嗣君,或以黄河为界的某种诺言而诱迫吴三桂投降的。这一计谋使清军不费一兵一卒之力而进据山海关,使李自成措手不及,迅速败退。

三、山海关之战与李自成之败

山海关之战,对清和李自成来说都是关键性的一战,因为双方都是对明斗争的胜利者,双方都在争夺中原朝廷的领导权。李自成要保有北京,就必须有山海关作为北京的屏障,清兵要进取中原,就必须打开山海关这个门户,所以山海关之战胜负决定着谁将来有可能成为中原的主人。这就是为什么当吴三桂降李而复叛时,李自成就率兵直奔山海关,而多尔衮在接到吴三桂的请兵信后,感到机会之难得,即刻向山海关进发。所以山海关之战胜负的第一步是决定谁能够先占领关门,居于主动地位。当吴三桂已经倒向清廷,和清兵勾结起来时,李自成去山海关作战,乃是自投罗网,战略上的失策。在四月二十日,吴三桂第二次致多尔衮的信中就说:"三桂承王谕,即发精锐于山海以西要处,诱贼速来,今贼亲率党羽,蚁聚永平一带,此乃自投陷阱,而天意从可知矣。今三桂已悉简精锐,以图相机剿灭,幸王速整虎旅,直入山海,首尾夹攻,逆贼可擒,京东西可传檄而定也。"④清兵到达山海关外,洪承畴怕在山海关耽误太久,李

---

① (清)谈迁:《国榷》卷一〇一《思宗崇祯十七年》。
② (清)李介:《天香阁随笔》卷二。
③ (清)谈迁:《国榷》卷一〇四《弘光元年》。
④ 《清世祖实录》卷四,顺治元年四月丁丑条。

自成闻讯西逃,曾建议扔掉山海关,乘李军东出之际,北京空虚,急速从居庸关袭据京师,俟李军回师援救时,可一战擒之。①可惜李自成虑不及此,却正按照吴三桂所希望的那样,前来山海关,中了圈套。在李自成出师时,李岩、牛金星、宋献策都曾反对,李岩谏李自成四事,其一就说:"主上不必兴师,招抚三桂,许以父子封侯,仍以大国封明太子,奉明祭祀,世世朝贡,与国咸休,则一统之基可成,干戈之乱可息矣!"②即主张对吴三桂用政治招降的办法,啖以重利,不宜于派兵去打。牛金星也说:"不可,我新得京师,人心震叠,彼必不敢轻动,亟即真而颁爵赏,示激劝,偏师往击,未晚也。"③宋献策就直截了当地说:"皇爷去,皇爷不利;三桂来,三桂不利。"自成不听。④因为农民军刚进北京,还未站稳脚跟,而吴三桂军"素能战"⑤,为当时人所共知,原不应太轻视。而李自成却认为"吴三桂勤王兵仅三千人……吾三十万,以一百人捉一人,可靴尖踢倒耳!且三桂与北兵久相仇杀,必不相救,即或来救,北兵驻满洲,衣粮马匹器械,尚需整顿而来,旷日累月",因此全不提防,孰知清兵追赶吴兵,安营懊恼岭下已久。⑥结果,李自成正败于"全不提防"的清兵之手,对于固守京师则毫无计划。

另外,李自成此次出师,是仓促应战,在打一次没有准备的大仗。李自成进北京以后,以为天下大势已定,天命所归,根本就没有准备与吴三桂打仗,更没有准备与清兵打仗。听到吴三桂叛变的消息后,李自成派刘宗敏、李过出征,"诸伪将耽乐不已,殊无斗志"⑦。都不愿意去,李自成无法,只好自己去,率领大军号二十万,实则十万左右。⑧大军于四月十三日从北京出发,"一路居民逃徙,井灶俱废,索食不得,兼程而进,困敝殊甚"⑨。二十日到达山海关,行军共八日。按当时的交通驿站计,北京距山海关一千一百余里,平均每日行军百数十里,而且是与吴军且战且行。在此期间,清军却很早就动作了,崇祯十六

---

① (清)魏源:《圣武记·开国龙兴记》卷四。

② (清)彭孙贻:《平寇志》卷一〇。

③ (清)张怡:《谀闻续笔》卷一。

④ (清)瞿式耜:《东明闻见录》。

⑤ (清)程源:《孤臣纪哭》。

⑥ (清)佚名:《吴三桂纪略》。

⑦ (清)徐鼒:《小腆纪年附考》卷五。

⑧ 佚名《燕都日记》云"兵数万",(明)程源《孤臣纪哭》云六万,《四王合传》亦云六万。此系从北京出发之数,再加上先派唐通、白广恩去守山海关之兵,当多于六万。《吴三桂纪略》云"发兵十万,号三十万"。《定思小记》云十万,(清)聋道人《遇变纪略》云十万。

⑨ (清)张怡:《谀闻续笔》卷一。

年(1643)十月取中后所以后,就在准备着新的出征。崇祯十七年(1644)三月初,吴三桂撤宁远后,就下令四月初南征。四月四日范文程上书提出了南取中原的全盘计划和策略,四月初七日清人以出师告太庙,命多尔衮为统帅,率满洲、蒙古八旗兵三分之二,以及降将孔有德、耿仲明、尚可喜、沈志祥的汉军。据朝鲜世子记载:清军此役,前后"军兵之数十余万云,而蒙古人居多焉",仅孔、耿两将约为四万骑,①并有范文程、洪承畴、祖大寿同行。它的军力无论是比李自成或吴三桂都要优越,因为它的目的性很明确,就是要南进中原与农民军作战,而且事先已经有所计划。清军于四月初九日从沈阳出发,二十一日夜到达山海关,共行军十三日。沈阳距山海关八百里,每日平均不过七十里。根据朝鲜世子李淏的随军日记,清军开始每天只行六十里、四十里,最多八十里,只有在师至连山(宁远北)接到吴三桂第二次的促兵信后,才一日夜疾行二百余里。②二十一日到达山海关外,二十二日招降了吴三桂,大兵进关,午后参战,时间是很充足的。而李自成的大队人马虽比清军早到山海关一日,但由于时间紧迫,没有能够把吴三桂消灭掉,占领山海关,扼住关门。就军力而言,李自成军比吴三桂军稍优,吴军约有五万③。二十一日关内激战,胜负未分,但吴军已感困苦难支,若无清军援助,就李、吴双方而言,山海关孤立,人心动摇,李自成是能够打败吴三桂的。但是此时,就目前材料而言,李自成对清军南下似乎毫无所知,所以在二十二日与吴军接战当中,吴军由于有清军作为后盾,勇猛倍增。双方正在激战时,阵上突然发现了辫发而甲者,李兵大惊曰:"满兵来矣!"④李自成挥盖先走,以避其锋,于是阵脚大乱,一败涂地。清军追杀四十余里,李自成军死伤惨重,行至永平,杀了吴襄,二十六日逃回北京,二十九日草草在武英殿即皇帝位,三十日黎明,放了一把火焚明宫室,离开北京西逃。清军尾追,于五月初二日进入北京。

李自成从三月十九日进入北京,推翻了明王朝的统治。山海关一战大败,四月三十日即退出北京,从胜利的顶峰,突然跌落下来,以后虽然和清军打了几次大仗,但都是屡战屡败,直到他死为止。

李自成的山海关之败,并非由于士兵作战不勇敢,四月二十一日在关内与

---

① [朝鲜]佚名:《沈馆录》卷七。
② [朝鲜]佚名:《沈馆录》卷七。
③ 《山海关志》余一元述旧事诗有"关辽五万众"。
④ (清)刘健:《庭闻录》卷一。

吴军作战时,山海关北城几乎被李军攻陷。[①]二十二日,清军参战之前,吴军也"几不支"[②]。所以这次战争的失败就总的方面而言,是由于李自成在根本决策上的错误所造成的。因为山海关之战并非一城一地之得失,而是李自成全面失败之开始。李自成在进北京之前,采纳了顾君恩的建议,想以西安作为大顺王朝的首都,没有在北京做长期立足的打算,所以在意外顺利地进入北京以后,他所关心的是把北京的财物运向西安,充实未来的西安朝廷,在北京即皇帝位,衣锦而归故乡。李自成曾说:"陕我父母国也,富贵必归故乡,即十燕京岂易一西安乎!"[③]所以他对北京周围的防务工作很少有所考虑。李军将士在北京的一切行为,很少有所顾忌,对北京的人民,也很少有所爱惜之情。当牛金星、顾君恩以民情将变告刘宗敏劝其停止刑赃时,刘宗敏却说:"此时但畏军变,不畏民变。军者我所恃以攻取,少失意则不为我用;若民则我已制其肘腋,设有动摇,闭门分剿,不烦鸣金击鼓,一时可尽。且军兴,日费万金,若不强取,安从给办。"金星不能难。[④]这无异于公开宣称,己为刀俎,人民为鱼肉。由于实行了上述种种错误的政策,导致了:①大失民望,得不到人民的支持,使自己闭目塞听。②起义军领导阶层步调很不一致,刘宗敏、李过忙于追赃;牛金星、宋献策忙于筹备登极大典;顾君恩、宋企郊忙于考选官吏,任命新官。对于当务之急的军国大事,没有一个通盘的考虑。③给吴三桂与清兵以可乘之机。对吴三桂招降未成,就应该及时把他消灭掉,不能让他跑掉,有机会去勾引清兵。而清兵正是利用了这个机会,与吴三桂合军,打败了农民军。

与李自成相比,此次清兵入关,其军纪和策略与往昔则大有不同:

(1)清兵进入山海关后,范文程当即传檄远近,凡归顺城池,一律不许杀害,民来复其业,官来复其位。清兵"不许擅取为奴,不许跣剥衣服,不许拆毁屋舍,不许妄取民间器用……犯此令者杀一儆众"[⑤]。除李自成的农民军而外,他对社会各个阶层都采取了保护和安抚的政策。

(2)从山海关到北京,沿途行军多驻城外,不住民舍。如二十二日山海关

　　①《明清史料》丙编第五本,《山海关副总兵冷允登启本》,台湾"中研院"历史语言研究所,第414页。
　　②(清)刘健:《庭闻录》卷一。
　　③(清)彭孙贻:《平寇志》卷一〇。
　　④(清)彭孙贻:《平寇志》卷一〇。
　　⑤[朝鲜]佚名:《沈馆录》卷七。

战后,多尔衮还阵于关门五里许止宿,二十五日军行至抚宁县城北止宿,二十六日在昌黎城南止宿,二十七日在滦州南十里止宿,二十八日在开平城西十里止宿。①这种做法虽是出于猜忌和防范,怕住在城内中计被汉人军队包围,但主要则是为了取悦于百姓,减少入关的阻力。在多尔衮进入北京时,"从兵甚寡,于道旁埋锅而爨,无辄入民家者"②。多数军队留驻城外,而且门禁很严,"凡军兵出入城门者,有九王标旗方得出入","军兵之出入民家者,论以斩律,城中避乱者,稍稍还集"。③因为清兵是打着为明雪君父之仇的旗号进入北京的,他们深怕在目的未达之前,有所失误,突然引起新的反抗。五月初二,当时在北京的明官以为是明太子来,迎接多尔衮时,多尔衮说:"我摄政王也,太子随后至,尔辈许我为主否?"众皆愕眙不能解,姑应之曰:"诺。"④多尔衮入居武英殿,闭门不出。范文程在接见来者时也说:"且与汝等料理家事。"⑤

（3）清兵于五月初二日进入北京以后,初三日就宣布故明各衙门官员照旧录用。初四日宣布为明崇祯帝发表三日,把明朝一大批官僚士大夫笼络住了。初六日宣布在京各衙门官员与满官一体办事,很巧妙地安抚了北京并攫取了政权。当时许多在京投降了李自成的明官,都很害怕吴三桂奉明太子入京后"讨伪",惩办他们的从逆之罪。多尔衮则宣布仍复原官,一概不问,把曾拥护过李自成的官吏也争取到清军方面来了。后来劝清军南下,消灭南明政权,也以这些人最为积极。

所以清政权从入关之日起,它就是以满洲贵族为主体的满汉地主阶级的联合政权。清兵入关的胜利,就是满洲贵族联络和利用北方汉族官僚地主对农民军的胜利。农民军战胜了汉族封建地主阶级,推翻了明王朝,但却没有能够战胜满洲贵族。这与吴三桂之倒向清军有很大关系。但是必须指出,即使没有吴三桂之开关降清,清军仍然是要到中原来的,因为在吴三桂去请清兵之前,清兵已经出动了,按原来的计划要从蓟州、密云一带入边,直抵北京,在北京城下和农民军进行战争,因为清廷已经感觉到明朝亡得太快,被农民军抢了先。此次清军南进,是下了决心先取北京,攻下北京后再解决山海关。农民军

---

① [朝鲜]佚名:《沈馆录》卷七。
② (明)刘尚友:《定思小记》。
③ [朝鲜]佚名:《沈馆录》卷七。
④ (明)刘尚友:《定思小记》。
⑤ (明)杨士聪:《甲申核真略》。

虽然比过去的明军要强大一些,但要战胜清军,仍然要做很大的努力。①除了争取吴三桂坚守山海关,堵住清军的后路外(事实上这点做不到),还必须有坚守北京的决心。②命令各路农民军会战于京郊,使清军不能立足,像过去几次入边那样,在中原掠夺一番再退回去,那样形势将会有很大的缓冲。但是就当时双方的力量对比而言,多尔衮率领了满、蒙、汉八旗中所有的精锐,其军力是比李自成优越的。而且还有范文程、洪承畴、祖大寿、孔有德、耿仲明、尚可喜等,其措谋规划,也非李自成和刘宗敏、牛金星、宋献策辈所能匹敌。根据李自成在北京的措施和动向,照洪承畴的估计,仍然是流寇主义,所谓"财足志骄,已无固志"①。当清军直抵燕京时,很可能不战而逃,将北京丢给清军。山海关之战的事实也证明,农民军的确是采取这种政策的。

四、结论

根据上述事实,可证1644年的清兵入关并不是偶然的,它是清朝在关外长期向外发展的结果,是清军南进政策的继续。因为南进中原的思想和计划,在清统治阶级内部很早就有了,只是由于当时力量不足,难以实现而已。经松山之战和壬午之役以后,明王朝已经失去了必要的防御能力,清军便加快了它的南进步伐。1643年取中后所等关外小城以后,下一步就是取宁远、山海关或者直抵中原。所以1644年的清兵入关,在清方来说条件是成熟的,准备是充分的,而且力量也是雄厚的。即使没有农民军进入北京和吴三桂之开关请降,清军也是要驰骋中原、谋取北京的。因为根据范文程的计划,已将中原尽收眼底。所以吴三桂之开关降清,只是给这次军事行动提供了一个意外的方便条件,改变了清军入关的路线,加快了清兵入关的进程。清兵不是吴三桂请来的,在吴三桂派人去请清兵之前,清兵不但已准备好了,而且已经出发七八日了。

吴三桂之降李与降清,都不是预定的,是当时形势骤变促成的。正像清兵入关以后,许多已先投降了李自成的明朝将领又纷纷降清一样,形势的变化,各方面力量的消长,使得这些丧家之犬朝秦暮楚。对吴三桂来说,降清与降李都是一样的,并无高下之分,都是为了自保和唯利是图,多尔衮正是利用了这一点招降了他,使之成为清王朝的一只鹰犬。那种认为吴三桂预定要投降清

---

①《清世宗实录》卷四,顺治元年四月庚午条。

朝,以此来说明吴三桂是民族(在满汉民族矛盾中)的罪人的说法是不符合历史事实的。

在李自成进北京以后,清兵向南推进,这两大势力必然要发生冲突,李自成山海关之败的原因之一,就是因为他没有意识到这一点。相反,清军入关之前,就明确地认识到李自成的农民军将是争夺中原的主要敌人。在许多策略问题上,清军都胜李自成一筹:清军对农民军的活动情况是很了解的,而且曾主动派人去联络;而李自成对清军则了解甚少,而且也不主动去了解,直到在山海关与清军接战时,还一无所知。清廷很重视招降工作,对吴三桂很早就展开了招降活动,直到清兵入关为止;而李自成则很粗心大意,吴三桂之降李复叛,这件事本身就说明李自成招降工作的失败和清王朝的成功。清军进入北京以后,实行的是安抚政策,有利于稳定局势;而李自成实行的则是追赃和掠夺政策,把北京的财物运向西安,不利于争取人心。清军进入北京以后,不久即决定迁都北京,是一种进取政策,尽管清朝当时只是想据有河北,但它已认识到必须以北京为立足点,才能完成这一历史任务,在沈阳是不可能的;而李自成进北京后,却想即皇帝位后,建都西安,是一种保守政策,因为西安很早就失去了成为全国政治中心的条件了。这些政策的不同,直接关系到清军和李自成各自的成败。

在不同的时代,不同阶级的代表人物,所完成的历史使命不尽相同,但其成功和失败,都有他自身的主观原因。在清兵入关这一重大历史事件中,一些历史人物的优劣和作用,也表现得非常明显。清军的统帅多尔衮,当时只有三十三岁,在皇太极死后,很快地克服了内部因争夺帝位而引起的矛盾,在逐鹿中原一举的关键时刻,采纳了范文程的意见,大胆地率军长驱直入,果敢地采取了灵活的策略,利用农民军刚进入北京还没有站稳脚跟和吴三桂来请兵助战这一特殊的有利时机,进据山海关打败李自成,在为明报君父之仇的旗帜掩盖下,以迅雷不及掩耳的速度进入北京,当人们醒悟过来的时候,清军入据中原已经成为事实。所以说,多尔衮可算是继明而统治中国的大清帝国的奠基者,他的历史作用,不仅对于满族的发展,对多民族统一国家的大清王朝,也应该是值得肯定的。

与多尔衮相比,李自成作为农民起义军的领袖,在推翻明王朝的斗争中,表现了坚韧不拔的大无畏精神,但他在进入北京推翻明王朝以后,却显得志骄才疏,昧于对当时形势的正确认识,又不采纳部下的正确意见,实行了许多错误的政策,使之刚从明王朝手中夺来的政权,转眼失于清人之手。这就告诉我们,愈是重大的历史事件,它所依赖的条件愈多,决策人物的任何一次疏忽和错误,都可能给全局带来很大的损失,这就是所谓"天下可智取而不可力争"的道理。在政治斗争中那种轻视智慧、废弃人才、不讲策略的思想,危害性也是相当大的。所以清军的胜利和李自成的失败,表面上看来好像是偶然的,实际上它具有很大的必然性,因为清军的胜利所具备的条件是多方面的,长期积累起来的,而李自成的错误,也是各种因素促成的,而不是偶然的。

本文原刊载于《中华文史论丛》1981年第2期。

作者简介:

陈生玺,1932年生,陕西乾县人。1956年毕业于南开大学历史学系,同年随郑天挺先生攻读明清史副博士研究生,1957年底因"反右"而终止学业,下放劳动,随后改做图书管理工作,1978年再回南开大学历史系,历任助教、讲师、副教授、教授。出版作品有《明清易代史独见》《沧桑艳》(笺释)、《帝国暮色——张居正与万历新政》《大明帝国的陨落——皇太极改革与甲申风云巨变》等,发表学术论文数十篇。

论皇太极继位初的一次改旗

白新良

皇太极时期,是满洲社会从八旗贵族分权向中央集权过渡的重要历史时期。这一时期,皇权与旗权之间进行了激烈的较量。而这中间,以皇太极为代表的两黄旗与以多尔衮、多铎为代表的两白旗之间的矛盾和斗争,又占据着重要的地位。它不仅一般表现为控制与反控制的斗争,而且在皇太极死后,还发展为黄、白两个政治集团在争夺最高权力斗争中的尖锐对立,甚至在一定程度上影响了入关后政局的发展。黄、白旗之间斗争的时间如此之长,斗争的程度又如此激烈,这种斗争有无其特殊的历史根源,这是清初八旗制度研究中不可忽视的一个问题。笔者接触到的史料证明,在皇太极继位之初,曾经进行过一次以努尔哈赤时期的两黄、两白四旗互易旗色为主要表现形式的改旗,正是这次改旗导致的黄、白各旗在满洲政权中地位和作用的变化,构成了长期存在的黄、白旗矛盾和斗争的特殊历史根源。但是对于这次改旗,自皇太极以后的清朝历代统治者,为了宣扬努尔哈赤对皇太极"圣心默注,爱护独深"[①],却极力掩饰,以致各种官修清朝史书于此皆削而不录。而后来的研究者,也未对此加以探讨。本文拟对清初一些关于这次改旗的史料进行比较、分析,探讨这次改旗的大致轮廓、历史背景及它对清初政治的影响。

一、皇太极继位初的一次改旗

(一)皇太极自将两黄旗考实

根据清初各种史料记载,在努尔哈赤时期,努尔哈赤自将两黄旗,皇太极

---

① (清)王先谦:《东华录》天聪一。

将正白旗,杜度将镶白旗(天命末年镶白旗主改为豪格)。①

　　但是,在皇太极继位之后,却改为皇太极自将两黄旗,多铎将正白旗,阿济格将镶白旗(天聪二年三月后镶白旗主改为多尔衮)。②

———————————

　　① 关于努尔哈赤时期的两黄、两白四旗旗主,《建州闻见录》(辽大历史系清初史料丛刊本)载:"……奴酋领二高沙。阿斗、于斗总其兵,如中军之制。贵盈哥亦领二高沙,奢、夫羊古总其兵。余四高沙,曰红歹是;曰亡古歹;曰豆斗罗古;(红破都里之子也。)曰阿未罗古。(奴酋之弟小乙可赤之子也。小乙可赤有战功,五六年前,为奴酋所杀。)……旗帜(有五色之大小不同者,奴酋黄旗,贵盈哥黑旗,红歹是白旗云。)……"

　　《光海君日记》光海君十三年九月戊申载:"……其兵有八部,二十五哨为一部。……老酋自领二部。一部阿斗尝将之,黄旗无画;一部大舍将之,黄旗画黄龙;……洪太主领一部,洞口鱼夫将之,(即东郭额驸何和里)白旗无画;……酋孙斗斗阿古另一部,羊古有将之,白旗画黄龙……"

　　上述史料可证,努尔哈赤自将两黄旗,但皇太极、杜度之两白旗究竟孰镶孰正尚未清晰,依太祖朝《满文老档》历次八旗排列次序,无不是以黄为首,以白为末。(《满文老档》第四十一卷、第五十五卷、第六十七卷至第七十卷)而在两白旗的排列次序中,又是正白旗在前,镶白旗在后,正白旗总是位居八旗总序第七位。何和里时隶皇太极麾下,而其子多济里又"事太宗文皇帝于藩邸"(《国朝耆献类征》卷二六二,将帅二)。故而可证皇太极所将之旗为正白旗,杜度所将之旗则是镶白旗。

　　但在天命末年,镶白旗旗主有了改变。据《清史稿》卷二四九《索尼传》载,豪格曾"列名太祖遗诏"。又陈仁锡《无梦园集》载豪格于皇太极继位初改为镶黄旗贝勒。据此可知,豪格于努尔哈赤死前已为镶白旗旗主。又据王氏《东华录》崇德五年十二月己酉载杜度之语:"似我无罪有功之人,止以不敬希尔艮,遂不论功,而反加罪,无非我来红旗故耳。"由此可知,在豪格取代杜度为镶白旗主后,杜度改隶两红旗。

　　② 关于皇太极继位后的两黄、两白四旗旗主,另本《旧满洲档译注》(太宗朝)天聪元年五月十一日条载:"汗(皇太极)率他的两黄旗及两白旗出征,由大凌河地方前进……"又据《清太宗实录》卷三天聪元年五月丙子(十一日)载:"上(皇太极)率两黄旗两白旗兵,直趋大凌河……"互读上述两条史料,可见自皇太极继位后,便亲领两黄旗。

　　又,陈仁锡《无梦园集》载:"黄旗下是喝竿汗(即皇太极)……内有黄心红边者是台吉超哈贝勒(即豪格),乃喝竿汗之男……"而据《清太宗实录》卷一二,豪格直至天聪六年六月乙未始被晋封为和硕贝勒。可见在皇太极继位后的一段时间,豪格只是在皇太极控制下的镶黄旗贝勒。

　　《清太宗实录》卷四,天聪二年三月庚申载:"初,贝勒多铎欲娶国舅游击阿布泰之女,贝勒阿济格不奏请于上,又不与众贝勒议,擅令阿达海与多铎为媒,又同阿达海至阿布泰家视其女,至是事闻,上命罚阿济格银千两,驮甲胄鞍马一……仍革固山贝勒任,以其弟贝勒多尔衮代之。"同据上书卷二五,天聪九年十月丙午载:"……汤古岱阿哥讦告大贝勒代善……于是汤古岱阿哥等往依镶白旗和硕默尔根戴青贝勒多尔衮居住。"

　　互读上述两条史料,可以看出,阿济格在天聪初曾为镶白旗旗主,天聪二年三月后为多尔衮所取代。

　　又据《清太宗实录》卷四六,崇德四年五月辛巳条载皇太极训斥多铎之语:"……戊寅年(1638年),闻喀尔喀兵犯我归化城,出师往御。还至张家口,与明人议互市事,兼索察哈尔旧例。正当议时,尔乃大言于众曰,明之所与者,多不过银三千两,缎三百匹而已,岂可为此微物而驻兵乎?就使得之,我所应分得之数,亦必不取,固山额真阿山可代取之。"

　　按之《清太宗实录》,阿山自天聪八年五月始任正白旗固山额真(前此为正白旗佐管大臣),至顺治三年春解职,前后十二年。阿山隶多铎属下,说明多铎所领之旗为正白旗。

两个时期中,两黄、两白四旗的旗主竟然完全不同,这是什么原因呢?

如果说,努尔哈赤自将的两黄旗是在他临终之际交给皇太极的,但是对于这一假设,一则无史料记载可证,二则一些侧面的史料却与之相反。据史载,努尔哈赤"未尝有此子(指皇太极)可继世为君之心"①,皇太极也自称"皇考无立我为君之命"②。既然努尔哈赤并没有传位于皇太极的遗命,他怎么会把自己的两黄旗交给皇太极呢?

也许,努尔哈赤临终之际并未来得及对他自将的两黄旗进行分配,致使他死后,两黄旗无人继承,皇太极是在这样的情况下将两黄旗据为己有的。但是这一设想也是缺乏根据的。因为早在天命七年(1622)三月,努尔哈赤就曾"命皇子八人俱为和硕贝勒,共议国政"③,在天命十一年(1626)六月二十四日的遗训中又重申了"分主八旗之八和硕贝勒"④亦即四大王、四小王"同心共事"⑤的规定。换言之,在努尔哈赤生前,八旗包括努尔哈赤自将的两黄旗在内,都已分拨停当。在诸申对旗主依附关系很强的情况下,皇太极又怎能撇开自己原领的正白旗而将已有所属的两黄旗据为己有呢?

设或在努尔哈赤生前,虽已对两黄旗的所属问题有所安排,只是皇太极在继位后,凭借手中的权力而将两黄旗夺为己有。但是,在八家共治的情况下,阿济格、多尔衮、多铎或许由于少不更事,姑置勿论,其他三大贝勒能否允许他这样做呢?更何况皇太极在继位誓词中明明有着不"削夺皇考所予户口"⑥的保证。一方面信誓旦旦地表示不"削夺皇考所予户口",而同时又将已有所属的两黄旗据为己有,这岂不是很矛盾吗?

所有这些矛盾的记载,不能不使我们对努尔哈赤自将的两黄旗的下落和皇太极自将的两黄旗的来源提出疑问。

关于努尔哈赤自将的两黄旗的下落,皇太极继位很久以后的一次讲话中露出了蛛丝马迹。《清太宗实录》卷四六崇德四年五月辛巳条载皇太极批评豫亲王多铎时说:

---

① 《三朝实录采要》太宗一。
② 《清太宗实录》卷一,天命十一年八月辛未。
③ 《满文老档》(太祖朝)卷三八。
④ (清)王先谦:《东华录》天命四,天命十一年六月乙未。
⑤ 《清太祖实录》卷四,天命十一年六月二十四日。
⑥ 《清太宗实录》卷一,天命十一年九月辛未。

　　……昔太祖分拨牛录与诸子时,给武英郡王十五牛录,睿亲王十五牛录,给尔十五牛录,太祖亦自留十五牛录。及太祖升遐,武英郡王、睿亲王言,太祖十五牛录,我三人宜各分其五。朕以为太祖虽无遗命,理宜分与幼子。故不允其请,悉以与尔。……

　　可见,努尔哈赤在晚年分拨牛录与阿济格、多尔衮、多铎时,自己掌握的全部力量是六十个牛录,这和各书关于努尔哈赤自己拥有两旗的记载是吻合的。①但是问题在于,在努尔哈赤手中的六十个牛录是两黄旗,分到阿济格、多尔衮、多铎手中以后,却变成了两白旗。这不能不使我们作出这样的推论,即努尔哈赤的两黄旗在进入皇太极时期后改为两白旗了。

　　又,天聪初年三大贝勒斥责阿巴泰之语亦称:

　　……阿济格阿哥、多尔衮阿哥、多铎阿哥皆掌父皇全旗之臣也……②

　　由这条记载也可看出,阿济格、多尔衮、多铎的两白旗是由努尔哈赤的两黄旗转变而来的。

　　再,如果我们把太祖朝的《满文老档》第六十七卷登记两黄旗官员任命敕书的档子和有关皇太极时期的各种记载,以及《八旗通志》初集卷五、卷七两白

　　　　①《清太祖武皇帝实录》卷二载:"乙卯年……太祖削平各处,于是每三百人立一牛录厄真,五牛录立一扎栏厄真,五扎栏立一固山厄真……"据此,则在努尔哈赤时期,每旗当有二十五个牛录。但对照《满文老档》各卷,各旗牛录数并不平衡。故可知《清太祖武皇帝实录》所称"二十五录为一固山"的说法仅是一个平均数,努尔哈赤亲掌之六十个牛录,当即两黄旗之众。
　　　　②《故宫周刊》第二八四期《汉译满文老档拾零》《台吉阿巴泰引罪》天聪元年十二月初八。

旗旗分佐领作一比较，①便可发现，凡可以查得出的努尔哈赤时期的两黄旗的总、副、参、游、备御各级官员及其所领牛录在皇太极时期基本上都改为两白旗。兹将这一情况列表如下：②

表一　镶黄旗

名字	《满文老档》中职务	皇太极时期改隶旗	名字	《满文老档》中职务	皇太极时期改隶旗
康古礼	三等总兵官	正白旗	汉泰	备御	正白旗
喀克笃礼	三等总兵官	正白旗	珠瑚达	备御	正蓝旗
武讷格	三等总兵官	正白旗	萨克察	备御	正白旗
阿山	一等参将	正白旗	松郭图	备御	正白旗
吉巴克达之弟兑勒慎	一等参将	正白旗	硕毕锡	备御	正白旗
克彻尼	三等参将	正白旗	单谭	备御	正白旗
扈瓦山	三等参将	正白旗	塔海	备御	镶白旗
季思哈	三等参将	正白旗	方吉纳	备御	正白旗
济尔海	备御	正白旗	喀萨里	备御	

①《满文老档》（太祖朝）第六十七卷至七十卷是天命十年的档子，依据档子的内容进行分析，其写作时间当不早于是年七月初七，不晚于是年八月底。（《满文老档》第六十五卷天命十年七月初七日载有浑塔由副将降备御事，而同书第六十七卷正黄旗的档子载有浑塔以父功而为备御。可知，这四卷档子是天命十年七月初七以后的记载。又据同书第六十五卷天命十年八月初九条载，"雅瑚、喀木塔尼带挂勒察来……带来的人口数一千九百，男子五百四十人"。而对这些人的任命敕书又未归入上述四卷中的八旗档子，而是附于第七十卷卷末。故而可知，这四卷敕书的写作时间当在天命十年七、八月间。）虽然卷首是何旗的档子的字样已经残缺，使我们无法直接辨认出这就是镶黄旗的档子，但和此前提到的两黄旗官员相对照，两者是吻合的。（如《满文老档》第四十五卷天命八年二月初七任命八旗的官员中所载两黄旗的官员相吻合。）而且，依据《满文老档》历次提到的八旗次序，无不是以两黄为首，以两白为末。（《满文老档》（太祖朝）第四十一卷收揽八旗边境的档子，第五十五卷八旗排列次序都是这样。）而在第六十七卷上紧接残缺一旗字样的档子后面便是正黄旗的档子。故而可以断定，这就是镶黄旗的档子。亦依此例，第六十九卷的档子自达尔汉额驸以下虽失著旗分，但却可以断定为镶白旗的档子。天命十年七、八月距努尔哈赤死时不过一年，而《满文老档》第六十七卷卷末又载"丙寅年（即天命十一年）五月二十六给了"一语，更可看出，一直到努尔哈赤死前百日左右，还是这样划分八旗人员的。因此，这四卷档子大体反映了努尔哈赤末年八旗的组织状况。

②《满文老档》第六十七卷两黄旗的档子所载官员共有八十七人，经和各书对照已查出七十四人，十三人未查出。另，第六十九卷正白旗的档子亦有五人尚未查出，第六十九卷、七十卷镶白旗的档子亦有七人尚未查出。其原因，当是这次登记敕书各旗的备御多是为总、副、参、游各级官员管理牛录，即以自身管备御事，因此，不少人或因战死，或因被撤换，以致湮没无闻。但是，这次登记敕书各旗备御数却表示了该旗的牛录数。

续表

名字	《满文老档》中职务	皇太极时期改隶旗	名字	《满文老档》中职务	皇太极时期改隶旗
索海	三等游击	镶黄旗	都木拜	备御	正黄旗
雅什塔	一等游击	正白旗	阿萨里	备御	镶白旗
吴达海	二等游击	正白旗	东山	备御	正白旗
锡拉纳	三等游击	正白旗	乌山泰	备御	
李山	备御	正白旗	马克图	备御	
博博图	三等游击	正白旗蒙古	巴锡	备御	正白旗
巴兰	三等游击	正白旗	乌西泰	备御	正白旗
茂达色	备御	正白旗	赵德	备御	
福拉塔	备御		噶布喇	备御	正白旗
扎努颗尔坤	备御		伊拜	备御	正白旗
汤角	备御	两白旗	皮雅达	备御	正白旗
绰木诺马兰	半备御		萨木哈图	备御	正白旗
瑚什里	（免一次死罪）	镶白旗	楞额礼	备御	正白旗

表二　正黄旗

名字	《满文老档》中职务	皇太极时期改隶旗	名字	《满文老档》中职务	皇太极时期改隶旗
尤德赫之弟和勒多	二等参将	正白旗	浑塔	备御	镶白旗
荆古尔达	三等参将	镶白旗	额参	备御	镶白旗
英俄尔岱	三等参将	镶白旗	特登额子	备御	镶白旗
苏纳	一等参将	镶白旗	布延	备御	正白旗
拜出喀	三等游击	镶白旗	绥占	备御	正白旗
喀木塔尼	备御	正白旗	阿玉什	备御	镶白旗
尼恩珠	三等游击		鄂勒标	备御	
辛泰	二等游击	镶白旗	图勒伸	（免二次死罪）	镶白旗
巴达	三等游击		泽克都里	备御	
阿济格尼堪	三等游击	镶白旗	喀囊啊	备御	镶白旗
托克托辉	三等游击	正白旗蒙古	绰哈尔	备御	镶白旗
宜尔登	三等副将	镶白旗	巴当阿	备御	镶白旗
尊塔	备御	镶白旗	诺木图	备御	
苏桥	备御		僧格之子尼雅纽克	备御	镶白旗

续表

名字	《满文老档》中职务	皇太极时期改隶旗	名字	《满文老档》中职务	皇太极时期改隶旗
毕鲁海	备御	正白旗蒙古	布颜图	备御	镶白旗
库尼雅克塔	备御	镶白旗	色纽克	备御	镶白旗
苏瓦延伊拉泰	备御	镶白旗	纳木	备御	正白旗
塔木拜	备御	镶白旗	颗郭	备御	正白旗
马勒图	备御	镶白旗	巴笃礼	备御	正白旗
达岱	三等游击	正白旗	巴达纳之弟和罗辉	备御	正黄旗
哈尔松阿	备御	镶白旗	阿什达尔汉	一等参将	镶白旗

上列两表中,努尔哈赤时期的两黄旗总计五十六又半个牛录,经和《八旗通志》初集相对照,寻得五十二个牛录。其中曾改为两白旗者便有四十六个。另外,三个牛录改为蒙古正白旗,一个牛录改为正蓝旗,两个牛录改为皇太极时期的两黄旗。两表总计官员八十七人,就已查得的七十四人来看,曾经改为两白旗的便有六十五人,而且其中的五十三人曾在皇太极时期的两白旗活动中多次出现。另,在皇太极继位之初,蒙古八旗尚未建立。据史载,"天聪九年,编审蒙古牛录时,以八旗蒙古甚少,令八旗各添二牛录"[1],因此,改入蒙古正白旗的三个牛录应是如伊拜等人例,先改为满洲两白旗而后才改为蒙古正白旗的。改为正蓝旗的一个牛录看来是随同汉泰等人例,先改为两白旗而后在顺治七年(1650)十二月与信郡王多尼一起调往正蓝旗的。[2]而且,如果再对两表所列人员的旗分改动情况进行分析,还可进一步看出,在经过少许的调整之后,努尔哈赤时期的镶黄旗改为皇太极时期的正白旗,努尔哈赤时期的正黄旗则改为皇太极时期的镶白旗了。

由此可以看出,努尔哈赤时期的两黄旗在进入皇太极时期后基本上都改

---

①《八旗通志》初集卷一一。

② 伊拜于《满文老档》第六十七卷天命十年八月隶镶黄旗,于《清太宗实录》卷五天聪三年十一月隶正白旗,于同书二二卷天聪九年二月改隶正白旗蒙古。

《清史稿》卷二一五《诸王传》载:"汉岱,穆尔哈齐第五子……(顺治)三年,授镶白旗满洲固山额真。……(顺治)七年,授吏部尚书,正蓝旗满洲固山额真。"

《清世祖实录》卷五一,顺治七年十二月己巳载:"……调王多尼(多铎之子)于正蓝旗,以公韩岱为固山额真,阿尔津为护军统领……"

为两白旗。既然如此,皇太极时期的两黄旗又从何而来呢?

如果把太祖朝《满文老档》第六十九、七十两卷登记两白旗官员任命敕书的档子和关于皇太极时期的各种记载,以及《八旗通志》初集卷三两黄旗旗分佐领进行比较,就可发现,和努尔哈赤时期的两黄旗改为皇太极时期的两白旗相一致,努尔哈赤时期的两白旗各级官员及其所领牛录在皇太极时期也基本上都改为两黄旗。兹将这一情况制表如下:

表三　正白旗

名字	《满文老档》中职务	皇太极时期改隶旗	名字	《满文老档》中职务	皇太极时期改隶旗
楞额礼	一等总兵官	正黄旗	博尔晋	三等游击	镶红旗
拜音图	一等副将	正黄旗	阿岱	三等游击	正黄旗蒙古
哈山	三等副将	镶蓝旗	鄂奔堆	三等游击	两黄旗
雅希禅	一等参将	正黄旗	彰山	备御	镶黄旗
霸奇兰	一等游击	正黄旗	塔纳喀	备御	镶黄旗
雅珊	三等游击	正黄旗	苏勒东阿	备御	镶黄旗
满达尔汉	三等游击	正黄旗	和罗辉	备御	镶黄旗
拜山	三等游击	镶黄旗	瑚什布	三等游击	
汤阿里之子喀喀木	三等游击	正黄旗	纳木泰乌济和	备御	镶白旗
王津	备御		托和齐	备御	正红旗
钟郭堆	备御	正黄旗	汉都	备御	
喀尔喀玛	备御	正黄旗	马福塔	备御	正黄旗
爱通阿之弟鄂木硕颗	备御	镶黄旗	雅尔布	备御	镶黄旗
特木鲁	备御	镶黄旗	巴布海	备御	正黄旗
顺扎秦	备御	镶黄旗	阿什克（缺）	备御	
图鲁什	备御	正黄旗	巴锡	备御	镶黄旗
达济汗	备御		巴雅尔图子阿宰	备御	正黄旗
巴思哈	备御	正黄旗蒙古	喀尔交	备御	正黄旗

表四　镶白旗

名字	《满文老档》中职务	皇太极时期改隶旗	名字	《满文老档》中职务	皇太极时期改隶旗
达尔汉额驸	三等副将	镶黄旗	吴巴海	备御	两黄旗
达朱瑚	三等游击	镶黄旗	福克察	备御	正蓝旗
尼喀里	二等参将	正蓝旗	努山	备御	
雅尔纳	三等参将	镶白旗	窝和德	备御	正蓝旗
阿勒哈	三等游击		阿桥	备御	
多内	三等游击	镶黄旗	额勒奇	备御	
鄂内	三等游击	镶白旗	珠克苏	备御	正蓝旗
泽尔济诺之弟喀住	二等游击	镶白旗	哈宁阿	备御	两黄旗
齐尔格伸	备御	镶黄旗	青善	备御	正蓝旗
库瓦泰珠	备御		济逊	备御	镶黄旗
阿布泰	备御	镶白旗	杨善	备御	镶黄旗
冲济阿	备御	镶白旗	魏齐	备御	正黄旗
彻彻格依子鄂米纳	备御	镶白旗	诺约多	备御	镶黄旗蒙古
囊金	备御	正蓝旗	瑚勒迈	备御	正蓝旗
萨木占巴颜（死）	备御		布岱	备御	正蓝旗蒙古
纳齐布	备御	镶黄旗	诺敏	备御	

由上列两表可见,努尔哈赤时期的两白旗四十七个牛录、各级官员六十八人,经和有关皇太极时期的各种记载及《八旗通志》初集相对照,寻得三十七个牛录(正白旗十九,镶白旗十八),五十六人(正白旗三十一,镶白旗二十五)。其中二十五个牛录、三十五人曾经改为皇太极时期的两黄旗。其余,一人改为正黄旗蒙古,一牛录、一人改为镶黄旗蒙古,四牛录、六人改为正蓝旗,一牛录、一人改为正蓝旗蒙古,四牛录、七人改为镶白旗,改为正、镶二红旗各一牛录、二人,一人改为镶蓝旗。上述情况说明,努尔哈赤时期的两白旗构成了皇太极时期两黄旗的基本部分。而且,改入两黄旗蒙古的二人当如伊拜等由正白旗改为正白旗蒙古例,是先改为两黄旗而后才改为两黄旗蒙古的。改为正蓝旗及正蓝旗蒙古的五牛录、七人当是如达尔汉额驸等人例,先改为镶黄旗而后于

天聪十年(1636)正月重建正蓝旗时又改为正蓝旗的。①改为镶白旗的四牛录、七人,除个别人(如阿布泰)系皇太极继位初的调整,其余当皆是如杨善、鄂莫克图等人例,于皇太极继位后始改镶黄旗、崇德中改正蓝旗,而在顺治元年(1644)四月满洲贵族集团的内部斗争中被罚入镶白旗的。②至于改为两红、镶蓝三旗的个别牛录及人员,则可能是皇太极在争夺汗位的斗争中为了取得三大贝勒的支持而付出的代价。

如果再对努尔哈赤时期两白旗牛录、人员所属旗分的改动情况进行深入分析,便可看出,其中的正白旗虽然大多改为两黄旗,但在天聪九年(1635)十二月前改为镶黄旗者绝少,相反,在天聪中隶正黄旗而在崇德后改为镶黄旗者却相当之多。由此判断,努尔哈赤时期正白旗的基本部众在皇太极政权初期(天聪朝)曾改为正黄旗,只是在天聪九年(1635)皇太极吞并正蓝旗,"以正蓝旗附入皇上旗(正黄旗),分编为二旗"③时,才将其中的部分牛录改为镶黄旗。与努尔哈赤时期的正白旗在皇太极继位后曾改为正黄旗相一致,努尔哈赤时期的镶白旗,在皇太极继位后则经过少许调整改为镶黄旗了。也正是这部分人员,在天聪九年(1635)底,因皇太极将正黄旗与正蓝旗加以合并分为两黄旗时改为正蓝旗的。这也就是天聪间的正蓝旗人员皆在崇德后的两黄旗出现,而天聪间的镶黄旗人员皆在崇德后的正蓝旗出现的原因。

由上述四表可以看出,努尔哈赤时期的两黄旗在皇太极时期基本上都改为两白旗,努尔哈赤时期的两白旗在皇太极时期也基本上改为两黄旗。这就说明,努尔哈赤并没有把自己的两黄旗交给皇太极,而是交给了阿济格、多尔衮、多铎;皇太极并没有继承努尔哈赤的两黄旗,而是将努尔哈赤时期的两白

---

①《故宫周刊》第三三二期《汉译满洲老档拾零》《群臣朝贺》载:"崇德元年正月朔(?)【原档残缺】第十一右翼镶蓝旗推固山额真率领众大臣朝贺,第十二左翼正蓝旗推固山额真梅勒章京达尔汉额驸率众大臣朝贺。"据此可证,天聪九年十二月正蓝旗"附入皇上旗分"(正黄旗)后,皇太极又另行编立了正蓝旗。其基本成员,当为天聪时期的镶黄旗成员。

崇德以后正蓝旗的旗主,据各书所载,当为肃亲王豪格。《清世祖实录》卷三七,顺治五年三月己亥载诸大臣讦告郑亲王济尔哈朗之词:"……又讦告上迁都燕京时,将原定后行之镶蓝旗,令近上立营,同上前行。又将原定在后之正蓝旗,令在镶白旗前行。肃王乃罪废庶人,如何令其妻在辅政叔德豫亲王、和硕英亲王之福金前行……"又,谈迁《北游录》纪闻下《顺治二年十月朔颁历式》载:"蓝旗,发奋亲王历,伯阳郡王历……"发奋亲王即肃亲王之旧称。据上两条史料,可证豪格在崇德后为正蓝旗旗主。

②《清世祖实录》卷四,顺治元年四月辛巳。

③《清太宗实录》卷二六,天聪九年十二月辛巳。

旗改为两黄旗了。努尔哈赤时期的两黄旗和皇太极时期的两黄旗虽然旗色相同,但其基本部众却大不相同。

将《满文老档》第六十八、六十九两卷中登记的两红、两蓝任命敕书的档子和《八旗通志》初集等书相对照,除正蓝旗有很大变化外,两红、镶蓝三旗的人员却是相对稳定的。正蓝旗的变化是由天聪九年(1635)底"附入皇上旗",而后又于天聪十年(1636)正月重建和顺治五年(1648)旗主由豪格向多尔衮易手,①以及顺治七年(1650)十二月信郡王多尼调往正蓝旗这三次大的变动所造成的。而两红、镶蓝三旗,之所以能保持其人员的相对稳定,恐系在后金和清初历次争夺最高权力的斗争中,多持旁观态度而造成的。因和这次改旗关系不大,故不再列表。

两黄、两白四旗的变化已如上述,但是,这些人及其所领牛录的旗分的变化散见于皇太极继位后的各种记载,怎能证明黄、白旗之间是在一次性的调整中改动了旗分呢?

在皇太极继位之初,因曾向诸贝勒立下了不"削夺皇考所予户口"的誓言,故而在一个时期之内,各旗之间的人员是相对稳定的,这从天聪六年(1632)皇太极的一次上谕中也可以看得出来:

> 谕曰,朕蒙天眷佑,缵承丕基,国中人民财物,皆吾所有,然曾见我夺人一美妇乎?曾不问其主,强夺一良马乎?曾见有才具人,令彼离其主而从我乎?……②

一妇、一马、一人尚且不夺,何况人多丁旺的牛录,更不是皇太极所能夺取的了。这说明,天聪六年(1632)前,各旗间的人员是相对稳定的。

随着皇太极实力的增长,皇太极对八旗的控制也加强了,表现在对各旗贝勒的处分上,增加了一条罚牛录。但从有关皇太极时期的各种记载来看,这不过是向诸贝勒示威而已,绝大部分数未成事实。除天聪九年(1635)底吞并正蓝旗外,其他各旗的组织成员仍相对稳定。将天命十年(1625)两红、镶蓝三旗

①《明清史料》丙编第四本第306页载顺治八年二月二十二日《追论摄政王罪状诏》:"……又吹毛求疵,逼死肃亲王,遂纳其妃。将官兵、户口、财产等项,即与皇上,旋复收回,以厚其力……"由上述史料可证,顺治五年三月豪格被囚禁后,正蓝旗曾为多尔衮所有。

②《清太宗实录》卷一一,天聪六年四月癸未。

的档子和《八旗通志》初集、《八旗满洲氏族通谱》相比较,便可说明这一点,对皇太极时期和多尔衮时期两黄、两白四旗的关系进行分析,也可说明这一点。《清世祖实录》卷五十三顺治八年(1651)二月己亥条载:

> 追论睿亲王多尔衮罪状,昭示中外。诏曰:……又将皇上侍臣伊尔登、陈泰一族及所属牛录人丁、刚林、巴尔达齐二族,尽收入自己旗下……

同书卷九十顺治十二年(1655)三月庚子条亦载:

> ……又,太宗时英王被论,因罚出公遏必隆等三牛录。及甫至燕京,睿王擅将此三牛录,取还英王下。又将黄旗下刚林、何洛会、巴尔达齐三族,取入伊旗下。……

多尔衮死后,顺治皇帝亲自下诏追论其罪状,是对多年以来黄、白旗矛盾的总清算。但在涉及黄、白旗之间所属牛录的攘夺上,仅仅提到他从两黄旗取还了图尔格、伊尔登、遏必隆三牛录及刚林、何洛会、巴尔达齐三族,而不言及其他,这说明,多尔衮时期的两黄、两白四旗在组织上是相当稳定的。而多尔衮在权势赫赫之时并没有从两黄旗取回更多的牛录,仅取回原被罚入两黄旗的三牛录,这说明皇太极时期的两黄、两白四旗在组织上也相当稳定的,并不存在反复改旗的问题。因此,尽管这些人及其所领牛录旗分的变化散见于皇太极时期以至多尔衮时期的各种记载,但却并不是一个陆续改旗的过程,而是一个在各方都认可的情况下的一次性改旗。

既然如此,这次改旗的具体时间又如何确定呢?

如前所述,努尔哈赤生前既没有"此子(皇太极)可继世为君之心"[1],而且事实上也未把两黄旗交给皇太极,当然就更谈不上允许两白旗改为两黄旗。

---

[1]《三朝史录采要》太宗一。

因此,努尔哈赤向八旗官员分发任命敕书虽距他死尚有百日左右,①但是在努尔哈赤时期进行这次改旗却是不可能的。况且《清太祖武皇帝实录》和太祖朝《满文老档》根本就没有关于改旗的记载。

根据清初各种史料的记载,努尔哈赤死后,满洲贵族集团曾经有过一场争夺最高权力的斗争。如果将改旗和这场斗争结合起来考察,便可发现,这次改旗是在努尔哈赤死后八旗之间经过激烈的斗争并确定皇太极继承汗位后便已进行的一项活动,至天命十一年(1626)九月丁丑皇太极做出继位后的第一次人事安排时,这次改旗已经大体完成。《清太宗实录》卷一天命十一年九月丁丑条载:

> 上以经理国务,与诸贝勒定议,设八大臣。正黄旗以纳穆泰,镶黄旗以额驸达尔哈,正红旗以额驸和硕图,镶红旗以侍卫博尔晋,镶蓝旗以顾三台,正蓝旗以拖博辉,镶白旗以车尔格,正白旗以喀克笃礼,为八固山额真,总理一切事务。凡议政处,与诸贝勒偕座共议之,出猎行师,各领本旗兵行,凡事皆听稽查。又设十六大臣,正黄旗以拜尹图、楞额礼;镶黄旗以伊逊、达朱户;正红旗以布尔吉、叶克舒;镶红旗以吴善、绰和诺;镶蓝旗以舒赛、康喀赖;正蓝旗以屯布禄、萨璧翰;镶白旗以吴拜、萨穆什喀;正白旗以孟阿图、阿山为之。佐理国政,审断狱讼,不令出兵驻防。又设十六大臣,正黄旗以巴布泰、霸奇兰;镶黄旗以多内、杨善;正红旗以汤古岱、察哈喇;镶红旗以哈哈纳、叶臣;镶蓝旗以孟坦、额孟格;正蓝旗以昂阿拉,色

---

① 就有关清初的各种资料分析,努尔哈赤时期,满洲八旗牛录数始终在二百个左右(《清太祖武皇帝实录》卷二乙卯年十一月;《满文老档》第五卷天命六年七月朔日;《满文老档》第十八卷天命六年闰二月二十日,第二十七卷天命六年九月十六日)。而《满文老档》第六十七卷至七十卷登记八旗官员任命敕书的档子,八旗共有二百一十一又半个备御,故而可知这就是当时的八旗牛录总数。但这只是天命十年七、八两个月的数字。在这之后,又有增加。《满文老档》第六十五卷天命十年八月初九条载:"雅瑚、喀木塔尼带挂勒察户来……带来的人口数一千九百,男子五百四十人。"同卷八月初十又载,"博尔晋虾去征讨住东海边的国人,带五百户回来了"。按每户五口计,则为两千五百人。又《满文老档》第六十六卷天命十年十月初三载:"塔拜阿哥获得男子四百、九百口,阿巴泰阿哥、巴布泰阿哥获得男子二百、六百口。"《清太祖武皇帝实录》卷四于此条作"获人一千五百"。三次征讨总计获人五千九百口。如果考虑这些人也编为牛录的话,则在努尔哈赤死前,八旗牛录总数当在二百二十个左右。两黄旗牛录数当达六十个,两白旗当有五十个牛录。这里为了叙述方便,而以天命十年七、八月间的档子所载备御数作为努尔哈赤死前满洲八旗牛录的总数。

勒；镶白旗以图尔格、伊尔登；正白旗以康古礼、阿达海为之。出兵驻防，以时调遣，所属词讼，仍令审理。

这是史书记载的皇太极继位后的第一次人事安排，事在努尔哈赤死后二十七日，皇太极即位之第八天，上距努尔哈赤分发八旗官员的任命敕书不过一百三十天（是年闰六月）。但是，对这次任命官员所隶旗分和四个月前《满文老档》的记载相比较，便可看出，两红、两蓝四旗虽有变化，但大多数是在本旗内的升黜（除镶红旗博尔晋外），独有两黄、两白四旗，主要官员的所隶旗分却有一个大的交换。为说明这一情况，试制表五如下：

表五　主要官员所隶旗分

《清太宗实录》卷一旗分 1626.9.8	名字	职务	《满文老档》中的旗分 1626.5.26	备考
正黄旗	纳穆泰	固山额真		
正黄旗	拜尹图	十六大臣（佐管）	正白旗	
正黄旗	楞额礼	十六大臣（佐管）	正白旗	
正黄旗	巴布泰	十六大臣（调遣）		
正黄旗	霸奇兰	十六大臣（调遣）	正白旗	
镶黄旗	达尔哈	固山额真	镶白旗	
镶黄旗	伊逊	十六大臣（佐管）		当在镶白旗
镶黄旗	达朱户	十六大臣（佐管）	镶白旗	
镶黄旗	多内	十六大臣（调遣）	镶白旗	
镶黄旗	杨善	十六大臣（调遣）	镶白旗	
镶白旗	车尔格	固山额真		当在正黄旗
镶白旗	吴拜	十六大臣（佐管）		
镶白旗	萨穆什喀	十六大臣（佐管）		当在正黄旗
镶白旗	图尔格	十六大臣（调遣）		《满文老档》四十五卷隶正黄旗
镶白旗	伊尔登	十六大臣（调遣）	正黄旗	
正白旗	喀克笃礼	固山额真	镶黄旗	
正白旗	孟阿图	十六大臣（佐管）		当在正黄旗
正白旗	阿山	十六大臣（佐管）	镶黄旗	
正白旗	康古哩	十六大臣（调遣）	镶黄旗	
正白旗	阿达海	十六大臣（调遣）		当在镶黄旗
正红旗	和硕图	固山额真	正红旗	
正红旗	布尔吉	十六大臣（佐管）		
正红旗	叶克舒	十六大臣（佐管）	正红旗	
正红旗	汤古岱	十六大臣（调遣）		《满文老档》四十五卷隶正红旗
正红旗	察哈喇	十六大臣（调遣）	正红旗	

续表

《清太宗实录》卷一旗分1626.9.8	名字	职务	《满文老档》中的旗分1626.5.26	备考
镶红旗	博尔晋	固山额真	正白旗	《满文老档》三十八卷前隶镶红旗
镶红旗	吴善	十六大臣(佐管)	镶红旗	
镶红旗	绰和诺	十六大臣(佐管)	镶红旗	
镶红旗	哈哈纳	十六大臣(调遣)	镶红旗	
镶红旗	叶臣	十六大臣(调遣)	镶红旗	
镶蓝旗	顾三台	固山额真	镶蓝旗	
镶蓝旗	舒赛	十六大臣(佐管)	镶蓝旗	
镶蓝旗	康喀赖	十六大臣(佐管)	镶蓝旗	
镶蓝旗	孟坦	十六大臣(调遣)	镶蓝旗	
镶蓝旗	额孟格	十六大臣(调遣)	镶蓝旗	
正蓝旗	托博辉	固山额真	正蓝旗	
正蓝旗	屯布禄	十六大臣(佐管)		
正蓝旗	萨璧翰	十六大臣(佐管)		《满文老档》第五十九卷隶正蓝旗
正蓝旗	昂阿拉	十六大臣(调遣)		
正蓝旗	色勒	十六大臣(调遣)	正蓝旗	

由上表可见,在这次人事安排中,在已查出的努尔哈赤时期两黄、两白四旗所属旗分的十三人中,在两黄旗任职的八人,全部来自努尔哈赤时期的两白旗;而在两白旗任职的五人,又全部来自努尔哈赤时期的两黄旗。另,前文述及,自皇太极继位后努尔哈赤时期的两黄旗人物绝大多数出现于两白旗,与此同时,努尔哈赤时期的两白旗人物在皇太极继位后却纷纷出现于两黄旗,而绝少再在两白旗活动中出现。据此,我们可以得出这样的结论:在皇太极继位之初,满洲贵族集团在皇太极的主持下,曾经进行过一次以努尔哈赤时期的两黄、两白互易旗色为主要表现形式的改旗,这次人事安排中出现一些主要官员改动旗分的现象,则是这次改旗完成的标志。

(二)皇太极时期黄、白旗实力分析

由上述改旗情况可以看出,皇太极时期的两黄旗是以努尔哈赤的两白旗为基础建立起来的,皇太极时期的两白旗则是以努尔哈赤时期的两黄旗为基础建立起来的。而在改旗之前的天命十年(1625)七八月间,黄、白之间的力量对比是:两黄旗五十六又半个牛录,两白旗四十七个牛录。这就使我们很自然地作出了这样的推论,在皇太极改旗之初,必然是两白旗大于两黄旗。而有关皇太极时期的八旗的一些史料也恰恰证明了这一点。《清太宗实录》卷二十天

聪八年(1634)九月甲戌条载:

> 上以季思哈征瓦尔喀,所俘人民未经分拨,遣英俄尔岱、龙什、穆成格
> 与大贝勒代善及诸贝勒等会议。谕之曰,此俘获之人,不必如前八分均
> 分,当补壮丁不足之旗。八旗制设牛录,一例定为三十牛录。如一旗于三
> 十牛录之外,余者即行裁去,以补各旗三十牛录之不足者。如有不满三十
> 牛录旗分,择年壮堪任牛录之人,量能补授,统辖所管壮丁,别居一堡,俟
> 后有所俘获,再行补足。朕意旧有人民,不便均分,新所俘获,理应拨补旗
> 分中不足者。若八旗不令划一,间有一旗多于别旗者,其意欲何为乎? 代
> 善等皆曰,如此分拨最当。重分旧人,似属未便,今后俘获之人,自应分补
> 不足旗分,于是英俄尔岱等还奏……

早在天命末年,阿济格、多尔衮、多铎便已拥有努尔哈赤给予的六十个牛
录,经过八九年的发展,两白旗当皆超过三十个牛录。可见,皇太极在这里特
别强调的"不满三十牛录旗分",不是别的什么旗,主要指的就是以努尔哈赤时
期两白旗为基础建立起来的两黄旗。

尽管这时改变了对俘获人口、降民的分配办法,但是在皇太极改旗以后,
黄、白两旗差距仍然不是在短时间内所能消除的。因此,在天聪、崇德之交,一
些史料证明,皇太极自己控制的两黄旗仍然小于两白旗。兹以天聪九年
(1635)十月和崇德二年(1637)七月两征瓦尔喀制表如下:

表六　两征瓦尔喀黄、白旗兵力比较表

年份及出兵人数	两黄旗	两白旗	备考
天聪九年(1635)十月出兵人数	297名	337名	据《清太宗实录》卷二五
崇德二年(1637)七月出兵人数	170名	300名	据《清太宗实录》卷三七

满洲政权对外战争,总是按牛录摊派出兵人数。天聪九年(1635)十月之役,
亦规定"每旗派官各三员,每牛录兵各五名,旧蒙古各二名"[1],故而各旗出兵的数
字大致反映了该旗牛录数的多少。而据上述记载,两白旗牛录数明显地多于两
黄旗,这就进一步证明了皇太极所一再强调的"不满三十牛录旗分"指的正是他
自将的两黄旗。直到入关之前,两白旗牛录数仍居八旗之冠,达九十八又半个牛

---

[1]《清太宗实录》卷二五,天聪九年十月癸未。

录,而在天聪九年(1635)底吞并了正蓝旗的皇太极,合两黄、正蓝三旗之众达一百一十七又十个半牛录,虽然在总数上已超过两白旗,但在平均数上仍低于两白旗。[①]在皇太极继位后十几年的时间里,两白旗大于两黄旗的这一现象正好说明,皇太极的两黄旗并不是努尔哈赤的两黄旗,在皇太极继位之初,是应该有过一次以两黄、两白互易旗色为主要表现形式的改旗之举的。

(三)改旗的手段和目的

综上所述,皇太极在继位之初,曾经进行过一次以两黄、两白互易旗色为主要表现形式的改旗。然而这次改旗是通过什么方式进行的?它的目的又何在呢?有关清初八旗的一些史料证明,这次改旗是在皇太极继位后八旗同时改换旗帜装饰的情况下进行的。其目的,则在于通过这次改旗调整各旗在满洲政权中的地位,特别是改变皇太极自己原领的正白旗在满洲政权中的地位和作用。

关于八旗的旗帜,《清太祖武皇帝实录》卷二载:

> 乙卯年……太祖削平各处,于是每三百人立一牛录厄真,五牛录立一扎栏厄真,五扎栏立一固山厄真,固山厄真左右立美凌厄真。原旗有黄、白、蓝、红四色,将此四色,镶之为八色,成八固山。

单据这段记载,看不出努尔哈赤时期和皇太极时期八旗旗帜装饰有什么变化,很容易使我们相信《八旗通志》中所说的"黄、白、蓝均镶以红,红镶以白"是从建八旗以来便已如此的事情。但是如果把当时朝鲜人的记载和明人的记载相比较,八旗旗帜装饰的变化是很明显的。

天命六年(1621)九月,努尔哈赤下辽沈之后,朝鲜方面为侦察后金的情况,曾专派满浦金使郑忠信以通好为名赴辽东,据他报告的情况是:

> 其兵有八部,二十五哨为一部。……老酋自领二部,一部阿斗尝将

---

① 光绪《大清会典事例》卷一一一一《八旗都统》载:"原定八旗满洲佐领镶黄旗三十三,又半分佐领三;正黄旗四十二,又半分佐领三;正白旗四十八,又半分佐领一;正红旗三十;镶白旗五十;镶红旗三十一,又半分佐领二;正蓝旗四十二,又半分佐领四;镶蓝旗三十三,又半分佐领五。八旗满洲佐领共三百有九,又半分佐领十八。"据此可证,这就是入关之前满洲八旗的牛录总数。

之,黄旗无画,一部大舍将之,黄旗画黄龙;贵盈哥领二部,一部甫乙之舍将之,赤旗无画,一部汤古台将之,赤旗画青龙;洪太主领一部,洞口鱼夫将之,白旗无画;亡可退领一部,毛汉那里将之,青旗无画;酋侄阿民台主领一部,其弟者送哈将之,青旗画黑龙;酋孙斗斗阿古领一部,羊古有将之,白旗画黄龙。……①

可见,在努尔哈赤时期,八旗的旗帜虽然和后来一样有黄、白、蓝、红四色,但却是以画龙与不画龙区别同色正、镶两旗的。

但据皇太极时期的明人记载,八旗旗帜的装饰已和努尔哈赤时期不相同了。陈仁锡《无梦园集·山海纪闻一》载:

> 黄色是憨,红、白、蓝是贝勒(即各王子),黄、蓝、红、白作心,以别色作边。是憨与贝勒下孤山、牛鹿之类,不外黄、蓝、红、白四色,非如中国五色俱全,寓五行、五方、五音、五味相生相克之意。
>
> 一、黄旗下是喝竿汗,老奴第四男也。老奴死,喝竿立,奴众称为汗,伪号后金国皇帝。砍倒黄旗,则喝竿之颈可系,头可献。内有黄心红边者是台吉超哈贝勒,乃喝竿汗之男……。
>
> 一、红旗下是昂把免贝勒,内有红心白边者是姚塔、少塔,乃昂把免所生二男,亦有两孤山、大小牛鹿。砍倒红旗,此族可缚。
>
> 一、蓝旗下是卖疙疸贝勒,偏阿贝勒;内有蓝心红边者是安明贝勒、吉汗尖山。亦有两孤山、大小牛鹿。砍倒蓝旗,奴亦大败。
>
> 一、白旗下是阿吉哥贝勒,内有白心红边者是王哈赤贝勒,乃王台之男……砍倒白旗,则奴之党与可灭,心胆可寒,授首指日矣。

就这条史料的内容分析,其写作时间当不早于天命十一年(1626)九月,不晚于天聪四年(1630),极有可能是天启六年(1626)十月陈仁锡参与改修《明光

---

① 《光海君日记》卷一六九,光海君十三年九月戊申。

宗实录》时根据当时有关辽东边情的邸报记录下来的。①而他所记载的八旗装饰竟与《八旗通志》所载完全相同,这就说明,在皇太极继位之初,八旗的旗帜改变了装饰。

不但明人的记载能够证明皇太极继位后八旗的装饰有了改变,就是清人本身的记载也可证明这一点,统观太祖朝《满文老档》,在涉及八旗的装饰时,虽然没有画龙与不画龙的记载,但亦未发现有镶边、不镶边的记载。只是到了皇太极继位后,在一些史料中才陆续出现了镶边、不镶边的记载。②这就进一步证明,在皇太极继位后,八旗的旗帜装饰都发生了变化,由原先以画龙不画龙改为镶边、不镶边来区别同色的正、镶两旗了。应该就是通过这一八旗同时改变旗帜装饰的方式,在皇太极的主持下,进行了这次改旗的。那么,皇太极为什么在继位后要通过改换八旗旗帜装饰的方式来进行这次改旗,换言之,皇太极这样做的目的又何在呢?

自八旗建立以来,努尔哈赤一直自将两黄旗,天命建元,又"黄衣称朕"③,行军狩猎,也打黄盖、张黄伞。④黄旗甚至黄色,就是汗的象征,最高权力的体现。可是,努尔哈赤生前又已将两黄旗给予了阿济格、多尔衮、多铎。努尔哈赤死后,在"皇考无立我为君之命"情况下继位的皇太极,面对两黄旗已有所属的局面,很可能是以努尔哈赤自将两黄旗的先例为理由,在四大贝勒互相牵掣无法吞并两黄旗的情况下,通过改变八旗装饰的方式,将两白旗改为两黄旗的。在这同时,又将原来的两黄旗改为两白旗。这种不改变旗主而改变旗帜颜色及装饰的做法没有侵犯当时最有权势的三大贝勒的切身利益,故而可为他们所接受。但是这一行动的结果却改变了原来两白旗在后金政权中的政治地位,更何况从长远的角度来看,政治地位的改变对皇太极个人实力的进一步

---

① 《明熹宗实录》卷七二,天启六年十月癸丑载:"改修光宗皇帝实录,以太傅英国公张贤为监修官。……编修朱继祚、陈仁锡……充纂修官。"

《明史》卷二二八文苑四《陈仁锡传》载:"崇祯改元,召复故官。……以预修神、光二朝实录,进右谕德,乞假归。越三年,即家起南京国子祭酒,甫拜命,得疾卒……"

陈仁锡死于崇祯四年,又于天启末参与改修《明光宗实录》,故可知,此段记载不晚于天聪四年,极有可能是天启末预修《明光宗实录》时根据当时关于辽东边情的邸报记录下来的。

② 《明清史料》甲集第一本第51页载有"厢边红旗备御祝世胤奏本",其上书时间为天聪二年十一月,是目前看到的清人本身关于八旗装饰的最早的记载。

③ (明)王在晋:《三朝辽事实录》卷一。

④ 《清太祖武皇帝实录》卷二,壬子年九月。

《满文老档》(太祖朝)第二十一卷,天命六年五月初三日。

发展起到重大的作用！

在皇太极及两白旗通过这次改旗而得到极大的政治、物质利益的同时，努尔哈赤时期的两黄旗却因改为两白旗而降低了它的政治地位。因此，这种改变旗帜颜色和装饰的事件在当时和以后很长一段时间内，必定给人们极其深刻的印象，尤其是在最高权力更迭之际，更为人们所关心。《清世祖实录》卷五十六顺治八年四月丁巳条载：

> 上召固山额真公谭泰谕曰，昨冷僧机引多尔博见朕，及出，冷僧机奏言，两（黄）旗大臣，原誓立肃亲王为君，睿亲王主立皇上。今虽将多尔博破格宠顾，何足以报。……尔谭泰可传谕贝子锡翰，此是何等言语，朕实不能不加详鞫。随下法司，传集贝子巩阿岱、锡翰、固山额真尚书公谭泰、内大臣席讷布库、巴图鲁詹、护军统领鳌拜巴图鲁、伊尔德、议政大臣哈世屯、巴哈、侍卫坤巴图鲁等讯鞫。据供，我等立誓，但云若换朝廷宫殿瓦色，变易旗帜，我等即死于此……。

在顺治皇帝要追查八年前两黄旗大臣拥立豪格的问题时，两黄旗大臣的这种回答，虽然不无自饰之词，但却真实地反映了皇太极死后他们的心理活动。皇太极死后，两白旗大臣极力怂恿多尔衮继位，而一些史料也证明多尔衮确有穿黄袍、继皇位的欲望。如果这一图谋得以实现，十几年前曾经上演过的改旗易色的历史剧又要重演，皇太极多年经营的两黄旗也像努尔哈赤死后的两黄旗一样，面临着改变旗帜，并由此降低自己在满洲政权中的政治地位的危机。这时，处于既得利益集团地位的两黄旗大臣，为了不改变旗帜，几乎搞出了一场宫廷政变，[①]才使两白旗要依样画葫芦进行改旗的图谋没有实现。他们之所以对旗色这样敏感，以至于寸步不让，正说明了在此前最高权力更迭之际，曾经有通过"变易旗帜"的方式改变各旗在满洲政权中的地位和作用的先例，而这些先例留下的经验和教训，是足够他们借鉴的。

（四）几点总结

对于这次改旗，可以简单地归纳如下：

---

①《清史稿》卷二四九《索尼传》。

（1）和努尔哈赤时期相比较，在皇太极继位后，两黄、两白四旗的旗主有了变化，两黄、两白之间的主要官员有了变化，两黄、两白各级官员及其所领牛录的旗分有了变化，与此同时，八旗旗帜的装饰也有了明显的变化。而且和努尔哈赤时期不同的另一点是，皇太极时期，两白旗大于两黄旗。虽然黄、白旗之间发生了这样大的变化，但在整个皇太极时期，黄、白各旗在组织上却保持着相当的稳定性。根据这些情况，可以大致断定，在皇太极继位之初，在他的主持下，曾经进行过一次以努尔哈赤时期的两黄、两白互易旗色为主要表现形式的改旗。

（2）经过各旗间的少许调整，在这次改旗中，努尔哈赤时期的镶、正两黄旗分别改为正、镶两白旗，努尔哈赤时期的正、镶两白旗则改为正、镶两黄旗。通过这一活动，调整和改变了各旗在满洲政权中的地位和作用，这就是这次改旗的主要内容。这次改旗，是通过努尔哈赤死后最高权力更迭之际同时改换八旗旗帜装饰的方式实现的。皇太极继位后做出的第一次人事安排，便是这次改旗完成的标志。

（3）这次改旗，对努尔哈赤晚年规定的八家共治既有保留，又有修改。它保留了八家，而在八家中把努尔哈赤的两家改换成皇太极的两家，这就初步跳出了努尔哈赤晚年坚持的关于自己身后八和硕贝勒共治的窠臼，在满洲政权中央集权化的道路上迈出了新的一步。因此，它虽然在形式上是一次黄、白互易旗色的改旗，而其实质，则是对八旗制度的一次重要改革。终皇太极之世，对八旗制度多有改动，这次改旗则是他对八旗进行改革的第一步，并为以后的改革准备了必要的前提。

（4）将《满文老档》（太祖朝）和清代各种官修本朝史书进行比较，可以看出，《满文老档》以后各书关于努尔哈赤时期黄、白各旗人员所隶旗分的记述，都不是努尔哈赤时期他们所隶之旗分，而是皇太极时期以后他们所隶之旗分。其之所以在记述旗分时"倒踩年月"，并对努尔哈赤时期黄、白各旗人员的所隶旗分全然不书，最初其原因显然是政治性的，入关前的两朝"实录"曾随政局的变化一再修改便可证明。而在这次改旗的影响随着政治形势的变化逐渐消失以后，则成为一种纯自然的隐瞒了。对外隐瞒其先世曾经臣属于明的历史事实，对内隐瞒皇太极继位之初的这次改旗，二者一起构成了清初历史上的两大公案。

二、改旗的历史背景

(一)天命建元后八旗改革的趋势

皇太极继位初进行的这次改旗,有着深刻的历史根源。它是从努尔哈赤时期便已开始的八旗改革事业的继续和发展,是对努尔哈赤晚年推行的分裂、倒退政策的纠正和扭转。

八旗制度作为后金政权的主要组成部分,虽然在建立之初就已通过一整套制度将封建等级关系确定下来,但是由于八旗各设旗主、各有部民、各置官署,因而在统一的后金政权之下,八旗之间各有相当大的独立性。天命建元之初,在努尔哈赤之下,四大和硕贝勒拥有极大的权势,便是八旗独立性在政治上的表现。这一状况,无疑是女真族长期以来分裂局面在后金政权内部的残余表现。如果说在后金政权建立之前,满族人民的主要任务是如何实现满洲的统一以推动满洲社会的发展,那么,天命政权建立之后,摆在满洲政权面前的任务,便是如何消除这种分裂的残余,把统一提到更高一级的程度上来。具体来说,便是如何实现由八旗贵族分权向中央集权的过渡。这是满洲社会发展的客观要求。在这一客观趋势的推动下,从努尔哈赤时期开始,满洲政权的各代统治者进行了近半个世纪的努力,才使这一历史任务大体完成。

我们注意到,八旗建立之初,由于历史的原因使努尔哈赤不得不赋予旗主以极大权势的同时,他对八旗的控制也在逐步地加强。任命自己子侄担任旗主、在八旗军中另编巴牙喇由汗直接控制,以及天命五年(1620)改定八旗官制,等等,都是这一趋势的表现。与此同时,在八旗建立之前便已拥有很大权势的四大和硕贝勒佐理国政制度也出现了危机。为了争夺努尔哈赤身后的继嗣权力,四大和硕贝勒尤其是代善和皇太极之间进行了激烈的明争暗斗。这说明八旗贵族分权的形式已经显示出了不适应后金社会发展的朕兆。如果让这种斗争无限制地发展下去,对于努尔哈赤的统治和后金政权的前途都是十分不利的。如果说,在广宁之役前,面对着和明朝中央政权严重的军事和政治上的对峙局面,努尔哈赤尚不得不依靠四大和硕贝勒因而对他们也不得不有所容忍的话,那么在广宁之役后,随着后金政权在军事上、政治上生死存亡问题的大体解决,努尔哈赤便着手限制四大和硕贝勒的权势了。在这样的情况下,天命七年(1622)三月,努尔哈赤便有八和硕贝勒之任命。

对天命七年（1622）三月初三日努尔哈赤任命八和硕贝勒的上谕进行分析，可以明显地看出努尔哈赤裁抑四大和硕贝勒权势的意图。首先，对于四大和硕贝勒敏感的继嗣问题，努尔哈赤提出，"不要强有力的人立为国主"，而要由八和硕贝勒推举"不拒绝你们八王的人，继承你们的父为国主。如不听你们的话，你们八王就更立你们立的汗，拥立不拒绝你们话的好人"①。其次，关于国家政事的处理，努尔哈赤作出了八和硕贝勒共治国政的规定，即凡涉及国家军政大计的一切重要事务，均须由八和硕贝勒共同决定。这样不但政治权利上八家平等，而且经济待遇上也八家均分。所有这些，表面上看来对于八和硕贝勒都是一视同仁的，但如考虑到在这之前，虽有八旗，但却是八旗六主，②尤其是四大贝勒在后金政权中又拥有很大权势的情况，那么努尔哈赤更改旧章，于原来四大和硕贝勒之外又设四和硕贝勒，而且在未来新汗的继承和军国大政的处理上，又使他们和四大和硕贝勒拥有相同的权利。这一决定，不能不看作是对四大和硕贝勒权势的限制。

努尔哈赤通过任命八和硕贝勒以限制四大和硕贝勒的权势，是有它的具体环境的。天命七年（1622）三月前，就八旗势力分析，努尔哈赤自掌两黄旗，虽然是八旗几支势力中最大的一支势力，但在总体上，又处于劣势。代善、皇太极两支势力此前已为继嗣问题争得不可开交，如果这时努尔哈赤再轻率地对之进行罚责、削夺，那不但会加剧矛盾，甚至会引火烧身。他所可行的只能是通过"众建诸侯而少其力"的方式以达到降低四大和硕贝勒权势的目的，更何况这时努尔哈赤也切望通过一次权力和财产的再分配以使其尚未成年的几个心爱的少子各分一杯羹呢？

对一些史料进行分析可以看出：在任命八和硕贝勒并使其"分主八旗"的同时，努尔哈赤并没有放弃对两黄旗的控制。这样，努尔哈赤便居重驭轻，对满洲政权、对八旗的控制都进一步加强了。

努尔哈赤对八旗控制的加强，首先表现在对八和硕贝勒特别是四大和硕贝勒的严密控制上。天命七年（1622）三月以前，努尔哈赤对于手握重兵、势力雄厚的四大和硕贝勒几乎是"爱如心肝"③，敬若上宾。在他们与属下大臣发生

---

① 《满文老档》第三十八卷，天命七年三月三日。
② 《光海君日记》卷一六九，光海君十三年九月戊申。
③ 《满文老档》卷三，癸丑年六月。

争执或矛盾时,总是袒护旗主而处罚大臣,①甚至在代善和大福金勾搭、侵犯到努尔哈赤本人的利益时,也不敢开罪于他。②但是在任命八和硕贝勒之后,和过去对四大和硕贝勒的爱抚相反,努尔哈赤却派人监视诸贝勒的活动。天命八年(1623)二月,努尔哈赤任命八大臣,"观察诸贝勒的心",并将情况"向汗报告"③。在发现诸贝勒有什么越轨不法行为时,小过则批,大过则罚,令出法随,绝不宽宥。如天命八年(1623)五月,因诸贝勒对满汉罪犯执行同一判罪标准而对之进行了严厉的批评。④又如同年六月,努尔哈赤因为皇太极"独善其身""对他人越分行事"而对之进行批评并罚金银。⑤再如同年八月二十一日,三大贝勒(代善、莽古尔泰、皇太极)上书向努尔哈赤承认过错,⑥虽然其原因尚不清楚,但是像这样的事情在天命七年(1622)三月以前是极为少见的。与此相反,对于四小王包括自己心爱的几个儿子,这样的批评却一次也没有。在当时,八和硕贝勒都是实际上或名义上各将一旗的旗主,对他们控制的加强,说明努尔哈赤的权势较之天命七年(1622)三月前有了增长。

其次,努尔哈赤对八旗控制的进一步加强,也还表现在对各旗官员甚至各旗所属诸申的控制上。天命七年(1622)十一月,努尔哈赤命令各旗官员向汗宣誓效忠。⑦天命八年(1623)七月,努尔哈赤又规定,"下达给诸申,以汗的文书下达"⑧。这样,各旗官员甚至各旗人民,都必须听从汗的指挥,服从汗的调动。有了这种权力,努尔哈赤便致力于对四大和硕贝勒所领各旗实力的限制。将《满文老档》第十八卷天命六年(1621)闰二月的档子和第六十八卷至七十卷天命十年(1625)八月的档子相对照,四大和硕贝勒所领各旗的牛录在八旗牛录总数的比重由百分之六十六(一百六十四又半个牛录比二百五十个牛录)下降为百分之四十五(九十六个牛录比二百十一又半个牛录),四大和硕贝勒的实力及其在后金政权中的地位显著降低了。

---

① 《满文老档》第五卷,天命二年十月十四日;第十六卷,天命五年七月二十一日;第二十七卷,天命六年九月十八日。
② 《满文老档》第十四卷,天命五年三月二十五日。
③ 《满文老档》第五十二卷,天命八年二月初七日。
④ 《满文老档》第五十二卷,天命八年五月二十四日。
⑤ 《满文老档》第五十四卷,天命八年六月初九日。
⑥ 《满文老档》第五十八卷,天命八年八月二十一日。
⑦ 《满文老档》第七十五卷。
⑧ 《满文老档》第五十八卷,天命八年七月二十一日。

事实上,在任命八和硕贝勒之后,和他提倡的八和硕贝勒共治国政相反,举凡军国大政,包括战和大计、升黜官员、迁都沈阳,无一不是努尔哈赤自作主张,甚至诸贝勒已经决定了的事情,努尔哈赤也可以推翻。一直到努尔哈赤死前九天,他还直接处理国家政务。①可见,努尔哈赤理想中的八和硕贝勒共治国政,至少他生前,并没有真正地实行过。

努尔哈赤任命八和硕贝勒,加强汗权,究其目的,无非是为了巩固自己的统治。但他的这些活动却在客观上适应了满洲统一后由八旗贵族分权向中央集权过渡这一历史的趋势,因而他的这些活动收到了明显的效果。和天命七年(1622)前四大和硕贝勒为争夺继嗣权利而互相斗争的局面相反,在这之后的几年中,后金政权的上层是稳定的,努尔哈赤的统治也是巩固的。努尔哈赤在后金政权中的特殊地位几乎是无可争议的。

(二)努尔哈赤晚年政策剖析和皇太极继位后的改旗

综上所述,天命七年(1622)三月以后,努尔哈赤顺应历史发展潮流,为着加强汗权而对八旗进行改造的一些政策都取得了较大的成功。既然如此,何以在努尔哈赤死后,却发生了完全违背他意愿的变化呢?

一些史料证明,天命末年,在后金政权于政治、军事各方面都取得了很大的成就时,努尔哈赤在加强汗权的同时,又破坏和削弱着汗权,在对八旗改革刚取得一些成就时,又以一些行动否定了这些改革。

首先,天命七年(1622)三月后,努尔哈赤任命八和硕贝勒、对八旗的改革,仅仅是通过增加旗主的方式以限制四大和硕贝勒的权势。因此,这种改革是表层的而不是深入的。尽管如此,努尔哈赤的这些行动却在一定程度上收到了加强汗权的效果,这对于巩固满洲政权的统一,无疑有着一定的积极意义。但是从这一过程中我们看到,任命八和硕贝勒的进步作用是以努尔哈赤控制两黄旗、居重驭轻为条件的。如果离开这个条件,不是名义上而是确实地使和硕贝勒各将一旗,那将比四大和硕贝勒治理国政对后金政权带来更为严重的影响。但是恰恰是在这个问题上,努尔哈赤表现了政治上的短视,在临终之前作出了使"分主八旗之八和硕贝勒"②"同心共事"③的规定。这就使努尔哈赤身

---

① 《满文老档》第七十二卷,天命十一年八月初二日。

② (清)王先谦:《东华录》天命四,天命十一年六月乙未。

③ 《清太祖武皇帝实录》卷四,天命十一年六月二十四日。

后的新汗,只能是八和硕贝勒中之一员,只有一旗之实力,从而必然使努尔哈赤时期刚刚加强起来的汗权,受到了极大的削弱。努尔哈赤的这种思想,是当时满洲社会所处时代的过渡性在他头脑中的反映。作为一个跨时代的人物,在他的头脑中,既有先进的封建主思想,又有落后的乃至反动的奴隶主,以及氏族贵族的军事民主思想的残余。满洲社会时代的过渡性和努尔哈赤这些思想交错作用的结果,使得努尔哈赤对八旗的改革不得不带有相当大的盲目性,对几个幼子的过分宠爱更使他把握不住时代的脉搏和历史发展的趋势。如果说,天命七年(1622)三月努尔哈赤任命八和硕贝勒,尚有限制四大和硕贝勒权势加强汗权的积极作用的话,那么在他临终之前的遗训中继续强调八固山王同心干国,便要严重地影响到自己身后汗权的加强和巩固了。

其次,在自己身后八固山王同心干国的思想支配下,努尔哈赤在临终前不久作出了十分错误的决定,将自己所领的两黄旗分拨于阿济格、多尔衮、多铎。①两黄旗在努尔哈赤手中是一支势力,但是在分成三支势力后,则力量大大分散了。而据各书所载,努尔哈赤临终前有传位于多尔衮的遗嘱。②努尔哈赤将自己所领的六十个牛录分拨于多尔衮等人,似即这一愿望的表现。假若果真如此,那么天命七年(1622)三月前,努尔哈赤以自掌两黄旗之势,又有和四大和硕贝勒的父子关系,尚且不能完全控制形势,在他死后,却要其心目中的继嗣及其遗部以一旗之众控制其他七旗,这岂不是一种不切实际的幻想。这样,随着努尔哈赤时代的结束,由努尔哈赤心目中的继嗣及其遗众来作为后金政权的核心和中坚已是不可能的了,而由另外一个能胜任这一任务的人物和集团起而代之,也是必然的了。

再次,天命七年(1622)三月以后,努尔哈赤任命八和硕贝勒,加强汗权的一系列活动,都严重地损害了四大和硕贝勒的权益,在努尔哈赤和四大和硕贝

---

① 根据《满文老档》第六十七卷天命十年七、八月两黄旗的档子所载,两黄旗只有五十六又半个牛录。故而可知,《清太宗实录》卷四六,崇德四年五月辛己所称努尔哈赤将自己所领的六十个牛录分拨于阿济格、多尔衮、多铎,是在这之后的事情。又,在这次登记八旗官员任命敕书之后,又有三次征讨,俘获人口五千九百人。如果将这些人分编牛录,隶于八旗,则两黄旗于天命十一年初时当达六十个牛录。又,第六十七卷卷末补写"丙寅年五月二十六给了",可知至此时,两黄旗尚未被分拨。可见,两黄旗被分拨的时间当是努尔哈赤死前不久的事情,极有可能是天命十一年六月二十四日书训词与八固山王的时候。由此之前,阿济格、多尔衮、多铎恐怕仅掌个别牛录,只是名义上的和硕贝勒或一般贝勒。

② 详见李光涛:《明清史论集》下册《清太宗夺位考》一文。

勒之间形成了很深的裂痕。如果说,在努尔哈赤生前,由于他"父汗"的特殊地位和对四小王有着更多的控制力,因而四大和硕贝勒尚不敢有什么表示的话,那么在他死后,面对两黄旗已被分拨、势力分散的有利形势,一度曾受限制和压抑的四大和硕贝勒便要捐弃前嫌、联合起来对努尔哈赤遗部及其代表乌拉纳拉氏采取报复行动了。努尔哈赤死后八旗贵族集团内部的派别斗争是导致皇太极继位并进行这次改旗的另一个原因。

由上可见,努尔哈赤晚年推行的分裂、倒退政策导致了他死以后诸王争国、汗权极度削弱的局面,使得后金政权在中央集权化的道路上出现了较大的曲折。这时,在争夺汗位斗争中获胜的皇太极,为了巩固自己的地位,就必须对努尔哈赤时期各旗在满洲政权中的地位进行相应的调整。这样,皇太极在继位之第八天,在承认三大贝勒已有权益的条件下,作出了将原来的两白旗改为两黄旗的决定,并将其置于自己的控制之下。在这同时,又将原来的两黄旗改为两白旗,而由阿济格、多铎分任旗主。至于多尔衮,则可能因系努尔哈赤心目中的继嗣故而亦是皇太极心目中的政敌的缘故,而被撤销旗主身份,降居诸贝勒之列。在这同时,皇太极又改变了八旗装饰,更动了八旗排列次序。这样,以皇太极继位后对八旗进行的这次改革为契机,各旗在满洲政权中的地位有了新的调整,这就是这次改旗的大致过程和内容。

三、改旗的效果和影响

(一)改旗促进了皇太极势力的增长

如上所述,皇太极是在努尔哈赤死后汗权极度削弱的情况下继位的,因此,在当时最有权势的三大贝勒和皇太极之间,形成了相当大的离心力。在政治上,镶蓝旗旗主阿敏提出要"出居外藩"[1],在目的没有达到后还"自视如君"[2],跋扈异常,在驻防、耕地的分配上,也不听管束,任意搬迁,完全不考虑国防的需要。[3]在军事活动中,各旗贝勒则不顾大局、任意行止,一般将士又是"各抢各得"[4]。甚至连努尔哈赤时期并不是和硕贝勒的阿巴泰,仅有六个

---

①《清太宗实录》卷四八,崇德四年八月辛亥。
②《清太宗实录》卷七,天聪四年六月乙卯。
③《清太宗实录》卷七,天聪四年六月乙卯。
④《明清史料》丙编第一本,第47页。

牛录的资本,也想浑水摸鱼,独掌一旗。①努尔哈赤晚年"分拨牛录"、坚持八固山"同心干国"所产生的恶果在这时充分暴露出来。正是这样,皇太极对八旗制度进行的这种力所能及的改革,在当时收到了初步收拾局面、加强汗权的效果。

在这次改旗中值得重视的是,皇太极利用汗权,大大提高了固山额真的职权,使他们掌管旗务,并参与国家大政方针的讨论和处理。"凡议国政,与诸贝勒偕坐共议之,出师行猎,各领本旗兵行。一切事务,皆听稽查。"②这一决定,在当时至少起到了两个作用。第一,它增加了皇太极个人势力在满洲政权领导阶层中的力量。虽然皇太极的两黄旗在当时实力较小,但是在政治上,在涉及后金政权一些大政方针的决定和处理上,却和他旗至少享有同等的权利。这就使满洲政权的构成成分发生了有利于皇太极的变化。第二,提高固山额真职权,使其"入则赞襄庙谟,出则办理国事"③,也在一定程度上限制了各旗贝勒的权权。这样,在一些问题上,各旗贝勒尤其是和皇太极一起并坐,"按月分掌"④的三大贝勒便不能随心所欲地自行其是,从而使皇太极的意志能够比较顺利地得以贯彻执行。这就在一定程度上制止了三大贝勒对皇太极的离心倾向,在政治上收到了加强汗权、巩固统治的效果。

这次改革不但在政治上对于皇太极政权的巩固有着一定的积极作用,而且将原来的两白旗由一般旗分升为皇上旗分,也为皇太极势力的壮大开辟了道路。如果说在他继位之初,由于势力弱小和三大贝勒对皇太极政权的离心倾向以致各旗对战争中的俘获"各抢各得",因此皇太极不得不强调"入官平分"⑤的话,那么在经过一系列的斗争除掉阿敏、莽古尔泰两个主要政敌以后,皇太极便利用有利的政治形势,凭借手中的权力改变了对战争中俘获人口、降民的分配办法。这就是由以前的"八家均分"改为"拨补壮丁不足之旗"或"不满三十牛录旗分",从而进一步促进了皇太极个人实力的发展。兹以天聪九年(1635)正月将"从察哈尔叛来的众大臣、国人分给八旗"的情况列表如下:⑥

---

①《清太宗实录》卷三,天聪元年十二月辛丑
②《清太宗实录》卷一,天命十一年九月丁丑。
③《清太宗实录》卷八,天聪五年三月乙亥。
④《清太宗实录》卷五,天聪三年正月丁丑。
⑤《明清史料》丙编第一本,第47页。
⑥汉译《满文旧档》天聪九年正月二十二日。(辽大历史系清初史料丛刊本)

表七　从察哈尔叛来的众大臣、国人分给八旗

旗分	正黄	镶黄	正白	镶白	正红	镶红	正蓝	镶蓝	总计
分得人数	901	365	108	457	437	321	436	167	3192

由上表可见,在三千一百九十二个降人中,两黄旗分去的数字竟达一千二百六十六人,几占总数的百分之四十。就是通过这样的办法,使得经过改旗而部众较少的两黄旗赶了上来。是年十二月,在正黄旗和硕贝勒德格类死后,又以谋大逆案将正蓝旗收归己有。至入关之前,合两黄、正蓝三旗之众,已达一百一十七又半个牛录,由原先很小的一支势力一跃而为第一大势力了。

虽然十几年中皇太极势力发展很快,但是皇太极却汲取了努尔哈赤晚年"分拨牛录与诸子"[1]的教训,除天聪六年(1632)六月至天聪九年(1635)十二月一度曾使豪格为镶黄旗和硕贝勒外,一直坚持自掌两黄旗,居重驭轻,以控制八旗。这样,在皇太极死后,在阿济格、多铎跪劝多尔衮继位的同时,另一方面,却是作为一支势力的"两黄旗大臣盟于大清门"[2],誓立帝子。正是由于十几年间皇太极实力的发展和两黄旗大臣"六人如一体"[3]所造成的内部团结,才保证了皇太极死后由其儿子继位。而多尔衮在任摄政王期间能够指挥一切,也是和两黄旗的支持分不开的。顺治皇帝亲政后,为了进一步加强中央集权将正白旗收为皇上旗分,出现了天子自将上三旗的局面。这时,上距皇太极继位初的这次改旗已有二十五年,满洲八旗包括两黄旗在内,其构成成分都发生了不少变化。但就两黄旗而言,仍然包括了皇太极原将的正白旗的过半数的牛录。也正是这部分人员,构成了上三旗的中坚和骨干。因此,从清初中央集权化的总过程进行考察,皇太极继位初的这次改旗也为入关以后上三旗的形成奠定了最初的组织规模。

(二)改旗导致了长期的黄、白旗矛盾和斗争

在这次改旗中,努尔哈赤自将的两黄旗被改为两白旗。这样,这支政治势力在后金政权中的地位大大下降了。

在政治上,天命七年(1622)三月后,本来有所谓八和硕贝勒之称,但是在皇太极继位后相当长的一段时间内,除了皇太极和三大贝勒之外,再也看不到

---

① 《清太宗实录》卷四六,崇德四年五月辛巳。

② 《清史稿》卷二四九《索尼传》。

③ 《清史稿》卷二四九《索尼传》。

八和硕贝勒之称,而只有汗、三大和硕贝勒和诸贝勒。皇太极和代善、阿敏、莽古尔泰一起并坐,接受诸贝勒、诸大臣的朝贺。在天聪三年(1629)正月前,还和努尔哈赤时期一样,四人按月分理政事,掌握国家日常事务的处理及国家大政方针的最后决定权。在汗、三大贝勒和诸贝勒之间,形成了一条很明显的界限。阿济格、多铎虽然分任镶白、正白两旗旗主并参与议政,但是在有关国家大政的决策上,根本没有决定权力。而且努尔哈赤生前最属意的多尔衮,除了掌有努尔哈赤给予的部分牛录外,连旗主也未当上。当时,除皇太极自己控制两黄旗外,其他三大贝勒分别把持或控制两红、两蓝四旗。也就是说,只有两白旗旗主没有参加政权的最高领导阶层。就八旗排列次序而言,虽然形式上和努尔哈赤时期一样以黄、红、蓝、白为序,但是由于经过了这次改旗,努尔哈赤遗部便由天命间的最前面变为最后面了。两白旗在满洲政权中的低下地位是显而易见的。

在俘获物的分配上,两白旗也受到了限制。尤其是天聪八年(1634)九月改变对俘获人口、降民的分配办法后,两白旗面临的情况便是战争中出兵最多,而在俘获人口、降民的分配上又是很少。如果说两白旗旗主未能参加国家最高阶层的领导,仅属旗主待遇的问题,那么在俘获物分配中的不合理现象,便要直接影响到两白旗的将士部众了。作为一个政治集团,他们的代表人物在政治上受压抑,在实力发展上又受限制,所有这些,必然会引起两白旗的不满和反抗。天聪年间,这一矛盾一度达到相当尖锐的程度:

天聪二年(1628)三月,皇太极以镶白旗旗主阿济格擅自为其同母弟正白旗旗主多铎主婚并私托正白旗调遣大臣阿达海"为媒往说"为罪名,革去阿济格旗主而代之以其母弟多尔衮,阿达海亦因此受到"没其家产之半"的处分。①

同年六月,正白旗调遣大臣阿达海以上述旧罪及私往"兴京旧地方渔住"而被杀。②

同年八月,阿达海之兄正白旗佐管大臣阿山叛投明朝。以明兵拒绝而"悔罪来归",并首告努尔哈赤宠臣"雅荪曾谋同逃"。皇太极宥阿山罪,"复其职",而诛雅荪。③

---

①《史料丛刊初编》,《天聪皇帝日录》。
②《史料丛刊初编》,《天聪皇帝日录》。
③ 另本《旧满洲档译注》天聪二年八月初七日;《清太宗实录》卷五,天聪三年八月戊辰。

天聪五年(1631)前,有正白旗调遣大臣康古礼、正白旗固山额真喀克笃礼兄弟合谋"从朝鲜走入熊岛,约令叛逃"事。①

天聪八年(1634)前,又有正白旗固山额真喀克笃礼图谋"奔回原籍瓦尔喀,以财务运藏本屯"事。②

至此,皇太极继位之初任命的几个正白旗主要大臣,一个被杀,三个谋叛,另一个佐管大臣孟阿图也在天聪初"因多取田产,又以余地私给汉官,及择各处腴地别立庄屯"③而被削职。而遍阅《清太宗实录》可以看出,在皇太极时期发生的几起叛逃事件,除刘兴祚(正红旗、汉人)因民族矛盾外,其余几起都发生在正白旗。这就说明,在这次改旗之后,以正白旗为代表的努尔哈赤遗部和皇太极之间的矛盾是很尖锐的。

面对改旗后两白旗对皇太极政权的抵触情绪,皇太极在致力于加强皇权的同时,也采取了一些措施来保证满洲政权内部的团结和统一,并力求把这一矛盾制约在一定范围之内。他的主要办法是区别对待,有打有拉,伺机削弱。在两白旗中,重点打击正白旗的反抗势力。对两白旗中的功臣后裔,因为他们有着众多的属人和很高的社会地位,则优礼有加,竭力争取。对于叛逃者又区别情况,轻易不开杀戒,尤其不株连无辜,以免失去人心,甚至还和曾经叛逃的正白旗固山额真阿山结为亲戚。④尤其是在天聪六年(1632)六月任命豪格为和硕贝勒以后,为了降低代善等大贝勒的地位,先后恢复了多尔衮、多铎和硕贝勒的称呼,并更动了八旗的排列次序,两白旗在满洲政权中的地位才有所改善,这股叛逃风才停下来,黄、白旗之间的矛盾才被制约在一定的范围之内。但是终皇太极之世,黄、白旗矛盾一直存在,而在皇太极死后,形成了黄、白旗之间在争夺最高权力斗争中的尖锐对立。

崇德八年(1643)八月,皇太极病死,黄、白旗之间的矛盾和斗争进入了一个新的发展时期。这时,面对着有利的政治形势,两白旗上至旗主、贝勒多铎、阿济格,下至大臣阿山、阿布泰,一起怂恿多尔衮继位,了解历史上改旗真相的礼亲王代善也认为:"睿亲王若允,我国之福。"⑤但是和十七年前情况不

---

①《清太宗实录》卷四九,崇德四年十月己丑。
②《清太宗实录》卷二二,天聪九年二月癸丑。
③《清太宗实录》卷八,天聪五年三月甲午。
④《清太宗实录》卷五五,崇德六年五月庚寅。
⑤《清史稿》卷二四九《索尼传》。

同的是,经过皇太极近三十年尤其是继位十几年以来的经营,两黄旗势力不但迅速壮大,而且也没有像努尔哈赤晚年那样被分割,这就形成了一支足以和两白旗相抗衡的政治势力。而且,由于自皇太极继位以来满洲社会封建化的进一步深入,中央集权观念深入人心。这样,为两白旗极力追求同时也为两黄旗极力反对的改换旗色的事情才没有发生。客观形势迫使多尔衮放弃继位的打算而拥立皇太极幼子福临,自任摄政王。这时,两白旗的地位才进一步提高。多尔衮死后,清朝统治者之所以要把正白旗收为上三旗,除了旨在强化皇权之外,恐怕也是想以承认努尔哈赤遗部在满洲政权中的特殊地位为代价来弥合多年以来黄、白旗之间的矛盾,以此达到拆散两白旗联合的目的。但是这两个集团的矛盾,并未因此而终止,康熙初年又以换地为导火线而进行了一场激烈的斗争。虽然这时距皇太极改旗已四十年,黄、白旗的成分和改旗时相比发生了很大的变化,而且,他们之间的斗争也不像皇太极时期那样,其中一方有着加强皇权、推动社会前进的进步作用,而只是权臣擅政时两个政治集团间的混斗。但是从鳌拜等人在这场斗争中所十分强调的八旗左右翼问题,仍可看出努尔哈赤遗部和皇太极遗部之间为着政治上和物质上的利益而斗争的痕迹。①也就是说,皇太极继位后的这次改旗,对后金和清初政局的影响,前后曾达四十年。

关于皇太极和两白旗之外各旗旗主的斗争,以及皇太极死后的黄、白旗矛盾和斗争,一些文章已专加论述,本文不拟多说。仅需指出的是,皇太极继位后的这次改旗构成了黄、白旗矛盾和斗争的特殊历史根源。正是这一特殊的历史原因,造成了黄、白旗之间矛盾和斗争的长期性、曲折性和复杂性。在皇太极和两蓝旗、两红旗的斗争中,往往不过几个会合便见分晓。对手或一败涂地,或俯首帖耳。而黄、白旗之间的矛盾和斗争却历经三朝,持续四十年,而且中间几起几伏。这说明,除了两白旗因是努尔哈赤遗部而有着较强的实力外,也还因为他们是努尔哈赤遗部,一个时期之内,在精神上他们也是有所凭恃并居于某种优势地位的。

①《清史稿》卷二四九《鳌拜传》。另,据《满文老档》第四十一卷记载:努尔哈赤时期八旗左翼是正黄、正红、正蓝、镶蓝四旗,右翼是镶黄、镶红、镶白、正白四旗。皇太极继位后,将此加以改变。左翼为镶黄、正白、镶白、正蓝四旗,右翼为正黄、正红、镶红、镶蓝四旗。

四、结语

兹以寥寥数语,对于本文所论述的主要内容,作一简单的回顾和总结。

(1)天命建元后,随着满洲统一的大体完成,在上层建筑领域,作为后金政权主要支柱的八旗制度也开始了由八旗贵族分权向中央集权的演变过程。在这种形势下,作为那个时代的代表,努尔哈赤在改造八旗制度、加强他自己的汗权等方面,作出了一些努力,取得了一些成就。但是作为一个跨时代的人物,由于为极端狭隘的个人私利所驱使,使得他对八旗所作的这些改革是表面的、盲目的。而在这一改革刚刚取得一些成就后,在其临终前,又以自己的一些行动破坏了这些成就。这样,八旗制度在其改革过程中便出现了曲折,从而造成了努尔哈赤死后诸王争国、汗权极度削弱的局面。这些,便构成了皇太极继位初进行这次改旗的历史背景。

(2)随着努尔哈赤死去和皇太极继位,满洲政权出现了新的核心。为了巩固自己的统治,皇太极在继位之初,便亲自主持进行了这次以黄、白易色为主要表现形式的改旗。经过各旗间的少许调整,在这次改旗中,努尔哈赤时期的镶、正两黄旗分别被改为正、镶两白旗,并由多铎、阿济格、多尔衮继续统辖。努尔哈赤时期的正、镶两白旗则分别改为正、镶两黄旗,并由皇太极自己控制。通过这一活动,改变了各旗在后金政权中的地位和作用,收到了稳定形势、巩固统治的初步效果。这就是这次改旗的主要目的和内容。

(3)这次改旗,就其形式而言,似乎仅仅是通过黄、白易色在八旗贵族集团中对权利和财产进行再分配的问题,但究其实质,却是一次对八旗制度的重要改革。它在一定程度上纠正了努尔哈赤晚年的分裂、倒退政策,并在新的形势下,通过自己力所能及的努力,把努尔哈赤时期便已开始的八旗改革事业继续向前推进。这次改革,是皇太极对八旗制度进行改革总过程中的第一步,并为以后的改革准备了条件和前提。

(4)这次改旗,对后金和清初政局都产生了较大的影响。一方面,这次改革使后金政权的构成成分发生了有利于皇太极的变化,为皇太极个人实力的增长和皇太极时期中央集权的加强创造了条件,并为入关后出现的上三旗奠定了最初的组织规模。另一方面,这次改旗所导致的黄、白各旗在后金政权中地位和作用的调整,也构成了长期存在的黄、白旗矛盾的特殊历史根源。在皇太极继位之初,它表现为正白旗大臣的叛逃,在皇太极死后,又表现为争夺最高权力斗争中黄、白旗两个政治集团的尖锐对立,并在一定程度上影响了入关以后政局的发展。因此,这次改旗是皇太极继位之初的重大政治事件,在八旗发展史上,在后金和清初政治中都有着重要的地位。

本文根据白新良老师的论文修改而成,最初发表于《南开史学》1981年第2期。这次收入文库,因字数限制,将附表部分删去。读者欲知其详,请参阅原文。

作者简介:

白新良,1944年生,河北石家庄人。1966年毕业于南开大学历史系。后师从郑天挺先生攻读中国古代史专业研究生,1981年毕业后留校任教,1996年遴选为博士生导师。致力于清史和中国古代教育史研究,出版著作《乾隆传》《清史考辨》等十余部,发表学术论文数十篇,并多次承担国家社科课题。

地理环境与明代女真族社会经济的特点

王文郁

对努尔哈赤建立的政权的性质及当时满族社会经济形态的看法,目前史学界还存在着重大分歧。溯本清源,全面考察努尔哈赤兴起之前明代女真族的社会情况,将有助于这一重大历史课题的解决。史学家们对此进行了大量深入细致的研究。但有关社会经济发展的特点及奴隶制的论述,似稍嫌疏略。本文拟就这两个问题,做些补苴罅漏的试探。管窥偏宕之处,尚希读者教正。

一

关于明代女真族社会经济发展的特点。史学家们一致认为,早在明初,建州女真即已从事农耕,使用牛犁和铁器。有的学者认为,海西建州南迁定居以后,社会经济已以农业为主,农业经济已成为主要的生产部门,同时,采集狩猎经济仍长期占有相当的比重和较重要的地位。但是,采猎经济到底占有怎样一种重要地位,农业经济究竟是在哪些条件下如何发展成为主要生产部门的,还缺乏明确的、令人信服的论证。

列宁曾经指出:"在分析任何一个社会问题时,马克思主义理论的绝对要求,就是要把问题提到一定的历史范围之内。"[1]对具体情况进行具体分析。从当时、当地的具体情况出发,是历史研究工作应当遵循的原则之一。但是,近年来在有关明代女真族社会经济关系的研究中,却往往忽视了一个重要的具体情况,即"这些关系所赖以发展的地理基础"[2]。这大约是由于人们为自己设置了一个禁区:"地理环境决定论",因而影响了关于地理环境对女真族社会影响这一问题的探讨。的确,斯大林在《辩证唯物主义与历史唯物主义》一文中曾明确指出,地理环境决不能成为社会发展的主要原因、决定原因,因为社会的变更和发展要比地理环境的变更和发展快得不可计量。但是他同时还指

---

[1]《列宁全集》第20卷,人民出版社,1958年,第401页。
[2]《马克思恩格斯文选》(两卷集)第二卷,1955年莫斯科中文版,第504页。

出:地理环境"无疑是能影响到社会的发展,加速或延缓社会发展进程"的,当然,"它的影响并不是决定的影响"。①在生产力低下,人们还主要限于利用生活资料方面的自然财富的民族和地区中,这种影响就表现得十分明显。马克思、恩格斯在《德意志意识形态》中在论及"人们所遇到的各种自然条件——地质条件、地理条件、气候条件以及其他条件"时,曾写过:"这些条件不仅制约着人们最初的、自然产生的肉体组织,特别是他们之间的种族差别,而且直到如今还制约着肉体组织的整个进一步发达或不发达。"②虽然手稿中删去了这句话,但是后来恩格斯在《家庭、私有制和国家的起源》一书中再一次指出,在一定的历史范围之内,自然条件对人类社会的巨大影响。他说:"随着野蛮时代的到来,我们达到了这样一个阶段,这时两大陆的自然条件的差异,就有了意义……由于自然条件的这种差异,两个半球上的居民,从此以后,便各自循着自己独特的道路发展,而表示各个阶段的界标在两个半球也就各不相同了。"③可见,马克思主义经典作家从未否定过自然条件对人类社会的影响,只是随着生产力的提高、社会组织的进步,这种影响逐步在不断缩小而已。因此,在考察明代女真族的社会经济形态时,不能忽视当地自然条件之影响这一重要因素。

众所周知,我国东北地区高山叠嶂,江河纵横。阴山山系环抱于西北、长白山系屏蔽于东南,其支脉四出,绵亘数千里。黑龙江、松花江、鸭绿江等江及其支流蜿蜒全境,并冲积成大小不等的若干平原。在这些山岳、丘陵及河流的两岸,遍布原始森林。森林中的动植物和江河中的水产,为当地的古代居民提供了取之不竭的衣食之源。女真族的先世自古以来就采猎其间,并逐渐形成以箭著称的民族特点。由于气候南温北寒,特别是中原地区的先进经济文化,强力地吸引着他们不断南迁,最后进入中原,通过长期的共同生产、生活以至通婚,逐渐失去其民族特征,同当地的汉族人民融合在一起,而居住在边远地区的他们同族的后裔,又一批批南下,填补其留下的空间。明代的女真族正是循着其先世历史发展的同一道路,从13世纪末陆续向南迁居的。在他们进入农业发达的辽河平原之前,由于世代相传的民族特点及其所处的自然条件和

---

① [苏联]斯大林:《辩证唯物主义与历史唯物主义》,人民出版社,1960年,第17~18页。
② 《马克思恩格斯选集》第一卷,人民出版社,1972年,第24页。
③ 《马克思恩格斯选集》第四卷,第19~20页。

地理位置,采猎经济始终是女真族社会经济的命脉,影响着其他经济部门以至整个民族的发展进程。现以其中的建州部和与其毗连的窝集部为例。

明洪武末年,居住在今黑龙江省依兰附近的呼尔哈、斡朵里等部先后南迁至绥芬河、图们江流域。永乐初年,明政权于其地分设建州卫、建州左卫。此后几十年间,他们中的一部分人又陆续向西南迁徙,15世纪40年代,逐渐定居于佟家江和苏子河一带。西南迁徙或留居图们江流域的建州女真所居住的地区,正是长白山及其支脉由西南向东北伸延的地带,其中著名的山脉如鸭绿江、佟家江之间的老岭,三江之源的长白山,图们江、松花江上游的英额岭,以及与之相连的图们、牡丹二江的分水岭老爷岭等,万山重叠,千里林海,其中有些山脉就是以"窝集"(满语Weji的译音,意为"密林")为名的,如新宾东北的纳鲁窝集、抚松东南的纳秦窝集、汪清西北的玛勒呼里窝集,以及穆棱窝集等。山林中丰富的物产依然是南迁后的建州部以及窝集部人生活的重要来源。甚至汉族统治者和邻人也为这些丰富的物产所吸引,希图占有或染指其间,因而曾不断引起民族纠纷。例如,建州卫所居的"老营"(东建州),就曾被明王朝视作"朝廷岁取人参松子之地";①永乐、宣德年间,明朝最高统治者还曾多次派遣指挥、太监率兵至叁散、白头山一带捕海青和土豹,②其中派赴兀良哈"打海青去的指挥"曾被当地人"拿作奴婢使唤";愁滨江(绥芬河)的女真人甚至声称"将欲杀尽(捕海青的太监)张童儿军马"。③迫于女真族的反抗,明成化年间不得不"停免辽东岁贡人参",不再派遣东宁卫卒"出境采办"。④万历年间,辽东地区的一些汉族老百姓也因经常出边采集山货,有的竟被努尔哈赤下令杀死。⑤邻国派赴女真地区进行侦查的体探人员,有时也被林区丰富的物产所吸引,因为"贪利,亦或采参探密,不谨望候,以致被掳"⑥。山林中这些自然资源不仅向女真人提供重要的生活资料,而且是女真社会经济不断前进的起点。这倒并非完全出自"地理环境",而是在这种地理环境下女真族当时的社会生产力和交换关系不断发展的结果。

---

① (明)马文升:《抚安东夷记》。

②《朝鲜实录》:太宗十年九月丁卯、十七年八月乙巳、十八年十月戊午,世宗十三年八月辛亥、九月乙酉、十三年三月丙戌等。

③《朝鲜实录》:世宗十四年十月甲午。

④《明宪宗实录》:成化三年五月甲戌。

⑤《满洲实录》卷四。

⑥《朝鲜实录》:燕山君二年八月癸未。

关于生产力,马克思曾经指出:"人们不能自由选择自己的生产力——这是他们的全部历史的基础,因为任何生产力都是一种既得的力量,以往的活动的产物。所以生产力是人们实践能力的结果,但是这种能力本身决定于人们所处的条件,决定于先前已经获得的生产力,决定于在他们以前已经存在、不是由他们创立而是由前一代人创立的社会形式。"①大家知道,女真族的先世,早在唐代就建立过历时二百余年(713—926)的渤海地方封建政权。两宋时期,女真族更建立过包括北方中原地区在内的金王朝,其生产力都曾达到很高的水平,都曾出现过发达的农业、手工业。近年来东北地区渤海、女真遗址发掘中,不仅出土了大量铁制农具,而且在金上京附近的山区还发现了金代铁矿洞和冶铁遗址。可见女真族历史上曾经存在过先进的生产力和社会形式。但是,正如马克思所指出的:"一些纯粹偶然的事件,例如蛮族的入侵,甚至是通常的战争,都足以使一个具有发达生产力和有高度需求的国家处于一切都必须从头开始的境地。"②渤海国和金政权先后为契丹、蒙古灭亡后,由于大部分居民迁入中原或辽东地区并同当地的人民融合在一起,他们曾经一度创造发达的生产力,留在原址的,只是埋藏在地下的遗物而已。因此,在元朝统治时期,黑龙江、松花江中下游一带的水达达女直之人,包括胡里改(忽尔哈)、斡朵怜(斡朵里)等部,依然"逐水草为居,以射猎为业"③;"劲健善射,习尚射猎"④。明代初年,当他们南迁进入渤海"故国"(敦化)附近地区时,从前一代继承下来的生产力,仍然是弓矢和娴熟的射猎技艺,他们的主要生产工具——箭,仍然"削鹿角为镞",或"以骨为箭镞",六七十年以后,才逐渐改用铁镞。⑤至于农业和铁农具,对他们来说,则还处于从头开始的境地。建州左卫首领猛哥帖木儿就曾宣称,斡朵里部初至阿木河时,就是依靠邻境的李成桂"支给农牛、农器、粮料"⑥,才获得铁器从事农业生产的。此后,女真族的农业生产虽然取得了重大发展,但采集狩猎经济在女真族的社会生活中始终占有重要的、特殊的地位。

---

① 《马克思恩格斯选集》第四卷,第321页。

② 《马克思恩格斯选集》第一卷,第60~61页。

③ (明)宋濂等:《元史》卷五九《志第一一·地理二》。

④ 《大元一统志》卷二《开元路·风俗形势》。

⑤ 《朝鲜实录》:成宗五年十一月乙巳、六年二月辛巳。

⑥ 《朝鲜实录》:世宗五年六月癸酉。

采集,一般多在秋季进行,"八九月之间,野人等或采人参,或探蜂蜜,布在山谷之时也"[1]。此时正是农业的收获季节,而女真有的部落,例如居住于建州左、右两卫之间的岐州卫,他们在这农业秋收的黄金季节,却把全部的劳动力投入于采集活动,"倾落采参,逾大岭布野","贪于采取,空落而出"。[2]在这里,采集经济显然还是社会生产的主要部门。同狩猎的方式相反,为了提高劳动生产率,采集生产者们"非聚一处",而是分散"布野"地进行。有时,由于远离住所,他们往往三五人一道,在"林薮间,结幕采参"。[3]除女真族的一般成员外,有的部落还曾使用奴隶进行生产,建州卫佟答马赤家的奴隶刘得吉就是借着"入山采人参"的机会而逃走的。[4]除男人外,妇女依然是采集生产活动的重要成员,"倾落采参""空落而出",即全体出动,当然包括妇女。她们同男人一样,深入密林进行采集。正统三年(1438)五月,妇女三人入山采桦,其中二人迷路,一年多以后,才被狩猎者救还。[5]桦皮,是制作桦皮桶、桦皮船及屋顶等女真人生活中不可缺少的重要材料。三女入山采桦,说明在当地的社会生产活动中,至少在采集经济中,妇女仍占有重要的地位。

渔猎,是女真社会经济中另一个重要生产部门。"采参田猎"往往并称。鹿、狍、獐、狐、土豹,以及熊、虎、海青、水獭等禽兽都是女真人猎取的对象,而捕貂更是自古以来女真族世代相传的生产项目,并积累了丰富的经验。建州"东多茂松,貂巢其上,张弓焚巢,则貂堕于罗"[6]。猎貂在女真的狩猎经济中占有特殊的地位。渔猎生产往往是在"秋成"之后,或"因雨失农"[7]时作为农业的补充而进行的。例如,1405年九月,"吉州叠入殷实管下千户者安等十四户,男女并一百余人,节晚失农,每户一二人欲往旧居处捕鱼资生"[8]。但是,在有的部落中,这类生产则是全年进行的,"其渔猎之时,则自三月至于五月,又自七月至于十月"[9]。恰恰是在农业春种秋收的时节,他们去从事渔猎。显然,在这

① 《朝鲜实录》:燕山君二年八月癸未。
② 《朝鲜实录》:燕山君二年七月丙寅。
③ 《朝鲜实录》:明宗三年九月丙戌。
④ 《朝鲜实录》:世祖十四年十一月癸亥。
⑤ 《朝鲜实录》:世宗二十一年七月戊申。
⑥ (明)黄道周:《博物典汇》卷20。
⑦ 《朝鲜实录》:世宗二十八年五月癸未、成宗十五年十月丁卯。
⑧ 《朝鲜实录》:太宗五年九月甲寅。
⑨ 《朝鲜实录》:世宗二十八年八月辛酉。

里,这种生产还占居重要地位。

渔猎不同于采集,在生产中需要群策群力,特别是捕捉猛兽,更需集中众多的猎手。因此,女真人的狩猎一般多为集体活动,"群聚以猎"①,但规模不等,有的"人数多不过三十,少不下十余",一般"率以二十余人为群",②有的则多达"六十余人,或骑或步",而且"持牛二十头,载网出猎,遮列坪路"。③他们外出渔猎时,也搭盖临时住所,"皆于郁密处结幕,每一幕三四人共处,昼则游猎,夜则困睡"。为了驱赫野兽的袭击,夜间他们"积柴燃火"④,"燔柴就寝"⑤,点燃篝火这种共同的"虏俗",却往往为来袭的敌人提供了目标。为了搜寻、捕获野兽和防止敌人袭击,他们进行渔猎时,多携带猎犬作为自己忠实的助手。⑥在狩猎中,酋长,有时包括大的酋长,也同部落成员一起共同劳动,例如,赫赫有名的建州卫首领李满住就曾"入深处捕土豹"⑦。由于奔驰于山林之间并需配备弓矢,为了防止反抗和逃亡,女真族在狩猎中很少使用奴隶。主人出猎时,往往留奴隶同女主人一道看守家宅,李满住之子亦当哈的奴隶丹八就乘主人外出围猎留其"看守家小"时而逃亡的。⑧上述有数十人参加的狩猎大约还是部落成员间共同进行的集体生产,但有时也有以家庭为单位而进行的。例如,正德五年(1510)八月,毛怜卫王山赤下的五个儿子就是在"张罗捕獐"时为邻人所杀。⑨然而总的说来,女真人的狩猎活动始终保留着集体生产的习惯;采猎经济在女真社会中始终占有重要地位。据传,直至万历四十二年(1614),努尔哈赤还曾储存蜂蜜,"以备糇粮"。⑩

采猎经济不但为女真族直接提供了天然形态的生活资料,而且通过交换,为他们获得各种手工业品和铁制生产工具,极大地提高了女真族的社会生产力。因此,采猎经济又是女真族社会经济全面发展所依赖的物质基础。由于

---

① 《朝鲜实录》:燕山君五年七月壬午。
② 《朝鲜实录》:世宗二十八年八月辛酉。
③ 《朝鲜实录》:燕山君五年七月壬午。
④ 《朝鲜实录》:世宗二十八年八月辛酉。
⑤ 《朝鲜实录》:中宗十八年十二月丁未。
⑥ 《朝鲜实录》:世祖十一年十二月丙戌、成宗四年十月戊辰。
⑦ 《朝鲜实录》:世宗十四年十月丙午。
⑧ 《朝鲜实录》:世宗三十一年二月壬申。
⑨ 《朝鲜实录》:中宗五年八月壬辰。
⑩ (明)茅瑞征:《东夷考略·建州》。

他们居住的地理位置：西与辽东地区相接，南与朝鲜毗邻，就为他们的各种采猎产品获得了市场，使原来对他们只具有使用价值的天然资源获得了交换价值，转化为商品。明政权对女真族实行的羁縻政策为这一转化创造了条件。明王朝对来朝的酋长封官赐敕授以统治当地所属人民的政治权力的同时，还以回赐的方式给予大量的服装、衣料、钱帛等物质利益，此外，更准许来朝人员将所持土产在京师会同馆开市三日与民交易，在抚顺等地设立马市，每月五日进行经常性的贸易。正是在这些明政权设立的市场上，特别是辽东马市上，女真族的采猎产品，通过以物易物的形式，换取了大量汉族的手工业品。据《全辽志》卷二"马市抽分"所载，女真上市的货物，除马匹为畜产品外，其余均系采猎产品：貂皮、豹皮、熊皮、虎皮、鹿皮、狍皮、狐皮、貉皮、水獭皮，而换回的主要货品则是缎、绢、袄子、铁锅、铧子。缎、绢、袄子等类衣装无疑改善了女真人的衣着，但具有根本意义的则是铁锅和铧子。这种以物易物的交换形式一直延续到努尔哈赤时期。努尔哈赤统一建州各部后，正是依靠辖区内的采猎产品"明珠，人参，黑狐、玄狐、红狐、貂鼠、猞猁狲、海獭、水獭、青鼠、黄鼠等皮"，在抚顺等地的市场上，通过"互市交易"和"照例取赏"，因此而达到"民殷国富"的。[①]究竟互市贸易了哪些货物和照例取得了哪些赏品，这里没有记载，《明代辽东残档》抚顺市易档中也未记录入市货物的品种细目。但是从广顺、镇北两关入市货物细目中大量铁铧、铁锅的记载，可以推知建州女真也当贸易到这类铁器。另外，就在努尔哈赤二十岁那一年（万历六年，1578）的七、八两月的52天中，建州女真前来贸易（其中包括努尔哈赤的祖父觉昌安）及其他人员从明王朝的辽东地方政权得到的"抚赏"品中就有铁锅1189口。铁锅的价值，对于女真族来说，绝非仅仅限于生活用具，而一向就是制造农器和武器的原材料。

建州女真由于住区的地理位置，除辽东市场外，他们的采猎产品还获得了另一个重要市场——朝鲜。其狩猎品中的貂皮更为朝鲜所欢迎。朝鲜社会"所尚在貂"，"中外贵贱争尚丰侈"，[②]上自国君、朝臣，下至富家巨室的"衣裘衾席之属，亦皆以此为之"，甚至"乡间小会，妇女无貂衣者，耻不肯赴"。[③]貂皮成为朝鲜市场上的高档紧俏商品。虽然朝鲜政府一再申令禁止朝人以牛马铁器

---

① 《清太祖武皇帝实录》卷一。

② 《朝鲜实录》：中宗九年十月壬寅。

③ 《朝鲜实录》：中宗十二年九月乙未。

交换貂皮,但利之所在,不但一般商人"潜与野人贸卖"①,边境居人"与彼人潜相买卖"②,甚至朝鲜边将也参加"贸易貂鼠皮"的行列。③而女真人"以铁物为贵","非牛马农器,则不与之易"。④朝鲜人为了获得貂皮,乃"至于农锄、箭镞,无所不用"⑤。他们"有以二锄易鼠皮二张者"⑥,有的则"以箭镞四个贸鼠皮一领"⑦,甚至有人"深入虏地往来交易"⑧,"将牛马铁物市于深远兀狄哈"⑨。因此,大量"铁物多入于彼地"⑩,包括女真腹里地区的"兀狄哈家,多有我国(朝鲜)农器"⑪。铁器的输入,极大地提高了明代女真族的社会生产力,砍伐森林,垦辟草荒,农业逐渐兴起,使原来"惟知射猎,本不事耕农"的女真人,"近年以来,颇业耕农,其农器皆出于我国(朝鲜)"。⑫

依靠山林中的自然资源,凭借传统的采猎生产,通过交换,获得新的生产工具,农业得到了发展,逐渐改变了女真族的社会经济面貌。西迁至佟家江地区的建州女真的一些部落,虽然仍保持"好田猎"的习惯,但已经以农业为主,靠"田业以资其生"了。⑬1437年,朝鲜人至兀刺山北隅的吾弥府一带,"见水两岸大野,率皆耕垦,农人与牛布散于野",有十八家人户居住在河畔;在兀刺山南麓,亦"见人家二户,有男妇十六,或耕或耘,放养牛马"。⑭到16世纪末,居住在苏子河流域的女真人在肥沃的地块上,已经达到"粟一斗落种,可获八九石";即使贫瘠的地块,一斗种子也可收谷一石。⑮有的部落甚至已有余粮出售,1578年五月,努尔哈赤的祖父觉昌安(叫场)就曾在抚顺关市场上以粮食麻

---

① 《朝鲜实录》:成宗十七年正月甲子。
② 《朝鲜实录》:中宗十二年七月庚辰。
③ 《朝鲜实录》:中宗十二年三月癸未。
④ 《朝鲜实录》:成宗二十年五月丁亥。
⑤ 《朝鲜实录》:中宗十二年三月癸未。
⑥ 《朝鲜实录》:成宗六年七月辛酉。
⑦ 《朝鲜实录》:中宗十二年正月戊辰。
⑧ 《朝鲜实录》:中宗二十年七月庚辰。
⑨ 《朝鲜实录》:中宗九年十月壬寅。
⑩ 《朝鲜实录》:中宗十一年六月辛亥。
⑪ 《朝鲜实录》:成宗二十四年四月丁未。
⑫ 《朝鲜实录》:成宗二十三年九月乙未。
⑬ 《朝鲜实录》:世宗十九年六月丁丑。
⑭ 《朝鲜实录》:世宗十九年六月乙巳。
⑮ [朝鲜]申忠一:《建州纪程图记》。

布易换汉族商人的猪牛。①17世纪初,努尔哈赤政权统治的地区,农作物的品类已经是"旱田诸种无不有之",甚至已经学会了种山稻。②农业经济的发展,为女真族逐步走向统一奠定了物质基础。

但是,对女真族的农业生产水平不宜作过高的估计。由于受到种种历史条件的影响,它的发展是曲折的、缓慢的,而且是不稳定的。上文提到的万历四十二年(1614)努尔哈赤仍将部属采集的蜂蜜储作糇粮的记载,表明他们的农业生产还不能满足社会发展的需要,至少还是不稳定的。至于为人们所津津乐道的"落种一斗,可获八九石"的记载,也不足以说明产量已经达到如何高的水平。因为这条材料中缺少了一项必不可少的材料,即一斗粟种的播种面积,因而无法衡量其产量的高低。如果根据华北地区关于麦、粟(俗称"谷子")产量的农谚"谷打三千,麦打六十"(即一颗谷粒,成长为一株丰收的谷穗,可结谷粒三千颗)来计算的话,则一斗粟种,其最高的丰收产量可达三百石。因此,缺少播种面积,是无法判断其产量和技术水平的。虽然他们"皆逐水而居""家多于川边",③并已引种了稻类,但却"绝无水田"④。迄今为止,我们也尚未发现女真人任何有关利用河水进行人工灌溉或修筑简单河堤的记载。"逐水而居""多于川边",而尚未掌握筑堤防洪、提水灌溉的知识,那些播种在河流两侧的谷物,即使产量有时达到较高的水平,一遇旱涝,特别是水涝,必将减产,以至颗粒无收。因此,他们的农业经济尚处于极不稳定的状态。

造成农业不稳定的另一个重要因素是各部落之间以至同邻国之间的矛盾和斗争。农业不同于采猎,需要固定的土地进行春播秋获。和平安定的环境是农业经济必不可少的条件。邻部、邻境经常性的袭击严重地阻碍了女真族农业经济发展的进程。为了对付女真人的抢掠、骚扰,邻国就曾对建州部采用"当耕种时往征,以害汝农。又于秋敛往征,以害汝穑"⑤的策略。由于屡被邻国"军马抢杀,不得安稳",以李满住为首的建州部不得不放弃佟家江"两岸大野率皆耕垦"的农田,西迁至灶突山东南的浑河上游。⑥但是,"满住自移浑河

①《明代辽东残档》,《定辽后卫经历司呈报经手抽收抚赏夷人银两清册》。
②〔朝鲜〕李民寏:《建州闻见录》。
③〔朝鲜〕申忠一:《建州纪程图记》。
④〔朝鲜〕李民寏:《建州闻见录》。
⑤《朝鲜实录》:世宗十五年二月乙亥。
⑥《明英宗实录》:正统三年六月戊辰。

之后,犹畏见讨,窜居山谷,其地多虎豹,屡害牛马,不能安业,粮饷匮乏,其管下人或持土物往来开原买卖觅粮,或往辽东取保寄住,或买粮米盐酱,如此者络绎不绝"①。可见,由于战争的影响,建州卫的农业发展遭到严重阻碍,重新以采猎经济为主,依靠采猎获得的土产作为换取生活资料的主要来源。此后,虽然恢复了农业生产,但因"常恐加兵,每春秋登山而避"②,"皆登山不得安业"③。而女真族内一些部落之间更长期处于"世相仇剿,此来彼往,殆无宁岁"④的局面。有的部落,例如建州部的凡察对嫌真、巨节、南讷等部也曾采用"春秋入归侵虐,使彼不得耕耨"⑤的办法。互相攻伐,必然影响农业的发展,而有意识地特地选择春播秋收时节的进攻,更将妨碍女真族农业的正常进行。为了对付邻人的抢掠,女真族逐渐形成了掘窖藏粮⑥的习惯。1619年朝鲜李民寏在努尔哈赤的统治地区内,仍然见到"秋后掘窖以藏,渐次出食,故日暖便有腐臭"⑦的情况。掘窖藏粮的习惯,反映了女真社会长期以来强凌弱、众暴寡,各部落以至家族之间互相争杀的动乱生活。长期分散、动乱的环境,无疑地影响了女真农业生产的发展。

另外,铁器的数量也影响了农业发展的速度。铁器对农业发展的巨大作用,也因数量的限制,而相对地缩小。一五九九年努尔哈赤开采铁矿之前,"野人之地本无铁"⑧,"不解炼铁"⑨,铁器皆来自汉族地区和朝鲜。而明政权和朝鲜对铁器的贸易均实行严格的限制政策。为防止铁器走私,缩小貂皮的市场,朝鲜甚至颁定法令,"非堂上官不得以貂皮为耳掩"⑩。明朝政府曾规定,前来朝贡、贸易的女真人"许五十人共买一锅"⑪。由于铁器贸易的限制,曾不断引起民族矛盾。成化三年(1467),建州三卫和海西女真联合进犯瑷阳时就宣称:

---

① 《朝鲜实录》:世宗二十年八月庚申。

② 《朝鲜实录》:世祖十一年十月丙戌。

③ 《朝鲜实录》:世祖十四年十二月乙未。

④ 《朝鲜实录》:成宗五年十一月辛巳。

⑤ 《朝鲜实录》:世宗二十二年二月癸未。

⑥ 《朝鲜实录》:世祖十三年十月丙午。

⑦ [朝鲜]李民寏:《建州闻见录》。

⑧ 《朝鲜实录》:成宗五年十一月乙巳。

⑨ 《朝鲜实录》:成宗六年二月辛巳。

⑩ 《朝鲜实录》:中宗十二年九月乙未。

⑪ 《明孝宗实录》:弘治十六年正月甲午。

明朝"禁制我市买,使男无铧铲,女无针剪,因是入寇"①。明太监汪直、都御史陈钺也以"文升曩在镇禁易农器,故屡入寇"为借口,构陷辽东巡抚马文升。②"男无铧铲",铁器短缺,无疑影响了女真农业的发展;而获得的有限的铁器大部分也并未用于农业,却被改造为兵器。如所周知,在人类社会进入大同世界之前,任何时期任何国家或民族,为了保卫自己或侵掠他国、他族,总是把当时最先进的技术、材料首先用于军事。原子科学技术和铀矿即人所共知的一例。在近代科学技术发展之前,铁器始终是人类社会最重要的工具和武器。战时,人们把铁制农具改造为武器的事例,史不乏书。元末战乱中,浙江地区的人民就曾把"锄犁化尽刀剑锋"③。明代,各部蜂起互相争杀的女真族,也把他们"所易锅铧,出关后尽毁碎融液"④,改造成兵器,"箭镞贸大明铁自造"⑤。有的部落,例如绥芬河流域的造山部,为了备战,"箭镞甲胄,日夜打造"⑥。本来就有限的铁器,被大量地用于制造兵器,必然影响了农业发展的速度。当然,铁质箭镞的使用,大大提高了女真族的战斗力,这对于打退来犯之敌,创造农业所必需的安定环境、促进农业的发展,也有着一定的积极作用。

正是使用这些数量有限的铁制农具,在动乱的环境中,女真族逐渐发展了自己的农业,而且其中一些部落已经以田业资生。生产工具的革命性变革,是女真族社会经济结构发生巨大变化的根本原因。而生产工具的变革、铁制农具的使用,却是采猎产品通过交换转化而来的成果。因此,采猎经济在明代女真族农业发展史上起了决定性的作用,是农业起飞的物质基础,因而在某种意义上说,它是明代女真社会的经济命脉。而其居住地区的自然条件,无疑地影响了明代女真族社会发展的进程。当然,无论是原始森林中的天然资源还是采猎生产,只是在一定的历史条件下,即同先进的民族和地区为邻,并发生密切的政治经济联系,这些资源和产品成为先进的手工业产品的交换对象时,才会发生上述影响和作用。但是,在有关明代女真史的研究中,对一定历史范围内的自然资源和因之而存在的采猎经济的巨大作用,缺乏足够的重视,因而很

---

① 《明宪宗实录》:成化三年十一月己丑。
② (明)茅瑞徵:《东夷考略·女直》。
③ (明)刘基:《诚意伯文集》卷一四《夏夜台州城中作》。
④ 《明孝宗实录》:弘治十六年正月甲午。
⑤ 《朝鲜实录》:世祖十四年十月乙未。
⑥ 《朝鲜实录》:成宗二十二年五月壬午。

难剖析清楚女真社会的特点。因为它不仅影响了如上所述的社会经济的发展,而且女真族社会处处打上了自然条件和狩猎生产的鲜明的烙记。

二

关于明代女真族的奴隶制。在缺乏大量铁制农具、生产力低下的前提下,遍地山林的自然条件和与之相适应的狩猎经济是明代女真族的奴隶制长期停滞于家内奴役制阶段的根本原因。

生活于山林之间,世世代代长于射猎的女真人手中的弓矢,既是生产工具,又是武器。在猎取野兽的同时,邻人的财物及邻人本身往往也成为他们猎取的对象。洪武十八年(1385),女真人高那日、捌秃、秃鲁不花诣辽东都指挥使来归,自言曾"皆为野人获而奴之,不胜困苦"①。南迁后的建州女真则以辽东地区的汉人和南邻朝鲜人作为自己掳掠的主要对象。史载,仅1423—1433十年间逃往朝鲜的女真族的男女奴婢就有580名,其中朝鲜人14名、汉人566名。②至1437年,逃至朝鲜被遣送返回辽东的女真人的汉人奴婢已达千余人。③这些奴婢主要来自抢掳,据《朝鲜实录》记载:"野人剽掠上国(指明王朝)边氓,做奴使唤,乃其俗也。"④建州左卫首领猛哥帖木儿就曾至开原掳掠汉人徐士英为奴。⑤1468年,毛怜卫勾结尼麻察部大举入犯辽东,"掳人畜并一千余",其中"男女五百余人"。⑥建州卫的柳尚冬哈更声称,他们曾出兵二百人,就"人各掳七八人以来"⑦。朝鲜特进官韩亨允"于正德五六年(1510—1511)间赴京,途闻辽东人物连年被掳,多至千余人"⑧。这些数字未必信实,但反映出女真社会的奴隶很大一部分是掳掠所得的汉人。由于朝鲜同明朝存在密切的政治经济联系和友好往来,他们总是把逃至自己境内、被女真掳掠为奴的汉人遣还辽东,"由是野人积忿,来掠边境"⑨。这些女真奴隶主公开宣称:"我等奴婢,汝节

---

① 《明太祖实录》:洪武十八年九月甲申。
② 《朝鲜实录》:世宗十五年四月乙酉。
③ 《朝鲜实录》:世宗十九年七月甲午。
④ 《朝鲜实录》:成宗八年五月丁卯。
⑤ 《朝鲜实录》:世宗九年四月甲午。
⑥ 《朝鲜实录》:世祖十二年十二月庚戌、己丑。
⑦ 《朝鲜实录》:世祖十二年十二月甲子。
⑧ 《朝鲜实录》:中宗二十一年正月己酉。
⑨ 《朝鲜实录》:世宗十五年三月丙子。

制使解送京师,使我等不得存接",因此,"剽掠江边农民,可以赏(偿)吾我亡"①。凡察就多次对朝鲜边将云:"我的使唤人口逃往汝国,尽行解送,我亦捉获汝国边民使唤。"②1432年冬,忽剌温女真至闾延、江界等处,"掠男妇六十四名";1461年,建州女真至义州江边"掳掠大小男妇共一百三十八名口"。③据居住于朝鲜东北边境地区的女真人金波乙大报告:同年冬季,"蒲州人等与火剌温连兵,所掳头匹不可胜计,人口掳来者亦多,人各执二三名以去"④。

在这些被掳为奴的人中,除农民⑤、军丁⑥、"行路之人"⑦、"孤人之子、寡人之妻"⑧外,朝鲜满浦镇抚权存根⑨、辽东开原三万卫的百户宋全⑩、指挥金事苦失帖木⑪、辽东付总兵孙文毅之子孙三⑫,甚至明朝皇帝派赴女真地区"打海青去的指挥"也被"拿做奴婢使唤"。⑬其中还有一些"读书乡学""稍解文字"⑭和"粗知医术"⑮的汉人。

此外,女真族内部也互掳为奴。所传"野人之俗,不相为奴"⑯的说法,大约是指同姓或同部而言。因为吾都里(斡朵里)部的阿乙加茂就曾说:邻部亏知介诸姓"待我类如蚊虻,见之则捉去为奴婢"⑰。1435年,嫌真兀狄哈就曾抢掠斡朵里部,"掳壮男女八十六、弱男女六十三"⑱。而斡朵里、兀良哈也曾"掳掠兀狄哈人物,或作妾,或作奴婢"⑲。但他们掳掠的主要对象则是汉人和朝

---

① 《朝鲜实录》:世宗八年七月壬申。
② 《朝鲜实录》:世宗二十三年正月丙午。
③ 《朝鲜实录》:世祖七年十月丙子。
④ 《朝鲜实录》:世祖八年二月戊寅。
⑤ 《朝鲜实录》:世宗八年七月壬申。
⑥ 《朝鲜实录》:世宗十九年十一月己丑。
⑦ 《朝鲜实录》:明宗十四年正月辛丑。
⑧ 《朝鲜实录》:世宗十五年四月乙丑。
⑨ 《朝鲜实录》:中宗十九年三月丙寅。
⑩ 《朝鲜实录》:世祖十一年正月丁巳。
⑪ 《朝鲜实录》:世宗九年七月壬辰。
⑫ 《朝鲜实录》:燕山君七年三月乙丑;(明)任洛纂修:《辽东志》卷五《官师志》。
⑬ 《朝鲜实录》:太宗十年九月丁卯。
⑭ 《朝鲜实录》:世宗九年四月甲戌、六月丙寅。
⑮ 《朝鲜实录》:世宗二十三年十月乙酉。
⑯ 《朝鲜实录》:燕山君二年八月己亥。
⑰ 《朝鲜实录》:中宗二十一年十月丁未。
⑱ 《朝鲜实录》:世宗十七年十一月丁亥。
⑲ 《朝鲜实录》:世祖五年六月丙寅。

鲜人。

掳人为奴,同女真族的狩猎经济存在着密切的联系。如前所述,他们手中的弓矢,既是生产工具,又是武器。在组织形式和活动方式上,狩猎生产同军事行动也没有什么区别,正如努尔哈赤《实录》中追记的那样:"前此凡遇行师、出猎,不论人之多寡,照依族寨而行","出猎开国之际,各出箭一枝,十人立一总领,属九人而行。各照方向,不许错乱。此总领呼为牛录(华言大箭)厄真(华言主也)"①。牛录额真(箭主),既是生产的组织者,又是战斗的指挥员。行师和出猎的区别,只在于捕捉的对象不同而已,由于世世代代生活于山林之间以狩猎为业,女真人自幼即练就了一身驰猎的本领,"皆能射御"②。成年男子经过长期狩猎生产劳动的锻炼,不需任何军事训练,而同时却是训练有素长于驰射的骑兵。直至16世纪末,长期定居于苏子河流域早已从事农业生产的女真族,甚至妇女也仍然"执鞭驰马,不异于男";即使"十余岁儿童,亦能佩弓箭驰逐";那些奴隶主们,"少有暇日,则至率妻妾以畋猎为事。盖其俗使然也"③。这种从事狩猎的民族之习俗,同农业民族的习俗,形成鲜明的对照。农业民族:良人出征,妻子诀别,其凄苦之情,常常是历代封建文人着意表现的题材;而女真族恰恰相反:"出兵之时,无不欢跃,其妻子亦皆喜乐。"④形成这种迥然不同的习俗的原因就在于,女真族的军事行动同狩猎生产在他们看来本来就是一回事,猛兽犀利的爪牙与敌人锐利的兵器具有同样的危险性,所不同的是,出猎时,家人期待的是丰收的肉食和毛皮;出征时,"惟以多得财物为愿"⑤。在女真人的财物中就包括被掳为奴的人。对军事行动中掳获的人,如同狩猎生产中猎获的兽类一样,"用绳牵项,昼则路上牵走,夜则拴了两脚"⑥;或"绳贯其掌"⑦;有时则"如驱牛羊而掳去"⑧。因此,正如汉族农民出门收割庄稼进行农业生产时,不会出现妻子泣别的场面一样,女真族男人出兵之时,"妻子亦皆喜乐"也是正常的现象,因为出兵抢掳只是司空见惯、习以为常的狩猎生产的

---

① 《清太祖武皇帝实录》卷二。
② 《朝鲜实录》:世宗二十二年正月癸丑。
③ [朝鲜]李民寏:《建州闻见录》。
④ [朝鲜]李民寏:《建州闻见录》。
⑤ [朝鲜]李民寏:《建州闻见录》。
⑥ 《朝鲜实录》:世宗二十三年十二月己酉。
⑦ 《朝鲜实录》:世祖二年二月丁丑。
⑧ 《朝鲜实录》:中宗三十八年五月戊午。

另一种形式而已。抢掳邻人的财物也是他们一项正当的职业。正如朝鲜咸镜南道节度使尹熙平所说:"彼人等初非欲作贼(抢掳)于我国也,畋猎于水上、水下,若有撞遇者,辄掳掠而去。此野人之常事也。"①

长期出入于山林之间从事狩猎活动的女真人,不但"自古豪健,便习弓马",加之狩猎经济的不稳定性,逐渐形成"忍饥耐寒"②的体魄。1524年携带汉族妻子逃往朝鲜的女真人高时打下的本族出身的奴仆童甫澄可,不但"勇捷过人",而且"不食五日,略无饥色"。③这种勇健剽悍、以箭著称的民族,一旦他们的工具(武器)得到改进,其生产率(战斗力)必将成倍增长。如前所述,建州女真南迁后,以其采猎产品换得汉族、朝鲜的铁器,就完全改变了"野人箭镞昔皆用骨""往时野人屈木为镫、削鹿角为镞"的原始状态,"今则皆以铁为之""今闻镫、镞皆用铁"矣。④本来就擅于驰射的猎手,"野人善射,难与争锋"⑤,而今装备以铁镞,简直如虎添翼,"彼虏一人,当我百人"⑥了。因此,被他们掳而为奴的人中,除了一般的妇、孺、平民、军丁外,连汉族、朝鲜的一些武将也成了他们的猎获品。生产力的提高,生产工具(武器)的改进,猎获品的增加,促进了女真奴隶制的发展。而先进工具铁镞的使用,兵力的加强,恰恰又是采猎产品通过贸易换取而来的成果。总之,女真族的奴隶制是其狩猎经济发展的必然结果。

除直接掳人为奴外,他们还通过交换以牛马等物购买他人的掳获物。居住在图们江左岸愁州的柳尚冬哈就曾以牛马购买其他女真人掳获的汉族妇女三之、莫只为奴。⑦汉人"柳贵、黄原曾为三卫挞子所掳,转买兀狄哈"⑧。朝鲜人权爱山"被掳于毛怜卫野人,转卖建州卫达子"⑨。一个被掳多年已忘记汉语的女真人奴仆多士哈,"年十一二岁时被掳于东良北兀良哈罗吾宽,为奴三年,

---

①《朝鲜实录》:中宗二十三年二月丙午。

②《朝鲜实录》:中宗二十一年十二月壬申。

③《朝鲜实录》:中宗十九年五月己卯。

④《朝鲜实录》:成宗六年二月辛巳、七月辛酉。

⑤《朝鲜实录》:太宗六年二月己卯。

⑥《朝鲜实录》:中宗二十一年十二月壬申。

⑦《朝鲜实录》:世祖十四年三月壬戌。

⑧《朝鲜实录》:成宗六年四月壬寅。

⑨《朝鲜实录》:中宗二十年三月丙寅。

罗吾宽转卖于甫青浦兀良哈余禾"①。居住在建州左、右两卫之间自称"岐州卫"的一个女真部落,更以掳卖人畜为生,他们"不事农业,以作贼为事,所掳人马,转卖深处,以为生利",他们"以我国(朝鲜)人俘为奇货,转相买卖,辄得厚利"。②奴婢买卖不但在女真族内部进行,而且女真人的奴婢有的还买自蒙古族。土木之役中被俘于蒙古族的汉人汪仲武就被"转卖为豆里(李满住之子)家奴"③。

另外,还有一些汉人、朝鲜人由于不堪各自政府的沉重赋役负担,也自动逃到女真地区。例如,明宣宗时期曾有一批军卒苦于松花江造船之役而逃往海西女真地区。④朝鲜北境的边民,也因"赋役太重,相率流移,入于胡地",或"因年歉饥寒,率多佣役于胡家"。⑤特别是为了获取貂皮,朝鲜一些地方竟将原征的"白楮一张,每征貂皮一领",因而"使边氓日益困瘁流离"。⑥当时朝鲜北境居民中流行着"宁作胡家佣,莫逢貂鼠役"⑦之谣。但是当他们一旦投入女真地区"佣""雇"于女真人以后,其身份就同奴婢已无差别。例如,1460年因随主人骚扰而被朝鲜捉获的火罗逊、卜罗逊,在《朝鲜实录》中,有时称之为"奴"⑧,有时称之为"雇人"⑨。被李满住属下李雄时老掳获又转卖于李古纳哈为奴的辽东人朴右,也被称作李古纳哈的"雇工"⑩。在这些记载中,"雇"(佣)、"奴"是同义词。自动投奔佣役的汉人、朝鲜人也是女真族奴隶的一个来源。

总之,无论是掳获、买卖还是自动佣役的女真人的奴隶,绝大部分来自封建社会制度下的汉族和朝鲜。他们一旦沦为奴隶,就完全改变了世世代代早已过惯了的生活方式,不但可以被当作牲畜任意买卖,而且可以被主人任意杀死。朝鲜人达生被掳为奴,因"每日砍木负米,手足皆流血"而稍有悲泣,主人

---

① 《朝鲜实录》:睿宗元年十一月癸巳。
② 《朝鲜实录》:燕山君二年七月丙寅、八月己亥。
③ 《朝鲜实录》:世祖十三年四月癸卯。
④ 《明宣宗实录》:宣德七年五月丙寅。
⑤ 《朝鲜实录》:中宗二十二年四月壬戌。
⑥ 《朝鲜实录》:明宗元年十一月己未。
⑦ 《朝鲜实录》:中宗二十三年四月乙卯。
⑧ 《朝鲜实录》:世祖六年三月丁亥。
⑨ 《朝鲜实录》:世祖六年六月甲子。
⑩ 《朝鲜实录》:世祖十一年三月癸酉。

"则将杀之"①；当主人同敌方遭遇，"或值势穷，则射杀之"②；李满住之子李古纳哈酒后兴奋，随意使用铁器打死男奴西柳亏。③尽管封建制与奴隶制同属剥削制社会，但剥削方式毕竟存在着巨大差别，特别是封建制晚期，地主阶级已无权任意买卖佃户，更无权杀死农民。这些来自当时的先进社会制度下的人民对他们所受到的落后生产方式的残酷统治，其反抗的激烈程度必然超过世代为奴的奴隶。他们反抗的主要方式就是逃亡。对故乡生活方式的向往、对亲人的眷念，激发了他们逃亡的热情，他们"宁中路而毙，必欲逃还"④。而当时女真族所处的地理环境则为奴隶的逃亡提供了有利的条件。

这里所说的地理环境，包括自然环境（高山叠嶂、万木丛生）和地理位置（南邻朝鲜、西接辽东）。这种地理环境，无论对女真族的奴隶还是奴隶主都产生过重大影响。

关于佟家江一带建州卫地区的自然形势，率师攻伐李满住的明武靖侯赵辅所目睹的景象是："深处万山，林木障天，晴昼如晦"，有的地区则"人不得并行，马不能成列"⑤。建州女真正是在这种自然条件下"山居林处"的。朝鲜体探人员汇报侦查所见的情况时也说："林薮蓊郁，山路深窄，势必舍马而行。"⑥"其间有'上无路''下无路'。地名'无路'者，无路可通者也。其为险恶可知矣。"⑦如果对照翻阅一下朝鲜南部主簿申忠一1595年出使建州后绘制的《建州纪程图》，则对"林木交柯，松桧参天，自枯木大者小者风落横路，不计其数"⑧的记载，对建州地区的自然形势，将有更深刻的理解。关于图们江北绥芬河一带的形势，1424年朝鲜使臣答复永乐皇帝关于捉拿叛军杨木答兀的命令时说："本人（杨木答兀）惊惧，隐于山险地面，实难擒拿。"⑨1491年朝鲜北征付元帅李季同对这一带的山险情况有过一段回忆："大木如栉，郁密蔽空，小路仅通，木枝翳路，弓韣矢服，必为木枝所挂，使一百五十名持斧先入，芟夷其大木，则虽

---

① 《朝鲜实录》：成宗二十二年七月丁亥。

② 《朝鲜实录》：文宗二年三月庚戌。

③ 《朝鲜实录》：世祖二十年七月丁丑。

④ 《朝鲜实录》：成宗二十二年七月丁亥。

⑤ （明）任洛纂修：《辽东志》卷七《艺文志》。

⑥ 《朝鲜实录》：中宗三十七年三月癸未。

⑦ 《朝鲜实录》：中宗三十四年八月癸巳。

⑧ ［朝鲜］申忠一：《建州纪程图记》。

⑨ 《朝鲜实录》：世宗六年六月丁卯。

砍之,必附他木,不能落地。竟日不见天日。至一处,百步许,无木,始见天日。"①虽然有的部落,例如建州卫首领李满住,"居住平原无草木之地"②,但数十里外就"多高山大薮",而且就是住在"平原"的李满住家的"藩篱之外",也是"草莽弥野,居人不稠"。③正是这种茂密的原始森林和草莽弥野的自然环境,为奴隶们的逃亡提供了极其有利的条件。被掳为奴的朝鲜人达山等的逃亡过程就是其中比较典型的一个例证。他们于夜半,乘主人忙于出战准备,"潜逃登山出来"。虽然主人"寻逐我等于树密处",但是"我等走避",终于逃脱了原主人的追捕。④正是利用这些茂密森林的有利条件,奴隶们有的在"入山采人参"⑤时逃走了;有的在主人围猎,"看守家小"⑥时逃走了;有的在主人外出抢掠,"留屯辐下看直"⑦时逃走了;有的在"农忙时月"⑧田间农作时逃走了。女真族居住地区的自然条件使他们无法防止奴隶的逃亡。如前所述,仅1423—1433十年间,逃往朝鲜的奴隶就达580名。尽管有的部落已经使用奴隶于农业生产,⑨但是,在散居于各地的奴隶主们在较大的范围内形成统一的固定的集团,对奴隶们进行有效的控制之前,不可能进行任何形式的大规模的奴隶生产,而只限于主要从事家内杂役。自然环境和逃亡制约了女真族奴隶制的发展。

而西接辽东、南邻朝鲜的地理位置更促进了奴隶的逃亡。对家乡生活方式的留恋和对故里亲人的感情像磁石般吸引着沦落异乡为奴的人们。而明政权和朝鲜政权对被掳逃至本境的人,除遣返各自本土外,还实行优抚政策。朝鲜对逃回人口,例给"衣笠鞋布"⑩,"无衣受冻者,令给棉衣"⑪。明政权对走回人除每人发给官白布一匹外,有时还以猪肉、酒类、兀剌靴相赠。⑫故乡政权的优抚政策,对流落他乡、受尽欺凌的人们是一种动人心弦的召唤,鼓舞着奴

---

① 《朝鲜实录》:成宗二十二年十一月戊子。

② 《朝鲜实录》:世祖十一年十月丙戌。

③ 《朝鲜实录》:燕山君三年七月庚戌。

④ 《朝鲜实录》:成宗二十二年五月壬午。

⑤ 《朝鲜实录》:世祖十四年十一月癸亥。

⑥ 《朝鲜实录》:世宗三十一年十月壬申。

⑦ 《朝鲜实录》:中宗二十四年三年壬戌。

⑧ 《朝鲜实录》:世宗二十三年正月丙午。

⑨ 《朝鲜实录》:世宗二十三年正月丙午、世祖十四年三月丙戌。

⑩ 《朝鲜实录》:世宗元年七月乙卯。

⑪ 《朝鲜实录》:世宗十五年十一月乙巳。

⑫ 《明代辽东残档》《赏广顺关来往贸易夷人、走回人物品银两清册》。

隶们的逃亡。而故乡并非远在天涯,只需潜入密林、翻山越岭,则亲人团聚是指日可期的。于是,这些奴隶们有的只身逃亡,有的夫妻同逃,有的率领妻子儿女全家逃走。[1]他们多趁男主人外出时逃走,有时还经过流血斗争,杀了在家看守的主人的妻子,[2]或同主人进行武力格斗之后逃脱。[3]李满住之子李豆里的儿子胡赤就是在追捕逃亡家奴的过程中被家奴用斧击杀的。[4]可见奴隶同主人之间的斗争有时是非常激烈的,甚至是流血斗争。然而在围绕逃亡进行的这种激烈的阶级斗争中,奴隶们却显得单薄无力,只是本家主人或同族的几个人进行追捕。在茫茫林海中进行的这种规模的追捕,直如大海捞针。而站在奴隶们(他们主要来自汉族和朝鲜)逃亡背后支持他们逃亡的则是两个政治经济文化先进地区的封建政权。因此,女真族奴隶逃亡的斗争还包含有两种社会制度间斗争的内容。斗争的结果,是大批奴隶成功地逃回故土,抑制了女真族奴隶制的发展。

而奴隶主们却长期未能形成一个统一的阶级力量。在16世纪末努尔哈赤统一满洲各部之前,他们始终处于分散状态,"西自婆猪,东至于海,野人之居,多则百余,少则数十户"[5]。据1455年朝鲜边将的调查,居住在会宁附近图们江两岸地区的女真各部落中就有酋长11名。其中比较著名的住在吾弄草的酋长李贵也属下只有40余户、壮丁80余名。住在下甫乙下的酋长童吾沙可的属下,则只有7户、壮丁15名。[6]鼎鼎有名的建州卫首领李满住,子孙20余人,"管下不过三百人"[7]。而这些酋长们各自为部,不相统属。

为什么女真各部长期"散处林莽,终无统领"[8],未能形成较大范围的组合呢?除了明政权分而治之的外部影响,本族生产力低下、农业不发达、缺少进行统一的经济实力以及其他种种原因外,其所处的自然环境也是一个重要因

---

①《朝鲜实录》:世宗八年九月辛亥、十六年八月辛酉、十八年九月辛亥、世祖十二年十月丁丑、世祖十三年十月乙酉、睿宗元年十一月癸巳、成宗元年八月辛酉、中宗十九年四月癸卯。

②《朝鲜实录》:世宗二十二年十月庚午。

③《朝鲜实录》:成宗十五年五月丁酉。

④《朝鲜实录》:世祖十三年四月癸卯。

⑤《朝鲜实录》:世宗十五年二月己亥。

⑥《朝鲜实录》:鲁山君三年三月己巳。

⑦《朝鲜实录》:世祖十一年十月丙戌。

⑧《朝鲜实录》:世祖十三年十月乙丑。

素,"山溪阻隔,树木茂密,诸种野人,四散占据"①。各个部落四散占据各自的一块山林后,就形成一个个小的独立王国,有其自己的独立的经济。"胡人之风,分山而守之,利其山产焉。若弃旧守之山,则无所依居处。"②因此是不肯轻易放弃自己的地盘的。在这些山林中,他们不但可以利其山产,采集狩猎、食肉衣皮而生存,而且更可"恃山林之险阻,籍弓矢以凭陵"③。难攻易守,往往是他们住地的特点。有的地方更是"人不得并行,马不能成列","一夫当关,万夫莫开";④或"五六十兵守之,则万夫莫敌"。⑤后来《满洲实录》中关于努尔哈赤进攻玛尔墩山的记载,是当时女真人山居林处、难攻易守情况的具体写照。因此,在女真族社会经济主要是农业经济获得比较稳定的发展、提供较多的余粮作为军饷之前,对四散占据着山林险处的其他部落,他们彼此都无力进行长期的大规模兼并战争,无力改变这种分散割据的局面。虽然在军事行动中,也经常出现一些部落之间的暂时联盟,但也只是"小胜则分赃""小败则逃散",⑥未能形成统一的、稳定的实体。而一些已经逐渐聚集而成的较大的部落,也会由于种种原因而重新分化。例如,建州卫首领猛哥帖木儿死后,由于凡察、董山互争管下和凡察西迁一部分属下不从,都曾造成建州卫势力的分裂。原属猛哥帖木儿属下的高早化,也因"猛哥帖木儿死后,无所依附,率五十余户,自为一部"⑦。即使是一个部落的酋长,有时对于"散居草野"的部属也常常不能禁戢,"虽有酋长,不相统属"⑧,"酋长之言,莫肯听从"⑨。建州卫的一个酋长李达罕(李满住之孙、李豆里之子),对于部属抢掳邻人的行为甚至不敢追究,"我辈虽欲探讨。若操弓矢,窜伏草间,则吾辈亦畏害身,终不能强探"⑩。

山居林处和狩猎经济是女真族社会长期处于分散状态的一个重要原因,这种分散状态使奴隶主们无法控制奴隶的逃亡,因而不能、也未曾大规模地

---

①《朝鲜实录》:文宗二年四月癸未。

②《朝鲜实录》:中宗三十一年正月壬戌。

③(明)任洛纂修:《辽东志》卷七《艺文志》。

④(明)任洛纂修:《辽东志》卷七《艺文志》。

⑤《朝鲜实录》:成宗二十二年十一月戊子。

⑥《朝鲜实录》:世祖十三年五月丙寅。

⑦《朝鲜实录》:世宗二十一年八月壬午。

⑧《朝鲜实录》:燕山君二年七月癸酉。

⑨《朝鲜实录》:燕山君八年三月癸未。

⑩《朝鲜实录》:燕山君三年十月乙未。

使用奴隶于生产。这正是明代女真族社会长期处于家长奴隶制阶段的根本原因。

因适应自然环境而出现的狩猎生产,在女真族发展史上处处留下它的痕迹。例如,狩猎经济和世世代代因狩猎生活而形成的民族习惯,就是女真族长期保持原始社会氏族制残余的根本原因。狩猎经济的特点是集体生产,因而必然是共同分配,"五六国虽得一衣,皆分取之"[①]。例如,在满族建立政权甚至转为封建政权之后,仍然出现八和硕贝勒共治的现象,就是女真族因狩猎生产而形成的平均分配制残余的一种曲折反映;又如,狩猎经济的不稳定性和狩猎生产同军事密切结合的特点,又是女真族富于掠夺性的重要原因,等等。

回避或讳言自然条件对女真族社会发展的巨大影响,忽视采猎经济在女真族社会中的特殊地位和作用,将有碍于对明代女真族社会生产力发展水平和奴隶制特点进行全面的考察。

本文原刊载于《南开史学》1982年第2期。

作者简介:

王文郁(1927—2013),北京通州人。1954年北京大学历史系毕业后来南开大学历史系工作,1987年退休。主要从事明清史研究,发表学术论文数篇。

---

①《朝鲜实录》:世宗十五年闰八月辛酉。

明代北京的商业活动

李晟文

　　北京在我国历史上不仅长期以首都居称,同时也以商业城市而存在。早在辽代、金代作为当时南京、中都的北京,商业已有一定的发展,元朝建立后,兴建大都,北京作为全国的政治中心迅速发展为最大的商业城市。明朝巩固在全国的统治后,定都北京,大规模地改建都城,北京商业随之大跨步向前发展,达到新水平。与以往相比,北京城内的商业区日益扩大,繁华区由元大都的钟鼓楼一带向南发展到皇城诸门和东、西四牌楼及外城一带;商业网点不断增多,对全国社会经济的影响也日渐显著。清代北京商业的兴盛面貌,明代发展的这一重要阶段实有以致之。

一

　　明代北京,作为一个商业城市,是随封建政治盛衰而与荣与枯的。

　　大体言之,明洪武时期是北京商业的恢复时期。明初北京经元末战乱之后,降为北平府,人烟稀少,市区残破,商业处在缓慢地恢复过程中。永乐至正统年间是北京商业的发展时期。永乐初改北平为北京,自此以后,北京再次成为全国的政治中心。为了早日建成北京,明政府在这里大兴土木,营建宫殿楼舍,修建塌房、廊房,于"皇城四门、钟鼓楼等处各盖铺房","召商居货①"并迁民入京、疏通大运河、减免商税,所有这些措施,有力推动了北京商业的发展。据史书记载,当时北京人口不断增多,集市、庙会日渐热闹,其中著名的有灯市、城隍庙市等,出现了"马驰联辔,车行击毂,纷纭并驱,杂遝相逐;富商巨贾,道路相属,有货填委,丘积山蓄"②的景象。北京商业的发展,又为北京城市建设的加快和北京作为全国政治中心地位的确立准备了物质条件。永乐十八年(1420),北京的主要营建工程基本竣工,十九年(1421)正式迁都北京。建成后

---

① (明)沈榜:《宛署杂记》卷七,"廊头"条。
② 《古今图书集成·职方典》第5卷《京畿总部》。

的北京由宫城、皇城和大城三部分组成,其中宫城、皇城为皇族宫府所在地,大城为一般居民区,北京商业主要就是在这里发展起来的。

景泰至万历初年,是北京商业的繁盛时期。经过上述两个时期近百年的发展,北京商业趋于鼎盛。与以往相比,这一时期商品的种类与数量大为增多,仅景泰年间收税则例所列商品即在二百三十种以上;①商业网点除已有的灯市、城隍庙会外,还有隆福寺、护国寺、内市、书市等集市庙会,其中大明门外的朝前市成为全城的商业中心。此时北京商业的繁荣还突出地表现在新商业区的形成与城市规模的扩大上。永乐年间修建北京,有不少居民住在南城之外。永乐以后,随着这里人口的增加,店肆林立,商业迅速发展起来,到嘉靖年间,已是"城外之民殆倍城中","居民繁夥,无虑数千万户,四方万国商旅货贿所集",②出现了超过城内的兴旺趋势。面对城外商业区已经形成的既成事实,明政府不得不予以承认,并考虑加以保护。嘉靖三十二年(1553),明世宗下令修建外城,同年十月新建外城完工。外城即南城将城南商业区纳入都城之内,从而使北京城市由长方形变成了"凸"字形,奠定了以后北京城的格局与规模。

万历中叶以后,随着明朝统治的日益腐败,以及矿监税吏对大小商人的不断掠夺,北京商业迅速衰落下去。明亡前夕,这里"萧条日见,室庐空匮,市肆寥落,物价翔贵,民不聊生"③。与上一时期相比,已不可同日而语。

二

明代北京商业达到较高水平,可从商业流通渠道、商品种类、商人队伍以及商税征课四个方面考察。

明代北京商业流通渠道主要有三。首先是大规模的铺户贸易。较大的铺户一般集中在棋盘街,正阳门外大街,东、西四牌楼,钟鼓楼以及大栅栏等繁华的市区。处于各府院官署前面的棋盘街是全城的商业中心,这里店肆相连,"百货云集"④,"天下士民工贾各以牒至,云集于斯,肩摩毂击,竞日喧嚣"⑤这就是著名的"朝前市"。正阳门外及东西街一带是另一个繁华的商业区。这里会

---

① 《明会典》卷三五《商税》。
② 《古今图书集成·职方典》第3卷《京畿总部》。
③ 《明清史料》甲编第九本,《兵部行兵科左给事中孙题稿》。
④ 《毂城山房笔座》转引朱彝尊《日下旧闻》卷六。
⑤ (明)蒋一葵:《长安客话》卷一《皇都杂记》。

馆店肆丛聚,气势非凡。"正阳门东西街招牌有高三丈余者,泥金饰粉,或以斑竹镶之,又或镂刻金牛白羊黑驴诸形象,以为标识。酒肆则横匾连楹,其余或悬木罂,或悬锡盏,缀以流苏。"①除此以外,还有一些店肆分散于全城各地,从事商品买卖。见于记载的铺行有茶食,棉花、杂物、酱菜、面粉、纸扇、杂茶、荆筐等。这类固定的、长年的、大规模的铺户贸易是明代北京商业的主要流通渠道,在当时北京的商业贸易中起着主导作用。

集市庙会是北京商业的另一条流通渠道,它们是按照一定的日期来进行的,具有较强的时间性。集市数量很多,遍布全城,其中最有名、规模最大也最热闹的要算灯市。"灯市在东华门王府井街东、崇文门西,亘二里许"②,每年正月初八至十八日开市十日左右。开"市之日,省直之商旅,夷蛮闽貂之珍异,三代八朝之骨董,五等四民之服用物皆集。衢三行,市四列……货随队分",各类商品样样俱全,"人不得顾,车不得旋,阗城溢郭,旁流百廛也"③。内市也是较有名的集市,"在禁城之左,过光禄寺入内门,自御马监以至西海子一带皆是。每月初四、十四、二十四三日,俱设场贸易"④。内市的商品虽然也有"日用衣帛食物器用之类"⑤,但重要的还是为皇室贵族服务的奢侈品。除此以外,其他集市有会同馆市、穷汉市、菜市、猪市、羊市、骡马市、驴市、果子市及煤市等。

庙会中最著名的是城隍庙庙会。每月初一、十五、二十五等日,西起城隍庙,东到刑部街,列肆三里,买客游人穿流不息,"廓虎肯容存隙地,工商求售厌空谭"⑥。市上商品陈设甚多,著名者为古董书画。其他重要的如隆福寺、护国寺、蟠桃宫、南药王庙、北药王庙、东药王庙等庙会,至时也是"士商满坊肆,行者满路"⑦。

除了上述两种流通量大的商业流通渠道外,还有一种既无固定地点也无固定时间的流通渠道,这就是小商小贩的流动贸易。在当时的北京城内,存在着难以数计的、本小利微、缺少自己的铺面的小商小贩,他们只能依靠肩挑手携来流动经营,以吆喝招徕顾客,走街串巷,活动于整个北京城中。当时关于这方面的

---

① 《古今图书集成》顺天杂录一引赵吉士"寄园寄所寄"。
② 《古今图书集成方舆汇编》"坤舆典"卷一二八《市肆部》引《燕都游览志》。
③ (明)刘侗:《帝京景物略》卷二《城东内外》。
④ (明)沈德符:《万历野获编》卷二四。
⑤ 《明神宗实录》卷五三三,万历四十三年六月。
⑥ (明)刘侗:《帝京景物略》卷四《西城内》。
⑦ (明)刘侗:《帝京景物略》卷三《城东内外》。

记载说"京师荷担卖物者,每曼声婉转,动人听闻"①,"五月,辐辏佳蔬名果,随时唱卖,听唱一声,而辨其何物品者,何人担市也"②。这种小商小贩的流动贸易,由于人数多,经营方式灵活易变,周转快,主要从事日用生活品的买卖,因而在北京商业中有着不可忽视的地位,是上述两大流通渠道的必要补充。

商品种类是考察商业发展水平的另一重要依据。在"五都万宝集燕台"③的北京市场上到底出现过多少商品,自然无法统计,但能通过各种史料而窥其大概。

根据景泰二年(1451)的收税则例所列商品,④可知当时出现在北京市场上的商品至少有二百三十种。这些商品主要是西瓜、鲜干鱼等农副产品;各种罗缎绢绫棉布等纺织品;手巾、包头、皮袄、小靴等穿着用品;碗、盘、钟等陶瓷品;竹椅、扇骨、篦子等日用杂货;青红纸、笔管、墨等文具用品;生熟铜、铁、铁锅等矿冶产品;以及柿饼、砂糖等饮食品。计八类二百三十种。

然而它并没有完全反映整个北京市场的情况,还有大量的商品被漏列。如粮食,本是北京市场上十分重要的一种商品,为全城居民"所旦夕仰命者"⑤,并没有收入则例。又如奢侈品也是首都市场上的一种重要的商品,当时珠宝古董充斥各处,"白环银瓮殊方至,翡翠明珠万里来"⑥,主要的珠宝奢侈品有宝石、珊瑚、珊瑚枝、珊瑚珠、玳瑁盒、玳瑁盂及"三代八朝之古董"⑦等,也未收入则例。日用杂货为广大城市居民所需要的商品,当时不见于则例的同样有许多种,如香、貂皮、狐皮、平机布、南丝、北丝、柳器、骡、马鞍、苏州蒂、月光纸、寒衣、九九消寒图、万年春、灶户纸、卜、门神、面具等,其中有些商品本身还可分为许多品种,如香即有月鳞香、聚仙香、沉速香、百花香、龙桂香,以及各种线香等。饮食品中尤其是北京本市的加工品更有很多没有收入则例,如宝油、芝麻、腌肉、江米、瓜子、烤鸭、饼、糕、香油、醋、酱油等。这些商品中有的尚可分为许多品种,如酒,有珍珠酒、玉兰酒、腊白酒、梨花酒、烧酒等。最后北京市场上还有许多种"违禁商品",如兵器、铜器、皇宫御器等,这类违禁商品自然是不

---

① 《燕京杂记》。
② (明)史玄:《旧京遗事》。
③ (明)刘侗:《帝京景物略》卷二《城东内外》。
④ 《明会典》卷三五《商税》。
⑤ 《明清史料》乙编第五本,《兵部行兵科抄出督捕员外郎巢崐源题稿》。
⑥ (明)刘侗:《帝京景物略》卷二《城东内外》,"灯市"。
⑦ (明)刘侗:《帝京景物略》卷二《城东内外》,"灯市"。

会列入则例的。

由上可见,明代北京市场上所出现过的商品是十分繁多的,绝不止二百三十种,还有大量的商品被遗漏。这一点,则例的制定者也是心中有数的,他们在则例的末尾即作了如此说明:"其余估计未尽货物,俱照价值相等则例收纳。"①

商业活动离不开商人,要全面地了解明代北京商业的发展水平,还有必要考虑当时北京的商人状况。明代活跃于北京市场的商人很多。据统计,万历初年大兴铺户为26223户,宛平有13579户,二县共有铺户39802户。万历十六年(1588)重审铺户,按上、中各三则编行,全城所编上中六则铺户由原来的5425户增到10170户,下三则虽未编入,不知其数,但其作为铺商是仍然存在的。如果与万历初年(即重审以前)的34377户相差不远的话,那么这时全城当共有铺户44000多户。②除了本市的铺商外,还有大量的外来无籍人口在此经商,所谓"京师之民,皆四方所集,素无农业可务,专以懋迁为生"③。由此看来,明代北京商人的总数当远在四万户以上。

如此众多的商人,社会成分十分复杂。根据其地位和资本的不同,我们大体可以将他们分成皇族权贵、富商大贾和中小商人几个阶层。

皇族权贵包括皇帝、王公贵族、宦官和大官僚,皇帝开设的店肆叫"皇店"。正德"八年四月,诏开设皇店"④。自此皇室店肆遍布京城内外,"自京师以至张家湾、芦沟桥、临清等处"⑤在在有之。皇帝不仅自己瓜分商业利润,而且还鼓励贵族官僚经商,将一些客店、塌房恩赐给"贵近勋戚权豪势要之家"⑥。在皇帝的怂恿下,王公勋戚和官僚、宦官竞相设肆置店。如嘉靖时翊国公郭勋、万历时太监张城的店肆"遍于都市"⑦。其他权贵如庆云侯周寿、寿宁侯张鹤龄、英国公张溶、外戚田宏、遇驸马都尉焦敬及大学士严嵩等,也莫不经商牟利。这些皇族权贵所经营的店铺有的直接从事商品买卖。如嘉靖时皇室所开的宝和、和远、顺宁、福德、福古、宝延六店,每年所贩卖的各类商品动辄以数万、十

---

①《明会典》卷三五《商税》。

②(明)沈榜:《宛署杂记》卷一三《铺行》。

③《明经世文编》卷一九一,(明)汪应轸:《恤民隐均偏累以安根本重地疏》。

④《国朝典汇》卷一九《庄田》。

⑤《明武宗实录》卷一〇八。

⑥《明经世文编》卷五九,(明)叶盛:《资给军储疏》。

⑦《明神宗实录》卷二九三。

数万、数十万计①。有的则招歇客商,"网罗商税"②。由于他们凭借自己的权势,"尽笼天下货物,令商贾无所牟利"③,排斥、压抑和打击中小商人,攫夺商业利润,积累了惊人的财富。如张诚"所积之资,都人号为百乐川"④,其他如"严世蕃,积赀满百万……大珰冯保,张宏家赀皆值二百万以上"⑤,因而在当时很大程度上影响了北京商业的正常发展,被当时人视为北京一大祸患。

富商大贾是北京一般商人中的上层分子。万历十六年(1588)重审铺户,全城上中六则共10170户,其中上三则即为2198户。除了北京本地的大铺商外,还有许多外地的大商人活跃于北京市场上。这些富商大贾的资本十分雄厚,少者"数千",多者"至千万"。他们主要从事珠宝、绸缎、古董等奢侈品和粮食、盐、药材、茶食等大宗商品的买卖,并经营典当业。如弘治时屠宗顺等即是"富通王侯、名跨都邑"⑥的大珠宝商人,徽商吴箕从事典当业,"家赀数百万,典铺数十处"⑦,他们所开的店铺一般集中在大明门,正阳门,东、西四牌楼等繁华的商业区从事大规模的铺行贸易。他们的经商活动对北京商业的发展是起了一定积极作用的,但由于他们财雄势大,与官僚贵族的关系密切,并利用自己的财势,操纵市场,囤积居奇,牟取暴利,也在一定程度上影响了北京商业的正常发展。

北京商人中人数最多的是中小商人。万历初年全城有铺商39802户,除上中六则5425户外,下三则为34377户,占所有铺户的86%。在上中六则中,中三则又为多数,如万历十六年(1588)重审铺户时全城共有上中六则10170户,其中中等铺户为7972户,占上中六则铺户的78%。⑧中小商人的资本一般不大,多者不过三五百金或以上,小者才及一、二金。他们主要经营那些与居民生活密切相关的商品,如豆腐、杂菜、蒸作、炒锅、碾子、荆筐、豆粉、泥罐、毛绳、柴草、烧煤等。他们本小利微,经常受着官府的欺凌,被迫负担富商大贾所逃避的差役,是北京铺行差役的主要承担者。除去这些在籍的中小铺商以外,北京还有大量的"无籍"小商人,这些小商小贩来自全国各地,多由流民组成,有些

---

① (明)刘若愚:《酌中志》卷一六。
② 《明孝宗实录》卷二一二。
③ 《明世宗实录》宗四。
④ 《明神宗实录》卷二九三。
⑤ (明)王世贞:《弇州史料后集》三六。
⑥ 《皇明条法事类纂》卷二二。
⑦ (明)计六奇:《明季北略》卷二三"富户汪箕"条。
⑧ (明)沈榜:《宛署杂记》卷一三《铺行》。

人与农业还保持着密切的关系,过着亦农亦商的生活,"日中为市之辈,未必非耕田凿井之家;荷戈负耒之夫,未必非行商坐贾之类"①。这些小商小贩的生活更为艰苦,大多"饥肠瘦面,破帽烂衣"②,既无力建立铺面,只得肩负手携、沿街叫卖,或结棚街头,聊以糊口。如正阳门前"穷民傧居无资,藉片席以栖身,假贸易以糊口,其业甚薄,其情可哀"③。他们是北京商人的最底层,但他们同其他中小商人一样,是北京商业发展的重要推动力量。

商税的多少与商业发展水平密切相关。明代北京商税的种类很多,既有塌房钞、牙钱钞、税钞,还有门摊钞和车船交通工具税等。明政府在南、北两京建有塌房,塌房既是货栈,同时又是收税机构,行商可在塌房内缴纳商税。如"正统十二年,令巡视塌房御史及顺天府堂上官一员,估计货物值钞若干,造册发都税等司官攒收,照价收税"④。当时北京的塌房钞及牙钱钞、税钞的征收情况在景泰二年(1451)的收税则例中得到了一定的反映,则例将不同价值的商品分成二十二个等次,每个等次征收同等的塌房钞、牙钱钞和税钞,如最高等次的"上等罗缎每匹税钞、牙钱钞、塌房钞各二十五贯",而最下等次的"干梨皮、荸荠、芋头……每斤,冬瓜每十个……税钞、牙钱钞、塌房钞六十五文"⑤。

运载商品的交通工具税是明政府征收的另一商税。"宣德四年,初设钞关、定菜果、舟车、门摊等税"⑥,凡"骡驴车受雇装载者,悉令纳钞……舟船受雇装载者,计所载料多寡、路远近纳钞"⑦,这种交通工具税在各时期有所不同。宣德四年(1429)"令民间行使驴赢车装载物货者,每辆纳钞二百贯,牛车五十贯"⑧。以后常有减免,如"正统三年十月,以顺天府尹姜涛奏免京城小车纳钞……十二年三月,御史闻人诠奏请停止鬻蔬载薪小车、小船纳钞,命户部议行"⑨。景泰三年(1452),税额减至骡车每辆纳钞八贯、牛车四贯、单车二贯、驮

---

① (明)沈榜:《宛署杂记》卷一三《铺行》。
② (明)吕坤:《去伪斋文集》卷二《辩洪主事参疏公本》。
③ (清)朱一新:《京师坊巷志稿》卷下《正阳门外大街》。
④ 《明会典》卷三五《商税》。
⑤ 《古今图书集成经济汇编》"食货典"卷二二三。
⑥ 《古今图书集成经济汇编》"食货典"卷二二三。
⑦ 乾隆《续文献通考》卷一八《征榷一》。
⑧ 《古今图书集成经济汇编》"食货典"卷二二三。
⑨ 乾隆《续文献通考》卷一八《征榷一》。

煤等项骡每头一贯。①

　　门摊税是本市坐贾铺商每月向都税宣课司缴纳的"店面税"。门摊税的多少与明代钞法有着密切的联系。洪熙元年(1425)正月,为了推行钞法,"增市肆门摊课钞"②。宣德四年(1429)正月又"以钞法不通","增两京并直隶苏州等处门摊课钞五倍"③。规定"两京及各处买卖之家门摊课钞按月于都税宣课司、税课司局交纳",其中所定部分门摊税额为"裱褙铺月纳钞三十贯,车院店月纳钞二千贯;又令油房、磨房每座逐月连纳门摊钞五百贯;堆卖木植烧造砖瓦逐月连纳门摊钞四百贯"④。宣德以后,门摊税钞仍时有减免,如正统七年(1442)正月议定某些店肆的门摊税,"每季缎铺纳钞一百二十贯,油、磨、糖、机粉、茶食、木植、剪裁、绣作等铺三十六贯,余悉货物取息及工艺受直多寡取税"。景泰五年(1454)七月"令两京塌房、店舍、菜果园并各色大小铺行,俱减轻纳钞有差"⑤。

　　以上是北京商税的几个主要项目,其商税总额已不可尽知,但可通过对九门税收的考察而窥其大概。北京的收税机构很多,有塌房、官房、顺天府都税司、九门都税宣课司等。其中九门都税宣课司的地位十分重要,其下设有安定门税课局、崇文门分司、德胜门分司等机构,每年征收来自全国各地的商品税和交通工具税。北京九门税额在各时期变化不一,据记载,"京城九门之税,弘治初岁入钞六十六万余贯,钱二百八十八万余文,至末年,数大减"⑥;"武宗正德五年十月,增京师九门税⋯⋯九门车辆每年纳钞三百三十万八千二百贯,钱四百二十万二千一百四十四文,定为例,凡增弘治时数倍"⑦。嘉靖三年(1524),"诏如弘治初年例,仍减钱三十万"⑧;"至万历三年,户部奏准九门出入车驮钱钞数,每岁进钞六十六万五千八百贯,钱二百四十三万二千九百五十文","神宗万历六年","在京九门额征本色钞六十六万五千一百八十贯,折色钱二百四十三万二千八百五十文"。万历中叶以后,税使四出,商税繁苛,"九

　　①《明会典》卷三一《钞法》。
　　②乾隆《续文献通考》卷一八《征榷一》。
　　③乾隆《续文献通考》卷一〇《钱币四》。
　　④《古今图书集成》"经济汇编""食货典"卷二二三《杂税部》。
　　⑤乾隆《续文献通考》卷一八《征榷一》。
　　⑥《明史》卷八一《食货五》。
　　⑦乾隆《续文献通考》卷一八《征榷一》。
　　⑧《明史》卷八一《食货五》。

门税尤苛……甚至击杀觊吏"①,其中仅崇文门商税即由万历六年(1578)的40300多两增到天启初年的68929两。②天启五年(1625)再增到88929两。②九门都税宣课司是北京众多收税机构中的一个,所收商税即如此之多,全城所收商税当远在此上。

三

北京商业不仅有着相当高的发展水平,而且由于它存在于明朝首都之中,具有许多不同于其他商业城市的特点。

北京商业的第一个特点是以满足皇室贵族及一般城市居民的生活消费为主要内容。北京是明政府的政治中心,集中了全国最大的封建贵族,聚集了大量的城市人口,拥有庞大的消费能力。北京城市的这一特点,决定了北京商业首先以满足这一消费作为自己的主要任务。很多富商大贾所投资经营的多种奢侈品主要为官僚贵族所享用。饮食业和日用杂货业则是一般城市居民旦夕不可离者,广大商人尤其是中小商人纷纷投资这一行业,以致饭馆酒楼店铺,遍布全城。其中著名者有"双塔寺赵家慧苡酒,顺承门大街刘家冷陶面……内而宫禁,外而勋戚皆知其名"③;日用品行业有"双塔寺李家冠帽,东江米巷党家鞋,大栅栏宋家靴……皆名著一时"④。由于奢侈品行业、饮食业和日用杂货业在北京拥有广大的市场,因而成为北京商业门类中最兴旺的行业。

商业城市北京的第二个特点在于北京既是一个北方商业城市,又是一个全国性商业大城市,也是一个国际性大城市。位于华北平原的北京首先是一个北方城市。这里的商人很大一部分来自北方各地,如晋商、豫商、鲁商及京畿一带的小商小贩。充斥于此的商品也很大一部分为北方地区所出产,如京畿地区的蔬菜、花草、水果,西山的煤炭,华北平原的粮食、棉花等,从而使北京呈现出北方商业城市的风貌。北京特殊的政治地位,使它与全国各地建立了一幅严密的交通网,这幅交通网同时也是商业网络,以北京为圆心,辐射全国各地,把北京和全国各地连成一片。这幅商业网包括海道、河道和陆道。河道主要是运河,它是通向北京的主要商道。陆道包括由河南等地经邯郸、保定各

---

① 乾隆《续文献通考》卷一八《征榷一》。
② 乾隆《续文献通考》卷一八《征榷一》。
③ 邓之诚:《骨董续记》卷四"明末京城市肆"条。
④ (清)孙承泽:《春明梦余录》卷六;又邓之诚:《骨董续记》卷四"明末京城市肆"条。

处到北京的西南路;由开封经大名、河间接西南路以达北京的南路;由济南经
德州、河间接西南路以达京师的东南路;由辽东入长城达北京的东北路,由蒙
古草原到北京的西北路;以及由蒙古草原、东北地区到北京的北路等(见图1)。
通过这幅密集的商业网,全国各地商品源源不断地涌向北京,如江南的纺织
品、瓷器,广东的铁锅,东北的特产等,正如记载所说,北京"北通朔漠,南极闽
越,西跨流沙,东涉溟渤,来百货之纵横,杂轮蹄之填咽"①,"四方之货不产于燕
而毕聚于燕"②。与此同时,各地商人如"苏松人匠,丛聚两京……或创造房居,
或开张铺店……粉壁题监局之名,木牌称高手之作"③,山阴、会稽、余姚人多在
京师"兴贩为商贾",至"都门西南一隅,三郡人盖栉而比矣"④。中国的富庶,北
京的繁华,吸引着无数的外国商人来到北京,他们往往打着"贡使"的名义,在
北京会同馆进行贸易。一方面出卖所携异域产品,同时将中国的商品带向世
界各地,从而使北京起到了沟通各国商业联系的作用。

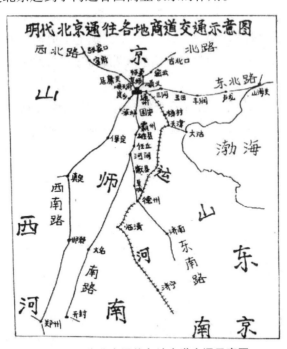

图1　明代北京通往各地商道交通示意图

①　(清)孙承泽:《天府广记》卷四一,(明)杨荣:《大一统赋》。
②　(明)张瀚:《松窗梦语》卷四《工商纪》。
③　《明经世文编》卷二二,(明)周忱:《与行在户部诸公书》。
④　(清)顾炎武:《肇域志》第9册《浙江》。

北京商业的第三个特点是缺乏本地坚实的经济基础。北京是一个繁荣的商业城市，但手工业并不发达，虽然这里集中有全国的能工巧匠，但多属于基本上不从事商品生产的官工业；民营手工业虽生产商品，但生产技术比之江南明显落后，所产商品远远不能满足本城居民的需要。既然北京本地所产商品不能满足本地需要，就不能不依靠手工业发达的江南地区。然而江南离北京遥远，只有通过长途贩运贸易才能将商品输入北京，促成北京市场的繁华。这种借助长途贩运而维持繁华的北京商业，在正常情况下看不出有什么缺陷，而一旦动乱来临，商道阻塞，长途贩运无法进行，北京商业就如无源之水很快衰落下去。明朝末年，烽火四起，南北隔绝，北京商业一落千丈，萧条下去，正是这一特点的体现。

北京商业最后一个特点是它具有比其他城市的商业更浓厚的封建性。北京商业的封建性表现在许多方面，如商人队伍的成分复杂，大量皇室贵族混杂其间；商业活动服务于封建贵族的奢侈生活等。而其中最突出的是铺役制。明朝统治者将北京的铺户编成一百三十二行，规定了他们各种徭役负担，其中对铺户影响最大的是强制为封建统治者采购物品的"买办制度"。买办制度在明初为"当行买办"。嘉靖四十五年(1566)实行改革，乃代之以用银代役的"招商买办"。虽然买办制度前后有所变化，但从总体上说，铺役买办制一直存在于北京城中，成为北京商人的沉重负担。按照明政府规定，买办之时要"取勘诸物时估，逐一核实，依期开报，毋使高抬少估，亏官损民"[1]。但实际情况却是"四出强取，不给价银，虽量给之，必迟以月日"[2]。以致大量的铺商因而倾家荡产，四处离散，"有素称数万之家而至于卖子女者，有房屋盈街折毁一空者，有潜身于此，复逃躲于彼者，有散之四方转徙沟壑者，有丧家无归号哭于道者，有剃发为僧者，有计无所出自缢投井而死者，而富室不复有矣！"[3]北京商业在这种封建枷锁的束缚下受到了严重的摧残。

四

北京商业的发展，远远突破了本地的局限，对全国社会经济产生了一定的影响。

---

① 《大明会典》卷三七《时估》。

② (明)沈榜：《宛署杂记》卷一三《铺行》。

③ 《明经世文编》卷三〇一，(明)高拱：《会处商人钱法以苏京邑民困疏》。

北京商业以全国性经济活动为基础,将本地以远的广大城乡纳入自己的商业网络之中,这在一定程度上刺激了各地农、工、矿产品的商品化。以京畿地区而言,为了满足北京市场的需要,京畿一带的农民广种蔬菜花果,"出平则门七八里……涉小涧稍东而弥望,皆麦始萌,道旁居民咸莳蔬为业……蔬不一品,或透或藊,生意皆津津"①。花草在草桥、丰台及西郊卧佛寺一带形成了专门的荷花区,"草桥,众水所归……十里居民皆莳花为业,有莲池,香闻数里;牡丹、芍药,载如稻麻"②。这些花草主要在北京出售,"丰台种花人,都中目为花儿匠,每月初三、十三、二十三日以车载杂花至槐树斜街市上,桃有白者,梨有红者、杏有千叶者,索价恒浮十倍,日昳则虽不得善价亦售矣……"③;"圃人废晨昏者半岁,而终岁衣食焉"④。明代北京居民的主要燃料是煤炭,"京城军民百万之家,皆以石煤代薪"⑤。因此不少民户投资采煤业,在门头沟等地开办民窑,到明中后期,这里的民窑已达到一百多座。民窑所产之煤,运入北京,"以归牙市,公价发卖"⑥。北京人口众多,消费粮食甚巨,这些粮食,很大一部分即由华北平原和江南等地运来。由于运粮频繁,形成了一些专门运粮的商道,如河间府,"其有售粟于京师者,青县沧州、故城、兴济、东光、交河、景州、献县等处皆漕挽;河间、肃宁、阜城、任丘等处,皆陆运,间亦以舟运之"⑦。其他如保定、真定等府的粮食多由陆运而至,山东、河南、江南的粮食常由运河运来。由于粮食运到北京后获利甚厚,南北各地农民纷纷种植粮食,不少地主经济也趋向商品生产与经营。如嘉靖末年王曰璋即将衡王府在山东的庄田四十万亩加以整顿,"岁收粟十余万斛,又从登、莱入海,天津收海,粜于京师,征贵贱,权出入,通有无,而衡遂大富,甲于诸侯"⑧。山东濮州地主许卫于秋季收棉花,冬季用棉花换布运往北京和边地发卖,"利十倍之"⑨。江南的各种纺织品、工业品,由于"仰给京师,达于九边"⑩而拥有广大的市场,刺激了江南手工业的发展。

---

① (清)孙承泽:《春明梦余录》卷六四,杨士奇《郊游记》。
②《古今图书集成·职方典》卷四六,顺天杂录,引《燕都游览志》。
③《古今图书集成·舆地典》,顺天府部,引《六街花事》。
④ (明)刘侗:《帝京景物略》卷三《城东内外》。
⑤《皇明经世文编》卷七三(明)丘濬:《守边议》。
⑥《明清史料》乙编第五本,《兵部行兵科抄出督捕员外郎巢崐源题稿》。
⑦ 嘉靖《河间府志》卷七。
⑧ (明)朱元弼:《朱良叔犹及编》。
⑨ 康熙《濮州志》卷四,第72页。
⑩ (明)陈继儒:《布税议》,见《陈眉公全集》卷五九。

北京商业与各地商品生产沟通的结果,加速了各地城市经济的繁荣。由于长径贩运贸易十分兴旺,作为中转站的中小城镇也迅速发展起来。北京商业的这种影响,在运河沿岸城镇中表现十分突出,"淮安、济宁、东昌、临清、德州、直沽商贩所聚,今都北京,百货倍往时"①,在运河诸城镇中,又以临清、天津最为显著。临清在明初为东昌府属县,地处荒郊僻野,"自开渠运,始为要津"②,"居神京之臂,扼九省之喉,连城则百货萃止,两河而万艘安流"③,"东西南北之人,贸易辐辏"④,很快发展起来。正德、嘉靖年间两次扩建城垣,建置上升为州,成为一个"周围愈三十里,而一城之中,无论南北财货,即绅士商民,近百万口"⑤的新兴城市。天津原来是一片芦获丛生之地,靖难之变,朱棣经过此地,乃赐名"天津"。建都北京及运河疏通之后,天津成为商贾来往北京途经之地,乃"披草莱而立城"⑥。由于天津"北近北京,东连海岱,天下粮艘商船,鱼贯而进,殆无虚日"⑦,很快崛起。宣德以后,天津城内出现了东、西、南、北、中五个集市,到明中叶添设五集一市,并形成了以天后宫为中心的商业区,整个天津也因之发展为北方重要的商业城市。

本文原刊载于《南开学报》1988年第6期。

作者简介:

李晟文,1960年生,湖南岳阳人。1986年在南开大学历史研究所获明清史方向硕士学位,1986—1992年任历史研究所讲师,主要从事明清时期商业及中西文化交流史的研究,其间发表《试论承德避暑山庄的兴衰》(1985)、《张献忠农民起义研究》(1988)、《明代北京的商业活动》(1988)、《明代北京商业试论》(1991)等,合著《明史研究备览》(1988)、《清代文化——传统文化的总结和中西大交流的发展》(1991)。现为加拿大拉瓦尔大学历史学系教授。

---

① 《续文献通考》卷一八。
② 康熙《临清州志》胡鼎文序。
③ 康熙《临清州志》于睿明序。
④ 《明神宗实录》卷三三四,万历二十七年闰四月壬午条。
⑤ 《明清史料》甲编,第923页。
⑥ 康熙《天津卫志》伦以训序。
⑦ 《天津卫志》目感序。

明清疍民考略

傅贵九

疍民是我国历史上形成的一种特殊人口,长期以来,他们被排斥在"四民"之外,列入贱籍,社会地位十分低下,政治上和经济上所受的歧视和压迫都极其深重。

有关疍民的活动正史上很少记载,他们的历史足迹在明清方志及某些稗史、笔记和野乘中却还依稀可见。散见在这些史籍中的有关零星记载,虽然只是一鳞半爪,对我们今天探索疍民的历史活动仍有重要参考价值。

疍民的研究20世纪30年代已开其端,原岭南大学教授陈序经先生最早依据地方文献,结合社会调查,为疍民问题的系统研究做了不少开拓性的工作。随后,香港及海外一些学者也进行了有益的探索。他们的研究侧重于疍民的起源、地理分布、语言文化、风俗习惯、宗教信仰等方面,大抵不超出民族学、民俗学和社会学的研究范围。这些方面的研究成果,对全面了解疍民的形成和历史发展打开了局面,提供了资料。本文试图在前人基础上,着重就明清时期疍民所受的封建压迫和剥削,以及他们反抗封建统治的斗争,作一初步探讨。

一、疍民的由来和人口分布

探讨这个问题对判明疍民的民族属性有重要意义。疍民是不是一个民族,学术界历来有分歧。在封建时代,疍民被统治阶级视为化外之民,在旧的史籍中通常都是蛮、疍并称。长期以来,当代学者也多把疍民当作一个独立的少数民族看待。新中国成立后,随着民族研究和历史研究的不断深入,对疍民的认识有了新的发展。如近年民族学家李有义先生就曾撰文指出:"东南沿海一带的疍民,他们生活在水上,从事渔业,有自己的社会组织和特殊风俗,也是一个内婚团体……他们看上去很像是一个单一的民族。但识别的结果,他们不是单一民族,而是汉族的一部分。"[1]

---

[1] 李有义:《我国民族学的回顾与展望》,《民族研究》1980年第1期。

疍民历史悠久,至迟在汉代已经出现,"其名目自晋代已著"①。晋人常璩写的《华阳国志》里,已有关于疍民的记载。根据《华阳国志》《北史》《周书》等书记载,疍民活动地区最初是在四川、云南等地;以后由于历史的原因,疍民逐渐向东南方向迁徙,晋、隋间已进抵荆、襄地区,至迟到唐宋时已在两广及福建沿海一带定居。

疍民原本是陆居,移栖水上是五代以后的事,唐人著作中没有疍人浮生江海的记载。主要是由于历代封建压迫,疍民被迫水居,以船为家,至迟从宋代开始,水居已经成为疍民生活的特点。

二、疍民的属籍

明代实行按类分户制度。疍民在明代户籍册(黄册)上自成一类,列为疍户。明朝按职业区分户类,有民户、军户、匠户、灶户等,废除了元代依民族和身份分类的办法。疍民在户籍上被划分出来,单独成类,意味着疍民在身份、法律和经济的地位都与一般人不同,是一种特殊人口,这种状况延续到清代雍正初年削除贱籍才有改变。

疍民"泛家浮宅,居栖无定"②。此外,疍民为了逃避赋役,经常大批举家逃亡。可以推论疍民的实际人口远比在官府著籍的要多。

关于疍民的管辖,明初定制,疍户籍隶河泊所,有长有民。③疍民中的大户称疍长,又称疍家里长,也叫疍头,如广西苍梧"疍人计二百九十八户,有疍头二人领之"④。河泊所原本是税收机构,专门掌管征收渔业税,疍民以捕鱼为业,要按期向官府交纳鱼米,因此,河泊所同时也是管理疍民的行政机构。一般有疍民聚居的地方都设河泊所,但也有例外,如广东之"海丰、河源、龙川俱无河泊所,有疍户"⑤。

在疍民大量聚居的地区,疍户在户籍上还有更细的区分。如"广州河泊所额设疍户有大罾、小罾、手罾、罾门,竹箔、篓箔、大箔、小箔、大河箔、小河箔、背

---

① 嘉庆《增城县志》。
② 光绪《迁江县志》。
③ 嘉靖《惠州府志》。
④ 同治《苍梧县志》。
⑤ 嘉靖《惠州府志》。

风箔、方网、旋网、辏网、竹筌、步筌、鱼篮、蟹篮、大罟,竹箅等户,一十九色"①。

封建王朝为加强对疍民的控制,并为其所用,每每把疍民丁壮籍为水军,这部分人口为数不少。如洪武十五年(1382),命南雍侯赵庸籍广州疍户万人为水军。"时疍人无定居,或为寇盗,故籍而用之。"②二十七年(1394),花茂为广州左卫指挥使,上言:"广东南濒大海,奸宄出没,东莞、笋岗诸县逋逃疍户,附居海岛,遇官军则诡称捕鱼,遇番越则同为寇盗,飘忽不常,难于讯诘,不若籍以为兵,庶便约束。报可。"③清朝沿袭明朝政策,而制度更为严密。"疍人则编以甲册,假以水利,每十艇为一队,队为一长,画川使守,略仿洪武初以疍人为水军之制,择其二三智勇者为之大长,授以一官,俾得以军律治其族,与哨船诸总相为羽翼。"④广西容县,"清初郡城多故,运载军需,籍疍户为水军"⑤。

三、疍民的生计

疍民以船为家,常年在水上生活,捕鱼采疍是他们的主要谋生手段。如崖州疍民世居"濒海处,男子罕事农桑,惟缉麻为网罟,以渔为生,子孙世守其业"⑥。万州疍人"居海滨业渔,以鱼赴墟换谷"⑦。增城"其人皆舟居,善泅,以捕鱼采蚬为生"⑧。文昌"疍,世渔户也"⑨。番禺疍户"并有蚬塘之业"⑩。疍民有自己传统的捕鱼方法,"其捕鱼,使人张罾,则数人下水引群鱼入罾内,既入,引绳示之,则举罾并其人以上,亦有被大鱼吞食者"⑪。疍民采捕鱼苗有丰富经验:"九江乡扼西、北江下流,地窊、鱼塘十之八,田十之二,故其人力农无之,终岁殚力鱼苗。鱼苗出西、北诸江,清明后雷雨大作,鱼孕育乘潦流下。其种,柳庆为上,南宁次之,郁、桂又次之,富、贺又次之,北江为下。长年疍户当夜分西

---

① 光绪《番禺县志》。
② 道光《新会县志》。
③ 《明史·花茂传》。
④ (清)屈大均:《广东新语》。
⑤ 光绪《容县志》。
⑥ 乾隆《崖州志》。
⑦ 道光《万州志》。
⑧ 同治《增城县志》。
⑨ 康熙《文昌县志》。
⑩ 光绪《番禺县志》。
⑪ (宋)陈师道:《后山丛谈》。

望电光,即知鱼苗来自何方,至以何日。"①

采珠自古以来就是疍户的专门之业:"合浦珠池蚌蛤,惟疍能没水探取。"②元代设乌疍户、明代设珠户,专司采珠。叶盛于明成化间在广东做官,在所著《水东日记》中叙疍人采珠甚详:"珠池居海中,疍人没而得蚌剖珠。盖疍丁皆居海蜓中,采珠,以大舶环池,以石悬大絙,别以小绳系诸疍腰,没水取珠,气迫则撼绳,绳动,舟人觉,乃绞取,人缘大絙上。"因此法采珠有很大风险,"人多葬沙鱼腹,或止绳系手足存耳"③。当时被看作是以人命易珠。

沿海疍民也有靠煎盐谋生的。"正德五年(1510),议准,广东沿海军、民、疍户、赖私煎盐斤为生,许令尽数报官,于附近场分减半纳课,以补无征之数。"④有些疍民为了逃避差役,因见灶户免差,才投身盐司。

少数陆居的疍民,间有从事农业生产的。顺德疍民"生齿日繁,每佃富民沙田,藉资糊口"⑤。东莞疍民自己围垦沙田:"县境内有万顷沙,又名万丈沙,有疍户郭进祥等用桩石圈筑堤坝,周围广三千余丈,约六十余顷,俱种禾稻。"⑥陵水疍民"间有种山园,置田产,养牛耕种"⑦。还有一些地区的疍民长于伐山取材,或以编竹为业。如南宁"疍户其种有三:取鱼者为鱼疍,取蚝者为蚝疍,取材者为木疍"⑧。博罗"邑之疍有二:一编为筐箕之属,一捕鱼,皆不徙业"⑨。

疍民善于操舟,不少人充当水手、纤夫。容县"明初水疍有捕鱼、雇役二种。捕鱼惟小艇,雇役则以货物轻重为道路远近取值"⑩。增城"疍船利于浅水,估客资焉"⑪。苍梧"疍户今聚舶于梧城戍墟下郭、洒化洲、榕潭等处,在县当装船水手,纤夫各差……此外,驾小舟,聚泊城下及两岸江干不下千余,皆以一人荡两桨,俗呼仔艇……往来梭织。自浮桥废后,专藉此载货渡客以

①《广东新语·鳞语》。
②(宋)范成大:《桂西海虞衡志》。
③《水东日记·珠池采珠法》。
④《大明会典》卷二二八。
⑤咸丰《顺德县志》。
⑥(民国)叶觉迈修,(民国)陈伯陶纂:民国《东莞县志》卷九九《沙田志一》。
⑦(明)陈于宸修:万历《琼州府志》卷三《黎俗》。
⑧乾隆《南宁府志》。
⑨乾隆《博罗县志》。
⑩光绪《容县志》。
⑪同治《增城县志》。

为生"①。

四、疍民所受的封建压迫和剥削

疍民绝大多数以捕鱼为业,他们担负的主要封建义务是向官府交纳"鱼课"(渔业税),在一些地区,"鱼之有课自疍户始"②。鱼课各地征收办法不一,有的是计丁输米,如钦州,嘉靖年间,"渔民每丁月输米二斗八升五合八勺五抄三撮四圭,一年该米三石四斗二升二勺四抄,折银一两八分五厘二丝五忽一微。钦州原额疍民丁九十九,岁征米三百三十九石五斗九升二合五勺,每米一石折银三钱一分五厘,共银一百零六两九钱七分一厘九毫,遇闰月加米三十石,该银九两四钱五分"③。也有的是稽舟征税,兴宁疍民,正德年间"立籍凡三十八户,船三十八,每船纳鱼课米四石余"④。还有的地区按照疍民的经济状况,规定不同的征税标准,如新安疍民"有长尾、缯拖、罟荡、虾篮等户,其户纳米多寡不同"⑤。一般说来,疍民输粮之外,唯供船差,不事它役。

捕鱼收入极不稳定,"春夏水潦鱼多,可供一饱;常日鱼乏,不能自存"⑥。疍户因无力完纳鱼课而逃亡改业者所在皆有。正统八年(1443)广东儋州河泊所奏:"本所疍民原额船网等业二千二百余户,后因充军逃故,遗下无征鱼课米八百八十余石,积年负累里甲赔纳。"⑦惠州"疍民尤窭,衣不蔽肤,狭河只艇,得鱼不易一饱,故流徙失业者过半,而课米取盈且在疍长。复通悍客举贷,即一钱计日累百,自鬻不已,质辱妻孥,河泊官又时腋削之,欲不激而亡且盗难矣"⑧。

清初厉行海禁,崖州地方鱼不可求而课无蠲免,为民重困。康熙九年(1670),知州张擢士上疏为民请命:"崖居岛末,海洋环绕,自奉禁海之后,商贾绝迹,人同面墙。所有无征杂税,已经前任知州李应谦申详前抚院阮请蠲免,民庆再生。惟鱼课一项额载银一百七十九两一钱七分一厘一毫,遇闰加银一

---

① 同治《苍梧县志》。

② (清)蒋廷桂修,(清)陈兰彬纂:光绪《石城县志》卷四《经政志》,清光绪十八年刻本。

③ 嘉靖《钦州志》。

④ (明)祝允明:正德《兴宁县志》卷四《杂记》,祝枝山手写正德兴宁志稿本。

⑤ 康熙《新安县志》。

⑥ (清)吴震方:《岭南杂记》。

⑦ 《明英宗实录》卷一一一。

⑧ 嘉靖《惠州府志》。

十六两一钱七分五厘二毫……至今尚尔悬额,各里疍户无力包赔,逃亡改业者各居其半。州属钱粮历年逋欠,此尤其首,苦无征者也。切念有鱼斯有课,有船斯有鱼;今寸板不敢下海,小民不敢望洋,鱼无入手之时,而课有必征之额,末吏徒存悲悯,无能拯救残黎。"①地方豪强势力的巧取豪夺,也使疍民的生活濒于绝境。以广东为例,"广为水国,人多以舟楫为食……顾禾虫之埠,蠔蚬之塘,皆为强有力者所夺,以渔课为名,而分画东、西江以据之,贫者不得沾丐余润焉。疍人之蚬筟虾篮,虽毫末皆有主,海利虽饶,取于人不能取于天也"②。新安"一面负山,三面通海民间以海为田,以渔为活,各业缯埠,各输课米,无可混也。乃豪有力者,或恃地利之便,或假宦势之雄,皆一海面捏两土名,藉此缯门,截彼鱼埠,漫图影占,罟网混侵,疍户畏焰返棹,渔民惧祸罢缯,是以海洋之利,悉饱豪右之腹"③。肇庆疍民,"其捕鱼之利惟春末夏初,西潦泛滥,稍可搏一饱。贫乏者,一叶之篷不蔽其身,百结之衣难掩其体。岸上豪蠹复从而凌轹之,海滨之叫号无虚日矣"④。此外,高利贷盘剥更是无孔不入。嘉靖《广西通志》引《惠州志》云:"彼疍长每征课料,则通同旅人称债主,计日行利,每钱一文,明日二文,又明日四文,虽至百文犹不能还,于是每以为盗。"

在残酷的压迫和剥削下,疍民的生活极端困苦,常年衣不遮体,食不果腹,"民瘝而危莫渔疍为甚。或扁舟一叶,或枯竹数根,破浪冲涛,与阳侯争旦夕之命。每见飓风候作,则哭沿滨"⑤。"疍家多子,短篷之下,累累然皆儿女也。至小者,以葫芦系背,取其坠水能浮。甫学行,即往来篷脊,能行则浮沉水中,如鹅鹜矣。疍人最穷,一叶小舟,全家聚处,鹑衣粝食,儿难为生。"⑥这就是千百年来疍民的苦难生活。

自元明以来,疍民社会内部已有分化。澄迈地方官反映当地"明时疍户以海为肆,以鱼为业,鱼之为利薄,课之宜矣,然有渔人者,有渔于人者。臣自见小艇募穷户为役,扬帆海澳之中,计岁所获,可当中人十家户,此渔人者也。彼渔于人者,赁一叶之舟,衣不蔽肤,沿岸而网,得鱼不易一饱,而课额取盈。"⑦也

---

① 乾隆《崖州志》。

②《广东新语·介语》。

③ 康熙《新安县志》。

④ 道光《肇庆府志》,清光绪重刻道光本。

⑤ (清)靳文谟,(清)邓文蔚纂修:康熙《新安县志》卷六《田赋志》。

⑥ 道光《桂平县志》。

⑦ 光绪《澄迈县志》。

有少数人因从事某种经营致富,移居陆上,买田置产,成为疍户中的上层,如桂平疍户中"有黠者,或作两广籓夫,或与口岸人民往来习熟,贷其货,装造五篷船……迎送远近客人……近日营谋稍裕之渔家,有在陆地结屋以居者,且有读书识字者"①。四会疍户,"其民不敢与齐民齿,然往往有致富饶而贿同姓土著,冒充民籍者"②。三江疍户,"其初多广东人,产业牲畜皆在舟中,即子孙长而分家,不过为造一舟耳,婚姻亦以疍嫁疍"③。苍梧疍户,"近市者兼业造舟,或习舵工,岁有余资,在梧厂充当把水,其利侵厚,又胜于诸户矣……其充梧厂巡役者,多致富,骎骎欲自比于土人"④。当然这类人在疍民中为数极少,绝大多数疍民过着朝不保夕的生活。潮阳疍民,"或有弃舟楫,入民间为佣保者矣"⑤。博罗疍民,"间有鬻身于人以避赋者"⑥。潮州疍女"妍者流而为妓"⑦。也有齐民沦为疍民的例子,如新宁"亦有乡曲细民,驾船营利,沦落多年,非疍而渐变为疍矣"⑧。但这种情况并不多见。

五、疍民反抗封建压迫的斗争

疍民最初的斗争形式是逃亡。如香山县,洪武二十四年(1391)河泊所额设疍户陆图,后来由于"疍户逃亡,并为一图"⑨。崖州鱼课积欠,"各里疍户无力包赔,逃亡改业各居其半"⑩。钦州"往时民户、疍户见灶户免差,皆求投入盐司,今既差役不免,仍旧逃归本候"⑪。容县疍民,"康熙四十年(1701)间尚有八十余户,徭役纷更,或役不受值,轮班伺候,动辄逾时,遂相继逃亡,邑中几无疍船。乾隆八年(1743),县令招复,约存二十余户"⑫。

明、清两代,疍民的武装起义此仆彼起,接连不断。终明之世,活跃在闽、

① 道光《桂平县志》。
② 光绪《四会县志》。
③ (明)王士性:《广志绎》。
④ 同治《苍梧县志》。
⑤ 隆庆《潮阳县志》。
⑥ 乾隆《博罗县志》。
⑦ 乾隆《潮州府志》。
⑧ 光绪《新宁县志》。
⑨ 嘉庆《香山县志》。
⑩ 乾隆《崖州志》。
⑪ 嘉靖《钦志》。
⑫ 光绪《容县志》。

粤沿海的"海寇""珠匪""艇匪"等,很多是疍民的武装,或是有疍民参加的武装集团。关于疍民称兵作乱的事史不绝书:例如,洪武元年(1368),征南将军廖永忠"禽恩平疍贼何均受"①。万历四年(1576),"石城珠贼杀永安所田千户。县原于附海地方设乌兔、名浪、庞林三埠以居埠民,捕鱼办课,后为流商所煽,造船盗珠,是年潜杀官兵"②。按此事也见于《明史·黄应甲传》:"疍户苏观升、周才雄招亡命数千人,纵掠雷、廉间,杀断州千户田沽。"后事败。未几又有梁本豪起事。"本豪故曾一本党,亦疍户也,一本诛,窜海中,习水战,远通西洋,且结倭兵为助,杀千户,掠通判以去。"③关于这次疍民起义的过程,在清人毛奇龄所撰《蛮司合志》中有较详记载。疍民长于水上作战"所制舴艋,或八橹,或十橹,不用榜人,诸疍自操濯,乘风荡波涛中,倏若闪电。一旦有缓急,辄走入水……以视海上官军,一可当百"④。"广中之盗,患在散而不在聚;患在无巢穴者,而不在有巢穴者;有巢穴者之盗少,而无巢穴者之盗多,则疍家其一类也……彼其大艟小艑出没波涛,江海之水道多歧,而罟期之分合不测。又与水陆诸凶渠相为连结,我哨船少则不能蹑其踪迹,水军少亦无以当其锋锐。"⑤

清初疍民起义则与"迁海"有直接关系。顺治、康熙年间,清朝统治者为了切断沿海居民与海上抗清势力的联系,以实现最后消灭南朝残余势力的目的,在闽粤沿海地区厉行"迁海",而广东首当其冲。"粤东濒海,其民多居水乡,十里许辄有万家之村,千家之寨。自唐宋以来,田庐丘墓子孙世守之勿替。鱼盐蜃蛤之利,藉为生命。岁壬寅(康熙元年,1662)二月,忽有迁民之令。满洲科尔坤、介山二大人者亲行边徼,令滨海民悉徙内地五十里,以绝接济台湾之患。于是麾兵折界,期三日尽夷其地,空其人民,弃资携累,仓促奔逃,野处露栖。死亡载道者以数十万计。"⑥迁海断绝了沿海人民,首先是疍民的生计,不能不引起他们强烈的反抗,这种反抗在康熙初年酿成了一场声势浩大的反迁海斗争,疍民是这场斗争的主力,领导者是周玉和李荣。

"周玉、李荣皆番禺疍民,以捕鱼为业,所辖缯船数百,其上可以设楼橹,列

① 道光《肇庆府志》。
② 光绪《石城县志》。
③《明史》卷一二二。
④《蛮司合志》卷15。
⑤《广东新语·人语》。
⑥《广东新语·地语》。

兵械,三帆八棹,冲涛若飞。平藩尚可喜以其能水战,委以游击之任,遇警辄调遣防护,水乡赖以安辑。自康熙壬寅奉有海禁之旨,于是尽掣其船,分泊港汊,迁其孥属于城内。"①"二人旧巢咸在界外,田庐坟墓毁弃之余,心不能平,口有怨谤,平王微知之,特调二人之舟,屯于凤凰岗前,官兵分泊守之。"②康熙二年(1663),玉等"诈称归葬,请于平藩,可喜许之,即日携家出海,纠合亡命,声势大振"③。起义"以请弛海禁为名"④反映了东南沿海地区广大人民群众的共同呼声,取得了各阶层的广泛支持,"濒海乡民,造船助逆"⑤。东莞,"海氛方恶,疍民之梗者半入寇中"⑥。增城、三水、清远、从化"皆山峒绵亘,素为盗薮,李荣既叛,群不逞益煽动,流劫乡村"⑦。义军纪律严明,"癸卯(康熙二年,1663)十一月,连樯集舰直抵州前,尽焚汛哨庐舍,火光烛天,独于民居一无骚扰"⑧。继而乘胜攻破顺德,执县令王胤,"张伪示,称恢粤将军,用永历年号"⑨。与海上抗清势力相呼应。这次疍民起义虽然被镇压下去了,但对清廷的震动很大。为厉行海禁,"甲寅(康熙十三年,1674)春月,续迁番禺、顺德、新会、东莞、香山五县沿海居民"⑩。"时惩于李荣之乱,恐迁民仍通海舶,当道临海勘定界址,先画一界,而以绳直之,其间多有一宅而半弃者,有一室而中断者,潴以深沟,别为内外,稍踰跬步,死即随之。徙各方居民,使空其地。"⑪清还派遣巡海使者至广东,遑遑然以海防为事,竟至五里一墩,十里一台。在这种严峻形势下,周、李余部继续坚持斗争。新安袁瑞"不遵入界,潜于新安官富、汤源为巢"⑫。碣石镇苏利"辄抗迁海之令"⑬。康熙十六年(1677)五月,阳江疍"贼"石贵引海盗李积风、谢昌等踞海陵。九月,石贵毁

---

① (清)钮琇:《觚剩》。
② (清)樊封:《南海百咏续编》。
③ (清)钮琇:《觚剩》。
④ (清)樊封:《南海百咏续编》。
⑤ (清)尹源进:《元功垂范》。
⑥ 雍正《东莞县志》。
⑦ 尹源进:《元功垂范》。
⑧ (清)钮琇:《觚剩》。
⑨ (清)尹源进:《元功垂范》。
⑩ (清)钮琇:《觚剩》。
⑪ 光绪《新宁县志》。
⑫ 光绪《新安县志》。
⑬ (清)尹源进:《元功垂范》。

北泽城。①在他们的影响下,各地"迁民结党为乱"②。清朝后来被迫弛禁,正是疍民和其他沿海广大人民斗争的结果。

清朝对疍民始终怀有戒心,为了防止他们东山再起,厉行保甲制度。新安知县周希耀提出编弶甲以塞盗源:"看得海洋聚劫多出疍家,故欲为海上清盗薮,必先于疍家清盗源……然弶盗之方总不外于总甲,今议十船为一甲,立一甲长,三甲为一保,立一保长。无论口口船稀,零星独钓,有无罟明,大小料船,俱要附搭成甲,编成一保,互结报名,自相关察,按以一犯九坐之条,并绳以朋罟同艎之罪。"③万州"暮埠等八埠,共有渔船七十三只,俱系一橹两桨,编烙字号,递年换照。傍岸采捕,朝出暮归。设立汛兵,协同埠长稽查出入"④。雍正初年削除疍民的贱籍,允许他们上岸居住,力田务农,实质上也是为了加强对疍民的控制。道光《新安县志》写道:"自来疍户无恒居,田无恒产,使之力田务本,一视同仁,亦弶寇之一道也。"可谓一语道破。

六、疍民的开豁为良

雍正初年,出于当时的政治需要,清朝宣布把散处在全国各地、历史遗留下来的各种"贱民"开豁为良,其中有山西、陕西的乐户,浙江绍兴的惰民,江南徽州的伴当和宁国府的世仆,江苏常熟和昭文二县的丐户,以及广东的疍户。雍正七年(1729)五月上谕专门讲了疍户的问题:"闻粤东地方,四民之外,别有一种名曰疍户,即猺蛮之类。以船为家,以捕鱼为业,通省河道俱有疍船,生齿繁多,不可计数。粤民视疍民为卑贱之流,不容上岸居住,疍户亦不敢与平民抗衡,畏威隐忍,局蹐舟中,终身不获安民之乐。深可怜悯。疍户本属良民,无可轻贱摈弃之处,且彼输纳鱼课,与齐民一体,安得因地方积习强为区别,而使之飘荡靡宁乎!著该督抚等转饬有司,通行晓谕,凡无力之疍户,听其在船自便,不必强令登岸;如有力能建造房屋及搭棚栖身者,准其在近水村庄居住,与齐民一同编列甲户,以便稽查。势豪土棍,不得借端欺凌驱逐。并令有司劝谕疍

---

① 道光《肇庆府志》卷二二。原文为"九月,石贵毁北津城",文中作"北泽城",可能为笔误或印刷错误。

② 乾隆《香山县志》。

③ 康熙《新安县志》。

④ 道光《万州志》。

民,开垦荒地,播种力田,共为务本之人,以副朕一视同仁之至意。"①在这篇上谕里,雍正承认疍户被抑为"贱民"为不合理,并以疍户交纳鱼课为基本事实,提出应把他们当作平民看待,从而为疍民开辟了自新之路。雍正采取这项政策,一方面是由于疍民的长期斗争,迫使封建统治阶级不得不改变原有的统治方法,来缓和疍民的对抗情绪,以稳定和加强封建统治秩序;另一方而,也反映了经济的发展冲击了政治的禁锢,疍户等被解除贱籍的成分,说明在当时的社会生产关系中已经没有容纳他们的余地。

贱民除籍令颁布以后,少数疍民改业从良,摆脱了屈辱的地位,多数人却依然故我。这是因为:

第一,对于绝大多数疍民来说,除了捕鱼、操舟之外,别无谋生之路。"粤东耕三渔一,以船为家,不与齐民齿。""迨邀恩旨下逮,而后不至飘泊无依。然久居舟楫,行止自便,即移登村岸,亦往往聚其党属,结茅于荒畦僻港,维楫庐侧,名之曰墩,缘生计在斯,舍舟无业可托。"②

第二,清朝对贱民从良的有关制度十分苛刻。如规定出籍民的应试资格,要从"报官改业之人为始,下逮四世,本族亲友皆系清白,方准报捐应试。若仅一二世及亲伯叔姑姊尚习猬业者,一概不许滥厕士类"③。乾隆三十六年(1771),礼部会同户部议准陕西学政刘墫奏:"山、陕等省乐户、丐户,请定禁例案内酌议削籍之乐户、丐户原系改业为良,报官存案,如果被濯旧污阅时久远,为里党所共知者,自不便阻其向上之路,应请以报官改业之人为始下逮四世,本族亲友皆系清白自守,方准报捐应试,该管州县取具亲党邻里甘结,听其自便,不许无赖之徒籍端攻讦。若系本身脱籍,或系一二世亲伯姑叔姊尚习猬业者,一概不许滥厕士类,侥幸出身。至广东之疍户,浙江之九姓渔户,及各省凡有似此者,悉令地方照此办理。但此辅经改业之户,惟不许应试,至于耕读工商己为良,应悉从其便。"④这项规定无异剥夺了疍民应试出仕的机会,也在疍民和齐民之间留下了一条不可逾越的鸿沟。疍民仍旧低人一等。如在苍梧,"其民不敢与齐民齿,然往往有致富饶而贿同姓土著冒充民籍者,不知煌煌上

①《清世宗实录》卷八一。
②咸丰《顺德县志》。
③《清高宗实录》卷八八六。
④《清通考》卷一九。

谕原准疍民登岸著籍为民,正不必为此掩耳盗铃之事也"①。"广州诸疍亦渐知书,有居陆成村者……然良家不与通姻"②。个别地方"有略与下户相通者"③。容县有邓七姑者,顺里自良人,"其父邓朝升操舟为业,女年十二许字藤县思罗红榜人之子曾某,曾浮家泛宅一去无踪。父母欲别择配,七姑不从……未几父母即世,七姑矢志不嫁……或谓其出身甚微,操业下贱,不得与幽闺淑德争辉彤管。然出淤泥而不染,固莲之所以为莲也,乌得以疍户外之哉。"④传统观念之根深蒂固,于此可见一斑。

这种状况一直延续到清末。《光绪政要》载光绪三十年(1904)十月商部奏请立案削除丐籍疏,略称:"雍正元年,特除浙省惰民丐籍,俾得改业自新,而习俗相沿,厥界未化,非第报捐应试,万无可望,即耕读工商亦且动遭箝制。"这种遭遇不是个别的,厥民的处境又何尝不是如此。同年,"有范某曾条陈当道,举办疍籍捐,每人捐钱若干,即准予编入民籍,想因误会疍民不能应试之例,且时被居民鱼肉,故阳借保护之名,阴行苛抽之实。不知其所以不能应试,系因未有户籍,不差流品,此事具载《学政全书》"⑤。无论如何,雍正宣布削除疍民的贱籍,在法律上承认他们与一般平民具有同等的地位,这对于促进社会生产力的发展是有积极意义的,为有清一代善政,从一个侧面反映出阶级关系的变化。

附:关于疍民人口分布,由于资料缺乏,现仅将明清方志中一些零星记载列表如下:

地区	年代	户数	口数	地区	年代	户数	口数
琼山	正德七年	183			天顺六年	291	
临高	正德七年	221		徐闻	成化十八年	80	
文昌	正德七年	230			万历四十一年	188	
会同	正德七年	88		兴宁	正德	38	
儋州	正德七年	333		苍梧	嘉庆	298	
昌化	正德七年	12		容县	万历	300	

---

① 光绪《四会县志》。
② 道光《南海县志》。
③ 嘉靖《广东通志》。
④ 光绪《容县志》。
⑤ 《东方杂志》1卷8期时评,《广东省河疍户提议兴学》。

续表

地区	年代	户数	口数	地区	年代	户数	口数
万州	正德七年	77		澄迈	正德七年	152	
崖州	正德七年	349			嘉靖元年	152	
感恩	正德七年	56			万历三十年	152	
陵水	正德七年	100			顺治十年	158	
海康	天顺六年	291		乐会	正德七年	112	
	万历四十一年	188			嘉靖元年	114	
潮阳	洪武二十四年	41			嘉靖二十一年	106	
	嘉靖四十五年	15			嘉靖三十一年	106	
南海	嘉庆十九年	2137			万历十一年	110	疍丁146
	道光十年	1166		会来	万历三十一年	1	
高要	洪武十四年	800		饶平	成化十一年	1	
	成化	180			嘉靖五年	1	
钦州	嘉靖十一年	11	104		嘉靖四十二年	3	
灵山	嘉靖十一年	5	15				

本文原刊载于《史学集刊》1990年第1期。

作者简介:

傅贵九(1931—2019),北京人。1955年南开大学历史系毕业并留校任教。主要从事明清史和中国近代史研究,在《历史研究》《文史》《史学史研究》《学术月刊》等期刊发表学术论文数十篇。

《清史稿·仁宗本纪》正误

李宪庆

　　《清史稿·仁宗本纪》一卷，为民国初年清史馆纂修吴廷燮等所撰，继由该馆协修奭良、总纂兼代馆长柯劭忞删削定稿，所据史料，多依《实录》。因为成书仓卒，删削失当，重要史实时见遗漏、干支颠倒、舛误亦所在多有。1961年、1976年，相继有台湾张其昀改修本《清史》及中华书局本《清史稿》行世，亦仍踵讹袭谬，于原书错误无所匡正。今以中华书局本《清史稿·仁宗本纪》为工作底本，对照《清仁宗实录》和《清史稿》关外一次本及台湾本《清史》互勘，成《清史稿·仁宗本纪〉正误》一文，以就正于清史学界各位前辈和当今专家。

《清史稿》卷十六，本纪十六
《仁宗本纪》

　　　嘉庆元年丙辰春正月戊辰朔，举行内禅，上侍高宗遍礼于堂子、奉先殿、寿皇殿。（第567页）

　　按：核之实录，举行内禅，上侍高宗遍礼于堂子、奉先殿、寿皇殿在元年丙辰春正月戊申朔而非戊辰朔，中华书局本、关外一次本误。

　　　嘉庆元年三月癸酉，恒瑞奏收复湖北竹山。壬申，留保住免，以乌尔图纳逊为理藩院尚书，富锐为绥远城将军，永庆为蒙古都统。（第568页）

　　按：核之实录，癸酉（为本月二十七日），壬申（为本月二十六日），三书本纪于此时序颠倒，误。

　　　嘉庆元年五月乙丑，以富纲为漕运总督。（第568页）

　　按：核之实录，以富纲为漕运总督在丙寅而非乙丑，三书本纪误。

嘉庆元年八月壬寅,和琳卒于军,命明亮、鄂辉接统军务。(第569页)

按:核之实录,和琳卒于军,命明亮、鄂辉接统军务在九月癸丑而非八月壬寅,三书本纪误。

嘉庆元年十一月庚戌……予湖北死事巡检王翼孙、训导甘杜、典史浦宝光世职。(第569页)

按:核之实录,予湖北死事巡检王翼孙世职在十月丙戌,三书本纪漏载。又,予训导甘杜世职在辛亥,三书本纪漏载。予典史浦宝光世职在癸丑,三书本纪亦漏载。

嘉庆二年三月戊申……庆桂为满洲都统,德楞泰为汉军都统。巴克坦布、庆成奏,由应山追贼入豫,查明贼首李全、王廷诏、姚之富均在其内。谕令擒捕。(第570页)

按:核之实录,庆桂为满洲都统,德楞泰为汉军都统。巴克坦布、庆成奏,由应山追贼入豫,查明贼首李全、王廷诏、姚之富均在其内,谕令擒捕在乙丑,三书本纪漏载。

嘉庆二年闰六月丙午……改南笼府为兴义府。勒保续报解黄草坝围,滇、黔路通。(第571页)

按:核之实录,改南笼府为兴义府。勒保续报解黄草坝围,滇、黔路通在戊申,三书本纪漏载。

嘉庆二年秋七月己巳,永定河决。(第571页)

按:核之实录,永定河决在甲戌而非己巳,三书本纪误。

　　嘉庆二年冬十月戊戌,明亮,德楞泰请广修民堡,以削贼势。诏斥其迁缓。(第571页)

按:核之实录,明亮、德楞泰请广修民堡,以削贼势。诏斥其迁缓在己亥而非戊戌,三书本纪误。

　　嘉庆三年戊午春正月乙丑,额勒登保奏获贼首覃加耀。上责其迟延,夺额勒登保爵职。(第527页)

按:核之实录,额勒登保奏获贼首覃加耀。上责其迟延,夺额勒登保爵职在己丑而非乙丑,三书本纪误。

　　嘉庆三年二月丁未……以鄂奇泰为黑龙江将军,庆霖为江宁将军。(第572页)

按:核之实录,那奇泰,三书本纪作鄂奇泰,误。又,以那奇泰为黑龙江将军,庆霖为江宁将军在丁酉,三书本纪漏载。

　　嘉庆三年三月丁丑……予明亮付都统衔。(第572页)

按:核之实录,予明亮付都统衔在癸未,三书本纪漏载。

　　嘉庆三年秋七月庚午,富楞泰卒。以德勒格楞贵为宁夏将军。以雨停秋狝。(第573页)

按:核之实录,关外一次本、台本于德勒格楞贵的"德"字下漏一"勒"字,误。又,以雨停秋狝在甲申,三书本纪漏载。

　　嘉庆四年己未春正月壬戌,太上皇帝崩,上始亲政。……己卯,特诏申明军纪。命勒保为经略,明亮、额勒登保为参赞,并查询刘清居官,具实保奏。吴省钦免,以刘权之为左都御史。以保宁为大学士,仍管伊犁将

军,庆桂协办大学士、书麟为吏部尚书,松筠为户部尚书。(第573页)

按:核之实录,嘉庆四年为己未年,关外一次本、台本于"四年"后漏"己未"二字,误。又,特诏申明军纪。命勒保为经略,明亮、额勒登保为参赞,并查询刘清居官,具实保奏在己卯(为本月二十日)。以保宁为大学士,仍管伊犁将军,庆桂协办大学士、书麟为吏部尚书,松筠为户部尚书在戊辰(为本月九日),三书本纪不但遗漏干支而且时序颠倒。

嘉庆四年二月己丑……布彦达赉为户部尚书。(第574页)

按:核之实录,布彦达赉为户部尚书在庚寅,三书本纪漏载。

嘉庆四年三月己未朔……以庆桂为大学士,成德为刑部尚书,付森为左都御史。庚申,户部尚书沈初卒,以范建中为户部尚书。……癸未……甘肃布政使广厚奏剿毙贼目张世龙。(第574页)

按:核之实录,以庆桂为大学士,成德为刑部尚书,付森为左都御史在庚申。又,甘肃布政使广厚奏剿毙贼目张世龙在乙酉。以上三书本纪均误载和漏载。

嘉庆四年夏四月辛酉,诏遵奉皇考敕旨,于庚申、辛酉举乡会恩科。(第575页)

按:核之实录,诏遵奉皇考敕旨,于庚申、辛酉举乡会恩科在辛丑而非辛酉,三书本纪误。

嘉庆四年六月辛卯,吴熊光、吴璇清加征河工秸料运费银。

按:核之实录,吴璇,中华书局本作吴瑛,关外一次本、台本作吴碘,皆误。

嘉庆四年秋七月辛酉,调山西兵二千赴湖北,盛京兵二千,额勒亨额

统之,赴四川剿贼。(第576页)

按:核之实录,调盛京兵二千,额勒亨额统之,赴四川剿贼在壬戌,三书本纪漏载。又,调盛京兵二千,关外一次本、台本作调盛京兵三千,误。

嘉庆四年十一月戊寅,兴肇、庆成以带兵不力遣戍。赏额勒登保银一万两,德楞泰银五千两。(第577页)

按:核之实录,台本、关外一次本于额勒登保作额勒登额,误。

嘉庆五年庚申春正月庚申,上还京。命额勒登保剿办陕西教匪,德楞泰、魁伦剿办四川教匪。……壬戌……以张若淳为兵部尚书。

按:核之实录,上还京在庚申(为本月七日)。命额勒登保剿办陕西教匪,德楞泰、魁伦剿办四川教匪在戊午(为本月五日)。又,以张若淳为兵部尚书在甲子。以上三书本纪不但干支漏载,而且时序颠倒。

嘉庆五年闰四月丙午,上步祷祈雨。(第579页)

按:核之实录,上步祷祈雨在戊午而非丙午,三书本纪误。

嘉庆五年五月壬戌朔,夏至,祀地于方泽,奉高宗纯皇帝配享……丙午……那彦成降为翰林院侍讲。(第579页)

按:核之实录,夏至,祀地于方泽,奉高宗纯皇帝配享在壬午朔而非壬戌,三书本纪误。又,那彦成降为翰林院侍讲在丁未,三书本纪漏载。

嘉庆五年秋七月辛卯……马慧裕奏获传教首犯刘之协,解京诛之。丙申,礼部尚书德明卒,以达椿为礼部尚书。(第579页)

按:核之实录,马慧裕奏获传教首犯刘之协,解京诛之在庚寅,三书本纪漏载。又,以达椿为礼部尚书在丁酉,三书本亦纪漏载。

嘉庆六年二月壬申,上还京。改湖广提督为湖南提督,驻襄阳。改襄阳镇总兵为郧阳镇总兵。(第580页)

按:核之实录,上还京在壬申(为本月二十六日)。改湖广提督为湖南提督。置湖北提督,驻襄阳,改襄阳镇总兵为郧阳镇总兵在庚午(为本月二十四日),三书本纪不但漏载干支,而且时序颠倒。

嘉庆六年三月庚辰……恤阵亡总兵李绍祖等世职。丁酉,赐贤良后裔大学士李光地四世孙维翰举人……己亥,诏:"朕将谒陵,春苗畅发……勿许践踏禾苗。"(第580页)

按:核之实录,恤阵亡总兵李绍祖等世职在庚子(为本月二十四日)。赐贤良后裔大学士李光地四世孙维翰举人在四月戊午(为四月十二日)。己亥(为本月二十三日)。三书本纪不但干支舛误、漏载,而且时序颠倒。

嘉庆六年五月丙戌……奉天府承视学政,三年更任。(第581页)

按:核之实录,奉天府承视学政,三年更任在辛卯,三书本纪漏载。

嘉庆六年六月壬子……以水灾停本年秋狝。姜晟免,发永定效力。起陈大文署直隶总督。(第581页)

按:核之实录,以水灾停本年秋狝在癸丑,三书本纪漏载。又,姜晟免,发永定河效力在甲寅,三书本纪漏载。另,起陈大文署直隶总督在乙卯,三书本纪亦失载。

嘉庆六年冬十月癸丑……德楞泰奏毙贼首龙绍周。(第582页)

按:核之实录,德楞泰奏毙贼首龙绍周在丁巳,三书本纪漏载。

嘉庆六年十二月壬申,额勒登保奏剿办通江贼匪,毙匪目苟朝献。辛未,祫祭太庙。(第583页)

按:核之实录,壬申(为本月三十日),辛未(为本月二十九日),三书本纪于此时序前后颠倒,误。

嘉庆七年壬戌春正月甲午……吴熊光奏获匪首张允寿子得贵,扑灭兰号贼股。明安以贪黩褫职,遣戍伊犁。以禄康为步军统领,解刑部尚书。额勒登保以疏防苟文明窜渡汉江,降男爵。(第583页)

按:核之实录,三书本纪于扑灭青号贼股,作兰号,误。又,明安以贪黩褫职,遣戍伊犁在乙未,三书本纪均失载。再,以禄康为步军统领,解刑部尚书在丙申,三书本纪漏载。另,额勒登保以疏防苟文明窜渡汉江,降男爵在己亥,三书本纪亦漏载。

嘉庆七年秋七月甲午……张若溽卒,以熊枚为刑部尚书。转汪承霈为左都御史,戴衢亨为兵部尚书。(第584页)

按:核之实录,张若溽卒,以熊枚为刑部尚书。转汪承霈为左都御史,戴衢亨为兵部尚书在戊戌,三书本纪漏载。

嘉庆七年八月己亥朔……以朱珪协办大学士。癸卯……以刘清为四川按察使。乙卯,上行围,越南农耐,阮福映率属内附,缴前藩敕印,诏许其入贡。(第584页)

按:核之实录,以朱珪协办大学士在庚子,三书本纪漏载。又,以刘清为四川按察使在己酉,三书本纪漏载。另,上行围在乙卯(为本月十七日),越南农耐、阮福映率属内附,缴前藩敕印在甲辰(为本月六日),三书本纪不但干支漏载,而且时序颠倒。

嘉庆七年冬十月壬子……勒保奏获兰号贼首汤思蛟。（第585页）

按：核之实录，勒保奏获兰号贼首汤思蛟在乙卯，三书本纪漏载。

嘉庆七年十二月戊戌朔，安徽宿州盗匪作乱，费淳等讨平之。（第585页）

按：核之实录，安徽宿州盗匪作乱，费淳等讨平之在壬子而非戊戌朔，误。

嘉庆八年三月甲辰……恤湖北阵亡总兵王懋赏等世职。（第586页）

按：核之实录，恤湖北阵亡总兵王懋赏等世职在癸丑，三书本纪漏载。

嘉庆八年秋七月壬申，上巡幸木兰。（第587页）

按：核之实录，上巡幸木兰在壬子而非壬申，误。

嘉庆九年六月壬戌，玉德等奏海盗蔡牵扰及鹿耳门，突入汕木寨。乙亥……恤捕海盗阵亡总兵胡振声，赠提督，予世职，录用其子。（第588页）

按：核之实录，玉德等奏海盗蔡牵扰及鹿耳门，突入汕木寨在甲子而非壬戌，误。又，恤捕海盗阵亡总兵胡振声，赠提督，予世职，录用其子在甲申，三书本纪均漏载。

嘉庆九年秋七月丙午，上巡幸木兰。庚子，初彭龄以诬参吴熊光褫职。

按：核之实录，秋七月丙午（二十日），上巡幸木兰。庚子（十四日），初彭龄以诬参吴熊光褫职。三书本纪于此时序前后颠倒，误。

嘉庆十年二月己巳……调刘权之礼部尚书、协办大学士。（第589页）

按:核之实录,调刘权之礼部尚书、协办大学士在辛未而非己巳,误。

嘉庆十年夏四月辛巳,御史蔡维钰疏请查禁西洋人刻书传教。得旨:一体查禁。(第589页)

按:核之实录,御史蔡维钰疏请查禁西洋人刻书传教。得旨:一体查禁在辛未而非辛巳,误。

嘉庆十年秋七月壬辰,上诣盛京谒陵启銮。(第590页)

按:核之实录,上诣盛京谒陵启銮在戊辰而非壬辰,三书本纪皆误。

嘉庆十一年丙寅春正月壬子,海盗蔡牵陷凤山县,命玉德剿办,调广州将军赛冲阿驰往督办。(第591页)

按:核之实录,关外一次本、台本于蔡牵皆作"蔡掌",误。

嘉庆十一年二月甲辰,上幸南苑行围。(第591页)

按:核之实录,上幸南苑行围在乙巳而非甲辰,三书本纪皆误。

嘉庆十一年冬十月癸巳……大学士保宁乞休,优诏致仕,予食公俸。(第592页)

按:核之实录,大学士保宁乞休,优诏致仕,予食公俸在丁酉,三书本纪漏载。

嘉庆十二年二月戊子,积拉堪罢,削爵。壬辰,上谒东陵。(第593页)

按:核之实录,中华书局本于"削爵"后漏载"以永悳为荆州将军"八个字,误。又,关外一次本、台本于"以"字下漏一"永"字,亦误。

嘉庆十二年三月壬辰,上幸南苑行围。辛亥,谒西陵。……辛巳,上祈雨。(第593页)

按:核之实录,关外一次本、台本于"年"字下漏"三月"二字,误。又,上幸南苑行围在甲辰而非壬辰,三书本纪误。另,中华书局本于"辛亥"字下漏一"上"字,误。再,上祈雨在辛酉而非辛巳,三书本纪亦误。

嘉庆十二年五月己丑,雨。(第593页)

按:核之实录,雨在庚戌而非己丑,三书本纪皆误。

嘉庆十二年九月丙午……暹罗私招商人贸易,降敕训止之。(593页)

按:核之实录,暹罗私招商人贸易,降敕训止之在丁未,三书本纪漏载。

嘉庆十三年三月庚子,上谒东陵。壬午,上巡阅天津长堤。(第594页)

按:核之实录,上谒东陵在辛丑而非庚子,三书本纪皆误。又,三书本纪于戊午上辛天津诣海神庙、风神庙拈香,皆作壬午上巡阅天津长堤,误。

嘉庆十四年己巳春正月壬申……缘以降黜者多人,长龄戍伊犁。(第595页)

按:核之实录,缘以降黜者多人,长龄戍伊犁在丙子,三书本纪皆漏记。

嘉庆十四年夏四月甲寅……吴熊光戍伊犁,百龄劾之也。孙玉庭罢。(第596页)

按:核之实录,吴熊光戍伊犁,百龄劾之也,孙玉庭罢在戊午,三书本纪皆漏载。

嘉庆十四年冬十月癸巳,上万寿节,御太和殿受贺,赐宴。(第597页)

按:台本、关外一次本,于"月"字后衍"戊子朔"三个字,误。

嘉庆十四年十一月壬辰,以松筠为两江总督,那彦成为陕甘总督。(第597页)

按:核之实录,以松筠为两江总督,那彦成为陕甘总督在十二月壬辰而非十一月壬辰,三书本纪误。

嘉庆十四年十二月戊戌,以失察工部书吏冒领户部、内务府官银,禄康、费淳以次降黜。(第597页)

按:核之实录,禄康降黜在辛丑,三书本纪漏载。费淳降黜在乙巳,三书本纪亦漏载。

嘉庆十五年庚午春正月丙子,以刘权之为协办大学士。(第597页)

按:关外一次本、台本于"年"字下漏掉"庚午春正月"五字,误。

嘉庆十五年二月丙子,诏以鸦片烟栽生,通饬督抚断其来源。(第598页)

按:核之实录,诏以鸦片烟栽生,通饬督抚断其来源在三月丙辰而非二月丙子,三书本纪皆误。

嘉庆十五年九月己未,以汪志伊为闽浙总督,马慧裕为湖广总督,恭阿拉为工部尚书。……乙亥,增南河秸科价银。(第598页)

按:核之实录,以汪志伊为闽浙总督,马慧裕为湖广总督,恭阿拉为工部尚书在壬戌而非己未,三书本纪皆误。又,台本,于增南河秸料价银作增河南秸料价银,误。

> 嘉庆十六年三月壬午,谒陵礼成,西巡五台山。(第599页)

按:核之实录,谒陵礼成,西巡五台山在庚午而非壬午,三书本纪皆误。

> 嘉庆十六年闰三月戊戌……遣官祭明臣杨继盛祠。(第600页)

按:核之实录,遣官祭明臣杨继盛祠在庚子,三书本纪漏载。

> 嘉庆十六年夏四月壬申……以福庆为汉军都统,崇禄为蒙古都统。(第600页)

按:核之实录,以福庆为汉军都统,崇禄为蒙古都统在癸酉,三书本纪均漏载。

> 嘉庆十六年六月壬午,明亮覆奏不实,降副都统。以松筠为协办大学士。(第600页)

按:核之实录,明亮覆奏不实,降副都统在壬子而非壬午,三书本纪皆误。又,以松筠为协办大学士在丙辰,三书本纪均漏载。

> 嘉庆十六年秋七月癸丑,江南李家楼河决。(第600页)

按:核之实录,江南李家楼河决在癸卯而非癸丑,三书本纪皆误。

> 嘉庆十六年,是岁,……除甘肃逋赋,又除喀什噶尔回庄田赋。(第601页)

按:关外一次本、台本于"什噶"衍"什噶"两字,误。

嘉庆十七年三月壬辰,上御晾鹰台,大阅八旗官兵。(第601页)

按:核之实录,关外一次本、台本于上御晾鹰台作上御晒鹰台,误。又,中华书局本于晾鹰台作晾鹰营亦误。

嘉庆十七年夏四月癸亥,护军统领扎克塔尔卒,予银三百两。(第601页)

按:核之实录,三书本纪于护军统领扎克塔尔卒,赏银二百两治丧,作予银三百两,误。

嘉庆十七年六月乙巳,移闲散宗室于盛京居住,筑室给田给银。(第601页)

按:核之实录,移闲散宗室于盛京居住,筑室给田给银在己巳而非乙巳,三书本纪皆误。

嘉庆十八年六月乙卯,赐进书生员鲍廷博举人。(第602页)

按:核之实录,赐进书生员鲍廷博举人在庚申而非乙卯,三书本纪皆误。

嘉庆十八年冬十月癸卯……侍卫苏尔慎复定陶、曹县。御史张鹏展疏陈,百姓不敢出首邪匪,由于地方官规避处分,不为受理,或反坐诬。(第604页)

按:核之实录,侍卫苏尔慎复定陶、曹县在乙巳,三书本纪均漏载。又,御史张鹏展疏陈,百姓不敢出首邪匪,由于地方官规避处分,不为受理,或反坐诬在丙午,三书本纪亦漏载。

嘉庆十八年十二月丙申,命松筠、长龄筹议新疆经费。(第604页)

按：核之实录，命松筠、长龄筹议新疆经费在戊戌而非丙申，三书本纪误。

嘉庆十九年二月甲午……壬寅，成都将军赛冲阿以剿陕西贼匪苗小一等，予三等男，长龄轻车都尉，杨遇春晋一等男。……丙辰……以戴均元为左都御史。（第605页）

按：核之实录，三书本纪于成都将军赛冲阿以剿陕西贼匪苗小一等，予二等男，作三等男，误。又，长龄轻车都尉，杨遇春晋一等男在辛亥，三书本纪漏载。另，以戴均元为左都御史在丁巳，三书本纪亦漏载。

嘉庆十九年四月乙亥……豫亲王裕丰失察属人祝现入教，谋逆已发觉，不入奏，削爵。以其弟裕兴袭封。以兴肇为汉军都统。（第605页）

按：核之实录，豫亲王裕丰失察属人祝现入教，谋逆已发觉，不入奏，削爵在三月丁未，三书本纪皆误载。又，以其弟裕兴袭封。以兴肇为汉军都统在己卯，三书本纪漏载。

嘉庆十九年五月癸亥，以和宁为热河都统。（第605页）

按：核之实录，以和宁为热河都统在癸巳而非癸亥，三书本纪误。

嘉庆十九年六月庚辰，以刘镮之为户部尚书，初彭龄为兵部尚书。（第605页）

按：核之实录，以刘镮之为户部尚书，初彭龄为兵部尚书在辛巳而非庚辰，三书本纪误。

嘉庆十九年十一月癸丑，命开垦伊犁、吉林荒地。（第606页）

按：核之实录，命开垦伊犁荒地在己酉，开垦吉林荒地在癸丑，三书本纪不但干支漏载,而且时序颠倒。

嘉庆二十年三月戊申,上还京。甲午,初彭龄以参劾百龄不实,又代芧豫乞病,降官。旋经百龄查覆参奏,夺职。(第606页)

按:核之实录,甲午(为本月八日),戊申(为本月二十四日),三书本纪于此不但干支舛误,而且时序颠倒。

嘉庆二十年八月戊辰……百龄以捕获编造逆词首犯方荣升功,晋三等男。(第607页)

按:核之实录,百龄以捕获编造逆词首犯方荣升功,晋三等男在庚辰,三书本纪漏载。

嘉庆二十年冬十月癸亥,命侍郎那彦宝往勘山西地震灾。(第607页)

按:核之实录,命侍郎那彦宝往勘山西地震灾在甲子而非癸亥,三书本纪误。

嘉庆二十年十一月丁亥,礼亲王昭梿以刑比佃丁欠租,削爵圈禁,以麟趾袭。(第607页)

按:核之实录,礼亲王昭梿以刑比佃丁欠租在丙午而非丁亥,三书本纪误。又,削爵圈禁,以麟趾袭在十二月丁巳,三书本纪漏载。

嘉庆二十一年丙子春正月丙戌,特诏诸亲王、郡王勿令内监代为奏事,致开交结之端。(第608页)

按:核之实录,特诏诸亲王、郡王勿令内监代为奏事,致开交结之端在丁亥而非丙戌,三书本纪误。

嘉庆二十一年冬十月戊子……命章煦为军机大臣。(第608页)

按:核之实录,命章煦为军机大臣在己亥,三书本纪漏载。

嘉庆二十二年丁丑春正月壬申,上御经筵。(第609页)

按:核之实录,关外一次本、台本于嘉庆二十二年丁丑春正月,作二十二年己卯春正月,误。

嘉庆二十二年三月辛未……以戴均元协办大学士……(第609页)

按:台本于"戴均元"字下衍一"为"字,误。

嘉庆二十二年五月辛酉,上祈雨。壬戌,雨。以玉麟为驻藏大臣。(第609页)

按:核之实录,以玉麟为驻藏大臣在辛酉,三书本纪记载此两事干支误。

嘉庆二十二年秋七月庚申……以苏楞额为工部尚书,和世泰为理藩院尚书。(第610页)

按:核之实录,以苏楞额为工部尚书在丙辰,三书本纪漏载。又,和世泰为理藩院尚书在己巳,三书本纪亦失载。

嘉庆二十三年二月庚午……大学士董诰致仕,命食全俸。(第610页)

按:核之实录,大学士董诰致仕,命食全俸在乙亥,三书本纪漏载。

嘉庆二十三年五月戊戌……副总裁侍郎秀宁降为侍卫,前往新疆换班。(第612页)

按:核之实录,关外一次、台本于"侍卫"下漏"前往"二字,误。

嘉庆二十三年六月壬申,武陟沁河溢,旋报合龙。(第612页)

按:核之实录,武陟沁河溢,旋报合龙在戊子而非壬申,三书本纪误。

嘉庆二十三年八月戊子,颁行《皇朝通礼》。壬午,上祭北镇。(第612页)

按:核之实录,戊子(为本月二十日),壬午(为本月十六日),三书本纪于此不但干支舛误,而且时序颠倒。

嘉庆二十三年十一月戊申,以奕灏为蒙古都统。(第612页)

按:核之实录,以奕灏为蒙古都统在庚子而非戊申,三书本纪误。又,三书本纪于奕颢作奕灏,误。

嘉庆二十三年十二月戊子……以松筠为礼部尚书。以刘镮之为左都御史。(第613页)

按:核之实录,以松筠为礼部尚书,以刘镮之为左都御史在辛卯,三书本纪漏载。

嘉庆二十四年夏四月己巳,上祈雨。(第614页)

按:核之实录,上祈雨在己丑而非己巳,三书本纪误。

嘉庆二十四年六月癸卯,调松筠为工部尚书。(第614页)

按:核之实录,三书本纪于调松筠为兵部尚书,作工部尚书,误。

嘉庆二十四年秋七月庚申,上巡幸木兰。(第614页)

按：核之实录，上巡幸木兰在庚辰而非庚申，三书本纪误。

嘉庆二十四年八月辛卯……予告大学士、威勤伯勒保卒，赠一等侯。（第614页）

按：核之实录，予告大学士、威勤伯勒保卒，赠一等侯在癸卯，三书本纪漏载。

嘉庆二十四年冬十月乙未……侍郎周系英因参劾湖南客民焚杀，兼致私书，革职，并斥革其子举人。（第614页）

按：核之实录，侍郎周系英因参劾湖南客民焚杀，兼致私书，革职，并斥革其子举人在庚戌，三书本纪漏载。

嘉庆二十四年十一月乙巳，晋封明亮三等侯。（第614页）

按：核之实录，晋封明亮三等侯在己巳而非乙巳，三书本纪误。

嘉庆二十五年六月癸卯……松筠黜为骁骑校。（第614页）

按：核之实录，松筠黜为骁骑校在丁未，三书本纪漏载。

本文原刊载于《南开史学》1991年第1期。
作者简介：
李宪庆（1936—2021），1966年南开大学历史系毕业并留校任教，后任南开大学人事处处长。主要从事明清史研究，发表学术论文多篇。

明代民间宗教反叛性质探讨

王　静

关于明代民间宗教反政府活动的性质,尽管其基本群众是以下层社会为主体,尽管其反叛,也确实不同程度地动摇了现存统治,然笔者认为,不能据此把它们笼统地归入农民起义的范畴,至少明代的情形表明其性质是复杂而非单一的,应给予多层次的剖析。

一、明代民间宗教反叛活动政治趋向的主要导引者是宗教领袖,基本群众的阶级从属对其性质并无决定性影响

首先,明代民间宗教中,救世主信仰的"人格化"特征,导致教主和下层教徒地位悬殊,其隶属关系表现为信仰与被信仰,乃至人对神的崇拜关系。由于并不体系化的宗教理论,宗教领袖们往往随心所欲地选择或创设一个救世主的偶像,并且自称其为化身或转世,所谓"有一教名,便有一教主"[1]。当时除了附会最多的弥勒佛外,还有儒、释、道中的诸多形象。如"无生老母"[2]"转轮王"[3]"紫微星"[4]"七佛祖师"[5]"西天白马佛"[6]"白毛祖师""金盆李家后裔""唐宗宋祖后裔",等等。

宗教的根本依据在于出世。因此对超自然力量与其化身的崇拜,是所有宗教流派共有的特征。但一般宗教的救世主多是不可企及的天国形象,教主们最多只是作为上帝的代理人,在尘世行使"拯救"人类的职能而已,但明代民间宗教的救世主,却多为天国神祇下凡或转世人间,宗教领袖成为人神统一的

---

① 《明神宗实录》万历四十三年六月庚子条。

② (清)黄育楩:《破邪详辩》卷四。

③ 《明宣宗实录》宣德五年正月戊申条:山东文发县"妖僧"明平、法钟,"诈称转轮王出世"。

④ 《明英宗正统实录》正统八年十一月辛未条:湖广均州张端已反叛中"谓宁山亡卒张清乃紫微星降生……"又据《明英宗天顺实录》天顺元年四月戊午条,陕西王斌亦称"紫微星下世……"

⑤ 真定张普祥自称"七佛祖师"。

⑥ 《明宪宗实录》成化四年十月戊申条。

具体的信仰偶像。史料中教徒"事之以为神佛"①"宁骈首以死,而不敢违其教主之令"②的类似记载比比皆是。教徒们与其说是信教,毋宁说是信奉这些宗教领袖。

其次,由于并无体系化的教义,因此几乎所有的信条都是由被神化了的宗教领袖在附会一些传统的民间信仰以及某些广为流传的儒、释、道经义之后,为我所用地创造出来的。作为创教兼布教者,还武断了宗教解释权。于是教主个人的政治意图借教义传达,教徒们则只有笃信不疑、为之献身的义务,这种人对神的崇拜与神对人的支配关系的形成,使宗教领袖必然成为教派反叛政治倾向的决定者。

宗教领袖的政治、经济背景又是极为复杂的,据《明实录》及明代有关方志、野史、笔记与文集等材料记载,身份明确的宗教领袖有一百余人,其中既有士大夫官吏、少数民族上层、工商业者和军官,也有士兵和贫民,当然也有宗教世家、其他迷信职业者和世俗人员。现将这些人的阶级分布列表如下(表1):

表1 宗教领袖阶级分布③

朝代	僧道	民间宗教世家	其他迷信职业者	军官	士大夫及官吏	少数民族上层	工商业者	士兵	贫民	其他
洪武	1							1		1
永乐	2		1						2	1
宣德	2		1					2	1	
正统								2	1	
景泰	8		1					1		2
天顺	1							1	2	1
成化	4	1	2				1	2		7
弘治	2	1						1		
正德	3	1		5	1	1		1	1	3
嘉靖	7	1	1	1		2	1	2		3
万历	6	2	2	1	4			2		
天启	4	1			1	1	1		1	
崇祯										
合计百分比										

①《古今图书集成》第七七六册转载"吴中故语"。
②《明神宗实录》万历四十六年六月庚子条。
③ 本表主要史料依据为《明实录》,及有关方志、野史、笔记、文集等。
本表包括尚不明情况的"妖言"起事领导者之身份。

宗教领袖经济利益和社会地位的差异必然表现为不同的利益要求,并使各类民间宗教反叛活动显示不同的政治趋向。以其约占半数的僧道等宗教职业者为例。他们是社会寄生层,在中国古代,尽管那些佛道寺观从未赢得西方那些高耸着的哥特式教堂所曾享有的荣誉,但是作为维护统治、愚弄臣民的神学工具,在大多数时期受到统治者的重视,并享有政治的和经济的优惠。明代僧道不仅有寺田,且悉免赋役。①明代历朝都给张天师(道陵)之后裔以隆遇和赏赐。朱元璋起,就为道士规定了"每岁所给米麦衣布及时节赍予之数"②。当然随着亡命之徒和无籍流民等以寺观为避难所并蜂拥皈依,统治者为安定与财政虑,对僧道制定了若干限制政策。但从总体来看,他们仍然是社会生活中较为安定的一个阶层。因此他们所发起的反政府活动显然不能用反封建压迫去解释。其中有的是限制与反限制的政教之争,有的是因为正统宗教衰落,僧道们欲别寻出路,于是依仗自己的宗教知识,或为谋生计,或为聚敛钱财,甚至为追逐更高的权势欲望,等等。史实也说明,宗教领袖们反明的动机及行为方式极为复杂。

诚然必须肯定,确实有相当数量的民间宗教反叛可以列入农民起义范畴。处于封建末世的明朝,在承续了一千多年社会矛盾积淀的同时,又遇到了萌芽中的新社会因素的挑战,因此阶级冲突一直较为尖锐。农民们往往从民间宗教里寻找反抗现存统治的神学依据和组织形式,此类情形史料甚多,著文论述者也不少,本文欲说明的是有相当数量的宗教反叛无论究其动机、形成过程及实施的措施,都无法判定他们的反封建性质。在此略举几种类型。

有的宗教反叛,其动机不过是因为某人自恃有某种"应得大贵"的"异能""天相"遂欲夺天下。如成化七年(1471),陕西民李奉先因"僧张通者,以星命推其后当极贵","遂造妖言,集强悍人同谋作乱"。③嘉靖元年(1522),陕西汝州马隆因"其母李手有卦文,自号观音老母",于是马隆"诈称首有盘龙,左股有日月二气",遂聚众谋反。④ 天启三年(1623),陕西韩城县"妖人"刘买得,因"儿时左臂有痕,每自呼为团龙,因集奸民李毛头等煽乱",并"抄造妖书,布属伪知

---

①《明成祖实录》洪武三十五年九月乙巳条。
②《明太祖实录》洪武十二年十二月癸亥条。
③《明宪宗实录》成化七年七月庚辰条。
④《明世宗实录》嘉靖六年五月癸亥条。

县、元帅、文武职官"。① 另外像成化时真定李子龙等,均属同一类型。 ②

有些民间教会,最初并无明确的政治意图,其宗教领袖亦无觊觎世俗权力的野心。随着布教的成功与权势的日增,教主的权欲便被激发起来,乃至欲取皇位而代之。最典型的是弘治年间的王良,他是山西崞县人,"曾学佛法于弥陀寺僧李金华,见人辄为好言劝谕之……所谈皆虚幻事"③。 初始并无叛意,随着布教成功,遂生谋反之志,相与言曰:"吾佛法既为人信服,由是取天下亦不难。"④万历年间,南京刘天绪最初也只是"奉无为教主",妄言临淮县朱龙桥附近有"退骨塘,入浴其中即脱骨成佛",以此招徕信徒,及至"徒党日众,至千余人,天绪遂怀不轨"。⑤

也有一些宗教团体因介入了统治阶级内部的权力争夺,而形成反叛。如嘉靖二十四年(1545),代王府和川奉国将军朱充灼因罪夺禄,怨代王朱充耀不加救护,乃欲谋勾引蒙古贵族入大同杀掉代王。时山西应州白莲教徒罗廷玺即趁机往"见充灼,为妖言,因划策,约奉小王子入塞……立充灼为王"⑥,此事因派往出边勾通蒙人的使者被获而告失败。⑦

另外尚有相当数量的民间宗教反叛,不仅不代表下层群众的利益,反而剥削下层群众,加深了他们的物质贫困。如山西白莲教世家出身的李福达,声称其布教反明的动机是"我有天下份,宜掌教天下"⑧。他创制各种神秘主义的手段,疯狂地剥削教徒。他在参加王良举事失败后,逃至陕西洛川一带,一面"谓弥勒佛出世,当王天下",筹划新的反叛活动;一面以"某男当为文武将佐,某女当为后妃嫔御,令自照水中,果见冠服殊等",以耸人听闻的谎言愚弄民众;旨在聚敛钱财。当时"远近争附,随其贫富,所献至有千金者,破产亦所甘心,或子女,或器物,接踵而至"⑨。李福达由此"居积致富"⑩。 在多次起事失败后,李

---

① 《明熹宗实录》天启三年十二月乙亥条。

② 《明宪宗实录》成化十二年九月乙酉条。

③ 《明孝宗实录》弘治二年十月乙酉条。

④ (明)朱国桢:《涌幢小品》卷三二。

⑤ (明)沈德符:《万历野获编》卷二九。

⑥ 《明史》卷一一七。

⑦ 《明史》卷一一七。

⑧ 《全边略纪》卷一一"腹里略"。

⑨ 《全边略纪》卷一一"腹里略"。

⑩ 《明世宗实录》卷六六嘉靖五年七月丙戌条。

便"挟重资"入京城,"以资纳例"为官,并交结武定侯郭勋,企图另辟新径,实现自己的帝王之梦。万历年间江西李圆朗原为僧,万历十七年(1589),"龙南岁凶……禾黍不入,民易动摇",李"乃勃勃然心喜曰,此天赞余也"①。他一面造妖书煽动人心,称其党王子龙为"弥勒降生""黄巢之后",有"巢遗金十二窖,愿从者瓜分之",以诱惑群众入教;另一方面又利用百姓对灾祸的恐惧心理,声称"子丑年,天有大灾,鬼将噉人,捐资自投者给朱符可免"。②从经济上剥削教徒,此外像嘉靖年间浙江乌镇李道人起事,亦属此种类型。③

还有若干数量的民间教团,原本旨在"持斋讽经"谋生敛钱,并无叛意,后因官府镇压而被迫举事。如景泰时,苏州许道师,初"但以淫人故为左道,实未敢为叛也"④;后来都指挥翁其新至,欲以此立功求升,而"往收之",许等惧死,"相率遁去",遂成反狱。⑤万历年间金得时也是因官府缉捕而反叛的,⑥这种类型或可看作宗教异端向明政府争取生存权的政教之争,但他们究竟有多少社会合理性,则只能依情形而定。

二、民间教乱中反映出的基本群众的动机也并不单纯

一方面,参加者来自中下层社会的各个层次,另一方面,即使处于社会底层的农民,作为小私有者,对生死、祸福的兴趣远远超过阶级的意识。史书中关于假以灾难将临、入教可免灾就福和升官发财相号召,下层群众即倾家皈依、盲目追随的记载是很多的。如嘉靖时,李道人布教聚众,用灾变恐吓群众,"末劫之年,地方有大灾,太湖水干五十余里,现出金宝,不久洪水泛涨,民将鱼鳖",只有从其入教反明,才可临期免死,⑦并辅以荣华富贵之诱惑,"以水照人,人欲得何官,纳贿论品级。临水见冕旒文武冠服,皆如所许"⑧,并声言举事成

①《万历武功录》卷二。
②《明神宗实录》万历十七年四月乙酉条。
③(明)姚士麟:《见只编》卷下和董世宁《乌青镇志》卷四十。
④乾隆序刊本《苏州府志》卷七八"杂记",《古今图书集成》第七七六册"吴中故语"。
⑤乾隆序刊本《苏州府志》卷七八"杂记",《古今图书集成》第七七六册"吴中故语"。
⑥《明神宗实录》万历二十八年壬寅条。
⑦(明)姚士麟:《见只编》卷下。
⑧《乌青镇志》卷四〇。

功后，"俱有大官"①，结果"四远村愚，北面受戒者，不知几千百人"②。崇祯初年，山东刘思贤亦以"西路西天之体留下四十八愿众生，无愿不成，无愿不灵，愿愿相随，若不识真法制服，将此身化为脓血"③，以此诱吓百姓入教，并称成功之日，"宫女龙袍"，"受用不尽"④。又崇祯时密教杨细徕"谬以天翻地覆，铜风铁雨，恐吓愚民，必入其教，始得免劫"⑤。费尔巴哈曾说过，唯弱者乃需要宗教，唯愚者乃接受宗教。生死、祸福为世间最莫测难知，因之亦最牵扰人的情感之事，而宗教之作用也大多在于人的情感方面恒起着慰安勖勉作用。因此如是多的下层群众皈依民间教会究竟是出于阶级意识和觉醒，抑或消灾获福、发财为官的诱惑，或为困惑绝望中的心理需求，值得探讨。

三、明代民间宗教教义中，包含许多可用于否定现存统治的内容，其中"三期末劫说"与"救世主"说为最重要

"三期末劫说"将历史分为三个时期：青阳、红阳和白阳，又称龙华初会、二会和三会。青阳指过去，红阳为现在，白阳为未来。在青阳和红阳两期之末，都要出现风、火、刀兵、饥馑、瘟疫等"劫灾"，红阳末期的劫灾为世界最后一次大劫，此后世界便进入理想境界——"白阳"或"龙华三会之第三会"。这种说法视社会为变动不居，现世乃理想时期的前期阶段，从而否定了现存统治的合理与永恒。所谓救世主说则宣扬芸芸众生将因救世主的降临而解救。向往天国的救世主，即暗含对尘世生活与统治者的否定，是许多宗教共有的政治内涵。但明代民间宗教中的救世主多被人格化了，这种世俗救世主便成了取朱明王朝而代之的当然人选，于是这种救世主说具有了积极否定乃至推翻现世统治的意义。然而这种既无阶级属性内容又极模糊的教义，既可成为农民反抗现世封建压迫的神学依据，也可成为出于其他目的叛逆行为的护法，如本文中曾经提及的。

嘉靖年间李道人，便是宣称"末劫之年，地方大灾"而布教举事的，其政治倾向则很可推究。李原为道士，起事前十年到乌镇，"自言谙晓遁法"，会"唤风

---

① （明）姚士麟：《见只编》卷下。
② （明）姚士麟：《见只编》卷下。
③《明清史料》乙编第九本。
④《明清史料》乙编第九本。
⑤ 同治《赣州府志》卷三二《武事》。

唤雨",布教传经。据有关记载,他为树立自己而编造谎言,"左手有山河,右手有社稷,脚底有乾坤二字,实系真命主",等等。此外便是以升官发财为诱饵,对教徒进行剥削。其中看不出任何进步的政治经济措施,因此把这类政治冒险笼统地说成是农民革命,确实根据不足。

另外许多宗教领袖更多地旨在聚敛财富和扩大组织。他们制造劫灾何时将临的谎言,声称入教、交钱、诵经,即可免灾,为此愚民们往往"借贷以偿,典卖以应"①。当时许多教派的经卷中,都有大量交钱、入教与诵经可避劫免灾的说教,如《正信除疑无修证自在宝卷》,在历数了人世所要遭受的种种"劫灾"(如"草木劫、斛淋劫、芥子劫、辘轳劫",等等)之后,指出解脱之道只有诵经与上供。《古佛天真考证龙华宝经》中《见当人留经》等四品,则"总言坐功运气,参透真诀,即得见当人,不入地狱,不遭劫数之意"。另外如《销释混元无上拔罪救苦真经》《东岳天齐仁圣大帝宝卷》《混元弘阳明心宝忏》等,其中都有大量交钱、诵经即可避劫免灾的说教。这样"三期末劫"等教义便成了宗教领袖进行剥削的神学依据,而借助诵经等宗教仪式淡化精神痛苦,维持心理平衡,实际上是要人们对人间苦难采取超脱的出世态度,这又在一定程度上维护了现存统治。

为便于进一步探讨明代民间宗教反政府活动之诸问题,本文特附明代民间宗教反政府活动大事简表,供参考。

附:

明代民间宗教反政府活动大事简表

1373年1月,洪武六年正月

湖广黄州府蕲州王玉二,"聚众烧香谋为乱"。

1373年4月,洪武六年四月

湖广黄州府罗田县白莲教徒王佛儿"自称弥勒佛降生",聚众起事。

1373年,洪武六年

四川重庆府巴县民王立保,"烧佛图""自称应天大将军起事"。

1378年6月,洪武十一年六月

湖广靖州卫五开洞苗民吴面儿等,"以邪法惑人"。是为一次少数民族

---

① 《明神宗实录》万历十三年十二月辛酉条。

起事。

1379年4月，洪武十二年四月

四川嘉定州眉县人彭普贵等倡白莲教起事。

1386年5月，洪武十九年五月

江西临江府新淦有福建长乐县僧人彭玉琳到此倡白莲教，"自号弥勒佛祖师"谋叛。

洪武至永乐间

陕西沔县有白莲教徒王金刚奴、高福兴、田九成等谋反。时长达四十余年方彻底平息。

1406年9月，永乐四年九月

湖广蕲州广济县白莲教"娱僧"守座，"毁形断指，假禅扇惑"。

1406年，永乐四年

湖广洪州泊里"蛮民"吴广、吴兰、吴塘华等，"以妖言聚众为乱"。

1409年，永乐七年

湖广湘潭有江西人李法良"行弥勒教"。

1418年，永乐十六年

保定府新城县、真定容城、山西洪洞等地，有顺天府昌平县民刘化倡白莲教谋叛，徒众"达百四十余人"。

1420年，永乐十八年

蒲台县民唐赛儿在山东益都等地倡白莲教，"妖徒转盛至数万"，"往来益都、诸城、安丘、莒州、即墨、寿光诸州县"。

1420年11月，永乐十八年十一月

直隶真定府晋州有曲阳县人杨得喜、蔚满园"以妖术、妖书、符咒惑众"。

1429年8月，宣德四年八月

湖广永州府怀远县有逃卒李帅"妖言惑众"，"集逃民百余人"起事。

1430年1月，宣德五年正月

山东文登县有栖霞县太平寺僧明平、法钟，成山卫百户朱胜等，"诈称转轮王出世"，"作伪诏，纪涌安年号"。

1431年4月，宣德六年四月

应天府溧阳县妖人钱成聚众谋反。"初成言子庶曾死而复生，云见李老君，谓其有福可图大事"，"遂聚众谋反"，并"谓不思不孝诵经皆得免罪"。

1435年3月,宣德十年三月

江西永丰、新淦、乐安等地,有曾子良"造妖言,张伪榜",设官职起事,"众至三万余"。

1435年3月,宣德十年三月

河南等地有真定卫军张普祥倡白莲教起事。

宣德年间

有妖僧李皋谋反。

1440年11月,正统五年十一月

云南维摩、阿迷、弥勒三州有妖书流传。

1443年11月,正统八年十一月

湖广均州有河南汝州人张端乙"假佛法扇众,谋为乱,谓宁山之卒张清江紫微星降生,推以为主"。

1449年5月,正统十四年五月

江西南安府罗天师谋反。

1450年1月,景泰元年正月

山西徐沟县民王文简自称"龙华三会中法主也"。并设立各种官职,相约夺取太原城后起事。

1450年6月,景泰元年六月

广西江华县八尺漯有"妖贼"盘性子作乱。

1451年7月,景泰二年七月

京城有"万宁寿僧赵才兴、广通寺僧真海,道人谭福通,内使萧保文萧亮","传习妖言,私习天文禁书……潜谋不轨"。

景泰初年

福建松溪有建安"以妖书惑众,聚千余人为乱"。

1453年6月,景泰四年六月

辽东旋峰塘有戍卒李福惠,"妖僧"王海等谋乱。

1454年,景泰五年

苏州有尹山民许道师倡白莲教,后为官府追捕遂谋反。

1455年4月,景泰六年四月

南直隶霍丘县民赵玉山"以妖术惑众",自称"宋裔",当时"凤阳流民甚众,为玉山所扇惑"。

1455年6月,景泰六年六月

四川雅州有妖人自称鬼王者。

1455年12月,景泰六年十二月

贵州平越等处"有黎徒等寨贼首阿弩王、阿榜、苗金虎等","伪称苗王,造妖言惑众"。

1456年7月,景泰七年六月

浙江钱塘县火居道士李珍,武当山道士魏玄冲自称"吾唐太宗之后,生时有紫气,毫光三昼夜,人相我有大富贵","以诱惑苗众,纠聚为非","并伪称皇帝,为天顺年号,设官职等。众至二万余"。

1457年5月,天顺元年五月

河南武陟诸县逃民徐朗"自称菩提",马璘自称"西天白马佛下世","俱数以妖言惑众……期今年为乱"。

1457年,天顺元年

陕西僧人王斌自称"紫微星下世,当王天下"。这次起事规模达数千人。

1460年8月,天顺四年八月

广西大藤峡民胡赵成造"妖言",并"构集大藤峡等山贼"。

1462年,天顺六年七月

山西平阳府安邑县、交城县有民李真、宋普贵等倡白莲教。"伪称王,立年号"谋乱。

成化初年

湖广荆襄有河南西华县人刘通及石和尚、冯子龙等在流民中倡白莲教,并领导流民起义。

1468年,成化四年

山东德平县民张中、临清人孙荣传佛法并《金锁洪阳大策》等妖书,集万余人欲起事未遂。

1471年7月,成化七年七月

陕西商县等地有陕西民李奉光、僧张通等人造妖言谋反。

1474年4月,成化十年四月

直隶东光县民刘通等,"以妖言谋反罪"被诛。

1474年2月,成化十年二月

山西灵石县有县民李铎造妖言惑众,"自称李氏"结党有不轨意。

1475年,成化十一年

有妖僧造妖言惑众。

1476年,成化十二年

陕西镇夷守御千户所戍卒夏澄贵,曾为僧,自述异梦惑众,"令其党具条拜佛,伪称天子"。

1476年9月,成化十二年九月

真定有保定易州民侯得全(后更名李子龙),遇道人传与妖书,云已陕西长安县曲江村金盆李家后裔,"往来真定间,交接不逞之徒"。

1478年12月,成化十四年十二月

福建长泰县县民朱如批等七人"为妖言揭榜,聚众谋叛"。

1481年6月,成化十七年六月

广东新会县民叶榜广"偶得妖书并印文地图,与其党惑众倡乱"。

成化末至弘治初

山西崞县民白莲教徒王良造妖言惑众,徒众甚多,王"撰妖言数十篇,谓皆梦中佛所授者",并四处散布谶言,亲自遣使撰表联络蒙古,后叛谋泄露,破釜沉舟起事。

1496年4月,弘治九年四月

陕西朝邑县妖僧张金峰等"自称释迦佛出世","刻日为二十四诸天大会"等,后拒捕而起事。

1497年9月,弘治十年九月

南直隶定远县(编者按:属凤阳府)等有山东曲阜县人孔布"以妖术惑众"。

1498年1月,弘治十一年正月

南直隶定远县(编者按:属凤阳府)人杨潮"造妖术惑众","攻劫县治"。

1508年7月,正德三年七月

山东曹县有"妖贼赵实、陈朝宗等""以红巾为号","众至万人","并攻打定陶、城武诸县"。

1512年5月,正德七年五月

河南归德等地有白莲教徒赵景隆"自称中原宋王","聚集千余人"。

1512年11月,正德七年十一月

陕西延安府洛川、直川、白水等地白莲教徒邵进禄、惠庆等受白莲教世家李五之鼓动谋反。

1513 年,正德八年

广西北流县"盗"李通宝,"以妖术诱众,聚至数千人,结寨六青山"起事。

1515—1521 年,正德十年至正德末

云南乌蒙、芒部二府,为少数族僰人普法恶,"通汉语,晓符篆,妄言弥勒出世,自称蛮王,煽诸夷作乱"。

1516 年 6 月,正德十一年六月

卫辉等地有山东平原县人胡文智等有妖术,并"造为变世歌,兴衰赋诸幻妄语",设官职等"将图不轨"。

1519 年 1 月,正德十四年正月

江西赣州有湖广"寇"蔡妙光,"自称传度弥勒佛",鼓众为乱。

1519 年 7 月,正德十四年七月

河南有刘学、孟贵,聚众数百人"妖言"为乱。

1521 年 2 月,正德十六年二月

山东峄县有道士赵万兴,"挟妖贼术","出妖书传相煽惑愚民","并僭号改元大顺"。

1521 年 2 月,正德十六年二月

妖贼刘天锡有妖书,并诡称有真人潜居山东,设官职等谋反。

1522 年 3 月,嘉靖元年三月

陕西商南、山阳,河南卢氏等地,有汝州人"妖贼"马隆、柴世隆等,聚众谋叛。

1522 年,嘉靖元年

江西新城有白莲教徒南城民付又久倡乱。

1524 年 12 月,嘉靖三年十二月

辽东"妖贼"陆雄、李真(珍)"建旗鼓,谋不轨"后,"乘虚入山海关,纵火杀人"。

1525 年 10 月,嘉靖四年十月

"盗"樊绅、张合"以妖术聚众为乱"。

1528 年,嘉靖七年

四川有在逃僧人、真空、道士陈果政等倡白莲教谋反。

1531 年 7 月,嘉靖十年七月

陕西汉中府有妖贼张文"流劫汉中"。

1534年,嘉靖十三年

云南曲靖府罗平州有"妖僧王道、张道",以少数族知州者继荣"有异相,奉为主,用符术练丁甲,煽聚徒党……分党四剽"。

1535年,嘉靖十四年

直隶保定有马相、吕恺倡白莲教。

1535年7月,嘉靖十四年七月

辽阳有于蛮儿、赵剐儿领导了一次少数民族起事。

1538年,嘉靖十七年

直隶顺天府昌平州右佛寺僧田圜倡白莲教。

1541年,嘉靖二十年

邵阳有李成贤"以幻术煽众作乱",败后,"复结广西猺无溪诸贼"继续反叛。

1541年10月,嘉靖二十年十月

隆庆州有"妖贼张雄","诱众作乱"。

1542年,嘉靖二十一年闰五月

湖广宝庆府邵安县有"妖乱"。

1545年,嘉靖二十四年

山西大同府有白莲教徒应州人罗延玺,借代王府和川奉国将军朱充灼与代王结怨之机,"见充灼,为妖言,因划策,约奉小王子入塞……立充灼为主"等倡乱。

1547年,嘉靖二十六年

山东汶上县有县民田斌及妻连氏、白莲僧惠金、妖人杨惠通等起事,足迹遍于曹、单、滕、濮间。

1551—1570年,嘉靖三十年至隆庆四年

山西与蒙古交界处,有白莲教徒数万人进行反叛活动,他们不仅勾结蒙古人,叛逃蒙古,而且诱使蒙古贵族扰边境,造成了明朝北部边境的数十年边患。

1557年,嘉靖三十六年

浙江湖州乌镇等地有白莲教首李道人,惨淡经营十余年,"北面受戒者,不知几千百人",并设立了"大乘苦空七十二教名色"的组织网络,密谋起事。

1564年,嘉靖四十三年

福建永安妖民刘永祖"乘世乱乃造妖言……从其教者,凡四千人",并书署官号,立部曲等。

1565年,嘉靖四十四年

四川重庆府有白莲教徒大足县人蔡伯贯聚众,连破七州县,众迈数千人。

1565年,嘉靖四十四年

河南有白莲教徒陕西甘泉县民李应乾,自称唐之后裔,"阴约板升妖人丘富及各处群盗通房,谋为不轨"。

1566年,嘉靖四十五年

京师西山有白莲教惑众,"以四月初八日劫戒坛"。

1578年,万历六年

湖广、河南交界处有白莲教徒随州人齐济时,声称有《黄氏遗书》,"言赵王后代当出世,金盆李氏为辅,谋分五军起事"。

1578年6月,万历六年六月

湖广靖州学生员贾邦奇及妖道金云峰、曾光等人,捏造私传《大乾起运录》等妖书,"纠合倡乱"。

1580年8月,万历八年八月

河南仪封有新城人曾仓、祥符人李相等,聚众数百人,仓为三乘教主,南岩祖师,倡金禅教起事。

1582年3月,万历十年三月

南直隶镇江府有镇江僧省悟、汪之洪,湖广僧雪峰等倡白莲教,"造符敕,封官职,改年号为大明弘闽元年,建南北军",欲起事。

1585年9月,万历十三年九月

广东程乡县无为教妖人刘青山等倡妖言"聚党为乱"。

1586年,万历十四年

山东东昌有王登、黄恩等"以左道惑里中"欲谋反。

1589年,万历十七年

处州僧李园朗、翁源人王子龙等在江西倡白莲教,李称王子龙乃黄巢后裔,有金十二窖,愿从者瓜分之,等等。

1591年,万历十九年

福建长泰有董公等倡无为教起事,并联络"客兵"。

1594年4月,万历二十二年四月

南直隶金坛等地有赵州平等"私蓄妖书、兵器等"。

1596年,万历二十四年闰八月

陕西有罗元、张朝臣等"造天书妖书,谋为不轨"。

1598年7月,万历二十六年七月

河南陈州有任世身等"有妖书,经文",并约"八月起首"。

1598年,万历二十六年

南京有白莲教妖人宋四八,所传《指南书》中称自己为"鱼胶白莲教"。

1600年2月,万历二十八年二月

山东单县有唐云峰、赵世龙等倡妖言,"聚党万余"起事。

1600年,万历二十八年

山东又有金得石"妖言"谋反。

1600年,万历二十八年

南直隶风阴有白莲教首赵古元、孟化鲸等称"世道之将变,尊古之为真人","浙东皆为所诳诱","众至七千"。

1604年,万历三十二年

福建有建宁府瓯宁人吴建兄弟以无为教聚众谋叛,"妄言世界将更",以照水术鼓动群众入教反明,"聚众数千"。

1604年,万历三十二年

福建邵武府有白莲教徒"盟香贼"谋反。

1606年,万历三十四年

南京有无为教刘天绪率千余人起事。

1614年,万历四十二年

山东有闻香教(即弘封教成大乘弘通教),其教主王森之大弟子高应臣等,借"岁旱而饥民多起为乱"之机,"造为妖言,欲聚数百人于清凉山起事"。

1619年,万历四十七年

陕西庆阳府固源等地,有"妖人李文等谋叛"。李文绰号李老君,"擅称弥天一字王,伪改天真混元年号",因此很可能属于红阳教即混元教。

万历年间

山东有"妖贼"郭大通倡妖言作乱。

1621年2月,天启元年二月

南直隶海州有逐弁刘光先,后更名吴金祖"妖言"谋叛。

1621年4月,天启元年四月

四川绵州、桐梓、成都、荣县等地,有白莲教"妖僧"政坤,罗江县学生员刘明选,联合四川永宁宣抚使奢崇明及其子奢寅等共同起兵,并预谋在洪雅、梓桐、荣县等十余个县府同时起兵。

1622年,天启二年

山东、河南有闻香教徐鸿儒、于鸿志等领导的起事,这次起事结连数省,众逾十万。

1623年,天启三年

"瀛南有妖民窃弄潢池"。

1623年,天启三年

南京有陈鼎相"簧鼓妖言","聚江南北盗贼及有罪之者,治械积金",谋起事。

1623年12月,天启三年十二月

陕西西安府盩厔等地有盩厔民马元杰、鄠县民杨文等人,"杨文号金禅教主"而举事。

1623—1624年,天启三年至四年

山西、江淮等地有大同人王普光等倡龙华会,王普光自称"混元教主",其党金科、马永等,声称"天魔下界","托言弥勒,妄称出世"。

1625年,天启五年

河南有杨恒、杨从儒"僭号义侯靖王,八天教主"。

1626年7月,天启六年七月

浙江有白莲教叶朗生等人倡"妖言"作乱"。

1627年4月,天启七年四月

京师有白莲教徒郭鸾"妖言惑众"。

1627年6月,天启七年六月

开濮有白莲教活动。

1628年,崇祯元年

山东兖州天地三阳会首刘思贤、张加领等人倡乱。史载,刘等或称"皇极法王",或称"三阳教主",并用"皇极号""三阳号"字样以为称志。崇祯元年,聚集各地几万人起事,但很快失败。

1629年,崇祯二年

河南睢州有朱炳南聚"贼党千余人,共谋为乱"。据载,朱炳南为"山东妖贼徐鸿儒之余孽"。

1633年,崇祯六年

山东兖州有混元教王伦益等人,"会聚各处教徒会首,欲谋起事。"

1638年,崇祯十一年

江西铅山有无为教张普微从事扇惑活动,"四邻惑而从其教者,不下数千人"。

1643年,崇祯十六年

龙南有杨细徕等人倡"密教",杨"以妖言惑众……自称遇师指引,今当弥勒下界",并"密约六月初一日,齐赴龙华会"。

注:此大事简表主要史料来源为:《明史》,明代历朝实录,笔记、文集,如《万历野获编》《罪惟录》、(清)毛奇玲《毛翰林集》《古今图书集成》《涌幢小品》《圭山近稿》《明大政纂要》《万历武功录》、(明)黄尊素《说略》、岳和声《餐微子集》《明清史料》乙编、《见只编》《明外纪》,以及方志,如同治《广信府志》、续修《睢州志》、道光《福建通志》、重修《长泰县志》、道光《沙县志》《乌青镇志》、黄文琛修《邵阳县志》、同治《建康府志》、赵允祜《临渝县志》、同治《赣州府志》《曹县志》《杭州府志》,等等。

本文原刊载于南开大学历史研究所明清史研究室编:《明清史论文集》(第2辑),天津古籍出版社,1991年。

作者简介:

王静,女,1960年生。1984年获南开大学历史学硕士学位,1984—1989年任南开大学历史研究所讲师。研究方向为明清史。

贡献突出的抗倭援朝将领宋应昌

周晓红

在万历中期的抗倭援朝战争中,作为经略的宋应昌是战争初期的主要人物,他所制定的一系列政策,不仅直接决定了前一阶段的战争进程,而且对整个战争的发展也产生了很大影响。对于宋应昌其人及其初期的对倭政策,历来褒贬不一、评价各异,是史学界值得研究的重要课题。本人略述其人其事,以表浅见。

宋应昌,字思文,别号桐岗,生于嘉靖十五年(1536)十月初三日。其先会稽郡人,始祖先元占籍杭之仁和里。嘉靖四十四年(1565)中第二甲进士,授山西绛州守,后历任户科给事中、刑科右给事中、礼科左给事中、河南布政司左参政、山东按察使、江西布政司右布政、都察院右副都御史等官。在任期间,多次表现了对武备边事的极大关心,经常上疏报告边情,同时提出加强海防的建议,对武备边事表现出超过一般人的见识,因此在倭寇入侵朝鲜之际,宋应昌便被推举任命为抗倭经略,经理抗倭援朝事宜。时在万历二十八年(1600)八月十八日。

明朝派兵援朝,一则为了救助朝鲜,同时也为了防止倭寇从朝鲜登陆侵犯明朝,故当时宋应昌被授的官衔是"兵部右侍郎、经略蓟辽山东保定等处防海御倭军务"。宋应昌上任后,首先集中精力进行的是对蓟辽战备的整顿,然后才出关来到辽阳,着手赴朝之役的准备工作。他的原则是"固己然后救人,由近渐以及远",因此他离京到达三河后,多次向有关将领、官吏写信,下达命令,令其做好一切战争准备,尤其要求沿海处所对地理形势、兵力配备、士兵待遇、应用钱粮、武器装备、哨探设施、稽查奖罚等进行全面的检查和整顿。对蓟辽等地战备的整顿约半月之后,便作赴朝准备,于同年十一月中旬出关来到辽阳。在宋应昌的努力下,入朝作战的具体准备事宜进行得相当顺利,十一月底,便已大致准备就绪。由宋应昌的本意看,他是希望尽早过江的,因为他认为当年冬天入朝作战的话,主客观形势利于明军而不利于倭军,若拖至明春,情况就向相反的方向转去。所以十二月,当大将军李如松来到辽阳后,便立即令之带兵渡江,直取平壤。

通观宋应昌在这一阶段的所作所为,应该说他是一心一意、殚精竭虑地从事的,并且初步表现出了他的军事才能。

宋应昌这时命令李如松带兵渡江,直取平壤,与他采取以战为主、以和为辅的战略原则也关系甚大。在此之前,因明军兵马尚未调至、粮草器具亦未备好,为了阻止倭军继续西犯,争取备战时间,宋应昌曾同意了大司马石星关于派浙江沈惟敬去倭营谈判的意见。他认为,假如倭方愿意和谈解决,归还朝鲜,撤回日本,则明朝可不费支矢而达到目的。但又认为倭谋叵测,和谈不可尽恃,因此还应做好战争准备,若和谈不成,则应在冬月进剿。十二月初,大将军李如松从西夏来到辽阳,正好沈惟敬也自倭营归来,向宋应昌和李如松报告谈判结果,说倭酋小西行长愿意受封,准备将平壤献于明朝,明日双方以大同江为界分割朝鲜领土,即要求将朝鲜的南四道割让给日本。宋、李对此讲和结果极为不满。宋应昌本来就是主张以战为主、以和为辅的,于是决定趁冬季有利于明军之机,迅速攻打平壤,用武力将其驱出朝鲜,而不能再用沈惟敬来耽延时日了。

抓住进攻的有利时机后,宋应昌还制定了详细的作战计划。他根据平壤地形,制定出以步为正、以马为奇的方针,并根据各将领的特长分派任务,还再三叮嘱部队要谨慎小心,切不可疏忽。

万历二十一年(1593)正月初八日,大将军李如松率军大破平壤,杀敌千余,史称平壤大捷。这是由于宋应昌正确地估计了敌我双方的力量,分析了形势,巧妙地利用了沈惟敬的讲和,抓住了冬季作战的良好战机,并制定了周密的作战计划,才取得的成绩,充分表现了其智慧和谋略。

收复平壤后,在宋应昌的部署下,明军又乘胜追击,收复了开城及朝鲜北方四道,将侵略军赶至王京以南。李如松乃将门之后,本易恃门第而骄傲,时又刚刚率军平定西夏,一入朝鲜又获此大捷,因此便产生了骄傲轻敌的思想,欲提兵继续深入,直取王京,而不考虑兵粮等条件。宋应昌此时却能清醒地分析形势,他看到明军虽屡获胜利,但实则敌众我寡,双方力量相差悬殊,且明军经过几次战役已有一定损伤;加之王京路远,明军粮草不能速至;天气渐暖,冰解土滑,将不利于明军骑兵作战。天时地利人事已变得皆不利我,与平壤之役时的情况已大不相同,故此时进攻王京条件尚未成熟,不宜马上南下,应当暂时驻兵平壤、开城,等时机成熟后再攻打王京。他察觉到李如松有轻敌思想,欲马上带兵南下,便多次以私信和公文形式劝李如松谨慎小心,切勿轻率。足见宋应昌态度之谨慎及对李如松轻率进兵之担心。他还将这种担心报告给明朝万历皇帝及兵部尚书石星,希望通过他们劝阻李如松,但李如松最终没能听从宋应昌的劝告,贸然带兵南下,于万历二十二年(1594)正月下旬在碧蹄馆吃了败仗,大大挫伤了明军的锐气。

碧蹄馆之役,使倭军在平壤之败后陷入劣势的局面得到扭转,明倭双方在军事形势上暂时达到平衡,这使双方重开谈判具备了条件。从倭方来说,倭军在碧蹄馆打了胜仗,但此时已面临兵粮弹药不足、将士疲劳思归等困难,甚需与明军和谈。在明朝方面,明军在碧蹄馆败后,朝廷中的主和派再次抬头,极力主张和议、谈判,并以此抨击主战派,加之气候温暖、冰雪融化,道路泥泞,水田较多,而明军多为骑兵,不适于战;兵力不足,敌众我寡;粮草又不能及时供应;朝鲜还发生了瘟疫,等等,这些都使明军很难再继续攻打,亦需与倭军谈判。

面对这种主客观形势,作为抗倭援朝前线总决策人的宋应昌能否灵活地适应已经变化了的条件,及时改变以武力为主的战略战术,采用以谈判为主的策略,将对明朝的利益产生很大影响。事实上,这时宋应昌不失时机地调整了自己的斗争策略,采用了讲和、离间、用计等方法。

在同意倭军和谈撤兵的同时,宋应昌还提出了前提条件,如要求倭军必须先将其俘去的朝鲜王子陪臣送回方准其班师,若不答应条件或违约,则用武力大加剿杀,决不妥协退让、放弃原则。

由于宋应昌及时地进行谈判,策略灵活,加之谈判中以实力为后盾,坚持原则,方针正确,终于取得了比较理想的结果。经过谈判,倭军于万历二十二年(1594)四月退出王京,全部撤至釜山。明军进驻王京,并收复了南方四道,这不可不谓是宋应昌用计和谈的结果。

倭军退至釜山后,朝廷中的主和派及神宗皇帝认为朝鲜国土已复,没有必要再留驻军队,加之不愿继续负担庞大的军费开支,因而下令撤兵,只留少数兵力防守。而宋应昌认为,倭军虽退居釜山,却尚未撤归日本,随时都可能北上再犯朝鲜,战争的危险依旧存在,同时他也自知无力阻挡朝廷的撤兵命令,因而只好极力主张大兵尽量少撤,至少要留二万兵力,协助朝鲜防守。在他的极力主张下,明军最后留下了一万六千人。留朝明军除协助朝鲜防守外,还帮其训练军队。

但由于当时朝廷中派系斗争激烈,互相倾轧,对于任何意见和主张都议论纷纷,褒贬不一,因此宋应昌即使有极好的战略策略也难以贯彻。另外,由于他的对倭政策是根据情况的变化,来确定是以武力驱逐为主,还是以和谈为主,不固执一端。这既不同于完全主战派,又不同于完全主和派,因此主战派攻击他讲和误国,主和派又怪他不能一意主和,宋应昌同时受到朝廷各派的夹击,实在无法长期留住,只好在撤兵后不久以才疏智拙和身体不适为由,辞去东征经略,告老还乡,从此不再参与这场战争的有关事宜。万历三十四年(1606)二月十日宋应昌卒于故里,享年七十一岁。

纵观宋应昌在这场战争中的所作所为,不难看出,他是忠于这场抗倭援朝事业的,他从受命经略朝鲜,到辞官离职,自始至终都抱着收复朝鲜、驱逐倭寇的决心,并为达到这一目的运用了各种方法和策略。在他任期的一年里,收复了朝鲜的大部分国土,将倭寇赶至釜山一隅,而明军损伤并不严重。故此,可以说宋应昌是忠心耿耿、富有战争经验、且有很大贡献的杰出的抗倭援朝将领。而这场战争后来实际上进行了七年,给明朝、朝鲜、日本都带来了很大影响,这一后果的责任,不应由宋应昌来承担。

附:本文主要参考资料:

1.《经略复国要编》
2.《万历三大征》
3.《明史》
4.《万历实录》

本文原刊载于《社会科学辑刊》1992年第6期。

作者简介:

周晓虹,女,1965年生,河北正定人。1985年毕业于南开大学外语系日语专业,获得文学学士学位。1985—1995年就职于南开大学历史研究所,其间获得历史学硕士学位。主要研究方向为明清中日关系史,参编《明史研究备览》,翻译《明代马政研究》等。1995年10月赴日留学,于国立广岛大学获得教育学硕士与博士学位。现在日本内阁府从事翻译工作。

马可·波罗到过中国

——对《马可·波罗到过中国吗?》一书的回答

杨志玖

英国不列颠图书馆中国部主任弗朗西丝·伍德博士(汉名吴芳思)1995年所著《马可·波罗到过中国吗?》一书的出版,引起了国内外有关学者的关注和议论。此前,怀疑和否定马可·波罗到过中国的学者也有几位,但只是写些短文或附带提及。这次她却是以182页专著的形式进行论证,所引论著97种,包括我国学者余士雄主编的《马可·波罗介绍与研究》中的论文。除《前言》和《结语》外,还用了15章阐发她的宏论,集此前怀疑和否定论者之大成。①这部著作值得我们认真研究和评论。限于篇幅,暂将某些要点提出来与之商榷。

一、旧话重提

在《前言》中,伍德博士说,她是从克雷格·克鲁纳斯那里得知德国著名蒙古学者傅海波(Herbert Franke,一译福赫伯)有一篇怀疑马可·波罗到过中国的文章。②傅氏认为,马可·波罗一家是否到过中国,还是个没有解决的问题。他举出马可·波罗书中一些可疑之点,如在扬州做官、献投石机攻陷襄阳等虚夸之辞,以及书中未提中国的茶叶和汉字书法等问题。他说:"这些事例使人们对马可·波罗一家长期住在中国一说发生怀疑。"伍德博士引用后说,这些论点是卓越的德国蒙古学者对马可·波罗声誉地位非常严厉的挑战,是对一个长期

---

① Francis Wood, *Did Marco Polo go to China*? London, 1995.

② 傅文题为 Sino-Western Contacts under the Mongol Empire(《蒙古帝国时期的中西交往》),刊于 *Journal of the Royal Asiatic Society, Hong Kong Branch*, 6.1966.Hong Kong, pp.49~72. 其中指摘马可·波罗的文字不过一页。克雷格·克鲁纳斯(Craig Clunas)在英国《泰晤士报》(*The Times*)1982年4月14日《中国增刊》(China Supplement)上发表 The explorer's tracks(《探险者的足迹》),文中引用了傅海波教授的文章,认为马可·波罗曾看过某种波斯的《导游手册》。1982年7月号《编译参考》有杨德译文,改题为《马可·波罗到过中国没有?》。笔者在《环球》1982年第10期发表《马可·波罗与中国》一文,对克氏文提出质疑(《元史三论》,人民出版社,1985年,第127~132页;《马可·波罗介绍与研究》,书目文献出版社,1983年,第52~58页)。

历史疑案的最近、最完备的审查结果,因而不可轻视。她对一般人还不知道这一学术成果表示惋惜。

但是伍德博士对傅氏的下一段话似乎未多加重视。傅氏在举出前面疑点后接着说:"但是,不管怎样,在没有举出确凿证据证明马可·波罗的书(只)是一部世界地理志,其中有关中国的几章是取自其他的、也许是波斯的资料(他用了一些波斯词汇)以前,我们只应作善意解释,姑且认为,假定他还是到过中国。"虽然怀疑,但还强调要有确凿的证据,在没有确证以前,只能是怀疑而已。傅氏是审慎严肃的学者,立论掌握分寸,留有余地。克鲁纳斯和伍德博士则进了一步,全盘否定了马可·波罗到过中国,而且把"波斯资料"变成"波斯文导游手册"。他们是否掌握了确实的证据呢?傅氏的看法有无改变呢?

澳大利亚教授罗依果博士的名作《马可·波罗到过中国》论文中,全文引用傅海波教授怀疑马可·波罗的部分。对傅氏"我们应对其可疑之处作善意解释,姑且认为(假定)他还是到过中国"这句话用斜体英文排出,作为着重点。罗氏接着说,傅氏该文首刊于1965年,此后几年的论著,已承认马可·波罗真到过中国,称赞其书中记述中国事物之详细而精确。还说,赖有马可·波罗,"欧洲才第一次获得有关远东地区的可靠信息"。罗氏说,因此,马可·波罗书中虽有显眼的漏写、误记或显然不实的自夸之词而屡遭驳斥,傅氏并不认为这足以有力地贬低马可·波罗书的可信性。[①]傅氏于1998年7月29日致函罗氏,对罗氏指责伍德错误引用他1965年论文中一时的说法表示欣慰,并说:"我想,你已确切地把伍德的学说送入坟墓了。"可见,伍德博士和克鲁纳斯先生把傅氏一时的论点作为否定马可·波罗书真实性的重要依据是徒劳的。

应当指出,傅海波教授指出的疑问,前人早已提出。早在19世纪90年代,英国的马可·波罗研究专家亨利·玉尔在其《马可·波罗游记·导言》中即指出马可·波罗书中有关中国的记载有多处遗漏:万里长城,茶叶,妇女缠足,用鸬鹚捕鱼,人工孵卵,印刷书籍,中国文字,其他奇技巧术、怪异风俗,不下数十。还有许多不确之处:一是地方名多用鞑靼语或波斯语,二是记成吉思汗死事及其子孙世系关系多误,三是攻陷襄阳城一节,玉尔称最难解释。可见玉尔所言

---

①罗依果(Igor Rachewiltz)的 Marco Polo went to China,刊于德国波恩大学《中亚研究》(Zentralasiatische Studien) 1997年第27期 pp.34—92。本文所引为 p.36 正文及注③。傅海波的信是罗依果教授于论文发表后的补充附页。

马可·波罗书中的缺陷和失误,较之傅氏所举更为完备,只不过玉尔未曾怀疑其抄自波斯资料而已。

玉尔对马可·波罗这些缺失也作了些解释。关于长城,他在正文中说,马可·波罗虽未提长城,但在其书某一章中(指第1卷第59章)显示,其心目中必有长城。在此文注中又说,不应因作者未提及的事而过多推测。他引用德国著名科学家洪保德(Humboldt)的话说,在西班牙巴塞罗那市的档案里没有哥伦布胜利进入该城的记载,在马可·波罗书中没有提及中国的长城,在葡萄牙的档案里没有阿美利加奉皇命航行海外的记载,而这三者都是无可否认的事实。[1]如果只以一部游记没有记载它可以记载的某些事实而否定其真实性为标准,那就几乎可以否定任何一部游记;反之,如果以《马可·波罗游记》中所特有而其他游记则无的记载为准则,是否可以否定其他游记的真实性呢?当然不能。那是对作者的一种苛求,怀疑论者却偏偏以此来苛求马可·波罗,这很难令人信服。伍德博士信服傅海波教授的简短的论断,对著名东方学家伯希和(Pelliot)为《游记》作的鸿篇注释并体谅马可·波罗书中的疏失则不以为然(伍书 p.64,后凡引此书者只注页码),只好说是各有偏爱,不能强求了。

二、否认确据

伍德博士笃信傅海波教授,但对傅教授要有"确凿证据"的见解却未加重视,甚至对确实证据也认为是道听途说,得自传闻。兹举二例:

(1)马可·波罗书中说,他们一家得以离开中国的机遇,是由于伴随三位波斯使臣 Oulatay、Apusca、Coja 护送一位蒙古姑娘(原文为 lady)Cocachin(阔阔真)从海道航往波斯。这三位使臣的汉文译名在《永乐大典》卷一九四一八"勘"字韵所引元代的《经世大典·站赤》中有记载,他们叫:兀鲁䚟、阿必失呵、火者,他们是奉旨"取道马八儿(马可·波罗书中的 Maabar)往阿鲁浑(马可·波罗书中的 Argon)大王位下"的。这和马可·波罗书中所记完全一致。笔者据此写过一篇《关于马可·波罗离华的一段汉文记载》,证实马可·波罗一家确实到过中国,并订正了他们离开中国的时间为1291年初,而非一般认为的1292年。此文得到

---

[1]Henry Yule, *The Book of Ser Marco Polo*(*Travels of Marco Polo*),初版于1870年,再版于1874年,三版经法国学者亨利·考狄埃(Henri Cordier)修订补证于1902年,其修补处俱附有考狄埃缩写签名。本文引用者为1929年重印的第三版,上册 Introduction, pp. 110–112,并参考张星烺汉译:《马哥孛罗游记·导言》,商务印书馆,1937年,第239~244页。

中外学者的认可,美国哈佛大学教授柯立夫并著文申述鄙说。①这两文伍德博士都看过了,但她却不以为然,认为这一故事可能是从其他资料借来的,因为在汉文里或拉施特(Rashid)的《史集》里都没有提到有欧洲人或意大利人伴随那位姑娘(p.32)。柯立夫教授曾指出,该段公文不仅未提马可·波罗之名,连蒙古姑娘之名也没有提。伍德博士反驳说,即令承认确有蒙古姑娘之行,也只能说明这又是马可·波罗重述的一个尽人皆知的故事,像他重述的远征日本和王著叛乱事件一样(p.137)。

蒙古姑娘出嫁是否尽人皆知?《元史》、元人文集及其他元代文献都无记载。须知,这个姑娘并不是什么皇室之女,只是蒙古伯岳(牙)吾部一贵族之女,不值得大书特书。更重要的是,《经世大典》这段公文是地方官向中央请示出使人员口粮分配问题,那三位使者是主要负责人,非提不可,阔阔真姑娘虽然显贵,但与配给口粮无关,无须提及。至于马可·波罗一家,更不在话下。但若无马可·波罗书的记载,我们将无从得知这三位使臣出使的缘由了。拉施特《史集》中简要地记载阿鲁浑汗之子合赞迎娶阔阔真之事,说"遇到了火者(俄译讹作"官员",波斯原文为XWAJAH)及一群使者"②,这证实了马可·波罗所说三位使臣中只有火者还活着的话。总之,从《马可·波罗游记》的记载中,我们才能对《永乐大典》那段公文和《史集》中的有关记载有更清楚的了解。过去也有不少人看过《站赤》这一段公文,可能由于未和《游记》的记载联系起来,因而未能充分利用这一重要资料。正是由于这一资料,才能从汉文记载中证实马可·波罗确实到过中国。伍德博士认为马可·波罗所说借自其他资料,但未指出何种资料。实际上,正是由于马可·波罗书中的这一段记载,才使《站赤》和《史集》中看来毫不相干的两处资料结合起来,得到圆满完整的解释。

(2)王著叛乱事件,《元史》、元人文集、拉施特《史集》及马可·波罗书中都有记载,是一桩轰动朝野、尽人皆知的大事。马可·波罗说,事件发生时,他正在当地。这应当是真的,因为此事发生于元世祖至元十九年三月十七日丁丑(1282年4月16日)夜间,正是马可·波罗一家在中国之时。他虽未参与此事,但当时在大都(今北京),会听人(西域人或蒙古人)向他转说。伍德博士认为

① Francis Woodman Cleaves, A Chinese Source Bearing on Marco Polo's Departure from China and a Persian Source on His Arrival in Persia, Harvard Journal of Asiatic Studies. V.36,pp.181–203(Cambridge,Mass,1976).

② 见拉施特:《史集》第三卷,余大钧据俄文译汉泽本,商务印书馆,1986年,第261~262页。

马可·波罗记此事有误,系取自阿拉伯或波斯资料,而非其本人所见(pp.146-147)。我们承认马可·波罗未在出事现场,但事后听人转说则不可否认;他的记载虽不及《元史》翔实,但比之《史集》所载并不逊色且有其独到之处。

马可·波罗说,发动此次叛乱的主角名 Cenchu(或作 Chenchu、Chencu、Tchentchou),是个管领一千人的军官,其母、女、妻并为阿合马所污,愤而欲杀之;遂与另一名 Vanchu(或作 Vancu,Wang-tchou)者同谋,其人是一管领万人的军官,二人设计,纠合同党,于夜间杀死阿合马。过去中外学者多以 Vanchu 为《元史》之王著,但马可·波罗明言此人为管领万人的军官,即"万户"官;而 Cenchu 则为一千户官,汉文译者或称其为陈著(冯承钧),或称其为张库(张星烺),或称张易(李季),或称陈国(魏易)。但陈著、张库、陈国《元史》皆无其人,只译音近似。张易虽有其人,但未直接参与其事,译音亦不合。Vanchu 译音虽与"王著"最近,但非主谋,只是"从犯"。这使马可·波罗书注释者感到难解。其实,早在 1927 年,英国学者穆尔(A. C. Moule,或译牟里、慕阿德)即指出,Cenchu 是千户译音,即指王著,Vanchu 是万户译音,即指其同谋者高和尚。这就和《元史》记载基本一致。[1]《元史·阿合马传》说王著"以所袖铜锤碎其(阿合马)脑,立毙",马可·波罗说 Cenchu(千户,即王著)用刀砍下阿合马的头,虽所用武器不同,但效果则一,这就够了,足以说明马可·波罗当时是在大都听人说的。伍德博士虽然知道穆尔和伯希和对 Cenchu 和 Vanchu 身份(Identity)的确证,但并不重视,仍然认为王著(她写为 Wang Zhu,并附括号 Vanchu)之名有些神秘,马可·波罗此处所述人名、事迹混乱不堪,与《史集》所述同样混乱。又说,穆尔把 Vanchu 作为万户,但 Wang Zhu(王著)据中文记载是千户而不是万户,仍然是混乱不清的。可见,她仍和汉译者一样,认定 Vanchu 即王著(Wang Zhu)的译音,这当然纠缠不清了(p.58)。她的结论是,马可·波罗所述取自阿拉伯或波斯资料,又一次引用傅海波教授的依靠波斯或阿拉伯旅行指南说(pp. l46-147)。到底是谁纠缠不清、自造混乱,读者自会公断。

至于《史集》记载此事,倒有些不太清楚。它把发动事变的主谋称为高平章(Gau Finjan),说高是阿合马的同事,对阿合马很嫉视。他和一个装死又复活

---

[1] A.C. Moule, *The Murder of Acmat Bailo*,原刊于英国亚洲皇家学会华北分会 1927 年上海版,收入其 *Quinsai with other Note on Marco Polo*, 1957 年剑桥大学版,pp.79–88。伯希和: *Notes on Marco Polo* pp. 10–11 Acmat 条,p.236 Cenchu 条,p.870 Vanchu 条。

的汉人同谋,杀死了阿合马。[①]显然,这是把高和尚一人混作二人,而对王著则一字不提,远不如马可·波罗的记载。这更可以证明,马可·波罗是在事发后不久在当地听人说的。

以上二例,是马可·波罗亲身经历和亲耳听说的,足以证明马可·波罗确实到过中国。至于他书中记的所见所闻为其他与之同时或先后的西方人所未记载的,也为数不少,不胜枚举,可以写成书或若干篇论文,已经有人做过了。[②]但在怀疑或否定论者的眼里,这些都不值一顾:或就马可·波罗所遗漏的事物加以指责,或把马可·波罗明确记载的事件指为抄自他书或旅行指南而又举不出任何一部书或指南来。倒是傅海波教授说得好,在没有举出确证以前,还应认为马可·波罗到过中国。

三、版本问题

为了否定马可·波罗书的真实性,伍德博士在该书的版本上也有一些说法。

马可·波罗书的版本或译本确实很多。据穆尔与伯希和的统计,截至20世纪初已有抄写稿本及印刷本143种,其中计有7种独立的或有联系的版本。伍德博士说,这些本子所用语言或方言不同,出现时代从1351年到19世纪,而原始的稿本即马可·波罗和他的笔录者鲁思蒂谦诺(Rusticiano或Rusticello)签名的那本早已失传,其中既有抄录者的错误,又有辗转抄写者的以讹传讹,使之愈加混乱;而从一种语言译成另一语言及一些稀奇的域外名称,随着时间的流逝,距当初的事件及原稿年代的悠远,更使现存的143种或150种版本内容极

---

① J. A. G. Boyle, *The Successors of Genghis Khan*, pp.291-292. 周良霄汉译本:《成吉思汗的继承者》,天津古籍出版社,1992年,第354~356页。《史集》第2卷,余大钧、周建奇译,商务印书馆,1985年,第344~345页。据蔡美彪先生《拉施特(史集)所记阿合马案释疑》(《历史研究》1999年第3期,第62~70页)考证指出:《史集》的高平章实为赵平章,即赵璧,与装死复活的高和尚是两个人,《史集》不误;但赵璧死于至元十三年(1276)七月,在阿合马案件之前约6年,《史集》误。此文精核细致,附此以纠笔者之失。至于Vanchu之为张易,见蔡美彪:《马可·波罗所记阿合马事件中的Lenchu Vanchu》,《中国社会科学院研究生院学报》1998年第5期。

② 据个人所见,专著有Leonardo Olschki, *Marco Polo's Asia*(英译本),Berkeley 1960年,此书共460页。中文著作有张星烺:《马哥孛罗》,商务印书馆,1934年,共81页;余士雄:《中世纪大旅行家马可·波罗》,中国旅游出版社,1988年,共171页。其他小册子不计。论文有余士雄主编:《马可·波罗介绍与研究》,书目文献出版社,1983年,选收较有价值的论文37篇(内有译文3篇),全书446页。《中西文化交流先驱——马可·波罗》,商务印书馆,1995年,共379页。此书后的新论文未计在内。

不一致(p.43)①。她引用了两位学者对多种版本做的电脑分析结果:一位学者就语汇的极端分歧,认为可能还有另一位代笔人(指如鲁思蒂谦诺——引者)(p.47);另一位学者则认为有一串人根据其惯用的语词参与工作(p.50)②。伍德博士说,由于马可·波罗书原稿早已遗失,这些被分析的版本都非原著,其分析结论还难以绝对证实,但随着时间的推移与人们对中世纪东方认识的迅速扩展,我们只能得出这一结论,即现在残存的版本中,有许多人在原版的基础上增添了不少篡改的东西(pp.47—48)。

应当承认,伍德博士这些说法有些是可以接受的。穆尔、伯希和在为《马可·波罗寰宇记》写的《前言》中也有类似说法。他们指出,马可·波罗书的真版(原版)是个奇异复杂的问题。此书可能流行一时,颇有声誉,但这一声誉不仅未使它得到珍藏保护,反而毁坏了它,以致没有一本遗存的稿本称得上是完整的或正确的。不仅如此,经过检查的稿本中,都有一些错误和遗漏,似乎这些稿本都来源于一个稿本,但非原稿,而是一个早已残坏的稿本。我们甚至不得不承认,即令原稿完整,也可能有(实际上也有)一些严重的未经改正的笔误,它是用粗陋的、夹杂着不少意大利文的法文写的,连当时译者也有些困惑难解。因而每个抄写者由于受其个人观点和切身利益或意图的影响,从一开始就自以为是,对该稿加以省略、摘录、意译,造成不少错误和错译。结果是,在我们检查过的近120部稿本中,没有两部是相同的,这并非夸大其词。③

双方在认为原稿已佚、现稿有误这一点上,意见是一致的。但着重点不同:前者强调的是,现存稿本是后人增添的;后者则认为,现存稿本有许多遗漏和错误。前者的目的在于否定马可·波罗书的真实性;后者的目的在于填补该书的缺遗和订正其错误。因而,前者写了一本否定马可·波罗到过中国的书;后者则综合各种版本,出了一部百衲本式的《马可·波罗寰宇记》,并写了一部极有功力的《马可·波罗注》。孰是孰非,应由事实来说话。

阿合马被杀事件,仅见于拉木学(G.B. Ramusio 1485—1557,也译赖麦锡)

---

① 按:据穆、伯统计,其7种乃指143种的分类而言,非另有7种版本。

② 伍德书第7章 p.50 注④,引 M.G.Capuzzo, *La Lingua del Divisament dou Monde di Marco Polo.1,Morfologia Verbale*, Bib–lioteca degli Studii Mediolatini e Volgari(new ser.)Ⅴ,(Pisa,1980),p.33 (卡普佐:《马可·波罗寰宇记的语言:动词语法》,载《中古拉丁语与俗语研究集》〔新系列〕1); Critchley, *Marco Polo's Book*,p.12 et seq.

③ Marco Polo, *The Description of the World*, The introduction,p.40.

意大利文译本。如前所述,此本最接近历史真相,伍德博士却对拉木学本横加指责。意大利马可·波罗研究专家贝内戴托教授(L.F. Benedetto)仔细分析了拉木学版本,他认为该版是在意大利历史学家皮皮诺(Fr. F. Pipino,一译劈劈奴)的拉丁文译本基础上并增以其他稿本的重要记载而成;[①]穆尔、伯希和引用拉木学的原话说,他从友人处借到一本古老的拉丁文稿本,与其他稿本比较后,认为可能是从马可·波罗的原稿中抄来的。他以此为底本并参照其他稿本编成一书。穆、伯二氏对此版本极为重视,指出阿合马被刺事件为本版独有,至关重要。[②]伍德博士则认为,拉木学本与皮皮诺本很不相同,他增加了许多生动夸张的故事,所述马可·波罗一家返回威尼斯事,犹如阿拉伯的《天方夜谭》;他增加了许多不见于现存版本中的章节,虽然有趣却令人困惑,而且都不像出自马可·波罗或鲁思蒂谦诺之手。她说,拉木学可能一认为这样做会帮助其主角使其书更为丰满和有趣(pp.45–46)。

但是,对于仅见于拉木学本的阿合马被杀事件,她却未能指出是拉木学个人增添的,只是说,这是重述尽人皆知的故事(p.137);或说,马可·波罗记此事件之不清是由于他未见此事,是依靠阿拉伯或波斯史料(p.146);或说,这些二手资料也许不是马可·波罗本人之误而是别人所为(p.147)。总之,没有明确点出拉木学之名。如前所述,马可·波罗记此事之明确仅次于汉文记载,若非其本人在大都,是不可能得到这一消息的。

当然,马可·波罗的书经过后人辗转抄写,笔误、遗漏、增添等情况也可能有,[③]但总是少数,不会影响本书的主体结构和内容,更不会抹杀本书的真实

---

① Marco Polo, *The Description of the World*, The Introduction ,pp.44~45。亨利·玉尔说,皮皮诺为意大利波罗那市人,天主教多明我(Dominican)派修道士,曾著法兰西史,拉木学称皮氏拉丁文译本在1320年写成,又有人称其译本曾经马可·波罗本人审订,但玉尔未予肯定。见其英译本《马可·波罗游记》导言 p.95,张星烺译:《马哥孛罗游记·导言》,第207~208页。

② Marco Polo, *The Description of the World*, The introduction,p.40.

③ 伍德举出马可·波罗书中最末篇记那海(Nogai)战败脱脱(Togta)事,谓此记事仅见于托莱多(Toledo)译本(即z写本——引者)。据拉施特《史集》,此役在1298年至1299年间。因而不可能为马可·波罗及鲁思蒂谦诺所知,除非将马可·波罗书《引言》所称其书写成于1298年之说打一折扣。此必系对原版之"增改",可见早期即有不少对原之"增改"与错误之添补云云(p.147)。按:那海与脱脱之战不仅见于z写本,其他版本亦有记载,但不及z写本之详赡。亨利·玉尔在此战役注释中已发现此事发生于1298年至1299年,而马可·波罗此时已在威尼斯,认为难以处理(玉尔书第2册p.498)。穆尔、伯希和《马可·波罗寰宇记》p.489加注说,此段似欲脱拉不花(Tol-obuga,为那海所杀——引者)之二子有一幸福结局者所为,据史家言,此系事实。也有人认为有后人增添的可能。我国学者冯承钧指出,脱脱、那海第一次战争"在波罗还国之后,殆为出狱后续有所闻补述之语也"(《马可·波罗行纪》下册,第840页),可供参考。总之,无论此情节系个人续补或他人所加,在马可·波罗全书中也仅此一例,且系记波斯史事,不能证明马可·波罗未到中国。

性。伍德博士和其他怀疑论者,也没有举出任何确切的资料证明此书是抄自阿拉伯、波斯的书或导游手册,只是做了一些揣测或推论而已。

四、漏载释疑

要求一部旅行记或地理志事无巨细、小大不弃——记录下来,是一种不切实际的苛求。以此为标准判断一本书的真伪,未免过于轻率。伍书却恪守傅海波教授的成规并加以发展,写出专章,指责马可·波罗所漏记的事物。

(1)瓷器。马可·波罗讲到福建刺桐(泉州)附近有一名Tingiu城出产一种碧蓝色(azure)瓷器,远销世界各处。这说明马可·波罗书中已提及中国的瓷器。伍书(pp.65–66)却以伯希和对Tingiu的勘同(认为是浙江的处州,见其马可·波罗书注p.856——引者)及把azure认为是青瓷器色,都与Tingiu这一地名对不上号,而断言茶、瓷器、妇女缠足三者都被遗漏而令人困惑不解(p.75)。难道她真认为马可·波罗未谈到中国的瓷器吗? 这倒是个新发现! ①

(2)印刷。伍德认为马可·波罗提到纸币,但未提印刷术(p.68);又说,马可·波罗讲到行在(杭州)风俗时,提到人死后其亲属用纸制人、马、骆驼、奴婢的像和纸币等焚烧以殉,但未说明这些是印刷品;马可·波罗所经城市如福建为印书中心,杭州有书商聚集的橘园亭等,马可·波罗皆未述及(pp. 70–71)。按:马可·波罗曾多次提及纸币,当时纸币是印刷品,当然说明对此并不陌生。但他是商人子弟,正如伍书所说,他是以商人的眼光,习惯于注意商品情况,如珍贵产品及货币价值等,与作为传教士鲁布鲁克的观察重点不同(p.64)。当时欧洲还没有印刷术和印刷品,怎能要求他说出印刷术这一名称呢?

(3)汉字。她说,传教士鲁布鲁克的《东游记》中,曾提到中国字(汉字)的写法,但马可·波罗书中却未提及汉字。意大利学者奥勒斯吉(Leonardo Olschki)对此事的解释是,像马可·波罗波罗这样缺乏文学的或精神方面创造力的外国人,很难接近或接受中国的语言和文字。伍书反驳说,很难想象,在一个发明了纸而文字又极受崇敬的国家中,一个自称在元朝做官的外国人,竟会不注意蒙古和中国的书法或对之毫无兴趣(pp.69–70)。按:此说与实际情况不符。据《元史·崔斌传》,至元十五年(1278)时,江淮行省的官僚(当指蒙古及

---

① 在汉译伍德书中已把此项改为筷子。在1996年美国版第75页中,已不提瓷器而另加"筷子"。

西域人——引者)竟"无一人通文墨者"。元末明初文人叶子奇著有《草木子》，他在《杂俎篇》中说："北人不识字，使之为长官或缺正官，要题判署事及写日子，七字钩不从右七而从左扌出转，见者为笑。"当然，有些蒙古人和西域人还是读书识字的，不过为数不多。当时在各官府中一般设置翻译人员，有译史，从事笔译，有蒙古译史(为西域人翻译)；有通事，从事口译，蒙古语称怯里马赤。因此，不通汉语或汉文并不妨碍一个外国人在中国从事各种活动。至于拿马可·波罗和鲁布鲁克相比，更是不伦不类。后者是学识渊博的天主教士，他不但注意汉字，也提到吐蕃(西藏)人、唐兀(西夏)人和畏吾尔人的书写方法，这是一个学者的眼光和兴趣。马可·波罗是商人，他关心的是各地的物产、工商业和一些奇风异俗。以他的文化水平，很难顾及文字尤其是难识的汉字，虽然他在使用纸币时也会看到上面印的汉字。

(4)茶叶。马可·波罗书中没提到茶叶，这又是伍书中怀疑的一点。她说，杭州街市中茶馆很多，他们一家应该光顾品尝，即使不去，也不应毫不提及；很难想象，一个在中国住了17年的人竟对此大众饮料不予理会(pp.71-72)。按：傅海波教授在指出此项空白后说，这可能因为马可·波罗不爱喝茶或蒙古人没有招待过他茶。此说有一定道理，但伍书未引用。奥勒斯吉说，马可·波罗对他本国人不了解和不赏识的事物就不愿谈，这可以解释他未提茶的原因。对此，伍书也只字未提。[①]笔者在反驳克鲁纳斯那篇说马可·波罗没有到过中国的文章中说："马可·波罗书中没有提到中国的茶，可能是因他保持着本国的习惯，不喝茶。当时蒙古人和其他西域人也不大喝茶，马可·波罗多半和这些人来往，很少接触汉人，因而不提中国人的饮茶习惯。"此文转载在余士雄主编的《马可·波罗介绍与研究》中，伍德博士是看过的，却没有评说。此后，黄时鉴教授发表《关于茶在北亚和西域的早期传播》[②]一文，精密细致地补充了笔者的看法，此文她可能未曾寓目。

(5)缠足。晚于马可·波罗来华的意大利方济各派教士鄂多立克(Friar Odoric of Pordenone)曾提到蛮子省(南中国)的妇女以缠足为美，而马可·波罗书中却无此记载，伍书认为不可理解。她说，如果代笔人鲁思蒂谦诺认为煮茶

---

① 奥勒斯吉在《马可·波罗的亚洲》一书中几次提到此问题，参见其第130页正文及注93，第432页正文及注㊼。他指出，方济各教士(可能指鄂多立克——引者)的游记中也未提及茶，可能蒙古人不喜欢用茶作饮料。

②《历史研究》1993年第1期。

一事不可信或对之毫无兴趣而不予记载的话,为何对妇女缠足这一奇特风俗也置之不顾呢(p.72)?她随即对缠足史作一简述:缠足在宋代(960—1279)上层社会妇女中已盛行,至20世纪初叶,除最贫穷农家妇女须在田间劳动而不缠外已遍及各阶层,但满族与蒙古族妇女则不缠足。她说,也许可以为马可·波罗辩解说,假定他们一家在中国的话,那时缠足还不普遍,而缠足妇女因不能远行,使外国旅客很难见到;也可以说,由于汉族妇女处于封闭状态,马可·波罗很难见到上层妇女,他描述的只是地位低下的不缠足的商人妇女,她们可能为夸耀其富有而遛街,遂为外国人所见,马可·波罗可能在蒙古统治的松弛日子里见到不缠足的妇女吧(pp.72-73)。说了这些似乎为马可·波罗开脱的话后,伍书话锋一转说,尽管如此,鄂多立克却在他的回忆录中描述了南中国妇女缠足的情形。很难设想马可·波罗见不到这种情形,而虔诚的、无权进入像马可·波罗宣称的上流社会的鄂多立克反倒能略述其情(pp. 73-74)。

关于缠足,中国的零星记载和专著很多,不必多说。大致是,北宋神宗时期(1067—1085)已有此风,尚不普遍,至南宋则流行较广,但仍限于上层社会及大城市中,且是从北方传到南方的。到元朝,则南方妇女也相率缠足,"以不为者为耻"了。[1]但北方在辽、金、元统治时期,契丹、女真和蒙古族妇女不会缠足,统治者也不会提倡,流风所被,对社会当会有一定影响。张星烺先生说,辽、金、元的统治者,"鄙弃汉人风俗。淮以北,南宋时,人即多改胡姓,衣胡服,操胡语。缠足一端,吾人亦可推想当时北方未必为习尚也。马可·波罗居中国17年,大半皆在北方。其所有记载,亦以北方为最详。当其官南方时,富贵人家之妇,或甚少见,或因记载简略,而有缺也。元泰定帝时(1323—1328),高僧鄂多立克的游记中所载妇女以缠小足为美一节,亦在杭州所见者"[2]。这些话值得重视。至于鄂多立克为什么能看到妇女缠足,可能因为:①他是从海道抵达广州,到福建的泉州、福州,北上至杭州和南京,经扬州沿大运河北上至大都的,在南方停留时间不会太短,因而能看到缠足的妇女。②据他说,他在杭州停留时,曾向基督徒、撒剌逊(回回)人、偶像教徒及其他人等打听该城的情况,并由该地与他同教派的4人带他到佛寺参观访问,关于缠足情况可能从这几人

---

① 此句见元人陶宗仪:《辍耕录》卷一〇《缠足》条。论缠足专书有姚灵犀:《采菲录》,天津书局,1938年;高洪兴:《缠足史》,上海文艺出版社,1995年。后书参考前书而有考证。

② 张星烺译:《马哥孛罗游记·导言》,第242页。

处得悉,甚至亲自看到。他说,他曾"经过一个贵人的院墙下",这个贵人有50个少女侍奉,关于留长指甲是生长名门的标记及妇女以缠足为美的描述紧接上段记载,可能是亲自听到或见到的。①

值得注意的是,统观他的《东游录》,所到之处虽不少,而且是工商业发达的城市,但很少记载工商业繁盛的情况。讲到蛮子省,他只笼统地说:"此邦的百姓都是商人和工匠。"这是指整个长江以南的中国,他到广州(他称为新迦兰,Censcalan),见到的是偶像教徒、极大的船舶、大鹅、以蛇宴客;在泉州见到的是基督教堂、偶像教徒、各种生活必需品,特别是糖;在福州则见到公鸡和无羽的母鸡,用水鸟(鸬鹚)捕鱼;在杭州(Cansay,行在)这个他称为"全世界最大的城市"中,他看到和记载的也只是人口多、桥多,有基督徒、伊斯兰教徒、偶像教徒。在统计了人口数目后,仅说"此外有基督徒、商人和其他仅从该地过路者";在扬州,他提到有聂思脱里派(景教)教堂、基督徒和盐税的收人;在一个叫索家马头(Sunzumatu)的城市,提到盛产丝和有大量商货;他在汗八里(大都)住了3年,有6章描述元代国都情况,但除了描绘大可汗的宫殿及其生活,还有他和他的同教徒在皇宫中的职务外,竟无一语提及该城工商业的情况。②而马可·波罗每到一地,必大谈该地"人民以经商和手艺为生","人民多以经商和做生意为生活"(Cacanfu,河间府);长芦镇(Cianglu)的盐及其制作方法;距长芦镇5天路程的济南路(Ciangli,伯希和勘同为德州),沿途经过许多城市集镇,商业兴旺;离开济南路向南走6天,经过许多富庶繁盛的集镇城市,人民以商业和手工业为生。③如此之例,不胜枚举。这只是北方的情况,对鄂多立克所到的南方城市如泉州、福州、杭州等处工商业繁荣发达情景的叙述,更是饱含激情,大书特书。原著俱在,人所共知,毋庸赘述。

以上絮语旨在表明,二人的身份不同,兴趣不一,视角有异,对所见所闻的事物自然各有侧重,记载或详或略,不能要求一致。以一方所记为准,因对方失记或误记而指责之甚至宣布其为抄袭或伪书,在情理上或逻辑上都是站不

---

① 见何济济译:《鄂多立克东游录》,中华书局,1981年,第83~84页。此译本系据玉尔(Henry Yule)的 *Cathay the Way Thither* 第二卷译出。本节"经过一个贵人的院墙下",玉尔附录的意大利文作"到过贵族的宫廷",似更为符合实情。

② 见何济济译:《鄂多立克东游录》,第64~68、72~80页。玉尔英译本 pp. 178-204、209-240。

③ 分见张星烺译:《马哥孛罗游记》,第263~264、266、267、268页。Marco Polo, *The Description of the World*, pp.298、301、302。

住脚的。

再说缠足。如前所述,缠足主要是上、中层妇女的装束,下层社会的劳动妇女一般不会缠足。元末明初朱元璋的马皇后(宿州人)相传是大脚,应该有根据。至于贵族妇女,一般很少出门,不熟的外人来访也回避不见。出门则坐轿子或马车,也不会露出小脚。马可·波罗在杭州即见到有盖的马车供一家男女出游。①至于鄂多立克记述妇女缠足,可能是从当地的基督教士处听到的,这些教士因久住当地,在传教时可能到居民家见到此景而告诉鄂氏。

最后,再回答伍德博士对笔者的一个误会。由于我在辩驳克鲁纳斯那篇怀疑马可·波罗到过中国的文章时没有就缠足问题为马可·波罗辩护,她就断言说:"这无疑是因为当代中国人对旧时那一风俗的恐怖和厌恶,并认为西方人对缠足的兴趣是对中国人的侮辱。"(p.138)这是误解。很简单,克氏文章中既然未提此事,我何必多费笔墨呢?

(6)长城。伍书专辟一章,名曰《他漏掉了长城》(pp.96–101)。她说:"这一遗漏乍看起来很糟糕,但值得争论的问题是,长城在13世纪是什么样子以及当时它是否存在。"这倒抓住了问题的要害。她指出,现在所见的长城是明朝开始用砖石建造的,而以前的长城则是用黄土筑成的,不过,经过捣碎夯实的加工仍很坚固,至今仍有遗迹。她引用了伴随英国使臣马戛尔尼(G. Macartney)于1793年(乾隆五十八年)抵华的副使斯汤顿(G. Staunton)的《记事》:他浏览了当时的长城后,对马可·波罗未提长城而引起人们怀疑一事猜测说,是否当时长城尚未存在呢? 他又为此事辩护,认为这是由于马可·波罗回国后,未能及时把其旅行情况向人宣布,待以后离开故乡多时,才从过去零散的记录中口述于人,因而出现了编辑上的错误。他又从威尼斯道奇(Doge)图书馆中引用了一段有关马可·波罗到中国的路线:抵达喀什噶尔(今新疆喀什)后,他折向东南,过印度的恒河至孟加拉,沿西藏山区至中国的陕西、山西最后到达大都,而无须穿越长城。对此,伍氏当然不以为然。但她是在亨利·考狄埃后再次举出了第一个说出马可·波罗未提长城并为之辩护的外国人,这对马可·波罗学的研究也是一个贡献。

伍书引述了瓦德伦(Arthur N. Waldron)的一篇论文《长城问题》②,文中关于

---

① 张星烺译:《马哥孛罗游记》,第313页;MarcoPolo, *The Description of the World*, p.334。

② 刊于《哈佛亚洲研究学报》1983年第43卷第2期。

秦、明之间未修筑,使长城几乎不见的论点后说,虽然现在北京北部和东北部的砖筑长城是在马可·波罗一家东游后修建的,但泥土筑的城墙遗址,如从西安穿过沙漠到敦煌的火车上仍触目可见,而商代的土筑城墙在郑州仍有遗存。因此,在13世纪应有夯实的城墙存在,从西方到中国来的人很难见不到它,马可·波罗的这一遗漏是显而易见的。

关于长城,我国的历史记载和研究成果颇为丰富。在秦始皇修筑万里长城以前的春秋战国时代,各国已在其境内修筑城墙以防外敌。秦朝以后,除唐、北宋、辽和元朝以外,历代都有修筑。但就其规模之宏大,城垣之坚固,气象之雄伟,使见之者叹为奇观,攻之者踯躅不前的,恐怕只有明朝修筑的至今仍巍然屹立的万里长城了。伍文所引斯汤顿《记事》中提到马可·波罗到中国时长城尚未存在,他心目中的长城是明代修的长城,元朝时当然不会有。伍氏说,从西安到敦煌的火车线上仍可以看到泥土筑的城墙遗址,这有可能。但有两种情况:一是看到的是较高的碉楼,这是古代在城墙沿线修的瞭望和防守建筑,这些碉楼英国考古学者斯坦因(A. Stein)在敦煌附近发现不少。二是看的人要有一定历史知识。斯坦因是以考古学者的身份来探察的,他不仅看到碉楼,而且在碉楼之间拨开流沙,发现用苇秆和泥土交缠在一起筑成的城墙。[①]伍氏既然研究马可·波罗,留心长城问题,当然会认真观察一般人忽略的长城遗址了。马可·波罗,一个商人的儿子,学识不高,对中国历史毫无所知,他能对断壁残垣或突起的碉楼感兴趣并告诉旁人吗?

即使对马可·波罗来华前金朝所修的"长城",马可·波罗书中也没有记载。关于金代的"长城",前辈学者王国维在其《金界壕考》[②]一文中有详尽考论。他说,金代并无长城之称,见于史者只称"边堡"和"界壕"。"界壕"是"掘地为沟堑以限戎马之足","边堡"是"于要害处筑城堡以居戍人"。这是为了防御其周边的民族,特别是蒙古各族而修筑的。这些界壕和边堡在元朝还有遗存。据王国维文中统计,成吉思汗时期的邱处机(长春真人),元世祖即位前的张德辉、即位后的王恽,都曾路过其地,留有记录。马可·波罗经常往来大都和上都(今内蒙古正蓝旗),自应经过界壕,但他却视而不见,无动于衷。其原因应是,前三人知道金朝

---

① 见向达译:《斯坦因西域考古记》,中华书局,1945年,第119~120页;Aurel Stein, *On Ancient Central-Asian Tracks*, pp.168-169。碉楼原文为watch-tower,一般译为瞭望塔。其书中并附有塔的图片。

② 《观堂集林》卷一五。

界壕,故能触景忆旧,而马可·波罗不然。此其一。这些界壕和边堡已埋塞或荒废,无可观者,不足触发马可·波罗的好奇心情。此其二。总之,无论从客观环境或主观素养,马可·波罗之不提长城,并不值得人们大惊小怪。

顺便提一下亨利·玉尔对马可·波罗未提长城的解释。在其书《导言》中,他说:"书中未提长城,但吾人有理由相信,当马可·波罗在他口述某一章时,他心中所指,定是长城。"玉尔指的是该书上卷第59章《天德省及长老约翰的后裔》所述该地"即吾人所称之葛格(Gog)与马葛格(Ma-gog),而彼等则称为汪古(Ung)与蒙古(Mungul)。玉尔注释此段时认为,马可·波罗在提及葛格与马葛格时,其心目中实际上是指西方传说的"葛格与马葛格壁垒(Rampart of Gog and Magog)",即传为亚历山大王所筑的壁垒,此处则指中国北边的长城。玉尔并附一明代所筑的长城插图,图下注云:"葛格与马葛格壁垒。"

按:玉尔旁征博引,证明马可·波罗曾隐约暗示长城的存在,看来似有道理,但也值得推敲。首先,马可·波罗不可能看到雄伟的明代长城,因而不会联想到"葛格与马葛格壁垒"。其次,他可能听到汪古、蒙古与葛格(冯承钧译写为"峨格",甚可注意)、马葛格发音有相似之处,因而生此联想。当然,这一带是汪古部族的地盘,而汪古部是为金朝防守边墙的;还有一说,在蒙古语中称边墙为汪古①。因此,马可·波罗是否因此而联想到"葛格与马葛格壁垒"也未可知。总之,玉尔的推测很有意思,可备一说,但把明代长城认作元代的则是明显的错误。

笔者因此联想到,一些人(伍德博士除外)把马可·波罗未提长城作为他没来中国的论证之一,多半是把明代所修、至今仍存的长城认为古已有之,或把明修长城作为标准,认为明代以前所筑长城也应有此规模,马可·波罗不应看不到,因而对他苛求、怀疑,以致否定其到过中国。②

如笔者前面一再指出,因一部书没有记载它可以记载而因某种原因失记的东西,便怀疑、否定其真实性,这不合情理,也很难服人。遗憾的是,具体到

---

① 此说见汉译拉施特《史集》第1卷第1分册,第229~230页。大意是,金朝皇帝为防御蒙古及附近游牧族,筑一道城墙,此墙"在蒙古语中称为兀惕古[atku]",附注①说:"B本、贝书(贝列津本)作anku(贝译作oнгy)。"按:oнгy即汪古(——引者)。据《元史》卷一一八《阿剌兀思剔吉忽里传》,他是汪古部人,"金源氏堑山为界,以限南北,阿剌兀思剔吉忽里以一军守其冲要"。按:这些即王国维所指的金界壕。

② 黄时鉴、龚缨晏二先生的《马可·波罗与万里长城——兼评〈马可·波罗到过中国吗?〉》一文(《中国社会科学》1998年第4期),对长城历史做了细致翔实的考察,有力地批驳伍氏的论点。

马可·波罗这部书,有些人却以其所漏载的事为把柄和突破口,大作文章加以指责和否定。笔者之所以多费笔墨,与之辩说,以维护马可·波罗来华的真实性,实是迫不得已。两千多年前的孟子说过:"予岂好辩哉,予不得已也。"笔者颇有同感。

五、结语评析

伍德博士在其书中的最后一篇即《结语》部分,对马可·波罗的书及其人作了结论。此篇扼要地谈出她的见解,值得一读。笔者顺便也补充一些前面未及评说的问题。

首先,她指出,这本书不是一部旅行志或简单的游记。此前,她在第五章中就以《不是旅行志》的标题和用9页多的篇幅表述她的看法。大意是,除了开头的《前言》(共18章——引者)外,其旅行路线忽东忽西、迂回曲折,令步其后尘的旅行者难以跟踪,有些地方甚至使为之注释的亨利·玉尔也感到困难。此外,除《前言》外,她对书中很少提及马可·波罗一家甚为吃惊。据她统计,全书只有18处提到马可·波罗或其一家。她说,这不是一本个人见闻录而更像一部地理或历史著作,一部味道浓厚的旅行指南。

按:马可·波罗所述旅行路线确有迂曲之处,但大体上仍有线索可寻。亨利·玉尔所指难点只是从永昌到缅甸国都以及缅甸与老挝之间一段而已,其他地方并无大困难,有玉尔所制旅行路线图可证。所举只有18处提名事更令人怀疑:书中不提名而用"我"或"我们"字样的地方不胜枚举,难道伍德博士所据的Latham版本《马可·波罗游记》没有这些字样吗?

其实,是否叫"旅行志"并不重要,马可·波罗也没叫他的书什么名称。伍德博士的这一指责,在于否定马可·波罗来华的真实性,这才是问题的要害所在。

在《结语》中,伍德博士除了简要指出此书误导了一些追踪马可·波罗的足迹者,不是游记只是一部《寰宇记》(*Description of the World*)外,还从宏观方面提出:有些人可能有一种预感,认为13世纪晚期和14世纪早期人们对地理学知识已逐渐需要,受此驱动,遂编写此类书籍。她举出了阿魁(Jacopo da Ac-qui)、博韦(Vincent of Beauvais)、曼德维尔(Sir John Mandeville)都编过世界历史和地理等书,①拉施特(Rachid al-Din)也用阿拉伯文(按:应为波斯文——引者)写过世界史(即《史集》——引者)。她说,曼德维尔的书曾大受欢迎并被译为多种欧洲语言,但终被揭露为赝品,乃剽窃15种以上资料而成者;对比之下,马可·波罗的《寰宇记》经鲁思蒂谦诺之修饰扩充与此后译者的增添,虽为二手资料,却与曼氏命运不同而享誉后世,至今不衰。将马可·波罗书与曼德维尔书相提并论,言外之意,不问可知。

伍德博士进一步指出,《寰宇记》中旅行路线之缺乏连贯,"可能"由于鲁思蒂谦诺之鼓励,使一旅游记扩大为世界历史、地理著作,因而加进了一些不相干的内容,如俄罗斯、日本等地区和古代战争故事等。又说,作为一个职业传奇故事作家,鲁思蒂谦诺"也许"是想利用人们对记载域外奇异事物书籍的普遍需要,"可能"在听了马可·波罗讲的奇异故事后,提请与他合作,遂成此书。她说,其时尚无印刷术和版权问题,写一部稿件很难发财,但鲁氏此前曾借英国王储之助得以完成其文学创作,②此次仍想借此书取得英王的恩惠也颇有"可能"。请注意:在这一段说明中,她连续用了"possible""may""maybe""perhaps"等揣测、猜度词语。

以下,伍德博士又就《寰宇记》的资料来源发表她的看法。她承认,这是一道难题,但仍提出了她的答案:①"假如"马可·波罗从家中得到书面材料,他家中应该有到东方经商的资料,而且,"也许"有波斯文的商人指南一类书;"可能"还有波斯文历史著作,其中有关于古代战争以及他们从未经历过的俄罗斯和日本的描述。②唐代阿拉伯人对中国的记载,如写于851年的《中国印度见闻录》,14世纪初期拉施特的《史集》、中期的白图泰(或译拔都他)游记③,是《寰

① Jacopo da Acqui 为马可·波罗的同时人,所著书名 Imago Mundi(世界形象),是地理书。其中记有马可·波罗与其父、叔自蒙古回家,在与热那亚战争中被俘,在狱中口述其世界见闻事。Vincent of(de)Beauvais(1190—1264)1244年著书名 Speculum Historiae(《历史通鉴》),是一部记自开辟以来到13世纪的世界史书。Sir John Mandeville,英国作家,自称1322—1356年周游世界后著《游记》。

② 指鲁氏曾从英国太子爱德华处得见当时已颇闻名而抄本甚罕见的《环桌传奇》小说,节录而编为《梅柳杜斯》(Meliadus)一事。见亨利·王尔书上册《导言》,pp.58-60。

③ 白图泰(Ibn Battuta,或译拔图塔、拔图他,全称伊本·白图泰,1304—1368年或1369年),非洲摩洛哥国丹吉尔港人。1325年出游,历阿拉伯、波斯、中亚、印度等地,1342年(元顺帝至正二年)后到达中国,1354年回国,1355年口授成书。原为阿拉伯文,有法、德、葡萄牙等国译本。汉译本有张星烺节译其记中国部分(参照德译及亨利·玉尔英译本,《中西交通史料汇编》第二册,中华书局,1977年)及马金鹏自阿拉伯文全译本《伊本·白图泰游记》(宁夏人民出版社,1985年)。

宇记》的另一史源,因其记载和以上三书有很多类似之处。她举出《寰宇记》和《史集》关于王著谋杀事件的叙述同样混乱不清作为证明。其实,如笔者前面所说,二者的记载并不相同,前书较后书更接近实情。她虽然知道《史集》和《白图泰游记》出书在后,马可·波罗不可能看到,却说,马可·波罗与白图泰关于中国的某些记载的相似颇引人注意,以致傅海波教授认为,马可·波罗"可能"或"也许"(might, perhaps)是依靠一种波斯或阿拉伯的中国指南书,使他和白图泰的叙述趋于一致(p.l46)(笔者未见傅教授论及白图泰的文章,只知他提到马可·波罗与波斯文史料的关系,伍德此书中也常引用,但偏偏这里未注出处,令人纳闷)。她又说,有人曾寻找这种指南书,遗憾的是,13世纪是"波斯通俗读物的黑暗时代",这类读物还没有找出来。

"虽然如此,"她接着说,马可·波罗之"可能"依靠阿拉伯或波斯史料,从他书中所用词汇以及对中国南方巨大体形之鸡的描述与拉施特、白图泰所记者相似而得知。"假如"(if)他在狱中从其家中获得波斯文指南书或波斯文蒙古征服史等记载,他当会取得原始资料。

伍德博士既然认定马可·波罗所用的是二手资料而非其本身见闻,则其本人的未到中国自然是顺理成章的事了。那么,马可·波罗这些年到哪里去了?请看伍德博士的答案。

她的第一句话是:遗憾的是,假若马可·波罗不在中国,在1271年到1295年间他究竟在哪里却无可证明。随后,她提出自己的见解:在《前言》中所记马可·波罗的父亲和叔父的第一次东行并遇到某些贵人的事,是唯一具体的实证。他们家中的"金牌"(作为颁布给使臣的通行证——引者)可能作为与一蒙古君主(虽然不一定是忽必烈汗本人)有过高级接触的实物见证。他家族中曾为金牌问题发生一次争论(在《寰宇记》完成后的1310年),"或许"(might)是由于马可·波罗并未到过中国而他却声称去过[因而要求一件金牌];"或许"他父亲和叔父到东方做了一次冒险旅行,得到几个金牌回来,而马可·波罗在狱中却窃取其名,写于书中,作为自己的荣耀。她又指出马可·波罗的叔父玛菲奥(Maffeo,一作Matteo,汉译玛窦——引者)在1310年的遗嘱中暗示过马可·波罗曾觊觎这些金牌中的一枚。她说,不管他们家族中有多少金牌以及马可·波罗是否从大汗手中得到一枚,写在遗嘱中的这一争论似乎更有特殊意义(p.148)。言外之意无非是说,马可·波罗既未得金牌,当然未到过中国;反之,既未到中国,当然不会有金牌。

玛菲奥遗嘱中是否提到他和马可·波罗有过金牌之争还是问题。穆尔英译《马可·波罗寰宇记》中有此遗嘱,说他们从大汗(忽必烈)处得到三枚金牌,但未提和马可·波罗为此物发生争执。只是译者穆尔在注金牌时说:"关于金牌归属问题,马可·波罗与其叔父玛菲奥似乎有些争论(There seems to have been some dispute。见该书 p.555 注 1)。"这只是揣测之词,并未肯定。在其《导言》中虽译举玛菲奥的包括三枚金牌在内的全部遗产,却未声明和马可·波罗有什么争执(该书 pp.28–29)。澳大利亚大学教授罗依果博士(Dr. Igor De RACHEWILTZ)在其重要论文 MARCO POLO WENT TO CHINA(德国波恩大学《中亚研究》1997 年 27 期 pp.73–76)中,对此事作了详尽的剖析,认为伍德博士是被穆尔揣测性的注释所误导。并说,在未得其他重要证据以前,只能将其作为不值得认真考虑的问题而摒弃之(pp.75–76)。伍德博士把此事作为马可·波罗未到中国的把柄可以休矣。

在把《寰宇记》分为两部分,即《序言》中记他父亲和叔父第一次东行(她认为可信)和马可·波罗参加的第二次东行(她认为是传说和地理、历史记载的混合物)后,她再次对此书的资料来源作一概括。她认为,一是来自家庭:他家中对近东及近东以外情况的熟悉以及他父亲和叔父到蒙古哈拉和林(即和林。本书屡称马可·波罗兄弟到和林见忽必烈,不确——引者)的旅行,会提供不少资料和[对他有价值的]出发点(即前文说的跳板——引者)。他在克里米亚的家和君士坦丁堡的营业寓所,会得到一些有关域外供旅行和经商的波斯文指南书、地图和历史等资料。二是来自书籍:《寰宇记》和拉施特《史集》有关中国的记载有许多相似之处,二者一定有共同的关于地理和蒙古历史的书面资料以及关于东方的奇事,如长老约翰、火鼠(Salamader,即石棉,中国旧称火浣布——引者)等的口头传说(pp.149–150)。

伍德博士虽不厌其烦地追究《寰宇记》的史源,但对马可·波罗究竟在哪里,却只能说:"遗憾"而无从落实。本来是到过中国,硬说没来,所以很难自圆其说。既肯定或怀疑其没到中国,却又不能确定其在 20 余年间的所在。笔者见到有的报刊转载伍德此书的概要说,那时马可·波罗可能是住在他们家族设在黑海东岸或君士坦丁堡的一个贸易站。但伍书并没有这么肯定,只是说马可·波罗大概最远不过到过上述的贸易站而已(p.150)。

假如上述两地为《寰宇记》的信息来源一说尚可接受的话(因为马可·波罗来华时会由该地出发),那么,波斯文指南和拉施特书一说就很难讲通了。因为，不仅迄今谁也没有见到过波斯文指南书，即令见到，也应两相对照，分清是非。对此，伍德博士也只得用"遗憾"来解脱了。至于拉施特《史集》的来源，史学界已有定论，那是用波斯文、阿拉伯文的已有历史著作，蒙古文的《金册》等文字资料，通过蒙古人孛罗丞相、两位中国学者和其他国家和民族的人士，由拉施特总编而成，这些资料马可·波罗是既无机会也无能力得到和读懂的。如前所说，王著事件二书所记就不相同。至于因其和白图泰所记巨型鸡相同而断定《寰宇记》和《白图泰游记》同出一源，更是以偏概全。二人先后到过中国，所见事物相同，各自为记，乃自然之事，何足为奇。果如所言，似乎白图泰也没到过中国了。

综观全书，伍德博士虽用力甚勤，多方论证，但给人的印象是揣测、推论的多，实证的少，说服力不强。马可·波罗的书确实有些错误失实、夸张虚构之处，如说蒙古攻陷南宋襄阳是他们一家之功，这不仅不符合事实，也与中国文献记载和拉施特《史集》不同，显然是自我吹嘘。但其所记内容则大致不差，说明他是在中国听到的；由于与《史集》不同，说明他和《史集》不是一个来源。关于在扬州做官三年之说，也很难找到证据，有的版本说他"居住"三年。其他的错误也不少，有的是道听途说，以讹传讹，有的是记忆失误，有的是不通汉语所致。但其中确有不少记事准确可供参考并与汉文记载可相互印证之处。如断罪体罚以七为准（即笞、杖七、十七……一百七），这是元朝刑法的特点，其他的西方记载皆无，为本书独有（当然不能以此责难其他记载）。又如书中记录镇江时说，耶稣降生后 1278 年（元世祖至元十五年），有一聂思脱里派基督教徒名马薛里吉思（Marsarchis）者在此城任官三年，建两座基督教堂。马薛里吉思《元史》无传，也不见于《元史》中的本纪、志和其他列传中，不是重要人物，但在元文宗至顺四年（1333）所修《至顺镇江志》中却有几处提到他："马薛里吉思，也里可温（元代称基督教徒）人。至元十五年授明威将军、镇江路总管府副达鲁花赤，因家焉。尝造七寺。"[1]人名、年代、教派、建寺都与马可·波罗所记符合（马可·波罗称建寺二所，可能只见到二所，或其他为以后所建）。如此之例，尚有多处，若非在中国亲见或亲闻，何能如此巧合。若说是抄自波斯文指南，试问，哪有如此内容丰富的指南书可抄？

伍德博士在《结语》的最后一段，对《寰宇记》作了一个总评。她说，虽然她

---

[1] 《至顺镇江志》卷一八。

认为马可·波罗足迹最远不过他家设在黑海与君士坦丁堡的贸易站,但《寰宇记》仍不失为了解中国的有价值的信息来源,把它和阿拉伯、波斯、汉文文献结合对照,在总体上(虽不在细节上)仍有印证作用。这倒是公道话。可惜在否认马可·波罗到过中国的大前提下,这几句话已失去分量,不为人所注意了。

马可·波罗到过中国,这是本文对伍德博士书的回答。

本文原刊载于《历史研究》1997年第3期。

作者简介:

杨志玖(1915—2002),字佩之,回族。山东淄博人。南开大学历史系教授,兼任国家《中国历史大辞典》主编、《历史教学》编辑委员会主任、中国元史研究会名誉会长、中国蒙古史学会理事、中国海外交通史学会顾问、中国民族史学会顾问、中国唐史学会顾问等。曾任中国人民政治协商会议天津市第六届、七届、八届委员会委员和常务委员。著作有《杨志玖文集》(五册),包括《隋唐五代史纲要》(外三种:《隋唐史通俗讲话》《宋辽金西夏史讲义》《元史七讲》)、《元代回族史稿》《马可·波罗与中外关系》《陋室存稿》等。

明代重赋出于政治原因说述论

郑克晟

早在1935年,梁方仲先生在《近代田赋史中的一种奇异制度及其原因》[①]一文中,指出明代"东南田赋之重"系"一极不合理的事实",并举苏松地区重赋为例加以研究。其重赋的原因,梁先生认为政治上是明太祖愤东吴人民为张士诚死守而重其赋,在历史上东南地区的官田从宋元时代就多,而在经济上该地区比较优越富庶等。

除了极少数学者认为"苏松地区根本不存在重赋问题"外,对苏松重赋的原因,从明清至今学者之论述极多,不乏高论,撮其要者:有谓朱元璋怒吴民附张士诚以惩一时之顽者;有谓江南重赋是由于朱元璋打击豪强地主所造成者;另有谓江南重赋乃由于宋元时期该地区本已重者;又有谓该地区明代官田甚多,官田本身必然赋重者;亦有谓系出于明朝统治者财政之需要者;还有谓苏松重赋是由于当地经济繁荣,是经济发展的结果。众说纷纭,莫衷一是。然明代重赋现象不止出现于苏松地区,在江西、陕西等地区也产生了重赋问题。如果通盘考察这些地区的重赋现象,对明代重赋的原因或许能够得到一个较为圆满合理的解释。笔者此文,即试就此略加申说。

一、明代苏松地区的重赋

(一)元朝在苏松地区赋税不重

明代苏松地区的重赋是否系沿袭元代而来? 元代苏松地区的赋税是否已经很重? 自明初以至清代的江南文人多有论说,他们的回答是否定的。明初叶子奇《草木子》卷三上称:

> 元朝自世祖混一之后,天下治平者六七十年,轻刑薄赋,兵革罕用,生

[①] 梁方仲:《梁方仲经济史论文集》,中华书局,1989年,第10~16页。原文发表于《大公报》1935年2月22日,《史地周刊》第23期。

者有养,死者有葬,行旅万里,宿泊如家,诚所谓盛也矣。①

叶子奇系元末明初的江南士人,在浙西与宋濂、刘基齐名。但他不为朱元璋所喜,仅做个巴陵县主簿这样的小官,也还入了狱,备受迫害。他在书中怀念元朝的情绪是显见的,但元代赋轻则是事实。万历初年华亭人范濂记述元、明两代松江田赋的情况,说:"元入中国……赋虽轻,不足法也。"他站在明朝的立场上,认为元朝是"以貉道治天下",然未否认元朝赋轻。②万历后期秀水人沈德符虽然与范濂一样认为元朝的做法"固不可法",也不得不承认:"前元取民最轻。"③

元代江南不仅赋税较轻,农民所负徭役亦较宋代为少。《元史》卷十六《世祖十三》,至元二十八年(1291)十二月壬申,中书省臣言:"江南在宋时,差徭为名七十有余,归附(元朝)后一切未征。"④这不仅是元初的记述,即在元末的情况亦复如此。谈迁在《国榷》卷一,元顺帝至正二十三年(1363)二月癸酉中引朱国桢话曰:"又其时赋税甚轻,徭役极省,侈汰狂惑,酿成臃肿之势,于是群盗叠起,几遍天下。"⑤

清初史学家谈迁曾就宋、元两代在苏松地区的征赋数目加以比较,以说明此问题,并指出元代统治者实行这一政策的目的。他说:

> 宋时赋征八分,版曹往催其赋。平江(苏州)粟二□万,元人减之仅百万……当元之初,闽广稍警,旋即安枕,吴、浙晏然。(苏松人)以苦宋公田之累,如释重负,有祝而无诅,则轻徭薄赋,实有以招徕而深结之也。⑥

(二)明朝在苏松地区确实重赋

明代苏松赋税之重,在全国首屈一指。谈迁曾引述正德、嘉靖时上海人陆深对明初全国和苏松税粮的计算:

① (明)叶子奇:《草木子》卷三上《克谨篇》,中华书局,1959年,第47页。
② (明)范濂:《云间据目抄》卷四《记赋役》,《申报馆丛书》本,上海申报馆光绪年间排印,第1a页。
③ (明)沈德符:《万历野获编·补遗》卷二《岁入》,中华书局,1959年,第849页。
④ (明)宋濂等撰:《元史》卷一六《世祖十三》,中华书局,1976年,第2册,第353页。
⑤ (明)谈迁:《国榷》卷一,古籍出版社,1958年,第300页。
⑥ (清)谈迁:《北游录·纪文》,《上大司农陈素庵书》,中华书局,1960年,第265~266页。

　　国初总计天下税粮,共二千九百四十三万余石,浙江二百七十五万二千余石,苏州二百八十万九千余石,松江一百二十万九千余石。浙当天下九分之一,苏赢于浙,以一府视一省,天下之最重也。松半于苏,苏一州七县,松才两县,较苏之田四分处一,则天下之尤重者,惟吾松也。①

这种记载在明清时期甚多,毋庸一一引述。

明代苏松重赋当然也是与元代江南地区赋轻相比较而言。明中叶时叶盛在其《水东日记》卷四曾引述景泰时长洲民杨芳之说,其言曰:

　　长洲民杨芳,景泰中尝以十事上巡抚邹都御史,其“均税额”以为:“……元耶律楚材定天下田税,上田亩三升,中田二升五合,下二升,水田五升。我朝天下田租亩三升、五升、三合、五合。苏、松后因籍没,依私租额起税,有四五斗、七八斗至一石者。苏(州)在元粮三十六万,张(士诚)氏百万,今二百七十余万矣。”②

成化时太仓人陆容在其《菽园杂记》卷五中则称:

　　苏州自汉历唐,其赋皆轻,宋元丰间(1078—1085),为斛者止三十四万九千有奇。元虽互有增损,亦不相远。至我朝止增崇明一县耳,其赋加至二百六十二万五千九百三十五石。③

(三)明清学者论江南重赋原因在于张士诚抵抗朱元璋

　　明代学者对苏、松、嘉、湖重赋系朱元璋“怒其为张士诚守”的原因是有所避讳的,大多闪烁其词。如范濂只说:

　　国初籍没土豪田租,有因张(士诚)氏义兵而籍入者……有司概以租

---

① (明)谈迁:《国榷》卷七,洪武十三年三月壬辰“减苏松嘉湖赋额”条,第586页。
② (明)叶盛:《水东日记》卷四《苏松依私租额起税》条,中华书局,1997年,第37~38页。
③ (明)陆容:《菽园杂记》卷五,中华书局,1985年,第59页。

额起粮,每亩四五斗、七八斗至一石以上者……故洪武受命,天下咸称得所。而苏松独流移载道,良有以也。①

上引《菽园杂记》卷五亦称:苏松赋重,"特以国初籍入伪吴张士诚义兵头目之田,及拨赐功臣,与夫豪强兼并没入者,悉依租科税,故官田每亩有九斗八斗七斗之额,吴民世受其患"②。

万历时期的学人王士性,在其所著《广志绎》卷二,谈到苏松重赋的原因时这样说道:

> 苏松赋重,其壤地不与嘉、湖殊也,而赋乃加其什之六。或谓沉没(沈)万三时,简得其庄佃起租之籍而用之起赋;或又谓张(士诚)王不降(明)之故,(明太祖)欲屠其民,后因加赋而止,皆不可晓。③

他是明末之人,点出了由于吴民拥戴张士诚,朱元璋怒而加苏松民重赋,但还是不愿深说,只说"皆不可晓"。

明代也有史籍指明苏松重赋的原因是当地百姓归附张士诚抵抗朱元璋。如弘治、正德时长洲人祝允明在《野记》中说:

> 吴中……太祖愤其城久不下,恶民之附寇,且受困于富室而更为死守困,令取诸豪族租簿历付有司,俾如其数为定税,故苏赋特重,盖惩一时之弊。④

明末吕毖《明朝小史》卷一,则明确指出:

> 帝(指明太祖)平吴后,愤其城久不下,恶民之附张氏,且受困于富室,

---

① (明)范濂:《云间据目抄》卷四《记赋役》,第1b页。
② (明)陆容:《菽园杂记》卷五,第59页
③ (明)王士性:《广志绎》卷二,中华书局,1991年,第32页。
④ (明)祝允明:《野记》,《丛书集成初编》本,商务印书馆,1936年,第35页。

而更为死守,令取豪族租田簿付有司,俾如其数为定税,故苏赋特重。①

到了清代,首先揭露明代苏松地区重赋原因的是清初史学家谈迁。他在《国榷》中说:

> 上(按:指朱元璋)恶吴民殉守张士诚,故重其科。时天下田租亩三升三合五勺,苏松等至七斗五升。苏额:元三十六万石,张(士诚)氏百万石,明历减尚二百七十余万石。②

谈迁的话当然是有根据的。乾隆时苏州人顾公燮在《丹午笔记》中亦称:

> 明太祖恨苏松人为张士诚守城,抗拒二年有余。士诚国破,将户籍焚毁无稽,(明)太祖即取沈万三家租簿定额,格外加赋;每亩完粮七斗五升,其重十倍他邑……民困不堪。③

同时长洲人沈德潜《浮粮变通议》中亦说:

> 明祖怒吴民之附强寇(按:指张士诚)以守城而重其赋。④

清人潘耒,吴江人,曾对吴中地区的赋税做过一番总结。他指出:

> 自唐以来,江南号为殷富。宋时亩税一斗;元有天下,令田税无过亩三升,吴民大乐业,元统、至元之间(1333—1340),吴中富盛闻天下。自明初没入张(士诚)氏故臣及土豪田,按其私租籍征之,亩至八斗,而(吴)民始困……盖吴中之民,莫乐于元,莫困于明,非治有升降,田赋轻重使

① (明)吕毖:《明朝小史》卷一《洪武纪》《鱼鳞册》条,《玄览堂丛书初集》,台湾正中书局,1981年重印,第19册,第92页。
② (清)谈迁:《国榷》卷七,洪武十三年三月壬辰,"减苏松嘉湖赋额"条,第585~586页。
③ (清)顾公燮:《丹午笔记·苏松粮重之由》,见《丹午笔记·吴城日记·五石脂》,江苏古籍出版社,1985年,第67页。
④ (清)陆耀辑:《切问斋文钞》卷一五,清道光甲申(1824)重镌本,第18a页。

然也。①

潘耒为顾炎武的学生,是清初著名学者,《明史·食货志》的最初撰稿人,掌握资料极为丰富。"莫乐于元,莫困于明",正是他对宋、元、明几代在江南征赋情况的总结。《明史·食货志二》所述,"惟苏、松、嘉、湖,(太祖)怒其为张士诚守……按其私簿为税额"②云云,亦与潘耒所言相符。

二、明代江西重赋

(一)元末江西属陈友谅管辖

元末江西一部分地区为陈友谅占据,属陈友谅势力范围。明初朱元璋统一后,陈友谅部下的残余势力在江西、湖广始终存在,对明政权多有威胁。顾炎武《天下郡国利病书》引《九江府志》曰:

> 陈氏之余,聚族而居洪上下者,阻而逋盗,悍而犯禁,轻而易动。

所谓"洪上下者",当指南昌周围,隋、唐、宋曾在此设置洪州,别称洪都,1362年朱元璋尝在此置洪都府,次年即改南昌府。同书又引嘉靖、万历间人郭造卿《处置柯陈议》一文,谈及陈友谅残余势力的情况:

> 湖广武昌之兴国与咸宁及江西九江瑞昌、宁州、武宁为邻,而飞龙山最险,惟有一路可入。柯氏世据其巅,本伪汉酋长之裔也。柯凡三族,共数千人,而陈氏亦巨族,助虐聚党,为逋逃主,分其群于长江、洞庭、鄱阳间行劫,名挂案牍二藩如山,有司莫之谁何,因循互阁,恐激之而叛,第包

---

① (清)潘耒:《送汤潜庵巡抚江南序》,《切问斋文钞》卷一五,第17a页。按:潘耒此序中尚有一段亦极重要。他说:"永乐中定都北京,民始有转输之烦,加耗自倍。其初止官田赋重耳,民田亩税不过五升,其轻自若也。至嘉靖中并官民田,一切以三斗起科,而民重困。"是嘉靖后苏松民田亦与官田一样赋重。难怪顺治二年(1645),钱谦益等江南士大夫向清帅多铎迎降时,首先就提出减江南重赋。见(清)佚名:《启桢记闻录》卷五,甲申年闰六月初二日,江南"士民相订同具呈本府及总督军门,请减吴郡重赋"云云,第4b页,《痛史》本,商务印书馆,1911年。

② (清)张廷玉等撰:《明史》卷七八《食货二》,中华书局,1976年,第1896页。

荒以延岁月耳……然其菌不能擒者四五十余年。①

这种情况在《明神宗实录》卷二八也有记载：

> 湖广兴国州与江西瑞昌县接界。先是，瑞昌民柯宗旦、宗礼等，寄居
> 兴国，置买田产，历年梗化为害。②

明末朱国桢《涌幢小品》卷三十二《陈三将军》亦称：

> 湖广兴国州，南接江西瑞昌县，陈友谅袭其地，改为路，封子陈三将军
> 守之。国初平汉，其遗孽改姓柯氏，与部曲谈、吴、王三家通，居兴(国)、瑞
> (昌)连界之所。子孙蕃衍，跋扈不轨，劫略占夺，逋负钱粮，莫敢如何。③

陈友谅遗党在江西、湖广的势力，有明二百余年始终未衰。直至清初顺治
四年(1647)方被平服，据当时湖广总兵官柯永盛奏：

> 兴国州等处寨寇悉平……初，陈友谅遗孽分为柯、陈二姓，盘踞江西武
> 宁、湖广兴国。而居兴国者，尤蕃衍黠悍，迄明之世，为患将三百年。④

显然，陈友谅的余孽在江西、湖广一带始终构成对明政权的一定威胁，不
容忽视。

(二)明代的赣南重赋

前面所谈江南地区(即苏、松、常、嘉、湖)在元末为张士诚的势力范围，属
于"张(士诚)区"，而江西大部在元末属于"陈友谅区"。两区都是朱元璋的敌
对势力范围，尽管土地膏腴瘠卤不同，却同样遭受明朝统治者的"重赋"待遇。

---

① (清)顾炎武撰：《天下郡国利病书》原编第13册《江西》，《四部丛刊三编》本，商务印书馆，
1936年，第48a、67a页。

② 《明神宗实录》卷二八，万历二年八月癸亥条，台湾"中研院"历史语言研究所，1966年，第
691页。

③ (明)朱国桢：《涌幢小品》卷三二《陈三将军》，中华书局，1959年，第756页。

④ 《清世祖实录》卷三〇，顺治四年正月壬子条，中华书局，1985年，第3册，第246页。

朱元璋在洪武四年(1371)曾下诏"免江西秋粮",其诏曰:

> 朕起布衣,深知民间疾苦。及亲率六师,南征北伐……朕以中国精锐驻守遐荒,岂但风俗之殊,亦有寒暑之异,艰难万状,朕不忍言。然欲镇安吾民,必资守边之力,其于科征转运,未免劳民,理势相须,盖不得已。念尔江西之民,未归附时豪强割据,狼驱蚕食,资财空匮。及归附之后,供亿更繁,今已九年,其为困苦,朕甚愍焉。今岁秋粮尽行蠲免,以济民难……事有缓急,故恩有先后。咨尔人民,其体朕怀。①

江西所谓"豪强割据"即是指陈友谅,陈友谅于至正二十三年(1363)为朱元璋所灭,至洪武四年(1371)正是九年。这个诏书明确说江西"归附之后,供亿更繁",这正说明朱元璋在消灭陈友谅后,尽管江西"资财空匮",还要加重江西的赋税负担,以至到洪武四年(1371)尚"其为困苦"。江西的这种情况,与江南一样,实际都是朱元璋对原先敌对势力占领区实行重赋政策的结果。

然朱元璋仅减免了一年秋粮,并未降低江西的赋税科则。洪武二十一年(1388),南昌府丰城县民反映赋税太重,朱元璋才降低江西的赋税科则。《明太祖实录》卷一九○记载:

> 南昌府丰城县民言:农民佃官田一亩岁输五斗,诚为太重,愿减额以惠小民。户部定议一亩输四斗。上曰:"两浙及京畿土壤饶沃,输四斗;江西群县地土颇硗瘠者,止令输三斗,著为令。"②

但每亩三斗的赋税,对土地瘠薄的当地来说,仍然属于重赋。事实也正是如此,南昌府在明代始终存在重赋问题。

万历新修《南昌府志》卷三,《舆地类·风俗》曾引元代方志来说明当地元代的风俗:

---

① 《明太祖实录》卷六五,洪武四年五月乙卯,台湾"中研院"历史语言研究所,1962年,第1225页。此诏又见:《国榷》卷四,洪武四年五月乙卯,第447页。除个别文字不同外,《国榷》尚记载"两浙归附以来,贪官污吏,害民肥己,亦四载于兹。今虽扫除,尚未苏醒",而且没有免除两浙的秋粮。

② 《明太祖实录》卷一九○,洪武二十一年五月戊戌,第2875页。

赋役轻省，民庶而富，礼义之俗不因时变，学者留意经史，率以重吏轻儒为耻。

接着对明代的风俗这样描述：

赋重役繁，富者贫，贫者至无以为生。大家多忍饥寒以支持礼义，细民终岁不知盐肉之味。

在方志作者的笔下，南昌府元、明两代由于赋役轻重的不同，造成生活水平的升降、礼义风俗的变迁，变化是很明显的。

在万历新修《南昌府志》卷七，《典制类·田赋》中，作者又说：

《书》称杨（扬？）州之域，厥田惟下下，厥赋下上，上错。乃南昌属杨（扬？）裔，土尤称下下矣，而惟正之供，百倍畴昔，奈何民不穷且逃也。

作者并对南昌及其毗邻府县的赋税加以比较：

按国朝量田制赋，即古则壤成赋意也，然各郡有不平之甚者。姑记南（昌）、新（建）二县之略而一郡可概睹也。二县附省科重，每民上田陆亩陆分，中田捌亩肆分，下田不及拾亩，各科粮壹石；官田贰亩，或叁亩，或伍亩，科官米壹石，载在赋书，可考也。计田中所出，上田壹亩收租谷壹石捌斗，中田壹石伍斗，下田壹石贰斗，或壹石，官田称是。即田中所入，尝岁输三分之一于官，而下田则岁恒不给，除水旱无论也。临川、高安与二县接壤，而临川每亩科米陆升，计田壹拾陆亩捌分载粮壹石，视南、新倍矣。高安带官米玖升，视南、新过半倍矣。他如庐陵田科伍升，吉水、安福带官民米田科壹斗，赣州属邑大约科贰、叁升，又或以伍亩、叁亩折壹亩，饶州、南康、九江三府大略田科伍升、肆升，轻重何相悬若是哉！①

---

① （明）范涞修，（明）章潢纂：万历新修《南昌府志》卷三、卷七，中国科学院图书馆选编：《中国稀见地方志汇刊》第25册，中国书店出版社，1992年。

显然,明代南昌府的赋税较元代为重,也比同时代的毗邻府县重很多,尤其值得注意的是,南昌府不但官田的赋税比临近府县重,而且民田赋税也比临近府县重。万历新修《南昌府志》既说当地明代的赋税比元代重,又说:"国朝量田制赋……然各郡有不平之甚者。"这已经明确指出了南昌的重赋是在"国朝量田制赋"后即明代才形成的。但作者回避了造成重赋的原因,这正是因为如上文所说,江西的重赋是朱元璋造成的。如果是陈友谅加重了南昌的赋税,方志作者正好归咎于他,并可以大张挞伐。但他没有这样做,正说明当地的重赋并不是陈友谅造成的。显然,万历新修《南昌府志》的这种说法,并不仅仅是方志作者个人的意见,而是反映了当地官员的看法。

赣西的袁州府和瑞州府在明代也存在重赋问题。袁州府的重赋,正德《袁州府志》卷二《田赋》有如下的记载:

> 按本府四县粮,欧祥占据时每田一亩要民纳米三乡斗,计九升。后内附,祥误以乡斗作官斗造报,高皇帝谓三斗大重,减半科纳,每民田一亩科粮一斗六升五勺,外夏税一升六合,共田六亩二分四厘科粮一石,外夏税一斗。比之邻壤临江、吉安、瑞州等府县每田一亩五升三合起科,该田一十八亩科粮一石,又无夏税,本府粮额实重二倍之上。①

后来的史籍对袁州府重赋起因的记载,均作如是说,这一记载当属可信。清代一些史籍和今天一些学者据此认为袁州府在陈友谅部下欧祥占领时赋额已高,明初定额时又误以乡斗作官斗造报,虽减半征收,定额还是太高,即重赋在朱元璋之前已经形成。但这条史料说得很明确,欧祥要民纳米三乡斗,仅计九升,何得谓高?这条史料也说得很明确,以乡斗作官斗之误已是在欧祥归附朱元璋之后,虽经朱元璋减半征收,但袁州府较毗邻府县"实重二倍以上"的赋额确实是朱元璋决定的,这也是不可否认的。因此,袁州府在朱元璋之前并未形成重赋,造成重赋的原因并不能推过于陈友谅或其部下。同样值得注意的是,这条史料还明确记载,朱元璋定额袁州"每民田一亩科粮一斗六升五勺,外

---

① (明)严嵩纂修:正德《袁州府志》卷二《田赋》,《天一阁藏明代方志选刊》本,上海古籍书店,1963年,第8b、9a页。

夏税一升六合",即袁州的重赋是针对民田征收的。

据记载,瑞州府高安、上高、新昌三县元代至治二年(1322)田粮共125743石零,洪武二十四年(1391)则为225352石零,较之元代几乎增加一倍。其重赋的由来,正德《瑞州府志》卷三《财赋志·贡赋》称:

> 按三县粮额,国初凭宋、元旧籍,民生稍遂。继而高安县老人黎伯安希爵赏,以伪汉刘五所征正副米数献,太祖高皇帝受之,洪武十四年乃丈量田地,倍增正粮如今额。后悟其殃民,肆伯安于市,而粮额竟不及改。①

后来的说法与此大同小异。隆庆二年(1568)瑞州府知府邓之屏说是先杀黎伯安,"太祖高皇帝旋因奏发,肆伯安于市。洪武十四年差官丈量田地,误以倍数均摊"②。邓之屏与康熙《高安县志》卷四《亩课》都没有说明初还有"凭宋、元旧籍"征粮之事。但他们都认为瑞州府在陈友谅部将刘五时赋额已高,朱元璋沿袭不改。有关的史料都只说瑞州府田粮若干,"丈量田地,倍征正粮",没有区分官民田,其重赋应是包括民田。

江西南昌、瑞州、袁州三府的重赋,清代一些史籍和今天一些学者认为是陈友谅割据时加派所造成,明朝因循不改,如清初顺治四年(1647)五月,江西巡按吴赞元称:

> 窃照江西一省于天下为至贫,而南(昌)、瑞(州)、袁(州)三府,于江右为尤苦,何者?以土瘠而粮重也。盖他郡额课轻重,尚适其平,惟此三府,以元末陈友谅割据倍征,明朝因循未经厘正。如所称伪将欧祥以三升乡斗误作十升官斗造报,及瑞州府元志载粮拾贰万伍千余,明册则贰拾贰万肆千零矣。甚且水推沙塞,赔累虚粮,逋欠难完,敲扑取足,官民交困。③

---

① (明)熊相撰修:正德《瑞州府志》卷三《财赋志·贡赋》,《天一阁藏明代方志选刊续编》第42册,上海书店,1990年,第726~727页。

② 隆庆二年瑞州府知府邓之屏申详抚按文,载(清)张文旦修,(清)陈九畴纂:康熙《高安县志》卷四《亩课》,中国科学院图书馆选编:《稀见中国地方志汇刊》第27册,中国书店,1992年。

③ 顺治四年五月《江西巡按吴赞元揭贴》,《明清史料》已编第一本,台湾"中研院"历史语言研究所,1957年,第26a页。

康熙时南昌人熊一潇则称:

> 臣于江西南昌府属浮粮一事闻见最真,其疾苦最甚,谨一一备陈之。伏察臣乡南昌府与袁州、瑞州二府俱因陈友谅据地称兵,横行加派,较宋、元旧额每米一石浮至三倍。明太祖恶陈友谅抗拒,三府浮粮未经减除,以至故明数百年来相延拖欠,民苦滋甚。①

他虽然认为三府的重赋在陈友谅割据时已形成,但也认为朱元璋因为"恶陈友谅抗拒",不予减除三府浮粮。实际上,三府重赋的起因并不一样,如上文所说,南昌、袁州两府重赋并非陈友谅或其部下造成,是明代才形成,是朱元璋决定的。瑞州府虽然在陈友谅时期就征收正副米数,但自称"朕起布衣,深知民间疾苦"的朱元璋,在战乱之后不但没有实行"轻徭薄赋",与民休息,明知江西土地瘠薄,在江西"归附之后,供亿更繁",还要"倍征正粮",并在"悟其殃民"后仍不加改正,不能不认为熊一潇所说是有道理的,这是因为朱元璋"恶陈友谅抗拒"。

因此,明代江西南昌、瑞州、袁州三府重赋的形成,正是因为在元末明初属于陈友谅占领区,与江南属于张士诚占领区一样,同属朱元璋的敌对势力范围,而遭受朱元璋重赋政策的惩罚。也正因为如此,江西士大夫与江南地主有相同的经济处境和相似的政治主张,他们对朱明政权是不满以至对立的,因此与江南地主一样遭到朱元璋的打击。②

三、明代陕西宁州重赋

(一)明代的宁州

明代陕西的宁州属庆阳府,在今甘肃省东北部。庆阳府辖一州四县:即宁州及安化、真宁、合水、环县四县。宁州地土贫瘠,是西北最贫瘠的地区之一。顺治年间宁州知州韩魏在其《议减偏重浮粮原详》中谈到宁州的情况:

---

① (清)熊一潇:《遵谕陈言疏》,载(清)魏元旷辑:《南昌文征》卷四,1935年排印本,第8a页。熊一潇系康熙三年进士,历任工、刑两部侍郎等官,以工部尚书致仕。

② 郑克晟:《明代政争探源》第一编,天津古籍出版社,1988年;《明代赣西重赋与江西士大夫》,载《第二届明清史国际学术讨论会论文集》,天津人民出版社,1993年。

宁州山高地寒霜早,土之所宜,不过糜谷麦豆,丰年亩获不过三斗,歉年或止数升,斗粟易银,不过三分,是小民终岁勤动,一亩所获,丰年才不过八九分。今除本色之外,则每亩派折色银五分矣。宁民愚而且惰,别无经营,祗知力田。况人不皆上农,岁不无饥馑,小民亦有八口南亩,岂能餐风!欲百姓枵腹裸体而好义急公,将一亩所入,尽输公家,势必不能。所以宁州钱粮自明朝以来,积逋如山,从无一岁报完,百姓苦于正供莫办,相率逃移,视邻封为乐郊,避乡里若陷阱,彼岂独非人情,亦万不得已耳。①

顺治十六年(1659)任宁州知州的吕士龙谈到他上任途中的见闻:

比渡渭(河)而西,则负戴相将,鹄形相率,梭织于道上者,皆宁之民也。携升斗,易锱铢,于数百里之遥,不惜卒瘝……履其境则硗瘠之高下也,望其亩则荆蒿之纷错也。出郭相迓,强半鹑结,环揖于轼前者,则宁之士也,视彼都之姿而乏楚楚之观。②

一直到康熙四年(1665),庆阳府知府傅宏烈上《请免庆属钱粮第一疏》,还曾描述"宁州之惨苦大略",较韩魏所说有过之而无不及。③

宁州之贫瘠困苦,当然不始于清代。明代庆阳府即是"郡民多穴处,不知桑麻"④。明代宁州知州周日强在《守宁有感》的诗中,对当时宁州的惨状伤感不止而又无可奈何,其诗曰:

瘠土山城地半荒,民逃庐废尽堪伤;
官同五日贤良少,赋重十邮供应忙。
书吏不知三尺法,闾阎拖欠几年粮;

①(清)韩魏:《议减偏重浮粮原详》,载(清)晋显卿修,(清)王星麟纂:康熙《宁州志》卷三《贡赋》。康熙二十六年(1687)刻本。
②(清)吕士龙:《重修〈宁州志〉序》,载康熙《宁州志》卷五《志历》,第495页。
③(清)傅宏烈:《请免庆属钱粮第一疏》,载(清)赵本植修:乾隆新修《庆阳府志》卷三九《艺文》,中国科学院图书馆选编:《稀见中国地方志汇刊》第9册,中国书店,1992年。
④(清)许容修,(清)李迪纂:乾隆《甘肃通志》卷三二《名宦·(明)郝镒》,《景印文渊阁四库全书》,台湾商务印书馆,1986年,第558册,第211页。

凭谁唤起梁公问,教我当时救苦方。①

为什么这么苦的地方还"赋重十邮""闾阎拖欠""民逃庐废"? 一个重要原因就是明代以来此地亦系重赋区。

(二)明代宁州之重赋

对宁州钱粮拖欠、百姓贫苦逃亡的原因,清初以来宁州、庆阳府以及甘肃的地方官都指出,一个很重要的原因是宁州从明代以来比附近各县"科赋独重",并多次上疏要求减轻宁州重赋。前引宁州知州韩魏在其《议减偏重浮粮原详》中又说:

> 夫以宁州之土地与安(化)、合(水)等邑较,非加沃饶也……宁州与安、合、真宁壤地交错,山坡沟险相等,兵寇蹂躏、灾祲疾疫相等……今四邑之粮,每亩派银不过二分五厘,宁州之粮,则每亩派银五分。同为庆郡之属邑,同为朝廷之赤子,而赋之偏重如此,天下不平之事孰过于此……惟是赋重而民不能支,势必逃亡;逃者愈众,则地日以荒,而正供逋欠逾多,欠多则催科逾严,而民生愈瘁,将有不可知者。

清初宁州知州、庆阳知府以至甘肃巡抚、陕西总督多次疏请减轻宁州重赋。如康熙八年(1669)宁州知州丁栋称,宁州"赋视他州县独倍,每亩起科至五分六厘","力恳制军连疏入告",要求减赋。②次年,甘肃巡抚华善下车伊始即上《题减浮粮疏》,其疏曰:

> 题为重赋,望减无路……窃臣看得宁州隶在边鄙,与真宁、安化、合水三县接壤,硗瘠相同,而科赋独重……宁土瘠薄,实与邻封相等,额赋倍蓰

---

① 康熙《宁州志》卷二《建置·公署》,第149页。
② (清)怀荫布修,(清)黄任、郭赓武纂:乾隆《泉州府志》卷五〇《国朝循绩一》,泉山书社,1928年,第656页;又见:康熙《宁州志》卷四《职官》;(清)昇允、长庚修,(清)安维峻纂:光绪《甘肃新通志》卷六一《职官·循卓下》。

他邑。①

清初宁州的重赋当然是从明代沿袭下来的。如上所说,明代宁州知州周日强的诗中已经说当地"赋重十邮"。康熙《宁州志》卷三《贡赋》记载,宁州在洪武四年(1371)已"加粮一倍"。前引韩魏亦说:"宁州钱粮自明朝以来,积逋如山,从无一岁报完。"华善亦说:"自昔言之,乃宁民因赋重而仳离载道,宁地因民逃而荒芜遍野。"可见并非清初才出现这种现象。户部在题复华善的奏疏时亦说:"宁州钱粮,系明季以来赋役全书内,原比别县分别征粮。"

康熙《宁州志》卷三《贡赋·田赋》所记明代的田地没有说明是官田或民田,但清代的田地则说明"原额官民川坡地"共11768顷26亩零,历年免过后实在并兴屯及续垦地5459顷96亩零,康熙九年(1670)华善在"因赋重望减无路等事"内奏准宁州依真宁县起科,"每亩官学仓并折色均徭"该征银2分7厘5毫零,共减"重赋银"12648两零。在乾隆《甘肃通志》卷十三《贡赋》中,庆阳府属田赋"内除宁州在于望减无路等事案内,奉旨豁减过重赋银"②则列在民田项之下,可见宁州的民田也是征收重赋的。

(三)宁州重赋原因在于李思齐抵抗明军

对于宁州重赋的原因,康熙《宁州志》卷一《地理·古迹》条谓:

> 李思齐城:元将李思齐屯兵处,在州南山一里许,(明兵攻)三年未下,明太祖怒,遂增赋额一倍。

同书卷三《田赋》条载:

> 庆壤之薄,五属攸同,而科银不一。如安化每亩科银一分四厘,合水每亩一分一厘,环县每亩九厘有零,真宁每亩二分四厘,独宁州每亩五分一厘。其偏重之源,盖因元末枢密李思齐卷兵西奔,筑城宁州南山以拒明

---

① 康熙《宁州志》卷三《贡赋》。《满汉名臣传·满洲名臣传》卷三○《华善列传》对此也有记载。华善系满洲镶黄旗人,康熙九年五月任为甘肃巡抚。(黑龙江人民出版社,1991年,第1册,第865页。)

② (清)许容修,(清)李迪纂:乾隆《甘肃通志》卷三二《名宦·(明)郝镒》,《景印文渊阁四库全书》,第557册,第442页。

兵触怒明太祖,加征宁赋一倍,为害三百年。

又如前引《丁棫传》中,亦谈到宁州赋重的原因,"因明初李思齐拒命,故以重赋示罚"。这种说法早在顺治初年就流传于当地士民之口,顺治十六年(1659)知州吕士龙重修《宁州志》时曾向当地士民查询重赋的原因,他在《重修〈宁州志〉序》中说:

> 询厥赋重之原,士若民曰:元人李思齐盘拒于州,致明太祖怒,倍增赋额。

这种说法并见之于明代的地方文献中。前引韩魏在顺治十一年(1654)任宁州知州,他曾"详查赋重之弊,亦有由来",他说:

> 据《州志》所载,元臣李思齐负固,触怒明太祖,加宁粮一倍。①

根据韩魏的说法,这种说法在原先的《宁州志》中就有记载。但据吕士龙说,韩魏曾拟修州志,"而未竟其绪",在他任上"乃取旧志万历三年(1575)以前之迹而袭之、订之,考万历三年至今八十七载之实而详之、厘之……夫宁昔无志,而创于内江马宁,垂九十年。再观今日,诚旷举哉"②。可见,《宁州志》创始于万历三年(1575),吕士龙才第二次重修成功。③因此,韩魏所根据的《州志》,应该就是万历三年(1575)的《宁州志》。可惜我们无法看到这部早已失传的万历《宁州志》。宁州重赋是由于李思齐触怒明太祖的说法,在清顺治初年就广为流传,也说明这种说法是从明代流传下来的。

李思齐、张思道、张良臣均系元末扩廓帖木儿(即王保保)之大将。明初尚在陕、甘一带与明兵相抗拒。庆阳一带接近蒙古,地势险要,庆阳府城"城高如山,池深如泉。地接羌胡,原湿险阻。二水合流,群峰环峙。龙蟠凤翥,

---

① (清)韩魏:《议减偏重浮梁原详》,见康熙《宁州志》卷三《贡赋》,第221页。
② (清)吕士龙:《重修〈宁州志〉序》,见康熙《宁州志》卷五《志历》,第497页。
③ 据新编《宁县志》考查,宁县地方编修志书共4次,第一次为明嘉靖二十年,万历三年刻印问世;第二次为清顺治十七年。此后,康熙二十六年、民国二十四年各修过一次。见《宁县志》编委会:《宁县志》,甘肃人民出版社,1988年,第835页。宁州在民国年间改为宁县。

金城汤池。襟带绥延,屏藩关辅。削阜为城,引河为池",合水县"原阜盘旋,沟涧辐辏",环县"倚冈为城,控制边境",宁州"山川险固,关辅保障",真宁"原阜环拥,涧沟萦绕",①元末明初李思齐及其部将据为抵抗明军的重要据点,其部将张添福、杨黑哥占据真宁、环县,并修筑城池,李思齐则在宁州南山筑城屯兵。洪武二年(1369)四月,徐达兵克临洮,李思齐降。时庆阳一带为张思道弟张良臣镇守。同年五月,张良臣在庆阳降而复叛,执明将指挥张焕,明统兵右丞薛显败走。明兵复围庆阳,六月遂克宁州。八月,元兵攻大同,明将李文忠方赴庆阳,又返马邑。后明兵再克庆阳,张良臣投井,明军仍加诛杀,并"诛余党二百余人",②不顾朱元璋在明军北伐前对将士"克城勿妄杀人"的上谕,③可见当时庆阳战事异常激烈,亦可见明军战后之泄愤情绪。故前述之李思齐,即泛指此战事。

除了本文所说的江南、赣西、宁州三地外,明代怀庆府、湖广洞庭湖周边的一些州县也存在重赋现象。这几个地区中,只有江南地区经济较为发达,其余都是经济落后甚至非常贫瘠的地区。对这些自然条件迥异、经济发展程度不同的地区,用经济发达来解释明代重赋的原因显然是难以说通的。即使对江南地区而言,经济发达只能说是征收重赋的条件,而不能说是实行重赋政策的原因。经过元末明初改朝换代的战争,也很难说江南地区的经济突然有了发展。这种说法也难以解释这一事实,即在明中叶至清代江南经济确实比明初有了很大发展的时期,明清王朝多次对江南减免赋税。也有学者认为江南重赋是朱元璋通过打击豪强地主没田入官而造成的。朱元璋在江南地区确实对豪强地主给予残酷打击,但在其他几个经济落后地区,是否有如江南那样的豪强地主势力颇值得怀疑,更何况江西南昌、瑞州、袁州三府和陕西宁州的民田同样征收重赋。因此,以这种说法来解释明代重赋的原因也是不全面的。可见,把明代重赋的原因归结为是由于经济发展,或由于该地区元朝之赋税本重,或是因为打击豪强没田入官造成等,种种解释都是不全面的。而江南地主

---

① (明)梁明翰修,(明)傅学礼纂:嘉靖《庆阳府志》卷二《形胜》,中国科学院图书馆选编:《稀见中国地方志汇刊》第9册,第354页。
② (明)谈迁:《国榷》卷三,洪武二年四月丁丑,第389页;五月辛丑、戊申、甲寅,第390、391页,六月甲子,第392页,八月丙寅、癸未,第395、397页。
③ (明)谈迁:《国榷》卷二,元顺帝至正二十七年十月甲子,第345页。

遭到朱元璋的打击,正是因为他们在元末明初支持张士诚反对朱元璋。①

《明史·食货二》认为:

> 初太祖定天下官民田赋……惟苏、松、嘉、湖,怒其为张士诚守,乃籍诸豪族及富民田以为官田,按私租簿为税额。

同书又载建文二年(1400)诏曰:

> 江、浙赋独重,而苏、松准私租起科,特以惩一时顽民。②

如果考虑到其他几个重赋区的情况,这种说法更可以得到证明。本文所说的几个重赋区,江南属于张士诚占领区,赣西属于陈友谅占领区,宁州属于李思齐占领区,他们都是朱元璋的敌对势力,在元末明初顽固对抗朱元璋,这正是造成当地重赋的原因。明代另外两个重赋区河南怀庆府、湖广的情况也是如此,河南怀庆府重赋的原因之一即是元末扩廓帖木儿在此抗拒明师,朱元璋因而加赋;③明代湖广洞庭湖周边的一些州县在元末也属陈友谅占领区,并曾支持陈友谅抵抗朱元璋,激怒了朱元璋,遭受加重科征的惩罚。④这些重赋区自然、经济社会条件大相径庭,但具有相同的历史背景,在元末明初都为朱元璋的敌对势力占领以抵抗明军,这些地方的文献也同样异口同声地记载这是当地重赋的原因,这恐怕不能说是巧合。因此,通盘考察明代的几个重赋区,可以看到,其重赋的根源都是出于朱元璋惩罚敌对势力的政治原因。就江南地区而言,《明史·食货志》的说法也不宜轻率加以否定。

本文原名《明代重赋出于政治原因说》,原刊载于《南开学报》2001年第6期。

---

① 郑克晟:《明代政争探源》,天津古籍出版社,1988年。
②《明史》卷七八《食货二》,第7册,第1896页。
③ 王兴亚:《明代河南怀庆府粮重考实》,《河南师范大学学报》1992年第4期。
④ 张建民:《明代湖广人口变迁论》,《经济评论》1994年第2期。又据何龄修学长告:他的湖南家乡亦因政治原因重赋,事见《湘乡县志》。据《志》云:乡人易华运粮支援陈友谅之子陈理坚守武昌。朱元璋大怒,其后攻下武昌,统一中国后,即将易华所运粮数,加为该县岁赋,云云。

作者简介：

郑克晟（1931—2022），福建长乐人。1955 年北京大学历史系毕业，后到中国科学院历史研究所（今属中国社会科学院）工作，1963 年入职南开大学历史系。曾任南开大学古籍所所长、全国高校古籍整理委员会委员、中国明史学会理事。主要从事明史的教学与研究。侧重研究明代江南士绅与明王朝的关系、明代政争、明代庄田制度及重赋、王阳明与嘉靖政治、多尔衮与清初政治、郑成功海上贸易等问题。著有《明代政争探源》《明清史探实》《明清政争与人物探实》《从未名湖到新开湖：郑克晟师友杂忆》等，合著《清史》《中国古代史》《中国古代史史料学》《中国通史参考资料》（第八册）、《明清史资料》等，发表学术论文百余篇。

元代"常朝"与御前奏闻考辨

李治安

所谓"常朝"或"视朝",就是臣下定期朝见君主,议论政务的意思。秦汉以来,"常朝"一直是国家最高政务决策的重要方式之一。例如东汉的"视朝",唐代的"常参""仗下后会议",宋代的"内殿起居",清代的"御门听政"等。众所周知,元王朝是蒙古贵族入主中原所建立。关于元朝时期有无"常朝",学者们不乏争议。周良霄、张帆等依据元人王恽、马祖常的说法,认为元代不行常朝。①杨树藩《元代中央政治制度》一书,又提及"内廷会议"的存在。②元代究竟有无"常朝"? 如果没有,国家最高决策的基本方式如何? 如果有,它又是以怎样的形态运作? 它与汉地王朝传统的"常朝"相比,又有什么样的特殊性?

笔者拙见,有元一代,虽无汉、唐、两宋等王朝式的"常朝",但中书省、枢密院、御史台等大臣参与的御前奏闻仍然是常见的中央最高决策形式。或者可以说,御前奏闻相当于元代的一种特殊"视朝"。本文钩沉索隐,试对元代"常朝"与御前奏闻问题略作考述辨析。

一、御前奏闻的缘起和普遍存在

正如人们所熟知的,作为蒙古草原古老传统的忽里台贵族会议,盛行于蒙古国时期。而皇帝主持、若干枢要大臣出席的御前奏闻,又是窝阔台朝初见端倪的。

《元文类》卷五十七宋子贞《中书令耶律公神道碑》云:"宣德路长官太傅秃花失陷官粮万余石,恃其勋旧,密奏求免……仍敕今后凡事先白中书,然后闻奏。中贵苦木思不花奏拨户一万以为采炼金银、栽种蒲萄等户,公(中书令耶律楚材)言:太祖有旨,山后百姓与本朝人无异,兵赋所出,缓急得用。不若将

---

① 周良霄:《元代的皇权和相权》,载萧启庆主编:《蒙元的历史与文化:蒙元史学术研讨会论文集》(上),台湾学生书局,2001年,第363页;张帆:《元代宰相制度研究》,北京大学出版社,1997年,第108页。

② 杨树藩:《元代中央政治制度》,台湾商务印书馆,1977年,第132页。

河南残民贷而不诛,可充此役,且以实山后之地。上曰,卿言是也。又奏,诸路民户,今已疫乏,宜令土居蒙古、回鹘、河西人等与所在居民一体应输赋役。皆施行之……回鹘译史安天合至自汴梁,倒身事公……首引回鹘奥都剌合蛮扑买课税增至四万四千定……而近侍左右皆为所唆,上亦颇惑众议,欲令试行之。公反复争论,声色俱厉。上曰,汝欲斗搏耶?"①

　　碑文所言"中书",即窝阔台三年(1231)设置的掌管征收赋税、宣发号令及内外奏闻诸事的官署之一,其前身即大汗位下侍从官必阇赤。"中贵"乃怯薛执事官的代称。从窝阔台汗"今后凡事先白中书,然后闻奏"的敕令和苦木思不花、耶律楚材围绕着"拨户"的奏议及"卿言是也"的谕旨,不难窥知,大汗听取中书令(必阇赤长)、怯薛的进奏而做出相应决策,以及中书专司内外奏闻制度,此时已基本形成。除了上奏,耶律楚材还在窝阔台驾前驳斥奥都剌合蛮扑买课税,甚至"反复争论,声色俱厉",有"欲斗搏"之态。既然是"争论"且"欲斗搏",当时肯定有奥都剌合蛮等辈在场陈述其扑买课税的意见,参与争论的臣下不止二三人。所以,上述史实可以视为蒙古国时期若干枢要大臣参与御前奏闻的雏形。尽管它尚不成熟和完善,但在参加人非宗王身份、其职司非平等议政而以下对上的奏闻为主,大汗重在听取上奏和下达谕旨等方面,已经显露出与忽里台贵族会议的明显差异。

　　元朝建立后,御前奏闻逐步成熟,随着中书省、枢密院、御史台的相继建立,参与人员也多以省院台大臣为主。王恽《中堂事记》说,中统二年(1261)四月六日"诸相入见","因大论政务于上前,圣鉴英明,多可其奏"。十三日,"诸相入朝,以议定六部等事上闻,纶音抚慰,大允所奏,曰:向来群疑,涣然冰释"。②世祖朝以后,仍经常有"奏事内廷","廷臣奏事","凡省台卿监奏事……奏已,上或有所可否"之类的记载。③以上记录,虽然比较零散简单,但大体包含了若干大臣奏事和议论政务,皇帝"有所可否"、乾纲独断等基本内容,故不失元朝时期御前奏闻的概括描绘。

---

　　①(元)苏天爵编:《元文类》卷五七《中书令耶律公神道碑》,四部丛刊初编,第14页AB,第19页B,第20页A。

　　②(元)王恽著,杨亮等点校:《王恽全集汇校》卷八一《中堂事记·中》,中华书局,2013年,第3356、3358页。

　　③(明)宋濂等撰:《元史》卷一八四《韩元善传》,中华书局,1976年,第4241页。《元史》卷一〇二《刑法志一·职制上》,第2617页。邵亨贞撰:《野处集》卷三《元故嘉议大夫邵武路总管兼管内劝农事汪公行状》,《四库全书》珍本初集,第3页A。

除了上述记载,元代御前奏闻的史实更多的保存在《元典章》《南台备要》《秘书监志》等官方文书中。为充分利用此类资料,尽量克服因缺乏系统完整史料描述而引起的困惑,笔者搜集了51例《元典章》等官方文书史实记录,特制《元代御前奏闻相关情况统计表》如下:

表1 元代御前奏闻相关情况统计表

时间	举办次数	怯薛番直	地点场所	上奏大臣所属官署	怯薛执事陪奏	奏闻内容	皇帝圣旨详略	史料出处
世祖至元十年到三十年	十四次	也可怯薛七次,安童怯薛三次,察察尔怯薛一次,阿都台怯薛一次	大都宫六次、上殿巡狩中四次、幸途地火房子一次、赤里一次	中书省两次、尚书省一次、枢密院官一次、御史台官二次、宣政院官一次、秘书监官三次	怯里马赤三次、速古儿赤三次、火儿赤二次、博儿赤、昔宝赤、必阇赤、札撒固孙各一次	行政三次,军事一次,司法一次,儒学和秘书监事务五次,监察二次,驿站一次	详细九次,简略五次	《元典章》《经世大典·站赤》《秘书监志》《庙学典礼》
成宗大德九年	一次	忽都答儿怯薛	上都水晶宫	宣政院官		禁丝织佛像货卖	详细	《元典章》
武宗至大二年	二次	也可怯薛一次,只儿哈郎怯薛一次	大都大庆殿宸耳房、玉德殿西耳房各一次	尚书省官二次	速古儿赤、博儿赤、昔宝赤各二次	官员俸禄一次,秘书监事务一次	简略二次	《秘书监志》
仁宗至大四年到延祐六年	十三次	也可怯薛二次,月赤察儿怯薛一次,木剌忽怯薛二次,拜住怯薛五次,也先帖木儿怯薛三次	大都宫二次、上殿二次、赤里一次、大都十火房一次	中书省官六次、御史台官三次、秘书监官三次、司农司官一次	速古儿赤九次、昔宝赤五次、阿塔赤一次、怯里马赤二次、给事中三次	行政二次,司法三次,秘书监事务五次,监察二次,农桑一次	详细七次,简略六次	《元典章》《秘书监志》《南台备要》
英宗延祐七年	二次	拜住怯薛一次,也先帖木儿怯薛一次	赴途儿子次、上中赤里子次、大嘉禧一次、都火房一次、大都殿一次	中书省官一次、中书省官偕御史台官一次	速古儿赤、必阇赤、给事中各二次,昔宝赤、怯里马赤、殿中侍御史各一次	财政一次,官员俸禄一次	详细一次,简略一次	《元典章》《秘书监志》

续表

时 间	举办次数	怯薛番直	地点场所	上奏大臣所属官署	怯薛执事陪奏	奏闻内容	皇帝圣旨详略	史料出处
泰定二年	一次	撒里蛮怯薛	大都兴圣宫东鹿顶殿	詹事院官		秘书监藏东宫文书事	较为具体	《秘书监志》
顺帝元统二年到至正二十六年	十八次	也可怯薛七次,笃邻帖木儿怯薛四次,阿鲁秃怯薛、咬咬怯薛各二次,哈刺章怯薛、脱脱怯薛、完者帖木儿怯薛各一次	大都上都宫殿十五次、西耳房一次、幸途中二次、营地一次	中书省官十次,中书省官偕御史台官一次,中书省官偕枢密院、御史台官一次,御史台官、宣政院官各三次,	速古儿赤十八次,云都赤、殿中侍御史各十五次,给事中十二次,必阇赤二次,博儿赤一次	行政五次,监察四次,军事四次,佛教三次,秘书监事务二次	简略十八次	《秘书监志》《南台备要》,蔡美彪《元代白话碑集录》

从统计表可以看到,51例御前奏闻史实记录,纵的方面涉及自世祖到顺帝的绝大部分时段(文宗朝暂时未找到相关记录),横的方面又包罗了行政、军事、财赋、刑法、监察、驿站等朝廷庶务。御前奏闻虽然没有被汉文典章政书作制度上的描述,但它的确普遍存在于元代高层政治活动之中。面对上述颇有说服力的史实,人们不能不承认:迄世祖朝前期,御前奏闻已正式成为朝廷最高决策的主要方式,而且一直延用到元朝灭亡。

51例御前奏闻记录中,中书省大臣参与的最多,达19次,如果加上尚书省的3次,总计22次。御史台8次,居第二位。秘书监6次,居第三位。宣政院5次,居第四位。枢密院最少,仅1次。中书省为朝廷政务总汇,地位高,职权广。它参与御前奏闻最多,合乎常理。御史台和宣政院都是拥有独立上奏权的官署,它们参与次数居第二、第四位,也属正常。奇怪的是,枢密院偏少而秘书监偏多。其实,秘书监参与次数偏多,是我们所引用《秘书监志》的史料较多而造成,显然属于偶然偏差。至于枢密院参与记录偏少,则可能是因为它掌管的军事多属机密,官方文书的公开记载本来就比较少。此外,中书省、枢密院、御史台三府大臣一同出席的御前奏闻也留有3次记录,而且都集中在元顺帝至正十二年(1352)、十三年(1353)议定征讨红巾军等军国大事的场合。总之,从朝廷官署参与情况看,中书省、枢密院、御史台分别或一同出席的御前奏闻占多数。

有必要解释一个疑问:正如一些学者指出的,"元代不行常朝",并没有皇帝"定期上朝接见百官,讨论政事的制度"。①这种看法与有关元代御前奏闻的一系列史实是否矛盾? 是否影响元代御前奏闻的普遍存在? 笔者的回答是否定的。

持"元代不行常朝"说的学者所依据的史料,主要是王恽、马祖常等人的奏疏。王恽说:"切以天下之事,日有万机,事重而当即行者,必须取自圣裁。宜恭请皇帝陛下,自非岁时巡幸,于端居两宫之时,视朝进奏,定立常限";"军国大事,日有万几,须敷奏以时,听鉴有所,今殿庭庆宴,已有定仪,视朝之礼,尚旷而未行,行之正在今日。勤政之实,无逾于此"。②马祖常云:"百官朝见奏事,古有朝仪。今国家有天下百年,典章文物,悉宜粲然光于前代,况钦遇圣上文明之主,如科举取士,吏员降等之类,屡复古制。惟朝仪之典,不讲而行,使后世无所鉴观,则于国家太平礼乐之盛,实为阙遗。"建议"参酌古今之宜,或三日二日一常朝"。③

王恽、马祖常的批评建议,主要是参照秦汉以来汉地传统王朝的皇帝定期视朝制度而发的。他们之所以提出非议,不外是忽必烈以降的蒙古皇帝没有像汉唐两宋那样,采取严格繁缛的礼仪,定时、定地接见文武百官、处理政务。事实上,在元人笔下类似"视朝"的记述,并不乏见。如《中堂事记》载,中统二年(1261)五月十二日,"有旨先召首相二三人入朝"。此外还有若干处"退朝""下朝""罢朝"等记载。④忽必烈以降不是没有"视朝",而是采取了御前奏闻的特殊方式,进行最高决策。简而言之,御前奏闻就相当于王恽所说的"视朝进奏"。正如后面笔者所言,这种御前奏闻方式,与汉地王朝文武百官均能参加的"常朝"有较大差别,即没有"定立常限",时间不固定("敷奏"不时),地点不固定("听鉴"无所),参与者也只是少数省、院、台等大臣及怯薛近侍。在这种

---

① 张帆:《元代宰相制度研究》,北京大学出版社,1997年,第108页。

② (元)王恽:《王恽全集汇校》卷八五《视朝奏事有常限状》,第3501页;卷七九《元贞守成事鉴·勤政》,第3299页。

③ (元)马祖常撰,李叔毅点校:《石田先生文集》卷七《建白一十五事》,中州古籍出版社,1991年,第147~148页。

④ (元)王恽:《王恽全集汇校》卷八一《中堂事记·中》,第3377、3386页。《元史》卷一二六《安童传》,第3081页;卷一七三《叶李传》,第4048页。

特殊"视朝进奏"方式下,大多数汉族臣僚"鲜得望清光"①,自然会愤愤不平。在汉族臣僚沸沸扬扬的非议声中,御前奏闻的特殊"视朝"方式就被曲解和掩盖了。

二、御前奏闻的举办时间、地点和参加人员

前列《元代御前奏闻相关情况统计表》及其所依据的51例御前奏闻史实记录,不仅能说明御前奏闻的特殊"视朝"在元代的普遍存在,而且是我们揭示元代御前奏闻真实面目和特色的基本素材。这里,我们再从统计表及相关史实出发,继续考察元代御前奏闻的举办时间、地点和参加人员。

从51例御前奏闻的相关史料看,元初到元末,长达近百年,每次奏闻均留有具体准确的年月日。但所载御前奏闻上下相隔时间,则因史料零散和不完整,或隔数日,或隔数月数年,无法见识其真面目。比较而言,王恽《中堂事记》所保存的有关元初御前奏闻的时间记载是相当完整和珍贵的。据《中堂事记》,中统二年(1261)四月之内,中书省臣在上都参与的御前奏闻计有五日丙申、六日丁酉、十二日癸卯、十三日甲辰、十七日戊申、二十四日癸卯、二十六日丁巳、二十七日戊午等八次。间隔时间长短不一,平均每四日一次。其中,两次明确记载是奉世祖诏旨举行的。②

另外,在相关的官方文书等史料中,除了记载御前奏闻的举办年月日外,又加缀四怯薛番直次第日期,如"也可怯薛第二日","安童怯薛第一日","阿都台怯薛第一日","忽都答儿怯薛第二日","只儿哈郎怯薛第三日","拜住怯薛第一日"等。这类加缀始终如一,未见变动,应是蒙古怯薛番直制度渗入御前奏闻在日期记录上的实际反映。

御前奏闻举办的地点可分三类:一是大都皇宫内,如大都皇城西殿、皇城暖殿、香殿、紫檀殿、宸庆殿西耳房、玉德殿西耳房、嘉禧殿、光天殿两壁棕毛主廊内、大明殿、延春阁后咸宁殿、光天殿后寝殿、明仁殿、宣文殿等。二是上都宫殿及斡耳朵内,如上都斡耳朵火儿赤房子、水晶宫、大安阁后香殿、洪禧殿后鹿顶里等。三是两都巡幸途中的纳钵及大都郊外行猎处,如马家瓮纳钵里火

---

① (元)吴师道著,邱居里等校点:《吴师道集》卷一九《策问·又拟二道》,吉林文史出版社,2008年,第391页。

② (元)王恽:《王恽全集汇校》卷八一《中堂事记·中》,第3355~3366页。

儿赤房子、大口纳钵、皂角纳钵、柳林里阿勒坦察察尔(金帐)等。马家瓮纳钵里火儿赤房子、大口纳钵、皂角纳钵等三地为皇帝两都巡幸途中宿营所在,柳林里阿勒坦察察尔则是世祖岁初京郊行猎处。

在这三类场所中,有一点颇令人费解,即使在大都和上都皇城内,某些御前奏闻却往往在"火儿赤房子里""西耳房"等较简陋的房室内举行。这似乎有失帝王的尊严,也是一般汉地式"常朝"未曾见到的。直到仁宗朝以后,以上简陋房室内举办的情形才逐渐变少了。

举办时间不固定,场所或两都宫内各殿,或巡幸途中纳钵,变化多端,靡有定所。这或许是元代御前奏闻的特殊"视朝"显得不甚正规而容易被人们忽视的重要原因。其实,在看待元代御前奏闻的举办时间和场所时,无疑有一个采用何种标准或尺度的问题。如果用汉地王朝正规礼仪意义上的"常朝"作标准,元代御前奏闻似乎不伦不类,难登大雅之堂。如果我们从蒙古"行国""行殿"的草原游牧传统角度去观察分析,就比较容易得出较为合理的认识了。所谓"行国""行殿",均是无城郭常处,逐水草而居的游牧国君栖息理政习俗。元代御前奏闻的特殊"视朝"时间和场所的不确定性(包括在"火儿赤房子里""西耳房"等较简陋的房室内举行),正是这种习俗在朝廷议政决策方式上的表现。也就是说,时间和场所的不确定性,是蒙古草原习俗给元代御前奏闻带来的印痕,并不影响其"视朝"和最高决策的属性功能,故无可厚非。

出席元代御前奏闻的,除了主持人皇帝外,由上奏大臣与陪奏怯薛执事两部分组成。前面已经提到,上奏大臣主要来自中书省(尚书省)、枢密院、御史台、宣政院等枢要官府。其中,尤以中书省官员比例最大。间或也有秘书监、司农司等个别寺监。这与元代中书省、枢密院、御史台、宣政院长期拥有独立上奏权及中书省总辖百官上奏的制度基本吻合。

关于上奏大臣的人数,郑介夫说:"今朝廷……得奏事者,又仅止二三大臣及近幸数人而已。"[1]张养浩说:"况今省台奏事,多则三人,少则一人,其余同僚,皆不得预。"[2]以上说法,似乎符合元前期的情况,大抵自武宗朝开始,上奏大臣的人数渐渐增多。据51例御前奏闻记录的不完全统计,仁宗朝10次御前

---

[1] (明)黄淮、(明)杨士奇编:《历代名臣奏议》卷六七《治道》,上海古籍出版社,1989年,第916页下栏。

[2] (元)张养浩著,李鸣等校点:《张养浩集》卷一一《时政书》,吉林文史出版社,2008年,第105页。

奏闻中,有7次的上奏大臣人数在5人至10人之间;尤其是顺帝朝18次御前奏闻中的15次均在6人以上,8次在10人以上,最多的达到28人(至正十二年闰三月)。元前期上奏大臣仅仅二、三人,很可能是忽必烈等皇帝沿用蒙古那颜及伴当旧俗而看重少数大臣长官所致,当然也有皇帝不懂汉语和大多数汉族臣僚不通蒙古语等语言隔阂层面等问题。元后期上奏大臣人数由少变多,估计是以当时的皇帝受汉法影响渐重,文宗、顺帝略知汉语以及省院台等官署势力上升为背景的。至于至正十二年(1352)左右参与奏闻会议者多达20余人的情形,又属于处理镇压红巾军起义等非常事件的特例。

怯薛近侍以陪奏者的身份参与御前奏闻,是元代朝政中值得注意的现象。《南村辍耕录》卷一说:"云都赤,乃侍卫之至亲近者……虽宰辅之日觐清光,然有所奏请,无云都赤在,不敢进。今中书移咨各省,或有须备录奏文事者,内必有云都赤某等,以此之故。"①云都赤,蒙古语意为"带刀者",怯薛执事官之一。单就带刀护卫的职司而言,云都赤的陪奏,起初主要是护驾防奸。实际上,陪奏的怯薛执事并不止云都赤。从笔者统计的51例御前奏闻的相关史料看,还有速古儿赤(蒙古语掌内府尚供衣服者之义)、怯里马赤(蒙古语通事译员之义)、火儿赤(蒙古语箭筒士之义)、博儿赤(蒙古语厨子之义)、昔宝赤(蒙古语饲鹰隼者之义)、必阇赤(蒙古语掌文书者之义)、阿塔赤(蒙古语牧马者之义)及给事中等。尤其是速古儿赤陪奏出现的次数甚至超过云都赤,居怯薛执事之冠。陪奏的怯薛执事大抵是依其所在的四怯薛番直,分别负责皇帝的生活服侍、护驾、文书记录、圣旨书写等职事。但在陪奏时有些怯薛执事官的实际作用并不限于其原有职司,而是重在辅佐皇帝裁决机密政务,军政财刑,无不涉及。如成宗朝速古儿赤汪从善除负责皇帝的服饰衣装外,因其"聪敏绝人,凡省台卿监奏事,无不毕记","故上虽顷刻,必使公(汪从善)侍"。②曾充任元世祖亲近侍从的贺胜,"无昼夜寒暑,未尝暂去左右",虽然身为汉人,也可"留听""论奏兵政机密"。③按照"虽以才能受任,使服官政,贵盛之极,然一日归至内庭,则执其事如故"④的制度,某些带"大夫""院使"等官衔的宿卫大臣,在御前奏闻的场合,仍是以内廷宿卫的身份出现。在皇帝及其他人心目中,他们也

---

① (明)陶宗仪撰,李梦生校点:《南村辍耕录》卷一,上海古籍出版社,2012年,第17页。
② (元)邵亨贞撰:《野处集》卷三《元故嘉议大夫邵武路总管兼管内劝农事汪公行状》,第3页A。
③ (元)虞集撰:《道园学古录》卷一八《贺丞相墓志铭》,商务兼管内劝农事印书馆,1937年,第295页。
④ 《元史》卷九九《兵志二·宿卫》,第2524页。

是与一般出身的省院台大臣有别的"近臣"①。

人们还注意到,在51例御前奏闻的相关圣旨条画及官方文书中,大多是把陪奏的怯薛执事官和中书省、枢密院、御史台等上奏大臣同书一纸。这似乎说明,参加陪奏的怯薛执事和朝廷宰相重臣同样具有参议机务的合法权力。《元史》卷一七七《陈颢传》载,仁宗"尝坐便殿,群臣入奏事,望见颢(陈颢当时"宿卫禁中"),喜曰:陈仲明在列,所奏必善事"②。可见,包括汉化程度较深的仁宗爱育黎拔力八达,也把陪奏怯薛当作临朝听政的得力助手,似乎唯有他们才能协助皇帝察微杜渐,辨别良莠。关于陪奏者的功用,世祖忽必烈对集贤直学士赵孟頫讲的一段话,颇值得重视:"朕年老,聪明有所不逮,大臣奏事,卿必与俱入,或行事过差,或意涉欺罔,卿悉为朕言之。朕方假卿自助,卿必尽力。"尽管赵孟頫并非忽必烈的亲近怯薛执事,尽管赵孟頫鉴于自己赵宋宗室身份,担心"进处要地"容易为人所忌,故最终未按忽必烈的旨意行事,③但忽必烈以亲近侍从在御前奏闻中扮演陪奏角色的用意,于此却洞若观火。那就是以陪奏者充当耳目和爪牙,随时窥伺上奏大臣的"过差"或"欺罔",协助皇帝掌握更多的真实信息,以做出适当的决策。御前奏闻中的怯薛陪奏,之所以贯穿有元一代,始终不变,这应是最主要的原因。

与怯薛执事一同陪奏的还有给事中。给事中源于世祖至元六年(1269)设置的起居注。至元十五年(1278)更名为给事中。其职掌是"随朝省台院诸司凡奏闻之事,悉纪录之"④,而与魏晋隋唐门下省给事中的封驳审查职司迥异。揆其正四品(一度为正三品)的较高品秩和百官志中列于侍正府之后等情节,给事中或许也是从怯薛执事之一的必阇赤分化出来的。

陪奏官中的殿中侍御史比较特殊。元制,殿中侍御史正四品,掌管百官朝会"失仪失列"之纠罚。御前奏闻中,殿中侍御史的职司偏重于检查与会官员的出席资格,即"大臣入内奏事,则随以入,凡不可与闻之人,则纠避之"⑤。由于"大驾行幸,则毕从于豹尾之中"⑥的制度,大抵大都、上都及巡幸途中纳钵举

---

① 《元史》卷一三八《脱脱传》,第3343页。
② 《元史》卷一七七《陈颢传》,第4131页。
③ (元)赵孟頫著,钱伟疆点校:《赵孟頫集》附录三《大元故翰林学士承旨荣禄大夫知制诰兼修国史赵公行状》,浙江古籍出版社,2012年,第521页。
④ 《元史》卷八八《百官志四》,第2225页。
⑤ 《元史》卷八六《百官志二》,第2178页。
⑥ (元)黄溍撰:《金华黄先生文集》卷八《上都御史台殿中题名记》,四部丛刊初编,第21页B。

行的御前奏闻,殿中侍御史都在陪奏之列。如至正元年(1341)四月二十四日大口纳钵大臣奏闻中,即有殿中侍御史捏烈秃。①据说,担任殿中侍御史有两个必要条件:"必国人世臣之胄,必由监察御史以次进,它人不与也。"②担任过此职的月鲁帖木儿、卜颜帖木儿、郝祐、哈麻等也均为宿卫出身。③所以御前奏闻中的殿中侍御史可以视作怯薛陪奏和传统的御史纠察朝仪的混合形态。另,殿中侍御史陪奏,元前期稍少而后期渐多,其原因待考。

御前奏闻的参加官员,由上奏大臣和陪奏怯薛两部分人员组成,表面上看似乎是偶然的。事实上,它反映了元代省院台外廷官和怯薛内廷官的内外衔接及其在御前奏闻中各自所处的位置、功用。怯薛执事是蒙古国时期草原游牧官的核心部分,也是蒙古汗廷的基本职官。中书省、枢密院、御史台则是忽必烈开始建立的汉地式枢要官府。二者长期在内廷和外廷并存且有一定的分工合作。怯薛执事实际上类似于汉代的"内朝官",省院台大臣则类似于"外朝官"。二者以陪奏和上奏两种角色参加御前奏闻,从而使之某种意义上成为皇帝主持下的内廷怯薛、外廷省院台大臣联席决策形式。

三、御前奏闻的议政内容和决策方式

从51例相关史料可以看出,御前奏闻的议政内容相当广泛。如逃亡军人处置(至元二十四年十二月),命令行省官调遣招募兵役剿贼(至正十二年二月初九日),命令行省官守卫沿江关津及赴援浙东(至正十二年四月三十日),更换行省总兵官(至正十二年十一月初五),授予江浙行省官便宜调军等权(至正十二年闰三月二十五日)是为军事兵戎。④如佛、道、儒三教约会(至元三十年正月初九),盗贼处罚办法(延祐元年十二月二十一日),僧俗重刑及轻刑处

---

① (元)王士点、(元)商企翁编次,高荣盛点校:《秘书监志》卷三《食本》,浙江古籍出版社,1992年,第64页。

②《石田先生文集》卷八《殿中司题名记》,第175~176页。

③ 郝时远:《元代监察制度概述》,载元史研究会编:《元史论丛》第三辑,中华书局,1986年,第92页。

④ 陈高华等点校:《元典章》卷三四《兵部一·逃亡·处断逃亡等例三款》,中华书局、天津古籍出版社,2011年,第1195~1196页。(元)赵承禧等编撰,王晓欣点校:《宪台通纪(外三种)》《南台备要》,浙江古籍出版社,2002年,第248、250、251~252、254~255页。

理(延祐四年十月十二日)是为司法刑狱。①又如命监察官就断行省令史稽迟(至元二十八年十二月十一日),受贿罢职官吏称冤(延祐元年十二月二十五日),台察官犯赃加等处罚(延祐二年九月十四日),台察照刷行宣政院(延祐六年十月十五日),变更广海宪司出还时间(元统三年七月十八日),禁监察御史连衔弹劾保举(至正元年正月初七),是为台宪监察。②如增加内外官俸禄(至大二年十二月二十八日),禁投下官白身受宣敕(延祐五年十月十一日),云南州县官预给俸钞(至正十年十一月二十二日),内外衙门掾史译史于职官内参半选用(至正十年十二月二十日),裁减吏员(至正十年十一月二十二日),吏员不得用白身人(至正十二年闰三月十六日),是为铨选俸禄。③其他还涉及秘书监官邸迁徙(至元二十二年二月十一日),立太学和提举司(至元二十四年二月),使臣过州县更换铺马(至元三十年三月初五日),禁民间祈神赛社(延祐六年五月初二日)。④总之,大到调集兵马镇压红巾军起义,小至州县官和吏员俸禄,军事、民政、财赋、刑法、监察、驿站等,都在御前奏闻的议政内容之列。

关于御前奏闻的具体程序和决策方式,《元典章》卷三四《兵部一·逃亡·处断逃军等例三款》载:"至元二十四年十二月初九日,安童怯薛第一日,本院官奏,月的迷失奏将来有,镇守城子的军人每逃走有。在先,那般逃走底根底一百七下打了呵,放了有来。那般呵,惯了的一般有。如今那般逃走的每根底,为首的每根底敲了,为从的每根底一百七下家打呵,怎生?么道〔奏〕将来有。俺与省官每忙兀歹一处商量有。忙兀歹也说,我也待题来。若不那般禁约呵,不中的一般。么道说有。叶右丞也那般道有。玉速帖木儿大夫俺一同商量的,依著月的迷失的言语,为首的每根底敲了,为从的每根底一百七下家打了,惩戒呵,怎生?么道。奏呵,为首的每根底问了,取了招伏呵,对着多人

---

① 王颋点校:《庙学典礼》卷四《三教约会》,浙江古籍出版社,1992年,第77~78页。《元典章》卷四九《刑部十一·诸盗一·处断盗贼断例》,第1634~1636页;卷五三《刑部十三·问事·僧俗相争》,第1759~1761页。

② 《元典章》卷六《台纲二·照刷·行省令史稽迟监察就断》,第182页;卷五三《刑部十五·称冤·称冤问虚断例好生断者》,第1770~1771页;卷四六《刑部八·取受·台察官吏犯赃不叙》,第1556~1558页。(元)赵承禧等编撰,王晓欣点校:《宪台通纪(外三种)》《南台备要》第188、198、205页。

③ 《秘书监志》卷二《禄秩》,第41页。《元典章》卷八《吏部二·承荫·禁治骤升品级》,第260~263页。(元)赵承禧等编撰,王晓欣点校:《宪台通纪(外三种)》《南台备要》,第207、220、223、246页。

④ 《秘书监志》卷三《廨宇》,第53~54页。《庙学典礼》卷二《左丞叶李奏立太学设提举司及路教迁转格例儒户免差》,第28~31页。《元典章》卷三六《兵部三·给驿·经过州县交换铺马》,第1275~1276页;卷五七《刑部十九·禁聚众·禁聚众赛社集场》,第1932~1933页。

证见了呵，敲了者。为从的每根底，依着在先圣旨体例里一百七下打了，放者。么道，钦此。"①

此公文的前半，是枢密院转达江西行枢密院官月的迷失有关处罚逃军的奏章，也包括月的迷失和江淮行省左丞相忙兀歹的商讨意见。接着又是枢密院官与尚书省右丞叶李、御史大夫玉速帖木儿会商后拟议奏报的处理意见。最后，是以世祖忽必烈圣旨形式出现的朝廷决策。所反映的上奏、拟议、决策三程序，前后相连，井然有序，不失为御前奏闻议政决策的一个典型。需要注意的是，以上上奏、拟议、圣旨决策等程序，在其他御前奏闻的有关公文条画中也经常出现。换句话说，御前奏闻通常是以大臣上奏朝廷政事开始，继而附上所拟处理意见，最后以皇帝圣旨决策为终结。大臣奏议是皇帝决策的必要辅助，它负责提供有关政务的大部分信息及处理意见草案，以供皇帝抉择。皇帝的圣旨决策则是御前奏闻的结果。

御前奏闻中，不乏中书省、御史台等官员的争论。《南台备要·行台移江州》载："至元二十二年三月二十五日，于大口北虎皮察只儿里，御史台官对安童丞相、阿必失阿平章、卢右丞、撒的迷失参政、不鲁迷失海牙参政等奏：罢了行御史台底勾当，俺题说来。圣旨：到大都里问省官人每。么道，道来。奉圣旨，问省家：为甚么罢来？安童丞相奏说：台官家每说有，江南盗贼几遍生发，这行台镇遏来。我也俺伴当每根底里说来，罢了呵，不宜的一般。圣旨：依著您底言语，教行御史台移去江州立者。钦此。"②

至元二十一年（1284）十一月，忽必烈任用卢世荣为中书省右丞，掌管财政，控制了中书省的实际权力。未逾十日，反对卢担任宰相的御史中丞崔彧被罢黜。翌年正月，卢世荣又以中书省的名义，奏请废罢了江南行御史台。以上公文即是两个月后御史台官员就江南行御史台废罢一事，向中书省理财大臣右丞卢世荣的反击。公文的前半部是御史台官员的奏议和奉圣旨质问中书省为何废罢江南行台。接着是中书省右丞相安童的答复。最后是忽必烈恢复江南行御史台的裁决。其间，御史台官员和中书省右丞卢世荣围绕着江南行台废立的分歧或争论，虽笔墨不多却显而易见。右丞相安童站在御史台一边，反对卢世荣的意见，表明上述分歧或争论也扩展到中书省官员内部。不能否认，

---

①《元典章》卷三四《兵部一·逃亡·处断逃军等例三款》，第1193~1194页。
②（元）赵承禧等编撰，王晓欣点校：《宪台通纪（外三种）》《南台备要·行台移江州》，第164页。

安童和御史台官员联合反对废罢江南行台,是导致忽必烈最终做出恢复江南行台裁决的一个重要背景。

应该强调的是,皇帝在御前奏闻中的最高决策权十分突出。许有壬《文过集序》云:"大臣日侍帷幄,时陪论奏……军国机务,一决于中。"①此处的"中",既可泛指内廷,又可具体释为在御前奏闻持裁定权的皇帝。前者是相对于外廷省院台而言的,后者是相对于御前奏闻中上奏大臣及陪奏怯薛而言的。邵亨贞《元故嘉议大夫邵武路总管兼管内劝农事汪公行状》又说:汪从善"聪敏绝人,凡省台卿监奏事,无不毕记。奏已,上或有所可否,欲更张之,问公某日某臣某事其辞云何,公对如奏语,无所遗误"②。行状中"上或有所可否,欲更张之"十字,最为重要。其寓意至少有两层:第一,皇帝对"省台卿监奏事"拥有"有所可否"的最高权力。第二,这种可否权,既表现于御前奏闻当场作出的决策,也包含了事后随时更张之权。在事后更张的情况下,皇帝不一定重新召集御前奏闻,只需要询问陪奏宿卫近侍所记上奏情节,即可作出"更张"之类的新决策。

尽管制度上皇帝拥有御前奏闻中的最高裁决权,但施行情况却因人而异,因时而异。如元统年间的顺帝妥懽贴睦尔在接受省院台大臣上奏后,除了下达"那般者"(意为"照办")之类的圣旨外,还须当日或隔日"教火者赛罕,皇太后根底启呵",只有得到皇太后"那般者"的懿旨,最高决策才算完成。这主要是由于顺帝即位伊始尚未亲政,文宗后卜答失里"称制临朝",顺帝则相当于她手中的傀偶。③而在至正二十三年(1363)和至正二十六年(1366)省院台大臣上奏顺帝之前,还需要先向皇太子启奏,待皇太子下达"上位根底奏呵,圣旨识也者"的令旨,才能最后完成皇帝的圣旨决策。④后者或许是因为当时皇太子爱猷识理达腊业已监国和主持朝政。大抵以成宗末为界,元前期诸帝在御前奏闻中行使最高决策权时比较认真。他们所下达的圣旨多半比较具体且带有针对性,多半不只是对省院台大臣上奏意见的简单同意,而是要加入皇帝个人

---

① (元)许有壬撰,傅瑛等校点:《许有壬集》卷三五《文过集序》,中州古籍出版社,1998年,第433页。

② (元)邵亨贞撰:《野处集》卷三《元故嘉议大夫邵武路总管兼管内劝农事汪公行状》,第3页A。

③ 《曲阜颜庙请封奏疏碑(1334年)》,蔡美彪编著:《元代白话碑集录(修订版)》,中国社会科学出版社,2017年,第214页。《元史》卷一一四《后妃传一》,第2878页。

④ 《大都崇国寺劄付碑(1363年)》《大都崇国寺劄付碑(1366年)》,蔡美彪编著:《元代白话碑集录(修订版)》,第249、255页。

的一些决断意见。最典型的是至元二十四年(1287)二月十五日御前奏闻时尚书省左丞叶李奏请设立太学,忽必烈所降圣旨曰:"您说的宜的一般,那田地里立太学,合读是什么书,合设学官并生员饮食分例,合立的规矩,外头设儒学提举去处写出来,我行奏著。那时分,我回言语。钦此。"①元世祖忽必烈在肯定叶李设立太学及各路儒学提举司奏议合理性的同时,又进一步要求臣下就太学所读书籍、所设学官、生员饮食分例等规则,以及设置儒学提举司的具体地点等,拟出详细方案,然后重新上奏,以便皇帝作出相应的决策。与世祖朝形成鲜明对照的是武宗朝和顺帝朝。尤其是顺帝朝三十余年间现存18次御前奏闻记载中,16次决策圣旨均为"那般者"三字。武宗朝两次相关记载也无例外是"那般者"。上述两种不同情况的原因,估计只能归之于皇帝个人的勤政、厌政或决策能力高低了。

如果说举办时间、地点的不确定性和参与人员的有限性,是元代御前奏闻与一般"常朝"的主要区别,那么在内容、运作程序和方式上御前奏闻与一般"常朝"又是基本一致的。这也是我们把元代御前奏闻称为特殊的小型"视朝"的缘由。

还需要继续讨论元代御前奏闻时的皇帝圣旨,是口头记录,还是皇帝亲自书写。

关于这个问题,未曾见到正面的文字记述,只能根据相关情节进行综合分析。

首先,从51例御前奏闻相关史料中皇帝圣旨语气看,口语味颇重。其次,从省院台大臣口头奏闻的情节看,主持者皇帝听取奏闻后即席口头下达圣旨的可能性很大。再次,陪奏者中"给事中"出现17次,揆以给事中"凡奏闻之事,悉纪录之,如古左右史"②的职司,估计给事中所记录的也包括皇帝的口头圣旨。最后,蒙元诸帝中,蒙哥汗躬自书写圣旨,最为突出。《元史·宪宗纪》即说:"凡有诏旨,帝必亲起草,更易数四,然后行之。"③其他皇帝则很少见亲自书写诏旨的。世祖忽必烈在位三十余年,虽留下中统二年(1261)以"手诏"答四川降将杨大渊等零星记载,但另一些史料又表明"手诏侍郎杨大渊"乃翰林院词

---

①《庙学典礼》卷二《左丞叶李奏立太学设提举司及路教迁转格例儒户免差》,第29页。
②《元史》卷八八《百官志四》,第2225页。
③《元史》卷三《宪宗纪》,第54页。

臣王恽所代笔或草拟。①黄溍《都功德使司都事华君墓志铭》所载颇有价值："都功德使所掌祝釐襘禳,皆朝廷重事,每入对上前,都事辄载笔以从,书其奏目及所得圣语。虽在庶僚,而日近清光,士林中以为荣。"②按照黄溍的说法,御前奏闻时的最终决策形式皇帝圣旨或是由随同上奏大臣的都事等首领官身份者"载笔"书写的。除都功德司都事外,中书省、枢密院、御史台等大臣也常携有经历、都事、直省舍人等,或许这些人也执行"载笔""书其奏目及所得圣语"的任务。这又不失为御前奏闻时圣旨决策多数为口头而非皇帝亲自书写的证据之一。

事情也有例外。《牧庵集》卷十五《董文忠神道碑》云:忽必烈"中岁多足疾,一日,枢密院奏军务,上卧画可"③。此乃皇帝亲自画制可的例子。由是观之,简单的制可或许由皇帝亲自书写,复杂的诏旨估计就是由词臣代笔代记了。当然也不排除词臣记录之后皇帝再审查并画制可的可能。又,《道园学古录》卷十《题朵来学士所藏御书后》录有文宗"亲御翰墨"的105字"手诏",内容是"申严夜启门禁之事"④。此"手诏"被虞集等汉族文士视为珍宝,故在元代当属罕见。不过,文宗手诏上并未记录御前奏闻的情节,与御前奏闻时的圣旨决策无直接关系,似应另当别论。

四、御前奏闻是带有草原游牧印痕的"视朝"方式

最后,我们侧重于元代御前奏闻的特点及影响,对全文作如下总结:

第一,举办时间不固定,场合多变,靡有定所,这是元代御前奏闻显得不正规、容易被忽视和遭非议的部分。如何看待这一点,确实有一个采取何种尺度和标准的问题。如果用汉地式的"常朝"及礼仪作标准,元代御前奏闻不伦不类,难合典制。如果从蒙古游牧国家"行国""行殿"习俗去观察分析,就可以得到比较合理的认识:元代御前奏闻在时间、空间上的不固定和不正规,乃是蒙古草原"行国""行殿"旧俗在朝廷议政决策方式上反映和表现,既不影响其朝

---

① (元)王恽:《王恽全集汇校》卷八一《中堂事记·中》,第3375页;卷六七《翰林遗稿》,第2867页。

② (元)黄溍:《金华黄先生文集》卷三七《都功德使司都事华君墓志铭》,四部丛刊初编,第18页B。

③ (元)姚燧撰,查洪德编校:《姚燧集》卷十五《董文忠神道碑》,人民文学出版社,2011年,第232页。

④ (元)虞集:《道园学古录》卷一〇《题朵来学士所藏御书后》,第194页。

廷最高决策的属性和功能,也不影响其作为视朝形态的普遍存在。对蒙古贵族所建立的元王朝来说,这也无可厚非。根据议政内容、运作程序和方式上的一般要素及上述特殊性,我们应该把元代御前奏闻称为带有草原游牧印痕的"视朝"决策方式。

第二,元代御前奏闻作为最高决策方式,比忽里台贵族会议有明显进步。蒙古国时期朝廷的决策方式主要是忽里台贵族会议。参加忽里台的贵族们大抵奉行平等议事的原则,对军国大事,大汗不能单独决断,必须经过贵族会议的讨论和认可。御前奏闻则不然。主持者和裁定者明确是皇帝,参加者包括中书省、枢密院、御史台等上奏大臣和陪奏怯薛执事,而未见宗王贵族。奏闻过程中,省院台大臣虽然可以参与奏议和拟出初步处理意见,但其身份是大汗的臣仆,"军国机务,一决于中",裁决权牢牢掌握在皇帝手中,皇帝对御前奏闻全过程拥有主导权。元世祖以降,忽里台会议的作用日趋减小,御前奏闻稳定地充当朝廷主要决策方式,说明后者基本适应了蒙元从贵族政治到皇帝专制集权的过渡发展趋势。

第三,为什么元代不实行汉地式的"常朝"呢?为什么元代会采用御前奏闻会议的特殊"视朝"方式?这可以从两方面予以回答。

自元世祖忽必烈开始,蒙古统治者在部分吸收汉法、运用汉法的同时,仍较多保留了蒙古草原旧俗。保持蒙、汉政治和文化的二元结构及蒙古贵族的特权支配,始终是元帝国的重要国策。受此国策的影响,蒙古统治者虽然逐步减少了忽里台贵族会议在最高决策中的比重,但不愿意也不可能完全照搬汉地式的"常朝"。出于蒙古本位理念,他们很自然会把诸如"行国""行殿"等草原习俗杂糅进"视朝"决策活动中。

元代朝廷用语一般是蒙古语。由于大部分蒙古皇帝不懂汉语,大部分汉族臣僚又不懂蒙古语,君臣间的上奏和听政,不能不受语言隔阂的较严重制约,而需要借助怯里马赤译员作中介。这种情况下,包括汉人、蒙古人、色目人诸民族成分的文武百官朝见皇帝和上奏议论政事,就显得十分困难。皇帝自然而然地会经常使用少数蒙古人和熟悉蒙古语的色目人、汉人大臣参加的御前奏闻,来代替汉地式的文武百官"常朝"。人们从世祖初参与御前奏闻的中书省宰执廉希宪、张文谦都精通蒙古语,左右司郎中贾居贞"由善国言,小大庶政,不资舌人,皆特入奏",右丞相史天泽自称"老夫有通译其间,为诸公调达耳"等史实,①也能窥见一斑。这似乎是元代御前奏闻具有自身特色而异于前代百官"常朝"的另一个直接原因。

第四,御前奏闻时与会上奏大臣是立,还是跪呢?这是影响到元代乃至明清君臣关系的重要问题。《元朝名臣事略》卷八《左丞许文正公》载:"……入见,皆跪奏事,上令先生起,赐坐。"《牧庵集》卷十八《领太史院事杨公神道碑》云:至元十七年(1280)授时历成,负责修历的官员入奏。"方奏,太史臣皆列跪。诏独起司徒(许衡)及公(杨恭懿),曰:'二老自安,是年少皆受学汝者。'故终奏皆坐,毕其说。亦异礼也。"②这两段记述十分珍贵,表明元代御前奏闻时除年老者特许就座外,一般大臣都需要下跪。这与《世界征服者史》中所收窝阔台汗即位诸王贵族向他下跪的图画,一脉相承。汉唐时期,宰相三公坐而论道,奏闻政事时皆有座位。自北宋初,宰相奏闻开始失去了座位,常被论者视作相权式微及君臣关系变化的重要征兆。元代御前奏闻时,大臣一律下跪奏闻,地位和处境比起宋代又大大下降了一步。只有许衡之类的名儒,经皇帝特许,方能得到"赐坐"的优遇。这既可说明北方民族臣下即奴婢习俗对元代君臣关系的严重浸染渗透,也可以窥见御前奏闻时皇帝为主导和臣下从属卑微的基本格局。有必要澄清的是,早期蒙古社会并无臣下向君主下跪的严格规定或习惯,1229年皇兄察合台率皇族臣僚向第二任大汗窝阔台行跪拜礼,是由契丹贵胄耶律楚材极力怂恿劝谏的。③或者可以说,是耶律楚材率先把汉地臣下向君主跪拜的仪制引入蒙古汗廷。而忽必烈又把这种跪拜扩展到御前奏闻中,成为臣下奏闻时必须遵守的礼节。据说,明代少数大臣应召见皇帝奏闻议论朝政时也需要跪着。清代御门听政时大臣依班列跪的制度,更为严格。④在这个意义上,元代御前奏闻中的大臣跪奏,似乎深深影响了明清两代朝见奏闻礼节,也影响到元朝以降君臣关系中越来越强烈的尊卑反差。

---

① 《元文类》卷六一《参知政事贾公神道碑》,第1页B。(元)王恽:《王恽全集汇校》卷四八《开府仪同三司中书右丞相忠武史公家传》,第2280页。

② (元)苏天爵撰,姚景安点校:《元朝名臣事略》卷八《左丞许文正公》,中华书局,1996年,第177页。(元)姚燧:《姚燧集》卷一八《领太史院事杨公神道碑》,第279~280页。

③ 《元文类》卷五七《中书令耶律公神道碑》,第12页AB。《元史》卷一四六《耶律楚材传》,第3457页。

④ 《明神宗实录》卷二一九,万历十八年正月甲辰,台湾"中研院"历史语言研究所,1966年,第4097页。徐艺圃:《试论康熙御门听政》,《故宫博物院院刊》1983年1期。

附：

元代部分御前奏闻一览表

日期	地点	怯薛番直	陪奏者	上奏官员	上奏内容	皇帝圣旨	备注
至元十年十月初七	皇城西殿内			秘书监官员	秘书监、少监等月俸数额	"依着那般与者"	《秘书监志》卷二《禄秩》
至元十二年三月二十九日	皇城暖殿里		右侍俾御忽都于思做怯里马赤	秘书监焦秘监、赵侍郎一同奏	收拾清点临安图籍	"伯颜行道将去者"	《秘书监志》卷五《秘书库》
至元二十三年二月十一日	得仁府斡耳朵	也可怯薛第二日	月赤察儿、秃秃哈、速古儿赤白颜、怯怜马赤爱薛等 同阿儿浑撒里	嘉议大夫、秘书监扎马剌丁	秘书监官迁移	"你要者"	《秘书监志》卷三《解字》
至元二十四年二月十五日	柳林里阿勒坦察察儿朵	察察尔怯薛第二日	众学士做克烈穆齐（怯里马赤）	左丞叶李	太学立提举司	"怎说的宜的一般"、"我行奏者，那时分我回言语"	《庙学典礼》卷二《左丞叶李奏立太学设提举司及路教迁转司格（例儒户免差）》
至元二十四年四月十八日	斡耳朵火儿赤房子里	安童怯薛第三日		阿散	管民官、管军官撤下勾当，迎送使臣	"那一个城子里有开的圣旨可呵，那城子里的管军、民官教接"	《元典章》卷二十八《礼部一·经过官经接》
至元二十四年七月十六日	合剌合里	安童怯薛第一日			禁诸处阴阳人祭星	"那般者"	《元典章》卷三十《礼部三·禁祭星》

续表

日期	地点	怯薛番直	陪奏者	上奏官员	上奏内容	皇帝圣旨	备注
至元二十四年十一月初八日	香殿里	也可怯薛第一日	火儿赤脱怜帖木儿、不花剌、古儿赤哈、秃林台、博儿赤哈、答孙、唆欢同知、月列失同知	相哥丞相、阿鲁浑撒里平章、叶右丞、阿鹘答尚书、忽都答儿尚书、乞失马失里尚书等	秘书监、司天台、集贤院拟归撒里蛮、阿鲁浑撒里收管	"那般者"	《秘书监志》卷七《司属》
至元二十四年十一月初九日		安童怯薛第一日		枢密院官	转达月的迷失处置逃亡军人的奏章	"为首的每";"敲了者";"位从八……";"一百七下家打了放者"	《元典章》卷三十四《兵部·处断逃亡等例三款》
至元二十（五）年十月二十一日	香殿前面	也可怯薛第一日		御史台官	台臣奏毕，怯里马赤转达忙兀夕职责监察御史奏言	"监察每则体管察每则管者"	《元典章》卷五《监察·监察每则管体察》
至元二十八年七月二十三日	昔保赤巴勒噶逊内里和内里寝殿里	也可怯薛第二日		什巴尔赤特格特穆尔平章、必阇赤纳沁托克托大脚等	燕公楠参政勾当	"燕参政说的勾当听了道是来,省官人每根底说者"	《庙学典礼》卷三《儒学提举俸给》
至元二十八年十二月十一日	紫檀殿西南上	也可怯薛第三日		御史台官	行省令史稽迟、监察就断	"那般者"	《元典章》卷六"行省·行省令史稽迟监察就断"
至元二十九年闰六月二十日		也可怯薛第三日					《经世大典·站赤》《永乐大典》卷一九四二三

续表

日期	地点	怯薛番直	陪奏者	上奏官员	上奏内容	皇帝圣旨	备注
至元三十年正月初九日	紫檀殿	阿都台怯薛第一日	浩尔齐托欢、舒库尔齐齐列台、伊噜特穆尔、锡保齐济和、特穆朗、济尔噶尔、扎萨拉、特穆尔布哈、固孙特穆尔布哈、必齐齐蒙克托迪	宣政院官托音、达什爱满、额特、布延克图、呼必布哈参议等	和尚、先生、秀才三教约会	"那者"	《庙学典礼》卷四《三教约会》
至元三十年三月初五日		也可怯薛第二日		朵罗欢火失温	经过州县铺马	"那般者,经过州县户民底城子民户里换者"	《元典章》卷三十六《兵部三·经过州县交换铺马》
大德九年八月初二日	水晶殿内	忽都答儿怯薛第二日	火者小罗	阿思兰宣政院使、乞失迷儿、桑哥答思哥哥同知、忽都秃忽里副使、阔阔出、谨莫同佥	禁民间织佛像缎子货卖	"说与省官人每,今后休教西天织造佛像西天字样的缎子货卖者"	《元典章》卷十八《工部一·禁织佛像缎子》
至大二年十一月初五日	宸庆殿西耳房	也可怯薛第一日	速古儿赤也儿吉你丞相、宝儿赤脱儿赤赤颜太师、伯答沙丞相、昔宝赤玉龙帖木儿丞相、礼蛮平章、哈儿鲁八赤、大顺同徒等	尚书省官三宝奴丞相、忙哥帖木儿丞相等	休给造里哥儿不花太子阴阳文书	"那般者"	《秘书监志》卷五《秘书库》

续表

日期	地点	怯薛番直	陪奏者	上奏官员	上奏内容	皇帝圣旨	备注
至大二年十二月二十八日	玉德殿西耳房	只儿哈郎怯薛第三日	昔宝赤大都丞相玉龙帖木儿、丞相宝儿赤朵烈秃火者、大顺司徒、速古儿赤抹乞等	大尉脱脱丞相、太保三宝奴丞相、伯颜平章、忙哥帖木儿左丞相等	增加内外官俸钱	"那般者"	《秘书监志》卷二《禄秩》
至大四年十二月二十五日	吾殿西壁兀儿赤赤房子里	月赤察儿太师怯薛第三日	忽都鲁都鲁迷失、学士九鵯奴等	李平章、察罕平章参政议、忒儿哈帖木儿参议、不花都事等	泉府司旧解字教做秘书监	"那般者"	《秘书监志》卷三《解字》
皇庆元年十一月二十七日	嘉禧殿内	也可怯薛第一日	亦只里不花王、速古儿赤鲁帖木儿、知院明里统哈、昔宝赤搭海、忽都鲁当沙儿等	提调阴阳官曲出太保、也里牙忽古歹	忙古歹、阿里父子同任职秘书监事	"忙古歹老也，有本事的人有，休画字，依旧吃秘书卿俸钱，提调阴阳阿里郎勾当者。阿里郎里画字同交秘书郎里勾当当行者"	《秘书监志》卷二《禄秩》
皇庆二年七月二十一日	大安阁后香殿内	也可怯薛第二日	速古儿赤野讷、知院光兀兀儿不花等	曲木太保、买住国公、三同司农、明里董阿大卿、王大卿、析都少卿、喜哥少卿、暗暗剌减里都事等	道旁河岸植树	"那般者，你与省家文书教遍行者"	《元典章》卷五十九《工部二·道傍栽树》
延祐元年七月初四日	香殿里	拜住怯薛第三日	速古儿赤扎班、咬住、阿搭赤众家等	曲出太保、也牙国公	秘书监奏学士，苦思丁二人位序画字	"不拣谁里头，勾当者，在他每两个下头画字者"	《秘书监志》卷一《位序》
延祐元年十二月十一日	嘉禧殿内	木剌忽怯薛第二日	速古儿赤也奴、院使牙安的斤等	中书省转奏大宗正府言语	盗贼处罚办法	"那般者，依着商量来的行文书者"	《元典章》卷四十《刑部十一·处断盗贼断例》

续表

日期	地点	怯薛番直	陪奏者	上奏官员	上奏内容	皇帝圣旨	备注
延祐元年十二月二十五日	光天殿两壁棕毛主廊里	拜住怯薛第三日	速古儿赤乞儿不花,天宝赤买驴等	朵儿只中丞、脱火孙治书、经历"答剌罕"等众台官商量定教俺奏有	取受断冤称冤官处置	"要肚皮来的不肯去底发将去问的是豁阿,好生断者"	《元典章》卷五十三《刑部十五·称冤问虚断例好生断者》
延祐二年九月十四日	嘉禧殿内	木剌忽怯薛第二日	速古儿蛮子,给事中赤因帖木儿、不花帖木儿等	御史台官太傅伯忽大夫、答剌罕大夫、朵儿只哥洽书、王中丞、燕只哥洽书、王洽书、别帖木儿殿中、蒙古必阇赤都释鉴等	台察官犯赃,罢职不叙,加等处罚	"那般者"	《元典章》卷四十六《刑部八·台察官吏犯赃不叙》
延祐三年九月初七日	嘉禧殿内	也先帖木儿怯薛第一日	曲出大保、昔宝赤薛儿帖该,怯里马赤也里牙等	秘书监守司徒苫思丁	秘书监官升职画字位序	"那里门有?随朝简门有到,教速升来后的冯僧儿、阿的迷失之下画字者,少监之下画字者,萧少监、张少监之下画字者"	《秘书监志》卷三《杂录》
延祐四年十二月十日	嘉禧殿内	也先帖木儿怯薛第一日	速古儿赤大慈都察里不花,给事中不花帖木儿等	兀伯都剌平章、阿里海牙平章、郡都释鉴都事等	僧俗词讼,重刑归有司,轻则约会	"那般者"	《元典章》卷五十三《刑部十五·僧俗相争》
延祐五年十月十一日	文明殿内	拜住怯薛第二日	博儿赤不花,怯里马赤买驴,昔博赤也速,给事中定住等	伯答沙丞相、阿散释列赤平章、土平章、晏只哥参,哈剌哈孙释赤丞、换住左丞、敬参政、参政、敬参议、钦察参议都事等	禁教下官府虚捏提出身,骤升三、四品	"那般者"	《元典章》卷八《吏部二·禁治骤升品级》

日期	地点	怯薛番直	陪奏者	上奏官员	上奏内容	皇帝圣旨	备注
延祐六年五月初二日	鹿顶殿里	拜住怯薛第三日	塔失帖木儿赤、明里董阿、咬住、马木沙等	阿散丞相、阿里海牙平章、燕只干参政、都释鉴郎中、李家奴都事等	禁民间聚众唱词祈神赛社	"那般者"	《元典章》卷五十七《刑部十九·禁聚众赛社集场》
延祐六年九月初一日	文德殿后鹿顶殿里	也先帖木儿怯薛第二日	速古儿赤也先帖木儿、咬南院使、相哥失里司衣、帖木牙院使、续院使等	斡赤丞相、郑司衣等	翰林编修曾申呈献大驾卤簿图事	"教续院使将去，与秘书监谭秘卿将住秘书监里好生收拾者，后头用着去云"	《秘书监志》卷五《秘书库》
延祐六年十月十五日	文德殿后鹿顶殿内	拜住怯薛第一日	速古儿赤乞儿吉歹、黑厮、黑汉、昔宝赤买纳等	御史台秃忽大夫、不花大夫、咬住侍御、纳膝枢治书、帖木哥殿中等	台察照刷监治杭州行宣政院事	"那般者"	《宪台通纪(外三种)》《南台备要》
延祐七年四月二十一日	马家饮纳钵里火儿赤房子内	也先帖木儿怯薛第二日	速古儿赤买定住、宝赤买驴、怯烈马赤站班、必阇赤南中也灭里牙、给事中也灭里劫歹等	帖木〔迭〕儿太师丞相右丞相、哈散丞相、拜住平章、赵平章、木八剌右丞、张左丞、怯烈郎中等	江南验民田现科粮数一斗六升添答二分税粮	"依着您众人的行商量来的行者"	《元典章》卷二十四《户部十·科添二分税粮》
延祐七年十一月二十七日	嘉禧殿里	拜住怯薛第一日	速古儿赤咬住八里弯、必阇要束来、给事中秦中奏、殿中帖木哥等	拜住丞相、塔失海牙平章、忽都不花那中参议、脱亦那等	大都赈济贫民时，官吏俸钱十分之三给米	"那般者"	《秘书监志》卷二《禄秩》
泰定二年十二月二十三日	兴圣宫东鹿顶楼上	撒里蛮怯薛第一日	秃鲁院使、完者帖木儿、桑哥等	太子谕德世里门、詹事赘善马伯庸学士	裕宗仿书、仁宗东宫文书现存秘书监	"取将来者"	《秘书监志》卷五《秘书库》

日期	地点	怯薛番直	陪奏者	上奏官员	上奏内容	皇帝圣旨	备注
元统二年正月二十六日	延春阁后咸宁殿里	笃怜帖木儿怯薛第二日	速古儿赤马札儿台、大夫罗锅、汪家奴、宝怜帖木儿、云都赤别不花、殿中嗊忽里等	阿昔儿答剌罕平章、阔儿吉思平章、沙班郎中、塔海忽都鲁省员外郎、完者都事、客省使帖木儿、直省舍人罗里伯颜帖木儿、蔡儿、蒙古必阇赤嗊赤帖里帖木儿等	请求加封颜子父母妻	"那般者。二十八日教火者塞罕皇太后根底启呵,奉懿旨:那般者"	蔡美彪《元代白话碑集录》(79)
元统二年正月二十六日	延春阁后咸宁殿里	笃连帖木儿怯薛第二日	速古儿赤马札儿台、大夫汪家奴、院使罗锅、殿中嗊忽里、火儿赤牙里等	宣政院官撒迪平章、汪束赞古思院使、燕京同院失里门哥、蔡哥失里班同知、奉真班参议、也先不花经历、陈郁都事等	请求将天目山中峰和尚文字刊板归入藏经	"那般者。教火者塞罕院使皇太后根底启呵,那般者。么道,懿旨了也"	蔡美彪《元代白话碑集录》附录一
元统三年七月十八日	洪禧殿后鹿顶里	笃怜帖木儿怯薛第三日	速古儿赤汪家奴、浑秃帖木儿、必阇赤沙剌班、怯薛官笃怜帖木儿等	御史台答剌大夫、亦只里花古海经历不哥不花经历、蒙古必阇赤嗊安明安答儿等	变更广海廉访司分司出迁日期	"那般者"	《宪台通纪(外三种)》《南台备要》
后至元六年二月初十日	玉德殿西耳房	也可怯薛第二日	速古儿赤秃赤、云都赤老温、不花蔡儿等	御史台别怯里不花大夫、脱大夫、教化中丞、韩治书、王都事、蒙古必阇南赤阿鲁威等	台宪须结罪荐举,互相复查	"那般者"二十七日"教火者秃满迭大皇太后启呵"	《宪台通纪(外三种)》《南台备要》
至正元年正月初七日	兴圣殿东鹿顶里	笃怜帖木儿怯薛第二日	速古儿赤、云都赤、脱欢不花等	御史台伯撒里大夫、古纳剌侍御、何治书、锁南班经历、史阿里阿虎、蒙古必阇南赤阿鲁威等	监察御史弹劾保荐建言,不许连衔并署	"那般者"	《宪台通纪(外三种)》《南台备要》

续表

日期	地点	怯薛番直	陪奏者	上奏官员	上奏内容	皇帝圣旨	备注
至正元年四月二十四日	大口纳钵斡脱里	阿鲁秃怯薛第二日	速古儿赤桑哥夫里,必阇赤沙加班,云都赤蛮子,给事中帖木儿不花等	别儿怯不花平章,也先帖木儿平章,帖木儿塔失平章,阿鲁右丞,许左丞,佛住参政,沙班参政,字罗帖木儿参议,拜住郎中董子员外郎,直省舍人佥赤,哈剌帖木儿,蒙古必阇南赤都马,不颜帖帖木儿等	奎章阁营运钱内秘书监一千锭教做堂食钱	"那般者"	《秘书监志》卷三《食本》
至正十年十一月二十二日	延春阁后寝殿里	也可怯薛第二日	速古儿赤哈麻,云都赤朵儿只赤,殿中塔海那海,给事中塔海帖木儿等	脱脱大傅右丞相,定住平章,搠思监平章,韩镛参议,帖理哥参议,(误)〔悟〕良哈台参议,杜秉彝参议,乌古良帖住郎中,边公佐郎中,锁住员外郎,李稷员外郎,伯帖木儿都事,田复都事,蒙古必阇南赤也先不花等	云南州县官无职田,再难添俸,应预为申奏钞锭	"那般者"	《宪台通纪(外三种)》《南台备要》
至正十年十一月二十二日	延春阁后寝殿里	也可怯薛第二日	速古儿赤哈麻,云都赤朵儿只赤,殿中塔海那海,给事中塔海帖木儿等	脱脱大傅右丞相,定住平章,搠思监平章,韩镛参政,悟良哈台参议,杜秉彝参议,乌古良帖住郎中,边公佐郎中,锁住员外郎,伯帖木郎,李稷员外郎,武祺都事,田复都事,蒙古必阇南赤也先不花等	吏员歇下名缺,裁去人数,再不须收补	"那般者"	《宪台通纪(外三种)》《南台备要》

续表

日期	地点	怯薛番直	陪奏者	上奏官员	上奏内容	皇帝圣旨	备注
至正十年二月二十日	兴圣殿东鹿顶里	阿鲁图怯薛第三日	速古儿赤拜住,云都赤金刚宝,殿中那海,给事中塔海帖木儿等	脱脱大傅右丞相,太不花平章,王枢虎儿吐华右丞,脱列帖木儿参政铺参议,杜秉彝参政,悟良哈台参议,乌古孙良桢参议,脱火赤郎中,李稷郎中,董销员外郎,伯帖木儿都事,田复都事,直省舍人达世普花,完者帖木儿,蒙古必阇赤都儿迷失海牙,也先不花等	内外衙门掾史,知印,译史等补用,宣授使至正二年例,于参职内一半参用	"那般者"	《宪台通纪(外三种)》《南台备要》
至正十一年正月十一日	光天殿后寝殿里	也可怯薛第二日	速古儿赤朵儿只,云都赤金刚宝,中那海,给事中塔海帖木儿等	定住平章,普化平章,直省人达世穆斯化,直省帖木儿,完者帖木儿,蒙古必阇南赤忙古儿等	行省宣慰司监烧钞,委官访察;若缺员,通署其事	"那般者"	《宪台通纪(外三种)》《南台备要》
至正十一年二月初九日	嘉禧殿里	脱脱怯薛第三日	速古儿赤朵列帖木儿,云都赤朵儿只,殿中燕帖海不花,给事中塔海帖木儿等	普化平章,朵儿只中丞,同知,董子参议,燕帖木儿员外郎,直省人完者帖木儿,蒙古必阇南赤释家奴等	命江浙,江西行省招募兵义,剿捕反贼	"那般者"	《宪台通纪(外三种)》《南台备要》
至正十一年二月二十日	嘉禧殿里	咬咬怯薛第三日	速古儿赤答失里,云殿中阿不花,给事中塔海帖木儿等	脱脱答剌罕太傅右丞相,伯撒里知院,定住平章,搠思监里平章,贾鲁左丞,大夫,朵儿赤参议,王帖木儿丞政,脱火孙待御,脱火参议,伯帖木儿参议,李稷御,童子洽书,王敬方参议,孙宗中,周嚼中,李罗帖木儿员外郎,马马硕理经历,刘德德中,郎,咬住舍人安童,马明都事,直省人完者帖木儿,蒙古必阇南赤忙哥帖木儿等	杖责罢免临阵退脱的廉访分司官完者帖木儿	"那般者"	《宪台通纪(外三种)》《南台备要》

续表

日期	地点	怯薛番直	陪奏者	上奏官员	上奏内容	皇帝圣旨	备注
至正十二年闰三月十六日	明仁殿里	咬咬怯薛第三日	速古儿赤不答失里,云都赤朵儿只失等	脱脱答剌罕太傅右丞相,定住平章,月鲁不花平章,普哲笃参议,脱火赤参议,汝中柏完者帖木儿员外郎,伯颜帖木儿都事等	吏员用白身人者罪过	"那般者"	《宪台通纪(外三种)》《南台备要》
至正十(三)年闰三月二十五日	嘉禧殿里	也可怯薛第三日	速古儿赤不答失里,云都赤阿八赤,殿中燕赤不花,给事中听都事等	脱脱答剌罕太傅右丞相,伯撒里知院,定住平章,众家奴知院,搠思监大夫,月鲁不花平章,普化平章,贾鲁左丞,朵儿只中丞,福寿同知,哈麻同知,帖理帖穆尔参政,乌古孙良桢参政,不颜帖木儿副枢,悟良哈台副枢,剖撒汇孙知金院,阿鲁答儿参议,傻哲笃参议,脱火赤参议,李稷参议,伯帖木儿郎中,周耆郎中,完卜花员外郎,刘绘员外郎,王敬方郎中,安明德都事,直省舍人安童,蒙古必阇赤忙哥帖木儿等	授予江浙行省官便宜行事权,"调动军情重事及创动官钱,不须咨禀"	"那般者"	《宪台通纪(外三种)》《南台备要》

续表

日期	地点	怯薛番直	陪奏者	上奏官员	上奏内容	皇帝圣旨	备注
至正十二年四月三十日	皂角纳钵马上来时分	也可怯薛第三日	速古儿赤哈麻、云都赤朵儿只、殿中朵儿只、阿不花、给事中朵儿只等	脱脱答剌罕大傅右丞相、定住平章、普化平章、梧良哈答参政、脱火赤郎中、咬住帖木儿等	命江浙左丞答纳失里把截太平路等关津，湖大平等关津，命总管普宁浙东剿贼峨	"那般者"	《宪台通纪（外三种）》《南台备要》
至正十二年十一月初五日	兴圣殿东庑顶里	也可怯薛第二日	速古儿赤朵列帖木儿、云都赤阿八赤、殿中燕赤不花、给事中朵鲁帖木儿等	脱脱答剌罕大师右丞相、定住平章、蒯思平章、忽都海参政、乌古孙良祯参政、汝中柏参政、王敬方参议、锁住郎中、咬住员外郎、答儿麻失里瓦思答都事、哈剌哈速台舍人阿速台合等		"那般者"	《宪台通纪（外三种）》《南台备要》
至正二十三年十月十三日	明仁殿里	哈剌章怯薛第二日	速古儿赤也速迭儿、云都赤都火里、殿中月鲁帖木儿、给事中观音奴等	宣政院官帖古思不花院使、阿剌台经历等	请求中书省参政危素为大都崇国寺传戒、书丹及碑撰文、篆额	（先启皇太子）"那般者"	蔡美彪《元代白话碑集录》(92)
至正二十六年二月十七日	宣文阁内	完者帖木儿怯薛第一日	速古儿赤完者不花、云都赤赤塔海帖木儿、殿中宝坚、给事中解里颜等	宣政院官帖古思不花院使、孛罗帖木儿副使、八儿忽怱台帖木儿参议、都马经历、忙哥帖木儿经历等	请求封赠大都崇国寺大师选公国师名分	（先启皇太子）"那般者"	蔡美彪《元代白话碑集录》(94)

本文原刊载于《历史研究》2002年第5期。

作者简介:

李治安,1949年10月出生。1978年考入南开大学,1985年留校任教。历史学博士。南开大学历史学院教授。著有《元代分封制度研究》《元代行省制度》《元代政治制度研究》和《元史暨中古史论稿》等。

合失身份及相关问题再考

王晓欣

这是一个老问题,20世纪初曾在学界提出来讨论过。合失(汉籍又译为合昔歹、河西觟)乃窝阔台之子,忽必烈时期著名的中亚蒙古叛王海都之父。在窝阔台诸子中,有关合失身份的中外史载相当混乱矛盾,汉籍正史及主要波斯文蒙古通史与汉籍私人撰著的记述极不一致。清末学者屠寄赞成汉籍私人撰著的说法,王国维、日本学者箭内亘则批驳屠说,主张依据正史。至今学界主流意见基本仍以正史记载为主,但有些悬疑并未真正解决。①笔者试依据重新爬梳的几段材料对此问题做一再考。

一

关于窝阔台之子,诸史籍一致记载的有七人,即:贵由、阔端、阔出、哈剌察儿、合失、合丹、灭里。诸书记载不一且引起争论的主要是:

(1)《元史》《史集》《世界征服者史》《南村辍耕录》均记贵由为长子,拉施特《史集》更明确指出窝阔台七子中前五子均由脱列哥那(六皇后)所出。②元末陈桱于至正十年(1350)撰成的《通鉴续编》却指合失为长子,乃二皇后昂灰所生;贵由则为次子,与阔端、阔出、哈剌察儿同为六皇后所出,③陈桱还记载了定宗贵由即位,诸王不服的事件。屠寄《蒙兀儿史记》认同陈桱的合失长子说,并进一步考证说合失是窝阔台正妻大皇后孛剌合真所生,他还认为阔端为三皇后乞里吉忽帖尼所出④。

①《中国历史大辞典》(上海辞书出版社)无"合失"辞条。学界主流意见及存异,可参见白拉都格其:《贵由汗即位的前前后后》,《元史论丛》第三辑,1986年,第48页注4、注7;白寿彝总主编、陈得芝主编:《中国通史》第八卷上(第13册),上海人民出版社,1997年,第389页注1。

② 见《元史》(中华书局标点本)卷一〇七《宗室世系表》;《世界征服者史》(内蒙古人民出版社何高济译本)上册,第294页;《南村辍耕录》(中华书局标点本)卷一《大元宗室世系》;《史集》(商务印书馆余大钧等译本)第二卷,第7页。

③《通鉴续编》(四库全书本)卷二二。

④《蒙兀儿史记》(北京中国书店影印结一宧自刊本)卷三七《漠北三大汗诸子列传》。

（2）《史集》记窝阔台曾希望以第三子阔出作为继承人，阔出早死后又指定阔出子失烈门为嗣，并将其抚养于自己的斡耳朵。①失烈门为继承人之说在《元史》记、传中亦有记载。②志费尼《世界征服者史》则记阔端亦曾想获得继承权，"因为他的祖父一度提到他"③。《史集》甚至说阔端是成吉思汗预定的窝阔台继承者。④由南宋出使蒙古的彭大雅撰、徐霆疏的《黑鞑事略》却又有另外的说法，《黑鞑事略》记："（窝阔台）其子曰阔端，曰阔除，曰河西觲立为伪太子，读汉文书，其师马录事，曰合剌直。"⑤在此河西觲（合失）名下的小字夹注明确地指出合失是汉人所知的窝阔台诸子中的汗位继承人——"伪太子"。

以上第一点诸条记述中，合失为长子说仅见《通鉴续编》一书。屠寄支持陈樌的理由是：据《多桑蒙古史》载（多桑书实引自《史集》），合失生于成吉思汗征西夏（又称河西，蒙古又音译为合失、合申）之时，故以合失之音为名。合失因过度酗酒而夭折于其父之前，他死后窝阔台汗禁用"河西"，这个地区此后被称为唐兀惕。史载成吉思汗第一次征西夏是1205年，《元史》记贵由生于丙寅（1206）年，屠寄据此认为合失大贵由一岁，当为长。屠寄又进一步由"蒙古嫡庶之分最严"、窝阔台欲定合失为嗣、合失死后大汗痛惜之三点补充推论合失为孛剌合真所出，当为嫡长子。屠寄的这条考证较为牵强且无他籍佐证。

首先，现在所见各种史籍均无孛剌合真有子的记载。

其次，就合失出生年份而言：蒙古曾六次（1205年、1206年、1209年、1218年、1224年、1226年）征西夏，成吉思汗亲率的有1205年、1206年、1209年、1226年四次。这四次中1226年可以排除，因为研究表明合失子海都出生于1234

---

①《史集》汉译本第二卷，第8、11、214页。《史集》汉译本第8页说阔出死后蒙哥将失烈门抚育于自己斡耳朵中，但第214页又记窝阔台将失烈门抚育于自己的斡耳朵中。周良霄先生据汉籍指出"蒙哥"实为窝阔台之讹。参见周良霄译注：《成吉思汗的继承者》，天津古籍出版社，1992年，第31页。

②《元史》卷三《宪宗纪》，卷一二四《忙哥撒儿传》。

③《世界征服者史》上册，第294页。

④《史集》汉译本第二卷，第217页；《成吉思汗的继承者》汉译本，第215页。

⑤《黑鞑事略》（上海古籍书店《王国维遗书·黑鞑事略笺证》）。

年,①如合失 1226 年出生,则海都生时合失才八岁,绝无可能。而 1205 年、1206 年两次均为掠夺和试探性的进攻,有些史籍如《蒙古秘史》对这两次攻夏根本未提。直到 1209 年的对夏战事,《蒙古秘史》才有详细记述,事实上 1209 年成吉思汗始发动大规模全面攻夏,西夏亦在此战之后始臣服。②从起名以志武功的角度说,1209 年的可能性最大。故伯希和推定合失应生于 1210 年。③如此他应该小于贵由。

再者,贵由为长子说见诸多种中外史载,一些史实亦可为旁证。伯希和认为合失死年当在 1236 年或稍后,④但元代察合台汗国人扎马勒·哈儿昔(Jamal Qarshi)《苏拉赫词典补编》记"合失歹先于其父(窝阔台)在呼罗珊死去,留下遗腹子海都"⑤。是则合失在海都 1234 年出生前就死了,他应该死于 1233—1234 年间,不早于 1233 年 3 月。我们知道窝阔台发动的对欧洲的长子西征是 1235 年春出发的,但这次行动的策划准备活动在 1234 年甚至更早时候就展开了。《史集》和《元史·太宗纪》说是在 1234 年五月的忽里台会议上决定的。⑥《蒙古秘史》则记载窝阔台即位后先与察合台商量,为康里、钦察等"那里城池难攻拔的上头,如今再命各王长子巴秃、不里、古余克、蒙格等,做后援征去。其诸王内教巴秃为长,在内出去的教古余克为长"。此次商量后窝阔台"再于兄察阿

①《史集》俄译本说海都一直活到回历 705 年(1305—1306),波义耳英译本注称其活到 1301 年。巴托尔德引扎马勒·哈儿昔的记述并参考多种波斯史籍,判定海都生年约在 1235 年(见《史集》汉译本第二卷,第 13 页注 4;《成吉思汗的继承者》汉译本,第 32 页)。刘迎胜先生曾根据对《完者都史》《史集》《元史》诸史的研考,判定海都之死应在 1303 年。(见刘迎胜:《〈史集〉窝阔台汗国末年纪事补证》,《元史及北方民族史研究集刊》第 10 辑,南京大学历史系元史研究室,1986 年,第 40 页。)此后我们看到扎马勒·哈儿昔用阿拉伯文撰写的《苏拉赫词典补编》的译文,称海都卒于回历 701 年(1301.9.6—1302.8.25)初,享年 68 岁。(见华涛:《贾玛尔·喀尔施和他的〈苏拉赫词典补编〉(下)》,《元史及北方民族史研究集刊》第 11 辑,南京大学历史系元史研究室,1987 年,第 94 页。)扎马勒·哈儿昔曾两次服务于海都,海都卒年和享年 68 岁说当较可靠。目前国内学界倾向于根据《苏拉赫词典补编》,据回历、公历之差推算海都生于 1234 年。(参见陈得芝主编:《中国通史》第八卷下(第 14 册),第 63 页注 2;刘迎胜:《二十五史新编·元史》,上海古籍出版社,1997 年,第 118 页。)

②额尔登泰、乌云达赉校勘:《蒙古秘史》续集卷一,内蒙古人民出版社,第 249 节。

③[法]伯希和:《马可·波罗注》卷一,第 126 页。(Pelliot, Paul. *Notes on Marco Polo*. vol.1. Paris, 1959, p.126.)

④[法]伯希和:《马可·波罗注》卷一,第 126 页。(Pelliot, Paul. *Notes on Marco Polo*. vol.1. Paris, 1959, p.126.)

⑤华涛:《贾玛尔·喀尔施和他的〈苏拉赫词典补编〉(下)》,《元史及北方民族史研究集刊》第 11 辑,南京大学历史系元史研究室,1987 年,第 92 页。

⑥《成吉思汗的继承者》汉译本,第 75 页;《元史》卷二《太宗纪》。

歹处商量将去"讨论征金事宜。这两次商量应该是1229至1330年间的事情,[①]
此时合失还活着,而大汗明确说贵由(古余克)为窝阔台系的长子,以后的长子
西征贵由也确实参与,由此看贵由年齿居长当无疑问。

但陈樀的合失为长子说从嫡庶层面而言也并非全无可能。窝阔台前五子
均出自脱列哥那的说法出于《史集》,然而《史集》在记载蒙古皇室时多有讹误
和自相矛盾处,如第二卷中《成吉思汗的儿子窝阔台合罕纪》第一部分记窝阔
台大皇后为孛剌合真,后面《窝阔台合罕的儿子贵由汗纪》第一部分却说贵由
"是他的长后脱列哥那哈敦所生"[②]。窝阔台二皇后昂灰和三皇后乞里吉忽帖
尼《史集》均不载,但此二后均见于《元史·后妃表》[③]和《元史·本纪》。《元史》卷
三《宪宗纪》载蒙哥二年(1252)"分迁诸王于各所:……蒙哥都及太宗皇后乞里
吉忽帖尼于扩端所居地之西"。扩端即阔端,此时已死,[④]蒙哥都乃阔端之子,[⑤]
专由他奉乞里吉忽帖尼迁阔端分地之西,屠寄由此判断乞里吉忽帖尼为阔端
之生母,蒙哥都之祖母。[⑥]屠寄的这个看法从逻辑上是可以成立的。

此外萨囊彻辰《蒙古源流》说阔端生于1206年,而贵由生于1205年。贵由
1206年出生应该没有什么问题,《源流》实误。但周清澍先生认同阔端1206生
年说,[⑦]如是,除非双胞胎(从所有史料看不到这种可能),则贵由与阔端便不会
是同一母亲。《史集》和《世界征服者史》都记载窝阔台死后脱列哥那派人去逮
捕窝阔台朝的重臣镇海和牙老瓦赤,二人先后逃脱急投阔端处避难,脱列哥那
"三番两次遣出使者"索要二人,遭到阔端坚决拒绝,"她发现要他们回来是不
可能的"。如果脱列哥那和阔端系亲生母子,镇海和牙老瓦赤会在脱列哥那迫
害他们时毫不犹豫投奔阔端吗?而阔端对脱列哥那的抵制态度也让人难以理
解。[⑧]总之,得出阔端为三皇后之子的推断是合理的,《史集》这方面的记载不

---

① 《蒙古秘史》(校勘本)续集卷二,第270、271、272节。

② 《史集》汉译本第二卷,第6、207页。

③ 《元史》卷一〇六《后妃表》。

④ 《史集》汉译本第二卷,第213页。

⑤ 《史集》汉译本第二卷,第10页;《元史》卷一〇七《宗室世系表》。

⑥ 《蒙兀儿史记》卷三七《漠北三大汗诸子列传》。

⑦ 参见周清澍:《库腾汗——蒙藏关系最早的沟通者》,南京大学历史系元史研究室编:《元史论集》,人民出版社,1984年,第82页,周撰《中国历史大辞典》"阔端"词条。

⑧ 《世界征服者史》上册,第283~284页;《史集》汉译本第二卷,第210~211页;《成吉思汗的继承者》汉译本,第209~210页。有意思的是,《史集》俄译本记阔端对使者说"往告我母",波义耳英译本却作"往告汝母"。

尽全面与可靠。

同理,二皇后昂灰为合失生母虽为孤说,但昂灰本人的存在是毋庸置疑的,她不仅见于《元史·后妃表》,而且由于抚育过蒙哥而被明记于《元史·宪宗纪》①,蔡美彪先生指出"其事不容虚造"②,甚是。《史集》所述前五子均由脱列哥那所生不确,《元史》又未言合失为何人所生,其他传世史籍又未明载昂灰无子,则我们也不能轻易否定昂灰为合失生母。如果确实如此,那么贵由虽然在诸子中年齿居长,但其在政治上的地位不会比合失高。蒙古早期政治中诸王子的年龄排行向来不是王子们政治地位的依据,大汗的喜好才是决定性因素,是否为排列在前或得宠之皇后所出也是一个重要因素。大蒙古国时期虽然尚未形成如中原王朝那样严密的嫡长子皇位继承体制,但蒙古皇室对于后、妃的长次次序及地位排列是十分严格的。排列在前、守各大斡耳朵的皇后地位肯定要高于排列在后的后妃,诸皇子的地位则视其母地位而定。③长子不一定是大太子,这种传统到元代也一直保持。一个典型的例子就是答剌麻八剌诸子的排行。答剌麻八剌女侍郭氏生长子阿木哥,正妃答己生次子海山和三子爱育黎拔力八达。由于阿木哥年长却庶出,故海山在争位时宣称自己"次序居长",儒士李孟亦称他为"大太子",后来的《元史》武宗、仁宗本纪则将海山、爱育黎拔力八达记作长子、次子。④贵由在窝阔台诸子中尽管属皇后所出,但由于其母在诸后中的排行和受宠程度,他的地位很可能也有类似阿木哥的情况。贵由生母脱列哥那是窝阔台六皇后,关于她的出身、生平、地位以及国内外学者的相关争议,蔡美彪先生曾撰文做了全面缜密的考辨。蔡先生考证脱列哥那的六皇后身份无可置疑,并指出:脱列哥那既不可能是窝阔台的也可哈敦,也不是诸后妃中最受宠信者,她所生的皇子贵由也不受窝阔台喜爱。⑤笔者赞同蔡先生的结论。现有材料确实找不到贵由在窝阔台时期曾受宠信的证据。

---

①《元史》卷三《宪宗纪》。

② 蔡美彪:《脱列哥那后史事考辨》,《蒙古史研究》第三辑,1989年。

③ 参见史卫民:《元代社会生活史》,中国社会科学出版社,1996年,第55~56页。

④《元史》卷一〇七《宗室世系表》,卷一一五《顺宗传》,卷一三八《康里脱脱传》,卷一七五《李孟传》,卷二二《武宗纪一》,卷二四《仁宗纪一》。

⑤ 蔡美彪:《脱列哥那后史事考辨》,《蒙古史研究》第三辑,1989年。

《黑鞑事略》甚至在记窝阔台诸子时根本未提到贵由。①而合失虽然年序仅排第五,但其母贵为二皇后,在大皇后孛剌合真无子的情况下,二皇后之子被视为长子,陈桱之说从这个角度而言不无道理。

二

合失是否被立为太子是争议的焦点。由于汗位继承制度不完善,大蒙古国早期在汗位继承人的指定和太子名号的使用上比较随意,有时候嫡出诸皇子都可被视为太子。②但大汗往往会因钟爱某个子孙而在言谈中表示倾向,使臣民知晓,或对中意的某子孙委以专门的使命或给予特别的恩宠。波斯史籍明确称这类被认为具备皇储身份的皇子为继承人。而蒙古国时期中原人士在汉籍中所记之"太子",如果记载显示其地位异于高于其他皇子,一般也意味着其皇储身份。《黑鞑事略》河西斛名下"立为伪太子……"的小注应该就具有这种含义。但如何看待这段注文? 王国维认为《黑鞑事略》之载与正史不符,"云河西斛立为太子,亦系传闻之误"。箭内亘则发现彭大雅本句叙文后徐霆疏文中有"粘和重山随屈术伪太子南侵,次年屈术死"之句,对比《元史》,屈术应即阔出。箭内亘怀疑彭大雅注文和徐霆疏中"伪太子"应是一人,即中外史籍均有记载为太子的阔出。因为徐霆疏中直接写屈术伪太子而未对河西斛伪太子注作辨正,由此推断彭大雅"伪太子"原注是注在阔除(阔出)名下,后世在抄写时误注到河西斛名下了。③王国维和箭内亘的观点得到不少学者的赞同。之后合失太子说不再有人重视。笔者对此有不同看法:

第一,从已见史载看,窝阔台时期被认为有皇储身份的肯定不止一人,但似乎都没有转化为制度化的确定,故在不同史料中记载不一,相差很大,有些史载中还有后来登上汗位的人编造的成分。传世的汉籍正史或波斯官方史籍

---

① 王国维对此的解释是彭大雅北使时贵由正出征辽东(同前引《王国维遗书·黑鞑事略笺证》)。笔者以为若贵由具有大太子的名望和实际地位,即使他出征,在重视长子的中原人中也不会毫无传闻。

② 参见(清)赵翼著,王树民校证:《廿二史札记校证》卷二九《元帝子称太子者不一》,中华书局,1984年。

③ [日]箭内亘:《关于蒙古的国会"忽邻勒塔"》(『蒙古の國會卽ち「クリルタイ」に就いて』),《蒙古史研究》,日本刀江书院,1930年,第376~377页。

基本都是依据拖雷系夺取汗位后的官方史观编撰的,[1]正史或波斯史籍失载不能成为否定汉籍中不同记载的绝对理由。

第二,合失具有被视为皇储意义上的"太子"的条件和可能:①如前述如果他确是二皇后所生,则他的嫡出身份在窝阔台诸子中占有优势。②因志成吉思汗武功而得名者,在成吉思汗、窝阔台汗两朝大汗子孙中唯有合失;死后禁用河西名更是罕见,在不讲究避讳的蒙古汗廷,非特别受宠者不至于此。③窝阔台嗜酒人所共知,其诸子中合失亦以嗜酒闻名,合失与其父情趣最为相投,后来甚至同样都死于酗酒,有理由判断窝阔台在感情上会尤爱此子。

第三,箭内亘认为《黑鞑事略》中的"伪太子"只能是一人,笔者以为此书完全有可能记述两个不同的太子。首先,窝阔台属意过的皇子不止一人,现在没有材料可以证明阔出早在合失在世时就已被视为太子,两人有可能先后被视为皇储。其次,河西觯名下小注和提到屈术的疏文是彭大雅和徐霆两个在不同时间里出使蒙古的人分别先后撰写的。据王国维研究,彭大雅和徐霆北使的时间分别是1232年和1235—1236年。是则两人在两个时间段分别听说和记述的是两个蒙古太子。彭大雅1232年闻知的太子是河西觯,1233—1234年间合失死去,1235年徐霆出使时所闻知的"伪太子"便成了屈术,这种可能性是存在的。再者,按照箭内亘的思路,前面"伪太子"之注原来应该在阔除名下,故后面徐霆不作"辨正"直接写"伪太子屈术",因为两者本是一人。但徐霆疏文中为何要用与阔除汉字名不同的汉字"屈术"?为何不作说明?王国维指出"徐作屈术,则又误分为二人也"。如此看来徐霆并不清楚"伪太子屈术"与前面彭大雅文中的阔除是否同一人。从这一点上说箭内亘的逻辑推理无法令人信服。另外,《黑鞑事略》这一段徐霆疏文是附在彭大雅记窝阔台时"其相四人,曰按只觯……曰移剌楚材……曰粘合重山……曰镇海……"条下,和彭大雅前面的窝阔台诸子条在内容上并不是一回事。[2]徐霆在这里只是根据他这一年自己的所闻径直补充说明粘合重山是年跟随某太子的活动,从他对"屈术"与

---

①《史集》所据 Altan debter 和《元史》前四汗本纪所据之《圣武亲征录》出于同一史源,都经过元初史臣的整理,《蒙古秘史》中偏袒拖雷系的痕迹不少学者亦已指出,即使是有私人撰著性质的《世界征服者史》亦"总是亲拖雷家族的"。(参见[法]韩百诗:《伯希和译注本〈圣武亲征录〉导论》,米济生译,内蒙古大学蒙古史研究室编:《蒙古史研究参考资料》新编第26、27辑,1983年。[意]罗依果:《关于〈蒙古秘史〉中的一些基本问题》,瞿大风译,《蒙古学信息》第四期,1998年。[德]傅海波等:《剑桥中国辽西夏金元史》,史卫民等译,中国社会科学出版社,1998年,第804~806页。)

②同前引《王国维遗书·黑鞑事略笺证》。

阔除的"误分"可知,他根本没有条件去"辨正"前几年别人所知的其他太子的情况。箭内亘把不同时期附在不同条文下的注文和疏文串联起来推测不能说明问题。

第四,如果箭内亘怀疑后世将彭注抄误的推测成立,那么合失为太子之说应该仅见于《黑鞑事略》一书。但事实上《黑鞑事略》所记并非孤证。王恽《秋涧集》卷八十四《乌台笔补·论列事状》中有这样一条奏状:

《皇太子亲政事状》

盖闻武丁学于甘盘,号殷高宗;孝宣起于民间,为汉令主。昔唐太视朝,以子治观政;世宗东巡,以允恭监国。斯二君者岂特为元嗣广聪明、达民事而已?盖将正神明之器,分夙夜之忧,系臣邻之心,慰亿兆之望,抚军监国,皆其事也。而贾生亦云:"太子正而天下定矣"。恭惟燕王殿下春秋鼎盛,孝敬日隆,今者守中令,领枢府,然首居重器,未尝事事。且古之圣人宜莫如舜,尚历试诸难,用彰玄德。以恽愚虑,诚宜早正位号,俾躬理庶务,仰承黄屋之心,俯署青宫之事。如每岁春车驾巡幸上都,燕王殿下居守陪京,抚临汉地,握一府之枢,控百辟之重,俾睿智足临,日深治道……又省记,顷者,太子合昔歹在先朝时已以位号之正判署教条,亲谕汉官。兹非其事与?能若是,固磐石之基,定天下之本,计孰大于此者![①]。

历来讨论合失问题者似均未注意到这条史料。这条大约写在中统末至元初的奏状以历代皇储亲政事为例,呼吁忽必烈让太子真金尽早参与政事。与《黑鞑事略》所记相比,该状对合昔歹(合失)的地位、身份和活动的记述更为明确清晰:其一,奏状将合昔歹列于历代皇储例中来譬喻忽必烈的皇储,在提出"太子正而天下定矣"的古训和真金"宜早正位号"的建议后,强调了"太子合昔歹"在先朝的"位号之正"。这就明白无误地表明,据王恽所知合昔歹在窝阔台朝是具有皇储身份的太子。其二,记合昔歹"判署教条,亲谕汉官",说明他还曾亲历中原政事。这也比《黑鞑事略》记"读汉文书"更接近皇储地位。王恽乃

---

① (元)王恽:《秋涧先生大全文集》(四部丛刊初编本),四部丛刊本文中原有几处讹字,已径改。点校文本可参见笔者点校《宪台通纪》(外三种)(元代史料丛刊),浙江古籍出版社,2002年,第309~310页。

元世祖朝"时望所属"的知名官僚,中统二年(1261)曾任翰林修撰兼国史院编修官,熟知元初典故。①他的好友中也不乏一些对蒙古宫廷事物和皇室历史相当熟悉的人。如与他关系密切的董文用,青年时即入忽必烈藩邸"主文书",于蒙古"祖宗世系功德,近戚将相家世勋绩,皆记忆贯穿,史馆有所考订质问……应之无所遗失"。董文用之弟董文忠,为忽必烈近侍怯薛兼掌印官30年,精通蒙古语,参与知晓大量核心机密。至元十六年(1279),董文忠以与十多年前王恽奏状相似的意思向忽必烈再次奏说,使真金进一步获得了临决庶务的权力。王恽此后将其所知元以前历代皇储范例撰成太子行为参考书《承华事略》呈进真金,真金读后也是由董文忠保管。②王恽与董家兄弟的这种关系和由此所能获得的信息来源的真实性不容忽视。王恽《秋涧集》的史料价值早已为学界公认。尽管此条有关合昔歹的记述出自"省记",但考虑到此前他所担任过的史官职务、他的上述交际圈子,尤其这是郑重写在"国之大事"奏状中的记录,这条回忆的可信性应该相当大。该记载从元朝官员所知的角度证实了彭大雅这样的外邦使节所闻,也表明合失为皇储太子说在当时已有相当广的流传。

第五,窝阔台时期的重臣耶律楚材也提到过窝阔台的皇储。《湛然居士文集》卷一二载耶律楚材1235年为其子耶律铸十五岁生日所作诗《为子铸作诗三十韵》云:"汝方志学年,寸阴真可惜。孜孜进仁义,不可为无益。经史宜勉旃,慎毋耽博弈。深思识言行,每戒迷声色。德业时乾乾,自强当不息。幼岁侍皇储,且作春宫客。一旦冲青天,翱翔腾六翮。儒术勿疏废,祖道宜薰炙。"③此皇储是谁?有前辈学者认为是年阔出正领兵南征,此"皇储"不会是阔出,可能是阔出子失烈门。④笔者拙见,如果诗文中云"侍皇储"是指1235年之事,是年阔出虽领兵南征但仍健在,窝阔台在太子阔出还在世时就宣布阔出之子为皇储并使大臣预知,似不符合《史集》等明载窝阔台是在阔出死后才属意失烈门的

---

①《元史》卷一七《世祖本纪十四》,至元二十九年三月;卷一六七《王恽传》。《秋涧先生大全文集》附录《制辞·授翰林修撰》,(元)王公孺:《文定王公神道碑》。

②(元)虞集:《道园学古录》(四部丛刊初编本)卷二〇《翰林学士承旨董公行状》。(元)苏天爵:《国朝文类》(四部丛刊初编本)卷六一,(元)姚燧:《金书枢密院事董公神道碑》。《秋涧先生大全文集》卷八《入侍行赠董符宝》,卷二三《西池幸遇诗》。关于王恽与董氏兄弟的关系及董文忠在元廷的地位,亦可参见洪金富:《"受任使,服官政"——从〈元史〉的一个句读谈到忽必烈的掌印官董文忠》,邱树森、李治安主编:《元史论丛》第八辑,江西教育出版社,2001年。

③(元)耶律楚材:《湛然居士文集》(四部丛刊初编本)。

④蔡美彪:《脱列哥那后史事考辨》,《蒙古史研究》第三辑,1989年。

事实。诗文显示"侍皇储"有伴读诗书之意,但失烈门1235年时还不到五岁,①即使祖父喜爱,恐怕也不会在当时就按正式皇储身份召大臣子弟伴读。笔者以为是年失烈门尚不可能有皇嗣身份。从诗文前后句看,此诗并未明指"幼岁侍皇储"是1235当年之事,"幼岁"应该指的是前几年的事。从已见各种史料曾记载有皇储太子身份的几位窝阔台皇子看,该皇储有可能是阔出,也有可能是合失。至于阔端,他在1234年的忽里台会议上被决定派去经略川陇西南,1235年正在"征秦、巩",从此封藩于此。除了波斯史籍说成吉思汗曾提及他,窝阔台时期没有任何有关他曾被其父在这方面注意或提到的记载,他的可能性不大。②阔出曾被视为皇位继承人,但从什么时候开始不得而知,而且在他南征前也找不到他曾与汉地大臣子弟读书的史载。倒是合失"读汉文书,其师马录事"与耶律铸侍读似能契合。值得注意的是,幼侍皇储,"生长北溟,十三作歌诗"③的耶律铸在他的诗文集全集中对窝阔台诸皇子只提到了一位,见于《双溪醉隐集》卷三《寄隐者》:

> 投老尝期谢草莱,有人怀抱待君开。
>
> 叩元要给谈天口,虚白元宜养圣胎。
>
> 凤尾诺虽征不起,鹤头书合召将来。
>
> 莫惊此会知何地,认取黄金是旧台。
>
> (诗作者自注)太宗第五皇子尝召隐居,故有凤尾诺之语,诺是应之。

---

① 《世界征服者史》上册第294页、《史集》汉译本第二卷第217页均记1246年忽里台讨论选立贵由为汗时,失烈门尚未成年。《成吉思汗的继承者》汉译本第215页则记为"失烈门尚幼"。按蒙元时代成年的标准年龄是15岁(见《黑鞑事略》,《元史》卷九八《兵志一》、卷一四九《郭宝玉传》),则1246未成年的失烈门应只有15岁左右,如"尚幼"则会更小。是则1235年失烈门应不到五岁。

② 《成吉思汗的继承者》记在推选贵由为汗的大会上诸王说成吉思汗曾指定阔端为合罕之继承人,但其多病。周良霄先生在译注本按中认为:"此处成吉思汗当为窝阔台合罕之讹;阔出死后诸书皆不见有立阔端之记载,此处阔端当为阔出之讹。"(《成吉思汗的继承者》汉译本,第215页。)笔者以为志费尼书中也有"他的祖父一度提到他"的说法(《世界征服者史》上册,第294页),恐不会是《史集》笔误。对此一个可能的解释是:如正文分析,阔端与贵由同年或晚一些出生,其母地位(三皇后)低于二皇后而高于六皇后,但阔端比合失早出生,故他可能一度是成吉思汗嫡孙中母亲地位最高的一个,其祖父在他幼时由于他当时在诸孙中的地位(当然也有可能独爱此孙),而向窝阔台提出可以阔端为将来的继承人。但这个建议只是"一度提到",具有明显的随意性。这种建议在窝阔台那里看起来并未起什么作用。

③ (元)耶律铸:《双溪醉隐集》(四库全书本)《原序》。

诺或作识音志非。

"太宗第五皇子"正是合失！这首诗和注文首先表明耶律铸对合失事相当熟悉,可以从一个侧面支持耶律铸所侍皇储可能是合失的推测。其次诗中所云"凤尾诺"乃古代皇子专用对诸侯笺奏的批字,因"诺"字拖其字尾如凤尾而名。鹤头书则指朝廷招纳贤士的诏书。合失"尝召隐居"显然是一种非常重要的招揽士人的政治活动,太宗其他皇子在合失之前都未曾见过有这种活动的记载。这段材料可说是前揭王恽奏状"判署教条,亲谕汉官"的一个重要补充和进一步的佐证。在当时应该只有负有参与汉地治理之责或地位特殊的皇子才会主持这些政事。合失在窝阔台朝政治中的地位确实非同一般。

《黑鞑事略》《秋涧集》《双溪醉隐集》《通鉴续编》等分别编撰于大蒙古国、元初、元末时期,史源各不相同而记载相近,没有理由认定这几部书所记共为传闻之误。阔出的皇储身份见诸多种史载,无可置疑;合失的皇储身份亦可得到多部史料证明,当属可信。合失皇储身份与阔出皇储身份并不矛盾,笔者从以上诸史载推断合失身份的实际情况是:①他确曾被定为皇储,但时间很短就死了,合失卒于1233—1234年,阔出卒于1236年,[1]合失死期在阔出之前,合失死后阔出继有皇储身份,《黑鞑事略》彭大雅、徐霆注、疏中两个不同的"伪太子"正可反证这一点。②合失与阔出均为窝阔台喜爱的太子,合失在阔出之前被委以实际参与汉地政治的职责,这也许是汉地的载籍对他的太子地位和史事多有记述的原因。

三

重新认识合失身份为我们研究海都之乱也提供了新的视角。以往著述在探讨海都为何能成为中亚蒙古宗王的盟主的原因时,大都依据《史集》,说是因为此王"很聪明能干而又狡猾"[2]。然而在极看重嫡庶的黄金家族子孙中,仅靠才干能很快获得如此大的号召力吗？刘迎胜先生已敏锐地提出海都是因为帝位继承问题而对抗元廷的,但他主要是围绕窝阔台系与拖雷系的斗争来探讨,

---

①《元史》卷二《太宗纪》,八年冬十月。
②《史集》汉译本第二卷,第13页。

尚未涉及海都及其父本身的地位因素。[①]1996年任崇岳先生发文研究河南鹿邑县两通撰于蒙哥和忽必烈中统初年的与海都有关的碑文,在解释碑文中"海都太子令旨"之句时,认为:海都能以太子名号从中亚对河南发布令旨,说明他曾是汗位继承人。他能当上继承人是因为《瓦撒夫史》记成吉思汗曾下令,只要窝阔台还有一个吃奶的后代存在,他在继承祖先的皇位、国家和军队的统帅权方面就优于其他儿孙。《史集》等记贵由即位时全体宗王也曾发誓让汗位保持在其家族。蒙哥即位大会上窝阔台系的支持者据此提出了质问。"可能是这些抗争产生了效果,也可能是蒙哥、拔都与宗王们在忽里台上达成了妥协,立窝阔台的后裔为太子,以平息窝阔台系后王的不满,而海都适逢其会,在这时脱颖而出"[②]。这两通碑文对于研讨海都地位确实很有意义,任先生的看法也十分新鲜,但他关于海都成为汗位继承人的猜测似还需要更直接的背景和史料的支持与补充。笔者以为,海都向河南发令旨,一个原因是河南乃窝阔台系后王的汤沐邑所在,[③]另一方面,他能以太子名义代表窝阔台后王发布旨意到中原,窝阔台系后王中独他能脱颖而出,与其父合失在先朝的身份应该有关。实际上海都早就得到了窝阔台的继承人许诺。关于此《苏拉赫词典补编》有一段十分重要的记载:

> (合失死后)后来,当海都出生后被带到其祖父合罕处时,他把海都抱在怀里亲吻,说:"让这个小宝贝继承我之后的那个人(的王位)吧!"于是他命令他们精心抚育他,使他像真主所企望的那样成长。[④]

显然,海都一出生就获得了将来可能继承汗位的资格。这位遗腹子之所以获得如此厚爱,只有从其父是深得大汗青睐的太子这一点上可以得到解释。海都此时从其祖父处得到的,和后来失烈门在阔出死后所得到的地位是类似的。这应该是海都以后使用太子名号的重要原因。也许是"精心抚育"的一种体现,海都是在成吉思汗的斡耳朵中抚养大的,这在窝阔台诸孙中亦相当特

---

① 参见刘迎胜:《西北民族史与察合台汗国史研究》,南京大学出版社,1994年,第113~115页。

② 参见任崇岳:《从两通元代碑文看"海都之乱"的性质》,《中州学刊》1996年第5期。

③《元史》卷九五《食货志三·岁赐》。

④ 华涛:《贾玛尔·喀尔施和他的〈苏拉赫词典补编〉》(下),《元史及北方民族史研究集刊》第11辑,南京大学历史系元史研究室,1987年。

殊,似乎预示着这位名字意为"独一"(Qaidu)的王子将在蒙元历史舞台上扮演重要的角色。正因为合失、海都父子曾经有过和曾经被允诺过的皇储身份,海都在成人后不仅很快成为窝阔台系诸王的首领,而且一直以大汗正统自居并得到为数众多的蒙古宗王的认同与拥戴。他在拖雷系上台和元朝建立后仍特别关注中原并与元廷对抗了几十年,也让我们联想起与合失当年参与中原汉地政务的关系。①

合失与海都的真实身份对拖雷系是一种隐然的威胁。窝阔台孙辈中曾有汗位继承人身份之一的失烈门先是被自己同系宗王贵由夺走了继承权,继而又在蒙哥即位大会时因政变风波而失去了声誉和合法性。他曾经有过的地位即使照录载籍,也不会对拖雷系取得汗位的正当性产生什么影响了。而海都作为前汗曾经指定过的又一个有继承人身份的皇子,其父"位号之正",他本人又未卷入政变风波,特别是按照窝阔台当年的诺言,海都应该是窝阔台"之后的那个人"即贵由的汗位的继承人选,这就使他也成了蒙哥的竞争者。只是1251年忽里台大会时海都还只有十七岁,远未形成势力。但其实际上已经是窝阔台系尚存的后王中最具合法性和号召力的人了。拖雷系为化解这个潜在的威胁,一方面借分解窝阔台汗国之机,徙封海都于中亚海押立,一方面便利用修史,尽量抹去合失、海都家庭在以前汗国历史中的痕迹。抄自元廷实录的《元史·宗室世系表》《元史·食货志》等刻意将合失、海都记为"大王"而避称太子。②元朝的编史者还搞出了蒙哥也曾被指定为窝阔台继承人的杜撰。③从此,汉籍正史和同一史源的波斯史籍中合失的真实地位晦而不彰,海都之乱的真相也被歪曲和掩盖了。

本文原刊载于中国元史研究会编《元史论丛》第十辑,中国广播电视出版社,2005年。

---

① 海都以大汗正统自居并关注中原,除文中所提河南太子令旨碑外,一个典型例子即《元史》卷一二五《高智耀传》所记:"西北藩王遣使入朝,谓:'本朝旧俗与汉法异,今留汉地,建都邑城郭,仪文制度,遵用汉法,其故何如?'"周良霄先生考定此"西北藩王"正是海都等。参见周良霄、顾菊英:《元代史》,上海人民出版社,1998年,第312~313页。

② 《元史》卷一○七《宗室世系表》,卷九五《食货志三·岁赐》。

③ 参见白拉都格其《贵由汗即位的前前后后》,元史研究会编:《元史论丛》第三辑,中华书局,1986年,第48页,文中对《元史·忙哥撒儿传》所记蒙哥也曾被窝阔台指定为继承人之说的矛盾和破绽进行了精辟的揭示。

作者简介：

王晓欣，男，1956年生。祖籍上海。1982年陕西师范大学历史系本科毕业。1984年南开大学历史系研究生毕业并留校任教。南开大学历史学院教授，博士生导师。学术方向为蒙元史、中国古代史。曾任中国元史研究会副会长、中国蒙古史学会理事。曾获"宝钢优秀教师奖"、南开大学教育教学杰出贡献奖、"天津市教学名师"等奖励和称号。2021年退休。

明朝后妃在皇位继承危机中的作用

林延清

明朝皇位继承问题是明史研究的一个重要方面。以往学者往往关注皇帝和文武官员在其中所发挥的作用,而对后妃在其中的影响则关注不够,深入探讨者就更少了。笔者通过认真研读有关明朝历史的典籍,初步认识到明朝后妃在明代皇位继承危机中确实起了十分重要的作用,值得明史学界予以关注。

一

在明朝近三百年的统治中,围绕着皇位更替,统治集团经常发生激烈的争斗,如何实现皇位的顺利更替,避免发生内乱,甚至分裂和战争,就成为保持社会稳定的大问题。而后妃在其中所起的重要作用,令人瞩目。

(一)粉碎政变阴谋使皇嗣顺利继承皇位

洪熙元年(1425)五月,在位仅十个月的明仁宗皇帝一病身亡。由于事发突然,此时皇太子朱瞻基还远在千里之外的南京监国。在当时的交通和通讯条件下,他至少得需一个月的时间才能回到北京处理仁宗丧事和继承皇位。而素有夺取皇位图谋的汉王朱高煦,虽然已驻在其封地——山东乐安州(今广饶县),但野心不死。他招兵买马,扩充实力,随时准备以武力夺取皇位。当他安插在北京的密探报知仁宗可能已死时,朱高煦觉得时机已到,立即聚集兵马拦截太子朱瞻基北上,制造混乱,以实现其乱中夺权的图谋。面对这种"中外汹汹"的险恶形势,仁宗张皇后挺身而出,十分果断地处理了皇位事务。她是河南永城县人,出身于农民家庭,洪武二十八年(1395)被册为燕世子朱高炽妃,永乐二年(1404)晋为太子妃。永乐二十二年(1424),朱高炽继位后,封为皇后。张皇后是一个精明能干、处事周到得体的人。在皇位继承出现危机时,她清醒地认识到,必须采取果断措施,使皇太子朱瞻基顺利登基,才能使政局稳定下来,否则稍有不慎,就可能酿成一场混乱。为此她采取三项措施:一是为仁宗起草遗诏,传位皇太子朱瞻基,以安定人心。对此,朝鲜使臣记载道:"(忠佐)至帝都,进表于礼部……问崩逝之故于华人,或云天震之,或云病而崩。讳之也。其遗诏,皇后所为也。"①二是秘不发丧,严密封锁仁宗去世的消息,以迷惑朱高煦,并命户部尚书夏原吉处理军国重务,以备不测,"太后以公东宫旧辅,凡军国事悉命公裁处"②。三是派遣大学士、工部尚书杨荣继中官海寿出京,即召皇太子入京,以即大统,"奉皇太后懿旨,驰往以迎"③。张皇后的决策收到很大成效,不但使京师人心趋于稳定,而且杨荣在山东德州与太子朱瞻基会合后,按照太后懿旨兼程北进,于六月安抵北京。朱高煦拦截太子北上的图谋落空了,一场可能发生的政治危机被化解了。张太后临危不乱,居功至伟。

(二)确定皇位继承人,平稳地完成皇位更迭

正德末年,明朝又一次出现皇位继承危机。而孝宗张皇后临危不乱,从容定策,使王朝渡过险滩。张皇后是河间兴济(今河北沧州)人,成化二十二年(1487)选为皇太子妃。孝宗继位,册为皇后。正德时尊为皇太后。正德十六年(1521)三月,明武宗死于豹房,年仅31岁。他一生纵情声色,既无子嗣又未立储,死到临头,才知事情严重,对身边太监说:"朕疾殆不可为矣,尔等与张锐可召司礼监官来,以朕意达皇太后,天下事重,其与阁臣议处之。"④所谓"天下事重"指的是皇位继承人选,而皇太后指的是张太后。武宗要她与阁臣确定皇位继承人。从明朝开国到武宗去世,历一百五十余年,其间王朝早已走完强盛时代,步入中叶时期,而武宗又以其空前的昏庸腐化,将业已存在的各种矛盾激化,社会处于动荡之中。恰在此时,武宗病亡后又无子嗣继位,造成皇位继承空白。这无疑是雪上加霜,使明朝面临开国以来最严重的危机。任何不测事件都有可能导致混乱和内战。皇族中不乏野心者,他们会像安化王朱寘鐇和宁王朱宸濠一样乘机而起,乱中夺位。武宗身边的佞臣江彬等也在阴谋为乱。在这历史转变关头,首要的是实现皇位顺利接替。

---

① 吴晗辑:《朝鲜李朝实录中的中国史料》(上编)卷四,中华书局,1980年,第327页。

② (明)夏原吉:《忠靖集》附录《夏忠靖公遗事》,《景印文渊阁四库全书》第1240册,台湾商务印书馆,1986年,第552页。

③ (明)杨荣:《文敏集》附录《少师工部尚书兼谨身殿大学士赠特进光禄大夫左柱国太师谥文敏杨公行实》,《景印文渊阁四库全书》第1240册,第414页。

④ 《明武宗实录》卷一九七,正德十六年三月丙寅,台湾"中研院"历史语言研究所校印本,1964年,第3680页。

在此紧要时刻,张太后首先和内阁首辅杨廷和议定,由武宗堂弟——兴王朱厚熜继承皇位,并命阁臣起草武宗遗诏。诏文中说:"朕疾弥留,储嗣未建。朕皇考亲弟兴献王长子(朱)厚熜,年已长成,贤明仁孝,伦序当立,已遵奉祖训,兄终弟及之文,告于宗庙,请于慈寿皇太后(张太后),即日遣官迎取来京,嗣皇位。奉礼宗庙,君临天下。"①紧接着又颁布皇太后懿旨:"皇帝寝疾弥留,已迎接兴献王长子厚熜来京,嗣皇帝位。一应事务俱待嗣君至日处分。"②同时,张太后颁旨命司礼监太监谷大用、韦彬等和内阁大学士梁储、定国公徐光祚、驸马都尉崔元、礼部尚书毛澄等奉金符到安陆迎取兴王朱厚熜来京继位。皇位继承人确定下来并遣官迎取,这大大稳定了朝廷上下,局势趋于缓和。另外,她授权内阁首辅杨廷和总揽朝政,加强京师防卫,防止叛乱发生。皇位继承人确定下来,但朱厚熜远在湖广安陆,还需一段时间才能真正继位,于是就出现为时37天的帝位空白时期。在这段时间内,张太后果断地委命内阁大学士杨廷和处理朝政,为朱厚熜继承帝位扫清道路。她授权杨廷和起草武宗遗旨,实行京师戒严,"令太监张永、武定侯郭勋、定边伯朱泰、尚书王宪选各营马步官军,防守皇城四门、京城九门及草桥、卢沟桥等处,东厂、锦衣卫缉事衙门及五城巡视御史各督所属巡逻,毋得殆玩"③。为了削弱佞臣江彬的势力,遗旨还下令遣送在北京边镇官军回镇,并罢"威武团练营"官军还营。佞臣江彬依靠武宗的宠信为非作歹,武宗死后,顿失奥援。他见威武团练营被罢,边兵遣归,很是惶恐。其党羽李琮劝其谋反,但江彬犹豫不决。此时,江手下仍有数千家丁,对京师仍有不小的威胁。张太后决心除掉这个心头大患。她和杨廷和制订了详密计划,一举将进宫的江彬和李琮等人抓获。民众闻知此事,"城中欢声雷动,为之谣曰:'拿了江彬,朝廷安稳'"④。正德十六年(1521)四月二十二日,朱厚熜正式即皇帝位,嘉靖朝揭开序幕。

天启末年,明朝再次出现皇位继承危机。天启七年(1627)八月,年仅23岁的明熹宗一病身亡。他生前虽曾有三个儿子,但都过早夭亡,因而没有立下皇太子。不过,熹宗有个同父异母的弟弟——信王朱由检,可以依靠祖制"兄终

①《明武宗实录》卷一九七,正德十六年三月戊辰,第3854页。
②《明武宗实录》卷一九七,正德十六年三月丙寅,第3681页。
③《明武宗实录》卷一九七,正德十六年三月丙寅,第3681页。
④(明)朱国桢辑:《皇明史概·大事记》卷二六《江彬乱政》,《续修四库全书》第430册,上海古籍出版社,2002年,第501页。

弟及"的规定,承继皇位。但是由朱由检继承皇位,还要有一场非常激烈的较量。早在天启七年(1627)六七月间,熹宗的病情就见沉重。进入八月,便已到生命垂危之际。此时他已意识到确定皇位继承人选是最为迫切的事情,于是就自然想到了其弟信王朱由检。熹宗虽然昏庸,但对朱由检却十分注重情义,"凡事愦愦,独于兄弟夫妇间不薄"①。这个月的十一日,熹宗颁旨召见信王,准备将江山托付给他。

魏忠贤得此圣旨之后,心中很是不快。熹宗病重之后,魏忠贤对谁来继承皇位,自然十分关注。他极不愿意让难以摆布的信王朱由检继位,担心后者登基后,改变以往的权力结构,而使自己失去手中的大权。于是,其党羽就献计道:假称宫妃怀有身孕,暗地将魏忠贤侄子魏良卿之子领入宫中,接替皇位,由魏忠贤辅佐,就如"新莽之于孺子婴"那样。②对此,魏忠贤极为满意。不过,这必须得到熹宗张皇后的同意,才能得到实施。张皇后名嫣,字祖娥,小字宝珠,河南祥符人。天启元年(1621)应召入宫,同年四月册为皇后,此人精明、严正,她见魏忠贤和客氏专权乱政,就多次在熹宗面前指斥他们的过恶。一次,熹宗至后宫,见张皇后正在看书,便问读何书,张皇后答道:"赵高传也。"熹宗默然不语。张皇后还多次严厉申斥客氏,欲绳之以法。客、魏对她恨之入骨,便污蔑张皇后不是其父张国纪之女,而是重犯孙止孝的女儿,几乎使熹宗信以为真。张皇后怀孕后,客、魏又偷偷地将张氏周围的宫女全部换成自己的私人,设法使张氏流产。此后这二人还指使其爪牙,不断寻衅生事,妄图废掉张皇后,而以魏良卿之女代之。③只是事关朝廷大事,且熹宗对张皇后又多加保护,此事才未得逞。正因为张皇后对魏忠贤、客氏的罪恶早就深恶痛绝,对他们妄图篡夺朝政大权的野心十分清楚,于是当魏忠贤派人告知张皇后其图谋,并要求张氏予以协助时,就遭到张皇后的严词拒绝,她说:"从命亦死,不从命亦死,等死耳。不从命而死,可以见二祖列宗在天之灵。"④魏忠贤见张皇后如此坚决,也无计可施,只得遵奉圣旨召信王进宫。

朱由检与熹宗从小一起长大,自然有手足之情。但当时魏、客专权,身为

---

① (明)李逊之:《三朝野纪》卷三《天启朝》,《续修四库全书》第438册,第66页。

② (明)文秉:《先拨志始》卷下,《续修四库全书》第437册,第639页。

③ (清)张廷玉等:《明史》卷一一四《熹宗懿安皇后张氏》,中华书局,1974年,第3542~3543页。

④ (明)文秉:《先拨志始》卷下,《续修四库全书》第437册,第639页。

信王的朱由检也不得不谨慎行事,处处表现出淡泊权势的姿态。当他入宫向皇上请安后,熹宗十分明确地表达出要其继位的意向,说:"吾弟当为尧舜。"信王闻听此言,十分恐慌,良久答道"臣死罪。陛下为此言,臣应万死",委婉加以推辞。①不过熹宗主意已定,嘱其继位后要"善视中宫,魏忠贤可任也"。关于熹宗召见信王之事,清朝人纪昀的《明懿安皇后外传》还叙述了张皇后在其中的作用。书中说,张皇后密劝熹宗召立信王。熹宗称魏忠贤曾告宫妃二人有孕,她们如生男可作为张皇后之子而立为皇储。张皇后力言不可,熹宗认识到魏之言不可信,方才秘密召见信王,要他答应入继大统。朱由检欲推辞,张皇后从屏风后走出,对信王说"皇叔义不容让,且事急矣,恐有变",信王这才拜受遗命。②此记载是否属实,尚待考证。但不管如何,在信王朱由检确定为皇位继承人这一关键问题上,张皇后起了十分重要的作用。

天启七年(1627)八月二十二日熹宗驾崩后,张皇后立即下达熹宗遗诏,命英国公张维贤等迎立信王朱由检。而此时魏忠贤也无奈,只得于第二日向外宣布张皇后的懿旨,"召信王入继大统"③。为了防止朱由检遭魏忠贤一伙人的毒害,张皇后还特地嘱咐他:"勿用宫中食。"④要自带食品。经过张皇后周密安排,朱由检得以在八月二十四日即位,这就是明思宗。明朝又顺利渡过一次危机,熹宗张皇后功不可没。

(三)辅佐幼君建立协调一致的统治体制

宣德十年(1435)正月,年仅38岁的明宣宗遽然去世,皇太子朱祁镇年方9岁,无法担当治国重任,明朝再次面临皇位继承危机。又是张太后以其果敢的举措,使明朝走上平稳发展的轨道。她开始出于"国有长君,社稷之福"的考虑,曾一度打算召在长沙的襄王朱瞻墡进京,立为皇帝。⑤但大学士杨荣、杨士奇等朝臣持反对态度,他们认为应按封建继嗣制度,立皇太子朱祁镇为帝。张太后的想法对王朝长治久安未尝不无益处,但她从维护朝臣团结出发,决定遵照宣宗遗诏,拥立朱祁镇即位,"太后趣召诸大臣至乾清宫,指太子泣曰:'此新

---

① 《崇祯长编》卷一,台湾"中研院"历史语言研究所校印本,1967年,第2页。

② (清)姜泣群辑:《虞初广志》卷一《明懿安皇后外传》,上海书店出版社,1986年,第45页。

③ (清)孙承泽:《思陵典礼纪》卷二,《丛书集成新编》第120册,台湾新文丰出版公司,1985年,第32页。

④ (明)李清:《三垣笔记》附识上《崇祯》,中华书局,1982年,第153页。

⑤ (明)陆蓉:《菽园杂记》卷八,中华书局,1997年,第97页。

天子也。'群臣呼万岁,浮言乃息"①。但毕竟英宗是幼冲皇帝,无法治理国家,一些群臣就疏请皇太后垂帘听政。她以明朝尚无太后垂帘先例,况《皇明祖训》对母后临朝也予以限制,拒绝了朝臣的建议,她说:"毋坏我祖宗家法,使母后预政也。"②随后,张太后传谕英国公张辅,大学士杨士奇、杨荣、杨溥及礼部尚书胡濙朝见,英宗东侧站立。张太后对英宗说:"此五人,先朝所简贻皇帝者,有行必与之计。非五人赞成,不可行也。"③英宗应声受命。这就确定了五大臣辅政的机制。军国政务的最高决定权掌握在皇太后张氏手中,具体事务处理则由辅政大臣实施。而张太后一般很尊重大臣的意见。在宣德、正统交替之际,张太后理顺了体制,为正统初政奠定了基础。

隆庆六年(1572)五月,正值盛年的明穆宗皇帝一病身亡后,由其10岁的皇太子朱翊钧继承皇位,这就是明神宗。明朝再次面临"主少国疑"的险恶局面。在这历史转变的关头,穆宗李贵妃处变不惊地调节和处理复杂的矛盾和冲突,建立起宫府协调的体制,为万历初政奠定了基础。穆宗病危时,曾召见内阁大学士高拱、张居正和高仪等,要他们同司礼监协力辅佐年幼的太子。但高拱和司礼监掌印太监冯保存在水火不相容的矛盾,因而神宗即位伊始,他们双方就展开激烈的对抗和冲突。这就使政局发生动荡。身为内阁首辅的高拱决心要剥夺司礼监的权力,独掌朝中大权。他指使一些朝臣弹劾冯保,必欲置之死地而后快。而冯保自然不会束手就擒,他暗地结交大学士张居正,想方设法扳倒高拱。对于这种格局,李太后颇有一番谋划。她是顺天潞县(今北京通州)人,嘉靖年间被选入裕王府,作为宫女,服侍裕王朱载垕,颇受宠爱。嘉靖四十二年(1563)生朱翊钧。隆庆元年(1567),朱载垕即位后,被册封为贵妃。隆庆六年(1572),朱翊钧即位后,被尊为慈圣皇太后。李太后此人有心计,也有能力。早在穆宗病重之时,她就开始谋划穆宗身后之事。她让冯保代替孟冲,担任司礼监掌印太监。而冯保则对李太后感恩戴德,百依百顺。这样,李太后就控制了后宫。同时,她还十分关注内阁首辅的人选。李太后深知在幼冲天子明神宗无法真正行使权力,及两宫太后不能垂帘听政的情况下,要牢牢地保持对皇权的指导地位,必须有一位忠于她及皇帝的内阁首辅才行。

---

① (清)张廷玉等:《明史》卷一一三《仁宗诚孝张皇后》,第3512~3513页。
② (清)傅维鳞:《明书》卷二〇《宫闱纪一》,《四库全书存目丛书》史部第38册,齐鲁书社,1996年,第178页。
③ (清)谷应泰:《明史纪事本末》卷二九《王振用事》,中华书局,1977年,第443页。

而时任内阁首辅的高拱自恃是首席顾命大臣,根本不把李太后和神宗皇帝放在眼中,加之又欲驱逐冯保,收回司礼监批朱权,更使李太后对其不满,意欲寻找新的人选以取代之。此人就是内阁大学士张居正。其实早在穆宗病危托孤时,李太后就已经向张居正透露了这种意向。张居正本人也感觉到了:"壬申之夏,先帝不豫,召臣等于御榻前。该司礼监太监冯保宣读遗嘱,以皇上付托。比时臣亲闻我圣母(指李太后)在帷中口谕云:'江山社稷要紧,先生每务尽忠为国。'"①在穆宗看重高拱之时,李太后却特意颁谕于张居正,这是有深意的。这样,在冯保向李太后及明神宗汇报高拱种种专权言行时——"保诉于太后,谓拱擅权不可容"②,并将高拱"十岁太子如何治天下"的话语,别有用心说成"十岁孩子如何做人主",且宣示于两宫及明神宗,李太后终于下决心清除高拱了,这也就有颁旨罢斥高拱之举了。司礼监太监冯保等专奉皇后懿旨、皇贵妃令旨、皇帝圣旨:"传与内阁府部等衙门官员,我大行皇帝宾天先一日,召内阁三臣至御塌前,同我母子三人亲授遗嘱说:东宫年少,要他每辅佐。今有大学士高拱专权擅政,把朝廷威福都强夺自专,不许皇帝专管。不知他要何为? 我母子三人惊惧不宁,高拱便著回籍闲住,不许停留。你每大臣受国家厚恩,当思竭忠报主,如何只阿附权臣,蔑视幼主,姑且不究。今后俱要洗心涤虑,用心办事。如再有这等的,处以典刑。"③

以两宫太后与皇帝联名颁旨罢黜一名内阁首辅,这在明朝历史上尚属首例。这种明目张胆地违背朱元璋后妃不许干政的祖制的行动,竟然畅通无阻,显示了皇权的淫威。同时,在神宗年幼和陈太后不主事的情况下,朝臣们均知此旨是李太后决定的。这也是她在政治舞台上首次公开亮相,初步树立了权威地位。高拱被罢后不久,另一阁臣高仪亦病退。这样,顾命大臣就只剩下张居正一人,自然成为内阁首辅。李太后主政下的张居正—冯保宫府一致的体制形成了。李太后所作所为虽然是出于维护皇权至高的地位,维护皇室贵族的利益,但在客观上稳定了万历初年政局,为张居正改革准备了条件。

从明初的宣宗继位,到明中叶的英宗、世宗继位,再到晚期的神宗和思宗继位,每一次都经历了十分激烈的冲突。而仁宗张皇后、孝宗张皇后、穆宗李

---

① (明)张居正:《张太岳集》卷四一《谢皇太后慈谕疏》,上海古籍出版社,1984年,第527页。
② (清)张廷玉等:《明史》卷二一三《高拱传》,第5642页。
③《明神宗实录》卷二,隆庆六年六月庚午,台湾"中研院"历史语言研究所校印本,1966年,第34页。

贵妃和熹宗张皇后,以她们果敢的行为,与文武大臣紧密配合,排除了各种势力的干扰,顺利地实现了皇位的接替,从而为明王朝的巩固,为社会经济的发展和民众生活的安定,奠定了坚实的基础。

二

不过,明朝少数后妃也在皇位继承危机时起了一些消极作用。这其中以宣宗孙皇后最为显著。明正统十四年(1449),明英宗朱祁镇不听群臣劝阻,在宦官王振的怂恿下,贸然亲征瓦剌,在土木堡被瓦剌军击败。英宗被俘,数十万军队溃败,明朝陷入空前未有的危机之中。在此关键时刻,当时已为皇太后的孙氏却从私利出发,为明朝军民抗击瓦剌入侵设置诸多障碍。时情势已危急,瓦剌首领也先以英宗为筹码,多方要挟,欲谋求更大利益直到夺取明的天下。而明朝要击败瓦剌入侵,只有尽快确定新皇帝人选,使之顺利登基,混乱局势才能抑制,抵御瓦剌的各项准备工作也才能有条不紊地进行,也才能粉碎瓦剌挟持英宗、要挟明朝的图谋,使自己立于主动地位。从当时情况看,最恰当的皇帝人选是郕王朱祁钰。英宗被俘后,其长子朱见深虽为法定继承人,但他年仅两岁,无法执政。而朱祁钰是英宗同父异母之弟,年已22岁。正统十四年(1449)七月,出征瓦剌前,他还奉命居守京师,负责后方事务的处理。从年龄结构和经历,朱祁钰是最适宜继承皇位以使明朝渡过危难的人选。然而孙太后却竭力阻挠朱祁钰当皇帝。她在得知英宗被俘后,颁敕给朱祁钰,称:"迩者寇犯边,皇帝率大军亲征,已尝敕尔朝百官。今尚未班师,国家庶务不可久旷,特命尔暂总百官,理其事。尔尚夙夜砥砺以率中外,毋怠其政毋忽其众,钦哉。"[1]敕文只字不提英宗被俘之事,似乎有望在近日返京。随后又令朱祁钰"暂总百官,理其事"。这就告诉朱祁钰,其兄朱祁镇仍是皇帝,他只能代理国政,不能有非分之想。与此同时,孙太后还将大量金银财物送给瓦剌,希图赎回英宗。然而瓦剌也先尽管收下孙太后送去的银两和珍宝,但却不将英宗放回,孙太后如意算盘落了空。于是她又立太子以牵制朱祁钰。八月二十二日,孙太后下达诏书,宣布立英宗之长子朱见深为皇太子,诏书首先公开英宗被俘的事实,"因虏寇犯边,不得躬率六师往正其罪,不意被留虏"。随后说:"尚念

---

① 《明英宗实录》卷一八一,正统十四年八月乙丑,台湾"中研院"历史语言研究所校印本,1962年,第3510页。

臣民不可无主,兹于皇庶子三人之中,选其贤而长者见深,正位东宫。仍命郕
王为辅,代总国政,抚安天下。"①孙太后的用意十分明显,英宗如能平安返回,
皇位自然还是他的,即使英宗一时难以被释,皇位也不会旁落,仍会稳稳地掌
握在其亲子手中,而她本人的皇太后地位自然就稳住了。孙太后这种做法对
朝廷十分不利。朱祁钰虽被赋予监国之权,但缺少皇帝的权威,政令无法畅
通,在国家处于危急存亡的紧急关头,无法进行战时的动员和布置。尤为重要
的是正因为明朝不能及时拥立朱祁钰为新皇帝,才使掌握在瓦剌手中的明英
宗仍为明朝皇帝,这使明朝受到挟制,处于不利地位。

所幸的是以兵部尚书于谦为首的众多朝臣及时地洞悉了孙太后这种做法
的危害性,决定尽快拥立朱祁钰登基。同年八月二十九日,廷臣合辞请于孙太
后曰:"圣驾北狩,皇太子幼冲,国势危殆,人心汹涌。古云国有长君,社稷之
福,请定大计,以奠宗社。"②孙太后最担心和害怕的事终究到来。但经过八月
二十三日"左顺门事件",王振亲信马顺、毛贵、王长随被殴杀,王振罪行被清算
后,朱祁钰已掌握朝政大权,而孙太后已失去对朝政的控制,无法阻止朱祁钰
继位,只好顺水推舟地批答曰:"卿等奏国家大计,合允所请,其命郕王即皇帝
位,礼部具仪择日以闻。"③九月六日,朱祁钰即皇帝位,这就是景泰皇帝,而明
朝抗击瓦剌的战争也进入新阶段。

孙太后阻挠朱祁钰即位为帝的企图虽然没有成功,但她先立太子的策略,
已使明朝统治核心潜伏着矛盾和冲突。朱祁钰为皇帝,而其侄子朱见深为皇
太子,整个承继呈现明显的不和谐,这就为日后景泰易储和"夺门之变"埋下了
祸根。

景泰八年(1457)正月,景泰帝得重病,但皇太子还没确立,皇位承继发生
危机。早在景泰三年(1452)五月,景泰帝曾费尽心机地废掉英宗长子、他的侄
子朱见深的皇太子地位,而立自己唯一的儿子朱见济为皇太子。不料一年后,
朱见济患病身亡。再建"皇储"又成问题。景泰帝一病不起,此事更为迫在眉
睫。正月十六日,王直、胡滢、于谦召集大臣,奏请复立当时已为沂王的朱见
深。疏稿写成后,天色已晚,没来得及上奏,准备第二天即十七日呈上。但当

①《明英宗实录》卷一八一,正统十四年八月己巳,第3518页。
②《明英宗实录》卷一八一,正统十四年八月丙子,第3533~3534页。
③《明英宗实录》卷一八一,正统十四年八月丙子,第3533~3534页。

天晚上即发生"夺门之变",朝臣疏稿无法上达。可见因景泰病重而导致的皇位承继危机完全可以通过正常和平的方式加以解决,并不需要可能引起朝政混乱的政变。

而发动"夺门之变"的石亨、徐有贞和曹吉祥等都是在景泰朝不甚得意,冀图在复立英宗一举中建功立业,以谋求更大荣华富贵的势利小人。由这些官员策动的宫廷政变一旦得手,势必给朝政已走上正轨的明王朝带来很大的损害。孙太后对这种危害明朝稳定的阴谋诡计,不仅不予以反对,反而大力支持,赋予其合法依据,直接促成政变的成功。政变策动者石亨、徐有贞在政变前特意由宦官曹吉祥将计划告知孙太后,寻求其支持。孙太后遂颁懿旨,称:"天子疾大渐,殆弗兴,天位久虚。上皇居南内,于今八年,圣德无亏,天意有在。以奸臣擅谋,闷而不闻,欲迎立藩王以承大统,将不利于国家。亨等其率兵以迎。"①懿旨中以景泰帝病重,而太上皇祁镇"圣德无亏,天意有在"为由,命石亨等"率兵以迎"太上皇复位,以粉碎所谓奸臣欲立藩王的图谋。这就使石亨等出于个人和小集团的私利而发动的武装政变,披上了合法的外衣,使他们有恃无恐。石亨、徐有贞一伙在孙太后支持下,于景泰八年(1457)正月十七日,拥兵将太上皇朱祁镇从南宫进至奉天殿,实现了其重登皇帝宝座的愿望。在政变中,孙太后还指派其两个弟弟带领家丁数十人,参加了夺门行动。其大弟,后封为会昌侯的孙继宗在奏文中说:"臣同总兵官忠国公石亨、太平侯张月、文安伯张尼及臣弟显宗率领子侄甥婿、义男、家人、军伴四十三人,各藏兵器,夺取东上门,直抵宫门,恭请皇上登大宝。"②对于孙太后在政变中的作用,尚宝卿钱溥和兵部尚书陈汝言在奏文中说:"复辟时非太后有诏,谁敢提兵入禁门者。"③英宗亦对孙太后的支持大为赞扬:"况朕居南宫七年,危疑之际实赖保护。今又定策禁中俾朕复位。"④他并于天顺二年(1458)正月,突破明朝祖制的规定,为孙太后上徽号"圣烈慈寿皇太后","宫闱徽号亦自此始"。⑤

"夺门之变"成功后,孙太后又支持英宗对景泰朝政进行大清算。于谦等朝臣多年进行的整顿朝政的成果毁于一旦,明朝又陷入新的混乱之中。孙太

---

① (明)黄光昇:《昭代典则》卷一六,《续修四库全书》第351册,第471页。

②《明英宗实录》卷二七五,天顺元年二月乙未,第5832~5833页。

③ (清)毛奇龄:《胜朝彤史拾遗记》卷二,《四库全书存目丛书》史部第122册,第178页。

④《明英宗实录》卷二八五,天顺元年十二月辛亥,第6109页。

⑤《明史》卷一一三《孝恭孙皇后》,第3514页。

后颁发制谕,全面否定景泰帝及朝政,"(朱祁钰)斁败纲常,变乱彝典。纵肆淫酗,信任奸回,毁奉先旁殿,建宫以居妖妓,污缉熙,便殿受戒以礼胡僧,滥赏妄费而无经,急征暴敛而无艺,府藏空虚,海内穷困,不孝不悌,不仁不义,秽德彰闻,神人共怒"。这里,景泰皇帝及于谦等人领导军民抗击瓦刺入侵,挽救明朝危亡的功绩不见了,整顿朝政,使明朝重新走上稳定发展的战绩也不见了,剩下的全是篡权夺位、变乱纲常等莫须有的罪名。这实际上也成为大肆杀戮、罢斥景泰任用的文武官员和大加赞赏参与此次政变人员的理论依据。在这种情况下,对国家有重大贡献的兵部尚书于谦竟被以谋逆罪而残酷地杀害了。一些正直的、得到于谦信任和举荐的文武官员,或其他同徐有贞、石亨不和的官员,也未能幸免于难。与此同时,参与政变的人员则得到提升和赏赐。石亨晋封为忠国公,徐有贞为武功伯,宦官曹吉祥则被提升为司礼太监,总督三大营。更为严重的是,石亨、徐有贞和曹吉祥等人乘机窃取朝廷军政大权。他们招权纳贿,结党营私,将朝政搞得一塌糊涂。经景泰时期于谦等人悉力整顿,刚有起色的朝政又开始走下坡路。"夺门之变"给社会发展所带来的负面影响是很大的。这其中,孙太后要负相当大的责任。

尽管宣宗孙皇后对明朝中叶政局演变起了一些负面作用和影响,但从总体上看,在明朝出现皇位继承危机时,明朝后妃还是发挥了十分积极的作用,这对有明一代近三百年统治中,保持较长时间的社会稳定和经济发展是非常有利的,是应予肯定的。

三

明朝后妃在皇位承继危机中发挥较为积极的作用,是高度集权的君主专制和具体的历史条件所造成的。朱元璋建立明朝后吸取历代王朝兴亡的经验教训,采取严厉的措施,禁止后妃干政以免危害皇权。早在建国初,他就命儒臣朱升纂修《女诫》,禁止后妃干预朝廷政事。洪武三年(1370)五月,还颁布严宫闱之政的法令:皇后只能管理宫中嫔妃之事,宫门之外,即使毫发之事不得干预。在朱元璋制定的法令约束下,有明一代确实没有一位手握国柄、执掌朝政的女主,也没有后妃专权祸国的记录。但明朝后妃并未置于明朝政局演变之外,她们在事关王朝生死存亡的皇位承继危机之中,发挥了相当大的作用。明朝后妃之所以在一定程度上突破制度的束缚,参与王朝的政治活动,与高度集权的君主专制密切相关。

明朝是中国封建专制主义集权极端强化的时期。皇帝集大权于一身，"乾纲独断"。以个人之精明强健与否，足系天下之安危。于是皇位能否顺利承继，就是关乎王朝统治稳固和社会安定的大问题。朱元璋建立明朝后，为了保证王朝的长治久安，确定了父死子继或嫡长继承制的皇位承继制度。按照此种制度，皇帝生前指定继承人，即皇太子；而皇帝一旦崩逝，就由皇太子承继皇位，延续帝统。而作为"母仪天下"的皇后，即皇太子之母，也就无须介入此事。然而在历史发展过程中，常会出现皇帝无子，或嗣君年幼无法执掌大权等特殊情况。一旦这种情况出现，皇帝生前就无法履行确定皇位继承人并使之顺利继位的职责。同时，按照封建宗法制的要求，此项权利又无法交给朝廷大臣，那么就只能交予皇后、皇太后承担。后妃与皇帝或是夫妇关系，或是母子关系，无论从地位还是从名分上，都是可以依靠和信赖的。这就是在明朝皇位继承危机频频出现时，后妃发挥重要作用的原因所在，也就是说后妃在一定情况下决定皇位承继，是皇权的一种表现形式，是高度集权的君主专制的产物。

此外，这种局面的产生，也与明朝历代皇帝的具体状况有关系。在有明一代近三百年的发展过程中，共有16位皇帝在位。他们之中固然有如明太祖朱元璋、明成祖朱棣那样雄才大略的英武之君，但平庸荒唐之辈居多。尤其是一些皇帝生活奢靡腐化，荒淫无度，造成其寿命不长。据统计，在16位皇帝之中，享年在40岁以上者只有6位。皇帝英年早逝，极易出现前一代皇帝崩逝后，嗣君年幼无法执掌大权的现象，如宣宗皇帝和穆宗皇帝病逝时仅有30多岁，而分别继其位的英宗和神宗都未到10岁。而明朝最为腐朽昏庸的武宗皇帝，甚至丧失了生育能力，造成死后无子，皇位承继出现空白的严重状况。显然明朝的一些皇帝在身体、素质等方面无法适应专制主义集权制对其的要求，这是导致后妃主持皇位继承事务的另一重要原因。

本文原刊载于《求是学刊》2006年第4期。

作者简介：

林延清，1944年出生，山东省莱州市人，历史学硕士。天津南开大学历史学院教授、博士生导师，中国明史学会顾问，国家清史纂修工程"传记·乾隆朝（下）"主持人。著有《嘉靖皇帝大传》《明清史探究》《清史纪事本末·嘉庆朝卷》等。主编《五千年中外文化交流史》第二卷、《中国帝王后妃外传》明代卷、《明朝后妃与政局演变》等，与人合著《中国封建王朝兴亡史》明代卷、《清史》上、《中国审计史》第一卷等。发表《论明代辽东马市从官市到民市的转变》《明朝后妃在皇位继承危机中的作用》等论文百余篇。

元代县尉述论

薛 磊

县尉作为县级官府的重要佐官始设于战国时代。[①]缉捕盗贼一直是县尉最基本的职责之一。身为捕盗官的县尉在维护地方社会稳定、参与处理县级政务等方面发挥着重要的作用,而县尉施政效能的高低往往是国家兴衰的直接反映。在蒙、汉二元的政治体制之下,元代县尉在设置、职掌、选任以及地位等方面均有特色。鉴于此,笔者拟对元代县尉进行较为具体的探讨,恳请专家指正。[②]

一、元代县尉的设置

元代县尉是县级官府中地位最低的正官,"主捕盗之事"。根据元世祖至元三年(1266)的规定,在"民少事简"的"下县",往往由县主簿兼任县尉。[③]这一规定基本上沿袭金制。[④]不过却与唐、宋旧制有所出入。唐、宋时期县主簿、县尉一般是单独设置,宋代甚至有"凡县不置簿,则尉兼之"的规定。[⑤]

随着元朝统治的深入,县尉在维护地方稳定方面的作用日益突显。元成宗大德八年(1304)元廷规定:除两广、云南、四川、甘肃、辽阳"僻远去处","腹里"、江南等处"下县"添设县尉一员,县主簿不再兼任县尉。[⑥]不过,此后亦有

---

① 杨宽:《战国史》,上海人民出版社,1998年,第230页。

② 目前已有学者对元代县尉的相关问题进行过讨论,但尚未见专题研究。参见李治安:《元代政治制度研究》,人民出版社,2003年,第178~221页;洪丽珠:《从捕盗官到牧民官——以县尉为中心观察元代读书人的仕宦困境》,《中国传统文化与元代文献国际学术研讨会会议论文集》,中华书局,2009年,第780~804页。

③ 《元史》卷九一《百官志七》,中华书局,1976年,第2318页。

④ 《金史》卷五七《百官志三》,中华书局,1975年,第1315页。

⑤ 《旧唐书》卷四四《职官志三》,中华书局,1975年,第1920~1921页;《宋史》卷一六七《职官志七》,中华书局,1977年,第3978页。

⑥ 陈高华等点校:《元典章》卷九《吏部三·捕盗官·下县添设县尉》,中华书局、天津古籍出版社,2011年,第359~360页。

个别"腹里"县,在主簿兼任县尉的同时,另设一员县尉。①

一般来讲,元代各等级的县所设县尉均是一员,不过,到元代中期以后出现了一些县设置两员县尉的情况。例如,文宗朝镇江路直辖的丹徒县,等级为中县,却设县尉两员。②究其原因,概是丹徒县作为镇江路的倚郭县,维护治安的任务异常繁重。到元顺帝时期,各地增设县尉的情况更为普遍,③这从一个侧面反映出此时地方治安的恶化。

元世祖至元三年(1266),元廷定县尉的品级为从九品,④但迟至元英宗朝则升为正九品。⑤县尉在县级正官中地位特殊。早在至元八年(1271)元廷就规定县尉"专一巡捕","不须署押县事"。⑥"署押县事",即县级正官圆聚在一起讨论公事时,"署押"公牍。⑦县尉可以不参加"署押县事",目的是让县尉专职捕盗。但当县主簿兼任县尉之时,身兼二职的簿尉则需要"署押县事"。若一县中设有两员县尉,两员县尉是否仿照两员州判官之例,轮流"署押县事"呢?⑧史无明载,暂且存疑。

与宋代相似,⑨元代县尉亦有专门的官印和办事衙门——县尉司。⑩元代县官"惟尉异署……余并联署共政,此天下通政"⑪。元廷虽规定县尉有专门的衙署,但由于经费上"官无出,民无入",县尉衙署长期未建或年久失修的情况并不罕见。⑫县尉司通常设有临时囚禁案犯的"囹圄"之所。例如,襄阳路枣阳

①《山右石刻丛编》卷三〇《长治重建文庙记》,《历代石刻史料汇编》第11册,北京图书馆出版社,2000年,第391~392页。

②(元)俞希鲁编纂:《至顺镇江志》卷一三《廪禄》,江苏古籍出版社,1999年,第565页。

③《元史》卷四〇《顺帝本纪三》,第862页;《元史》卷四一《顺帝本纪四》,第874页。

④《元史》卷九一《百官志七》,第2318页;《元典章》卷七《吏部一·职品》,第223页。

⑤《元典章新集》吏部《职官·县尉巡检于正从九品内选注》,第2045~2046页。

⑥《元典章》卷九《吏部三·捕盗官·县尉专一巡捕》,第359页。

⑦《元典章》卷一三《吏部七·署押·圆坐署事》,第502页。

⑧《元典章》卷五一《刑部十三·捕盗·州判兼管捕盗》,第1704页。

⑨陈振:《关于宋代的县尉与司》,《中州学刊》1987年第6期;刘昌银:《钟祥发现南宋县尉印章》,《江汉考古》1990年第3期。

⑩《元典章》卷一二《吏部六·司吏·县尉司吏例》,第487页;吉林大学历史系文物陈列室编:《吉林大学藏古玺印选》,文物出版社,1987年,第117页。

⑪《盱眙县志稿》卷一三《揭傒斯盱眙县题名碑记》,《石刻史料新编》第3辑第12册,台湾新文丰出版公司,1986年,第183页。

⑫(元)程端学:《积斋集》卷二《周以韶建县尉厅诗序》,《景印文渊阁四库全书》第1212册,台湾商务印书馆,1986年,第325页。

县长期未建县尉衙署,"官吏每就民居,鞫核盗事",直到顺帝朝才于"县治之东,营厅事以居,司房、囹圄咸完"。①

元成宗朝以前,县尉司并无专属吏员,相关事务由"县吏兼管",结果导致县尉司行事多有不便。为此,自元成宗大德四年(1300),元廷于县尉司专设领有俸禄的司吏一名,"以簿兼尉"的捕盗官署亦同。②

元代县尉的俸禄分为俸钞和职田两部分。按《元史·食货志四》,元代县尉的月俸钞为十二贯。据学者考证这一数字系元文宗天历二年(1329)到至顺年间的支给额。③具体到县尉的职田数,却存在着明显的南北差异。至元三年(1266),元廷规定县尉的职田数为二顷。由于此时元廷尚未统一南宋,故此项规定是针对北方汉地的县尉而言的。到至元二十一年(1284),元廷进一步规定了江南地区地方官的职田数,其中县尉的职田数为一顷,较"腹里减半"。④究其原因,主要是江南地区的田地肥沃,应该"斟酌少与"。⑤在《至顺镇江志》中详细记载了元文宗至顺年间镇江路官吏的俸禄,兹将县尉的俸禄列表如下⑥:

表1　县尉俸禄

任职县份	月俸钞	职田
丹徒县	六十贯	无
丹阳县	十二贯	一顷(一百亩)
金坛县	十二贯	三十七亩零五分

不难看出,镇江路直属三县县尉所占职田的情况有较大差异。丹徒县县尉因为没有职田,俸钞增至六十贯。而丹阳、金坛二县县尉俸钞数相同,但职田数却大不相同,概因为田地的肥沃程度有别。因此元廷有关县尉俸禄的规定在执行过程中有较大的变通。其实,由于元代中后期纸钞不断贬值,拥有职田比起多领俸钞更为划算。比如,元代中期江西行省抚州路临川县县尉长期无职田,新任县尉张零到任后积极申请,于是江西行省批准于官地内"给一顷

①《湖北通志》卷九四《枣阳县重修廨宇创建谯楼记碑》,《石刻史料新编》第3辑第13册,第183~184页。

②《元典章》卷一二《吏部六·司吏·县尉设司吏例、捕盗司设司吏例》,第487~488页。

③沈仁国:《元代的俸禄制度》,《元史及北方民族史研究集刊》,第12、13期合刊,1990年。

④《元史》卷九六《食货志四》,第2465~2466页。

⑤方龄贵:《通制条格校注》卷一三《禄令》,中华书局,2001年,第371页。

⑥《至顺镇江志》卷一三《廪禄》,第565~568页。

为临川县尉职田"。①这说明,元代江南地区县尉无职田的情况并不鲜见,而职田的拨付需要行省的批准。

二、元代县尉的职掌

县尉"主捕盗之事"②。这里所讲的"盗"主要包括强盗和窃盗。但事实上,缉捕杀人、放火、盗墓等案犯以及查办伪钞、挑补钞、私盐等都在县尉职责范围之内。③不仅如此,县尉对特定人群,还要时常加以监督。例如,元成宗大德四年(1300)规定:"犯盐经断贼徒,各于门首粉壁,大字书写'犯盐经断贼徒'六字,官为籍记姓名。责令巡尉、捕盗等官,每月一次点名抚治,务要改过,别求生理。出入往回,须使邻佑得知,三日之外不归者,即报捕盗官究问。三年不犯,邻佑保举,方许除籍。"④总之,缉捕盗贼、案犯,维护地方治安是县尉的主要职掌。在此基础上,县尉的职掌具体还包括组织弓手、核实案情、地方巡警、收掌武器等方面。

县尉所辖数十名弓手是捕盗的主力。元世祖至元元年(1264)八月元廷规定:在诸色户计内,每一百户取中户一名充当弓手,专职捕盗,该户承担的差税,由其余九十九户均摊。如有失盗,该名弓手承担相应的责任。⑤不过,元代占役弓手的现象较为普遍。元世祖朝末年,著名文士姚燧指出,即便是江南拥有十万户的大县,"一尉兵额,止于数十",其中"押纲卫使,恒抽其半,又其身有疾疢、丧婚之请,其直司日不盈三二十辈"。⑥以如此少的弓手来维持一县的治安显然有些力不从心。而县尉捕盗不力,还要受到惩罚。故"随路州县官,如

---

①(元)吴澄:《吴文正公集》卷一九《临川县尉司职田记》,《元人文集珍本丛刊》第3册,台湾新文丰出版公司,1985年,第359页。

②《元史》卷九一《百官志七》,第2318页。

③《元典章》卷五一《刑部十三·失盗·捕杀人贼同强盗罪赏、捕殴死人贼同强盗罪赏、捕放火人同强盗罪赏、捕劫墓比强窃盗责罚》,第1729~1730页;《元典章》卷二〇《户部六·伪钞·禁治伪钞》,第736~737页;《元典章》卷二〇《户部六·挑钞·挑补钞犯人罪名》,第745~746页;《元典章》卷二二《户部八·盐课·新降盐法事理》,第820~830页。

④《元典章》卷二二《户部八·盐课·新降盐法事理》,第824页。

⑤《元典章》卷二四《户部十·军兵税·弓手户免差税》,第952页。

⑥(元)姚燧:《牧庵集》卷二九《浏阳县尉阎君墓志铭》,《姚燧集》,查洪德编辑点校,人民文学出版社,2011年,第445页。

县尉人员职小责重,最为不易"①。鉴于此,元廷在至元六年(1269)、大德七年(1303)、皇庆元年(1312),多次重申弓手专职捕盗,不得被差占他役。②也有一些县尉司私自滥设弓手,多行不法之事,为此大德三年(1299)元廷下令革除各地滥设的弓手。③

县尉在捕获案犯后,需要先行核实案情。元世祖朝、成宗朝、仁宗朝,元廷相继出台政令,规范县尉在核实案情中的行为,严禁胁迫招供、陷害无辜、擅自用刑、隐瞒案情等违法行为。④元世祖至元二十七年(1290),元廷规定县尉司延期羁押罪囚,导致罪囚死亡,县尉要被追究罪责。⑤但事实上,县尉司无故延期羁押罪囚的现象仍然较多,因此元仁宗延祐四年(1317),元廷在重申旧制的基础上,要求县尉每月及时向上司申报囚禁贼徒的情况。⑥县尉虽有权核实案情,但无权单独审案。早在至元六年(1269),元廷就规定县尉在拿获盗贼后,"依理亲问得实,即便牒发本县一同审问"⑦。到至元三十一年(1294)和大德三年(1299),元廷又进一步规定县尉无权受理民间诉讼。⑧

《至元新格》载,县尉虽职为捕盗,而如能用心巡警,"使境内盗息者"则为上选。⑨多数县尉在辖区内巡逻,往往寄居于富贵之家,造成对百姓的骚扰,而廉洁的县尉则自备干粮,栖于"仙佛者之庐",并且亲自夜里巡逻,"休尝指其卒徒"。⑩一些位于交通要道的关卡、渡口实为巡警的重点。这些地方有的由军人把守,也有的由县尉司、巡检司负责看管。元成宗朝大德年间规定,县尉、巡检由于失职而让不法之徒通过要被追究责任。⑪有元一代,县尉在巡警关卡、

---

① (元)王恽:《秋涧先生大全集》卷八九《论顺天清苑县尉石昌璞系狱事状》,《元人文集珍本丛刊》第2册,第454页。

②《元典章》卷六《台纲二·察司体察等例》,第156页;《元典章》卷五四《刑部十六·私役·防禁盗贼私役弓手》,第1846~1847页;《元典章》卷五一《刑部十三·捕盗·弓手专一巡捕》,第1705页。

③《元典章》卷五三《刑部十五·听讼·巡检不得接受民词》,第1750页。

④《元典章》卷五四《刑部十六·违枉·被盗枉勘平民、枉禁平民身死、枉禁贼攀上盗、栲勘叶十身死、打死换作磕死、枉勘革前未取到招伏》,第1800~1808、1816页。

⑤《元典章》卷五四《刑部十六·违枉·淹禁死损罪囚》,第1802页。

⑥《元典章新集》刑部《刑狱·巡尉司囚月申》,第2162~2163页。

⑦《元典章》卷六《台纲二·察司体察等例》,第156页。

⑧《元典章》卷五三《刑部十五·听讼·词讼不许里正备申,巡检不得接受民词》,第1749~1750页。

⑨《元典章》卷一一《吏部五·给由·捕盗官给由例》,第404页。

⑩ (元)李存:《俟庵集》卷一六《送刘县尉荣甫序》,《景印文渊阁四库全书》第1213册,第697页。

⑪《元典章》卷五七《刑部十九·禁诱略·禁乞养过房贩卖良民》,第1881~1882页;《元典章》卷二二《户部八·盐课·新降盐法事理》,第820~830页。

渡口的同时,还要兼职修理桥梁、渡船。①

县尉还负责收掌武器。自元世祖朝初年,元廷就严禁民间私藏、私造军器。不过,考虑到维护地方治安的需要,至元二十三年(1286)元廷允许地方弓手置备"器仗",县尉、巡检平时将这些武器封存,遇有"盗贼生发,斟酌缓急,逐旋关拨追捕,事毕却行还库",仍令本处达鲁花赤提调施行。②至元二十七年(1290)针对江南部分地区盗贼频发的特殊情况,根据北方汉地体例,江南地区各县军器库准置五副弓箭,由当地蒙古、色目人达鲁花赤提调管领。③这里,一县准置的五副弓箭应该由县尉司具体管理。元成宗大德年间又规定,特殊地区的州、县捕盗官司执把弓箭的数量可以相应增加。④

作为县级正官的一员,县尉也会配合其他官员广泛参与一县的各种事务,在个别场合甚至发挥着主导作用。⑤有学者认为,元代"县尉不仅捕盗,审案、断案、徭役、税收、荒政、公共交通的维修都可以是职责范围"⑥。此一论断并不准确,因为没有注意区分县尉的专职与兼职,职掌与差占,负责与参与等不同情形。

需要说明的是,元代县尉各项职能的发挥必然与当时的政治环境密切相关。有元一代,尤其是元代中后期,吏治腐败,贪腐之风盛行,具体到县尉也不例外。元人姚燧称当时姑息养奸、贪赃枉法的县尉"十出其半","又闻一尉始至,子尝借衣尉兵,其无可知也。比满,积楮缗十五万,岁入稻万石,而不知何术取之也"。⑦当时著名士人吴澄也指出,县尉"官虽小而职则要,近年廉耻道丧,贪浊成风"⑧。这恰好可以解释为什么元廷不断强化县尉的捕盗职能,而盗贼却越捕越多,地方治安却越来越恶化。

三、元代县尉的选任与管理

蒙古国时期县尉的来源主要是归降蒙古的"土豪世禄之家"。⑨而在汉世

---

① 《元典章》卷五九《工部二·桥道·修理桥梁渡船》,第1976页。

② 《元典章》卷三五《兵部二·拘收·拘收弓手军器》,第1219页。

③ 《元典章》卷三五《兵部二·拘收·弓箭库里顿放》,第1220页。

④ 《元典章》卷五一《刑部十三·捕盗·添给巡捕弓箭》,第1706~1707页。

⑤ 《吉金贞石录》卷五《重修太白庙记》,《历代石刻史料汇编》第13册,第197~199页。

⑥ 洪丽珠:《从捕盗官到牧民官——以县尉为中心观察元代读书人的仕宦困境》,第799页。

⑦ (元)姚燧:《牧庵集》卷二九《浏阳县尉阎君墓志铭》,《姚燧集》,查洪德编辑点校,第446页。

⑧ (元)吴澄:《吴文正公集》卷一九《临川县尉司职田记》,《元人文集珍本丛刊》第3册,第359页。

⑨ 《临邑县志》卷一四《临邑县尹田公德政之碑》,《石刻史料新编》第3辑第26册,第551页。

侯辖区,包括县尉在内的地方官员主要由汉世侯任命。①元世祖忽必烈即位后不久,"罢诸侯世守,立迁转法"②。在此背景下,荫叙、吏员出职、巡检迁转成为县尉选任的三个重要途径。

荫叙长期是元代县尉选任的重要途径。蒙古旧制中本来就有世袭任职的传统。元世祖朝以后,元廷进一步完善了汉地的荫叙选官制度。通过荫叙而成为县尉者颇多。由于文献记载的局限性,现存史料中对蒙古、色目人承荫为县尉的记载并不多。但考虑到元廷维护汉地稳定的特殊需要,蒙古、色目人担任县尉者绝不是少数。元世祖至元七年(1270),元廷规定蒙古、色目人为县达鲁花赤者,荫叙之人"于县尉、巡检内叙用"③。元成宗朝就有大臣指出,"县尉多系色目,并年小不谙官事、承荫不识汉儿文字人员"④。鉴于县尉、巡检"多系荫授子弟,年皆幼冲,既不闲习弓马,焉知警捕方略",元英宗至治元年(1321)元廷下令,"荫授人员,不充其选"。⑤元廷的这一政策应该没有被严格执行。例如,元顺帝朝钱塘人丘茂承荫为温州路乐清县尉。⑥不过,自元英宗朝以后,承荫为县尉者的比例显著降低。

吏员出职是元代官员选拔的重要途径,具体到县尉当然也不例外。尤其是汉族人由吏入职者,"十九有半焉"⑦。品级很低的县尉往往是一些衙门中高级吏员出职的重要职务之一。这方面的记载较多。同荫叙选任一样,现存史料中所载由吏员升任县尉的人员主要是汉族人。这一方面是因为史料记载的局限性,另一方面也因为很多蒙古、色目人凭借特殊身份往往可以直接担任流内官。元代地方官府吏员的迁转异常缓慢,有些"至为簿尉之日,则已白首"⑧。

由于职责相近,县巡检迁转是县尉的另一个重要来源。例如,元代中期,广

---

① (元)袁桷:《清容居士集》卷二九《滕县尉徐君墓志铭》,《袁桷集》,李军、施贤明、张欣校点,吉林文史出版社,2010年,第433页。

② 《元史》卷五《世祖本纪二》,第101页。

③ 《元典章》卷八《吏部二·承荫·达鲁花赤弟男承荫》,第257页。

④ 《元典章》卷一二《吏部六·司吏·县尉设司吏例》,第487~488页。

⑤ 《元典章新集》吏部《职官·县尉巡检于正从九品内选注》,第2045~2046页。

⑥ (元)陈旅:《安雅堂集》卷一二《丘同知墓志铭》,《景印文渊阁四库全书》第1213册,第148~149页。

⑦ (元)姚燧:《牧庵集》卷四《送李茂卿序》,《姚燧集》,查洪德编辑点校,第71页。

⑧ (元)程端礼:《畏斋集》卷三《送卫县尉致仕序》,《景印文渊阁四库全书》第1199册,第660~661页。

平路广平县人马兴①、抚州路人邓希颜②等都是由巡检升任县尉。元英宗至治元年(1321)十一月元廷规定,官学的教官可以充任巡检。③如此一来,元代中后期一部分县尉应该是儒学教官出身,只可惜现存文献中未留下相关记载。

除荫叙、吏员出职、巡检迁转外,捕盗获赏④、其他官员转任⑤、入粟补官⑥等也是县尉选拔的途径。⑦元代县尉任满迁出官职主要有主簿⑧、高级衙门的首领官⑨、录事司录事⑩、税务官⑪、仓库官⑫等,其中担任主簿者较为常见。⑬

对县尉、巡检等捕盗官的考核,《至元新格》规定:"如能巡警尽心,使境内盗息者为上,虽有失过起数而限内全获者为次,其因失盗累经责罚、未获数多者为下。"⑭随着元朝对地方统治的深入,元廷对包括县尉在内的失职捕盗官的责罚呈逐步加重的趋势。对失职捕盗官的责罚,在元世祖朝主要是罚俸。⑮元

---

①(元)邓文原:《巴西集》卷下《故江陵公安县尉马君墓志铭》,《景印文渊阁四库全书》第1195册,第561页。

②(元)吴澄:《吴文正公集》卷四〇《有元忠显校尉同知吉水州事邓君墓碣铭》,《元人文集珍本丛刊本》第3册,第641页。

③《元史》卷二七《英宗本纪一》,第614页。

④《元典章新集》刑部《巡捕·获贼升赏》,第2190~2191页。

⑤(元)王恽:《秋涧先生大全集》卷八八《弹市令冯时升不公事状》,《元人文集珍本丛刊本》第2册,第435~436页。

⑥(元)胡行简:《樗隐集》卷六《元故朱公墓志铭》,《景印文渊阁四库全书》第1221册,第156~157页。

⑦笔者依据元人文集及地方志等资料,考察了元世祖朝"立迁转法"以后,仕进出身有明确记载的32名县尉,其中荫叙获任者6名,吏员出职者11名,巡检迁转者6名,他官转任者3名,入粟补官者1名,捕盗获赏者1名,赏赐获官者4名。

⑧《元史》卷一五三《王守道传》,第3613页;《福山县志》卷六之二《福山县修学记》,《石刻史料新编》第3辑第27册,第120~121页。

⑨《吉金贞石录》卷五《重修太白庙记》,《历代石刻史料汇编》第13册,第197~199页。

⑩(元)郑玉:《师山集》卷八《先府君休宁县尹方村阡表》,《景印文渊阁四库全书》第1217册,第62~63页。

⑪(元)胡行简:《樗隐集》卷六《元故朱公墓志铭》,《景印文渊阁四库全书》第1221册,第156~157页。

⑫(元)吴澄:《吴文正公集》卷四〇《有元忠显校尉同知吉水州事邓君墓碣铭》,《元人文集珍本丛刊本》第3册,第641页。

⑬笔者统计了史料所见出职官有明确记载的9名县尉,其中担任主簿者4名,担任首领官者2名,担任录事者1名,担任税务官者1名,担任仓库官者1名。

⑭《元典章》卷一一《吏部五·给由·捕盗官给由例》,第404页。

⑮《元典章》卷五一《刑部十三·失盗·失过盗贼责罚》,第1718~1719页。

成宗朝又进一步规定,失职捕盗官"任满于解由内开写","依例添资降等"。①元仁宗朝元廷规定对失职捕盗官,不再罚俸,而是视情况,改施以杖刑。②

元世祖至元九年(1272)、至元十年(1273),元廷对捕盗官职任交接、权任捕盗官等特殊情况所涉及的责罚作了规定。之后,元成宗朝、元武宗朝、元仁宗朝又相继对"遇诏赦免"时捕盗官的责罚问题作了进一步的规定。③

四、县尉与同僚的关系

县尉与巡检同为捕盗之职。巡检主要设于县及部分无属县的散州。④县尉与巡检的区别在于县尉作为县级正官的一员,"得与令长连署,常治其邑中",而巡检则治于"荒郊林莽,山区海聚,幽昧旷绝之境"。⑤巡检一职最初为没有品级的流外官,元成宗大德十年(1306)正月元廷正式升巡检为从九品,由中书省敕牒任命。⑥有元一代,巡检的地位虽不及县尉,但二者却非简单的隶属关系。他们分别有着各自的辖区。由于职责基本相近,在元代的公文中,往往是县尉、巡检并提,多以"巡尉"联称。正因为此,在元代县尉的来源中,巡检占有了一定的比例。

不管是县尉还是巡检均直接隶属于县达鲁花赤、县尹。县达鲁花赤"职居牧民兼摄捕盗"⑦,拥有维护地方稳定的主要责任。前已述及,县达鲁花赤直接提调县尉司贮藏的武器。在对县尹的考核标准中,"盗贼息"也是重要的一条。⑧在县尉不在任时,县尹亦可暂时兼领县尉司。⑨遇有重大治安案件,县达鲁花赤、县尹往往直接率领县尉、巡检进行镇压、缉拿。正因为此,县达鲁花赤、县尹又被称为提控捕盗官,承担相应的连带责任。元成宗元贞元年

①《元典章》卷五一《刑部十三·失盗·失盗添资降等、失盗解由开写》,第1722~1724页。

②《元典章》卷五一《刑部十三·失盗·失盗的决不罚俸》,第1725~1726页。

③《元典章》卷五一《刑部十三·失盗·权官止依捕盗官停俸、交替捕盗官不停俸、格前失盗革拨》,第1720、1727~1728页。

④ 李治安:《元代政治制度研究》,人民出版社,2003年,第223页。

⑤ (元)黄溍:《金华黄先生文集》卷九《松阳县惠洽巡检司记》,《黄溍全集》,王颋点校,天津古籍出版社,2008年,第295~296页。

⑥《元典章》卷九《吏部三·捕盗官·减并额设巡检事理》,第360页;《元史》卷二一《成宗本纪四》,第467页。

⑦《元典章》卷五五《刑部十七·放贼·番禺县官保放劫贼》,第1857页。

⑧《元史》卷八二《选举志二·铨法上》,第2038页。

⑨《元典章新集》刑部《杂犯·枉勘平人身死》,第2237~2238页。

(1295),元廷规定:"强盗行劫之际",官府不予受理,"捕盗官杖五十七下,解见任,别行求仕,达鲁花赤长官以下量决三十七下"。[1]元仁宗延祐五年(1318),元廷规定:"各处应捕官兵,虽非本境失过起数,而承准别境公文,贼至本境,妄分彼此,不肯追袭,致令逃逸者,捕盗官决四十七下,解任别仕,提控捕盗官决二十七下,标附。"[2]可以这样说,元代县一级的捕盗,实行的是群官圆署下的专职制,县尉负主要责任,其他正官承担连带责任。

由于县级官府维护治安的力量非常有限,元世祖朝有人建言赋予县达鲁花赤调动当地镇守军的权力。[3]虽然这一建议,元廷并未采纳,但至元二十年(1283)元廷规定,军民官一同巡禁盗贼,承担责任,[4]至元三十年(1293)又进一步明确"军官捕盗责罚"体例。[5]

"尉于县政,无所敢自遂也"[6]。县尉在县级正官中地位最低,故县尉被占役的现象时有发生。为此,元成宗朝末年,元廷还曾专门下发诏令,禁止地方官员随意差遣捕盗官。[7]较为特殊的是,元朝个别县尉竟能摄县政,更有甚者殴打县尹。元武宗至大四年(1311)安西路临潼县县尉雷祯到任后,"尝摄县政"。[8]元代后期广州路增城县邓簿尉,海寇出身,任内安插党羽,残害百姓,"殴击其令尹上司",后被廉访司官缉拿下狱。[9]也有个别县尉竟敢与县达鲁花赤争执,"互相殴詈",其结果当然是县尉受到惩处。[10]

与县尉同为一县正官的县丞、县主簿同样对一县治安拥有较大发言权。这不仅是因为县丞、县主簿的地位高于县尉,更为重要的是元代推行正官共同参与决策的"圆坐署事"制度,共同拥有维护地方治安的责任。[11]县主簿除从

---

① 《元典章》卷五四《刑部十六·违慢·不即救捕罪例》,第1835页。
② 《元典章新集》刑部《巡捕·提控捕盗官不向前捉强贼罪例》,第2193~2194页。
③ (元)张之翰:《张之翰集》卷一三《议盗》,邓瑞全、孟祥静校点,吉林文史出版社,2009年,第159页。
④ 《元典章》卷五一《刑部十三·捕盗·军民官一同巡禁》,第1702~1703页。
⑤ 《元典章》卷五一《刑部十三·失盗·军官捕盗责罚》,第1721页。
⑥ (元)虞集:《道园学古录》卷七《沛县尉李君美政记》《四部丛刊》初编本第235册。
⑦ 《元典章》卷六〇《工部三·役使·差官起解钱帛等物》,第2010~2011页。
⑧ (元)同恕:《榘庵集》卷七《临潼县尉雷君墓志铭》,孙学功点校整理,西北大学出版社,2014年,第206页。
⑨ (元)刘鹗:《惟实集》卷三《广东金宪张公生祠记》,《景印文渊阁四库全书》第1206册,第314页。
⑩ 《元典章》卷四四《刑部六·品官相殴·县尉与达鲁花赤互相殴詈》,第1511页。
⑪ 《元典章》卷一三《吏部七·署押·圆坐署事》,第502页。

"圆坐署事"的程序参与管理一县治安外,前已述及,元代尤其是元成宗朝以前,大量存在县主簿兼任县尉的现象。县尉不在任,县主簿也可权任县尉。①到了元朝后期,为了更好地组织地方武装,镇压农民起义,至正十七年(1357)正月辛卯,元廷"命山东分省团结义兵,每州添设判官一员,每县添设主簿一员,专率义兵以事守御"②。

元代不少地方驻有军队,驻军士兵盗窃后躲入军营,一般县尉往往"视营若海,无敢窥伺者"。当然也有少数县尉能够不畏强权、秉公执法。世祖朝磁州成安县簿尉得知当地驻军有人盗窃耕牛,便"直入其营,臧贼俱获",并对驻军百户晓以利害。③

五、余论

自唐代至元代,县尉的职掌逐渐专职化。唐代县尉在主要负责捕盗、审案外,还有判决文书、处理县务、征收赋税等职能。④宋代县尉就逐渐从庞杂的县级政务中摆脱出来,专职维护地方治安,不过宋代县尉被占役的现象十分显,兼管的事务较多。⑤到元代,县级捕盗实行的是群官圆署下的县尉负责制。元代县尉被占役的现象有所减少,究其原因就是元代首领官制度的完善。元代各级衙门均设有统辖吏员、职掌案牍的首领官,基层衙门的吏员出职往往先要担任首领官。⑥县级首领官——典史,"亲临百姓,应办钱粮一切事务,至甚繁重",也就是说典史分担了大部分县级衙门的差遣事务,"司县衙门事务繁剧,全藉典史办集"。⑦到明代,县级官府不设县尉,县主簿分掌巡捕之事,⑧而身为首领官的典史却逐渐成为缉捕盗贼的主角。⑨

荫叙、吏员出职、巡检迁转是元代县尉选任的三个重要途径。由于特殊的政治文化背景,元代县尉的来源与唐、宋、金时代大相径庭。元代长时间停罢

---

① 《元典章》卷五四《刑部十六·违枉·淹禁死损罪囚》,第1802页。

② 《元史》卷四五《顺帝本纪八》,第935页。

③ 《成安县志》卷一四上《簿尉刘公去思碑》,《石刻史料新编》,第3辑第25册,第204~205页。

④ 张玉兴:《唐代县官与地方社会研究》,天津古籍出版社,2009年,第131~138页。

⑤ 王钟杰:《唐宋县尉研究》,河北大学出版社,2009年,第164页。

⑥ 许凡:《元代吏制研究》,劳动人事出版社,1987年,第41页。

⑦ 《元典章》卷一二《吏部六·典史·选取典史司吏、典史》,第494~496页。

⑧ 《明史》卷七五《职官志四》,中华书局,1974年,第1850页。

⑨ 何朝晖:《明代县政研究》,北京大学出版社,2006年,第14~15页。

科举,文献中未见由科举而担任县尉者,而在唐、宋、金时期科举是县尉的重要选拔途径之一。①

元代对捕盗官的奖惩较之于宋代也有自身的特色。宋代对捕盗官的奖惩主要是在选任方面加阶减选或减阶加选,②而元代在此基础上,更重视赏钞、罚俸以及施以杖刑。

县是地方官府中最底层、数量最多的政区建制,可以说元代县尉实际上充当了捕盗官系统的主体。县尉职能的发挥对维护地方社会的稳定至关重要。元末地方社会出现动荡,不能不说与包括县尉在内的地方官的腐败密切相关。

本文原刊载于《史学月刊》2011年12期。

作者简介:

薛磊,1977年生,江苏铜山人。1996年9月—2006年6月先后在南开大学历史学院获得本科、硕士、博士学位,2006年7月留校工作,现为南开大学历史学院教授。著有《元代东北统治研究》(社会科学文献出版社,2012年)、《元代官方印章与制度史研究》(人民出版社,2020年)等。

---

① 张玉兴:《唐代县官与地方社会研究》,第143~146页;(清)徐松辑:《宋会要辑稿》选举二之七,中华书局,1957年,第4248页;《金史》卷五二《选举志二》,第1160~1163页。
② 王钟杰:《唐宋县尉研究》,第225~242页。

官治、民治规范下村民的"自在生活"

——宋朝村民生活世界初探

刁培俊

一、村民们的"自在生活"

唐代大诗人白居易《朱陈村》诗描述了徐州朱陈村人的生活境况：

> 徐州古丰县，有村曰朱陈。去县百馀里，桑麻青氛氲。
> 机梭声扎扎，牛驴走纷纷。女汲涧中水，男采山上薪。
> ……
> 家家守村业，头白不出门。生为陈村民，死为陈村尘。
> 田中老与幼，相见何欣欣。一村唯两姓，世世为婚姻。
> 亲疏居有族，少长游有群。黄鸡与白酒，欢会不隔旬。
> 生者不远别，嫁娶先近邻。死者不远葬，坟墓多绕村。
> 既安生与死，不苦形与神。所以多寿考，往往见玄孙。
> 我生礼义乡，少小孤且贫。徒学辨是非，只自取辛勤。
> ……
> 一生苦如此，长羡村中民。①

    这一生活场景，村民们的耕作方式、生活状态、社会关系网的构建、生老病死的情态，等等，应是唐朝远离城市的村民日常生活的一种真实描述。当然，居住在山野、平原、水乡，尤其距城市远近等不同空间下的村民，其生活方式亦多有差异。一般情况下，中国传统乡村社会的变化相对缓慢：四季晨昏、生老病死、婚丧嫁娶、耕作方式等衣食住行及道德礼仪诸多领域，往往不会随朝代鼎革的巨变而改变。上揭白居易诗歌中的这一历史场景，或不独见于唐朝，宋

---

① (唐)白居易:《白氏长庆集》卷第一〇《朱陈村》，四部丛刊景日本翻宋大字本。

朝多数时空下村民们的日常生活,似也当如是观。譬如南宋辛弃疾笔下的《清平乐·村居》词句:"大儿锄豆溪东,中儿正织鸡笼,最喜小儿无赖,溪头卧剥莲蓬。"这样一种自由自在的欢快生活,真是一派令人神往的田园风光。或许正是基于上述,社会学家认为,中国传统农民生活在"一个熟悉的社会中",他们"会得到从心所欲而不逾矩的自由"①。这里所谓"从心所欲而不逾矩的自由",或近似于不受任何约束、随心所欲的"自在生活"。但是,传统中华帝国时代尤其是赵宋一朝下的村民们,果真能够享有这样一种"自在生活"吗?他们的真实生活状态究竟是怎样的呢?②

对于宋朝广土众民,"天高皇帝远",皇权的统摄力是远不可及的,其具体日常生活中诸多"私"的领域,就表象而言,皇权似没有必要,也缺乏控制每一个人每一个日常活动的能力,村民们是"自由自在"地生活着的。此或即社会史学家所谓之"国家不在场"。譬如在民众信仰领域,宋朝开始普遍对民间神祇进行封赐,一方面官府以此承认和奖励神祇,另一方面官府试图通过封赐来驾驭民间神祇的力量。官府引导鼓励民众祭祀灵验祥善的神祇,禁止祭祀不灵验或邪淫之神。但事实上,官方的封赐制度并不能阻止世俗民众信奉官府祀典之外的神祇,他们或径自创造新的神祇。据洪迈记载,绍兴有一祠庙"极宽大。虽不预春秋祭典,而民俗甚敬畏"③。温州、福州邻接之地"有小丛祠,揭曰钱王庙。不载祀典,亦不知起于何年及钱氏何王庙也,土(士)俗往来,咸加敬事"④。村民们信奉这一祀典之外的小祠是因为只要祈祷一番,再以竹根在地上拨寻,必能得到少量铜钱。"乡村民众在选择自己的信奉对象时,往往是唯

①费孝通:《乡土中国 生育制度》,北京大学出版社,1998年,第10页。

②有关农村经济、农民生活的概略性综括性考察,已有成果:梁庚尧:《南宋的农地利用政策》(台湾大学文学院,1977年)及其《南宋的农村经济》(台湾联经出版事业公司,1985年增订本)。漆侠:《宋代经济史》(上海人民出版社,1987—1988年),王曾瑜:《宋朝阶级结构》(增订版,中国人民大学出版社,2010年),后者更具体细致,本文多有参阅。黄宽重:《从中央与地方关系看宋代基层社会的转变》(《历史研究》2005年第4期)曾梳理宋朝基层社会的各种社会群体以及北宋、南宋之间的演变,高屋建瓴,启人深思。黄先生指出宋朝基层社会的考察面限制在以"县"为基点,本文则强调构建宋朝"乡村社会"应更多关注县级官府以下社会空间和村民生活世界。包伟民:《宋代的村》(《文史》2019年第1辑),从自然村落的分布与规模、着分"村"(主村)两个角度展开了详细研讨。

③(宋)洪迈:《夷坚志·三志己》卷八《五通祠醉人》,中华书局,1981年,第1364页。

④(宋)洪迈:《夷坚志·三志己》卷八《台岭钱王庙》,第1363页。

灵是从"①。对于民众而言,只要"灵验",只要能满足一己精神需求,即使官府祀典之外甚至被禁止的"淫祠",他们也依然虔诚地敬奉。譬如博州高唐县富民聂公辅,"酷信巫祝,奉淫祠尤谨敬"②。类似佛道天地山川鬼神等信仰、道德意识、生死观念,乃至做梦③等民众精神领域的活动,皇权及其触角无论如何延伸,倘要对其严密监控甚或完全改变村民们脑海固存的思维、观念和信仰,往往难以奏效,大多情况下只能听任村民们"自在"地享受其精神生活。④

日出而作、日入而息、凿井而饮、耕田而食等历史日常场景,依然属于村民们的"自在生活",来自皇权的控制网络多半难以抵达。文献记载有婺源石田村汪氏仆王十五"正耘于田",农夫具体之耕作活动,官府应少有介入。⑤杨万里淳熙六年(1179)春自常州至上饶途中记载:"田夫抛秧田妇接,小儿拔秧大儿插。笠是兜鍪蓑是甲,雨从头上湿到胛。唤渠朝餐歇半霎,低头折腰只不

---

① [美]韩森:《变迁之神——南宋时期的民间信仰》,包伟民译,浙江人民出版社,1999年。沈宗宪和皮庆生等学者对此也有研究,请参阅沈宗宪:《宋代民间的幽冥世界观》,台湾商鼎出版社,1993年;皮庆生:《宋代民众祠神信仰研究》,上海古籍出版社,2008年;朱瑞熙等:《辽宋西夏金社会生活史》,中国社会科学出版社,1998年;徐尚豪:《宋代的精怪世界——从传说表述到信仰生活的探讨》,台湾淡江大学历史学系2008年度硕士学位论文。

② (宋)洪迈:《夷坚志·支乙》卷一《聂公辅》,第800页。其他类似例证参阅《夷坚志·丁志》卷六《翁吉师》及该书《三志辛》卷第一〇《曾三失子》、该书《三志壬》卷第九《傅太常治崇》等,恕不一一穷举赘列。(宋)陆游:《剑南诗稿》卷二九《赛神曲》亦有类似描述。包伟民《陆游的"乡村世界"》一文,展现出南宋著名诗人陆游诗作之中包含的诸多信息,诸如居处、生计、市场、角色等内容,呈现出陆游视域中的"乡村世界"——南宋时期的浙东乡村。这一乡村意象相对集中于三个方面:浙东乡村一个中上水平乡居寓公的生活范本,关于士人在乡村的社会角色的某些侧面,以及由陆游所感知与描述的当时农村社会的一些其它生活场景。在聚落、麦作、乡市、饮食等方面,陆游的诗作提供了前人未曾注意的历史文化背景和乡村生活细节。载《武汉大学学报(哲学社会科学版)》2020年第1期,并请参阅包伟民:《陆游的乡村世界》,社会科学文献出版社,2020年。

③《夷坚志》记载了许多村民之梦境,反映出阳世与阴世两界的万千世态,也可凸显宋朝乡村社会更为多彩的鲜活风貌。

④ 刁培俊:《南宋"乡村社会"管窥》,袁行霈主编:《国学研究》第24卷,北京大学出版社,2009年。孙逊、朱洁:《〈夷坚志〉中的"乡民"描写及其文化阐释》,《复旦学报》2013年第3期。该文引入了"文化阐释"的新理论后指出,在传统农业社会中人口基数最大的乡民的生存状态,显现出中国传统时代民间社会的教化观、信仰观和道德伦理观。

⑤ (宋)洪迈:《夷坚志·乙志》卷一七《宣州孟郎中》,第327页。

答:'秧根未牢莳未匝,照管鹅儿与雏鸭。'"①《清明上河图》中所绘汴京城郊之农家菜园,也反映出当时农民生活的一个场景。②婺源张村村民张时,"所居临溪,育鸳鸭数十头,日放溪中,自棹小舟看守"③。按照宋朝户等制度之规定,乡村主户本应有自己的田产家业,但也有因自家田产较少难以糊口而为别人所雇佣者,如荆门军长林县民蹇大,薄有赀业,即"常为人佣,贩涉远道,在家之日少"④。宋孝宗朝,台州临海县"长乐乡人户沈三四、王细九、张四八……沈三四等为天旱,雇觅人工车水,虽有些少白酒吃用……逐人薄有家产……"⑤此等民户"雇觅人工车水",本为官府所忽略;但其犒工以朝廷榷卖之白酒,才遭到责难。客户即佃农,再如蕲春县大同乡富室黄元功的佃仆张甲,"受田于七十里外查梨山下"⑥。同样在宋孝宗时,隆兴府进贤县"有妇人,佣身纺绩、舂簸,以养其姑。姑感妇孝,每受食,即以手加额,仰天而祝之。其子为人牧牛,亦干饭以饷祖母"⑦。上述这些村民们的行事是很难由官府控制的,或者公权力根本不会渗入其中。宋朝村民外出经商者也不乏其人。⑧如《夷坚志·三志壬》卷第

① (宋)杨万里撰,辛更儒笺校:《杨万里集笺校》卷二三《插秧歌》,中华书局,2007年,第673页。类似尚可见《苏辙集》卷一《蚕市》;(宋)文同:《丹渊集》卷三《织妇怨》;(宋)舒岳祥:《阆风集》卷三《自归耕篆畦见村妇有摘茶车水卖鱼汲水行馌寄衣舂米种麦泣布卖菜者作十妇词》之"卖菜深村妇";(宋)陆游:《剑南诗稿》卷三《岳池农家》之"谁言农家不入时,小姑画得城中眉。一双素手无人识,空村相唤看缲丝";以及前揭该书卷三四《丰年行》、卷三五《记老农语》、卷六四《刈获后书事》,等等。

② 周宝珠:《清明上河图与清明上河学》,河南大学出版社,1996年,第51~54页。

③ (宋)洪迈:《夷坚志·三志辛》卷第六《张时鸭洪胜鸡》,第1429页。

④ (宋)洪迈:《夷坚志·支景》卷第一《员一郎马》,第884页。类似情况再如范公偁《过庭录》载:"祖宗时,有陕民值凶荒母妻之别地受佣,民居家耕种自给……"《文渊阁四库全书》本,第1038册,第257页;(宋)沈括《梦溪笔谈》卷九和《宋史》卷四五八《杜生传》同时记载了颍昌府阳翟县的杜生从自耕农沦为无田客户,即使后来同乡人赠田三十宋亩,仍需"为人佣耕"。参阅王曾瑜:《宋朝阶级结构》,中国人民大学出版社,2010年,第51页。(宋)王铚《默记》卷下记载:"光州有村民毕姓兄弟二人,养母佣力,又雇二人担粪土,得钱以养母,尽孝道。一日,至食时,雇者不至。兄弟惶惑,虑无母饭,不知为何,遂各担筥,遍村求售担物,无有也。"亦是类似例证。

⑤ (宋)朱熹:《晦庵先生朱文公文集》卷一九《按唐仲友第四状》,第855页。

⑥ (宋)洪迈:《夷坚志·支庚》卷第一《黄解元田仆》,第1140页。

⑦ 《宋史》卷四三七《儒林七·程迥传》,第12951页。

⑧ (宋)黄休复《茅亭客话》卷一《程君友》载,北宋遂州小溪县石城镇仙女垭村民"程翁名君友,家数口,垦耕力作,常于乡里佣力,织草履自给"。文渊阁四库全书本,第1042册,第919页。类似事例参阅《夷坚志·丁志》卷第一五《张客奇遇》、《夷坚志·志补》卷第五《张客浮沤》、《夷坚志·三志辛》卷第二《宣城客》、《夷坚志·丙志》卷第一二《饶氏妇》、《夷坚志·丙志》卷第一四《王八郎》等,恕难穷举。村民经营手工业以求利的行为,两宋史料记载相当多,参阅王曾瑜:《宋朝阶级结构》,第75~86页。

一《冯氏阴祸》中"抚民冯四,家贫不能活,逃于宜黄,携妻及六子往投大姓。得田耕作……"这或是宋朝大多数穷困潦倒的佃农生活实像。民户贫穷不能生存,逃难到他乡,佣种有田人家的土地,这样一种生存生活过程,也往往是皇权难以监控的。再如:

> 临江人王省元,失其名,居于村墅,未第时,家苦贫,入城就馆,月得束脩二千。尝有邻人持其家信至,欲买市中物。时去俸日尚旬浃,王君令学生白父母豫贷焉。①

> 德兴县上乡新建村居民程氏,累世以弋猎为业,家业颇丰。因输租入郡,适逢墟中有摇小鼓而售戏面具者,买六枚以归,分与诸小孙。诸孙喜,正各戴之,群戏堂下。程畜猛犬十数,皆常日放猎所用者,望见之,吠声猖狰,争驱前搏噬,仗之不退,孙即死者六人。……②

> 予行信州丰城,欲访灵鹫岩洞,未至十里,小休于道旁民居,会其家饮客方起。须臾,有一耕夫来就主人饭,被襦荷田具。主人悯其劳且饥,谓曰:"饭未及炊也,有客饭所余肉饼,尔姑啖之。"农夫欣然怀之而出,主人问何往,则曰:"我老母年七十,啖粗饭耳。此盛馔,我作苦,虽馁甚,不忍尝也,将以馈吾母,故不待饭而往耳。"③

贫穷书生赴城市教书,但乡下家中短缺钱物,只好预收学生之束脩以供;村民输税入城,给小儿购买玩耍之面具,家畜猛犬因不辨玩具之真假而咬死孙辈;农夫耕作归来,将主人给吃的肉饼带回孝敬母亲,诸如此类村民们"私"领域的活动,似乎都是皇权难以控制的,类似村民们不过"苟且辛苦过一世耳"④,其艰辛苦楚自是令人鼻酸。

皇权对于村民的约束,还往往通过乡规民约等基层社会自己认定的"规范"而渗入。诸如村民之衣食住行、岁时节令、婚丧嫁娶、生育社交、礼俗礼仪、宗教信仰、鬼神崇拜、文体娱乐、称谓排行、耕作休闲、方言文字、治水过程中的

---

① (宋)洪迈:《夷坚志·丙志》卷一六《王省元》,第503页。
② (宋)洪迈:《夷坚志·志补》卷四《程氏诸孙》,第1578页。
③ (宋)沈作喆:《寓简》卷八,《文渊阁四库全书》本,第864册,第159页。
④ (宋)方回:《续古今考》卷一八《附论班固计井田百亩岁入岁出》,《文渊阁四库全书》本,第853册,第368页。包伟民:《宋代地方财政史研究》,上海古籍出版社,2001年,第323页。

各种组织，以及民间宗教、家法家规、传统的习俗惯例、乡规民约、社会规范，[1]乃至"潜规则"（也即所谓"正式的规则"之外的"非正式约束"，包括行为规范、惯例和自我限定的行事准则）[2]，等等，都在一定程度上约束、规范着村民们的日常生活。在处理关系到一村村民整体利益的事情时，在民众心里存在着"少数服从多数"的潜规则，个别民众必须服从集体利益、社会舆论、公共遵从的习俗和规范，甚至为此而欺上瞒下，恐吓、诽谤、侵欺村民。即使这样的"潜规则"令个别村民腹诽，但他们最终也多是无可奈何地接受。[3]因为他们不接受的最终结果是不为周围的村民所容忍，舆论的无形影响，使其无法在当地正常生活下去。

上述这些"规范""规则""习俗"，虽然可算作统治者礼法教化观念中的组成部分，给人的印象却是，皇权的网络是无所不在的。但就宋朝整个政治控制的体制完善程度、制度本身的局限性，以及高额的治理成本而言，上述诸多领域内村民们的生活，皇权的触角也很难完全涉入其中，因其对皇权重要程度之不同，甚至全然不曾、不能涉入，皇权也以漠然的态度根本不会渗入其中。在乡间日常生活中还存在着许多劝诫，诸如孝养父母、修德行善、敬畏天地、莫杀生命、莫损他人、莫贪女色，等等。这些来自儒家纲常或佛教教义规劝、宣扬的属于道德层面的内容，很多时候并非官方制度法规的约束所能控制，更何况皇权设定的法制本身伸缩性很大，在许多方面根本不具备严格的监督体制以保证王朝法制的实际推行。由此而言，广大乡村民户在这些领域中或可说是"民治"的，也即"以民治民"的"民治"，更可看作民户自己一种生活的"自为"现象，一种"自在"的生活和现实社会中近似"权力真空"下的存在。[4]

---

① 朱瑞熙《宋代社会研究》（中州书画社，1983年）已对相关问题有初步研究，另请参阅朱瑞熙等：《辽宋西夏金社会生活史》，中国社会科学出版社，1998年。

② 参见韦森：《再评诺思的制度变迁理论》，[美]道格拉斯·C.诺思：《制度变迁与经济绩效》，杭行译，上海人民出版社，2008年，第7页。关于所谓潜规则，参阅（宋）洪迈：《夷坚志·支庚》卷一《清泉乡民》，第1139页。

③《名公书判清明集》卷四《户婚门·争业上·罗柄女使来安诉主母夺去所拨田业》一案中即有"行路之人，闻而哀之，咸为不平"舆论方面的谴责，中华书局1987年版2002年再印本（谨按：这部书2002年再印本做了少量挖改，已与1987年印本不同，故此注释），第115~116页。

④ 本文"民治"概念，来自于宋朝文献中的"以民治民"，详见刁培俊：《在官治与民治之间：宋朝乡役性质辨析》，《云南社会科学》2006年第4期。中国学界颇流行"自治"这一概念，尤其是明清史和近现代史研究领域，但大多学者并未将这一概念与西方语境下的"自治"严格区分。魏光奇先生有深入分析，参阅其《官治与自治——20世纪上半期的中国县制》，商务印书馆，2004年，第70~71页。

广大村民在乡间日常生活中的某些行为,也多是皇权触角难以控制的,如《名公书判清明集》中诸多豪横乡里的案例,多有官匪一家的情景,就显现出皇权触角在基层社会中的软弱无力,难以真正控制社会秩序的良性发展。结合《名公书判清明集》和《夷坚志》中的相关记载,又可反映出村民们所执"弱者的武器",诸如偷懒、开小差、假装顺从、偷盗(小偷小摸)、小范围内或是个人之间的打架斗殴、纵火、怠工,甚至是男女之间因私情,等等。①这些也是皇权触角无论如何难以判断并加以具体控制的。有关于此,限于篇幅,仅举二例:

> 绍兴十六年(1146),淮南转运司刊《太平圣惠方》板,分其半于舒州。州募匠数十辈置局于学,日饮喧哗,士人以为苦……盖此五人尤者[嗜]酒懒惰,急于板成,将字书点画多及药味分两随意更改以误人,故受此谴。②

---

① 譬如张齐贤:《洛阳缙绅旧闻记》卷五《焦生见亡妻》之焦生醉酒后"以鞭乱殴其家客";《容斋随笔》卷一六《多赦长恶》之卢助教被田仆"父子四人所执,投置杵臼内,捣碎其躯为肉泥";《夷坚志·乙志》卷二〇《徐三为冥卒》之湖州乌程县浔溪村民徐三,到秀州魏塘"为方氏佣耕,又七年,以负租谷,不能偿,泛舟遁归其乡";《夷坚志·支甲》卷五《灌园吴六》"临川市民王明居厓间贩易,赀蓄微丰,买城西空地为菜园,雇健仆吴六种植培灌,又以其馀者俾鬻之……(吴六)货蔬,隐其直多……受佣累岁,绍兴辛亥,力辞去,留之不可,王殊恨恨"。《名公书判清明集》卷一二《惩恶门·奸秽》中记载有男女奸情连带偷盗之事,第441~442页、第447~448页。再有宋朝南方"生子不举"之民俗,也类似于此。参阅刘静贞:《不举子——宋人的生育问题》,台湾稻香出版社,1998年。"弱者的武器"之来源,参阅[美]詹姆斯·C.斯科特:《弱者的武器》,郑广怀、张敏、何江穗译,译林出版社,2007年,第33~56页,第293~367页。[美]詹姆士·斯科特:《逃避统治的艺术:东南亚高地的无政府主义历史》,王晓毅译,生活·读书·新知三联书店,2016年。需要说明的是,这一部分拙作最初曾投稿北京某刊,当时的匿名审稿专家善意地批评,来自西方的这一理论、概念和研究方法不能"照搬"到中国古代历史的研究之中。笔者结合自己在农村的生活经验,并阅读《金翼》《银翅》《林村的故事》《岳村政治》《孙村的道路》《蒙塔尤》《小镇喧嚣》《乡村江湖:两湖平原"混混"研究》等学术著作,以及《创业史》《平凡的世界》等文学著作,从而认为,中国古今的农民,并非只有勤劳勇敢、聪明智慧、艰辛忍耐等显示其美好的一面,也存在丑恶的一面。单方面强调其一而刻意忽略另外一面,无论如何不是一个全面认识问题的理性角度。而此后即阅读到Michael A.Szonyi著 *The Art of Being Governed: Everyday Politics in Late Imperial China: Everyday Politics in Late Imperial China*, Princeton: Princeton University Press, 2017年([加]宋怡明:《被统治的艺术:中华帝国晚期的日常政治》,钟逸明译,中国华侨出版社,2019年)。窃以为,中国古代的农民对于朝廷、官府的抵抗并非全然表现为"农民战争",形式多种多样的"弱者的武器"也被巧妙地、富有智慧地运用在很多领域。域外的学术新理路别具只眼,或许可以让我们观察到更真实更全面的传统中国。

② (宋)洪迈:《夷坚志·丙志》卷一二《舒州刻工》,第464页。

要之,宋朝乡村社会中,确实不曾也难以存在西方学术语境下所谓之"乡民自治"。在宋元以降,中央集权不断强化,皇权无限渗透至每一空间之中,由上述可见,皇权的社会控制设计,似并未毫发不爽、无所不在地控制着广大村民。在村民日常生活的诸多领域,尤其在一些"私"的层面,皇权是无法、也难以介入其中的,只能听任村民们"自在"地生活。皇权社会控制模式与村民之间,更多情形表现为:只要村民们能够按时缴纳赋税,服徭役,不寻滋闹事,维持乡村的秩序和谐稳定,官府是懒于也没有足够能力去管理那些属于村民"私"的生活领域的。因此之故,社会学家认为中国乡土社会的秩序维持,是一种自动的秩序,是无为而治的,是无治而治的"礼治"的社会,更多是靠经验,靠传统的民间惯例习俗。中国传统农村绝大多数村民聚族而居,基本上是不流动的,是生于斯长于斯死于斯的。一般情况下,他们安土重迁,凝固为一个相对安静、安闲的社会。在乡土社会里,地缘性和血缘性的胶合是很紧密的,也是社会稳定的力量。普通村民们过着"不知有汉,无论魏晋","山中无甲子,寒尽不知年"的"自在生活"。

学人或谓"皇权不下县",给普通读者的印象是,县级行政之下的社会空间中,存在有"权力真空"。但是,历史社会之实况果真如此吗? 事实上,一旦村民们的这些"自在生活"影响到皇权及其政府机器的正常运转,来自皇权的官府控制网络又是无所不在的。宋朝乡村控制模式大致呈现为"官治"与"民治"多元胶合的一种样态。①

二、"皇权至上"政体下无所不在的刚性官治网络

赵宋建国后,为惩治中唐五代时期地方政府权力过大,乃至尾大不掉的弊失,在加强中央对州县控制的同时,也延伸到对乡村社会的控制,皇权明确显露出向下渗透的趋势,乃至给人留下皇权无所不在的历史影像。这一自上而下对乡村民众控制的意图,多半是经由州县行政及官民衔接的中介——乡役人实际执行的。学界普遍认为,县级官府是皇权的末梢,县官是亲民官。在赵

---

① 本文"官治"的概念参照于魏光奇先生《官治与自治——20世纪上半期的中国县制》,商务印书馆,2004年。他认为:"官治"与"自治"是20世纪上半期在"县制"问题领域中为人们所熟悉的话语,前者是指由国家自上而下任命官员运作的国家行政,后者是指由地方社会自下而上推选本地人士运作的地方自治。这两种基本模式的相互排斥与结合,构成了20世纪上半期中国县制改革和演变的主轴。

宋一朝,就制度层面而言,凡一县境内的户口、赋役、钱谷、赈济、给纳、劝课农桑、平决狱讼,等等,皆由知县或县令负责。当然,如果县内存驻禁军,则知县兼兵马监押或兵马都监。作为知县或县令的副手,县丞、主簿、县尉也各有职责。如县丞佐理县事、督查群吏,县主簿则掌管官物的出纳与簿书,县尉则掌管一县之内的治安、训练弓手等。当然,并非每一个县份都配备如此齐全的官员,但皇权设置县司的理念却是相同的:稳定村落社会秩序,足额、按时地完成赋役催征。①

赵宋朝廷对于州县官的考课标准,也足以表明地方官员对基层村落管理的职责所在。②如宋神宗时所谓"四善",即德义有闻、清慎明著、公平可称、恪勤匪懈;还有所谓"三最",即狱讼无怨、催科不扰为治事之最;农桑垦殖、水利兴修为劝课之最;屏除奸盗、人获安处、赈恤困穷、不致流移为抚养之最。到宋哲宗元祐四年(1089)时又增益为"以狱讼无冤、催科不扰、税赋无陷失,宣敕条贯、案账簿书齐整,差役均平为治事之最;农桑垦值[殖]、野无旷土,水利兴修、民赖其用为劝课之最;屏除奸盗、人获安处,赈恤贫困、不致流移,虽有流移而能招诱复业为抚养之最"③。殆至南宋,在《庆元条法事类》卷五中则记载为"一、生齿之最:民籍增益,进丁入老,批注收落,不失其时;二、治事之最:狱讼无怨,催科不扰;三、劝课之最:农桑垦殖,水利兴修;四、养葬之最:屏除奸盗,人获安居,赈恤困穷,不致流移,虽有流移而能招诱复业,城野遗骸无不掩葬"。这些考核地方官的标准,透露出朝廷通过县级官府对村落百姓管理和控制的意图。④

就赵宋一朝对于村民的管理而言,皇权的政治制度设计往往被视为近乎完善的。但是,中央的政策经由诸多管理层级:朝廷省部、州县、乡村等的阻隔,很难一丝不变、如初所想地得到贯彻执行。政治设计的完美并不能代表实际执行达到绩效的完美。这些来自皇权的"说法",其具体"做法"又是如何?

---

① 参阅(清)徐松等辑:《宋会要辑稿·职官》四八之一八至九一,中华书局,1957年;(元)脱脱等:《宋史》卷一六七《职官七》,中华书局,1985年,第3977~3978页;(宋)谢维新:《古今合璧事类备要·后集》卷七九至八〇《县官》,文渊阁四库全书本。

② 邓小南:《宋代文官选任制度诸层面》,河北教育出版社,1993年,第70~74页。

③《宋会要辑稿·职官》五九之一一。

④ 当然,朝廷或中央政府的制度设计如此,实际执行的绩效,则难免出现偏差。譬如赵宋朝廷要求官员们劝农,在某些时空下,就往往形同无有。参阅梁庚尧:《南宋的农地利用政策》,第3~129页;包伟民、吴铮强:《形式的背后:两宋劝农制度的历史分析》,《浙江大学学报》2004年第1期。

换言之,赵宋朝廷对州县官府的行政如此要求,各地州县官究竟是怎样执行的呢?宋人文集中不乏儒士担任县官时治理村落的政绩表述,《名公书判清明集》则集中记录了一些州县官员在治理村落基层事务过程中的具体事例,譬如在催科督税、差派徭役、民户争业、遗嘱继承、违法交易、婚嫁人伦、奸秽惩恶、传布妖教、淫祠诳惑等领域,均可发现地方官府在行政运作过程中的实际参与,其乡村治理绩效也相当明显。再譬如其中《比并白脚之高产者差役》《走弄产钱之弊》《产钱比白脚一倍歇役十年理为白脚》诸篇什中对职役差派的督查;《受人隐寄财产自辄出卖》《田邻侵界》中地方官员对村民争田的处理;再有《争山妄指界至》中"县尉亲至地头"、《户绝·夫亡而有养子不得谓之户绝》中阿甘接脚夫一事惊动了州县和提举司等各级官府等类似记载,均可表明州县官府对于村落民户的刚性治理。

虽因时空之不同,各地容有差异,看似反映"地方""区域"的史料,或正好呈现出"全国""整体"的历史镜像;反之,看似显示为"全国""整体"的文献,也难免有以偏概全的成分。《夷坚志》一书记载了东南一带不少地方官并非都在官衙内行政,也会亲自到乡下视察或办公,显示出州县官府对村民治理的实际运作场景。北宋后期,蔡京登第后,"为钱塘尉,巡捕至汤村"[①]。绍兴初,南剑州将乐县的县尉蔺敫,"因捕盗至山村"[②]。绍兴二十九年(1159)冬,抚州宜黄县有剧盗谢军九"聚众百辈,椎埋剽劫,至戕杀里豪董县尉家"。宜黄知县李元佐"适在郡。尉遣弓兵出讨捕,都头刘超者领数十人前行"[③]。他们的行政作为清晰可见。南宋杨万里在给叶颙所写的行状中写道:

> 建之两税,每岁官受赋纳,远民或惮入官府,市人为之代持送官,往往过敛其估,官民交病。公适司纳,为立法革之。先是,市人代送者新幕帟。持白金以供张司纳之官。公悉却之。……知绍兴府上虞县……役民必令民自推货力甲乙,不以付吏,民欣然皆以实应,无欺隐者。赋民必为文书,各书其数与之,期使民自持文书与户租至庭,公亲视其入,给之

① (宋)洪迈:《夷坚志·甲志》卷一六《车四道人》,第138页。

② (宋)洪迈:《夷坚志·乙志》卷六《石棺中妇人》,第228页。

③ (宋)洪迈:《夷坚志·支景》卷七《王宣二犬》,第934页。

质剂,皆便之。①

这是州县官员亲自督催税赋责办职役的事例,由此也可看出某些县份对官民之间中介——胥吏或娴熟于官场收纳手续的"市人"之依赖。《夷坚志》中也有县官亲自督税和劝农的记载,如绍兴二年(1132),李宾王知新淦县,"以宣抚使入境,躬至村墟督赋",以供应大军络绎过县的粮饷。②王顺伯为温州平阳尉,也"尝以九月诣村墅视旱田"③。由上述可见,无论是查贼捉盗,还是督税劝农,都显现出县司官吏在乡间的实际运作。

县官和县吏亲自到乡间办公,往往给村民带来很大的祸害。如赣州宁都县吏李某,"督租近村,以一仆自随。仆乞钱于逋户,不满志,缚诸桑上,灌以粪,得千钱"④,可谓恶劣。贪官污吏,横取巧掠,类似事例,在《名公书判清明集》等史料中相关记载还有很多,以致有不少"名公"发出"纵吏下乡,纵虎出柙"之感叹,民间则有谚云"打杀乡胥手,胜斋一千僧"⑤,皆反映出普遍性的乡村社会历史影像。

县司官吏有时在乡间行政运行中也会遇到麻烦,有些村落豪横在乡间的关系网络盘根错节,往往干扰地方官府行政运作。譬如:

> 秦棣知宣州,州之何村,有民家酿酒,遣巡检捕之。领兵数十辈,用半夜围其家。民,富族也,见夜有兵甲,意为凶盗,即击鼓集邻里,合仆奴,持械迎击之。⑥

并非所有官府理应治理的领域,都被严加管控。譬如:

---

① (宋)杨万里撰,辛更儒笺校:《杨万里集笺校》卷一一九《宋故尚书左仆射赠少保叶公行状》,中华书局,2007年,第4533~4534页。

② (宋)洪迈:《夷坚志·丙志》卷一三《洪州通判》,第476页。

③ (宋)洪迈:《夷坚志·支丁》卷一○《平阳杜鹃花》,第1046页。

④ (宋)洪迈:《夷坚志·乙志》卷七《宁都吏仆》,第242页。

⑤《名公书判清明集》卷一《官吏门·申儆·咨目呈两通判及职曹官》,第3页;《名公书判清明集》卷一一《人品门·公吏·治推吏不照例襄被》,第426页。

⑥ (宋)洪迈:《夷坚志·乙志》卷一六《何村公案》,第323页。《名公书判清明集》一书集聚了诸多豪横为非乡里的案例,兹不赘。

> 明州城外五十里小溪村有富家翁造巨宅,凡门廊厅级皆如大官舍。或谏其为非民居所宜,怒不听。①

宋政府对民居之规制,有比较严格的条目。但明州这位富家翁在建造一如官舍的豪宅时,这里却未见来自官府的劝阻,唯有民众的规劝。成书于北宋政和年间的《作邑自箴》,作者李元弼虽说是"剽闻乡老先生论为政之要","著成规矩,述以劝戒",但其作为县司官吏治理民事的诸多领域,都有紧要而逼真的约束,或可视为宋朝县司管辖村民领域的纲领性文件。

归纳上述可知,宋朝州县官府有针对性地加强了对村落民众的控制,在许多领域显露出将皇权"一统到底"的历史趋势。②自唐而宋观之,具体事例增多了,地方官府操控村落的痕迹也更加清晰具体,皇权对于村民的控制似也强化了。③乡役属于皇权刚柔兼容的控制村民的一种管理模式,学者或认定为"半行政化"的一种体制,④呈现出"以民治民"的色彩,本文将于下节考述。

三、"官治"网络下的"民治"模式

有宋一朝,州县官府遍设各地,但有限的官员难以完成对辖区内众多民户的直接管理,尤其是对居住在穷山僻壤深河巨沟的那部分村民。宋朝推行的乡役制度和重新兴起的宗族制度,是朝廷"民治"——"以民治民"社会控制理念的表现。这一举措既节省了朝廷行政运作的经济成本,又切实起到了管理

---

① (宋)洪迈:《夷坚志·丁志》卷一四《明州老翁》,第655页。

② 在宋朝财政问题领域有此类表述,参阅汪圣铎:《两宋货币史》,社会科学文献出版社,2003年,第3页。此处乃借用这一说法。黄宽重以两宋时期的县役弓手为考察对象,也有类似表述,参阅黄宽重:《唐宋基层武力与基层社会的转变》,《历史研究》2004年第1期。

③ 有关唐朝村民生活之内容,或自张泽咸《唐五代赋役史草》(中华书局,1986年)、张泽咸《唐代阶级结构研究》(中州古籍出版社,1996年)中体悟到粗略的印象,兹不一一穷举赘述。

④ Kung chuan Hsiao. *Rural China: Imperial Control in the Nineteenth Century*. University of Washington Press,1960.pp.72-73。萧公权:《中国乡村:19世纪的帝国控制》,张皓、张升译,九州出版社,2018年。

民众的良好绩效。①这一治理模式,对比于文献湮没较多的李唐及其之前,宋朝的历史镜像就相当明晰。本节首先考察乡役这一属于皇权"神经末梢"的社会控制模式。

两宋中央政府在县级行政之下,设置了乡里、耆管、都保等乡村体制,在形式上借助于行政管理层级的象征性符号,以强化对村落民户的治理。实际上,则以王朝运行的实际需要,按照"以民治民"的职役方式,依靠一部分乡村富豪、精英民户协助或替代地方官府管理乡村,以此达致既实际操控了村民,又节省行政治理成本的目的。②在其推广过程中,帝国的政权力量也起了重大作用,属于帝国皇权延伸到州县以下的"神经末梢"。在官贵吏贱的宋朝,乡役人并非由中央政府直接任命。据文献记载,乡役人乃由县司胥吏和乡司等直接差派。③赵宋王朝给乡役人所设定的社会角色,是"民",是"庶人在官者",是帝国用来"役出于民"、以民治民的吏民,他们要"以职役于官",其身份却并非"官"。其他诸如职役人是"农民在官"者,"差役之法,使民躬役于官","既为之民,而服役于公家","保正、长以编民执役"等说法,均表明乡役人只是协助官府处理乡村事务而已,其实际身份并不是官,不属于正式的帝国官僚系统。乡役人的地位低下,没有州县那样固定的办公衙门和办事人员,多半情况下也没有俸禄,更没有象征国家权力的官府印信。所以严格说来,并不能构成一级完

①〔美〕道格拉斯·C.诺斯:《制度、制度变迁与经济绩效》,杭行译,上海人民出版社,2008年,第3~12页。就宋朝而言,州县官治乃是宋朝的正式规则,而本节及此后所论,属于非正式约束。至于礼法风俗达致的社会控制绩效,则可以视为实施机制有效性。刁培俊《乡村中国家制度的运作、互动与绩效——试论两宋户等制的紊乱及其对乡役制的影响》(载《中国社会经济史研究》2006年第3期)对相关理路有所申论。

②这类乡村富豪、精英民户对于村落秩序的控制,当承担乡役有利可图时,则亲身充当;当无利可图时,则往往以诡名挟户等方式,规避或转嫁职役给其他中下等民户,隐于役后,幕后操控乡村秩序;或雇人应役,多有贫寒下户甚至流氓无赖等应役,给村民带来各类侵扰。参阅王曾瑜:《宋朝阶级结构》,第173~179、277~291页;及其《宋朝的差役与形势户》《宋朝诡名挟户》两文,俱见王曾瑜:《涓埃编》,河北大学出版社,2008年。

③(宋)谢深甫撰,戴建国点校:《庆元条法事类》,黑龙江人民出版社,2003年,第750页。《宋会要辑稿·食货》六六之二。

整的国家政权机构。①但乡役及其后来的变型——保甲法②，依然起到了很强的控制作用——北宋熙丰年间，保甲法混通于乡役法的过程中，乡村民户的控制单位更进一步被压缩。熙宁八年（1075）前后，朝廷规定，保甲编制按照5—25—250户设定小保、大保和都保。这较之熙宁三年（1070）朝廷推出的《畿县保甲条例》，以10—50—500户设定小保、大保和都保，基层控制范围又缩小了一半。这样，隋唐以来的百户一里、五里一乡的乡村编组形式被打破了，其基层单位被大大压缩了。显而易见，皇权的触角不断向下渗透，下移到更基层的乡村角落，皇权加强乡村控制的意图和努力暴露无遗。结合上节，综括而言，宋朝的村民治理，官治色彩较之此前更加浓厚。③

作为乡役人，他们一方面是官方设置的国家权力的"神经末梢"，带有"半行政"和"准行政"的色彩，另一方面，无俸禄来源的他们更为自己的利益切切实实地考虑，穿梭、周旋于官府、村民之间，俟有机会，便侵欺弱势之村民，中饱私囊。再者，他们生活在乡间，在地缘和血缘两个方面和广大村民们有着千丝万缕的联系——四方八邻、亲族友好，有着更多的"熟人"。这正如费孝通所说"这是一个'熟悉'的社会，没有陌生人的社会"④。乡役人的社会地位、威望、荣耀更多是来源于这些人的认同，而并非中央官府所赋予的"权力"。出于提高社会地位、威望、荣耀和自己利益最优化的考虑，当官方侵夺村民们不可容忍的利益时，乡役人自发地甚至不得不更多为村民们考虑。换言之，多半会因应"公事"为其"熟人社会圈"考虑，从而站在民众的立场上，与官方或明或暗地唱对台戏；在执行官府政策时，采用一些欺上瞒下的手段，融通于其间，故而我们认定乡役为皇权之下刚柔交织的一种管理模式。有关于此，洪迈《夷坚志》

---

① 参阅刁培俊：《宋朝的乡役与乡村"行政区划"》，《南开学报》2008年第2期。
② 宋朝最初基于保伍连坐制的保甲法，对于村民的控制力是相当显著的，也是皇朝"以民治民"统治理念的体现。参阅吴泰：《宋代"保甲法"探微》，载《宋辽金史论丛》第二辑，中华书局，1991年；刁培俊：《南宋"乡村社会"管窥》，袁行霈主编：《国学研究》第24卷，北京大学出版社，2009年，第173~176页。
③ 参见前揭刁培俊《宋朝乡村精英与社会控制》，刁培俊等《宋朝国家权利渗透乡村的努力》。唐朝之前"官治"色彩浓厚，宋朝之后尤其是王安石变法后保甲法与乡役法的混融为一，显现出皇权渗透村落的努力，但也更显现出"以民治民"的"民治"色彩日益浓厚，而质言之，"民治"亦是"官治"的补充和延伸。唐朝与宋朝类似的村落治理模式，历史痕迹相对模糊。参阅罗彤华：《唐代的保伍》一文，今据邢义田等总主编：《台湾学者中国史研究论丛·城市与乡村》，中国大百科全书出版社，2005年。
④ 费孝通：《乡土中国 生育制度》，北京大学出版社，1998年，第9页。

有一则记载：

> 乾道辛卯(1171)岁,江浙大旱,豫章尤甚。龚实之作牧,命诸县籍富民藏谷者责认粜数,令自津般随远近赴于某所,每乡择一解事者为隅官,主其给纳。靖安县美门乡范生者在此选,其邻张氏当粜二千斛,以情语范曰："以官价较市值,不及三之二。计吾所失,盖不胜多矣。吾与君相从久,宜蒙庇护,盍为我具虚数以告官司。他日自有以相报。"范喜其言甘,且冀后谢,诺其请,为之委曲,张遂不复捐斗升。①

范生显然并未按照官府的规定如实上报藏谷者。他隐瞒的原因在于,他与张氏"相从久",且张氏允诺"自有以相报"。乡村社会中实际存在有各种"潜规则",在更多领域中,规范着村民们具体的日常生活,而皇权的监控很难洞幽其微。

作为皇权延伸到县乡政治空间的"神经末梢",存世文献记载了乡役人以刚性行政运作治理村民的历史场景。譬如村落间出现杀人案件,乡役耆长、保正副等须上报县司处理。《夷坚志》中记载的相关史事很多,因乡役名称改易频仍和各地土俗不同,官方表述和民间称呼多有错乱,里正、里胥、保正、保长、都保、里伍等,均是指乡役人。譬如秦州农家子马简,有一妇人窃取其田间遗粟之穗,被发现后,在打斗中折足而死,马简被"里胥执赴府"②。武陵民郑二其子被人在婚宴上杀死,"大呼投里正,言张二杀我儿。里正捕系张,仍飞报县,主簿李大东摄令事,檄巡检验实"③。县司和乡役一同参与案件的处理。崇仁县农家子妇走失,县司也要里正等"揭赏搜捕"④。钱塘当地有人死亡,县官"即命里正取其骸,付漏泽园"⑤。关于追逮凶杀偷盗,譬如浦城永丰境上村中旅店出现死尸,店主"走报里伍,捕凶人赴县"⑥。尤溪民濮六,无赖狂荡,数盗父母器皿衣物典质,被父母赶出家门,途遇一女赠布帛,出售时被人指认乃其女陪葬

---

① (宋)洪迈：《夷坚志·支景》卷七《范隅官》,第937页。

② (宋)洪迈：《夷坚志·甲志》卷一三《马简冤报》,第116页。

③ (宋)洪迈：《夷坚志·支景》卷一〇《郑二杀子》,第960页。

④ (宋)洪迈：《夷坚志·丁志》卷二〇《巴山蛇》,第705页。

⑤ (宋)洪迈：《夷坚志·支甲》卷四《九里松鳅鱼》,第743页。有关于此,《庆元条法事类》《作邑自箴》《州县提纲》等文献也有来自官方的一些表述,兹不赘列。

⑥ (宋)洪迈：《夷坚志·乙志》卷三《浦城道店蝇》,第205页。

品,于是,"呼集都保,诣彼(按:指坟墓)实验"①。武陵县因村民诉堰水不平,县尉被"请往定验",道中小憩于一祠宇,见神像悚然,是往昔所见者,"乃以其事审于里胥"②,等等。均可显现出乡役人在村落中的实际运作。

在征派赋役方面,乡役人的具体运作更多出现在村落间诸多"历史现场"。譬如,尝有徽州婺源县怀金乡里胥督租于村民程彬家,因其"以语侵彬",险些被拥有毒人之术的程彬毒死。③也有不少穷困村民因拖欠赋税,被逼窘迫无奈甚至于无以为生的境地。譬如筠州新昌县民邹氏"尝负租系狱,逾旬得释"④。均可显现出保正等乡役人在催税派役等村落管理中的实际运作。⑤

北宋中期以降逐渐重新兴起的宗族组织,在地方社会中具有较多的社会控制职能。⑥明清时期本属民间性的乡族政治化,或说"国家内在于社会"这一模式,或近似社会学家所说的"长老统治"。⑦其实,这也是一种来自皇权的柔性的、"以民治民"的、间接的社会控制模式。自赵宋统治稳定之后,科举与选官制度的变革,导致社会流动加剧,为保持家族的持久富贵,士大夫治家之法的严整与否,日渐进入人们的视野。成文的家范、家训、家规频频出现,成为建立并维护基层社会和家族秩序的准则。据王善军的研究,宗族管理之政治职能有:维持族内社会秩序,平息族内民众的反政府行为;裁判族内民事纠纷,维

---

① (宋)洪迈:《夷坚志·三志己》卷二《许家女郎》,第1317页。

② (宋)洪迈:《夷坚志·三志辛》卷四《管先生祠》,第1416页。类似事例还见《夷坚志·支甲》卷一《楼烦道上妇人》、《夷坚志·支丁》卷九《淮阴张生妻》、《夷坚志·支癸》卷一《薛湘潭》,等等,恕不一一穷举。

③ (宋)洪迈:《夷坚志·甲志》卷三《万岁丹》,第20页。

④ (宋)洪迈:《夷坚志·丁志》卷二《邹家犬》,第545页。

⑤ 傅俊:《徐五纳税——南宋乡村居民纳税应役若干情境演绎》《石才应役——南宋乡村居民纳税应役若干情境演绎》本是其博士学位论文的一部分,叙事清晰,史料的阐释融入了想象力,表述极有现场感,惜至今唯有网络版发布于"会讲宋史"而未见正式发表,参阅傅俊:《南宋的村落世界》,浙江大学2009年度博士学位论文,第170~185页。

⑥ 朱瑞熙:《宋代社会研究》,中州书画社,1983年,第98~104页。并见朱瑞熙等:《辽宋西夏金社会生活史》,中国社会科学出版社,1998年,第417~418页。傅衣凌说:"中国有句老话,'天高皇帝远',即中央专制主义的势力尚不能深人各地民间的反映。因而中国地主阶级便积极扶植、利用这乡族势力,用以干涉人民经济生活的各个方面。"参见《明清社会经济史论文集》,人民出版社,1982年,第7、78~102页。郑振满重申了这一论点,参阅郑振满《明清福建家族组织与社会变迁》(中国人民大学出版社,2009年,第183~194页)及其《清代闽西客家的乡族自治传统》《学术月刊》2012年第4期)。

⑦ 费孝通:《乡土中国 生育制度》,北京大学出版社,1998年,第64页。郑振满:《乡族与国家:多元视野中的闽台传统社会》,生活·读书·新知三联书店,2009年,第9~10页。

护财产继承关系;督促赋税征纳;与州县政权相结合,部分承担了乡村治理职能。①其经济职能包括:生产技术的传授与勤奋风气的倡导;组织赈济灾荒;义庄、社仓等部分公益事业的建设。其教育职能包括:宗族观念的教育,族塾义学的兴建,②对士人求学和科举的资助。③这些士人家族在教育子弟、置产和治生、敬宗收族和坟祭、族人的互助与族产的运营等活动中,④在社会秩序的维持和乡村管理诸领域,同样起着相当重要的作用,也就往往会被村民们视之为精英。⑤惟宋朝同居共财大家庭相对于普遍存在的小家庭结构而言,只不过是汪洋大海中的零星点缀,似不宜过分夸大,更不能与代表官方力量的乡役人等相提并论:有时乡役人等面对豪横类强宗大族,催征时束手无策;有时豪强大户也勾结乡役人等,借以逃避税役负担。不同情况下,两者的关系会有很大差别。所以,全面考察其社会控制和乡村治理绩效,仍很重要。

宋朝村落内的尊老族长等,在宗族内乃至县乡之中,也往往拥有相当大的

---

① 宋朝法制规定:乡间富民大户才能承当耆长、户长、保正长等主要色役,不但管理乡间烟火盗贼等治安管理事务,也更多地承担起村落中民户赋税催纳之事。一般的富民家族大都有承担乡役的可能,而且,乡役耆长也规定由官户承担。参见刁培俊《宋朝耆长制度初探》(2008年8月,参加台湾"中研院"历史语言研究所主办的"传承与创新:九至十三世纪中国史青年学者研讨会"国际学术研讨会宣读论文)。虽然,目前还很难搜讨到更多的史料以为佐证,但这种现象是可以推想的。

② 如四明楼氏家族的对乡曲义庄的推动,德兴张氏家族厚经营而热心公益等,都是很好的说明。参阅黄宽重:《千丝万缕——楼氏家族的婚姻圈与乡曲义庄的推动》《乡望与仕望——厚经营的张氏家族》,《宋代的家族与社会》,国家图书馆出版社,2009年,第103~136、203~226页。

③ 如居住在浮梁界田的李仲永"晚年退闲,于所居之东三里间,自立义学,且建孔子庙"(三志己卷一〇《界田义学》)。参阅前揭王善军:《宋代宗族和宗族制度研究》,第259~267页。另外,宗族的族规家法,也在多方面限制族内民众的行为,努力使其服从于家法族规的规范,第69~85页。

④ 宋朝部分家族义田的建置,请参阅王善军:《宋代宗族和宗族制度研究》,第64~68页。还可参看陶晋生:《北宋士族——家族·婚姻·生活》,台湾"中研院"史语所专刊,2001年,第65~99页。

⑤ 有关士人家族及其在乡间的精英形象的自我塑造或被塑造,请参阅梁庚尧:《豪横与长者:南宋官户与士人居乡的两种形象》,载《新史学》第四卷第四期,1993年12月;梁庚尧:《家族合作、社会声望与地方公益:宋元四明乡曲义田的源起与演变》,《中国近世家族与社会学术研讨会论文集》,台湾"中研院"史语所,1998年,第213~237页;黄宽重:《宋代的家族与社会》,台湾东大图书公司,2006年,第124~131、155~169、256~261页;等等。

影响力，近年学界已有很好的成果可资说明。①《夷坚志》中也有一些记载，如前揭宣州何村有一个酿酒的民户，是本村"富族"，当巡检下乡追办凶案时，富族"见夜有兵甲，意为凶盗，即击鼓集邻里，合仆奴，持械［梃］迎击之"②。最堪代表的一例是既为显官、又为族长的满氏族长：

> （淮南望族满少卿）叔性严毅，历显官，且为族长。生素敬畏，不敢违抗，但唯唯而已，心殊窘惧。③

一个家族普通的族众，敬畏族长，竟至于"心殊窘惧"，族长的影响力、权威性由此可见一斑。《名公书判清明集》中也有类似记载。有关村落民户分家析产、收养立继之事，官府更多依靠家族族长、房长及其他尊长等，这在宋朝法律中也有所显现。譬如《名公书判清明集》中，"僧归俗承分，案即今监族长并监乡司根刷何氏见在物业"；"凡立继之事，出于尊长本心，房长公议"；"在法：户绝命继，从房族尊长之命"。其中有一位名叫王圣沐的族长"握立继之权，专事教唆卖弄，前后词诉，此人必入名其中"④。但是，一旦涉及立继之事，则"出于祖父母、父母之治命，而昭穆相当，法意无碍，虽官司亦不容加毫末其间"⑤。这似乎表明，在皇权礼法规范下，只要于"法意无碍"，则"官司亦不容加毫末其间"，在家族既有族规等约束之外，百姓们依然拥有一定程度的"自在生活"。

小农之间的合作组织还有很多。就宋朝而言，义役、义田、义学、义庄、义

---

① 综论性成果可参见王善军：《强宗豪族与宋代基层社会》，《河北大学学报》1998年第3期；《北宋青州麻氏的忽兴与骤衰》，《齐鲁学刊》1999年第6期；《宋代宗族和宗族制度研究》，河北教育出版社，2000年。个案研究相当丰富，参阅郭恩秀：《八〇年代以来宋代家族史中文论著研究回顾》，《新史学》第十六卷第一期，2005年3月。不但元末明初的地方社会是一个乡豪权力支配的社会，就文献的考察，早在宋朝既已如此，黄宽重《宋代的家族与社会》，尤其是该书最后一章概括性的提升、总结，最具代表意义；王善军：《宋代世家个案研究》，人民出版社，2019年。取径珍珠倒卷帘之法，自后向前看，某些历史的痕迹也可显现一二，另请参阅刘志伟：《从乡豪历史到士人记忆——由黄佐〈自叙先世行状〉看明代地方势力的转变》，《历史研究》2006年第6期。

② （宋）洪迈：《夷坚志·乙志》卷一六《何村公案》，第323页。

③ （宋）洪迈：《夷坚志·志补》卷一一《满少卿》，第1650页。

④ 分别见于《名公书判清明集》卷一《官吏门·申儆·劝谕事件于后（真德秀）》，中华书局，2002年，第13页；卷七《户婚门·立继·吴从周等诉吴平甫索钱》，第204页；卷七《户婚门·立继·官司幹二女已拨之田与立继子奉祀》，第214页；卷八《户婚门·立继·父子俱亡立孙为后·所立又亡再立亲房之子》，第264页。

⑤ 《名公书判清明集》卷八《户婚门·立继·后立者不得前立者自置之田》，第271页。

仓等,也大致属于民间的"自治"(民治,宋史原始资料中的"以民治民")组织。这类最初的民间组织,在官方介入后,就逐渐被"官方化"了,但在实际运作过程中,民间自我管理的成分依然突出,尤其是组织者往往依据乡间的自我约定实际运行,就更凸显出某种"自治"色彩。[①]宋朝乡间百姓共同遵循的"乡原体例",大致也是介于官民之间的一种约束力,[②]似更多体现为"民治"色彩而在两宋乡村的诸多领域存在着。

四、纲常理念教化——化有形为无形的柔性意识观念控制

自秦汉以来传承多年的儒家纲常理念,也是赵宋朝廷用以控制村民的一大举措。[③]实际上,在社会控制研究领域,当下史学界多所忽略的、以纲常礼教约束人们的行为,是传统儒家学说的一大社会控制功能。费孝通指出:中国的乡土社会是"礼治"的社会,儒家传统的效力影响甚深。[④]依据《仪礼》《礼记》的有关内容,风俗及基于风俗而形成的习惯法是中国古代"礼"的重要组成部分。这些惯例产生于日常生活,是人们日常言行的准则。如果人们的言行,包括交往之中的进退揖让,符合礼的准则,就会受到舆论的赞扬。而违反或不合乎礼

---

① 王德毅:《南宋义役考》,《宋史研究论集》,台湾商务印书馆,1993年修订版;漆侠:《南宋的差募并用到义役的演变》,王仲荦主编《历史论丛》第5辑,齐鲁书社,1985年。葛金芳:《从南宋义役看江南乡村治理秩序之重建》,《中华文史论丛》2007年第1期;[日]伊藤正彦:《"義役"——南宋期における社会的結合の一形態》,《史林》(京都大学史学研究会)第75卷第5号,1992年;[日]寺地遵:《義役·社倉·鄉約》,《広島東洋史学報》第1号,1996年。梁庚尧:《宋代的义学》,《台湾大学历史学报》1999年24期;王善军:《宋代族塾义学的兴盛及其社会作用》,《中国史研究》1999年第2期;陈荣照:《论范氏义庄》,《宋史研究集》第18辑,台湾"国立"编译馆,1988年;邢铁:《宋代的义庄》,《历史教学》1987年5期;邓小南:《追求治水秩序的努力——从前近代洪洞的水资源管理看"民间"与"官方"》,行龙、杨念群主编《区域社会史比较研究》,社会科学文献出版社,2006年,第19~39页。

② 包伟民、傅俊:《宋代"乡原体例"与地方官府运作》,《浙江大学学报》2008年第3期。

③ 江筱婷:《宋代地方官的教化活动——以两浙路为考察中心》,台湾大学历史研究所2006年度硕士学位论文。王亚南指出:"在中国,一般的社会秩序,不是靠法来维持,而是靠宗法、靠纲常、靠下层对上层的绝对服从来维持;于是,'人治'与'礼治'便被宣扬来代替'法治'。"参阅王亚南:《中国官僚政治研究》,中国社会科学出版社,1981年,第42~43、73~74页。

④ 费孝通:《乡土中国 生育制度》,北京大学出版社,1998年,第49页。他还认为:礼并不是靠一个外在的权力来推行的,而是从教化中养成的个人的敬畏之感,使人服膺;人服礼是主动的(第51页)。在一个熟悉的社会中,我们会得到从心所欲而不逾矩的自由。这里所说的自由与法律所保障的自由不同。规矩不是法律,规矩是"习"出来的礼俗(第10页)。

的言行,就会受到舆论的嘲讽,甚至强力制裁。①《礼记·祭统》:"凡治人之道,莫急于礼。"《汉书》卷二二《礼乐志》:"人性有男女之情,妒忌之别,为制婚姻之礼;有交接长幼之序,为制乡饮之礼;有哀死思远之情,为制丧祭之礼;有尊尊敬上之心,为制朝觐之礼;哀有哭踊之节,乐有歌舞之容……故婚姻之礼废,则夫妇之道苦,而淫辟之罪多;乡饮之礼废,则长幼之序乱,而争斗之狱蓄;丧祭之礼废,则骨肉之恩薄,而背死忘先者众。"②礼法相融,是传统中华帝制时代社会控制的重大特点之一。以"礼"为准则建立的中国传统伦理观念,深深地烙印在民心深处,形成独具特色的民族品格和中华文明。特别是宋朝之后,儒家知识的普及、佛教教义的儒化及其宣扬普及,导致"宗法伦理庶民化"③的趋势骤增,纲常理念在精神层面影响了越来越多的普通民众。甚至有社会学家认为:"一个负责地方秩序的父母官,维持礼治秩序的理想手段是教化,而不是折狱";"社会秩序不需要外力的维持,单凭个人的本能和良知即可"。④这里,个人的本能和良知,无疑也就更多地渗入了传统的伦理道德观念。

除了刚性地执行皇朝的政策法令外,一些州县官也声称自己身为地方官,还推行柔性的纲常教化观念,作为辅助,管摄民心。宋朝地方官教化意识增强,再加上日益增多的地方士人群体的积极参与,尊老尚齿、建构和谐乡里秩序和礼义伦理观念,从而导民循礼,劝民行善,化民从俗,致民孝悌,蔚成风尚;当然,地方官的教化实践还包括禁毁淫祠、封赐庙额、劝谕旌奖孝悌等。这些切近百姓日常生活的教化理念,广泛地深入基层民众意识之中并产生了越来越深刻的影响。⑤家范家训、民间丧葬祭祀和婚姻等礼仪,地方官对于义门、孝行、妇德和隐逸的旌表,以及谕俗文等的榜谕,均深化了官方教化理念,强化了

---

① 参阅马小红:《礼与法:法的历史连接》,北京大学出版社,2004年,第78~79页。

② 《汉书》卷二二《礼乐志》,中华书局,1962年,第1027~1028页。

③ 郑振满:《明清福建家族组织与社会变迁》,中国人民大学出版社,2009年,第172~182页。

④ 费孝通:《乡土中国 生育制度》,北京大学出版社,1998年,第54、49页。

⑤ 王美华发表有数篇论文讨论相关问题,如《官方礼制的庶民化倾向与唐宋礼制下移》,《济南大学学报》2006年第1期;《唐宋时期地方官教化职能的规范与社会风俗的移易》,《社会科学辑刊》2006年第3期;《地方官社会教化实践与唐宋时期的礼制下移》,《辽宁大学学报》2010年第3期;《乡饮酒礼与唐宋地方社会》,《社会科学辑刊》2010年第4期;《唐宋时期乡饮酒礼演变探析》,《中国史研究》2011年第2期。王美华:《礼制下移与唐宋社会变迁》,中国社会科学出版社,2015年;《唐宋时期的学校教育与学礼演变》,辽宁大学出版社,2016年。

朝廷对普通民众的精神束缚。①譬如有地方臣僚言其任地方官"惟以厚人伦，美教化为第一义。每遇厅讼，于父子之间，则劝以孝慈，于兄弟之间，则劝以爱友，于亲戚、族党、邻里之间，则劝以睦姻任恤。委曲开譬，至再至三，不敢少有一毫忿疾于顽之意。剽闻道路之论，咸谓士民颇知感悟，隐然有迁善远罪之风，虽素来狠傲无知，不孝不友者，亦复为之革心易虑"②;"本司以劝农河渠系衔，水利固当定夺;本职以明刑弼教为先，名分尤所当急"③。或宣称"宣明教化，以厚人伦而美习俗也。故自交事以来，凡布之于榜帖，形之于书判，施之于政事，莫不拳拳然以入事其父兄，出事其长上者，为吾民训。今既数月矣，近者见而知之，远者闻而知之，其比闾族党之间，自宜详体此意，长者勉其少者，智者诲其愚者，贤者诱其不肖者，相率而为礼义之归，而旧俗为之一变矣"，进而认为欲移风易俗推行乡饮酒礼是一个很切当可行之法，"观其致尊逊以教不争，致洁敬以教不慢，父坐子立以教孝，老坐少立以教悌，序宾以贤以贵德，序坐以齿以贵长，序馔以爵以贵贵，饮食必祭以示不忘本，工歌必献以示不忘功，燕及沃洗以示不忘贱，凡登降辞受献酬之义，笾豆鼎俎之器，升降合乐之节，无非教也。当是时也，父与父（子）言慈，子与子言孝，兄与兄言友，弟与弟言顺，少而习焉，长而安焉，其父兄之教，不肃而成，其子弟之学，不劳而能"④。在现实社会实践中，也确实有一些地方官推行了乡饮酒礼，且对当时的基层社会化礼为俗有所推进。

移风易俗以利教化，是统治者的一大柔性治理策略。早在雍熙二年(985)，宋太宗曾针对应、邕、容、桂、广等地不合于礼的特殊风俗，命地方官柔性开导：

> 应、邕、容、桂、广诸州，婚嫁、丧葬，衣服制度，并杀人以祭鬼，疾病不求医药，及增置妻孥等事，并委本属长吏，多方化导，渐以治之，无宜峻法，

---

① 杨建宏已发表数篇论文讨论相关问题，均收入氏著《宋代礼制与基层社会控制研究》，湖南人民出版社，2010年。张文昌《制礼以教天下——唐宋礼书与国家社会》考察了王朝礼典庶民化与私礼的行用，台湾台大出版中心，2012年。

② 《名公书判清明集》卷一〇《人伦门·母子·母讼其子而终有爱子之心不欲遽断其罪》，第363页。

③ 《名公书判清明集》卷一〇《人伦门·宗族·恃富凌族长》，第392页。

④ 《名公书判清明集》卷一〇《人伦门·乡里·勉寓公举行乡饮酒礼为乡闾倡》，第395~396页。

以致烦扰。①

两宋期间还有许多类似柔性治理的举措。对于民间的一些非法组织或伤风败俗之举,州县官府也要严加戒饬,如官府宣告"访闻本路所在乡村,多有杀人祭鬼之家,平时分遣徒党,贩卖生口,诱略平民,或无所得,则用奴仆,或不得已,则用亲生男女充代,脔割烹煨,备极惨酷,湘阴尤甚。今仰诸县巡尉,常切跟辑,知县尤当加意。应有淫祠去处,并行拆毁,奉事邪鬼之家,并行籍记,四路采生之人,并行收捉,邻甲照已排立保伍,互相举觉……镂榜晓示"②。再如村夫羊六、杨应龙"因醉争道",羊六诬陷杨白昼抢劫一案中,州县官府也揭穿了羊六的无赖行径。③官府判案之后,也往往将判决书(断由)"帖本县备榜本保本里,使邻里通知",以起到警示的作用。④

由上述可知,宋朝村落基层也大致遵循了社会学家所指出的:礼治就是对传统规则的服膺,生活各方面、人和人的关系,都有着一定的规则。行为者对于这些规则从小就熟习,不问理由而认为是当然的。长期的熏陶教育已把外在的规则化成了内在的习惯。维持礼俗的力量不在身外的权力,而是在身内的良知,所以这种秩序注重修身,注重克己,试图通过对民众意识深处的劝导,达致社会教化的目标,从而达致期待中的乡村社会和谐稳定的秩序。⑤

五、结语

当"中国传统乡村"渐行渐远地沉睡于历史记忆和历史文献之中,努力挖掘与再现那些过往的图像,尽力保存、呈现依稀沉寂的历史旧影,意义深远。近年来,随着史学研究视角的逐步下移,中国传统乡村社会的研究备受关注,而生活在村落中的广土众民究竟是怎样一种生存状态? 村民们究竟是否被皇权的"枝干"(州县)及其"神经末梢"(乡耆、都保等乡役"半行政化"体制)"官治"体系完全牢牢掌控了呢? 如果是,那具体究竟是怎样的一种情况? 如果不

---

① (宋)钱若水等撰,范学辉校注:《宋太宗实录》卷三四,中华书局,2012年,第385~386页。《宋会要辑稿·刑法》二之三。

②《名公书判清明集》卷一四《惩恶门·淫祀·行下本路禁约杀人祭鬼》,第545~546页。

③《名公书判清明集》卷一三《惩恶门·妄诉·以劫夺财物诬执平人不应末减》,第497页。

④《名公书判清明集》卷一三《惩恶门·诬赖·以累经结断明白六事诬罔判昏赖田业》,第511页。

⑤ 费孝通:《乡土中国 生育制度》,北京大学出版社,1998年,第55页。

是,是否存在村民们"自在生活"的历史景象? 其日常生活世界尤其精神世界又是怎样的? 村落秩序是如何构建的? 实际上,这一研究视角是由村落民户自下而上反观王朝管理和控制的互动过程。就两宋而言,已有成果,静态描述居多,动态考察和互动研究较为鲜见,还不曾全面呈现多元、立体而丰富多彩的历史影像。本文试图在已有研究的基础上,通过对宋王朝皇权一元化时代州县行政"官治"及乡役等体制下"民治"的考察,指出宋朝乡村社会并非皇权的"真空"地带,王朝权威以一种刚性形式向乡村渗透的趋势相当明显。同时,村民们在传统"礼治""习俗惯例"等儒家伦理纲常理念的约束下生活——同样来自王朝的柔性的教化理念深入民心,起到了很强的维持社会秩序的治理绩效,广大村民们生活在这一网络之下。在传统帝制时代,皇朝对于村民的治理,要么是刚性的、显在的、直接的社会控制,如官僚行政层层推展的法制;要么是柔性的、潜存的、间接地意识领域的教化理念管摄民心。刚与柔、显与隐、直接与间接的交糅、融合,则其统摄力更具隐蔽性,治理绩效也更加显著。在赵宋皇朝不断强化中央集权的治理模式下,官本位是无所不在的,换言之,"官治"的影响力几乎是无所不在的;"民治"是"官治"的延伸和变异,是"官治"的附庸。

较之前朝,两宋时期"民治"模式的凸显,以及上述几种治理模式的糅合,充分显示出天水一朝村民治理模式的多元化,为避免官民之间、贫富之间的矛盾和阶级分化,其治理举措日益隐蔽,更趋深入。但本文特别阐发的是,在日常生活的很多领域中,尤其在一些村民"私"的领域中,天水一朝的皇权似持漠视、无视的姿态,或无法完全介入其中,只能听任村民们"自在"地生活,颇类似于《乡土中国》所描述的中国传统乡村:中国"乡土社会里的权力结构,虽则名义上可以说是'专制'独裁,但是除了自己不想持续的末代皇帝之外,在人民实际生活上看,是松弛和微弱的,是挂名的,是无为的"。中国传统时代的乡村治理是"无为政治",是"长老统治"。①但是,历史文献显露出宋朝村民的这种"自在生活",并非"皇权不下县"模式下的"无为而治",也并非西方话语下的"乡村

---

① 费孝通:《乡土中国 生育制度》,北京大学出版社,1998年,第63、59、64页。徐勇近来撰文认为:东方中国的自由主义是农民自由主义,核心要素是自由农民的自主性和积极性。这种在自由小农经济基础上产生的农民自由主义作为一种日常生活状态,潜藏于经济社会生活之中国,创造了世界无与伦比的农业文明。东方自由主义传统,是中国特色的自由体系。参阅其《东方自由主义传统的发掘》,《学术月刊》2012年第4期。

自治"①。宋朝村落间官治的控制体系及其各种变异的官治网络是无处不在的,所有村民都被笼罩在这一网络之下。在中国"秦制"以后"天下事无大小皆决于上"的皇权一元化体制中,凡土地、赋税、产权、工商业等基本经济形态,都是皇权统摄权力的延伸。王毓铨认为:"秦制"经典性的描述是"九州之田,皆系于官";百姓的"身体发肤,尽归于圣育;衣服饮食,悉自于皇恩"。中国"秦制"后的权力形态远不仅是简单的统治理念,更是一整套高度缜密的制度结构,其中起关键作用的是支撑权力机器运行的那套犬牙交错的制度保障系统,中国一切重要经济现象的第一属性都由此决定。他还有如下描述:

> 农民的身份不可以说是"自由的""独立的"。他们的人身和其他编户的人身一样是属于皇帝的。……皇帝可以役其人身,税其人身,迁移其人身,固着其人身。只要他身隶名籍,他就得为皇帝而生活,而生产,而供应劳役;而不著籍又是违背帝王的大法的。……在古代中国的编户齐民中,自由和独立的事实是不存在的,可能连这两个概念也没有。②

就赵宋一朝而言,由于州县官员设置太少,所辖地方村落民户太多,所以显示出官治力量的不足,宋朝政府采取了"以民治民"的"民治"策略,作为"官治"治理模式的延伸和补充,希望使之起到类如"官治"的同样绩效——乡役体系和家族、宗族组织等填补了这一缺漏。传统中华帝制政府人身控制的目的,无非是从根本上解决税役征发和稳固其统治秩序,从隋唐大索貌阅到宋朝的租佃制下的官治、民治交织的控制模式之转变,可见官府控制民户模式的变化,在"以民治民"和教化理念大力推行的貌似松弛的治理模式外表下,更多显现出皇权控制的隐蔽、深入和无所不在。譬如宋朝财赋的征收,虽一再显现出征收和财政运转的困窘,但支撑皇朝三百余年持续发展的动力,无疑依然来自赵宋王朝日益强化的赋役征发体制;而从农民暴动未能推翻政权的角度看,赵宋皇朝民众控制举措也达致相当可观的绩效。进而言之,自唐

---

① 刁培俊曾撰文描述宋朝村民生活状态,参见刁培俊:《宋朝乡村精英与社会控制》,《社会科学辑刊》2004年第2期;刁培俊等:《宋朝国家权力渗透乡村的努力》,《江苏社会科学》2005年第4期。此后谭景玉发表《宋代乡村社会"自治"论质疑》(《山东大学学报》2008年第6期)一文强调,在宋朝乡村社会之中,根本就不存在西方话语下的"自治"。

② 王毓铨:《〈中国历史上农民的身分〉提纲》,今据其《莱芜集》,中华书局,1983年,第377页。

至宋,无论社会如何演进,皇权控制村民的"官治"模式多元化了,也更加隐蔽,渗透力更强了。①

在以往学者们的一般印象里,村民们只要不曾导致社会秩序的紊乱,能够及时足额地完成官府交给的赋役征发,似乎就可以在"私"的社会空间下享受更多的"自在生活"。换言之,即便皇权控制的网络几乎无处不在,但在官治和民治控制网络之下,在村民日常生活的诸多领域,王权根本就没有力量管理,也懒于管理的空间——允许民户"自在生活"。其前提是民户安分守己,维持好村落基层社会秩序的稳定,按时足额缴纳赋税、应差服役。这样的一种生活方式,自己治理、管理自己的日常生活,与西方话语中的所谓"自治"并非同一意涵。但是,一旦在上述各方面村民行事稍有不顺合于皇权或官府,就会动辄得咎。就这一意涵而论,村民们的"自在生活"是有局限的,是皇权网络之下的一种社会生活。另外,正如前文所已揭示,纲常伦理礼教等教化理念的统摄力,经由长期之传布,尤其是宋朝读书识字群体之激增,已渗入民心,其管摄民心的绩效自不可小觑。概言之,宋朝村民们是在遵循皇权"礼法而治"和儒家纲常理念教化等控制网络之下所谓"无为而治"的"自在生活"。显而易见,这种所谓的"自在"的生活是有局限的,并未完全脱逸出"官治"之庞大坚实的网络。②皇权对于村民们的控制绝非"挂名的,是无为的",远非"无为而治";"国家不在场"的历史场景是该王朝—村民视域对于"国家"不会带来丝毫有害行为才呈现出的历史假象。由此引申而来,近年来再度热论的"皇权不下县"的

---

① 有关赋役征派和财政运作,请参阅汪圣铎:《两宋财政史》,中华书局,1996年;包伟民:《宋代地方财政史研究》,中国人民大学出版社,2010年。关于宋朝农民战争史的研究,代表性成果请参阅赵继颜:《中国农民战争史》之四《宋辽金元卷》,湖北人民出版社,1991年;最近研究请参阅王世宗:《南宋高宗朝变乱之研究》、刘馨珺:《南宋荆湖路的变乱之研究》,均为台湾大学文史丛刊,出版时间分别为1987年、1994年。

② 换一视角观察,或可认为:"官治"和"民治"这些直接或间接来自官方社会控制领域的秩序,或可视为"人为制造"的秩序(artificial order),也称为被指导的秩序或外力产生的秩序。实际生活中,村落民户之间自然形成的秩序(exogenous order),或许可视为自我成长的秩序、自我组织的秩序。借此村民们才可以相安无事地生活在邻里之间。而日常生活世界中的诸多细节,村民们其实更多地生活在既非人为又非自然的"自发的秩序"之中。参阅[英]弗里德里希·冯·哈耶克:《法律、立法与自由》第一卷《规则与秩序》,邓正来译,中国大百科全书出版社,2000年,第54~60页。

观点,似也有着修正的空间。①

本文原刊载于《文史哲》2013年第4期。

作者简介:

刁培俊,1974年生,河北临西人。2007年获南开大学博士学位,曾忝列于漆侠、李治安等先生门下。2012—2015年任南开大学历史学院副教授。现为厦门大学历史学系教授。主要教研方向为宋史。曾在《中国史研究》《文史》等发表文章80余篇,著有《官民交接:两宋乡村职役研究》《两宋国家与地方社会研究》。

---

① 秦晖总结[德]马克斯·韦伯、费孝通、温铁军等学者的论点,概括出"国权不下县,县下惟宗族,宗族皆自治,自治靠伦理,伦理造乡绅",参阅其《传统中华帝国的乡村基层控制:汉唐间的乡村组织》,《传统十论》,复旦大学出版社,2003年,第3页。另请参阅[美]Kung chuan Hsiao, *Rural China: Imperial Control in the Nineteenth Century*, University of Washington Press, 1960(中译本为萧公权:《中国乡村——19世纪的帝国控制》,张皓、张升译,九州出版社,2018年);[美]杜赞奇:《文化、权力与国家:1900—1942年的华北农村》,王福明译,江苏人民出版社,2010年;瞿同祖:《清代地方政府》,范忠信译,法律出版社,2003年;张静:《基层政权:乡村制度诸问题》(今据修订版。浙江人民出版社2000年初版),社会科学文献出版社,2019年。胡恒:《皇权不下县?——清代县辖政区与基层社会治理》,北京师范大学出版社,2015年。荀德仪:《清代基层组织与乡村社会管理研究——以四川南部县为个案的观察》,中华书局,2020年。高寿仙:《"官不下县"还是"权不下县"?——对基层治理中"皇权不下县"的一点思考》,《史学理论研究》2020年第5期。

※本文在修改过程中,包伟民先生启迪尤多,且蒙程民生、张邦炜、戴建国诸师长教导,谨此致谢;高楠、薛政超、耿元骊、张传勇、罗艳春、鲁鑫、熊亚平、杨辉建等学友的切当批评,亦感荷于心。

祈福：康熙帝巡游五台山新探

常建华

　　山西五台山，又名清凉山，作为佛教传入中国最早建立寺庙的名山之一，是中国佛教文化的象征。传说五台山是文殊菩萨演教之所，建有大文殊寺，即菩萨顶，属于佛教圣地。五台山也是中国内地藏传佛教的重要场所。康熙皇帝五次巡游五台山，进香礼佛，构成了与其他出巡五方有所不同的带有宗教色彩的类型。由于顺治帝出家五台山的传说，更为五台山添上了神秘的色彩。康熙帝之后，乾隆、嘉庆两位皇帝也多次巡游五台山，俨然形成清朝家法。

　　康熙帝及其他清帝巡游五台山的活动引起欧美学者的关注，大卫·法夸尔1978年的文章《清帝国统治中皇帝的菩萨扮相》[①]指出，元清皇帝在蒙语文献中被广泛传为文殊菩萨的化身，清帝资助并造访五台山的主要原因是意图在蒙古人中间散播"文殊菩萨即皇帝"的信念。新清史着眼探究清朝统治者的内亚统治模式遗产，继承并光大了上述观点。值得注意的是，美国哈佛大学东亚语言与文明学系博士候选人、德国籍学者柯丽娜，发表了《康熙为什么去五台山？赞助，参拜以及清前期藏传佛教在朝廷的地位》[②]一文，依旧关注皇帝文殊菩萨身份和对五台山资助之间的关系，探讨了三个问题：明与清前期资助五台山藏传佛教的共同点、皇家对汉传佛教的持续赞助、康熙帝西巡的多重含义。该文指出新清史学者认为对藏传佛教的资助是统治朝代标志性特征之一，然而清前期的皇帝对五台山藏传佛教的赞助，表现出他们与明朝对五台山佛教机构赞助的连续性。清朝前期皇帝同时资助藏传及汉传佛教的僧院，康熙帝的公开碑刻强调清朝对五台山护国仪式的慷慨赞助，和前朝一样，五台山继续作为护国仪式的重要中心。康熙帝对五台山藏传佛教偏爱的原因更多的是希望在

---

　　① David Farquhar, Emperor as Bodhisattva in the Governance of the Ch'ing Empire , *Harvard Journal of Asiatic Studies*,vol. 38, no. 1（Jun., 1978）, pp.5-34.

　　② Natalie Köhle, Why Did the Kangxi Emperor Go to Wutai Shan? Patronage, Pilgrimage, and the Place of Tibetan Buddhism at the Early Qing Court, *Late Imperial China* ,Vol.29, No.1（2008）,pp. 73-119.

五台山用密宗的方式,继续历史悠久的(汉族)护国传统。早期清朝皇帝对五台山藏传佛教的特别资助,终归只是遵循他们视作中国传统的规则。康熙帝五次巡游五台山不能一般性地视为参拜、朝圣,除了陪同祖母的那次具有明显的宗教性外,其余的还有大量多元的活动,资助寺庙、举办仪式只是他五台山之行众多活动中的两项。将康熙帝巡游置于皇帝巡游传统的背景中考虑,是理解皇帝西巡时不同意识形态活动的关键,康熙帝到五台山仅仅是更大的帝国巡视工程的一部分。

中国学者对于康熙皇帝巡游五台山的活动也有一定的研究。吴兆波指出,康、乾二帝到五台山次数仅比南巡少一次,历史上所起的作用并不比南巡小,史学界对它的评价大多认为只是进香拜佛而已,但他认为清帝去五台山的用意绝非仅仅是礼佛。他强调康熙皇帝因"曲承太皇太后瞻礼五台山之素心"而开始的五台山之行,使人联想到顺治出家五台山的传说。多带皇子随行等行为也值得探讨。他强调"西巡五台山,不仅使五台山寺庙的发展再创辉煌,同时对弘扬佛教,通过佛教维系与蒙藏等民族的团结,安定西北边疆起了一定的作用"[①]。王铁牛探讨康熙皇帝与五台山的关系,视野开阔,更具综合性,认为清朝特别尊崇藏传佛教,特别敬奉文殊菩萨。康熙帝"五次朝台,祝愿慈亲福寿绵长。祈祷国家繁荣昌盛,虽为私愿,却利国利民。特别是他尊崇藏传佛教,利用藏传佛教怀柔和团结了边远地区的少数民族,不仅对当时的国家安定起到了巨大作用,也为我国后来疆土的确定和民族的融合奠定了坚实的基础,其功不可磨灭"[②]。以上两文属于概论性的综合论述。另有王敬雅论文重点在梳理康熙皇帝西巡五台的具体时间、过程,并根据时代背景,探讨其数次西巡的目的和意义。认为"康熙皇帝五次巡行五台,分别发生在国家初平之时、靖边之时、承平之时及朝内夺嫡之时,每次西巡都有特殊的背景和意义。而地方官员接待方式的变化,也是康熙朝政治转向的一个侧影"[③]。该文提出了一些新问题,需要继续探讨。

不难看出,康熙帝巡游五台山问题,涉及清朝的民族、宗教问题,与国家统治方式以及明清之际历史的断裂与连续密切关联。王敬雅的论文新出,但是

---

① 吴兆波:《清朝皇帝西巡五台山——从清宫藏五台山档案史料谈起》,《佛教文化》1998年第4期。

② 王铁牛:《康熙皇帝与五台山》,《五台山》2006年第8期。

③ 王敬雅:《康熙西巡五台山若干问题探析》,《故宫博物院院刊》2014年第1期。

并没有讨论西方学者的上述争论。笔者赞成柯丽娜对新清史学者的商榷,并在此基础上就康熙皇帝巡游五台山问题进一步讨论,首先就礼佛祈福的意义进行申论,接着提出清廷延寿祈福与圣山再造两个新问题讨论,最后就巡游五台山的多元活动作些补充,认为祈福应视为康熙帝巡游五台山的政治标签,跨越了民族、宗教,上升到国家认同的政治高度。①

一、巡游五台山礼佛祈福的意义

康熙帝总计五次巡游五台山。第一次为康熙二十二年(1683)二月十二日至三月初六日,计25天。拜佛进香,为秋季太皇太后巡视五台山做准备。本次出巡命皇太子胤礽随驾启行。第二次为二十二年(1683)九月十一日至十月初九日,计28天。奉太皇太后进香,拜佛还愿。太皇太后,即康熙帝祖母孝庄文皇后博尔济吉特氏,出生于科尔沁蒙古,在清朝皇位继承、辅助幼帝等方面功劳卓著,时年71岁。第三次为三十七年(1698)正月二十七日至二月二十三日,计26天。进香,归途巡视浑河河堤。本次出巡命皇长子胤禔、皇三子胤祉随驾。第四次为四十一年(1702)正月二十八日至三月初一日,计33天。进香,阅永定河、子牙河。本次出巡,命皇太子胤礽、皇四子多罗贝勒胤禛、皇十三子胤祥随驾。第五次为四十九年(1710)二月初二日至三月初五日,计34天。进香,巡视民情。本次巡游命皇太子胤礽、皇三子和硕诚亲王胤祉、皇八子多罗贝勒胤禩、皇十子多罗敦郡王胤䄉、皇十三子胤祥、皇十四子固山贝子胤禵随驾。

在这五次巡游五台山之中,最能表现出巡游意义的是康熙二十二年(1683)的巡游,由于首次巡游五台山是为了第二次太皇太后出巡做准备,所以这两次离得很近,均在康熙二十二年(1683)进行,可以放在一起分析。康熙二十二年(1683)的巡游五台山,如果联系到前一年康熙帝东巡盛京、吉林谒陵祭祖,部署边务,慰抚蒙古;再联系到后一年巡狩泰山,南巡江南,于江宁谒明太祖陵,至曲阜祭祀孔子,同年还出巡了畿甸,就会感到康熙二十二年(1683)巡游五台山不同寻常,应当是这前后一系列活动中的一环。

东巡是以云南底定,海宇荡平,躬诣祖陵告祭先人,南巡旨在标志一统天下开始新的统治,②巡游畿甸意在表达清朝勤政爱民、重视农业、关心民生的政

---

① 常建华:《国家认同:清史研究的新视角》,《清史研究》2010年第4期。

② 常建华:《新纪元:康熙帝首次南巡起因泰山巡狩说》,《文史哲》2010年第2期。

治特色,塑造了康熙帝忧国忧民的光辉形象。①而二十二年(1683)巡游五台山也是发生在二十年(1681)平定三藩、二十二年(1683)台湾即将归顺之时,因而是具有政治意义的事件。②早在康熙十二年(1673)十二月,惊恐于"三藩之乱"的康熙帝就派侍卫到五台山拈香礼佛,还修建"祝国佑民道场"。③十七年(1678)又书写"五台圣境"匾额派钦差送往菩萨顶。既然"三藩之乱"爆发后祈佛来"祝国佑民",平定三藩后再次供佛还愿也是应当的。不过二十二年(1683)二月在五台山"特命修建上祝太皇太后延寿万寿无疆道场三日"④则是重点。

第三次巡游五台山还是因为战争结束。三十六年(1697)二月,康熙帝第三次亲征厄鲁特蒙古准噶尔部噶尔丹,噶尔丹穷途末路,病死草原。五月,康熙帝回京,谕以外寇荡平,惟以安定地方、抚循百姓为急务。七月,以平定朔漠遣官告祭天地、太庙、社稷、永陵、福陵、昭陵,又遣官告祭先师孔子。三十七年(1698)正月巡游五台山,命皇长子往祭金太祖、金世宗陵。十月东巡,谒永陵及盛京二陵。清廷有重大事情多告祭祖先,感谢祖先庇佑,平定三藩如此,荡平噶尔丹又是如此。所以与东巡相近的第三次巡游五台山,应是因战胜噶尔丹进行的。此次礼佛,康熙帝命"建护国裕民道场三永日"。⑤

第四次巡游五台山也不能忽视。四十年(1701)有两件大事完成,一是五月永定河工程告竣,二是十二月黄河河工大致完成。河工是康熙朝的大事,康熙帝曾以三藩、河工、漕运为三大国政,可见对于河工的重视。四十一年(1702)正月巡游五台山,或许与河工的完成有关。

第五次巡游五台山可能是为皇太后庆寿。四十九年(1710)正月,皇太后七旬大庆,康熙帝非常兴奋,在皇太后宫进宴,康熙帝敬酒还跳了民族舞蹈蟒式舞。正月二十四日,康熙帝谕山西巡抚苏克济:"数年以来,朕曾欲谒五台

---

① 常建华:《京师周围:康熙帝巡幸畿甸初探》,《社会科学》2014年第12期。
② 郭松义也指出康熙帝不断前往五台山礼佛"内中亦具有政治含义",郭松义主编:《清代全史》第3卷,辽宁人民出版社,1991年。
③(清)老藏丹巴:《清凉山新志》卷三《崇建》,杜洁祥主编:《中国佛寺志》第3辑,台湾丹青图书公司影印本,1985年,第30册,第182页。
④《清凉山新志》卷三《崇建》,第183页。
⑤《清凉山新志》卷三《崇建》,第192页。

山,但耽搁未去。今年为皇太后七十诞辰,现正无事之际,朕将往谒。"①二月巡游五台山,当是与皇太后的寿庆有关。

巡游五台山是如何表达出上述愿望的呢?《康熙起居注》二十二年(1683)九月二十六日记载康熙帝为太皇太后"代礼诸寺"后,起居注官说道:

> 洪惟太皇太后,至仁弘德,普育群生,以五台为梵刹名胜之地,积诚瞻礼。粤有岁时。皇上纯孝性成,仰礼睿念,遂于春二月躬诣[五]台山,致祈景福。又涣发帑金,修葺寺宇,不以纤毫累民。……迄告成事,乃于是月恭奉太皇太后銮舆临幸……沿途葺理,无非曲承太皇太后瞻礼五台之素心,以求上慰圣怀,茂绥茀禄……慈孝相成,神人胥悦,真史册中希觏之盛事也。②

即通过巡游五台山礼佛,以"致祈景福"。由于太皇太后在爱新觉罗家族地位最高,在清朝政治中发挥过重要作用,实际上是真正的"国母"③,其品德"至仁弘德",可以为国民祈福。所祈之福,则是战后的天下太平,人民幸福,更重要的是清朝国祚亿万斯年,长久治安。由于五台山是兼有汉地佛教和藏传佛教道场的佛教圣地,在五台山的礼佛具有认同佛教的意义。而出巡本身,由于太皇太后年事已高,礼佛祈福更具诚意,加上康熙帝"纯孝性成",演绎了一段"慈孝相成"的动人故事,倡导了中国传统文化的核心价值与普遍的人伦道德。

为了五台山礼佛,二十二年(1683)四月,康熙帝特旨发内帑3000两重修了五台山的中台演教寺、东台望海寺、南台普济寺、西台法雷寺、北台灵应寺等庙宇,亲撰各寺碑文。这些庙宇"财自内出,不涉经费,工以佣给,役弗违农,是以工敏于事,而民若不知,秋八月告落成焉"。④九月,第二次巡游五台山,庙宇一

---

① 中国第一历史档案馆编:《康熙朝满文朱批奏折全译》第1258号《山西巡抚苏克济奏报在五台各庙念经祝寿折》,附:上谕一件,中国社会科学出版社,1996年,第668页。

② 中国第一历史档案馆整理:《康熙起居注》,中华书局,1984年,第2册,第1073~1074页。

③ 康熙十九年,达赖喇嘛曾进请太皇太后安并献佛骨等物奏书,太皇太后以"自太宗皇帝以来,宫内向无此等另行具疏进贡之例……此奏与例不合",概行退还。(中国第一历史档案馆、中国藏学研究中心合编:《清初五世达赖喇嘛档案史料选编》,中国藏学出版社,1998年,第85、89页。)从达赖喇嘛对太皇太后的尊重,也可证明太皇太后的地位之高与影响力之大。

④ (清)玄烨:《北台灵隐寺碑》,《圣祖仁皇帝御制文集》卷二三,《钦定四库全书荟要》本,吉林出版集团有限责任公司,2005年,第1册,第212页上。

新,实际是正式登台礼佛。虽然太皇太后只是到达中途,但是发挥了康熙帝修庙礼佛的作用:"上以昭景福于慈闱,下广嘉惠于兆庶,垂示于亿万斯年尔。"①以太皇太后名义为民祈福,方便民众拜佛,求得佛的护佑。

从康熙帝的角度看,他的五台山礼佛是为了祖母祈福并发挥佛教的教化作用。康熙四十年(1701),他在《御制清凉山新志序》中说:"宇内称灵山佛土最著者有三,峨嵋、普陀,而五台为尤盛焉。我世祖章皇帝上为慈闱祝釐,下为苍生锡福,赐金遣使,屡沛恩施。朕数经驻跸兹山,为两宫祈康宁福祉,因而登五峰,陟台怀,各为文勒石以纪之……尝念佛教以清净慈惠为本,以戒定智慧为宗,亦有裨于劝善远愆。"②这里提到康熙帝的父亲顺治帝,曾有顺治帝出家五台山、康熙帝巡游五台山是探望父亲的传说,已为孟森等史家辩驳,证实顺治帝死于天花,死后火葬。③康熙帝在这里强调的是顺治皇帝重视佛教,为五台山"赐金遣使",同样也是为母亲与百姓祈福。在这个意义上康熙帝是继承父亲的做法。

射虎川因康熙帝首次巡游五台山途中射虎得名,于是当地"相率为浮屠之宫"④。二十四年(1685),由于康熙帝发帑金3180两建台麓寺,撰写了碑文,并命设立大喇嘛一员,格隆班第25名,焚修香火。⑤特别是五台山的菩萨顶文殊院,相传文殊示现于此,殿庑庄严弘邃,三十七年(1698)康熙帝赐菩萨顶供银千两,为其撰写《菩萨顶大文殊院碑》,内称:"我朝建鼎以来,岁有赐给,为国祝釐。"⑥指出该寺院的重要性。康熙帝还动用内帑3000两重修五台山的殊像寺以及碧山寺,亲撰寺院碑文。康熙帝指出佛寺"有裨于劝俗,聿弘觉善之门"⑦。后来康熙帝还动用内帑,重修了栖贤寺、显通寺、涌泉寺、广宗寺、白云寺,并亲撰寺庙碑文。康熙帝通过尊崇佛教,以达到"祝慈有庆,九天之寿域长新;绵祚无疆,兆姓之福田永赖"⑧,即为母亲祈寿,为百姓祈福。巡游五台山被人认为

① (清)玄烨:《北台灵隐寺碑》,《圣祖仁皇帝御制文集》卷二三,第1册,第212页上。

②《清凉山新志》,第4~7页。

③ 孟森:《世祖出家考实》,《明清史论著集刊续编》,中华书局,1986年,第216~247页。

④ (清)玄烨:《射虎川台麓寺碑》,《圣祖仁皇帝御制文第二集》卷三四,第1册,第668页上。

⑤《清凉山新志》卷三《崇建》,第188页。

⑥ (清)玄烨:《圣祖仁皇帝御制文第二集》卷三四,第1册,第669页上。

⑦ (清)玄烨:《五台殊像寺碑》,《圣祖仁皇帝御制文第二集》卷三四,第1册,第670页上。

⑧ (清)玄烨:《五台山栖贤寺碑文》,《圣祖仁皇帝御制文第三集》卷二四,第2册,第983页下。

是进香拜佛,其一般意义也在于此。^①

五台山作为文殊菩萨的现身演教之所闻名,康熙帝对于这一圣地情有独钟,究竟是什么原因将清朝帝王与这座山联结起来呢? 这还要从满洲与西藏,以及蒙古的关系谈起。清征服漠南察哈尔蒙古林丹汗,得到元朝流传下来的象征传承中国治统的传国玉玺,于是满、蒙、汉官员联合向皇太极请上尊号,建国号大清,改元为崇德。因此,清朝是以满洲为中心,联合蒙、汉的政权,具有了一定接续中国治统的正当性。

值得注意的是,皇太极同时还得到了元世祖忽必烈时喇嘛八思巴用千金所铸护法战神固尔嘛哈噶喇佛,用三年时间于崇德三年(1638)建成实胜寺奉祀,象征着清朝得到了蒙古护法神的护佑,清朝非常重视。寺成,在寺的东西两侧,建石碑二。东侧一碑,前镌满洲字,后镌汉字;西侧一碑,前镌蒙古字,后镌土伯特字。^②昭示着清的建国,得到了汉、蒙、藏信奉的佛教的护佑,也接续了元以来的佛教统绪。然而拥有该佛还是不够的,蒙古信仰藏传佛教,为了得到蒙古的服从,清还需要得到达赖喇嘛的正面支持。崇德二年(1637),皇太极拟邀请达赖喇嘛,得到喀尔喀蒙古的支持,崇德四年(1639)派出了使臣。崇德七年(1642)十月初二日,达赖的使臣到达沈阳,受到皇太极的隆重接待。使臣宣读了达赖喇嘛及西藏藏巴汗的来书,^③翌年五月初五日,使臣返藏,携回皇太极致达赖喇嘛等的敕书,从此清与达赖喇嘛建立起了正式的联系。在与顾实汗的信中表示:今欲到西藏敦礼高僧故遣使与西藏使臣携行,"不分服色红黄,随处谘访,以宏佛教,以护国祚"^④。顾实汗则遣使建言:"达赖喇嘛功德甚大,请延至京师,令其讽诵经文,以资福佑。"^⑤此议获准,这是清对于达赖的正式邀请。顺治九年(1652)九月初三日,清帝谕旨解释了这次邀请的目的:"以外藩蒙古惟喇嘛之言是听,因往召达赖喇嘛。"^⑥

① 张羽新《康熙在加强国家统一的过程中是如何对待喇嘛教的?》认为:"康熙这多次的参禅礼佛活动,目的都是要祈求寿福,反映了康熙内心深处对喇嘛教的迷信与崇奉。"(《西藏民族学院学报》1985年第2期)

② 崇德三年八月十二日《盛京莲花净土实胜寺建成皇太极亲往行礼赏赐》,《清初五世达赖喇嘛档案史料选编》,第3页。

③《清初五世达赖喇嘛档案史料选编》,第1~7页。

④《清太宗实录》卷六四,崇德八年五月丁酉,中华书局,1985年,第889页上。

⑤《清世祖实录》卷二,崇德八年九月戊申,中华书局,1985年,第36页上。

⑥《清世祖实录》卷六八,顺治九年九月壬申,第530页上。

达赖喇嘛于顺治九年(1652)十二月十五日到达北京南苑,十年(1653)二月二十日辞归。达赖喇嘛得到了清的正式封号,而清帝也得到了藏传佛教的认可并给予崇高的称谓。在此前后西藏政教首领给顺治帝的信件反映了这一情形,顺治九年(1652)五月初一日《第巴为迎聘达赖喇嘛赴京事奏书》的抬头是"第巴谨奏至上文殊菩萨圣主陛下",是为目前能见到西藏政权称呼清帝为文殊菩萨的首封奏书。顺治十年(1653)三月二十八日,达赖喇嘛请安奏书这样写抬头"达赖喇嘛致金光四射、银光普照、旋乾转坤、人世之天、至上文殊菩萨大皇帝明鉴"①,则是西藏宗教领袖达赖喇嘛称呼清朝皇帝为文殊菩萨的第一封奏书,即藏传佛教视清朝皇帝为文殊菩萨。

康熙帝延续了文殊菩萨的称谓。十七年(1678)十月初一日,五世班禅问安奏书也称康熙帝为"文殊皇帝"②。有的书信将康熙帝说成是文殊菩萨的化身,如第巴桑结嘉措谢赐缎匹等物奏书赞誉道:"造福万世,主宰天地,文殊菩萨之化身,永握权柄,利济众生。"③喀尔喀伊拉古克三呼图克图奏书称:"执掌佛教文殊菩萨化身普通二法成就一切皇帝陛下。"④既然清帝被藏传佛教尊为佛,是文殊菩萨的化身,康熙帝到五台山礼拜真正文殊菩萨的道场,则最能得到文殊菩萨的护佑。足以彰显清帝对于佛教的虔诚,以及更灵验地为家国民众祈福了。

康熙帝对于五台山的重视,还因为五台山对于蒙藏汉各族的重要性。藏传佛教第五代祖师八思巴曾到五台山向文殊菩萨祈愿,元代铸就的嘛哈噶喇佛,最初就奉祀于五台山。⑤受八思巴的影响,元代以来五台山成为藏传佛教向往的圣地。五台山位于汉蒙交接之处,又当西北进入华北孔道,明代藏传佛教进入五台山,五台山成为汉传佛教与藏传佛教共享的宗教圣地,其影响力遍及汉蒙等民族。康熙三十六年(1697),西藏第巴说:"北方一带,汉人、蒙古皆敬礼达赖喇嘛索讷木札木错宗喀巴之法。"⑥即北方人信仰藏传佛教之中的宗喀巴黄教,五台山的寺庙有青、黄之分,和尚多穿青衣,所在寺庙为青庙;藏传

---

①《清初五世达赖喇嘛档案史料选编》,第23、34页。
②《清初五世达赖喇嘛档案史料选编》,第76页。
③《清初五世达赖喇嘛档案史料选编》,第111页。
④《清初五世达赖喇嘛档案史料选编》,第128~129页。
⑤《清初五世达赖喇嘛档案史料选编》,第3页。
⑥《清初五世达赖喇嘛档案史料选编》,第190页。

佛教僧侣衣着多为黄色或红色,居黄庙。据说明永乐十二年(1414),宗喀巴的弟子释迦也失至五台山,兴建了5座黄庙。明代的大文殊寺在清顺治年间由青庙改为黄庙,寺名改称菩萨顶。康熙帝于二十二年(1683)把台内10座青庙改为黄庙,菩萨顶成为五台山黄庙体系的首庙。由于五台山礼佛最重要的场所是菩萨顶,因而象征着高度重视藏传佛教。雍正年间,五台山有26座黄庙。①可知从康熙帝开始藏传佛教在五台山的发展较快。康熙帝五台山礼佛,便会得到佛教特别是藏传佛教信徒的拥护。

顺治康熙时代清廷建立起管辖五台山的制度。阿王老藏,俗姓贾,京师西山人。十岁出家藏传佛教的崇国寺。顺治十年(1653)西天上士赴诏入寺,摄斋受戒,顺治十六年(1659)"以兼通番汉乘传上主五台,总理番汉事务,食俸台邑。……自老人莅众兹山,乳窦重流,荆条复茂,建道场以报国"②。至康熙十年(1671)年逾七十,退居颐养。二十二年(1683)秋,康熙帝巡游五台山,御笔题赐"清凉老人"。二十六年(1687)圆寂。阿王老藏的后继者为老藏丹贝,他本蒙古人,生于天聪六年(1632),入卫籍为赵氏,居京师,礼师崇国寺,又曾师吐蕃沙门蓝建巴,至清凉山,居中顶及罗睺寺数年。后又远涉吐蕃、蒙古,于其语言文字无不通晓。复自五台山归崇国寺。其师阿王老藏住持清凉山,翌年他亦挂锡五台山。康熙十年(1671)奉敕继任督理五台山番汉大喇嘛,二十二年(1683),康熙帝巡游菩萨顶奖赍有加,不久奉命监修五顶寺庙,悉力殚思,恭恪从事。二十三年(1684)"复以陈请菩萨大殿改覆碧琉璃瓦,自山入都,跋履艰辛,遂成劳疾,偃卧崇国,蒙恩日遣御医调治"③。当年圆寂。从清廷任命藏传佛教人士管理五台山来看,传达出清廷对于藏传佛教的信任以及借此扩大在蒙古人中影响的信息。

康熙帝巡游五台山之后,菩萨顶寺庙大殿改用象征皇家的黄色琉璃瓦,二十三年(1684)在菩萨顶前后山门设兵永镇,把总1员、马兵10名,步兵30名,护守香火供器,菩萨顶实际上成了清朝的皇家寺院。二十六年(1687),康熙帝差吴达禅"赍送香银、哈达到山,各寺修建上祝太皇太后延寿无疆道场"。二十七年(1688)康熙帝又差裕亲王等到山,"于菩萨顶赍送金银、宝珠、哈达外,与各

---

① 崔正森:《五台山佛教文化》,《世界宗教研究》1991年第3期。
② (清)蒋弘道:《清凉老人阿王老藏塔铭》,《清凉山新志》卷七《高僧下》,第380页。
③ (清)高士奇:《大喇嘛老藏丹贝塔铭》,《清凉山新志》卷七《高僧下》,第385页。

寺银粮,修建报太皇太后慈恩道场"。皇帝为太皇太后建延寿、报恩道场,二十九年(1690),皇太后旨差太监首领郑开仕等人"赍送银粮、香烛、哈达到山,修建祈保当今皇上万寿无疆道场四十九日,圆满之日,合山僧众,均沾皇恩"[①]。三十二年(1693),皇太子、七阿哥、皇太后先后差人修建祈保康熙帝"万寿无疆道场",特别是皇太后的长达"四十九日,圆满之日,设斋放堂,合山僧俗军民人等,均沾洪恩"[②]。

二、康熙帝以及清廷的延寿祈福文化

由上可知,康熙帝五台山礼佛与为太皇太后、皇太后以及自己延寿祈福有密切关系。我们再就康熙帝以及清廷的庆寿文化加以论述。

康熙皇帝对于藏传佛教非常重视,特别崇信无量寿佛。无量寿佛,即"阿弥陀佛",是"西方极乐世界"的教主,能接引念佛人往生"西方净土"。据《哲布尊巴丹传》记载,哲布尊巴丹活佛曾为康熙帝传授长寿秘法及长寿佛之灌顶,并受戒。乾隆帝在《永佑寺碑文》中说:"我皇祖圣祖仁皇帝,以无量寿佛示现转轮圣王,福慧威神,超轶无上。"[③]康熙帝被视为无量寿佛的转轮圣王。

五台山大喇嘛阿王老藏作有《五台盛事赞》:"圣驾登山喜异常,风云卷散宝幢香;寿高万载称无量,福衍三千拱大邦;社稷绵长开舜日,兆民安乐荷尧光;今朝不比蟠桃宴,八部天龙卫法王。"[④]盛赞康熙帝到五台山为国泰民安而祝寿祈福。阿王老藏还分别阐发康熙帝到各台与福寿的关系,如东台:"今朝圣主亲临处,寿永山河福衍同";西台:"登山圣主福如海,坐向文殊注寿筹";北台:"九重福主登临地,寿与天齐满颂声";中台:"圣境屡蒙天驻跸,寿山福海盛兴隆"。特别是菩萨顶:"大定乾坤歌咏盛,酬天谢地法门崇"。这些诗篇歌颂的是福寿齐山。

阿王老藏还作有《清凉老人谈经普说》,劝说僧人:"上祝当今圣主圣寿万岁万万岁,太子千岁千千岁,三宫六院、后妃天眷、王众王妃增福延寿、安乐迎祥,合朝文武禄位高增、丹心报国、诚意忠良,家邦宁靖,天下太平,风调雨顺,

①《清凉山新志》卷三《崇建》,第187~189页。
②《清凉山新志》卷三《崇建》,第191页。
③ 转引自张靖文:《中国古代陶瓷质佛教文物研究》,南开大学博士学位论文,2015年,第36页。
④《清凉山新志》卷九《题咏上》,第464页。

五谷丰登,兆民安乐,皇图永固,帝道遐昌,佛日增辉,法轮常转。"①此文作于康熙十九年(1680),反映了康熙帝与清廷对于五台山寺庙的诉求。

清朝制度,皇帝生日为万寿节,举行朝会,地方官亦行礼。"顺治八年定元日、长至、万寿圣节为三大节。又定岁遇三大节在外直省文武官,均设香案朝服望阙行礼,与京朝官同。"②万寿节朝贺虽然沿续前朝,然而清朝对于祝寿的重视,则具有特色。

康熙帝的生日是三月十八日,巡游五台山多在正月与二月之间进行,生日在巡游之后,所以官员祝寿自然就容易将这两件事情联系起来,配合皇帝巡游五台山为康熙帝诵经祝寿。四十一年(1702)三月,苏州织造李煦上奏:"恭请万岁万安。臣煦职守在苏,心驰阙下,闻圣驾临幸五台,不能伺候驱使,日深依恋。兹者恭遇万岁圣诞,不得随班舞蹈,特具奏折,叩祝万寿,伏愿乾坤永峙,日月俱长。"③身在苏州的李煦,表示对不能扈从到五台山礼佛遗憾之后,向皇帝奉上了生日的祝福。

四十一年(1702)第四次巡游,四月二十九日,山西巡抚噶礼向康熙帝上请安折,说他于府、州、县、城池、闾阎大寺大庙内均令诵经,共祝圣寿。当地老少民人、绅士俱曰:"适才圣主临幸五台山时,我等之中凡不得往迎皇上者,各在本地虔诚诵经,共祝圣主万寿无疆……"还强调:"太原府省城老少民人、绅士、商人等自二月开始诵经,共五十余日,复恭逢万寿圣诞,通城唱戏悬灯,共祝圣寿。"④为了给康熙帝祝寿,噶礼下令山西府州县寺庙诵经,还说太原府人民都在为皇帝诵经祝寿,其真实情况不得而知,但是噶礼逢迎皇帝则是明显的,或许也不无夸大之处。

非巡游五台山年份,噶礼也为皇帝祝寿。如四十六年(1707),四月二十七日噶礼奏报:今年圣主圣诞,省城文武各官、闲员、书生、民人、商贾等于三月皆在圆通观诵经,共祝万寿无疆。他将省城诵经于衙门斗姆前行礼事项预先办妥,于二月二十五日起程赴五台山为万寿诵经祈祷。途中闻四公主为万寿来

---

① 《清凉山新志》卷九《题咏上》,第471页。
② 乾隆《大清会典则例》卷五六《礼部·仪制清吏司·嘉礼·朝会一·御殿受朝》,《景印文渊阁四库全书》史部第622册,台湾商务印书馆,1986年,第1页。
③ 《康熙朝汉文朱批奏折汇编》第49号《苏州织造李煦奏为祝贺万寿并报雨水菜麦情形折》,第1册,第70页。
④ 《康熙朝满文朱批奏折全译》第468号《山西巡抚噶礼请安并奏雨水粮价情形折》,第264页。

五台山诵经。他出雁门关迎公主,随至五台山,为皇上照惯例始于菩萨顶及各寺佛前拈香行礼,为万寿祈祷诵经。他起行于三月十五日至北岳恒山庙,"奴才亲自点燃镀金常明灯,叩祝万寿无疆,福与天齐"①。四公主,即康熙帝之女恪靖公主,康熙三十六年(1697)下嫁喀尔喀蒙古部土谢图汗之子敦多布多尔济。噶礼又到北岳恒山为康熙帝祝寿。十二月二十日,噶礼奏报,听说皇帝来年二月幸五台山,接着歌功颂德,说百姓得知该消息说,"一连九年丰登者,洵皆圣主深仁厚德,为民敬佛之意,感召天和所致。诚蒙圣主临幸,则我等得瞻天颜,共谢圣恩,洵属喜事"。据此,皇帝为民敬佛,导致山西连年丰收。不过康熙帝的朱批却是:"并未传谕巡幸五台,矧五台地方甚窄,众人齐集则无处坐立,此事断不可。朕闻此更无心去了。"②否认这一消息,同时披露出嫌五台地面狭窄,众人齐集无处坐立的想法。

康熙四十九年(1710)第五次巡游五台山前后,康熙帝与山西巡抚苏克济有所互动。正月二十四日,康熙帝谕山西巡抚苏克济:"数年以来,朕曾欲谒五台山,但耽搁未去。今年为皇太后七十诞辰。现正无事之际,朕将往谒。"③三月初十,苏克济奏报在五台各庙念经祝寿情形,说他洁身斋戒,于五台之菩萨顶、射虎川、御花池、显通寺、殊像寺、白云寺等庙,平常各庙及北岳恒山庙,叩祝万寿无疆毕,皆开始诵经。他返回途中,见城池乡村闲员、书生、兵民、商人皆于寺庙诵经、唱戏,拈香求祝圣主万寿无疆。太原等五府、三州属地,亦在各寺庙诵经,唱戏,祷祝圣主万寿无疆。他"向省城内圆通观等寺庙及奴才衙门所祀观世音菩萨,讽诵窦慕德经,祷祝圣主万寿无疆,福与天齐"。④苏克济为康熙帝祝寿,五台山、恒山以及太原府各寺庙都被要求诵经、唱戏,祷祝皇帝长寿,苏克济说他自己也亲自到庙里讽诵经书。

康熙帝之后,又有乾嘉二帝效法之举,也反映出作为家法的巡游五台山所具有的特性。乾隆皇帝六次巡游五台山,乾隆十一年(1746)、十五年(1750)、二

①《康熙朝满文朱批奏折全译》第1106号《山西巡抚噶礼奏报万寿圣诞诵经祝贺折》,第508页。
②《康熙朝满文朱批奏折全译》第1249号《山西巡抚噶礼奏报士民感激蠲粮赈济折》,第556页。
③《康熙朝满文朱批奏折全译》第1258号《山西巡抚苏克济奏报在五台各庙念经祝寿折》,附:上谕一件,第668页。
④《康熙朝满文朱批奏折全译》第1258号《山西巡抚苏克济奏报在五台各庙念经祝寿折》,第667页。又,文中"窦慕德经"原文加拼音"deo mu de jing",系音译。笔者推测当译为"斗姆的经",方与前文"讽诵"语句通顺。斗姆,即斗姆元君,道教崇拜的女神。斗,指北斗众星;姆,为母,斗姆即北斗众星之母。

十六年(1761)三次都是"奉皇太后"进行,特别是二十六年(1761)为皇太后七旬大庆,此后又有四十六年(1781)、五十一年(1786)、五十七年(1792)三次巡游五台山,其中五十一年(1786)巡游五台,至灵鹫峰文殊寺,御制七言律诗一首,译出满洲、蒙古、西番字。于文殊寺内建立四方石幢一座,镌泐四样字体。命将满洲字刻于碑之东面,汉字刻于南面,蒙古字刻于北面,西番字刻于西面。《御制至灵鹫峰文殊寺诗》曰:"开塔曾闻演法华,梵经宣教率章嘉。台称以五崇标顶,乘列维三普度车。萦缪抒诚陟云栈,霏微示喜舞天花。曼殊师利寿无量,宝号贞符我国家。"①以曼殊师利延寿佑国的追求跃然纸上。嘉庆十四年(1809)十二月初一日,山西巡抚初彭龄奏请皇帝巡游五台山,说道:"五台为文殊师利道场,梵宇琳宫,久昭灵应。乾隆二十六年(1761)以后,高宗纯皇帝屡举时巡盛典,为民祈福。"②嘉庆十五年(1810)三月十六日,兼护山西巡抚、布政使素纳奏称:五台山"其殊像寺、菩萨顶、塔院寺、显通寺、罗睺寺、寿宁寺、玉花池、黛螺顶、镇海寺、普乐院十处,皇考高宗纯皇帝前曾屡次亲临为民祈福"。嘉庆十六年(1811),嘉庆皇帝也巡游五台山。在清朝地方官看来:"五台系奉佛名山,中外瞻仰。荷蒙皇上俯鉴臣民望幸之心,允准于明年三月诹吉亲临,为民祈福。"③这样,"为民祈福"也就成了清朝巡游五台山标榜的政治文化。

三、御书、御碑、山志与圣山的再建构

康熙帝的巡游,对于五台山来说具有划时代的意义。《清凉山新志》说:"皇清康熙二十二年圣驾巡历清凉山,琳宫梵宇遍加修葺,洒翰赐额,流辉五顶,勒铭刊碣,永垂忆禩,诚为千古旷典。"④崟从康熙帝的高士奇记载二十二年(1683)二月二十三日,"上亲题御书,分赐诸寺,天章瑰丽,炳烛名山,隆古所未有也"⑤。前引二十二年(1683)九月二十六日《康熙起居注》也提到康熙帝向五台山发帑金,修寺宇,"而御书匾额,以次颁布,珠林紫府之间,烂若云汉焉"⑥。给予康熙帝赏赐御书匾额高度重视。

---

① 《清高宗实录》卷一二五〇,五十一年三月戊午,中华书局,1986年,第16册,第805~806页。
② 中国第一历史档案馆:《乾嘉年间五台山寺庙行宫修缮工程史料(下)》,《历史档案》2001年第4期。
③ 《乾嘉年间五台山寺庙行宫修缮工程史料(下)》,《历史档案》2001年第4期。
④ 《清凉山新志》卷三《崇建》,第179页。
⑤ (清)高士奇:《崟从西巡日录》,《景印文渊阁四库全书》,第460册,第1160页上。
⑥ 中国第一历史档案馆整理:《康熙起居注》,中华书局,1984年,第2册,第1073页。

事实上,康熙帝自幼练习书法,亲政后希望身边常有内廷翰林侍值,于康熙十六年(1677)设立南书房,主要用来讨论经史、研习唐诗,书法研习活动也较频繁。十七年(1678)五月初十日,康熙帝召高士奇至懋勤殿,侍帝书"五台圣境"四大字。廷臣张英称赞"落笔苍劲,结构严密,真足藏之名山,昭垂不朽"①。康熙帝差吴达禅、那尔泰到五台山菩萨顶送去御笔"五台圣境"匾额。二十二年(1683)二月,康熙帝首次到五台山,敕封清凉老人,又赐御笔"斗室"匾额。御驾东回,康熙帝"随差大人偏峨、佛保二位领各行匠役到山各寺度量尺寸,以便赐匾赐幡"②。据《清凉山新志·崇建》记载,康熙帝所赐"御书匾额"有51个之多。如此众多的匾额,可以说改变了五台山重要寺庙与名胜的名称题名,从而使五台山披上了康熙帝及其代表的清代皇家面纱,康熙帝想要表达的是对于五台山代表的佛教圣地的重视,以及他的中国文化素养。这其中菩萨顶的灵峰胜境、五台圣境的御题不仅保留至今,而且成为五台山的标志性符号。

《清凉山新志·崇建》还记载康熙帝为五台山诸多寺庙写了碑文。御制碑文有南台普济寺、东台望海寺、东台演教寺、北台灵应寺、西台法雷寺、菩萨顶大文殊院、射虎川台麓寺、殊像寺、碧山寺、台麓寺、罗睺寺、涌泉寺、广宗寺、显通寺、栖贤寺、中台菩萨顶、白云寺等17块碑文,赏赐于五台山有关寺院,表明皇帝对寺庙的支持,进一步提升这些寺庙的地位。其中康熙三十九年(1700)殊像寺、碧山寺碑文,四十年(1701)台麓寺碑文,四十一年(1702)罗睺寺、四十四年(1705)涌泉寺碑文,四十六年(1707)白云寺碑文,均由来自内廷的刻字高手"内务府序班"梅裕凤勒石美化,③可见康熙帝对于自己的书法在公众中的口碑是很在意的。

可以说,御制碑文与御书匾额重新包装了五台山,显示出皇家恩崇的新姿。

康熙帝对于五台山的热情还体现在写下了九首御制清凉诗。《清凉山新志·崇建》记载的御制清凉诗有:《自长城岭至台怀》《显通寺》《殊像寺法相最异》《驻跸灵鹫峰文殊寺》《天花》《登望海峰》《北台眺望》《娑罗树歌》《冬日重登清凉山》。如果说御书匾额突出的是书法才能,御制碑文彰显了文化水平,则

---

① 《南书房记注》,《历史档案》1995年第3期。

② 《清凉山新志》卷三《崇建》,第184页。

③ 梅裕凤,文献中又写作"梅玉峰""梅玉凤",对其人的有关研究,参见常建华:《康熙朝大内善刻能匠梅玉峰》,《紫禁城》2012年第5期;郭福祥:《康熙内廷刻字匠梅玉凤事迹补说》,《紫禁城》2012年第10期。

御制诗体现了康熙帝的文学修养。这些都彰显了康熙帝对中国文化的传承。

值得注意的是，康熙帝较早出版了自己的诗文集。康熙皇帝二十二年（1683）二月首次巡游五台山后的八月十八日，翰林院复给事中许承宣请镌御制诗文疏，认为允宜刊刻，颁赐中外。康熙帝征询大学士的意见，汉臣李蔚、王熙、吴正治同奏："皇上圣学渊深，御制诗文允宜刊刻，垂示万世，中外臣民想望颁发者久矣。"满臣明珠奏称："前科臣陈奏时，臣与汉诸臣在阁，即云皇上御制诗文超绝今古，实应刊布，以慰天下之望。"康熙帝则说："历代帝王诗文皆极其工美，然后刊布流传。朕万几余暇，留心经史，虽间有所撰者，岂能媲美古人？故向来从无刊刻之意。今既查前代俱有成例，姑勉从所请，颁发刊行。"不过，翌日康熙帝表示镌刻诗文集"意终未决"，大学士李蔚、王熙同奏："皇上御极二十二年，御制诗文甚富，天下臣民仰望颁发，且从来帝王皆有自制文集，此事原非创行。况圣学宏深，实非前代可比，允宜刊刻，颁赐中外。"最终"上从之"。①《康熙起居注》记载的上述康熙君臣就出版御制文集的对话，生动反映出汉臣对于康熙帝崇儒重道"圣学"的认可，试图进一步形塑康熙帝成为圣君，而康熙帝对于出版文集可以作为"成例"接续历代帝王，乐见其成，其实也是向臣民展示御制诗文"工美"，换取臣民的仰望。康熙帝的御制诗文集包含了巡游五台山产生的碑文、诗歌，这些诗文得以传播广布。

康熙帝还注重用其他民族文字表达巡游五台山之举。康熙帝二十二年（1683）九月第二次巡游五台山后，翌年三月二十一日，召满洲大学士勒德洪、明珠等说："朕前奉太皇太后诣五台山，祈求景福，览观山川形势，一一历观其地，每台各制碑文。今录出翻译满书与汉书并勒于石。其蒙古及土白特书，字句稍粗，间失行文本指，可令学士喇巴克等与石图等翻译，勒于碑阴，庶免淆讹。朕所撰碑文，一时结构未能精当，尔等可与汉大学士等详加修饰，斟酌尽善……"②这是极为重要的举动，满汉文并书含有满汉一体之义，与背阴并刻蒙藏文，意味着满汉蒙藏为主体的多民族国家共治的政治理念。翌日，大学士、学士缴御制五台山碑文五道，一片赞扬。李蔚等认为："体裁正大，辞旨典雅，一字一句咸极精纯，尽善尽美，洵足辉映万古。"王鸿绪认为："五篇碑文内，便寓皇上仁被天下至意。虽言佛教，而儒家治平之理包括已尽。"汤斌说："发挥

---

①《康熙起居注》，第 2 册，第 1050~1051 页。

②《康熙起居注》，第 2 册，第 1156 页。

象教而归本仁义,议论正大,真天壤间大文。"①于是康熙帝命翰林院翻译。从汤斌、王鸿绪的奏言可以看出,儒臣是要把康熙帝佛寺碑文的意旨归结到儒家思想上,指出碑文蕴含着儒家的治平之理与仁义之本。如读碑文,也确实能感受到儒家的政治观念。明清之际儒释道三教合一的观念更加普及,就清廷积极利用、接受儒释特别是藏传佛教来说,信仰之间的融通,有利于满汉、蒙、藏之间的交流与融合,并非部分新清史学者所主张的满汉对立的思维模式。

　　康熙帝对于中国文化的认同更体现在《清凉山新志》上。五台山山志,清以前有四部"传"一部志,即唐高宗龙朔二年(662),会昌寺沙门会赜所撰《清凉山略传》一卷;唐高宗永隆元年(680),蓝谷沙门慧祥所撰《古清凉传》二卷;宋仁宗嘉祐五年(1060),妙济大师延一重编的《广清凉传》三卷;宋哲宗元祐四年(1089),无尽居士张商英记述的《续清凉传》二卷。明神宗万历二十四年(1596),五台山高僧镇澄法师修撰的《清凉山志》八卷。清初阿王老藏又在镇澄《清凉山志》基础上稍作补修。阿王老藏于顺治十六年(1659)奉敕入住菩萨顶,以"总理番汉事务"僧职统领五台山,顺治十八年(1661)志成。顺治间老藏丹巴随祖师阿王老藏至菩萨顶住山,康熙二十二年(1683)皇帝朝台,敕封他为"清修禅师",钦命督理五台山番汉大喇嘛,并赐提督印。相对明代来说,清初五台山佛教又有了新的发展,增加了新的内容。老藏丹贝重修新志。《清凉山新志》十卷,分为化宇、原圣、灵踪、伽蓝、崇建、显应、外护、高僧、缘感、题咏十个篇目,与镇澄志无异,分卷编次则不同。卷三《崇建》增补了清代顺治、康熙年间遣使修建道场法会、巡幸、供养、赏赐等内容,此书有康熙四十六年(1707)刻本。②

　　《清凉山新志》突显了康熙帝对五台山的高度重视。开篇就是康熙皇帝的《御制清凉山新志序》,接着是《清凉山图》,然后是前面提到的五台山御书匾额、御制碑文、御制清凉诗,再下来是阿王老藏的《旧志序》、老藏丹巴《新志序》《清凉山新志标目》,共同成为卷首。正文十卷则延续了《清凉山志》的体例与基本内容。《清凉山新志》显示出强烈的"御制"色彩,老藏丹巴《新志序》说到,康熙帝二十二年(1683)驻跸五台山,"亲御彩毫,分题各顶,天章睿制,昭回星汉之光;金钵宝珠,层叠珍奇之锡;布昭圣武,台麓开射虎新川;垂护刹杆,真容

①《康熙起居注》,第2册,第1157页。
②冯大北:《五台山历代山志编撰略考》,《忻州师范学院学报》2008年第3期。

换黄螭瑞瓦。况夫灵修圣果,古迹加新,以至妙咏英文,后来益胜。凡此旧志之未备,皆我朝所未修,乃据前书,爰加缮述"①。将御书匾额、御制碑文、赏赐台寺、建台麓寺、换真容寺螭瓦等事,古迹、诗文益胜,旧志未备,清朝未修,故修新志。以新朝御制续写了五台山志。

乾隆皇帝更进一步,官修《钦定清凉山志》。乾隆五十年(1785)十二月,命军机大臣派员重修山志22卷,包括圣制、天章、巡典、佛跻、名胜、寺院、历代崇建、灵感、方外、历代艺文、国朝艺文、杂志、物产13个条目。"新志增补了很多旧志所无的资料,如卷1、卷2收录了康熙、雍正的御制诗和碑文,远比《清凉山新志》的内容多。卷3至卷6收录乾隆御制诗文,其中诗歌占了很大的比重。卷7《巡典》记载了顺治、康熙、乾隆三朝遣使修建道场、巡幸、供养、赏赐、赋役蠲免等情况。"②乾隆帝继续突出清廷对五台山佛教的尊崇。

四、巡游五台山过程中的多元活动

巡游五台山除了康熙帝以礼佛影响蒙古之外,还邀请蒙古贵族一起参与。康熙三十七年(1698)的第三次巡幸五台山,掌管漠北蒙古藏传佛教事务的活佛折卜尊丹巴库图克图、蒙古瑚瑚脑尔亲王、青海蒙古亲王扎西巴图尔(又作"达什巴图尔")等一同随行,二月九日一起入普济寺,参观清凉石,又入南台、古南台等庙,游览毕驻跸菩萨顶。十日,一起游览妙德院等庙,仍驻跸菩萨顶。十一日,一起游览羽化池等庙,康熙帝回銮,蒙古王公随驾至五台县白云寺,扎西巴图尔亲王等辞行,说他率属来朝,"兹获随幸五台,俾臣得以常侍上侧,途中频沐赐赉,有加无已,过叨圣主浩荡弘恩"③。起居注官还记载说,亲王言毕,进捧康熙帝膝,呜咽不能起,众前拽其手而出,涕泣至门外,乘马俯首拭泪而去。真是依依惜别,难舍难分。起居注官年终评论说,扎西巴图尔亲王等"愿子孙世世永宁西陲"④,反映出康熙帝蒙古政策的作用。

巡游五台山的归途要考察治水河工。三十七年(1698)归途中,康熙帝从

---

① 《清凉山新志》,第80~81页。按:老藏丹巴《新志序》所署时间为康熙三十三年,白·特木尔巴根先生指出当是二十三年之误,见白·特木尔巴根:《〈清凉山新志〉及其相关著述》,《内蒙古师范大学学报》2008年第6期。

② 冯大北:《五台山历代山志编撰略考》,《忻州师范学院学报》2008年第3期。

③ (清)库勒纳等奉敕撰:《清朝起居注册·康熙朝》,第11册,台湾联经出版事业公司,2009年,第6239~6242页。

④ 《清朝起居注册·康熙朝》,第12册,第6839~6840页。

保定上船,沿水路考察了清苑县、新安县、霸州、固安县等处河段,回宫后第三天便作出了治河的决定,①实地考察对于这一决定显然有促进作用。四十一年(1702)巡游归途中,巡视子牙河,巡视郭家坞村新修堤工,就河道总督张鹏翮"请建立石闸随时启闭可省每年开渠引水之费而于漕运甚有裨益"②的建议,下部议行。四十九年(1710),康熙帝同样考察了畿辅河工。

巡游五台山途中不忘射猎行围、练兵阅军。如首次巡游五台山返程中还在苑家口水上打猎,即行水围。"行围水淀中。用三桨船百只,分左右翼,沿岸棹入,合围之际,水鸟群飞,鸟枪竞发,堕羽歼禽,不可胜数。"③四十一年(1702)巡游五台山,去时,驻跸房山县下村、易州唐胡村,均率诸皇子及善射侍卫等射。返回时,二月十九日将近祁州停围,率皇太子、诸皇子及善射侍卫射,"又令直隶武官骑射"。翌日,"行于博野县城北道傍停围",又率皇太子、诸皇子射。④四十九年(1710)第五次巡游五台山,延绥总兵李耀"一路随围"⑤,可见康熙帝一行是一路行围。康熙帝通过巡游练习骑射,教育皇子不忘国策。而且在博野县城北,还亲率皇太子扶犁耕田,行走良久。教育太子重农,呈现康熙帝重农的形象。

巡游五台山时,山西、直隶以及其他地方的官员要朝觐、护驾,君臣产生互动。康熙帝经常赏赐随行以及地方上的官员、兵士。三十七年(1698)在菩萨顶,赐扈从大臣、侍卫、部院大臣官员及执事人等数珠、木碗并金莲花等物。四十一年(1702)二月十二日,巡游五台山归程将出山西,扈从大臣、侍卫、部院衙门大臣官员以至兵丁执事人等,俱赐素珠、木碗、香、"清凉摄授"印绢,赐山西巡抚噶礼御书"能礼纯素"四大字,诗二幅,总兵官俞益谟"坤岳虎符"四大字诗一幅,布政司、按察司、学院、道府、辞谢知县等俱各赐诗字一幅。又赐巡抚噶礼食,赐其母银鼠掛、貂鼠袍、噶礼冠服各一袭。十四日至长城岭下,噶礼率所属文武官员跪送,又赐噶礼貂帽、貂褂,总兵官俞益谟钉孔雀翎貂帽、貂褂,临汾县知县赵凤诏白金。⑥康熙帝擅长书法,赐予官员书法作品,是很珍贵的礼

---

①《清圣祖实录》卷一八七,康熙三十七年二月庚午,中华书局,1985年,第2册,第994页上。

②《清圣祖实录》卷二〇七,康熙四十一年二月己卯,第3册,第108页下。

③(清)高士奇:《扈从西巡日录》,第460册史部218册,第1165页下。

④《清朝起居注册·康熙朝》,第17册,第9236,9238~9239页。

⑤ 中国第一历史档案馆:《康熙朝汉文朱批奏折汇编》第714号《延绥总兵李耀奏为圣驾巡幸口外请圣安折》,第3册,康熙四十九年闰七月二十一日,档案出版社,1984年,第20页。

⑥《清朝起居注册·康熙朝》,第17册,第9219~9222页。

物。赐予的貂皮服饰,也很珍贵。这些赏赐,密切了君臣关系。二十四日,御舟泊任丘县药王行宫对岸,还赏了水手银两。四十九年(1710)二月,康熙帝巡游五台山,山西巡抚苏克济急至直隶王快地方迎驾随行,康熙帝不仅每天"恩赏天厨珍味二次",而且"又赏赐御用黑豹皮端罩、马、人参、火镰包、胶囊、墨、砚、水盛、鼻烟壶物,又赏酱山楂、喀尔喀退山羊等各色珍味"①。苏克济表示即使粉身碎骨也难报皇恩。

巡游五台山时,也有君民的互动。首次巡游五台山,在直隶完县城南用餐时,"百姓观者无禁,赐以粱肉,召年老者使前,各赉白金一定,稚子亦赐制钱慰劳遣之"②。有个叫蔡丹桂的人,在众中自言系县学生,康熙帝考他《易经》,丹桂奏言家贫,不能为生,康熙帝赐白金五两,金盘苹果六枚。勉励他努力读书,开卷有益。随行的高士奇看到"黄童白叟欢呼载道",感慨系之。第二次巡游五台山,发白金300两、绵400觔,命山西巡抚穆尔赛分给所过地方贫民。四十一年(1702)第四次巡游离开山西时,二月十二日,蔚州、广灵等县民数千人跪献万民衣,感谢数年来因饥馑之故蠲免钱粮,又发积贮米谷赈济,今逢皇帝巡视,众民会集公制万民衣,跪恳奏请接受。侍卫海青启奏,康熙帝以各处地方此等物件概不收受,百姓感恩之意悉知,婉言谢绝。③十九日,前往祁州,中途数千人男女老幼执香跪迎圣驾,瞻仰康熙帝,皇帝遣侍卫传旨慰谕。起居注官记载,百姓踊跃欢腾,莫不交相谈论:"我圣主念民生疾苦,不惮勤劳,远巡边塞,我等始得瞻望天颜,自古以来此等奇遇真属罕有。"④民众把亲眼看见皇帝作为终生难忘的事情。康熙帝并不回避群众,得到了百姓的赞誉。

康熙帝不忘教育官员,如首次出巡五台山,山西巡抚穆尔赛、按察使库尔喀来朝,康熙帝谕巡抚穆尔赛等:"五台、繁峙、静乐、崞县等处地瘠民贫,尔等既膺简用,必持己廉洁,恪共职业,务期利兴害除,使民生各得其所,方副朕委任之意,不然罪有所归矣。"⑤促进君臣关系的融洽也是巡游五台山的重要内容。如撤销对官员的处分,第四次巡游五台山驻跸满城县,谕大学士等:原任

---

① 《康熙朝满文朱批奏折全译》第1559号《山西巡抚苏克济奏谢赏赐御用物件折》,康熙四十九年三月初十日具奏,第668页。

② (清)高士奇:《扈从西巡日录》,第460册史部218册,第1155页下。又该书《小方壶斋舆地丛钞》本文中"一定"为"一锭(錠)",第1帙,第265页a。

③ 《清朝起居注册·康熙朝》,第17册,第9217~9219页。

④ 《清朝起居注册·康熙朝》,第17册,第9236~9237页。

⑤ 《清圣祖实录》卷一〇七,康熙二十二年二月丁酉,第2册,第94页上。

礼部侍郎田种玉来接驾,年已七十余,将其原降之级复还。此行驻跸真定,还遣大臣致奠了已故原任大学士梁清标,表达对其怀念。四十九年(1710)二月,康熙帝巡游五台山,召山西巡抚苏克济入行宫"询问地方事情,详加训诲居官、保身之道"①。苏克济则表示今后要持身清廉,拼死效力。

围绕巡游五台山,君臣间展开话题。五台山位于山西,康熙帝巡游五台山与山西巡抚互动较多。四十一年(1702)第四次巡幸,时任山西巡抚噶礼与皇帝以奏折沟通信息。正月十三日,噶礼向康熙帝请安并奏报,五台山大喇嘛自京城返还,即遣班第往探路,表示"恭候圣躬临幸","通省士民皆于街道欢曰:我等曩蒙圣主屡免钱粮、赈救之恩,才得至今时,今皆得以安居乐业,实皆圣主施恩所致。诚蒙圣躬临幸,得以瞻仰天颜,叩谢圣恩,委实我等之大喜"②。

四十九年(1710)第五次巡游五台山,还有康熙帝与直隶巡抚赵弘燮的互动。三月初五日,赵弘燮奏报雨泽情形,将气候适宜归于皇帝的巡游。③赵弘燮不失时机讨好皇帝,巡游五台山成了政治话语。不过这也说得过去,赵弘燮扈从康熙帝去了五台山,皇帝还就如何战胜蝗灾指示他,所以他格外重视自然变化。赵弘燮说:"臣于今年二月内随驾五台,奉上谕:'蝗蝻甚是紧要,着实巡查。'"④于是送驾后,于三月初四日回署,即移行文武衙门、各道府、州县、卫所并五城御史、海子提督、顺天府严行稽查,兼委官役协查。延绥总兵李耀也在同年扈从皇帝五台之行,闰七月二十一日的奏折回顾了此事:"一路随围,仰沐圣慈,赏赉貂裘珍品食物不一而足。皇恩高厚,虽举家顶踵难报万一。"⑤巡幸五台山的活动,加强了君臣之间的互动,密切了双方的关系。

五、余论

康熙帝五台山礼佛,是怀着一种轻松的心情进行的。清宫懋勤殿旧藏康

---

①《康熙朝满文朱批奏折全译》第1559号《山西巡抚苏克济奏谢赏赐御用物件折》,康熙四十九年三月初十日具奏,第668页。

②《康熙朝满文朱批奏折全译》第459号《山西巡抚噶礼奏报雨雪粮价并恭候临幸折》,第260页。

③《康熙朝汉文朱批奏折汇编》第637号《直隶巡抚赵弘燮奏报各属得雨分寸折》,第2册,第784页。

④《康熙朝汉文朱批奏折汇编》第658号《直隶巡抚赵弘燮奏报密云县微有蝗蝻萌动折》,第2册,第836~837页。

⑤《康熙朝汉文朱批奏折汇编》第714号《延绥总兵李耀奏为圣驾巡幸口外请圣安折》,第3册,第19~20页。

熙帝密谕,有康熙二十二年(1683)二月二十三日给宫内顾太监谕旨,告示在五台山的情况:

> 朕二十日抵菩萨顶,观清凉山层峦万叠,一涧周流,琳宫梵宇,古迹甚多,五峰插汉,石路逶迤,北台更为高迥,登临旷观,众山皆小,天风飒然,时方雪霁,千岫堆琼,至于松杉夹道,异鸟飞翔,佳境无穷,应接不暇,乃界内之奇景也。尔可传之各处,以知五台圣境之略也。[①]

康熙帝被五台山的景色吸引,以"奇景"概括"五台圣境",并令传示宫内。再如三十七年(1698)巡游五台山,起居注官记载在台顶的活动使用了"游览"一词,说明康熙帝的五台之旅,具有游览、散心的性质。当然,巡游五台山的性质远不止此。

皇帝巡游五台山本身就表明了重视程度。高士奇作有《扈从清凉山三首》,其中指出:"皇清一以眷,名区传自今。"[②]点出康熙帝巡游对五台山的重要性。不过康熙帝五次巡游五台山既有各次的特殊性,也有其共同性。特殊性,我们在本文的第一部分已经探讨过,这里谈共性问题。

康熙帝的后世子孙阐发了巡游五台山意义。元明以来,五台山成为藏传佛教的圣地,在清代最重要的庙宇菩萨顶是藏传佛教寺庙,以其为首形成了黄庙体系。乾隆帝《海望寺》诗中说:"蒙古诸藩皆尊佛法重黄教,我皇祖于此建寺居于喇嘛,内外各扎萨克岁时来朝,允神道设教之意也。"把清廷重视礼佛作为倡导黄教以绥服蒙古看待。嘉庆帝也指出:"五台为曼殊师利成道之地。从前圣祖仁皇帝、高宗纯皇帝屡经巡幸。朕前有旨令该抚修治庙宇,以俟临莅。原以瞻礼佛相,为民祈福。且其地介处西北,蒙古诸部落赴山瞻拜者,每岁络绎不绝。銮辂经临,瓣香展敬,亦寓绥藩之意,非以侈游观也。"[③]乾、嘉二帝的说法为认识清帝巡幸五台山的意义做了注解。

由于蒙古信奉藏传佛教以及五台山的地理位置,康熙帝巡幸五台山礼佛,达到了与蒙古宗教信仰认同并以藏传佛教为纽带连接满蒙的目的。我们的考

---

① 《掌故丛编》清圣祖谕旨一,第1页b。
② (清)高士奇:《扈从西巡日录》,第460册,第1167页下。
③ 《清仁宗实录》卷二一二,嘉庆十四年五月丙戌,中华书局,1986年,第3册,第851~852页。

察还阐明了清帝与藏传佛教的联系之点,在于为了控制蒙古必须取得西藏达赖喇嘛的支持,达赖喇嘛承认了清朝政权及其在中国的统治,称颂清帝为文殊菩萨转世,使得清帝取得了在佛教中的权力象征。五台山作为文殊菩萨的道场,便与清帝的关系密不可分。问题还不止于此,《清凉山新志》说:"文殊师利或云曼殊室利,梵夏之不同音也,此云妙德亦云妙吉祥。"①文殊菩萨即文殊师利,为梵文maňjuśrī的音译,即"曼殊室利"。②上引嘉庆帝的说法"五台为曼殊师利成道之地",钦定《满洲源流考》说满洲本部族名,来源于西藏来书称曼殊师利大皇帝或大教主,满洲实本于曼殊,乾隆帝又说满洲即"文殊",是将"曼殊"作为"文殊"之音转。孟森先生认为其言可信,"因其部族称君为'文殊'即满洲,因曰满洲国"③。究竟满洲是否来源于"曼殊"即"文殊",学界存在争论,姑且存而不论,"文殊"之于清朝满洲名称、皇帝之谓,④国家的合法性甚为重要,则是确凿无疑。清帝到五台山礼佛实为国脉所系,正如嘉庆皇帝所说:"我朝肇基辽沈,国号满洲,而兹山供奉曼殊师利,同声相应,此中因缘真不可思议矣!"⑤

康熙帝的五次巡游五台山,也具有为国、为民特别是为皇室祈福的目的。如嘉庆帝所说"原以瞻礼佛相,为民祈福"。还有为太皇太后、皇太后祈寿的内容,其实还包括皇帝为自身祈福的含义。特别是清帝的祈福发生在平定三藩、荡平噶尔丹之后,说是在感谢佛主护佑清朝也不为过。这种对祈求福寿的重视,既沿袭中华传统文化,也具有满族自身文化以及受到藏传佛教的影响。

如果说以上多从宗教、民族的角度考虑问题,而康熙帝御书、御碑、御诗以及五台山志的制作与公布,则在表达建构以汉族文化与儒家文化为特征的圣山。

本文开头介绍德国籍学者柯丽娜对于美国新清史学者解释康熙帝上五台山是接续元朝的观点的批评,提出清廷实际上是自我合法化的尝试,希望在五台山用密宗的方式,继续历史悠久的汉族护国传统。本文支持了这些看法,更强调了康熙帝与包括巡游在内的儒家政治文化的传统。笔者认为,有的新清史学者将满汉对立起来且强调清朝满族统治特性的立场,导致看问题偏颇。

---

① 《清凉山新志》卷一《原圣》,第96~97页。

② 《宗教词典》之"文殊师利"词条,上海辞书出版社,1981年,第217页;《五台山旅游词典》之"曼殊室利"词条,团结出版社,1993年,第279页。

③ 孟森:《满洲名义考》,《明清史论著集刊续编》,第3页。

④ 孟森先生谓"清代宦官宫妾称至尊曰'老佛爷'犹是此俗",《明清史论著集刊续编》,第3页。

⑤ (清)颙琰:《清凉山记》,《五台山碑文匾额楹联诗赋选》,山西教育出版社,1998年,第80页。

从康熙帝巡游五台山来看清朝的国家特性,塑造多民族国家是清廷的追求,为此而制定政策的出发点是国家认同,从而达到多元一体的效果。如本文所述,清的建立契机始于征服漠南察哈尔蒙古林丹汗,得到元朝流传下来的象征传承中国治统的传国玉玺,于是满、蒙、汉官员联合向皇太极请上尊号,建国号大清。清朝是以满洲为中心,联合蒙、汉的政权,接续了中国的治统。皇太极同时还得到了元世祖忽必烈时喇嘛八思巴用千金所铸护法战神固尔嘛哈噶喇佛,建成实胜寺奉祀,寺的东侧一碑,前镌满洲字,后镌汉字;西侧一碑,前镌蒙古字,后镌土伯特字。一定意义上可以说也接续了元以来的佛教统绪,但是更重要的是表达了清是以满、汉、蒙、藏为主的多民族政权。康熙皇帝御制的五台山碑文,有五通是用汉文写成,译出满、蒙、藏文字,以满、汉、蒙、藏四种文字刊布,接续了实胜寺的传统。康熙帝的做法又直接影响后世,乾隆帝于五十一年(1786)巡游五台,《御制至灵鹫峰文殊寺诗》译出满、蒙、藏文,于文殊寺内建立四方石幢一座,分别将满汉蒙藏四种文字刻于碑的东南北西四面。因此,清廷在对五台山的重视,建构了五台山的皇家色彩,所传达的信息是多方面的,基点是接续中国的治统,维护多民族国家的政治性。清朝是大一统国家而非狭隘的满族政权。

此外,认识到清帝以及满洲之称与文殊菩萨的特殊关系,就自然理解康熙帝多次巡游五台山礼佛的行为了。只是不了解个中情由者难免生疑,恰有康熙帝之父顺治帝笃信佛教并作出家之想,便做出康熙帝到五台山看望出家的皇父一说。甚至在史学家已经考证出顺治帝病死火葬之后,仍执迷不悟。本文的意外收获,就是要祛除对顺治帝出家传说的迷惑。

本文原刊载于《历史研究》2016年第2期,本文系2015年7月《历史研究》编辑部、东北师范大学举办的"清代多民族统一国家的历史建构"会议论文。

作者简介:

常建华,1957生,河北张家口人。1985年获南开大学历史系硕士学位,留系任教,后在职获得博士学位。研究领域为中国社会史、明清史,著有《明代宗族研究》《清前期国家治理与民生政策》《新时期中国社会史学》《日常生活的历史学》等。

乾隆之生母及乾隆帝的汉人血统问题

杜家骥

乾隆帝弘历的生母是谁,是史学界久未弄清的问题。影视界也借此而驰骋想象空间,使大众得到的只是一些子虚乌有的奇闻。作为学术问题,乾隆的生母有满人说、汉人说两种,这关系到清代的满汉关系、民族融合问题,尤其是这些问题又与身为皇帝的乾隆及其民族血统有关,对其探究有一定学术意义。本文在前人研究的基础上,根据一些新资料,对这一问题作进一步考察。

一、前人研究的回顾及某些疑问

官方文献记载,乾隆生母是满洲旗人钮祜禄氏。清末民初,世间传有乾隆出自浙江海宁陈氏之说,孟森先生曾撰专文辩驳其非,[1]郑天挺先生也有否定之论。[2]此外还有山庄丑女李氏说,谓雍亲王胤禛热河秋狝时,与一丑女李氏发生关系,此女后来诞生弘历即后来的乾隆帝,因而弘历生母为汉人李氏。这一说法,郭成康先生有文否定。[3]从总的看,相当长时间内,学界是循从官方典籍的说法,认为乾隆的生母是满人钮祜禄氏。

2003年,郭成康发现新刊布的档案《雍正朝汉文谕旨汇编》之雍正元年(1723)二月册封妃嫔的谕旨,得出新的看法。[4]这道谕旨的文字是:

> 雍正元年二月十四日,奉上谕:遵太后圣母谕旨,侧福晋年氏封为贵妃,侧福晋李氏封为齐妃,格格钱氏封为熹妃,格格宋氏封为裕嫔,格格耿氏封为懋嫔。该部知道。[5]

---

① 孟森:《海宁陈家》(1937年),《明清史论着集刊》续编,中华书局,1986年。

② 郑天挺:《清代皇室之氏族与血系》(1944年),《清史探微》,北京大学出版社,1999年。见此文之九"余论"。

③ 郭成康:《传闻、官书与信史:乾隆皇帝之谜》,《清史研究》1993年第3期。

④ 郭成康:《乾隆皇帝生母及诞生地考》,《清史研究》2003年第4期。

⑤《雍正朝汉文谕旨汇编》第一册,广西师范大学出版社,1999年,第36页上。

　　值得注意的是"格格钱氏封为熹妃"这句话,对照后来乾隆朝所修《清世宗实录》雍正元年(1723)二月此日的册封妃嫔的同一事,却记为:

　　　　格格钮祜禄氏封为熹妃……①

　　因为前后这两处的"熹妃"是同一人,也即弘历的生母,据此怀疑乾隆生母曾由钱氏改为钮祜禄氏,并推测更改的原因有以下可能:①汉族人钱氏与满族人钮祜禄氏是毫不相干的两个女人,钱氏曾与雍亲王胤禛在避暑山庄有过一段露水姻缘,此后生下弘历。雍正出于种种考虑,以另一位王府格格满族人钮祜禄氏取代钱氏为弘历生母。②汉族人钱氏与所谓满族人钮祜禄氏实为同一女人,只是雍亲王给钱氏换了个钮祜禄氏的满族姓氏,然后对外宣布弘历是钮祜禄氏诞育。③汉族人钱氏由于某种因缘没入典仪官凌住之家,通过选秀女或其他途径成为雍王府侍女,雍正元年(1723)二月封熹妃时仍以钱为姓氏。几个月后,雍正将其所生子弘历秘立为皇储,考虑到弘历将来秉持宗社之重,其生母必尊为圣母皇太后,若为汉人,在政治上有种种不便,遂将钱氏改为满人凌住之姓——钮祜禄氏。改姓时间,当在弘历立为皇储的雍正元年(1723)八月或此后。②

　　此后,黄剑辉发现草拟此次册文的翰林黄之隽的册文底稿,该册文底稿也是"钱氏"封为"熹妃",文稿收入后人为其梓刻的文集《唐堂集》中。③黄之隽,江苏华亭人,康熙五十九年(1720)进士,选为翰林院庶吉士,雍正继位后便为翰林院撰文,雍正元年(1723)七月授为翰林院编修,而撰拟册文,正是编修等翰林官的职责。黄之隽所拟封熹妃的册文底稿记为:"咨尔钱氏,毓质名门,扬休令问,柔嘉懋著,夙效顺于中闱,礼教克娴,益勤修于内职。兹仰承皇太后慈谕,以册、印封尔为熹妃……"据此认为,这"进一步证实了熹妃本为汉姓钱氏",也即弘历生母为钱氏,因为钱氏出身"相当寒微",将其"更改为满姓钮祜禄氏,是清世宗为确保高宗(弘历)继位采取的措施",改钱氏为钮祜禄氏的时

---

　　①《清世宗实录》卷四,雍正元年二月甲子。

　　②郭成康:《乾隆皇帝生母及诞生地考》,《清史研究》2003年第4期。

　　③(清)黄之隽:《唐堂集》卷四《制草》,《四库全书存目丛书》集部第271册,齐鲁书社,1997年,第261页。

间,则认为"黄之隽在雍正元年二月下谕册封熹妃后开始起草册文,但是当年十月他即离京赴福建上任,没有参加十二月的册封后妃典礼,而在他离任之后,接任者对他的稿子作了多处润色,成为典礼上所颁的册文,并据之载入了实录",揆诸这段论述的语意,改姓当是黄之隽离任后的雍正元年(1723)十一月(黄之隽离京是十一月初一日[1])以后至十二月二十二日册封典礼前的撰写正式册文时。[2]

上述上谕、册封底稿都有"钱氏"封为"熹妃",也即乾隆生母为"钱氏"的记述,为乾隆生母的研究引入了一个广阔复杂的空间。两位学者都强调,后来将乾隆生母"钱氏"改为钮祜禄氏的,是雍正,并分析了改姓的种种可能与原因、时间,相当精辟、深入。

以下表达本文对钱氏改姓的一些疑问。

(一)雍正帝有无必要因弘历的生母出身寒微而将其改姓?

改姓,是因为弘历生母身份低? 但册文中的"咨尔钱氏,毓质名门",已说明钱氏出身"名门",为何还要借助钮祜禄氏的"名门"。再者,后来乾隆朝所修的《清世宗实录》所载雍正元年(1723)的册封谕旨、册封典礼上的改姓后的正式册文,都称其是"格格钮祜禄氏"封为熹妃,这"格格"又称作"藩邸格格",是指雍正继位前王府府邸的"侍女""使女"(并见后述),可见改姓后仍注明其原来并不高的身份,或者说,雍正、乾隆两朝皇帝,都并不在乎、也不讳言乾隆生母的低身份。

而且,雍正元年(1723)二月的册封上谕以后,弘历生母已然封为妃——熹妃了,几个月后立储而选择妃生之子为皇储,并不存在身份低的问题。当初康熙帝的生母佟氏、雍正帝的生母乌雅氏,都是一般的妃,所以弘历也完全有资格立为太子。皇帝后妃中,皇后所生子为嫡子,其他妃嫔,无论贵妃、一般妃、嫔,所生子都是庶出,若无嫡子,贵妃所出子、一般妃所出子,都有立为皇储继皇位的资格与可能。比如康熙朝废太子胤礽后,再无其他嫡子,此外的庶出皇子中,皇十子胤䄉的身份最高,其生母是温僖贵妃,且为钮祜禄氏,其余皇子如

---

① (清)黄之隽:《唐堂集·附刻·冬录》,记黄之隽雍正元年"十月,祝万寿节,次日陛辞,面请圣训",第271册,第824~825页。版本同前。按雍正帝的万寿节日是十月三十日,次日陛辞是十一月初一日。

② 黄剑辉:《清高宗生母改姓考》,《清史研究》2013年第4期。

胤祉、胤禛、胤祺、胤禩、胤祯（胤禵）等，均为一般妃所生。但康熙帝从未属意贵妃所出子胤禩，王公大臣推荐的是胤禩，康熙属意的皇子，虽然学界有分歧，但无论胤禛还是胤禵（胤祯），都是妃出，而不是贵妃所出之胤禩。

改姓是因为弘历生母为汉姓？但从此前、此后的事实来看，这一原因也不存在。此前，康熙被立为皇位继承人时，其生母就是汉姓佟氏。此后，乾隆秘立太子，所立皇十五子永琰即后来的嘉庆帝，其生母也是汉姓，魏氏，乃内务府内管领（即辛者库①）下包衣（奴仆）汉人清泰之女。可见，清朝皇室太后、皇帝等，是不在乎嗣皇帝生母的汉姓的，清代，皇帝以入旗汉人也即平常所说的汉军旗人之女为妻，是制度内之事，该汉姓女所生皇子也同样可立为太子继皇位。

再从雍正做事不顾忌物议而我行我素的风格看，即使没有乃父身为一般之妃及汉姓女所生子身份继皇位的先例，他也可能破例而为，更不要说已有皇父虽是汉姓生母而仍可继皇位的先例了。

综上可以认为，当时并不存在雍正为了立弘历为皇储而把所谓汉人"钱氏"改为满人、高门大姓的必要。

（二）如果把钱氏改为钮祜禄氏，又如何让众多知情者缄口？

若弘历的生母为钱氏，这在康熙五十年（1711）八月弘历出生以后，雍王府上上下下的阖府老幼，已是无人不知。到雍正元年（1723），一个长到了十二三岁的孩子，而且是王子，其生母是钱氏，王府外的皇族人、胤禛属下旗人奴才等，也会有不少人是知道的。弘历在十二岁时又被养在皇宫中，生活在其皇祖康熙皇帝的身边。乾隆还说过，他在十二岁的时候，因招皇祖喜欢，康

---

① 乾隆《大清会典则例》卷三二《旗员壮丁着籍分户》记述："管领，即辛者库"；乾隆《大清会典则例》卷一二四《刑制》也载："辛者库，即内管领"。管领，即辛者库，内管领下辛者库人，是正身旗人，并非贱民奴仆，身份地位大大高于社会上的奴婢，而与平民的法律身份相同。他们可做官，嘉庆生母魏氏的父亲清泰，康熙皇八子允禩的生母良妃卫氏的父亲阿布鼐，都是正五品官，有较高的社会地位。唯在旗人中，身份相对较低，比旗分佐领下人低贱。但只要成为皇帝的后妃，其所生子的身份就不低，有立为太子的资格，否则，乾隆也不会选中内管领下包衣魏氏所生子永琰为皇储，康熙时，皇八子允禩争皇储，且有支持他的皇子党，也说明他有这种资格。至于康熙称允禩为"辛者库贱妇所生"，一来是厌恶允禩而说的气话，二来是在诸皇子中，胤禩的生母身份较低，以此作为压制允禩、否定其选为太子的理由。但这并不否定胤禩立为太子的资格，否则众贵族、大臣也不会推举胤禩为太子。以上关于管领即辛者库，只有少数人是罪人辛者库，以及内管领下辛者库人是正身旗人的论证，见拙文《清代辛者库问题考释》，《南开史学》1992年第1期。

熙帝一定要见见他的生母,结果由雍亲王胤禛的嫡福晋纳喇氏将其生母带领,引见了康熙,康熙"连谓之'有福之人'"①,这一事更扩大了弘历生母是谁的知情者。

还有钮祜禄氏家族一方,如果诞生皇帝的并不是他家之女的"钱氏",如今天降大福,他家成了皇帝的外祖父母之家,鸡犬升天,这种大事传不出去?

如果弘历的本来生母是钱氏,而后来又改为钮祜禄氏,以上众多之人,尤其是雍王府的那么多人,难道不产生疑问、传闻? 雍正这种有政治目的地将皇子生母妃嫔改姓的不光明行为,就不考虑众多知情者私下流传? 如果禁止流传,雍正又如何封住这众多知情者之口? 面对人们的怀疑,雍正又该如何解释这一并不光明之事?

另外,如果弘历生母是"钱氏",雍正封其为妃的谕令已然下达给王公或官员,他们又传达到拟写谕旨的机构和官员,后来撰拟正式册封文、制作金册镌刻册封文,以公开的隆重仪式封赐受封之妃,弘历之生母是谁,便会公开于众,这一环节就必须下令有关机构官员将钱氏改为钮祜禄氏,以使朝野都知道弘历之生母是满人高门的钮祜禄氏,而不是钱氏。如此一来,官场很多人都得知将弘历生母汉人钱氏改为满人钮祜禄氏,雍正又该如何运作这一作伪之事? 对官场众多知情者又会怎样解释?

(三)雍正又将如何向弘历解释其生母改姓之事?

如果弘历生母是钱氏,他不可能不知道母亲姓钱,雍正有意将钱氏改为钮祜禄氏,雍正元年(1723)十二月,便举行正式册封典礼,向人们宣布:封熹妃的是钮祜禄氏。而弘历得知所封者已不是自己的生母"钱氏",或生母改姓钮祜禄氏,他是否接受? 因为他已十二三岁了,与亲生母亲有长时间的生活经历与感情。雍正又如何让弘历接受? 如何向其解释? 既然雍正是为了立弘历为皇储而改其生母之姓,又是秘密立储,对被立者也应保密,如果向被秘立皇储者的弘历说明是因为立储,而改其出身,这"秘密"立储还有什么"秘密"意义?

①《清高宗御制诗集·五集》,甲寅年(乾隆五十九年)。并见张尔田:《清列朝后妃传稿》卷上《世宗·孝圣宪皇后》,民国绿缥花馆平氏墨版,第108页下。并见《清高宗实录》卷一,卷首语。

(四)关于所谓钱氏为养女、籍没女的疑问

是否可能有个钱氏是钮祜禄氏家的养女,或是籍没之女,入雍王府,与胤禛结合生了弘历。雍正为提高弘历身份,而改其生母钱氏为钮祜禄氏?这一点也不成立。

若钱氏是抱养的外姓之女,就应该改随养父凌住的钮祜禄氏之姓,不应长时期总不改为姓钮祜禄氏。现在这个所谓"钱氏",却始终没有改其原家庭的姓氏,而是十几年后的雍正元年(1723)八月以后,由于雍正出于某种政治目的才给她改的姓,否则将一直姓"钱",这是否合于事理、常情?

如果钱氏是籍没入雍王府的侍女,应该身份甚低贱,甚至可能是罪奴,那么在其册封文中就不可能称其"咨尔钱氏,毓质名门"了,低贱的籍没之女、罪奴,不可能如此称之。所以也不会是籍没之女。

(五)有政治目的的改姓,而且是不光明正大的行为,是不能仅将公布的册文上的姓氏改掉就可以了事的

为了不给后人留下口实,需要把所有可能被人看到的有"钱氏"记录的文字全部改掉,或将该文件销毁重做。但从清朝皇家人口册报、纂修家谱制度上分析,这种做法难度甚大,即使篡改,也难免透露风声,严重损害雍正及当皇帝后的乾隆的名声与形象,弄巧成拙。

雍正《大清会典》卷一《宗人府》记载:

> 崇德三年定,亲王以下至宗室所生子女,年及一岁,许将其名,并所生年、月、日、时,母某氏,开列送府、详载册籍,其另室所居之妾媵出者,亦准记籍,如将未居另室妾婢所出,并抚养异姓之子谎报者,治以重罪。开送时,将收生妇名姓,亦并开送存案。
>
> 顺治九年题准:亲王以下所生子女,详开某王、某贝勒某妃夫人某氏所生子,名某,并生子之年、月、日、时,送府记籍,贝子以下至宗室俱照此例,开明送府,载入黄册。其收生妇某、保结某,亦一并开送存案。
>
> 顺治十八年定,宗室未居另室妾婢所出之子,亦准载入。

以上是雍正朝及以前皇家生育人口的登记、册报制度。其所以如此严格,

是为了保证皇家血统的纯正性、尊贵性。这里有两点值得注意：

第一，崇德三年（1638）定，严禁"将未居另室妾婢所出"之子谎报而记入皇家人口册，违者"治以重罪"。至顺治十八年（1661），才允许"宗室未居另室妾婢所出之子，亦准载入"。这是因为清皇家特重其成员的身份尊卑，府中女奴所生子女，虽然生父是皇家人，也将其排除在皇族之外，当时的档案说得更详细：崇德三年（1638）八月规定"若将女奴所生子女及抱养异姓子女，诈称亲生子女，则治重罪"①。顺治十八年（1661）后，虽然这种女奴所生子亦准载入宗室册籍，但既然其原则是保持所生子女身份的尊贵性，其对女奴所生子女的审查，应当还会格外严格，篡改则是犯大忌的犯罪行为。倘若乾隆生母是"钱氏"，乃是汉人或许是女奴，正是应严格审核、准确记录的对象，如果为提高其身份、民族属性而篡改，正犯此大忌。

第二，子女的生母"母某氏，开列送府，详载册籍"，还要将"收生妇某、保结某，亦一并开送存案"。这是说不仅"生母"的姓氏载入册籍，而且记收生婆、连带责任之保结人的名姓。若将弘历生母改姓，需要令宗人府查找原册，将汉姓钱氏改为满姓钮祜禄氏。另外，若上述改姓完成后，这收生婆无中生有地成了"钮祜禄氏"的收生婆？还有证明生弘历者的保结人，这两人的姓名是否也要改？

另外，弘历及其生母的资料还要写入《玉牒》，弘历出生在康熙五十年（1711）八月，几年后的康熙五十四年（1715）正值修《玉牒》②，宗人府上报玉牒馆的弘历出生、生母的资料，所修的《玉牒》，都会有钱氏的记载文字。修成的《玉牒》，正本有两份，当时分藏北京皇史宬、礼部（乾隆九年后藏于礼部的《玉牒》改藏盛京），宗人府玉牒馆还有为下一次修《玉牒》作底本、参考而存留的"备查本"。这些人口册籍、《玉牒》，为了不留非议口实，都须做得干净，所有有

①《崇德三年满文档案译编》，季永海、刘景宪译，辽沈书社，1988年，第170页。并见《清初内国史院满文档案译编》（上），光明日报出版社，1989年，第348页。

②康熙五十四年应修的《玉牒》，现今藏贮清代《玉牒》的北京的中国第一历史档案馆、沈阳的辽宁省档案馆，都无收藏，应非巧合，事有蹊跷，原因有待专门考察。但这不等于当时就没有纂修，而且迄今也未发现这一年停修《玉牒》、以后又复修的上谕（当时停修"起居注"、数年后又复修，就有明确的上谕），也没有发现当时停修、后又复修的原因，而且康熙五十四年后的下一次应修之年（雍正二年），也正好是延续的制度，是否属停而复修？不能断定。所以本文暂且仍按康熙五十四年已纂修《玉牒》理解。若纂修，就会有稿本、定本，为下一次续修而保留的备查本。或许未修成定本，因而至今档案馆不见收藏？待考。

"钱氏"文字之处,都需要修改,或者为不留涂改、挖补痕迹而全部复制一份,再销毁原册,如此工程,需要惊动宗人府、皇史宬、礼部这几个衙门的多人,才能办理,能不走漏风声?稍有不慎,便会弄巧成拙。结合前述疑点分析,"改姓"究竟有多大必要,而冒此舆论丑闻风险?

所以,如果确有乾隆生母是钱氏而改姓之事,前述那么大范围的众多知情者,会没有一点蛛丝马迹的透露?这也说明,如果乾隆生母确是汉人钱氏,要改其姓为钮祜禄氏,也是很难实现的。

还有一个更关键的疑问是,如果是有政治目的地改姓,而且做法并不光明,唯恐被人发现,那么为何这有"钱氏"文字的"谕旨"却并不改掉或销毁,还遗存下来,而留给人们怀疑?合乎事理的推测倒可能是:因为是一般的手写之误,而不是有政治目的不能示人而必须涂改或销毁,所以才没有必要一定要翻查原档,将错字再改回来,或将原档销毁。

(六)如果乾隆之生母为钱氏,那么登基后的乾隆皇帝将如何面对其生母改姓的问题?

雍正十三年(1735)十二月,继位刚四个月的乾隆,向全国公布的为生母"钮祜禄氏"上尊号为"崇庆皇太后"的诏书中,明确地说:是钮祜禄氏崇庆皇太后"诞育藐躬"[①],也即诞生他的是钮祜禄氏,"藐躬"是乾隆对自己的谦称。《清实录》也称是孝圣宪皇后"钮祜禄氏……诞上于雍和宫邸"[②],这里的"上",也指乾隆帝。如果乾隆的生母姓钱,乾隆帝却称其姓钮祜禄氏,或者隐去其真正生母钱氏,而将钮祜禄氏作为他的生母,他就不怕前述众多知情者流传宣扬出去,自己落得个为生母改姓或为改换生母娘家门庭而以非生母代替生母的骂名?不怕上述诏书布告天下而丑闻流布全国?

对于刚登基的乾隆而言,如果生母改姓,更难办的还在于,这一事件还不仅仅是生母钱氏一人改姓的问题,还要改外祖父家,按照惯例,皇帝登基后,按例要封生母的娘家,乾隆登基后的雍正十三年(1735)十一月,乾隆大封外祖父家,封凌住为公爵,其册封文中称:就是外祖父钮祜禄氏"凌住……笃生圣母"[③],也即是钮祜禄氏的凌住生了他的生母。假若乾隆生母钱氏改为了钮祜

---

① 《清高宗实录》卷八,雍正十三年十二月己卯。
② 《清高宗实录》卷一,卷首语。
③ 乾隆《镶黄旗钮祜禄氏家谱》之《九世弘毅公堂侄孙承恩公谥良荣凌住》。

禄氏，那就等于将其亲生的姓钱的外祖父母及其钱氏家族抛开，硬找一个别姓家族之人作其生母的生父，而且还大言不惭地说就是此人"笃生圣母"——就是他生了我的生母！就是他是我的外祖父！乾隆面对已知其生母之生父并不是凌住的众多知情者，这种假话能否从一国之君的他的口中说出？他又如何面对其真正的外祖父钱某及钱氏家族人？再者，如果真有个钱氏外祖父母家，已成皇帝的弘历，对其真正的外祖父家就不闻不问？作为秉承以孝治国的一国之君，是否会对替代的假外祖父家钮祜禄氏家族尊封宠渥，反而对真正的外祖父家钱氏家族冷漠处之，让其消失于众人的视线之中？如果有所照顾，为何从未有关于乾隆厚待其外祖父母家所谓"钱氏"家族的丝毫迹象及传闻？

所以，乾隆帝的生母本来就是钮祜禄氏，而不是另外一个人的钱氏，从这位钮祜禄氏太后的自我表白也可说明。她曾明确说，就是她生的乾隆帝弘历，其死前向官民发出的"遗诰"称："予以薄德，祗膺昊苍眷佑、列圣笃祥，诞育帝躬……"[1]这明确是说"予"也即"我"生育了皇帝——"诞育帝躬"。如果不是她钮祜禄氏生的乾隆弘历而是钱氏，作为冒名之母的她既然已当了40多年的皇太后，已然享尽了人间的荣华富贵、福寿风光，死前还有必要撒这一弥天大谎吗？若乾隆不是她所生，她也就根本不提此事，才是最明智之举，这是最简单的道理。

之所以产生以上诸多疑问，还基于看到可以进一步证明乾隆生母为钮祜禄氏的其他资料。因而怀疑：是否谕旨、册文中的"钱氏"是写错了，后来又改正为钮祜禄氏？因为谕旨、册文等公文有误写之字，并不稀奇。冯尔康就曾说过：清朝重要文书，过录中误书情况不少见，原作中亦有写错的，《玉牒》就有这种情况。笔者在档案甚至皇家《玉牒》中，也发现不止一处误写、脱字现象，如将"喀喇沁"误写为"科尔沁"，"马哈巴拉"脱一"巴"字而误为"马哈拉"，甚至还有将"世宗皇帝"误为"世祖皇帝"的情况。

以下事实就证明，此次册封之谕旨、册文，很可能就是误写。

首先，草拟之册文"咨尔钱氏，毓质名门"这一句就有明显的错误，因为清代有名门八大家如钮祜禄氏、瓜尔佳氏等，并无"名门"钱氏之说。

再有，多处史籍记载，雍正初年办理妃嫔册封的允祹曾将封妃之事弄错。《清史稿》记：雍正二年（1724）二月，允祹因以前办理"圣祖配享仪注及封妃金

---

①《清高宗实录》卷一〇二五，乾隆四十二年正月庚寅。

册,遗漏、舛错,降镇国公"①。这段文字,当是根据《清世宗实录》的记载:

> 雍正二年六月宗人府疏奏:贝子允祹,将圣祖仁皇帝配享仪注及封妃金册,遗漏、舛错,应将允祹革去固山贝子,降一等,授为镇国公。从之。②

而《雍正朝起居注册》对此事的记载较详:

> 雍正二年六月初五日丙子卯时,上谕乾清门听政……宗人府所议:因误写妃姓,将允祹革去贝子,降为护("镇"字之误——笔者注)国公,照例留三佐领,其余佐领俱行入官。又因误禁寺庙烧香人等,议将允祹革去办理礼部事务。又因仪注内遗漏清文,允祹无可罚之俸,应毋庸议。③

将以上资料联系起来分析,《清世宗实录》的此段史料,前一词的"遗漏",对照《雍正朝起居注册》所记,是指"将圣祖仁皇帝配享仪注"的"仪注内遗漏清文"一事,那么,"将圣祖仁皇帝配享仪注及封妃金册,遗漏、舛错"中的"舛错",也正是对应的后者"封妃金册……舛错"。由此可知,这"误写妃姓"并非别的事情,而是与"封妃金册"弄错,是同一事,也即是在封妃之事上"误写妃姓",而且,误写的姓,是封"妃"者,既不是封"贵妃"者,也不是封"嫔"者。而此次封"妃"者只有两人:"侧福晋李氏封为齐妃,格格钱氏封为熹妃",其他人:年氏是封"贵妃",封"嫔"的是宋氏、耿氏(见前述原文),而这两个封妃的人中,李氏没听说有将姓氏写错之事,那么"误写妃姓"而写错的正应是"钱氏"。

将前述资料联系而得知:这"误写妃姓"之错,已延续到"封妃金册……舛错",由此进一步得知:发现将妃姓弄错,应是已经在制作册封"熹妃"的"金册"这一环节上了。

---

① 《清史稿》卷二二〇《诸王传六·圣祖诸子·履懿亲王允祹》,第30册,中华书局,1977年,第9076页。所记"二月",似为"六月"之误。

② 《清世宗实录》卷二一,雍正二年六月丁酉。

③ 《雍正朝起居注册》第1册,中华书局,1993年,第252~253页。这一资料,前揭《清高宗生母改姓考》一文曾用到,并说互联网上有清史爱好者也提到过熹妃确实姓钮祜禄氏,钱氏是当时管理礼部的允祹写错造成的。笔者未查到互联网上这位清史爱好者及这一资料与分析,谨致歉意。

根据以上情况,再作进一步分析,而推测有这样的可能:这次册封者,由雍正口授办礼部事务的皇家贝子允祹,允祹面承谕旨后,速记简写,而将"钮祜禄氏"简称,写为"钮氏",交与礼部转交内阁草拟谕旨,因速记的文字潦草不太清楚,起草谕旨者将"钮"字错写为"钱"字,据此谕旨再草拟册封册文,仍沿用而写为"钱氏",以后将正式册文镌入金册的环节中,才发现写错了。尽管最初并非允祹错写"钱"字,但事情由他引起,也有可能是他将"钮祜禄氏"简记为"钮氏"就被认定为"误写妃姓",因为汉人也有"钮氏",而他又是礼部事务的最高负责人——管礼部事务,是责任的担当者。[①]所以此事与允祹其他错误之事共三件,于雍正二年(1724)六月初五日,便一并由宗人府上报,将允祹革去办理礼部事务之职,贝子爵降为公爵。

而将错写的"钱氏"改正为"钮祜禄氏",当是在雍正元年(1723)十二月的制作金册之时。也正因此,十一月初一离京去福建任职的册文起草人黄之隽,并未发现他写的纸质册文写错了,仍把写为"钱氏"的册文草稿与其他"制草"诸文一起保存,他的后人收入其《厔堂集》梓刻,存留至今。

钮祜禄氏因于"雍正元年十二月册封熹妃,后晋熹贵妃"[②],这大概也是民国年间黄鸿寿纂《清史纪事本末》所说允祹受罚,是因"册封贵妃金册有舛错故"的来历,当是黄鸿寿把当时的熹妃,以后来的熹"贵妃"名之了。

以下需要辨别的关键问题是,雍正元年(1723)二月下发的册封"钱氏"为熹妃的是"谕旨",是皇帝的指示,难道雍正帝的"谕旨"是自己把弘历生母写作"钱氏"?或者说,弘历生母就是钱氏,"钱氏"二字乃雍正帝所拟文字?

实际上,这草拟的"谕旨",既非雍正手笔,他也并未过目。因为"册封"这种按照成例之事办理的公文程序,雍正只是将皇四子弘历生母等应封者口授管礼部的王公或礼部堂官,礼部管部王公或堂官将草记的谕旨意思的文字转交内阁,由内阁撰拟谕旨,而并非皇帝亲自拟写。因为即使是军机处经办军国大政、军机要务的谕旨,也是皇帝口授,而由面承口谕之官员回署拟写为文字

---

① 还有一种可能是,雍正口授谕旨时,将应封者的姓氏以草记的文字交与允祹,其中将钮祜禄氏简写为"钮氏",允祹整理谕旨内容,将"钮氏"错写为"钱氏"。但这种可能似小于前述可能。

② 唐邦治:《清皇室四谱》卷二《后妃·世宗孝圣宪皇后》,此书据《玉牒》编成。

谕旨,①更不要说这种例行之事了。如果这一册封谕旨是雍正帝亲自所写或写错,就不会将允祹以"误写妃姓"而治罪了。至于官员所拟谕旨的内容,如果是军政大事、无旧例可循者,皇帝需要将其草拟的谕旨再审阅、修改,然后才下发,像册封妃嫔这种非国家军政大事而且有册封成例的形式性谕旨文,皇帝一般是没有必要再过目审查的,因为清代皇帝躬亲办理的政务繁多,尤其是雍正元年(1723)继位不久的雍正帝,需亲自处理的军政大事、对付政敌等事太多,如果雍正审查了这道官员草拟的谕旨,也就不会将错写妃姓的谕旨下发、直到制作金册时才发现而纠正了。

册封类的谕旨拟成后,需下达给翰林院,由翰林官草拟每个被册封者的具体"册文",然后转交中书科,由中书科办理制作册封的金册之事,正式册文需镌刻在金册上。这次受封者,都是雍正继位前为其生有子女的妻妾、侍女(格格),没生子女者未予封,这一草拟的谕旨将应封者并未弄错,封熹妃者就是皇四子弘历的生母,只是将姓氏写错了。若是将应封之人弄错封给了另外一个人,应该早就发觉了。正因为应封人没错,所以到制成金册须举行仪式、遣官颁发受封者时,才发觉是将应封者也即接受金册者的姓氏写错了。这也可说明,所谓"钱氏"实际就是钮祜禄氏本人,而不是别人,只是最初公文上的"钱

---

① 清代,皇帝谕旨(此指非奏折上的朱批谕旨),有皇帝亲自写的,多数是皇帝口授,官员代写。代皇帝撰写谕旨者,军机处设立前较复杂,本文讨论的"谕旨"是雍正元年拟写的,正是军机处设立前,大致有以下三种情况:

一是有承办部门撰写者。如雍正四年九月二十二日"召入议政王大臣等奉上谕……尔等可缮写谕旨,饬行策零、博贝、丁寿等"(见《雍正朝起居注册》第1册,中华书局,1993年,第784页上);雍正五年,因为此前"议政处误写谕旨",雍正说是"怡亲王口述朕从前所降谕旨,并无犯错误,则错误之处,实系缮写之时错误"(见《雍正朝起居注册》第2册,第1655~1656页)。

二是有皇帝命某官员撰拟者。如雍正继位初之任用张廷玉撰写,康熙朝以高士奇撰拟等。

三是还有是命内阁撰拟,这种情况应较多。

军机处设立后,主要由军机处代皇帝撰拟。但即使是军机要务,仍是皇帝口授,大臣面承谕旨,回署后草拟,或交下属官军机章京草拟。曾任职军机处的赵翼在其《檐曝杂记》卷一《军机处》条记述:雍正设立军机处后,军机处的"承旨诸大臣,亦祇供传述、缮撰",同卷《军机撰拟之速》条记:"自西陲用兵,军报至辄递入,所述旨亦随撰随进。或巡幸在途,马上降旨,傅文忠(傅恒——笔者注)面奉后,使军机司员歇马撰缮。"开始是一人面承谕旨,后来改为众军机大臣一同面承谕旨,以免记忆不全或错误,见同卷《军机大臣同进见》条:"(乾隆)初年,惟讷公亲一人承旨。讷公能强记,而不甚通文义,每传一旨,令汪文端撰拟。讷公惟恐不得当,辄令再撰,有屡易而仍用初稿者。一稿甫定,又传一旨,改易亦如之。文端颇苦之,然不敢较也,时傅文忠在旁窃不平,迨平金川归,首揆席,则自陈不能多识,恐有遗忘,乞令军机诸大臣同进见,于是遂为例。"军机处设立以前,也应是皇帝口授谕旨,大臣面承默记,回署再转述与办公文者撰写。

氏"是写错之文字,以后改正为钮祜禄氏。

那么,最初这"钮祜禄氏"怎么就错成了"钱氏"呢?萧奭《永宪录》(成书于乾隆十七年)所记,为此事提供了可作联想的线索:

> 世宗宪皇帝御极之雍正元年二月戊午,传皇太后懿旨:封侧福晋年氏为贵妃,李氏为妃,格格钮氏为妃,宋氏、耿氏为嫔。①

《永宪录》的编纂资料来源之一,就是传抄的邸抄、朝报、诏谕、奏折等,②那么是否有这种可能:最初管礼部事的允祹面承雍正口授谕旨时(或稍后),就是将"钮祜禄氏"简化并速记为"钮氏",因为当时满人将满文姓氏译为汉字,以首字(汉字)作姓,并以此汉字姓取类似汉人的冠姓名子者,并不鲜见,如傅察氏家族人,就是以姓之译汉首字"傅"为姓,并以此"傅"作姓而取名傅继祖、傅恒。此氏族还有的以汉文写为"富察氏",而取名富尔敦、富伦琦的,③都是这种称姓的做法。允祹速记时,为简写而以"钮氏"代为"钮祜禄氏",是很有可能之事。速记字潦草,允祹将速记潦草的谕旨转交内阁官员草拟谕旨,潦草的"钮"字再错为"钱"字(此次册封者,其他人也均为汉姓,也增加了这种可能),下一步交翰林院,翰林官据此而撰拟册文,将封熹妃者仍写作"钱氏",也就进一步成为可能之事了。也可能确是如此,所以在《永宪录》的抄录中,其先抄录的封熹妃者为"钮氏",其后所抄,又出现了:雍正元年(1723)十二月丁卯"封年氏为贵妃,李氏为齐妃,钱氏为熹妃,宋氏为裕嫔,耿氏为懋嫔"④,"钮氏"又成了"钱氏"的情况。这有可能是作者萧奭两次根据邸抄、朝报中的不同文件抄录而成的。

基于以上分析,本文认为,前述档案、文集中存留下来的乾隆生母为"钱氏"的文字,颇多疑问及不合事理、情理之处。官方所公布的乾隆生母为钮祜禄氏,应是可信的。其他资料也可对此作进一步佐证,详见下一节所述。

---

① (清)萧奭:《永宪录》,中华书局,1959年,第91页。
② (清)萧奭:《永宪录·前言》,中华书局,1959年,第1页。
③ 道光《(沙济)富察氏家谱》,东洋文库藏本。
④ (清)萧奭:《永宪录》,中华书局,1959年,第176页。

二、家谱、方志所见乾隆生母是钮祜禄氏的资料

在清实录、政书之外，家谱、方志中，也有一些关于乾隆生母"崇庆皇太后"是钮祜禄氏及其娘家人的有价值的资料，现列举如下，并作综合分析。注意划道处。

乾隆十二年（1747）修成的《镶黄旗钮祜禄氏弘毅公家谱》，其中的"九世弘毅公堂侄孙"一目下，记乾隆帝弘历的外祖父凌住，有如下内容。

> 雍正十三年十一月奉旨：……四品典仪凌住，乃崇庆皇太后之父，恪恭奉职，忠荩居心，肃王府之仪章，荷天家之宠渥，积厚流光，笃生圣母，应遵定制，锡以褒封……凌住封为一等公，妻封为一等夫人。

> （承恩公凌住）娶彭氏，宝坻县生员彭武公之女，生于康熙十一年三月二十八日子时。乾隆六年，夫人七十寿日，仰蒙皇恩，特赐"古稀人瑞"匾额。皇太后赐衣冠、玩器及食品等物，皇后、太妃皆有所赐。生子四人：长，伊通阿；次，伊松阿；三，伊三泰；四，伊申泰。女三人：长，崇庆皇太后；次，适正蓝旗汉军生员郑廷辅；三，适镶白旗满洲刑部笔帖式妈金泰。

从家谱可知，乾隆生母的生母，也即乾隆的姥姥，是宝坻县（北京东南80公里左右）的汉人彭氏，乃该县生员（即俗称的秀才）彭武公之女，就是此女与凌住生的乾隆生母钮祜禄氏"崇庆皇太后"。修家谱时，凌住、彭氏均在世（凌住卒于乾隆十二年、彭氏卒于乾隆十七年），乾隆六年（1741），乾隆帝还送给他的姥姥这位彭氏祝贺七十大寿的"古稀人瑞"匾额。这种具体而且明确说乾隆皇帝与汉人有血缘关系的记载，会是造假吗？如果不是事实，强造乾隆有汉人血缘关系，就不怕犯"大不敬"之杀头罪？如果雍正（或乾隆）出于掩盖乾隆出生于汉姓之母的政治目的，而将其生母汉姓钱氏改为他家的满人钮祜禄氏，那么这一钮祜禄氏家族还会透露乾隆的姥姥是汉姓彭氏这一敏感信息吗？

再看乾隆《宝坻县志》的记载，此志修成于乾隆十年（1745），距弘历继位时间不太长。主修者为知县洪肇楙，作序者有刑部尚书汪由敦、直隶总督那苏图、直隶布政使方观承、顺天府尹蒋炳等多人，可见是非常正规且受推崇的志书。此志的"冢墓"，记载着凌住之父也即崇庆太后钮祜禄氏的祖父吴禄（追封承恩公）的坟墓，内容如下：

国朝承恩公墓,在县西南二十里,皇太后祖承恩公讳吴禄之阡。乾隆元年特遣官致祭,建寝园,立御制碑文二道。

此墓"在县西南二十里",是说在宝坻县城的西南二十里的地方,而且在乾隆继位几个月后就建寝园、立"御制"碑文,[①]乾隆元年(1736)就遣官致祭。该志作者还以按语形式发如下感慨:

> 按:自寝园既建,相地者过之辄诧曰:"气佳哉!郁郁葱葱然,宜其后之大也!"然当其卜葬时,曷知今日事哉。伏读御制文,称其赋性朴诚,诒谋忠孝,乃知积累之深,其发祥有以也。

按语的意思是说:想当初吴禄家人选择这块地方埋葬他,哪会想到有今日之发迹,现在该家之女成了皇太后,家族之人封公爵,出了这一特大新闻,闻讯而来的相地者——风水先生惊诧此处为风水宝地,乃事后评论之辞,其实应为御制文所赞:乃其祖上诚朴忠孝,积德所致。

以上按语的虚辞套语我们不必计较它,其所说当初"卜葬时,曷知今日事哉",则反映了当时生活在宝坻县(驻防,见后述)的吴禄一家,确是极为普通的身份地位,根本没人注意到他家,更不会想到日后还有如此之发迹。这也使我们想到,如果雍正为提高弘历及其生母出身的门阀地位,而将钱氏改为此钮祜禄氏,选这么一个平凡之家又有何意义?也确实,吴禄、凌住父子的钮祜禄氏一支,家世地位远不能与额亦都一支的钮祜禄氏相比,血缘也并不太近,凌住之祖父额宜腾,与额亦都是一祖(阿灵阿巴颜)之孙的堂兄弟,[②]乾隆生母这辈与额亦都家族已出五服。而且凌住家族并不与上三旗之镶黄旗的额亦都家族同旗,而是在下五旗的镶白旗。乾隆继位后的乾隆元年才由镶白旗抬旗而入镶黄旗(见后述)。

---

① 2013 年,笔者曾去宝坻县访查该墓碑,可惜早已无存。但该地民间有"入宫娘娘"的传说,可能说的就是雍正的熹妃、熹贵妃、崇庆皇太后,也即乾隆生母钮祜禄氏。

②《八旗满洲氏族通谱》卷五《钮祜禄氏·长白山地方钮祜禄氏》,记"阿灵阿巴颜生二子,长曰萨穆哈图,次曰都凌格,都凌格生额亦都巴图鲁……萨穆哈图,额亦都巴图鲁之亲伯也,萨穆哈图生二子,长曰额宜腾"。额宜腾与额亦都是堂兄弟。

从八旗分封及相关制度方面分析,钮祜禄氏也有入为胤禛雍亲王府"格格"的可能性。

据《镶黄旗钮祜禄氏弘毅公家谱》所载:钮祜禄氏凌住一家"原在镶白旗,乾隆元年奉旨改隶镶黄旗"①。就是说,凌住一家在乾隆元年(1736)以前,是隶属镶白旗,乾隆继位后,才按例将皇帝生母娘家抬旗。据笔者以前考证,胤禛也正是于康熙三十八年(1699)封入镶白旗,领有镶白旗的满洲、蒙古、汉军佐领,康熙四十八年(1709)晋封雍亲王,增拨这三种佐领。②凌住一家所在的满洲佐领,当是在这一期间分与胤禛,成为其所领有的佐领的。凌住及其父吴禄一家,是在北京东南的宝坻县驻防,也正是镶白旗,有满洲佐领人,前揭乾隆《宝坻县志·职官·附驻防》记有该县的八旗驻防官、兵是"防守御(当作"尉",也发 yu 音),并镶白旗驻防满洲"。雍正《八旗通志·职官志·八旗驻防官员》也记:"宝坻县,镶白旗,防守尉一员,康熙十二年设。"③清代的宗室王公,与所领有的旗分佐领下人有主属关系,即通常说的主子与奴才的关系,虽不像包衣奴仆那样隶属强,但也带有一定的人身隶属性,其家属包括子女,有服务侍奉于该领主王公之家的义务,这在清代官方文献中有很多透露。这种属人若到外省担任地方官而带成年子女赴任,需要征得该主子王公的许可,主家有喜事,要庆贺,主家有丧事,要披麻戴孝。该主子王公还可将其任为管王公府第事务的官员。④凌住所担任的"典仪"就是这种官,是负责王府仪制、仪节及其他杂务的府属职官,册封凌住的册文,称其"恪恭奉职,忠荩居心,肃王府之仪章",就应指的是在胤禛的雍王府从事这一职事。而其女钮祜禄氏为"藩邸格格",应是侍奉雍王府一家的侍女,据载,她曾伺候生病的主子胤禛,获得好感。她虽然与雍亲王胤禛发生关系而生有王子,但与雍亲王始终并无正式的夫妻名分,所以胤禛继位以后,才将为其生有子女的三位藩邸格格钮祜禄氏、宋氏、耿氏,都封为妃或嫔,使她们都有皇帝之正式庶妻的名分。也许因为钮祜禄氏是满人,或许是雍正已决定将其所生子弘历立为皇储,所以这三人虽然都是藩邸格格,

---

① 乾隆《镶黄旗钮祜禄氏弘毅公家谱》之《九世弘毅公堂侄孙·承恩公谥良荣凌住》。

② 杜家骥:《雍正帝继位前的封旗及相关问题考析》,《中国史研究》1990年第4期。

③ 乾隆《宝坻县志》卷八《职官·附驻防》;雍正《八旗通志》卷三五《职官志·八旗驻防官员·宝坻县》。

④ 以上见杜家骥:《八旗与清朝政治论稿》第八章《八分体制瓦解后八旗领主分封制的长期残留及其政治影响》,人民出版社,2008年。

唯独钮祜禄氏封为"妃",而宋氏、耿氏都封为低一个档次的"嫔"。

三、乾隆帝的汉人血统问题

虽然乾隆生父雍正是满人,生母钮祜禄氏也是满人,但乾隆是满汉混血者,比较精确地计算之细情如下。

先看乾隆生父雍正帝的血分。

雍正的祖父顺治帝,是满洲血1/2+蒙古血1/2的混血者。雍正生父康熙帝,是满洲血1/2+汉血1/4+蒙古血1/4。雍正生母乌雅氏,满洲人,则雍正的血分是:满洲血3/4+汉血1/8+蒙古血1/8,这是郑天挺先生研究的结果。[①]

再看乾隆生母钮祜禄氏的血分。

乾隆《宝坻县志》记载:乾隆元年(1736)九月十二日,乾隆帝遣直隶承宣布政使张鸣钧赍敕祭祀他的外高祖额宜腾(或作额宜腾)、外高祖母龙氏,谕祭文曰:"谕祭诰封承恩公额宜腾之灵曰:……外高祖额宜腾,赋性朴诚……外高祖母龙氏,早佩女箴,夙娴内则……三传而钟圣母……"

同日,乾隆令同一人前往祭祀他的外曾祖吴禄、外曾祖母乔氏,也即乾隆生母之祖父母吴禄夫妇,其谕祭文写道:"谕祭诰封承恩公吴禄之灵曰:……外曾祖吴禄,躬修自励……外曾祖母乔氏,赋性柔嘉……特钟于再世母仪,隆示于万方……"[②]

以上额宜腾的妻子"龙氏"、吴禄的妻子"乔氏",都是汉姓。再从额宜腾一家属于一般旗人之家的情况看,纳妾的可能性不大,所以吴禄就应是龙氏所生,凌住也应是乔氏所生,谕祭文中所说的"龙氏……三传而钟圣母""乔氏……特钟于再世母仪,隆示于万方",当也表明她们与乾隆生母有血缘关系。

据以上记载,乾隆帝的外曾祖吴禄,是满人额宜腾与汉人龙氏结合的混血者,满洲血、汉血各占1/2。乾隆的外祖父凌住,是满汉混血的吴禄与汉人乔氏结合的混血者,其血分是:[(满洲血1/2 + 汉血1/2)÷2]+汉血1/2 = 满洲血1/4 + 汉血3/4。乾隆生母钮祜禄氏,是满汉混血的凌住与汉人彭氏结合的混血

[①] 见郑天挺:《清代皇室之氏族与血系》(1944年),《清史探微》,北京大学出版社,1999年,第20页。文中所述康熙帝、雍正帝皆杂有很少量的叶赫蒙古血分,此引述略去。

[②] 乾隆《宝坻县志》卷一七《艺文上·谕祭文》。

者,其血分是[(满洲血 1/4 + 汉血 3/4)÷2]+汉血 1/2 =满洲血 1/8 + 汉血 7/8。

结合以上所计,则雍正与钮祜禄氏结合所生乾隆帝的血分为:[(满洲血 3/4+汉血 1/8 +蒙古血 1/8)÷2]+(满洲血 1/8+汉血 7/8)÷2,是:满洲血 7/16 + 汉血 8/16 + 蒙古血 1/16,简言之,乾隆帝的汉人血分占一半,稍多于满洲血,并有少量蒙古血。

以下简要分析满人额宜腾家族与汉人结姻所反映的满汉血分融合问题。

额宜腾所娶龙氏,应是在清入关前,这龙氏,有可能是入旗汉人,《八旗满洲氏族通谱》78,有"龙氏"两家,分隶正黄旗、镶蓝旗,均为包衣汉人,额宜腾之妻龙氏是否出自这两家,待考。同书同卷还有"乔氏",为镶黄旗包衣汉人,吴禄所娶"乔氏",有可能是此乔氏,也可能是其驻防宝坻县时所娶宝坻县汉人女乔氏。而凌住所娶彭氏也即乾隆生母的生母,则明确是宝坻县汉人生员彭武公之女。这祖孙三代之妻,无论是在旗汉人,还是旗外汉人,都属于汉人血统。满族统治者曾有禁止满汉通婚的法令,但八旗内部满洲人与在旗汉人的通婚不在禁止之列。严禁的,是旗人之女尤其是八旗满洲人、八旗蒙古人之女出嫁旗外汉人,对满洲人将不在旗的汉人女娶为妻,则持默认态度,民不举官不究,更不禁止纳旗外汉人女为妾。所以满洲旗人尤其是地方直省驻防的满洲旗人娶当地汉人女为妻者,并不鲜见,尤以直隶畿辅、东北三省的驻防旗人与汉民杂居者,娶汉人女的现象较多。宝坻县的旗人驻防,就属于畿辅地区的分散性驻防,旗人、汉人杂居,因而满汉互相通婚者较多。以前流行过一句话,叫"出身不由己",清朝皇帝虽然禁止满汉通婚,乾隆时更强化实行满汉不通婚的禁令,竭力维持满洲族血分的纯正性,但客观事实却是不由其主观意志所能左右的,他自己就已有一半是汉人血分,这是清代满汉民族融合的一个重要事例。

本文对档案之谕旨、黄之隽文集所存留下来的熹妃为"钱氏"的文字进行分析,提出其弄错的可能性,推测其实际情况,并以家谱、方志资料,佐证乾隆生母为钮祜禄氏,希望把问题的研究引向深入,使我们的认识进一步接近客观史实。本文观点尚非定论,供学界讨论。但乾隆帝有汉人血统,而且成分还不小,这是目前考察所得出的结果。

本文原刊载于《清史研究》2016年第3期。

作者简介：

杜家骥，1949年生，天津武清人。南开大学历史学院退休教授。主要从事中国古代史以清史为主的教学与研究，研究领域偏重于清代制度、满族及八旗、满蒙关系等方面，著有《八旗与清朝政治论稿》、《清代八旗官制与行政》、《清皇族与国政关系研究》(台北版)、《清朝满蒙联姻研究》、《清代制度》、《清朝简史》、《皇太极事典》、《清史研究概说》(二人合著)、《中国古代人际交往礼俗》、《中国古代官僚政治》(二人合著)，主编《新编中国历朝纪事本末·明清分册》《清嘉庆朝刑科题本社会史料辑刊》等。发表过清朝政治制度、八旗制度、满蒙关系、清代财政、兵制、刑法制度、古代礼制、宫廷政治、基层社会关系、清朝评述、史料研究等方面的论文。

明清时期华北的商业城镇与市场层级

许 檀

研究明清时期的城市和市场,必然要提到"施坚雅理论"[1]。该理论自20世纪80年代传入国内,区域市场研究一度成为经济史研究的热点。就笔者管见,施坚雅教授最大的贡献是把地理学的空间概念、层级概念引入了原本缺乏空间感和立体性的历史领域,从而为我们开辟了一片新天地。

然而任何理论都不能代替具体的研究。对中国传统市场的研究也不能停留在对市场的模型建构和等级划分,还需要进一步探讨其实际状况:不同等级的市场中心地究竟发挥着怎样的作用,不同地区、不同等级的中心地其商业规模如何,分布状况是怎样的,腹地范围到底有多大,等等。多年来笔者所做的一系列个案,主要是希望从实证角度对明清时期的传统市场有更加具体深入的了解。

在进入实证研究之后,笔者面临的较大困惑是,等级划分过细实际上很难操作;特别是对全国做宏观分析时,很难将某个具体城镇在8个层级[2]中准确定位。故笔者将明清时期的城乡市场网络体系简化为流通枢纽城市、地区性商业中心和基层市场三大层级。所谓流通枢纽城市,是指在全国或大区域的商品流通中作为转运枢纽的城市,其贸易范围至少覆盖几个省,并多为中央一级的税关所在地;地区性商业中心或称中等商业城镇,主要指在地区性商品流通中发挥重要作用的城镇,其贸易范围至少应能覆盖一两个府、十来个县,或者更大区域;所谓基层市场是指遍布全国的农村集市,包括一般"市镇"和州、县城在内。此外,笔者的划分特别注重的是各城镇在市场运行中的实际地位,而

---

① [美]施坚雅(G.W. Skinner)的相关论著主要有:Marketing and Social Structure in Rural China,《亚洲研究杂志》第24卷第1~3期,1964—1965年;《中国农村的市场和社会结构》,史建云、徐秀丽译,中国社会科学出版社,1998年; The City in Late Imperial China, Stanford University Press, California,1977;《中华帝国晚期的城市》,叶光庭等译,中华书局,2000年。

② 施坚雅将中心地划分为8个级别,从高到低依次为:中心都会、地区都会、地区城市、较大城市、地方城市、中心市镇、中间市镇、标准市镇等8级别,参见[美]施坚雅:《中华帝国晚期的城市》,第338~340页。

不考虑其行政建制。①

数据资料的缺乏是影响明清时期市场层级划分的主要瓶颈。施坚雅用以建构中心地层级的主要指标——近代邮政体系,② 在清代中叶尚未出现。目前所见能够对明清时期的市场实态提供一些数据信息的主要有两类资料:

其一,税收档案,包括关税和地方商税。关税属中央财政,明清两代政府在全国主要流通干线设立税关,对大宗商品征收流通税(即过税)。一般来说,中央级的税关(隶属户部或工部)大多设在税源最丰的地方,故税关所在多为流通枢纽城市。明代属于中央的税关数量不多,存留资料也很有限;清代中央一级的税关有40多处,并保留有大量税关档案,从中可以较为具体地了解各关所征税额、商品来源、去向及其在不同时期的变化。地方商税,是各级地方政府征收的商税,主要为落地税(即坐税),收入归地方支配。关于地方商税,目前所见相关档案较少,不过在地方志中多少会留下些记载,其中一些税收额远高于一般府州县的城镇很可能是地区性商业中心。

其二,商人会馆碑刻。明清两代各地商帮多会在经商地建立会馆,会馆的创建、重修都是由商人集资而成,并多镌诸贞珉以冀永久,从而为我们保留了一批十分珍贵的商业资料。其中,商人捐款部分所提供的信息是任何其他文献资料无法替代的,特别是会馆集资的抽厘率是目前所见可据以对经营规模进行折算的最有效手段。这批资料目前还较少被学界所关注,有待进一步发掘利用。

本文主要利用以上两类资料,首先以山东的临清、聊城为例对税关城市和非税关城市的商业状况分别进行考察,尽可能地反映这两类商城在功能、规模等方面的差异;然后在此基础上对冀鲁豫三省③商业城镇的空间分布与市场层级进行整体考察梳理。其中,设有税关的城镇主要以其税额多寡作为衡量尺度,未设税关的城镇则以地方商税税额或者是否建有商人会馆作为主要筛选标准。

---

① 许檀:《明清时期城乡市场网络体系的形成及意义》,《中国社会科学》2000年第3期。

② [美]施坚雅:《中华帝国晚期的城市》,第404~406页。

③ 本文对华北的考察限于冀鲁豫三省,一方面是由于笔者目前只完成了这三省的初步考察,另一方面也为了便于与施坚雅所列华北地区大体对应。

一、临清与聊城

临清和聊城均位于山东西北部,滨运河。聊城为东昌府治;临清明初时为东昌府属县,弘治年间升为州,乾隆四十一年(1776)升为直隶州,其行政地位虽不如聊城,但经济功能却远超过府城。下面我们分别考察。

(一)临清——设有税关的商城 ①

永乐年间京杭运河的浚通对临清经济发展影响甚大。临清位于会通河北口,又扼踞会通河与卫河的交汇之处。宣德年间临清仓扩容为300万石,成为运河沿线最重要的漕粮储运码头;漕船之外,"商船多自淮安、清河经济宁、临清赴北京"②。明政府在此设关榷税,并一直延至清代。

最迟到隆万年间,临清已成为华北首屈一指的商业城市。《利玛窦中国札记》记载:"临清是一个大城市,很少有别的城市在商业上超过它,不仅本省的货物,而且还有大量来自全国的货物都在这里买卖,因而经常有大量旅客经过这里。"③万历年间临清关税额高达83800两,为全国八大钞关之首。其时,临清有布店73家、缎店32家、杂货店65家、纸店24家、辽东货店13家,瓷器、茶叶、故衣等店铺各数十家,银钱典当铺百余家,大小客店数百家,仅这几类合计已有七八百家,再加上其他各类店铺作坊,仅坐贾即将近千家。

清代海禁开放之后,南方货物开始由海道北上。随着海运的发展,上海、天津等沿海港口迅速崛起,临清的地位逐渐下降。不过,直到清代中叶临清仍是华北各省中最重要的商城之一,也是运河山东段唯一的税关。乾、嘉、道三朝临清关的税收额总体呈下降趋势,到道光年间大体保持在4万~6万两。图1是乾隆—道光年间临清关实征税额的变化。④

---

① 关于临清商业,详请参见许檀:《明清时期的临清商业》,《中国经济史研究》1986年第2期。

②《明宣宗实录》卷一○七,宣德八年十一月戊辰,台湾"中研院"历史语言研究所,1962年影校本,第2399页。

③ [意]利玛窦、[意]金尼阁:《利玛窦中国札记》,何高济、王遵仲、李申译,中华书局,1983年,第337页。

④ 户部和工部在临清均设有税关,图中的税收数据为户、工二关合计。税关关期系以12个月为一年,遇有闰月连续计算,故税收"年分"与实际年份并非完全对应。

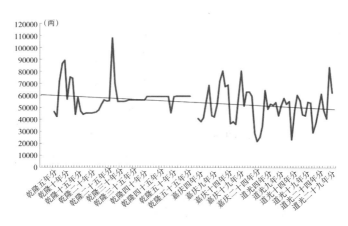

图1　乾隆—道光年间临清关实征税额的变化

资料来源:据中国第一历史档案馆和台北故宫博物院所藏临清关税收档案汇总统计。

　　临清是以中转批发贸易为主的流通枢纽城市,其贸易所及至少包括江南、华北两大经济区的主要省份。经由临清转销的商品以棉布、绸缎、杂货和粮食为最大宗。

　　明代江南是全国的丝、棉纺织业中心,运销华北、西北及辽东地区的布匹、绸缎大多经由运河北上,在运河沿线形成很多纺织品中转市场。徽商黄汴《天下水陆路程》记载:"北直隶各府,辽、蓟边客货皆由漕河而去,止于临清州、河西务、张家湾起陆。"①陈继儒亦言,江南棉布"溯淮而北走齐鲁之郊,仰给京师,达于九边,以清源为绾毂"②。清源,即临清之古称。各地商人云集于此开店设肆,使临清成为华北最大的纺织品贸易中心和中转批发市场。隆万年间临清的布匹年销量至少在百万以上,绸缎销量亦属可观。《临清州志》记载:"布商,店在白布巷,自成化二年苏州、南翔、信义三会合而为行,隆万间寖盛,岁进布百万有奇";"绸缎商,店在果子巷……旧有数十家字号"。③同类店铺的高度集中,正是中转批发贸易的特点。

　　清代,粮食成为临清市场上最大宗的商品。档案记载:"临清关税米麦居多,而米麦贩运之多寡又视邻省粮价之贵贱";"临清一关原系水路通津……惟

①（明）黄汴:《天下水陆路程》卷五,杨正泰校注本,山西人民出版社,1992年,第150~151页。
②（明）陈继儒:《陈眉公全集》卷五九,《布税议》,北京大学图书馆藏崇祯刻本,第21页。
③乾隆《临清州志》卷一一《市廛志》,山东地图出版社,2001年,第459页。

赖米粮商贩船只通过,始得钱粮丰裕;又必直隶与豫、东两省彼此粮价贵贱不同,或北收南贩,南收北贩,米粮通行过关,船料粮税方克丰盈"。①乾隆年间,临清经营粮食的店铺多达百余家,年交易量达五六百万至千万石,是当时山东,可能也是华北最大的粮食市场。汇集临清的粮食绝大部分是转销外地的,冀鲁豫三省间的丰歉调剂是其中的主要内容。

此外,经由临清转运的大宗商品还有茶叶、纸张、瓷器,等等。

(二)聊城——未设税关的商城②

聊城位于临清以南120里。永乐年间会通河成,聊城借运河之便很快成为"商贩所聚"之处,也曾设官榷税,③但很快裁撤。大概是离临清较近的缘故,明代聊城商业并不繁荣,万历年间所征商税只有200两。④清代,各地商人纷纷来此贸易,聊城渐成为运河沿线的重要码头,并分割了临清的部分商品转运功能。

前已述及,明代临清是华北最大的纺织品贸易中心。清代的情况有很大变化,档案记载:临清关"征收《则例》定自前明,其时百货云集,所以有一千九百余条之多。至于今日,南北货物云集于济宁、东昌两处。临清关系水路要津,并非陆路大道,绸缎等货在台庄、济宁、东昌等处起卸,直由南、北、中三大路北上,既免关津之课钞,又无漕船闸座之阻滞,所以历查旧册南来绸缎到关实少"⑤。乾隆年间聊城已取代临清成为运河沿线重要的绸缎转销地之一,临清所用绸缎反要从聊城批发。棉布的销售也有变化,明代东昌府是山东最重要的棉花产区,所产棉花多由"江淮贾客列肆贳收"沿运河南下,而从江南返销棉布。清代东昌府成为山东的商品布输出区,嘉庆年间聊城有布店多家,其中

---

① 《山东巡抚喀尔吉善奏报临清户关盈余银两事》,乾隆八年七月二十四日,04-01-35-0315-023;《山东巡抚准泰奏报确查临清户关税银盈余较少缘由事》,乾隆十六年六月十三日,04-01-35-0327-037,中国第一历史档案馆藏关税档案。

② 关于聊城商业,详请参见许檀:《清乾隆至道光年间的聊城商业》,《史学月刊》2015年第3期。

③ 永乐二十一年"山东巡按陈济言:淮安、济宁、东昌、临清、德州、直沽,商贩所聚。今都北平,百货倍往时,其商税宜遣官监榷一年,以为定额。"(参见《明史》卷八一《食货五》,中华书局,1974年,第1976页)

④ 万历《东昌府志》卷一一《田赋志》,万历二十八年刻本,第3页。

⑤ (清)刘於义:《为查奏关税事》,《钞档·题本》,乾隆十一年九月初二日,中国社会科学院经济研究所藏。

丰泰、文盛两家布店的年经营额约为5000两,信成、重盛两家更高达万两。这些布店当系山陕商人为收购本地土布而开设,主要销往西北或口外。

临清是茶叶转运西北的重要码头,乾隆年间经营茶叶的店铺"大者二十八家,小者不计"[1],尤以晋商经营的边茶转运贸易最盛。不过,在嘉庆年间聊城重修山陕会馆的集资中有来自张家口的德盛玉、合盛全、兴太和等商号的捐款。张家口是中俄茶叶贸易最重要的转运枢纽,合盛全、德盛玉都是经营中俄茶叶贸易的晋商字号,曾出现在嘉庆四年(1799)进入恰克图的商号名册之中;特别是合盛全号,从嘉庆直到咸丰始终在恰克图的商号名册中。[2] 可见,聊城应也是恰克图茶路的重要转运站之一。

此外,皮毛、纸张、烟草、海味等也是经由聊城转运的较大宗的商品。

聊城不设税关,没有临清那样的税收数字可资参考。不过,聊城山陕会馆保留有该会馆创建、重修的大量碑刻。据碑文记载,该会馆始建于乾隆八年(1743),至十一年(1746)告竣,其后曾多次扩建重修,其创建、重修以及日常维修经费都来自商人集资,是按照一定的抽厘率收取的。嘉庆二十二年(1817)《山陕会馆接拨厘头碑记》对会馆的集资方法有较明确的记载:

> 山陕会馆之修得吾乡诸君子之力,规模阔大,焕然一新……前碑记之详已。兹犹以需用浩繁,计除支销以外所存无几,诚虞来少去多,倘有修补,仍未免左支右绌。爰集众商公同计议,既遵照旧拨四厘之例,减为一厘,约以五年为期,定于每岁夏、秋二季公同收取,轮流经营。……兹五年之期已满,又复议定减一厘为三毫,以图久远,庶几一切修补之费永取给于此。[3]

该碑碑阴镌有嘉庆十六年(1811)至二十年(1815)的抽厘金额,所谓"五年之期已满"当即指这五年。从嘉庆二十二年(1817)碑我们可得到三个抽厘率:

---

① 乾隆《临清州志》卷一一《市廛志》,第459页。

② 参见赖惠敏:《十九世纪晋商在恰克图的茶叶贸易》,陈熙远主编:《覆案的历史——档案考掘与清史研究》下册,台湾"中研院"历史语言研究所,2013年,第597~598页,以及附录一、附录二。

③ 许檀编:《清代河南、山东等省商人会馆碑刻资料选辑》,天津古籍出版社,2013年,第314页。

嘉庆十六年(1811)以前为4‰,嘉庆十六年(1811)至二十年(1815)为1‰,嘉庆二十一年(1816)以后为0.3‰。

表1是依据上述不同时期的抽厘率对乾、嘉、道三朝山陕商人经营规模所作的折算。需要说明的是,会馆的创建和重修,除本地商号(即坐贾)捐款外,大多会有外来客商(即行商)参与集资,故在经营规模折算时需要对外来捐款进行扣除。在表1所列的5组数据中,乾隆初年为会馆创建的集资,嘉庆前期和道光年间为重修集资,不过乾隆十一年(1746)和道光二十五年(1845)碑所镌捐款名录中均未对外来客商加以标注,只有嘉庆十四年(1809)碑中有所标记:计有53家外地商号参与集资,占抽厘商号的7.6%;但抽厘金额有限,共372两,仅占抽厘总额的0.87%。[①] 不过,考虑到该碑的标注可能存在遗漏,且乾隆十一年(1746)碑文中有"倡议者鸠工,闻风者踵至,豪商巨客接轨联镖"[②]的记载,应会有较大宗的外来捐款,笔者将扣除比例提高到20%,统一对创建、重修的三次抽厘金额进行修正,以免对经营规模造成高估。至于嘉庆后期的两组数据为日常集资,不会有多少外来客商参与,故未作调整。还要说明的是,由于道光元年至十七年(1821—1837)的抽厘状况未见记载,笔者不能肯定道光十八至二十四年(1838—1844)的集资是否仍采用0.3‰的抽厘率。如以0.3‰的抽厘率折算,七年平均的年经营额为560余万两;这一数字颇令人吃惊,为稳妥计,笔者采用1‰的抽厘率从低折算,所得的年经营额为168万余两。

表1　乾隆—道光年间聊城山陕商号的抽厘金额及其经营额的折算

年　代	抽厘金额	修正值	折合年经营额	备　注
乾隆八年至十一年	8188两	6550两	40.9万两	以4‰的抽厘率,4年平均
嘉庆七年至十四年	42965两	34372两	107.4万两	以4‰的抽厘率,8年平均
嘉庆十六年至二十年	7596两	——	151.9万两	以1‰的抽厘率,5年平均
嘉庆二十一至二十五年	1796两	——	119.7万两	以0.3‰的抽厘率,5年平均
道光十八至二十四年	14761两	11809两	168.7万两	以1‰的抽厘率,7年平均

资料来源:据聊城山陕会馆乾隆十一年(1746)、嘉庆十四年(1809)、嘉庆二十二年(1817)、道光三年(1823)、道光二十五年(1845)碑统计。

[①] 嘉庆十四年该会馆共有三通捐款碑,此处的统计数据为《山陕会馆众商重修关圣帝君大殿、财神大王北殿、文昌火神南殿暨戏台、看楼、山门并新建飨亭、钟鼓楼序》《会馆大工告竣碑记序》二碑合计;因《春秋阁阁文》所镌捐款商号有相当一部分与上述二碑重复,故该碑捐款未计入抽厘总额,此处也不予统计。

[②] 许檀编:《清代河南、山东等省商人会馆碑刻资料选辑》,第272页。

表1显示,乾隆初年聊城山陕商人的经营总额还只有40万两,嘉庆时已超过100万两,道光年间以1‰的抽厘率从低折算其经营额也达到168万两,与乾隆初年相比翻了两番。即便考虑到物价上涨因素,其经营规模的增长仍属可观。

清代在聊城经商者除山陕商人外,还有江西、江苏、浙江等省商人,若以山陕商人的经营额占比70%计算,① 全城合计,乾隆初年聊城的商业规模为58万两,嘉庆时增至150万~210万两;道光年间以1‰的抽厘率从低折算为240万两,若以0.3‰的抽厘率折算则超过800万两。乾隆—道光年间聊城商业的发展与临清关税额的下降形成明显反差。

二、华北商业城镇的空间分布与市场层级

以上我们分别考察了临清、聊城两个商城,清代像临清这样属于中央级的税关共有40余个,其中税收额较高者有20余处,它们大多位于运河、长江、沿海等重要水道沿线,是全国最重要的流通枢纽;而聊城这种未设税关的商城在数量上远超过前者,其商业规模虽不如前者,但也在地区性商品流通中发挥着重要作用。以临清和聊城作为参考,笔者将华北的商业城镇分为设有税关和未设税关的两类,分别进行梳理。

(一)设有税关的商城

冀鲁豫三省中以直隶所设税关最多,计有崇文门②、通州、天津、山海关、张家口和多伦诺尔6处,山东只有临清1处,河南则没有中央级的税关。

京师所在的崇文门税关,明代万历年间税收为68900余两,稍逊于临清;③ 清代该关税额大幅度增长,嘉道年间每年实征税额达28万~32万两,④居华北各关之首。不过,崇文门征收的是入城商税,凡转销他处的货物在通州已经分流(详下)。换言之,运入京城的商品主要是供本城居民消费的。

---

① 宣统《聊城县志》卷一《风俗记》有:"殷商大贾,晋省人为最多";碑文则称:"东郡商贾云集,西商十居七八。"(见《清代河南、山东等省商人会馆碑刻资料选辑》,第325页。)

② 崇文门税关位于京师,本不属直隶。不过,本节主旨在于考察华北商业城镇的空间分布,为简便起见,从地理空间角度暂将其归入直隶。

③《续文献通考》卷一八《征榷一》,浙江古籍出版社,1988年影印本,第2937页。

④ 参见倪玉平:《清朝嘉道关税研究》,北京师范大学出版社,2010年,第198~201页。京师除崇文门税关外,还有左翼、右翼二关,不过,此二关"专征田房契税和牲畜税",即其中有相当一部分属于不动产交易税,故未将其计入。

天津建卫筑城始于永乐二年(1404),明代借漕运之便逐渐兴起,清代的沿海贸易使之加速发展,嘉道年间天津已成为北方沿海最大的港口城市。天津设关始于康熙元年(1662),其实征税额雍正时为7万~8万两,嘉道年间为12万~15万两。天津从江浙、闽广输入的商品以糖、茶、纸张、瓷器、洋广杂货为大宗,从东北输入的主要是粮食。这些商品除供本地消费外,绝大部分转运北京,也有一部分销往直隶、山东各地。①

张家口是塞北地区最重要的商业城市,也是汉蒙贸易、中俄贸易的转运枢纽。该城位于长城沿线,明代隆庆年间被定为与蒙古各部互市之地,清初设关榷税。乾隆年间张家口—库伦商道成为中俄恰克图贸易最主要的通道,嘉道年间张家口实征税额为6万余两。在该城从事贸易者以晋商为多,输出以茶叶、烟草、杂货为大宗,尤以茶叶为最;输入则以俄国所产毛皮为主。②

多伦诺尔位于直隶北部,是漠南蒙古的商业中心。乾隆十五年(1750)清政府在此设立税关,嘉道年间其关税定额为21536两。经由该关输出的商品以茶叶和纺织品为大宗,输入以牲畜、皮毛、木材为主。多伦诺尔的腹地范围大体包括直隶的口北地区、漠南的锡林郭勒草原以及喀尔喀蒙古库伦以东地区,同时它也是张家口—库伦商道上一个重要的转运码头。③

山海关明代为军事要塞,康熙三十三年(1694)设关征税,关署在临榆县之山海关镇。该关最初定额仅25000两,乾嘉年间大幅度增长,实征税银为11万~13万两。不过,该关税源主要来自东北沿海港口,尤以锦州、营口为最,而大关所在的山海关镇税收额有限。④

通州分司,又称坐粮厅,设于康熙年间,关署在通州城内。通州是货物进京的分流地,由运河北上的货物至此"按价值贵贱分别落地、起京计数科税"⑤,北销张家口的货物由通州转运,不进京城。嘉道年间该关实征税额为1.2万~

---

① 参见许檀:《清代前期的沿海贸易与天津城市的崛起》,《城市史研究》第13—14辑,1997年;许檀、高福美:《乾隆至道光年间天津的关税与海税》,《中国史研究》2011年第2期。

② 参见许檀:《清代前期的北方商城张家口的崛起》,《北方论丛》1998年第5期;《清代后期晋商在张家口的经营活动》,《山西大学学报(哲学社会科学版)》2007年第3期。

③ 参见许檀、何勇:《清代多伦诺尔的商业》,《天津师范大学学报》2007年第6期

④ 参见许檀:《清代前期的山海关与东北的沿海贸易》,《清史论丛》,中国广播电视出版社,2002年。

⑤ 嘉庆《大清会典事例》卷一八七《户部·关税》,沈云龙主编:《近代中国史料丛刊三编》第66辑,台湾文海出版社,1991年,第656册,第8624页。

1.4万两。①

表2是嘉道年间直隶6关和山东临清关的关税定额与实征税额简表,请参见。

表2　嘉道年间直隶山东各关关税定额及实征税额简表

税关名称	关税定额	实征税额	备　注
直隶崇文门	102175两ⓐ	28万~32万两	ⓐ盈余无定额,尽收尽解
天津关	108156两ⓑ	12万~15万两	ⓑ关税、海税合计
山海关	111129两	11万~13万两	
张家口	60561两	6万余两	
多伦诺尔	21536两	不详	
通　州	12339两	1.2万~1.4万两	
山东临清关	56748两ⓒ	4万~6万两	ⓒ户关、工关合计

资料来源:关税定额据嘉庆《大清会典事例》卷187、190;实征税额据前引各文。

(二)未设税关的商城

根据笔者目前掌握的资料,清代中叶山东可作为地区性商业中心的城镇,除聊城之外主要有:济宁、德州、张秋、大汶口、台儿庄、胶州、莱阳、黄县、烟台、益都、潍县、周村、泰安、博山等。其中,济宁、周村、胶州、烟台的商业规模可能超过聊城,分别简述如下:

位于运河沿线的济宁是鲁西南的商业中心,明代中叶已相当繁荣,清代进一步发展。乾隆年间该城有布店25家,绸缎店21家,杂货店35家,竹木店14家等,每年征收商税7900余两。济宁从江南输入绸缎布匹、竹木、杂货等分销兖州、曹州二府,又汇集本地所产粮食、大豆、烟草、果品等输往江南、直隶以及北部的东昌府。

周村是山东中部的商业中心,有"旱码头"之称。其兴起在康熙年间,乾嘉年间迅速发展。云集周村的客商来自山西、河南、直隶、奉天、福建、江西等省,其中北方商人以晋商实力最强,南方商人以福建为多,在周村分别建有山陕和福建会馆。道光四年(1824)周村重修山陕会馆,仅十余日即"募钱万余缗",其经济实力由此可见。周村从南方输入的商品以绸缎、杂货为大宗,在本地集散

---

① 参见倪玉平:《清朝嘉道关税研究》,第35~36页。

的商品主要是棉布、生丝、丝绸、茧绸等,其销售范围除山东中部各府外,还远及直隶、河南、山西以及东北。

位于山东半岛南岸的胶州,是东部沿海兴起较早的港口城镇,明代隆万年间已是山东大豆、海产输往江南的重要码头。清代海禁开放之后,江浙、闽广商船大量北上,贸易量迅速增长。雍正年间重定船税,胶州每年征银7540两,相当于清初山东沿海船税总额786两的9.6倍,其海贸发展之速由此可见一斑。

乾隆以降,随着北洋贸易的发展和东北的开发,位于山东半岛北岸的烟台迅速崛起,"逮道光之末则商号已千余家矣,维时帆船有广帮、潮帮、建帮、宁波帮、关里帮、锦帮之目",并取代胶州成为山东沿海最重要的港口。咸丰九年(1859)郭嵩焘为筹办山东厘局所做的调查显示:"烟台为南北之冲,海船经过收泊较多于他处,故以此一口(收税)为较盛。"在此次调查汇总的山东沿海14州县所征海税总额中,烟台所在的福山县为12123两,占比28%,而胶州所征仅6071两。[①]

清代中叶河南可作为地区性商业中心的城镇计有:开封、洛阳、南阳、河内、归德、永城、朱仙镇、周口、赊旗、北舞渡、道口、清化、荆子关等。其中,洛阳、周口、赊旗和朱仙镇的商业规模似与聊城大体相当。

洛阳是河南府治,明代商业状况不详,清代前期有较大发展,嘉道年间汇聚该城的行商、坐贾已有千家。洛阳不仅是河南府的商业中心,也是陕甘地区与中原及南方各省商品流通的重要通道。洛阳输入商品以绸缎、布匹及南方杂货为大宗,其中相当一部分转销西北;洛阳本地向西北输出的商品以棉花为大宗,向南方输出的商品主要是西北所产皮毛、药材、水烟等。笔者曾依据潞泽和山陕两座会馆的集资金额估算,清代中叶洛阳商业的年经营额约计可达四五百万两。[②]不过,这一数字是行商、坐贾合计,即便以行商捐款占其中一半予以扣除,洛阳的商业规模也可达200万两。[③]

位于淮河上游的周口是河南东南部的商业中心。明末周口已是从江淮至开封水路交通线上的商船停泊码头,清代成为河南东部与江南商品流通的转

① 关于山东的商业城镇,请参见许檀:《明清时期山东商品经济的发展》,中国社会科学出版社,2007年,第111~164页。

② 参见许檀:《清代中叶的洛阳商业》,《天津师范大学学报》2003年第4期。

③ 嘉道年间洛阳山陕会馆重修经费为25000两,其中坐贾集资13350余两,占总额的53%;其余47%中估计有相当部分为行商捐款,可能还有其他来源。

运枢纽。其输出以陈州、开封、汝宁等府所产农副产品为主,输入则以江南所产绸布、杂货为主。清代中叶,山陕、安徽、江西、湖广、福建等地商人在周口都建有会馆。道光年间汇聚该镇的行商、坐贾至少超过千家,以山陕会馆坐贾的捐款额折算,周口全镇的年经营额约计300万两。①

赊旗所在的南阳盆地属汉江水系。该镇的兴起约在康熙初年,清代中叶达到鼎盛,同治、光绪年间再度辉煌。赊旗是河南西南部与湖广地区商品流通的重要枢纽,同时也是晋商对俄茶叶贸易的转运通道。同治、光绪年间汇聚该镇的行商、坐贾有千余家,仅以坐贾抽厘金额估算,赊旗山陕商人的年经营额已达340万两。②

位于开封城南40里的朱仙镇是清代前期河南东部最重要的商城,与汉口、佛山、景德镇并称为清代四大镇。该镇在明代中后期开始兴起,乾隆年间进入鼎盛,商人商号数量超过千家。汇集于朱仙镇的商货中,绸缎、布匹、杂货等来自江浙、安徽,烟草、铁器来自山西。这些商品除相当一部分供应省城开封之外,其转运范围至少包括开封府属各州县,以及河南东北部的卫辉、彰德等府。道光二十三年(1843)的水灾对朱仙镇破坏很大,也成为该镇由盛而衰的转折点。③

省城开封明代商业较为繁荣,有大量商人商货云集,除供本城消费外,也有部分商品转销外地,是华北地区一个重要的商品集散市场。清代,开封商业主要是为本城居民服务,以零售商业为主,其商品多来自城南的朱仙镇。朱仙镇衰落之后,开封商业的批发、中转功能才逐渐增强,商业规模也随之增长。④

此外,位于河南、山西二省交界的清化镇是豫北地区的商业重镇,也是晋、豫二省间商货转运的重要通道。该镇兴起较早,明代嘉隆年间已汇聚各省商人数百名,清代继续发展。由山西南下的商品以铁货为最大宗,从清化北运的商品以南方杂货为主,粮食、药材、花炮、竹器则是清化本地输出的重要商

---

① 参见许檀:《清代河南的商业重镇周口》,《中国史研究》2003年第1期。周口山陕会馆道光二年碑所镌坐贾捐银16200两,以1‰的抽厘率,12年平均,折合年经营额135万两;道光十八年碑所镌坐贾捐银16270余两,9年平均,折合年经营额180余万两。若以山陕商人的经营额占周口全镇一半计算,嘉道年间周口的商业规模约为270万~360万两。不过,1‰的比例是行商集资的抽厘率,坐贾则未见明确记载。

② 参见许檀:《清代河南赊旗镇的商业》,《历史研究》2004年第2期。

③ 参见许檀:《清代河南朱仙镇的商业》,《史学月刊》2005年第6期。

④ 参见许檀:《明清时期的开封商业》,《中国史研究》2006年第1期。

品。①地处豫西山区的荆子关则为豫鄂陕三省间物资交流的重要通道,山陕、湖广、江西商人均在该镇建有会馆。据道光年间山陕会馆碑刻统计,汇聚该镇的行商、坐贾超过千家。经由荆子关输出的主要是本地和陕南山区所产山货,如生漆、药材、木耳等;从湖广输入的则以粮食、布匹、杂货为大宗,其中很大部分转运陕西、甘肃。②

关于直隶的地区性商业中心,笔者目前掌握资料相对较少,只能做一大致勾勒。

祁州是华北最重要的药材贸易中心,每年春、冬两季举办药材大会,交易月余,为"大江以北发兑药材之总汇"。药材贸易也带动了其他商品的汇集,"百货辐辏,商贾云集,药材极海山之产,布帛尽东南之美"。③道光初年重修药王庙,参与集资的药材帮有关东、山东、山西、陕西、京通卫、古北口外、五台厂、蔚州厂、四路众客商,以及黄芪帮、甘草行等。同治、光绪之际重修药王庙,参与捐款的外来药商又增加了武安帮、怀帮、天津卫帮、宁波帮、江西帮、广昌帮等,还有北大会、南大会、南药市,以及杂货、山货、估衣、皮货、食店等行和周边各县商号,至少有2000多家商人商号参与集资,共捐京钱33598千文。④

运河沿线的张家湾是通州分司的分税口,乾隆年间已建有山西会馆,其经营行业包括布行、铁行、烟行、煤行、茶叶、成衣以及金融、运输等。⑤河西务,明代为全国八大钞关之一,万历时税额为46000两;⑥清代康熙元年(1662)税关移往天津,河西务成为天津关的分税口,也是天津、通州之间的重要码头。

束鹿县辛集镇以皮毛贸易著称,县志记载"辛集镇为天下商贾云集之地","绵亘五六里,货广人稠,坐贾行商往来如织"。⑦乾隆年间山西商人已在此建

① 参见许檀、吴志远:《明清时期豫北的商业重镇清化》,《史学月刊》2014年第6期。

② 参见许檀:《清代河南西部的商业重镇荆子关》,《天津师范大学学报》2009年第5期。

③ 乾隆《祁州志》卷二《建置志》、卷七《艺文志》,《中国方志丛书(华北地方)》第503号,台湾成文出版有限公司,1976年,第145、648页。

④ 许檀编:《清代河南、山东等省商人会馆碑刻资料选辑》,第437~488页。

⑤ 乾隆四十年张家湾《重修山西会馆碑记》,该资料为北京晋商博物馆孟伟教授惠赐,附笔致谢。

⑥ 《续文献通考》卷一八《征榷一》,浙江古籍出版社,1988年影印本,第2937页。

⑦ 嘉庆《束鹿县志》卷九《风土志》、卷一《地理志》,《中国方志丛书(华北地方)》第155号,台湾成文出版社,1968年,第948、696页。

立了会馆。①塔子沟和三座塔也有晋商在乾隆年间兴建关帝庙,亦即山西会馆。②龙王庙位于大名县东南十八里的卫河沿岸,是临清至河南道口之间的重要码头;该镇也建有山西会馆,③但修建年代不详。省城保定,在光绪三十一年(1905)的《保定府城图》中标有三晋、两江、湖广、浙绍等多座会馆,④不过其创建年代可能较晚。

(三)地区性商业中心的腹地范围与市场层级

利用商人会馆捐款,我们还可对各商业城镇的辐射范围进行考察。前已述及,商人会馆的大规模修建,除本地商号捐款之外,多会有外来客商参与集资,捐资商号的地域分布可大体反映出该城的腹地范围。

从聊城山陕会馆嘉庆十四年(1809)的捐款碑可以看到,参与集资的外地商号主要来自鲁、豫、冀、晋四省。这些商号应都是山陕商人所开设,并与聊城有商业往来,因而才会在会馆重修之际参与其间。其中来自山东本省的有运河沿线的梁家浅、阿城镇,以及濮州、长清、章丘、蒲台等地的商号;河南的商号主要来自开封、周口和朱仙镇,尤以朱仙镇最多;直隶的商号分别来自天津、泊头、郑口、深州、深泽、东明和张家口;来自山西的有太谷、榆次、介休及归化城的商号。⑤这一范围比我们原来估计的要大得多,即便不考虑茶叶等个别商品的转运范围,也已覆盖了鲁北、冀南和豫东的广大区域,至少涉及八九个府。图2是依据嘉庆十四年(1809)聊城山陕会馆捐款碑绘制的捐款客商的地域分布,请参见。

---

① 参见张慧芝:《天子脚下与殖民阴影——清代直隶地区的城市》,上海三联书店,2013年,第239页。

② 乾隆《塔子沟纪略》卷七《寺庙》,卷一一《艺文》,《中国地方志集成·辽宁府县志辑》第23册,凤凰出版社,2006年,第639、661页。

③ [日]东亚同文会编:《支那省别全志》第一八卷《直隶省》,日本东亚同文会,1920年,第305~307页。

④ 保定直隶总督府展出之《保定府城图》,笔者于2015年4月参观时拍摄。

⑤ 参见许檀:《清乾隆至道光年间的聊城商业》,《史学月刊》2015年第3期。

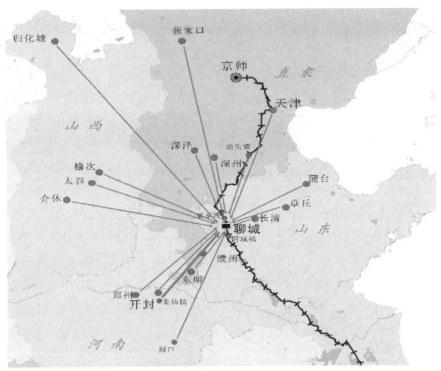

图2　嘉庆年间聊城重修山陕会馆捐款客商的地域分布

在周村山陕会馆道光四年(1824)《关帝庙重修碑记》所镌捐款客商的地域分布中,来自山东本省者有济南府历城、齐东、章丘,武定府利津,青州府乐安,莱州府昌邑、潍县、胶州等地的商号;山西商号来自太原、太谷、盂县、寿阳、潞安、泽州等地,尤以潞、泽二府最多;河南商号来自中州;直隶商号来自京师、广平、冀州、南宫、赤峰等地;东北商号以盛京为多,也有来自锦州、吉林者。此外,还有几家来自江西、湖南的商号参与了集资。① 图3是依据该碑所绘制的外来客商的地域分布,请参见。

---

① 参见许檀:《清代山东周村镇的商业》,《史学月刊》2007年第8期。

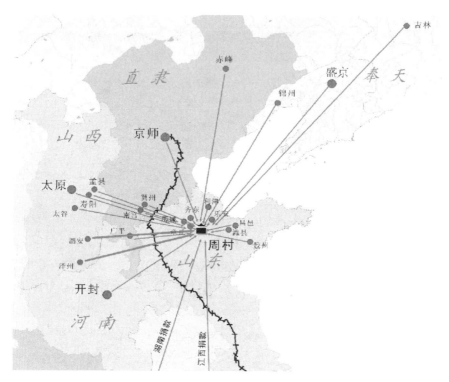

图3 道光年间周村重修山陕会馆捐款客商的地域分布

在咸同之际清化镇修筑城墙的集资中,铁货业、杂货业客商的地域分布可大致反映出该镇经销的铁货、杂货的转销范围。铁货业众商中,山西的凤台、润城、米山等客商来自铁货产区,为铁货的供应者;而直隶的天津、滦州,山东的黄县、潍县、武定府等应属铁货销地。杂货业众商分别来自山西泽、潞二府和太原府祁县,以及清化镇周边的木栾店、延川集等,他们应都是来清化进货的。①(见图4)

_____

① 参见许檀、吴志远:《明清时期豫北的商业重镇清化》,《史学周刊》2014年第6期。

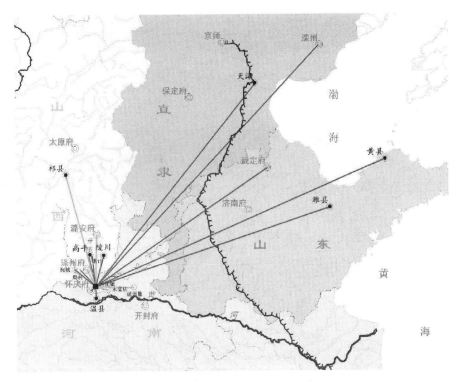

图4 咸同之际清化镇铁货、杂货的转销范围

在笔者以往考察的商镇中北舞渡的腹地范围最小。咸同年间该镇重修山陕会馆,参与捐款的外地商号主要来自舞阳、襄城、叶县、郾城、临颍、遂平等六七个县。①(见图5)

---

① 参见许檀:《清代河南的北舞渡镇》,《清史研究》2004年第1期,

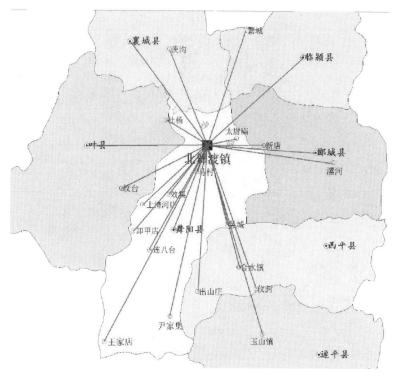

图5　咸同年间北舞渡重修山陕会馆捐款客商的地域分布

以上考察我们看到,地区性商业中心的规模也有很大差别。以聊城作为参照标准,笔者将山东、河南两省的地区性商业中心再分为A、B两级,其中规模较大者属于A级,计有山东的聊城、济宁、周村、胶州、烟台,河南的洛阳、周口、赊旗和朱仙镇,其余各城镇暂归入B级。

直隶的地区性商业中心可据以进行量化的资料较少。不过,在前文考察的6个税关中,崇文门、天津、张家口的税收均高于临清;通州、多伦诺尔二者税收较少,且腹地范围相对狭小;山海关税收虽然不少,但多征自锦州和营口,而非出自本城。故笔者将通州、多伦诺尔、山海关三者做降级处理,定为地区性商业中心中的A级。祁州药市的贸易规模和辐射范围较大,也归入A级;其余各城镇归入B级。下图是依据以上分类所做的清代中叶冀、鲁、豫三省商业城镇的空间分布与市场层级的示意图。(见图6)

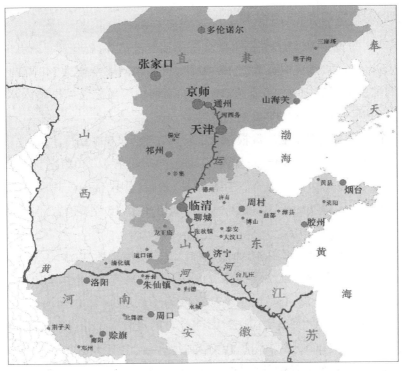

●流通枢纽城市 ● 地区性商业中心的A级 ·地区性商业中心的B级

图6 清代中叶冀、鲁、豫三省商业城镇的空间分布与市场层级

由图6可见,冀、鲁、豫三省较高层级的商业中心——流通枢纽城市和地区性商业中心的A级共有17处,即京师、天津、张家口、临清等4个流通枢纽城市,以及通州、多伦诺尔、山海关、祁州、聊城、济宁、周村、胶州、烟台、洛阳、周口、赊旗、朱仙镇等13个属于A级的地区性商业中心,其空间分布与施坚雅《1843年各区城市中心地的等级—规模分布》中"华北"一图所列有很大差异。① 在这17个商业中心中,府级以上的行政中心只有京师、天津、聊城、洛阳4处;此外,临清、济宁、张家口和多伦诺尔系直隶州(厅),通州、祁州、胶州为散州,山海关、朱仙镇、周口、赊旗、周村、烟台6处在行政建制上不过是一个镇。而施坚雅所列的开封、保定、济南三个省城均不在其中。

① 施坚雅所列冀、鲁、豫三省的中心地,从高到低依次为北京、天津、开封、济宁、潍县、顺德府(邢台)、东昌府(聊城)、保定、济南、临清、周口、青州府(益都)、彰德府(安阳)、洛阳,参见《中华帝国晚期的城市》,第274页。

(四)对经营规模的初步估算①

在前文的考察中,笔者依据山陕会馆的抽厘额估算,乾隆初年聊城的商业规模为50余万两,嘉庆时已超过150万两,道光年间取低值为240万两,若以0.3‰的抽厘率折算则为800万两。临清的商业规模虽无法以税额折算,但肯定远超过聊城,至少可达800万两。

山东的商业城镇以临清规模最大,其年经营额以800万两计;其他主要商城中,济宁、周村、胶州、烟台的规模当不逊于聊城,各以240万两计;德州、张秋、台儿庄、泰安、大汶口、益都、博山、潍县、莱阳、黄县等10处规模较小,可能达不到乾隆初年聊城的规模,暂以30万两平均计算;16个城镇合计,年经营额约为2300万两。

河南的商业城镇以洛阳、朱仙镇、周口、赊旗规模较大,以平均200万两计;开封、南阳、邓州、归德、永城、河内、清化、道口、北舞渡、荆紫关等10处也以平均30万两计算;14个城镇合计,年经营额约为1100万两。

直隶的6个税关中,崇文门、天津、张家口的税收额都超过临清,三者合计当可达2400万~3000万两;多伦、山海关、通州三者以平均200万两计,祁州可能也相差不多;其他如保定、张家湾、河西务、辛集、龙王庙、塔子沟、三座塔等7处,各以30万两计;14个城镇合计,年经营额为3400万~4000万两。

三省合计,仅前述17个高层级的商业中心经营规模已达7000万两上下。

三、结语

以上笔者对清代中叶冀、鲁、豫三省商业城镇的市场层级进行了划分,并以聊城作为参照,对三省主要商业城镇的经营规模进行了初步估算。笔者对华北传统市场的研究虽然持续了多年,目前所能呈现出来的仍相当粗糙,但总比完全没有前进了一步。

一般而言,中央级的税关都设在税源最丰的地方,故税关所在多为流通枢纽城市。不过从直隶的6个税关来看,其税收额相差较大,②故笔者将其中的

---

① 感谢审稿专家的建设性意见,笔者据以对聊城,以及河南洛阳、周口等商业规模的估算进行了修正,并在此基础上对华北三省商业城镇的经营规模进行了汇总。当然,目前的估算仍很粗疏,笔者希望通过进一步的资料发掘和细化研究,或可在今后做出更加准确的估算。

② 实际上华北的税关是税收额较少的,如果考察南方的税关,税收额的差距会更大。

多伦诺尔、通州、山海关做了降级处理。同样,地区性商业中心的规模也有很大差别,对此类商城腹地范围的考察也大大超出以往的估计,远非"一两个府、十来个县"可以概括。如聊城的商品转运范围至少包括鲁北、冀南和豫东的八九个府;周村集散的棉布、丝绸的销售范围除山东中部的三四个府之外,还远及直隶、山西和东北;清化镇的铁货转销范围包括山东北部和直隶东部,而南来杂货的转销则覆盖了晋东南和晋中;至于辐射功能最小的北舞渡镇,腹地范围则只有周边的六七个县。

在本文的考察中还可看到,各商业城镇的辐射范围、市场级别与其行政等级差异很大。在华北三省中,除京城的商业规模基本符合其行政地位外,其他省城、府城的经济功能和商业规模大多与它们的行政级别不相匹配。具体而言,山东的16个商业城镇中,只有聊城、益都、泰安为府城,济宁为直隶州;其他如德州、胶州、黄县、莱阳、潍县、博山等只是一般的州县城,而张秋、周村、烟台、大汶口、台儿庄等在行政建制上不过是一个镇。其中,烟台的经济功能超过登州府城,周村的功能甚至超过省城济南。[①] 至于临清与聊城二者的关系,在临清商业的鼎盛时期,它不过是东昌府辖下的一个散州,直至乾隆四十一年(1776)才升格为直隶州,此时的临清实际上已经开始走下坡了。河南的14个商业城镇中,开封为省城,洛阳、南阳、归德、河内为府城,朱仙镇、周口、赊旗、北舞渡、清化、道口、荆子关等在建制上只是一个镇。其中,朱仙镇的经济功能超过省城开封,周口的功能超过所属之陈州府城,赊旗的功能超过南阳府城。在直隶的商业城镇中,天津为府城,张家口、多伦诺尔为直隶厅,通州、祁州为散州,而省城保定的商业规模与它们相比则逊色得多。诸多行政级别较低的商业城镇的崛起反映的正是明清时期发展中的市场体系对原有行政体系的突破。

从华北商业城镇的实际状况看,无论是流通枢纽城市,还是地区性商业中心,多是以中转批发贸易为主。这一点与中心地理论所强调的零售商业为主[②]似有较大差异。从明代到清代,临清商业地位的下降是由于部分中转批发功能的丧失,而清代聊城商业的发展也正是分割了临清的部分商品转运功能。

---

① 直到胶济和津浦铁路开通后,济南的经济功能才大幅度提升。

② 参见[美]施坚雅:《中华帝国晚期的城市》,第329页。

只有京城和河南省会开封是少数例外，^①二者均以零售商业为主，这显然与两城的政治地位和居民结构密切相关。

对传统市场的实证性、具像化研究需要花费大量的时间和精力。不过笔者认为，对为数众多的商业城镇做深入细致的个案研究，有益于我们摆脱以往的概念化、模式化思维，更加具体深入地认识中国的传统市场。在这方面，商人会馆碑刻为我们提供了其他资料无法比拟的多层次、多方位的商业信息，希望有更多的学者关注此类资料。

本文原刊载于《中国社会科学》2016年第11期，为国家社会科学基金"明清时期华北城市结构与市场层级"（12BZS069）的阶段性成果。

作者简介：

许檀，女，1953年生。1982年毕业于南开大学历史系，入职中国社会科学院经济研究所。2000年调入南开大学，任历史学院教授，博士生导师。主要研究领域为明清经济史。代表作有《明清时期山东商品经济的发展》《明清时期城乡市场网络体系的形成及意义》《明清时期华北的商业城镇与市场层级》《明清时期中国传统市场研究》等。

---

① 山东省城济南、直隶省城保定可能也属此类。

正嘉之际明朝对葡外交之确定

——以丘道隆《请却佛郎机贡献疏》为中心

庞乃明

　　葡萄牙是新航路开辟后与明代中国直接交往的首个欧洲国家,而正德、嘉靖之际中葡之间发生的贸易、政治联系,又被认为是明代中葡关系的第一重要阶段。明朝对葡交往的主客定位、决策思维以及外交政策的最后确定,不仅考验着明代中国应对全新外交对象的智慧和能力,而且对嘉靖以后的明朝对葡外交,乃至明清中国对欧洲外交的发展演变无不产生重要影响。在明代中葡关系的这一重要阶段,丘道隆无疑是一位举足轻重的关键人物。当葡萄牙人侵占马六甲并派遣使团出使中国、要求中国开放对葡贸易的时候,正是监察御史丘道隆上疏朝廷,建议拒绝葡萄牙人的"封贡"请求,勒令归还业已侵占的马六甲疆土。丘道隆的《请却佛郎机贡献疏》不仅引起其他朝臣的共鸣呼应,而且为明朝处理对葡关系提供了可资参照的决策思路。最早言及丘道隆奏疏的是《明武宗实录》[①],其后之嘉靖《广东通志初稿》、嘉靖《广东通志》、万历《广东通志》《焦太史编辑国朝献征录》《殊域周咨录》《名山藏》《明史》等,大都记载丘道隆首请处置佛郎机进贡之事。但与《明武宗实录》一样,上述各书所引丘道隆奏疏只是全部奏文的一少部分,自然影响其史料价值的完整呈现。[②]笔者最近翻阅明清方志,偶得清康熙二十六年(1687)《上杭县志》所载丘道隆《请却佛

---

①《明武宗实录》卷一九四,正德十五年十二月己丑,台湾"中央研究院"历史语言研究所校印本,1964年,第3630页。按:本文引用《明实录》均为同一单位校印本,《明世宗实录》,1965年出版。

② 目前关于早期中葡关系史的论著,如万明《中葡早期关系史》(社会科学文献出版社,2001年)、廖大珂《中葡关于满剌加问题的交涉及其影响》(江苏省郑和研究会编:《"睦邻友好"郑和学术研讨会论文集》,2002年,第98~123页)、黄庆华《中葡关系史》(黄山书社,2006年),以及吴志良、汤开建、金国平主编《澳门编年史》第1卷(广东人民出版社,2009年)等,无不言及丘道隆上奏之事,或因未见奏疏全文,尚未关注其在明朝对葡外交决策中的重要影响。

郎机贡献疏》。①全文702字，迄今未见研究者征引利用。兹以这道我新发现的丘道隆奏疏，结合其他中外史料，力图还原正嘉之际明朝对葡外交的曲折历程，挖掘这道奏疏的史料价值。

一、丘道隆上疏前的明朝对葡方略

如以葡萄牙特使皮雷斯（Tomé Pires，又译作皮列士、皮莱资等）来华为标志，丘道隆上疏前的明代中葡关系似可分为前后两个阶段。皮雷斯来华前，中葡关系以自发的贸易联系为主，明朝尚无针对葡萄牙人的明确外交政策；皮雷斯来华后，中葡之间建立起正式官方联系，面对入贡请封而又恃强桀骜的所谓佛郎机人，明朝开始探索制定对葡方略。

1511年，葡萄牙人占领马六甲后，积极开拓通往远东各地的海上航线。根据葡萄牙印度总督阿尔布克尔克（Alfonso de Albuquerque）发回的报告，"葡萄牙当局很快便制定一个全面打入东亚的计划，尤其是进军中华帝国"②。1513年6月，被誉为葡萄牙来华第一人的欧维士（Jorge Alvales）奉葡印总督之命，驾驶马来帆船，满载胡椒等物抵达广东屯门。因为广东当局不允许他们上岸或进入广州，欧维士等就在屯门与中国商贩交易，获利甚丰。次年春天，欧维士返回马六甲，声言中国"无所不有"，到处充满发财机会，"将香料运到中国去，所获得利润与载往葡萄牙所获的利润同样多"，而将中国丝缎、珍珠、帽子等运到马六甲，"可获利三十倍"。③此后，不断有葡萄牙商人为中国财富所吸引，频频来到广东沿海。如1516年初，为葡萄牙远征军服务的意大利人拉斐尔·佩雷斯特罗（Rafael Perestrello），率领30名葡萄牙人和马来人，乘坐一艘中国帆船，

---

① 按：现存明清《上杭县志》共三部：一为康熙二十六年刻本，一为乾隆十八年刻本，一为乾隆二十五年刻本。除康熙二十六年志卷一〇《艺文志·奏议》收录《请却佛郎机贡献疏》外，乾隆十八年志卷六《艺文·明奏议》、乾隆二十五年志卷一〇《艺文志·奏议》亦收录，只是作者姓名改为邱道隆。那是因为雍正三年为避孔子讳，改"丘"为"邱"。包千谷编辑《杭川文钞》时，卷一收录丘道隆7题中，首为《请却佛郎机贡献疏》（包应卿、包应森编校：《包千谷诗文选》附录《〈杭川文钞〉目录》，中国戏剧出版社，2004年，第373页）。另，乾隆《汀州府志》卷四二《艺文四》亦录此疏，名为《上逐佛郎机国贡献疏》（清乾隆十七年刻本，第22~24页）。陈遵统等编纂《福建编年史》时，从旧本《上杭县志》移录此疏，但未言其名（福建人民出版社，2009年，第504~505页）。

② ［葡］洛瑞罗（Rui Manuel Loureiro）：《葡萄牙人寻找中国：从马六甲到澳门（1502—1557）》，吴志良、金国平、汤开建主编：《澳门史新编》第1册，澳门基金会，2008年，第19页。

③ 张天泽：《中葡早期通商史》，姚楠、钱江译，中华书局香港分局，1988年，第38~40页。

满载各种货物前往广东,获利在20倍上下。①这些早期来华的葡萄牙商人以屯门为贸易据点,屯门也因此被他们称为"贸易之岛"。

在葡萄牙人进入广东屯门,谋求与中国展开贸易的时候,明朝也正经历对外贸易政策的较大调整。由于贡舶贸易日趋衰落,加之地方连年用兵,两广财政出现困难。因此从正德三年(1508)起,广东就对来华番舶实行十分抽三的抽分制度。②这一制度虽然增加了广东的地方财政收入,但也加大了因番舶蜂至而带来的管理难度。正德九年(1514),广东参议陈伯献上奏朝廷,希望对外来商舶加以管控。他说:"岭南诸货,出于满剌加、暹罗、爪哇诸夷。计其产不过胡椒、苏木、象牙、玳瑁之类,非若布帛菽粟民生一日不可缺者。近许官府抽分,公为贸易,遂使奸民数千驾造巨舶,私置兵器,纵横海上,勾引诸夷,为地方害,宜亟杜绝。事下礼部议,令抚按等官禁约番船,非贡期而至者即阻回,不得抽分,以启事端,奸民仍前勾引者治之。报可。"③十年(1515)四月,巡按广东御史高公韶奏请"再申禁约,以杜后患"④,可见执行效果并不理想。到十二年(1517)五月,广东右布政使吴廷举"请立一切之法","命番国进贡并装货舶船榷十之二,解京及存留饷军者俱如旧例,勿执近例阻遏"。⑤得到朝廷首肯,此一反复才算告一段落。

明朝对外贸易政策的这一调整,从根本上否定了"有贡舶即有互市,非入贡即不许其互市"⑥的贡舶贸易原则。这种不问年份,不验勘合,来则抽分,税后贸易的做法,无疑给东来葡萄牙人提供了机会。据皮雷斯记载,在其出使中国之前,葡萄牙人已把胡椒、丁香、肉豆蔻、木香、阿仙药等运往中国。葡船一到屯门,"南头的首领就把消息送往广州,商人立即到来估计商品的价值并付关税……然后他们携带着由这种或那种物品组成的商货,各自回家……当地

① [葡]费尔南多·科雷亚·德·奥利维拉(Fernando Correia de Oliveira):《葡中接触五百年》,杨立民等译,纪念葡萄牙发现事业澳门地区委员会、东方基金会,1999年,第24页;Henri Cordier, *Histoire Générale de la Chine et de ses Relations avec les Pays étrangers: depuis les temps les plus anciens jusqu'à la chute de la dynastie Mandchoue*, Paris: Librairie Paul Geuthner, 1920, v. 3, p.119.

② 关于番舶抽分的起始时间,有正德三年说和正德四年说。揆诸史事,当始于正德三年。参见李龙潜:《明清广东社会经济研究》,上海古籍出版社,2006年,第205页。

③《明武宗实录》卷一一三,正德九年六月丁酉,第2297页。

④《明武宗实录》卷一二三,正德十年四月丙午,第2470页。

⑤《明武宗实录》卷一四九,正德十二年五月辛丑,第2911~2912页。

⑥ (明)王圻:《续文献通考》卷三一《市籴考》,《续修四库全书》,上海古籍出版社,2002年,第762册,第335页。

人肯定地说,从广州把商品输往那些岛屿的人,每十分可获利三分、四分或五分,中国人采取这种做法,以免国土被夺走,也为的是征收进出口商品的关税"①。中国人从他们手中购买香料、象牙、锡、沉香木、浡泥樟脑、红珠、白檀、苏木和新加坡黑木,以及坎贝的玛瑙、鲜红羽纱、彩色羊毛布等。葡萄牙人则向中国缴纳关税,"胡椒付 20%,苏木付 50%,新加坡木付同样数目;估价完毕后,一艘船按总数交纳。其他商品付 10%"②。

作为葡萄牙特使的皮雷斯是于 1517 年 8 月 15 日抵达屯门的,护送他的舰队指挥官是费尔南·佩雷斯·德·安德拉德(Fernao Peres de Andrade)。在向南头备倭官通报其"基本目的是为护送葡萄牙国王派遣出使中国国王的使臣……大使携有永修和好的国书"后,费尔南受到热烈欢迎。③但进入广州一事却被耽搁下来。苦等一月也未得到肯定答复的费尔南,遂径自率领两艘大船,直抵广州城下。使团翻译则按中国习惯撰写了佛郎机人愿为藩臣的表文,于是第一位来华葡使顺理成章地变成了请求封贡的朝贡使臣。如《明武宗实录》载:"佛郎机国差使臣加必丹末等贡方物,请封并给勘合。"④亲历其事的顾应祥也把皮雷斯来华视为"佛郎机国遣使臣进贡"⑤。

按照接待外藩贡使的惯例,皮雷斯一行被安排在了广州怀远驿。16 世纪葡萄牙历史学家若昂·德·巴罗斯(João de Barros)说:"这是城中最华丽的房子之一。城中达官贵人登门拜访。当地官员根据接待大使的规定,下令为他们提供一切。"⑥但随着新鲜好奇的快速消退,一切都复归平静。朝廷迟迟没有批准使团进京,他们陷入了漫长的等待。从 1517 年 9 月进入广州,到 1520 年 1 月奉旨北上,皮雷斯在广州等待了将近两年半的时间。而护送皮雷斯的费尔南则在广东停留了整整一年,他于 1518 年 9 月离开屯门。

在广东居留期间,费尔南先是在广州城下驻泊,嗣因手下人员染病丧命,

---

① [葡]多默·皮列士(Tomé Pires):《东方志——从红海到中国》,何高济译,江苏教育出版社,2005 年,第 98 页。

② [葡]多默·皮列士:《东方志——从红海到中国》,何高济译,第 99 页。

③《若昂·德·巴罗斯亚洲史——旬年史之三》第 2 篇第 8 章,金国平编译:《西方澳门史料选萃(15—16 世纪)》,广东人民出版社,2005 年,第 136 页。

④《明武宗实录》卷一五八,正德十三年正月壬寅,第 3021 页。

⑤(明)顾应祥:《静虚斋惜阴录》卷一二《杂论三》,《续修四库全书》第 1122 册,第 511 页。

⑥《若昂·德·巴罗斯亚洲史——旬年史之三》第 2 篇第 8 章,金国平编译:《西方澳门史料选萃(15—16 世纪)》,第 141 页。

加之留守屯门的葡萄牙船只遭受海盗袭击,他才不得不返回屯门。巴罗斯说,费尔南在离开广州之前,曾经"派代理商及书记员带领商站的几个人逐渐以最优价格进行贸易。有人获准入城贸易"①;又说费尔南"到过广州城,在那里将全部货物脱手"②。费尔南离开后,他的弟弟西蒙·德·安德拉德(Simão de Andrade)获得国王唐·曼努埃尔一世(D. Manuel Ⅰ)批准,开始一趟中国之行。1519年8月,西蒙抵达中国,随行之四艘帆船也驻泊屯门。"因广州城的规定,不可再往前行。于是,他就地贸易"③。

对于费尔南、西蒙兄弟的随行商船,广东方面采取了先抽分、后贸易的市舶政策。如礼部和内阁提出的对来华葡船抽分货物的建议,很快得到明武宗批准。使得最初来华的葡萄牙船只,不管是驶抵广州的,还是驻泊屯门的,都在抽分之后获得了正常贸易的机会。有关对葡船抽分的做法在中国文献中还有不少记载。如嘉靖初,汪铉《奏陈愚见以弭边患事》说:"正德十六年正月内,臣访据东莞县白沙巡检司巡检何儒称,其上年因委抽分,曾到佛朗机船。"④说明在正德十五年(1520)间,何儒曾到葡船抽分征税。同一时期王希文《重边防以苏民命疏》称:"正德年间,佛朗机匿名混进,突至省城,擅违则例,不服抽分。"⑤葡人抗拒抽分的行为在西方文献中也有反映。一封皮雷斯随员从广州监狱发出的信中写道:"受广州大吏之命前往贸易岛课税的官员奏闻国王说,他们某年某月前去收税,看见佛郎机携带武器,甚至装备火铳而来。他们不按章纳税。"⑥有关葡人抗税的这些记载从一个侧面证实了明朝对葡抽分的存在。

与费尔南较为顺利的商业贸易相比,皮雷斯的朝觐之路可谓一波三折。对于皮雷斯的泛海来朝,总督两广军务都察院左都御史陈金肯定其为"慕义而来",但因佛郎机国不见于《大明会典》,所以又吩咐有关部门,先将使臣安置驿

---

① 《若昂·德·巴罗斯亚洲史——旬年史之三》第2篇第8章,金国平编译:《西方澳门史料选萃(15—16世纪)》,第141页。

② 《若昂·德·巴罗斯亚洲史——旬年史之三》第2篇第6章,金国平编译:《西方澳门史料选萃(15—16世纪)》,第126页。

③ 《若昂·德·巴罗斯亚洲史——旬年史之三》第6篇第1章,金国平编译:《西方澳门史料选萃(15—16世纪)》,第144页。

④ (明)黄训:《名臣经济录》卷四三《兵部(职方下之下)》,《景印文渊阁四库全书》,台湾商务印书馆,1986年,第444册,第288页。

⑤ (明)贾三近:《皇明两朝疏抄》卷一六,《续修四库全书》第465册,第562页。

⑥ 《广州葡囚信》,金国平编译:《西方澳门史料选萃(15—16世纪)》,第80页。

馆,"待奏准方可起送"①。正德十二年(1517)底,有关葡萄牙特使来华朝贡的报告送达北京,当时的武宗皇帝正陶醉于北巡的快乐之中,无暇顾及此事,甚至后来又有令其还国的诏旨。直到他们夤缘广东镇守太监,加之明武宗又起兴南巡,皮雷斯等才侥幸获得北上觐见的难得机会。

对于佛郎机朝贡的最初处置意见是由礼部和毛纪拟定的。毛纪是当时的内阁大学士。据《明武宗实录》记载,礼部尚书兼翰林学士的毛纪再兼东阁大学士并入阁办事,是在正德十二年五月初二(1517年5月21日)②;同年七月加太子太保,兼文渊阁大学士。③所著《密勿稿》中有一篇关于佛郎机的《揭帖》,是对礼部处置意见的票拟建议。结合《明武宗实录》正德十三年正月壬寅(1518年2月11日)条纪事可知,广东方面的报告提交朝廷以后,交由礼部议处,毛纪再根据礼部意见票拟诏旨,确定了"照依先年巴西国④事例,行令本布政司将使臣人等以礼犒劳,抽分货物,量给价值"⑤的初步意见。这反映了正德十二年(1517)底内阁对佛郎机来朝的基本态度。

毛纪的处置意见主要基于以下考虑:一是不能确定佛郎机来使的真伪,担心因其假托诈冒、奸人勾引而引发骚动。"看得佛朗机国,《皇明祖训》并《诸司职掌》等书原无开载。洪武年间,太祖皇帝因南海诸蕃国地方,每年蕃舡往来进贡及买卖之人,多有诈冒不实,特命礼部置立勘合文簿,但遇彼国差来之人,俱要比对破墨,字号相同,方可听信。今本国虽称赍捧方物前来进贡,既非旧例该贡蕃国,又无来历堪信文书,一旦遽欲入贡请封,倪有假托诈冒情弊,或奸

---

① (明)顾应祥:《静虚斋惜阴录》卷一二《杂论三》,《续修四库全书》第1122册,第511页。

②《明武宗实录》卷一四九,正德十二年五月丙子,第2895页。

③《明武宗实录》卷一五一,正德十二年七月甲申,第2924~2925页。

④ 即葡语"Pacem"之对音,故地在今苏门答腊岛东北岸之波奢(Passier)。参见陈佳荣、谢方、陆峻岭:《古代南海地名汇释》,中华书局,1986年,第1015页。

⑤ (明)毛纪:《密勿稿》卷一《揭帖》,《续修四库全书》第476册,第224页。按:因现存明嘉靖十六年刻本《密勿稿》原书缺页,这篇关于佛郎机的揭帖未知撰写时间。查《密勿稿》卷一之首,有"正德北巡时,二十五道"字样,则此卷二十五篇当完成于明武宗北巡时,即不会晚于正德十四年八月。此二十五篇中,有十二篇作于正德十二年:第一至第七篇、第十至十二篇、第二十一篇、第二十二篇;七篇作于正德十三年:第十三篇、第十四篇、第十六至二十篇;三篇作于正德十四年:第二十三至二十五篇,其中第二十五篇作于正德十四年三月;一篇未具时间:第十五篇。本篇为《揭帖》第八篇,其后半部分与《揭帖》第九篇俱在此一缺页中。因为前后几篇皆作于正德十二年,这篇揭帖很可能也完成于正德十二年。结合《明武宗实录》关于谕令佛郎机使臣还国、"其方物给与之"(卷一五八,正德十三年正月壬寅,第3022页)的记载,此揭当作于正德十二年底。

人闻风,因而仿效,往来勾引,致惹衅端,地方利害,关系不小。"①二是闻得佛郎机在西洋一带恃强剽劫,担心一旦允其封贡,佛郎机将会有恃无恐,变本加厉,进而影响天下秩序的稳定。"传闻本国自恃强盛,经过满剌加国及苏门答剌国,皆行剽劫。若将来既受朝廷封命,给与勘合文书,不无愈肆奸计。且使海外诸国闻之,不得以自尽其敬顺之诚,其于事体,诚有未宜。"②显然,毛纪《揭帖》是从国内、国际两个方面分析了允许佛郎机朝贡可能带来的负面效应。礼部和内阁的意见被武宗皇帝所采纳。正德十三年正月初二(1518年2月11日),明武宗正式下诏,谕令佛郎机使臣还国,"其方物给与之"③,算是回绝了葡萄牙方面的封贡请求。但皮雷斯等并未打道回府,而是留在广州等待机会。

从其后事情的发展进程看,朝廷的决策未得执行,葡萄牙使团不仅没有离开中国,反而在两年之后北上进京。其间转圜的历史真相,西方史料没有记载,《明史》也只有佛郎机人"夤缘镇守中贵,许入京"④一句话,看来他们走了宦官的门路。据嘉靖《广东通志初稿》,这一时期的广东总镇太监有二人:"宁诚,字克敬,御马监太监,正德十一年至,十二年卒。王堂,字时升,内官监太监,正德十四年至,十六年回京。"⑤如果宁诚真是卒于正德十二年(1517),那么这里的"镇守中贵"就只有王堂一人了。但实际上,宁诚在正德十三年(1518)底还在接受朝廷赏赐,⑥继任者王堂在正德十四年(1519)二月才奉命调往广东。⑦如此,则宁诚、王堂都有可能是葡萄牙人公关的对象。除此之外,佞幸江彬也起了重要作用。这从使团翻译亚三与江彬的密切关系中亦可窥出端倪。粤人黄佐说:"在毅皇帝时,佛郎机夷人假贡献以窥我南海,逆彬甘贿使侍上。"⑧明季何乔远亦云,亚三"能通番汉,贿江彬,荐之武宗,从巡幸"⑨。通过内部运作,他们让明武宗改变了主意。

---

① (明)毛纪:《密勿稿》卷一《揭帖》,《续修四库全书》第476册,第224页。
② (明)毛纪:《密勿稿》卷一《揭帖》,《续修四库全书》第476册,第224页。
③ 《明武宗实录》卷一五八,正德十三年正月壬寅,第3022页。
④ 《明史》卷三二五《佛郎机传》,中华书局,1974年,第8430页。
⑤ 嘉靖《广东通志初稿》卷七《秩官上》,《四库全书存目丛书》史部第189册,齐鲁书社,1997年,第141页。
⑥ 《明武宗实录》卷一六九,正德十三年十二月辛卯,第3278页。
⑦ 《明武宗实录》卷一七一,正德十四年二月己卯,第3295页。
⑧ (明)黄佐:《湖广左布政使何公鳌墓志》,(明)焦竑:《焦太史编辑国朝献征录》卷八八《湖广一》,《续修四库全书》第530册,第10页。
⑨ (明)何乔远:《名山藏》卷一〇七《王享记·满剌加》,《续修四库全书》第427册,第635页。

1520年1月23日,皮雷斯等20余人奉命北上,5月到达南京。①因为江彬的关系,葡萄牙使团在南京受到很好接待。武宗皇帝经常与他们会面交谈,多次与皮雷斯下西洋跳棋,还邀请他们三次出席朝廷举办的宫廷宴会。②朝鲜文献称:"皇帝凡出游时,如鞑靼、回回、佛朗机、占城、剌麻等国之使,各择二三人,使之扈从,或习其言语,或观其技艺焉。"③《明史》亦云"帝时学其语以为戏"④,可见过从之密。皮雷斯被要求先行前往北京,在那里等候皇帝回驾。

二、丘道隆首请驱逐葡萄牙人

皮雷斯于1521年1月抵达北京,⑤丘道隆吁请驱逐佛郎机的奏疏已经于此前上达朝廷。丘道隆,字懋之,号练塘,福建上杭人。正德九年(1514)进士,十年(1515)任顺德知县。在任时"严明果断,吏民畏服""三载迁御史"⑥。关于其迁职御史的具体时间,康熙《上杭县志》作正德十四年(1519),⑦《明武宗实录》作正德十五年(1520)四月,⑧当以十五年(1520)四月为是。擢任甫半年,即"首请逐佛郎机"⑨。但《明武宗实录》却将其事置于正德十五年十二月初五(1521年1月13日)。而细读此条内容,乃合丘道隆奏疏、何鳌奏疏、礼部覆议与武宗诏旨于一处,则丘道隆之上奏时间当早于这一天。首辅杨廷和有《请班师第二疏》,疏中写道:"近日佛郎机并满剌加、占城等国进来番文,事干地方,俱未见有处置。人情反复,不可不虑。"落款为"正德十五年九月十五日"。⑩《明武宗

---

① 《广州葡囚信》,金国平编译:《西方澳门史料选萃(15—16世纪)》,第78页。

② Eduardo Brazão, *Apontamentos para a história das relações diplomáticas de Portugal com a China (1516–1753)*, Lisboa, 1949, p.56.转引自吴志良、汤开建、金国平主编《澳门编年史》第1卷,第33~34页。

③ 《朝鲜李朝中宗大王实录》卷四一,正德十五年十二月戊戌,东京学习院东洋文化研究所影印本,1953年,第571页。

④ 《明史》卷三二五《佛郎机传》,第8430页。

⑤ 《若昂·德·巴罗斯亚洲史——旬年史之三》第6篇第1章,金国平编译:《西方澳门史料选萃(15—16世纪)》,第145页。

⑥ 万历《顺德县志》卷五《官师志》,广东省地方史志办公室辑:《广东历代方志集成》广州府部,岭南美术出版社,2007年,第15册,第47、48页。

⑦ 康熙《上杭县志》卷九《丘道隆传》,清康熙二十六年刻本,第7页。

⑧ 《明武宗实录》卷一八五,正德十五年四月甲子,第3548页。

⑨ 康熙《上杭县志》卷九《丘道隆传》,第7页。

⑩ (明)杨廷和:《杨文忠三录》卷一《请班师第二疏》,《景印文渊阁四库全书》第428册,第773页。

实录》亦载杨廷和奏疏之节文,并将其改为"大学士杨廷和、毛纪言",文尾以"不报"结束。[①]"不报"二字常见于明代官书,意为皇帝对臣下奏疏不予批答。明武宗对杨廷和、毛纪奏言待以"不报",说明到正德十五年(1520)九月中旬,明朝尚未敲定其对葡政策。因此出现"人情反复,不可不虑"的堪忧局面,以致丘道隆等继续奏请。据此,丘道隆奏疏或上于正德十五(1520)年九月十五日至十二月初五之间。收录于康熙《上杭县志》的《请却佛郎机贡献疏》乃其全文。兹录于下:

> 臣闻天子为天下之共主,义者赏而不义者诛,执之天下,截然无敢有违越者也。我祖宗混一天下,尤严于义不义之诛赏。故满剌加虽海外小彝,亦得通朝贡而诏封其国。盖在我固嘉其向义,在彼亦慕吾礼法,自永乐三年以后,朝贡往来未绝。近有彝人出佛郎机国者,未知是何种类,辄肆强梁,并吞本国,致本国王流落海上,遣人赴诉于陛下,盖望天朝正义示法,为其克复故土,哀痛迫切之情,不言可知。而佛郎机彝人,方且明言并吞之故,挟其所有以献,且为邀我封赏之计,罪状明白,在大义所不容,王法所必诛而无赦者。纵使蛮方事从末减,岂可受纳无择而遽封其国乎?譬之人家仆御,一旦为外侮侵夺,为主者弗能往申曲直,乃从而礼貌,或啖之以嗜欲焉,其失义损威甚矣。臣以为满剌加之难,在所当拯,佛郎机之恶,决不可长也。然此特举其事理之粗迹耳,若其隐忧伏祸,陛下固得而知之乎?臣尝备员广东顺德县知县,审知本彝桀悍狡诈,习于战争,自屯门航海而来。戈矛剑戟,铳炮弹射,精而且备,当时同事如暹罗等国诸彝,见之垂首丧气,莫敢谁何。今之来交通者无他,实以并吞势强,爰及中国,欲聚货财与得土地,志固不在小也。故今稍泊屯门,收藏拐诱子女,招纳亡命盗贼,擅立抽分事例,肆无忌惮。其在此者,复闻听信奸人拨置,欲讨广东属地,建屋以居。使此计得行,将来久住延蔓,招集无赖,不轨之谋,蓄而不发,则今日与之地者,乃自决外内之防,扰中国之渐,诚非细故也。况今天下根本空虚,四方灾异叠见,内治不足,衅端易启,若复纳无义强彝,授之以土,是内有攻心之疾,外益寒邪之侵,驱命殆不自免,岂但谓驱虎狼入鸡犬之域,而畜产受其伤耶?伏望陛下遏萌

---

① 《明武宗实录》卷一九一,正德十五年九月丁卯,第3602~3604页。

杜渐,下令廷臣集议,将佛郎机彝人明示顺逆,却其贡献,驱之南归。果能还满剌加封国,恪守本土,许其将来贡献,一体封赏;脱使执迷不悛,吞并如故,虽外彝不烦中国兵力,亦必檄召诸彝,共声其罪而讨之,墟其巢穴而后已。庶几天朝大义既明,后患自绝,满剌加得雪其耻,佛郎机之强不义者,无所容于天地间矣。[1]

从内容构成看,丘道隆的这篇奏疏大致可以分为两个部分。第一部分陈述拒绝佛郎机封贡的迫切性和必要性,第二部分针对佛郎机朝贡提出应对之策。丘道隆认为,"义"之一字,乃是天子维持天下秩序的重要原则。义者封赏,不义者诛,警示天下万国,严防越礼悖义行为。明朝皇帝作为天下共主,尤其看重这一原则。因此,满剌加虽是海外小国,因其诚心慕义,虔修职贡,"亦得通朝贡而诏封其国"[2]。但这个名不见经传的佛郎机国竟敢违背礼义,肆强吞并,致使满剌加王流落海上,而佛郎机人却以朝贡为名,邀我封赏。似此行为,真大义所不容,王法所必诛。一旦昧于道义,受其贡献,"其失义损威甚矣"。所以,"满剌加之难,在所当拯,佛郎机之恶,决不可长也"[3]。依据所得佛郎机信息,丘道隆断定,这次佛郎机遣使来朝,表面看是请求封贡,实则恃兼并之势,欲得中国之货财、土地,此其志"不在小也"。如其计谋得逞,势必久住不去,则今日让与土地,"乃自决外内之防",关系非轻。结合当下"根本空虚""灾异叠见""内治不足""衅端易启"的严峻形势,丘道隆认为,如果接受佛郎机的封贡请求,将有内外侵逼的致命后果。[4]有基于此,丘道隆建议召集廷议,把佛郎机借朝贡为名欲为不轨的种种图谋讨论明白,清晰定性,然后"却其贡献,驱之南归"。佛郎机如能归还满剌加疆土,则"许其将来贡献,一体封赏";倘若仍旧执迷不悟,"虽外彝不烦中国兵力,亦必檄召诸彝,共声其罪而讨之"。[5]

丘道隆对于正义原则的强调,完全符合古代中国对外观念的内在逻辑。众所周知,"义"是贯通中国伦理的基本范畴,早在先秦时期,"义"的正当、合宜

---

[1] 康熙《上杭县志》卷一〇《艺文志》,第25~27页。按:疏中"彝"字,原作"夷",或因清代文字狱的关系,为清人修志者所改。

[2] 康熙《上杭县志》卷一〇《艺文志》,第25页。

[3] 康熙《上杭县志》卷一〇《艺文志》,第26页。

[4] 康熙《上杭县志》卷一〇《艺文志》,第26~27页。

[5] 康熙《上杭县志》卷一〇《艺文志》,第27页。

内涵就已外化为处理国家间关系的一条重要原则。如墨子将"处大国不攻小国,处大家不乱小家,强不劫弱,众不暴寡,诈不谋愚,贵不傲贱"的尧、舜、禹、汤、文、武尊为三代圣王,称他们"仁也,义也",而将"处大国则攻小国,处大家则乱小家,强劫弱,众暴寡,诈谋愚,贵傲贱"的桀、纣、幽、厉斥为三代暴君,称他们"非仁也,非义也"。①随着中国主导的封贡秩序在东亚地区逐渐形成,"义"又演化为对中国倡导的礼义原则的认同与遵从,通过一系列具有象征意义的封贡外交形式,尽情表达四夷对中国的尊崇,彰显封贡秩序的合理正当。如以此"义"为标准,满剌加在明中前期的封贡体系中无疑具有典型意义。自永乐三年(1405)被敕封为王国以后,历代满剌加王皆受明朝册封。其国之西山亦被封为镇国之山,并由永乐皇帝亲制碑文,这是明代海外镇山封祀的第一次。满剌加王则虔修职贡,其中有三位国王五次亲至中国。而由国王派遣的朝贡使团,更是每隔一年或两年来华一次。正统以后,满剌加之来朝次数虽明显减少,但它仍是坚持向中国朝贡的少数国家之一。相比之下,这个肆行兼并、恃强邀封的佛郎机就真是不义之尤了。在西方殖民力量蓄势东来,东亚封贡秩序即将生变的转折时刻,丘道隆高举"义"旗,明辨义不义之诛赏,未必预见了世界历史发展演变的这一趋势,但他却对中国独尊地位可能遭受的外来冲击深深忧虑,可见其非同一般的敏锐洞察力。

而丘道隆所言之佛郎机危害,亦非空穴来风。葡萄牙人东来之初,确实抱有殖民中国的强烈企图。曼努埃尔一世曾"制定一个在中国海岸进行领土定居的雄伟计划,主要是建立碉堡和海上军事力量,并采用当时在波斯湾某些地区、印度西海岸和马来亚半岛的模式"②。为达此目的,他派遣舰队前往中国。而最早来华的葡萄牙人则大多抱持"发现"心态,将其所到中国岛屿视为自己的"发现"成果,以随心所欲的方式享受利用。如欧维士到达屯门之后,就在岛上竖立一块刻有葡萄牙国徽的石碑,以示此地已归葡萄牙国王所有。一些葡萄牙人甚至鼓动对中国的武装占领。皮雷斯来华之前就声称,中国"百姓非常软弱,容易被征服","马六甲政府不用多大的兵力就能把它置于我们的统治之下","印度政府用10艘攻占马六甲的船,能够沿海岸攻占全中国"。③而护送皮

---

① (清)毕沅校注,吴旭民校点:《墨子》卷七《天志中》,上海古籍出版社,2014年,第113页。

② [葡]洛瑞罗:《葡萄牙人寻找中国:从马六甲到澳门(1502—1557)》,吴志良、金国平、汤开建主编:《澳门史新编》第1册,第22页。

③ [葡]多默·皮列士:《东方志——从红海到中国》,何高济译,第98~99页。

雷斯来华的费尔南,通常被认为对中国态度友好,殊不知在其到达广东以后,所率武装舰船却时时准备与中国开战。据巴罗斯记载,费尔南在进入屯门岛的时候,对巡逻在附近水域的中国军队充满戒备,不仅小放几炮以试探"来人有无动武之念",而且对华人的任何"不轨之谋""时刻准备迎战"。[1]在向广州进发过程中,他也做好了"作战或媾和的一切准备",如果中国方面不同意他的贸易要求,"他将我行我素"。[2]为了彰显葡萄牙的力量,费尔南还在广州城下做出几件令中国人错愕的事情,其中就包括鸣火炮、竖长矛等武力展示,[3]以致在中国人看来这是要寻衅滋事。而在向中国官员通报情况时,他的代理商若昂内斯·安波利(Joanes Ampoli)不仅夸大渲染葡萄牙国王已发现、占领了许多地方,而且毫不隐讳其"从摩尔人手中征服了满剌加"的事实。[4]凡此表明,这个给中国人留下较好印象的费尔南,还有自大、傲慢和藐视中国的一面。

　　另一些人如西蒙·德·安德拉德等,则在广东沿海干了许多骇人听闻、无法无天的坏事。据载,西蒙到达广东后,其"对待中国人的态度与葡萄牙人在过去一些时候对待亚洲各民族的态度完全一样。他未经获准就在屯门岛上建起了一座要塞。从那里他乘机向出入于中国港口的所有船只掠劫和勒索金钱。他从沿海地区掳走年轻女子,捕捉中国人,使之为奴。他放纵自己去干那些最无法无天的海盗行径,过着最可耻的放荡淫乐生活。他手下的那些水手与士兵也就起而效之"[5]。一位从中国返回葡萄牙的迭戈·卡尔沃(Diogo Calvo)船长,也描述了他的同胞在中国沿海的所作所为:"他们不愿遵从中国国王的命令,想在中国发动战争,烧杀掳掠这个国家,在那里做了许多坏事。"[6]为了威慑中国人,西蒙不仅在要害之处安置大炮,而且"在邻近的一个小岛上竖了一具绞架",并在那里处决了一个犯罪少年。"绞刑的全过程都是葡萄牙式的,使人

①《若昂·德·巴罗斯亚洲史——旬年史之三》第2篇第8章,金国平编译:《西方澳门史料选萃(15—16世纪)》,第135页。

②《若昂·德·巴罗斯亚洲史——旬年史之三》第2篇第8章,金国平编译:《西方澳门史料选萃(15—16世纪)》,第137页。

③《若昂·德·巴罗斯亚洲史——旬年史之三》第2篇第8章,金国平编译:《西方澳门史料选萃(15—16世纪)》,第138页。

④《若昂·德·巴罗斯亚洲史——旬年史之三》第2篇第8章,金国平编译:《西方澳门史料选萃(15—16世纪)》,第139~140页。

⑤ 手稿第13875号,附录,第24页,《韦尔斯利侯爵的代表们赠给大英博物馆的出使中国报告》,转引自张天泽:《中葡早期通商史》,姚楠、钱江译,第70页。

⑥《印度古物志》第30卷,第435页,转引自张天泽:《中葡早期通商史》,姚楠、钱江译,第69页。

印象深刻。""这种僭越中国主权的行径使中国人大为不悦……于是当地人对葡萄牙人恨之入骨,怨恨之声不绝于耳。"①显然,中国人已把葡萄牙人看作强盗和不服从他们皇帝的捣乱分子了。②

有关葡萄牙人初来中国的蛮横举动和不法行为,在中文史料里也有很多记载。如最早接触葡萄牙人的原广东按察佥事顾应祥称,佛郎机头目见官"俱不拜跪",后来"至京见礼部,亦不拜跪",③被明人视为桀骜。率军驱逐葡萄牙人的原广东海道副使汪铉在嘉靖九年(1530)的一篇奏疏中,称佛郎机为"西北极边强番",言其"假托进贡,突至东莞,直趋省城……奸污妇女,杀食儿童,为害尤甚"。④嘉靖十年(1531)⑤,大理寺评事陈文辅为新建之汪铉生祠写下《都宪汪公遗爱祠记》,称佛郎机为"不隶贡数恶彝",历数其"设立营寨,大造火铳""占据海岛,杀人抢船""虎视海隅,志在吞并""图形立石,管辖诸番""脍炙生人,以充常食"等种种恶行。⑥嘉靖时期的广东方志也多记录葡萄牙人来华之事。如嘉靖《广州志》将佛郎机人"假入贡为名,举大铳如雷""谋据东莞南头""掠买小儿炙食"的野蛮行径视为"淫毒古所未有"。⑦基于此类认知,焦竑即把佛郎机当作"岛夷之黠暴者"⑧,置其于四夷之末。

由此可见,丘道隆所言之礼法正义虽自谦为事理"粗迹",但它契合了封贡外交的道义追求,具有不容置疑的天然正当;所列之"隐忧伏祸"切中佛郎机来朝的最大要害,道出了广东官民的切身感受,这是无法回避的客观现实。《请却

---

① [葡]徐萨斯(Montalto de Jesus):《历史上的澳门》,黄鸿钊、李保平译,澳门基金会,2000年,第3~4页。

② 参见《莱昂内尔·德·索萨关于一五五三至五四年协议的记述》,[美]威·罗伯特·尤塞利斯(W. Robert Usellis):《澳门的起源》,周卓兰、张来源译,澳门海事博物馆,1997年,第43页。

③ (明)顾应祥:《静虚斋惜阴录》卷一二《杂论三》,《续修四库全书》第1122册,第511页。

④ (明)汪铉:《题为重边防以苏民命事》,(明)黄训:《名臣经济录》卷四三《兵部(职方下之下)》,《景印文渊阁四库全书》第444册,第294页。

⑤ 按:此"记"未署撰写时间。据康熙《新安县志》卷一二《艺文志》祁敕《重建汪公生祠记》,可知汪铉生祠翻建于"嘉靖辛卯",陈文辅、祁敕皆受乡耆郑志锐等请托撰"记",则此"记"当撰于嘉靖十年。参见张一兵:《康熙新安县志校注》卷一二《艺文志》,中国大百科全书出版社,2006年,第436页。

⑥ 张一兵:《康熙新安县志校注》卷一二《艺文志》,第429页。

⑦ 嘉靖《广州志》卷四《纪事下》,广东省地方史志办公室辑:《广东历代方志集成》广州府部,第1册,第266页。

⑧ (明)焦竑:《焦太史编辑国朝献征录》卷一二〇《四夷·佛朗机》,《续修四库全书》第531册,第790页。

佛郎机贡献疏》不仅体现了丘道隆的思想高度,而且折射其关注现实的务实情怀,绝非徒托空言的迂阔之论,因此引起朝臣共鸣和朝廷重视,成为明朝对葡决策的重要参考。

三、明朝对葡外交之确定

丘道隆奏疏得到另一位监察御史何鳌的积极响应。何鳌,字子鱼,广东顺德人。他从乡邦安全的角度,上疏呼应丘道隆。何鳌说:"佛朗机最号凶诈,兵器比诸夷独精,前年驾大舶突进广东省下,铳炮之声震动城郭。留驿者违禁交通,至京者桀骜争长。今听其私舶往来交易,势必至于争斗而杀伤,南方之祸殆无极矣。"[1]他建议恢复明初旧例,"悉驱在澳番舶及夷人潜住者,禁私通,严守备,则一方得其所矣"[2]。礼部认为,丘道隆以前做过顺德知县,何鳌则原籍顺德,他们对于佛郎机的了解自比一般人为多,所提建议值得重视,并从四个方面提出处理意见。第一,待到满剌加使臣抵京之日,"会官译诘佛朗机番使侵夺邻国、扰害地方之故,奏请处置";第二,广东三司掌印官以及守巡、巡视、备倭等官,不能问明详情、加强防御,"宜行镇巡官逮问";第三,今后应加强对外藩朝贡的严格管理,其留候怀远驿者,"不许往来私通贸易",番舶不当贡期者,"驱逐远去,勿与抽盘";第四,吴廷举擅自允许抽分,"倡开事端""仍行户部查例停革"。[3]因此,对于葡萄牙使团的最终处置,是在满剌加使臣抵京以后。

根据葡文史料,葡萄牙侵占马六甲后,退至宾坦(Bintan)的满剌加国王穆罕默德(Sultan Mohamed)曾两次遣使中国。一次是派其叔父纳西姆·穆达利阿(Nacem Mudaliar)来华,声泪俱下地"陈述马六甲所发生的事情,恳求皇帝援助",但却未能如愿。[4]一次是派其儿子端·穆罕默德(Tuan Mohammed)来华,控诉葡萄牙人暴行。端说:"野心勃勃的盗匪佛郎机兵临满剌加城下并一举夺之,烧杀掠抢,奴役人民。满剌加国王悲痛欲绝。恐惧之中,携带中国国王的封印逃往宾坦。他现在此地。他的兄弟及其他亲戚出逃他地。现在中国的葡萄牙国王大使系伪冒。他不是真心臣服,来此实为试探中华大地虚实。"请求

---

① 《明武宗实录》卷一九四,正德十五年十二月己丑,第3630页。
② 《明武宗实录》卷一九四,正德十五年十二月己丑,第3630~3631页。
③ 《明武宗实录》卷一九四,正德十五年十二月己丑,第3631页。
④ 《阿方索·德·阿尔布奎克述评》第3卷,第131~134页,转引自张天泽:《中葡早期通商史》,姚楠、钱江译,第37页。

中国帮他收复失地。^①不仅如此,端在南京期间,还"买通了南京守备",重贿之下,守备同意转奏皇帝,"以便他抵达京城时信以为真"。^②同时广东方面的最新报告也送至北京。广州官员说:"佛郎机抗税并抢夺暹罗人的税款。他们竟然逮捕暹罗人……他们筑起了一石墙瓦顶的堡垒,四周布满了炮火,里面存有大量武器。他们偷狗^③,然后炙食之。他们从河道强入羊城并携炮而来,在城下禁地竟然开炮。"^④这些负面信息使葡萄牙使团陷入空前的舆论危机。

而一封毫无朝贡诚意的葡萄牙国书的曝光则成了压垮皮雷斯的最后一根稻草。当费尔南抵达广东时,曾令使团翻译给中国方面写信,翻译以费尔南的名义,"按照中国的习俗写了如下内容的信件:受佛郎机国王之命,甲比单末及大使来到中国,按中国风俗习惯,呈礼请印,愿为顺臣。"^⑤明武宗返回北京后,皮雷斯递交了他所带来的两封书信。一封为曼努埃尔一世致明朝皇帝,这是"唐·曼努埃尔国王以常用的写给那一带异教国王的格式写的一封信",虽然"考虑到中国国王领土的辽阔及其文化悠久"而略显客气,但它所体现的尊严态度和独立语气却与朝贡藩属严重不符,更与署名为费尔南的第二封信件大相径庭。由于葡萄牙信函的行文风格和前后矛盾,以及满剌加使臣与广东方面的先行控诉,内阁认定这个佛郎机使团属于假冒,皮雷斯此行是为了打探中国虚实,他们在广州申请商站的计划是一个"备战的步骤",意在重复其在印度各地的一贯伎俩,"此乃司马昭之心路人皆知"^⑥。于是皮雷斯等人失去了入宫行礼的机会,并被严格看管起来。

正德十六年三月十四日(1521年4月20日),明武宗"崩于豹房"^⑦。武宗的突然去世,使正德末年的政治生态发生重大变化。内阁同日传下遗旨:"哈密及土鲁番、佛郎机等处进贡夷人,俱给赏,令还国。"^⑧皮雷斯随员克里斯托万·

①《广州葡囚信》,金国平编译:《西方澳门史料选萃(15—16世纪)》,第87页。

②《若昂·德·巴罗斯亚洲史——旬年史之三》第6篇第1章,金国平编译:《西方澳门史料选萃(15—16世纪)》,第146页。

③ 金国平先生认为此处当为誊写者篡改,因为同时代文献皆作moãos(少年)。参见金国平编译:《西方澳门史料选萃(15—16世纪)》,第80页,注释⑤。

④《广州葡囚信》,金国平编译:《西方澳门史料选萃(15—16世纪)》,第80页。

⑤《广州葡囚信》,金国平编译:《西方澳门史料选萃(15—16世纪)》,第79页。

⑥《若昂·德·巴罗斯亚洲史——旬年史之三》第6篇第1章,金国平编译:《西方澳门史料选萃(15—16世纪)》,第146~147页。

⑦《明武宗实录》卷一九七,正德十六年三月丙寅,第3680页。

⑧《明武宗实录》卷一九七,正德十六年三月丙寅,第3682页。

维耶拉(Cristóvāo Vieira)从广州发出的信函也证实,在明武宗去世的第二天,朝廷就要他们"携礼物回广州"。但皮雷斯并没有马上离开。又过了一段时间,即将即位而尚未抵京的朱厚熜"从另一城市降旨令我们返回广州"①。考虑到新皇帝已定于四月二十二日举行登基大典,皮雷斯一行被迫于四月十七日离开北京。②据巴罗斯记载,武宗驾崩后,有关佛郎机朝贡的事情报告了新国王,"悉知内情的官员一致认为,应将托梅·皮莱资及其所有随从以间谍罪处死。但新王说,无论使团真假与否,只要他们以使团名义入华,不应加害个人。但鉴于第二批信件对他们的汇报及在京的满剌加国王使臣对他们的指控……中国国王以为我们的大使应携带礼品返回广东,交送广东大吏看押"③。中国文献没有记载遣返葡萄牙使团的详细过程,但却记录了使团翻译亚三的人生结局。据嘉靖《广东通志》记载,正德十六年(1521)三月十四,"武宗晏驾。是日,皇太后懿旨诛彬。已而火者亚三等就狱,称本华人,为外夷所役,于是与写亦虎先等皆伏诛"④。吴志良等《澳门编年史》将亚三伏法置于1521年7月11日。⑤《明世宗实录》正德十六年六月戊子(即1521年7月11日)条,有"江彬伏诛"⑥的记录,未见同诛亚三,则亚三之伏法或在其后。

就在皮雷斯等人被押往广东途中,又有几艘葡萄牙商船来到屯门。迭戈·卡尔沃是其中一艘帆船的船长。对于海外番舶之来华贸易,刚刚即位的嘉靖皇帝颁发了新的谕旨:"诏自今外夷来贡,必验有符信,且及贡期,方如例榷税;其奸民私舶不系入贡,即入贡不以期,及称诸夷君长遣使贸迁者,并拒还之。"⑦广东方面根据朝廷旨意,要求葡萄牙人离开,但因货物尚未脱手,他们拒绝服从。于是官府逮捕了迭戈的兄弟瓦斯科·卡尔沃(Vasco Calvo)以及其他几个同在广州的葡萄牙人,并扣留两艘抵达那里的北大年和暹罗帆船,上面也有几个

---

① 《广州葡囚信》,金国平编译:《西方澳门史料选萃(15—16世纪)》,第79页。

② 《明世宗实录》卷一,正德十六年四月癸卯,第8页;《明史》卷一七《世宗本纪一》,第215~216页;《广州葡囚信》,金国平编译:《西方澳门史料选萃(15—16世纪)》,第79页。

③ 《若昂·德·巴罗斯亚洲史——旬年史之三》第6篇第1章,金国平编译:《西方澳门史料选萃(15—16世纪)》,第148页。

④ (明)黄佐纂修:嘉靖《广东通志》卷六二《梁焯传》,广东省地方史志办公室誊印本,1997年,第1610页。

⑤ 吴志良、汤开建、金国平主编:《澳门编年史》第1卷,第40页。

⑥ 《明世宗实录》卷三,正德十六年六月戊子,第121页。

⑦ 《明世宗实录》卷二,正德十六年五月庚申,第86页。

做工谋生的葡人。由汪鋐指挥的中国舰队则把其余三艘葡萄牙帆船加以包围。6月20日,杜瓦尔特·科埃略(Duarte Coelho)率两艘帆船前来增援,汪鋐又将他的舰队增至50艘。在最初的几次交锋中,因为军事装备的劣势,明军伤亡颇大,只好将葡人团团围住。这种局面持续了40多天。其间虽有谈判联络,但事情未获和平解决,最后明军采用了火攻战法。"时南风急甚,公(汪鋐——引者注)命刷贼敝舟,多载枯柴燥荻,灌以脂膏,因风纵火",焚烧葡船。[1]葡萄牙方面损失甚大,指挥全局的杜瓦尔特下令将所有人汇集到幸存的三艘大船上,于9月8日夜晚强行突围。明军则拼死围截。"此次战役打得昏天黑地,烽烟四起"。不幸天起风暴,大雨熄灭了烈焰。于是葡人乘机逃脱,并于10月底回到马六甲。[2]

这场发生于中葡之间的海上冲突,使正嘉之际的明朝对葡政策终于确定下来。据《明武宗实录》记载,正德十六年(1521)七月,有葡萄牙船只到来广东,自称"佛朗机国接济使臣衣粮者,请以所赍番物如例抽分"。对于葡萄牙人的贸易要求,礼部提出三点意见。第一,佛郎机不是朝贡藩属,"又侵夺邻封,犷悍违法",此次以接济为名,"挟货通市",心怀叵测,"疑有窥伺""宜敕镇巡等官逐之,毋令入境"。第二,严格执行勘合贸易的有关规定,如期朝贡者"抽分如例""不赍勘合及非期而以货至者",皆为谢绝。第三,对于满剌加的救援要求,请交兵部讨论。兵部则提出两点意见。第一,请朝廷以敕书的形式谴责佛郎机的非法行径,令其归还满剌加疆土,同时谕令暹罗等国从"救患恤邻"的道义原则出发,协助满剌加复国。第二,对广东方面"闻夷变不早奏闻"的巡海、备倭等官,逮问治罪。礼部、兵部的处理意见,嘉靖皇帝全予采纳。[3]

皮雷斯一行于9月22日到达广州。他们一到广州,就被投进监狱。按照最初的设想,先将皮雷斯等扣押广东,然后致信葡萄牙方面,希望葡人能够主动退出马六甲。于是,"国王降旨广州大吏不得接纳任何葡萄牙大使,葡萄牙国王来信付之一炬……他们扣押大使,要他致信葡萄牙国王及其官员汇报此事并将满剌加归还满剌加王,将失地及臣民原封不动地退给满剌加王。满剌

---

① (明)陈文辅:《都宪汪公遗爱祠记》,张一兵:《康熙新安县志校注》卷一二《艺文志》,第430页。
②《若昂·德·巴罗斯亚洲史——旬年史之三》第6篇第2章,金国平编译:《西方澳门史料选萃(15—16世纪)》,第152~153页。
③《明世宗实录》卷四,正德十六年七月己卯,第208页。

加王光复家园后,始放大使回归"①。"在未得到答复之前,鉴于我们是坏人,绝不接受我们的任何物品,也不允许我们在中国任何港口停泊……若得到我们不愿交还满剌加的消息,我们的大使将按照中国法律受审。"②因为葡萄牙方面始终未从马六甲退出,皮雷斯等大多瘐死狱中。"不仅仅他,而且四五条在杜瓦尔特·科埃略突围后来到Tamou③港的中国式帆船亦被洗劫一空,有人被杀、有人被俘。"④广东方面将这些屯门海战中的葡方俘虏关进监狱,显然是要打击桀骜不驯的葡萄牙海商,禁止他们再来中国。

屯门海战后,广东方面比较坚决地执行了对葡既定政策。所以,在1522年8月,末儿丁·甫思·多·灭儿(Martim Afonso de Mello Coutinho)率领又一支葡萄牙舰队到达广东海面时,广东水军对其包围聚歼就成了必然。此后发生的西草湾海战成了屯门海战的继续。据末儿丁1521年11月14日发于印度柯枝的致葡萄牙王子唐·若昂⑤信称,他此行的"第一件及最主要的事情是殿下下令起造碉堡的设立"⑥。这说明,末儿丁虽然负有与中国"议和"的使命,但他还是希望"在Tamou港或对我们最有利、最安全的地方设立一要塞,他任要塞司令",并与中国"展开正常的贸易""这是他中国之行的主要目的"。⑦鉴于明朝对葡政策已经确定,末儿丁的主要目的注定无法达成。近百艘大小帆船组成的中国舰队以"火焚"或"凿舟"的方式参与了新会西草湾海战,"生擒别都卢、疎世利等四十二人,斩首三十五级,俘被掠男妇十人,获其二舟。余贼末儿丁甫思多灭儿等复率三舟接战,火焚先所获舟,百户王应恩死之,余贼亦遁"⑧。

西草湾溃败是葡萄牙对华政策的重大挫折。经此一役,葡萄牙方面似乎

---

①《广州葡囚信》,金国平编译:《西方澳门史料选萃(15—16世纪)》,第88页。

②《若昂·德·巴罗斯亚洲史——旬年史之三》第6篇第1章,金国平编译:《西方澳门史料选萃(15—16世纪)》,第148页。

③ Tamou是葡萄牙语文献中位于广东珠江口的贸易岛,具体地点众说纷纭,有指东涌者(如金国平),有指上川岛者(如龙思泰),有指大明岛者(如谭世宝),难以确定。

④《若昂·德·巴罗斯亚洲史——旬年史之三》第6篇第2章,金国平编译:《西方澳门史料选萃(15—16世纪)》,第153页。

⑤ 即后来的葡萄牙国王若昂三世(D. João III),1521—1557年在位。

⑥ 葡萄牙国家档案馆《总督函档》第153号,金国平编译:《西方澳门史料选萃(15—16世纪)》,第35页。

⑦《若昂·德·巴罗斯亚洲史——旬年史之三》第8卷第5章,金国平编译:《西方澳门史料选萃(15—16世纪)》,第154页。

⑧《明世宗实录》卷二四,嘉靖二年三月壬戌,第693~694页。

冷静了许多。一封末儿丁1523年10月25日写于印度果阿的致若昂三世信,已流露出这样的反思。信中写道:"不应再向远在葡萄牙万里之外的地方派遣舰队。即便船坚炮利,亦非万无一失……我们在此可用武之地非我们想象那般,敌人亦比我们想象的强大得多。"①冷静下来的末儿丁看到,在中国不可复制征服非洲及印度洋沿岸的传统做法,葡萄牙王室应该放弃不切实际的征服中国的躁动和狂想。因此,两次中葡海战也成了葡萄牙方面调整对华战略的转折点。新即位的若昂三世改变观念,主张对华友好,"希望马六甲兵头能设法把中葡关系恢复到最初状况,保持同中国的和平友谊"②。

而对比丘道隆奏疏中"将佛郎机彝人明示顺逆,却其贡献,驱之南归。果能还满剌加封国,恪守本土,许其将来贡献,一体封赏;脱使执迷不悛,吞并如故,虽外彝不烦中国兵力,亦必檄召诸彝,共声其罪而讨之,墟其巢穴而后已"③的外交建言,我们不难发现,由礼部、兵部提出,嘉靖皇帝下诏确定的明朝对葡政策,基本遵循了丘道隆建议的决策思路,广东方面处置葡萄牙使团的种种作为,是对丘道隆奏疏的最终落实。

四、余论

明初以来的外交理念虽以回归正统相标榜,但却并不轻言礼乐征伐自天子出。相反,朱元璋承认大下国家的客观存在,并将朝鲜、日本、琉球、安南等十五国列为"不征之国",希望与天下万邦共享太平之福,和平、务实的对外风格已然成为明朝处理外交事务的基本格调。明武宗允许素未通贡的葡萄牙使团以贡使名义进京贡献,认可葡萄牙商船以市舶身份抽分贸易,正是明初以来务实外交风格的根本体现。明世宗果断叫停中葡市舶贸易,并用武力将葡萄牙人逐出广东沿海,看似在用心维持中国主导的封贡秩序,实则是曼努埃尔一世的对华政策给明代中国的国家安全造成了重大威胁,这一断然处置严重外来威胁的应急之举,同样体现着明代外交的务实精神。由是观之,丘道隆《请却佛郎机贡献疏》的竭诚呼吁,明世宗即位后的政策调整,都是对葡萄牙蛮横殖民行为的正常解读和适度反应,不能一概以闭关、保守论之。这也可以解释

---

① 葡萄牙国家档案馆《编年档》Ⅰ-30-40,金国平编译:《西方澳门史料选萃(15—16世纪)》,第41~42页。

② [葡]费尔南多·科雷亚·德·奥利维拉:《葡中接触五百年》,杨立民等译,第37页。

③ 康熙《上杭县志》卷一〇《艺文志》,第27页。

明朝在事先已经知晓葡人占领马六甲的情况下,何以未见发声,只是在葡使来华、葡人为害之后,才旧事重提,声罪致讨。凡此说明,明朝务实外交着眼点在于维护自己国家的安全利益,对于天下秩序的营造和追求或在其次。这应该是正嘉之际明朝对葡外交的优先方向。而从中西关系的历史逻辑看,新航路开辟后中欧间直接联系的建立与延续,既为明代中国的开放、发展提供重要机遇,也给明代国家的安全维护带来新的挑战。正嘉之际明朝对葡人来华的有效管控与及时应对,不仅维护了广东沿海的陆海安全,积累起发展中葡关系乃至中欧关系的难得经验,提升了防范西方殖民者海上侵扰的自信和能力,而且严重挫败了葡萄牙方面的殖民幻想,迫使其认清形势,改弦更张,调整对华政策的预期和方向,这就为此后中葡关系的平顺发展提供了可能。如果没有正嘉之际的政策调整,没有中葡之间的最初较量,明代中葡关系的发展演变或许就是另外一种局面。就此而言,丘道隆奏疏的深谋远虑与明朝对葡外交的成功实施值得后人充分肯定。

本文原刊载于《中国史研究》2017年第3期。

作者简介:

庞乃明,1966年生,河南正阳人。历史学博士。现为南开大学历史学院教授,博士生导师。主要研究明史、明清中外文化交流史,著有《明代中国人的欧洲观》《明史地理志疑误考正》等,在《中国史研究》《世界历史》等海内外期刊发表学术论文六十余篇。

明代日本对华施为考辨

高艳林

　　明代中日关系问题前贤做了诸多有益的研究,是文旨在使用以往未被学界重视的相关史料,梳理日本对华各端施为,揭示日本对华关系的实质。新的尝试多有愚陋,祈望方家批评。

一、明代以往日本对华施为追溯

　　日本遣使中国始于东汉建武中元二年(57),此后三国曹魏、西晋、东晋和南朝刘宋等时期多有日使来华。据中国正史记载统计,隋代以往,日本遣使朝贡中国共计20次,多集中于三国曹魏和南朝刘宋两个时期,前者4次,后者10次。与曹魏建有朝贡关系的是统治日本北九州地区的邪马台国,这是有史以来日本首次与中国建立国家间关系。与刘宋政权建有朝贡关系的是大和国初期的几位统治者,即赞、珍、济、兴、武等五人,史称"倭五王",他们先后遣使朝贡刘宋政权,接受册封,取得了爵号,这是日本第二次与中国建立国家间关系。邪马台、大和国与中国的关系持续时间都很短,前者9年,后者57年,而且这仅有的两次前后也相隔了150余年。日本与中国这种忽即忽离的外交行为,背后有"合理"的动因。自曹魏太和六年(232)始,邪马台人屡犯新罗,遭到抵制;[1]在日本岛内,邪马台国也受到其他"倭国"的威胁,[2]内外交困局面促使卑弥呼寻求外部支持力量。早在赞即位前,日本就以任那为抓手,将势力伸向了朝鲜半岛南部地区,高句丽的坚决抵制,是其势力深入全岛的最大障碍。因此,大和与刘宋建交,有欲借中国之势达到震慑高句丽、用兵朝鲜半岛合法化的目的。

　　隋开皇二十年(600),日本遣使朝隋,此后大业三年(607)、四年(608),又两次遣使来华,这是日本第三次与中国建立国家间关系。唐贞观四年(630),日本延续与隋的关系,遣使朝唐,直至唐乾宁二年(895)为止,与中国保持了近三

---

　　① [朝鲜]金富轼:《三国史记》卷二《新罗本纪》,朝鲜史学会,1928年。
　　② (西晋)陈寿:《三国志》卷三〇《魏书·乌丸鲜卑东夷传》,中华书局,1997年。

百年的外交关系,其间遣使来华共计16次。隋开皇二十年(600)日本人突然来华,与其国内兴起的佛教有关,日本欲借助外交关系,为其僧人在中国学习提供政治保障。唐乾宁二年(895)后日本停止朝唐,断绝与中国的关系,是因为"在日本,则是凡可汲取的唐朝文化已大致汲取,所以对遣唐使缺乏热情"①。第三次对华关系首践者圣德太子,其一开始就对中国持一种傲慢自大的态度,并为后代所推崇。公元720年成书的第一部国史《日本书纪》对这一特征从理论上做了阐述,总结起来有如下几点。第一,日本民族起源说张扬了"大日本"意识,日本民族一出现天然就以"帝"制立国。第二,篡改历史,将隋炀帝给日本诏书中的"王"字改为"皇"字,②以显示与隋朝平等之地位。第三,与唐朝争礼表面化:遣唐使不持国书,模糊中、日两国上下之分;刻意回避唐使高仁表与日本争礼之史实;不记中、日两国交往文献,以保全日本民族尊严;否认隋唐以往日本朝贡中国的历史;等等。《日本书纪》及日本对华关系实践对明代中日关系的发生与发展产生了深刻影响。

有宋一朝,虽然两国有些许牒文往还,但并未建立官方联系。宋朝有恢复两国关系的愿望,也进行了努力,但日本一直采取拒绝态度,其原因有以下两条。第一,日本认为宋代的政治、经济与文化没有可用价值。第二,宋朝皇帝一如隋唐皇帝,把日本天皇视为国王,把日本视作藩国,致使中国对日本的一贯认识不能为日本所接受。入元后,忽必烈曾7次遣使日本,欲建立两国友好关系,均遭拒绝。终元一世中日仍无国家间往来。

二、明代日本对华施为表现

明代,日本以勘合贸易③为支点,以获取最大经济利益为目标,与中国建立了史上第四次官方联系。

(一)足利义满的禁倭及真正动因

明朝建立后,朱元璋分别与日本南朝将军怀良、北朝征夷大将军足利义满

---

①［日］木宫泰彦:《日中文化交流史》,胡锡年译,商务印书馆,1980年,第74~75页。

②《经籍后传记》,转引自《日中文化交流史》,第55页。

③勘合贸易是明代外国来华进行朝贡贸易的一种称呼,也称"贡舶贸易"。明初实行海禁后,只允许外国与明廷进行有时间、有地点规定的朝贡贸易。外国商船载贡品及各自方物土产来华,明朝廷收贡品、购方物后,以"国赐"形式回酬外商所需中国物品。各国贡期或3年或5年,对日本则规定10年一贡。贡船必须持有明廷事先所颁"勘合"(加盖印信的商贸文书)。

取得了联系,提出了禁倭要求,均遭傲慢对待。足利义满于明洪武九年(1376)和十三年(1380)两次遣使入明,或其表文"词语不诚"①,或无表文,而奉丞相书又"辞意倨慢"②,引起朱元璋厌恶。尽管二十一年(1388)怀良死、二十五年(1392)足利义满阴谋促南北朝合并,执一国之柄,但在洪武一朝,足利义满终未与明朝建立官方联系。

永乐元年(1403),足利义满遣使来华,所上表章中不但接受了建文帝给予的"日本国王"之称谓,还自称"臣",符合外国与中国交往的身份。另外,表章语词也颇为恳切,受到了明成祖朱棣的肯定,遂准予与中国勘合贸易。此后6年中,足利义满对中国一直持尊奉之态。不难看出,此时谦卑的足利义满之所以与彼时傲慢的足利义满判若两人,"勘合"起了决定作用。肥富的点拨让他看到了中国的价值,终于找到了与中国交往的契合点。勘合代表着权利,同时也承载着禁倭的义务,故此,勘合与禁倭、权利与义务、经济与政治之间建立起了必然联系。足利义满清楚这种内在关系,自勘合关系建立后,中国东南沿海倭寇敛迹,不能不说是足利义满的"功绩",对此,朱棣多次给予书面"表彰"。但从足利义满的前后表现看,他未必把禁倭看作是应尽的义务与责任,而只是将其作为从中国获取最大利益的手段。自永乐二年(1404)至六年(1408),足利义满连续遣使朝贡达7次之多,为获取巨大的经济利益而严重违反"十年一贡"之规定,就是极好的证明。

(二)足利义持对倭寇的放纵及其本质

洪武二十七年(1394),足利义满主动去职,让征夷大将军位于长子足利义持;晚年又转宠幼子足利义嗣,打压足利义持,有废立之图,致使义满死后幕府起嫡庶之争,义持将军之位险遭旁落。③这段经历是足利义持对其父产生不满乃至仇恨的根本原因,否定其父开创的中日关系,则是他最好的报复手段。故此,义满一死,义持断然拒绝与中国的任何往来。在此后的永乐时期,义持不遣一使来华,对朱棣3次派遣日本的使臣也拒而不见,不与朱棣保持任何联系。而当足利义持主动放弃勘合权利的同时,也就放弃了禁倭的义务与责任,对其

---

① 《明太祖实录》卷一〇五,洪武九年四月甲申。中华书局,2016年。[日]岗谷繁实:《日本全史》卷五四,天授二年,日本印刷株式会社,1911年。

② 《明太祖实录》卷一三,洪武十三年九月甲午。

③ 《日本全史》卷五五,应永十五年。

国民犯境中国的侵略行径采取任其所为的放纵态度。对中国的责问,义持先是称"不知"进行搪塞,既而又以"逋逃之徒""不受我命"加以推卸,①故而自永乐七年(1409)至二十年(1422),倭寇侵略中国沿海地区达21次之多。足利义持为一己之私而纵倭犯罪,是极不负责任的态度。永乐七年(1409)六月,足利义持为获取《大藏经》经板与朝鲜建立了联系。为达到这个目的,做出了如下承诺:"先是西鄙岛夷无赖之徒泛海为贼,以有扰贵国之边者。今已申命州牧固制之,若有犯者,罪当族诛,勿为虑焉。不肯食言也。"②他为了某种目的向朝鲜做出的承诺,证明了他与倭寇有着何等密切关系,对中国所言所行又是何其虚伪。

(三)景泰年后日本对华贪暴本性大暴露

正统年间日本幕府内部政局变化使中日关系出现了新情况。一是幕府将军掌控勘合贸易的局面在改变;二是通过勘合贸易,日本加强对华经济掠夺成为勘合贸易的本质特征;三是使臣在华恶劣表现越发突出。

1.日使在华4次行凶伤人及中国被迫政策调整

景泰四年(1453),使臣允澎一行在赴京途经山东临清时,有行员掠夺居人,中国官员前来诘问,"又殴之几死"③。日使的野蛮行径,造成了极为恶劣的影响,代宗皇帝向日本提出了严正告诫,今后"差来人员务要择其端谨、识达大体、执守礼法者"④,表达了强烈不满。但事实证明,警告未起任何作用。成化四年(1468)十一月,日使清启一行行员有麻答二郎者,于市场购物用酒,以刃伤人。礼部奏"其强横行凶,宜加惩治",宪宗皇帝以"远夷,免下狱,付其国清启治之",不予加罪。⑤不久伤者死,经礼部奏,依例追银10两,给死者之家埋毡葬。其时,兵部也奏"倭使清启凌轹馆仆、残杀市人、迹实桀骜"⑥之状。使臣所为引起了中国官员的反感。成化十三年(1477)九月,日使妙茂一行行员在会同馆为争夺柴薪"殴伤朵颜夷人",再次惊动了宪宗皇帝。成化二十一年(1485)日本使臣周玮一行回还时,宪宗皇帝向日本提出严正警告:"今后王差

① [日]林罗山、[日]林春斋:《标记本朝通鉴》卷六一,应永二十六年,日本博文馆,1897年。
② [日]林恕:《本朝通鉴》卷一五六,应永十六年六月己未,日本报文社,1919年。
③《明英宗实录》卷二三四,景泰四年十月丙戌。
④《标记本朝通鉴》卷六二,享德三年十月己卯。
⑤《明宪宗实录》卷六〇,成化四年十一月壬午。
⑥《明宪宗实录》卷六七,成化五年五月辛丑。

使臣通事等,须择知大体守礼法者;量带夷伴(须)严加戒饬,俾其沿途往还小心安分,毋作非为,以尽奉使之体,以申纳款之忱。"①弘治九年(1496)闰三月,日使寿蓂一行使人在从浙江至北京途经山东济宁州路上,"夷众有持刃杀人者,其正副使寿蓂等不能约束",礼部"乞赐裁抑"。为此,孝宗皇帝做出了重大决定:"今后日本国进贡使臣,止许起送五十人来京,余存留浙江馆谷者,严加防禁。"②在两次严正警告无效情况下,中国被迫做出了政策调整。

2.对华贸易表现出的日本经济掠夺的本质特征

景泰四年(1453),日使允澎一行携带的贸易品较宣德八年(1433)有了惊人增长。如琉黄由2.2万斤增至36.44万斤,增长到16.5倍;苏木由1.06万斤增至10.6万斤,增长到10倍;生红铜由0.43万斤增至15.2万斤,增长到35.3倍;腰、衮刀由3052把增至9900把,增长到3.2倍。宣德八年(1433)中国对日使货物没按市场时价,而以"赐例"的优待价值进行了结算,日本获得了很大利益,刺激起更大欲望,故巨载而来。如仍按宣德八年(1433)优待价给价,此番货物中国花费铜钱将达217732贯,值银217732两,数目极其巨大,大大超过了中国可承受的支付能力。故礼部提议、皇帝批准,有司按市值议价,其后礼部在议价基础上再提价给予优待,计算结果此番货物值铜钱34790贯,银34790两。③即便这样,日本仍获得不菲的利益,如大刀在日本市场每把价800文或1贯,而中国给价每把5贯,④仅此一项日本就获利5倍,更何况此番中国人刀给价每把6贯。允澎因没得到预期利益,对中国给价极其不满,虽代宗皇帝已签署敕书,仍不还,"乞照旧给赏"。无奈,加给铜钱1万贯。日使犹以为少,求赠赐物,再加给绢500匹、布1000匹。允澎仍不满,当朝参奉天门时,"正使捧表请益方物给价",并曰"给价若不依宣德八年例,再不叛本国云云"⑤,与礼部纠缠一月有余。就此事代宗告诫日本:"进贡方物毋得滥将硫黄一概报作附搭,又数其正贡硫黄亦不得过三万斤。"⑥首次对日货琉黄做出了明确的数量限制。

成化四年(1468),日本正使清启也学允澎样与礼部争价。此番日货物价

①[日]中岛竦校订:《新订善邻国宝记》补遗,日本株式会社开明堂东京支店,1932年。

②《明孝宗实录》卷一一六,弘治九年八月庚辰。

③《明英宗实录》卷二三六,景泰四年十二月甲申。

④《卧云日见录拔尤第二》长禄二年正月八日。《续史籍集览》第三册,日本近藤出版部,1930年。

⑤《明英宗实录》卷二三七,景泰五年正月乙丑。《允澎入唐记》,《续史籍集览》第一册。

⑥《标记本朝通鉴》卷六二,享德三年十月己卯。《新订善邻国宝记》卷中下。

银38000两,与允澎一行收入相当,但清启对给价也不满意,"援例争论不已"。礼部奏:"虽倾府库之贮,亦难满其溪壑之欲矣,宜裁节以抑其贪。"宪宗皇帝是之,令通事谕清启不要再争论物价。① 清启一行来华船共三只,其中三号船去而复回,土官玄树奏称在海上遭风,方物丧失,乞再如数给价还国。礼部查无先例,奏不准予,宪宗大度,特赐国王绢100匹,彩段10表里。命下,玄树嫌少,乞讨铜钱5000贯,礼部再奏不准予,宪宗再与铜钱500贯,命"速遣之去"。②

　　除矿物(硫黄、铜等)外,刀剑也是日本对华贸易大宗物品。成化年间,日使运来的刀剑数量突然猛增:景泰四年(1453)9400把,成化四年(1468)突增至3万余把,成化十二年(1476)降至7千余把,二十一年(1485)又增至3.7万余把。③ 自永乐元年(1403)始,日本刀剑就明确由中国政府直接收购,给官价。如此大数量无用之物载来,给中国经济造成了不小的损失,为此,宪宗皇帝告诫日本:"各样刀剑总不过三千把。"④对日货刀剑也做出了明确的数量限制。

　　中国政府做出的限50人上京、硫黄不过3万斤、刀剑不过3千把等若干政策调整,日本根本不予理睬,各样货物照旧巨载而来。正德七年(1512),日使桂悟不满50人上京安排,领衔率众上书争辩,要求全员292人同赴杭州,方"得慰众人之谊哗,否则必致纷诤不虞之事",给明朝政府施压。不久,桂悟等第二次上书列数四事:一曰附搭大刀并给价今年减之,使臣自进大刀不蒙收纳之事;二曰50人上京事;三曰硫黄附搭事;四曰归国失时事。⑤ 前三件都是对中国政策的抗议,第四件是因与中国争辩滞留过长延误归期,责任也归咎于中国。显然,此番日货中的硫黄和刀剑数量大大超过了3万斤、3千把的数量限制。嘉靖十八年(1539),日使周良一行来华所携带生红铜29.85万斤,刀剑24862把,⑥仍远高于中国限制。由此可见,日本无视中国的政策,就是要利用勘合贸易这个合理合法的平台,达到掠夺中国资源的目的。

　　3."宁波案件"后日本的态度

　　宁波案件发生后,日本方面无一丝歉意传来,而是准备将袁琎等三名被宗

---

① 《明宪宗实录》卷六二,成化五年正月丙子。
② 《明宪宗实录》卷六三,成化五年二月甲午。
③ 《日中文化交流史》,第575页。
④ 《新订善邻国宝记》补遗。
⑤ 《本朝通鉴》卷一七八,永正八年十二月、九年十二月。
⑥ 《下行价银并驿程录》,《续史籍集览》第一册。

设掳去日本的中国官员送往朝鲜,由朝鲜转达中国,①被朝鲜拒绝。嘉靖四年(1525)六月,世宗皇帝传敕日本,命将要犯宗设绑缚归案,归还袁琎等被掳中国官员,未得回应。嘉靖六年(1527)八月,足利义晴回书明朝,一是索要宋素卿,二是索求嘉靖新勘合并金印,②不提宗设一事。嘉靖九年(1530),中国再次向日本提出上述两项要求,仍未得回应。嘉靖十八年(1539),日本使臣周良一行来华贸易,带来幕府两个要求,一是求赐嘉靖新勘合,二是归还宋素卿及宋素卿留在中国的货物。中国回应道:旧勘合缴清始易新勘合;③宋素卿罪恶深重,货物已经入官不许还。此外对原定勘合贸易做出了"贡期定以十年,夷使不过百名,贡船不过三只,违者阻回"④的重大政策调整。

宁波案件发生后,中国并未关闭勘合贸易的大门,虽对勘合贸易政策做出了调整,同时也放弃了缚送宗设、还送袁琎的要求,对日本做出了较大让步。但是,中国的让步并没能换得日本的尊重。嘉靖二十三年(1544),日使寿光一行来华,因远不足10年贡期,被阻回。嘉靖二十六年(1547)二月,日使周良二次率队来华,贡期仍不足10年,且来船4只、人员600,更为严重地违反了规定,引起了世宗的恼怒。但中国最终仍没有与其计较,还对日本放宽了缴清旧勘合的条件要求。⑤即便如此,周良一行之后日本还是断绝了与中国的外交关系。

日本断绝与中国外交关系的原因何在?是因为中国未给予嘉靖新勘合所致吗?非也。周良言,日本所存的75道弘治勘合为宋素卿子宋一所盗,现存50道正德勘合留为信。礼部复查后奏,令日本异时朝贡缴还正德勘合四十道,"但存十道为信,始以新者予之。而宋一所盗,责令捕索以献"。世宗准奏。⑥很明显,中国只要求日本将现存的正德勘合四十道缴来,并未在被盗的弘治勘合上为难日本。日本史籍记载:嘉靖三十年(1551),大内义隆臣下陶隆房反,纵火馆舍殿第,"烧失明勘合印,贸易遂绝"⑦。烧失正德勘合事中国并不知晓,

---

① 《李朝中宗实录》卷五四,嘉靖四年四月乙巳、丙午,日本学习院东洋文化研究所,1959年。

② [日]寿桂月舟:《幻云文集》,《续群书类从》第13辑上,日本续群书类从完成会工场,1907年,第287~288页。

③ 两路贡使中,宗设持正德勘合,宋素卿持弘治勘合,日本旧勘合未缴清及勘合管理的混乱,是造成案件发生的原因之一,故中国坚持清缴旧勘合再发放新勘合这个历朝旧规定。

④ 《明世宗实录》卷二三四,嘉靖十九年二月丙戌。

⑤ 《明世宗实录》卷三四九,嘉靖二十八年六月甲寅。

⑥ 《明世宗实录》卷三四九,嘉靖二十八年六月甲寅。

⑦ [日]冈谷繁实:《皇朝编年史》卷八六,天文二十年八月十六日,神田印刷所,1909年。

事后日本也未向中国做任何解释和说明,更未做任何形式的沟通。因此,终结勘合贸易,断绝对华外交关系,责任完全在日本一方。

4.倭寇大举侵华及给中国造成的巨大损失

如前所述,嘉靖二十三年(1544)寿光一行来华,因贡期不到被阻回;嘉靖二十六年(1547)二月周良一行到中国,贡期仍不到被滞留港外;嘉靖二十七年(1548)三月,方入住宁波宾馆。此后又有一系列诸如50人上京、勘合缴旧易新等令使臣"不快"之事发生,引起了日本政府的不满,自感"大日本"自尊受到了伤害,便恼羞成怒。日本西海路上松浦唐津太守源胜在给朝鲜政府书呈中表露了心声:"我王下钧命曰,近岁许大明之贼船有故。先岁遣进贡船,立十岁一贡之新法,宁波府之外奥山置焉。凌饥寒责,惟轻绍命,蔑使节。"①这就是倭寇侵华的根本原因。

与洪武、永乐时期相比,此番倭寇侵华有以下五个新特点。第一,"流劫"是主要战术方式。第二,战斗力强劲,破坏性巨大,所过之境大肆屠掠,焚民房屋,极尽破坏之能事。第三,深入内地腹里,直逼南京城下。第四,集中兵力以攻城,分散兵力以流劫。第五,为持久计,设立巢穴据点,以吞并浙江为战略目标。

倭寇之患除了导致中国军民死伤、房屋财产损失外,还给中国社会造成了巨大创伤,以下几个方面是对这一问题的个案说明。第一,生产遭受了严重破坏。如苏、松、杭、嘉等府,屡经劫掠焚烧之祸,农人释耒,盐丁罢灶,不十余年,未得复旧。②第二,人口大量减少,如莆田县人口锐减了1.9万,泉州府人口锐减了4.3万。③第三,耗费了数额巨大的钱粮,据《明实录》不完全统计,为抗倭耗费银132.5万两,粮55万石。第四,引发了社会问题,应天、苏松等地加派兵饷银达四十三万五千九百两,④造成地方民困。由于兵费浩繁,兵饷征集更加"急迫,民生日蹙,是以人心摇惑"⑤。第五,为备倭耗费巨大财力。嘉靖倭难后,东南沿海省份比以往加强了防备,造成了巨大的劳动力浪费及物资银两的损耗。例如:浙江"添设备倭将领军丁三万三千二百九十员名,岁支饷银达三

①《李朝明宗实录》卷一九,嘉靖三十四年十二月丁酉,日本学习院东洋文化研究所,1960年。
②(明)郑晓:《重大倭寇乞处钱粮疏》,《明经世文编》卷二一七,中华书局,1962年,第2260页。
③范中义、仝晰纲:《明代倭寇史略》,中华书局,2004年,第224~225页。
④《明世宗实录》卷五二五,嘉靖四十二年九月己丑。
⑤《明世宗实录》卷四五四,嘉靖三十六年十二月甲申。

十四万八千余两"①；福建"岁增兵饷约四五十万两"②，添造备倭船，器械火药，增兵等项开支，"岁增银二万四千七百余两"③。倭寇侵华战争给中国造成的经济损失，无论是直接还是间接，都是巨大的。

5.勘合贸易与嘉靖倭寇侵华

勘合贸易和倭寇侵华，是明代中日关系中的两大问题。中国行勘合贸易为禁倭，日本因勘合贸易不顺则纵倭，因此，勘合贸易与倭寇消长有着必然联系。日本参加勘合贸易的人员有如下几类：一是天皇，二是幕府（将军），三是寺社僧侣，四是大名守护，五是商人武士。由此可见，凡日本社会上层阶层，都积极地参与了勘合贸易，组成了利益共同体。其中幕府（将军）、大名守护和商人是最大的利益获得者。

宁波案件后，中国坚持勘合贸易新规定，日本认为利益和尊严受损，开始纵容、支持甚至组织倭寇开展对华战争，以下材料就是最有力的证明。第一，源胜书呈"许大明之贼船有故……"的"许"字，表明了利益共同体对倭寇的支持，"故"字后面的内容则说出了倭寇侵华的原因，日本人的自供状再清楚不过地说明了勘合贸易与倭寇侵华间的关系。第二，倭俘辛五郎，系日向、大隅、萨摩三州守护岛津氏之弟，④这种特殊身份表明岛津氏对倭寇侵华的默许与支持。第三，明使蒋洲至山口，山口都督源义长送回被掳中国人口，并有国王印之咨文。丰后太守源义镇遣僧德阳等具方物奉表谢罪，请求颁勘合修贡，⑤表明了倭寇战争与勘合间的关系。无论是岛津氏，还是源义长、源义镇，都是日本国家统治阶级中的一员，他们纵容、支持倭寇的侵略行为，部分代表着国家意志。第四，以北九州为中心的较为广大地区的人员被动员投入到了这场战争中来，主要者为萨摩、肥后、长门三州之人，其次有大隅、筑前、筑后、博多、日向、摄津、纪伊、种岛等人员，丰前、丰后、和泉之人也间而有之。⑥日向、大隅、萨摩的岛津氏，长门、丰前、和泉的大内氏，筑前、丰后的大友氏，肥后的少贰氏，纪伊的畠山氏等，都是日本历史上著名的守护，能征惯战，他们所管辖区域

①《明神宗实录》卷一一七，万历九年十月戊戌。
②《明神宗实录》卷一九，万历元年十一月戊寅。
③《明神宗实录》卷二三九，万历十九年八月乙巳。
④（清）张廷玉等：《明史》卷二〇五《胡宗宪传》，中华书局，1997年。
⑤《明世宗实录》卷四五〇，嘉靖三十六年八月甲辰。
⑥（明）郑若曾：《郑开阳杂著》卷二《日本入寇论》，《景印文渊阁四库全书》第584册，第507页。

人员参加侵华战争,离不开他们的支持和组织。第五,嘉靖三十三年(1554),武卫遣使朝鲜,告之"漂流之人勿为杀害"①。所谓"漂流之人",即乘船侵略中国、在往返途中因遭风或船败等原因漂流到朝鲜境上的倭寇。武卫,即九州探题涩川氏。九州探题职掌日本地区"军务、边御之事"②,可见,身居要职的九州探题给朝鲜如此之"指示",证明了日本上层对倭寇侵华的支持态度。第六,幕府将军对倭寇有绝对的支配力。源胜复述的幕府将军之言,以及足利义持组织倭寇计划抢夺朝鲜《大藏经》经板之史实,③一方面证明了倭寇侵略是达到其某种目的的手段,另一方面也证明了幕府将军一直就是倭寇的统帅。

三、明人对日本对华施为的认识

明代以往中国与日本接触较少,故对日本认识很不全面,除正史外,这方面文献大约有48篇/章。《隋书》《旧唐书》《唐书》等正史对日本的记述,给世人影响很大,在这48篇/章文献中未见有对日本的不良认识和评价。

入明后的密切接触,使明人对日本产生了颠覆性认识。日本南、北两朝将军的傲慢态度,菊池氏暗结胡惟庸谋反的败露,④使朱元璋对日本有了"虽朝实诈"⑤的基本认识。这是明朝人,也是中国人首次对日本有如此恶劣之评价。

倭寇对中国的长期困扰,以及勘合贸易中的使臣表现,使中国与日本的关系成为当时中国外交上的最大难题之一,故而日本问题引起了中国社会的普遍关注,文字记述多了起来,除《明实录》外,现存的约有380余篇/部。这些记述反映了明人对日本的清醒认识,以及认识的高度一致,主要集中在以下四个方面。第一,对倭寇侵略中国的认识。绝大多数文献都有这方面的记述。第二,对日本谲诈的认识。《鸣玉堂稿》有礼部对日本"倭夷谲诈,难以言词化海"⑥之评价。《双槐岁钞》以日本永乐初入贡、后又犯辽东金州大败为例,称"虽朝实诈可征"⑦。《敬事草》有对日本"苟吾方客之,而彼实以盗自为;吾推心以置其

①《李朝明宗实录》卷一七,嘉靖三十三年七月丙辰。
②《李朝明宗实录》卷一六,嘉靖三十三年三月庚戌。
③《李朝世宗实录》卷二三,永乐二十二年正月丁酉,日本学习院东洋文化研究所,1956年。
④《标记本朝通鉴》卷五九,康历二年九月。
⑤(明)朱元璋:《皇明祖训》首章《日本国》,《四库全书存目丛书》史264,第168页。
⑥(明)张天复:《鸣玉堂稿》卷九《疏类·覆传谕日本疏》,明万历八年刻本。
⑦(明)黄瑜:《双槐岁钞》卷五《倭国逸书百篇》,清岭南遗书本。

腹,彼刓刀以向吾腹"①的认识。《无梦园初集》也有"日本狡猾异常"之语。②第三,对日本傲慢自大的认识。在《明太祖文集》中,朱元璋多次使用"傲慢不恭""妄自尊大""效井底鸣蛙""坐井观天""自夸强盛"③等语句形容日本民族的傲慢自大,可谓准确。朱元璋多次授意礼部致书日本国王,书中也持这种认识,如"王若不审其微,井观蠡测,自以为大,无乃搆隙之源乎?"④第四,对朝贡及与倭寇关系的认识。《日本考》对日本朝贡的目的有这样评价:诏定贡期约十年一贡,太宗朝日本贡无定期,而使"至京师,燕赏优渥,稇载而归。是以其贡而来也,于利不于义"⑤,评价可谓深刻。《昭代典则》记:"夷人至京师,宴赏市易,饱恣其欲。已而备御渐疏,正统四年,寇大嚣,入桃渚,官庾民舍焚劫一空。"⑥

明人留下的这些文献,真实地记述了日本对中国的所作所为以及中国对日本的认识。与以往相比,明人更近距离地、全方位地接触到了日本,对日本统治阶级上层的本质认识得更为透彻和清楚。通过文献对比可以这样说,中国对日本的真正认识当始于明代。

四、结语

通过上述研究,可以得出以下五点结论:

第一,截至明代,日本与中国的关系经历了四个阶段、三个指向。第一、二阶段日本要借助中国威势达到震慑朝鲜半岛政权的目的,具有明显的政治指向;第三阶段日本要通过与中国建立国家间的关系,达到获取中国佛教文化的目的,具有明确的文化指向;第四阶段日本借助倭寇之威胁与中国建立勘合贸易,攫取中国的物资资源,具有鲜明的经济指向。由此可以说,凡日本与中国建立官方联系都具有天然的功利目的,明代表现得更为明显和露骨。

第二,自隋代开始,日本对中国已显露出傲慢自大的姿态,这种姿态在明代表现得更为明显和突出。朱元璋对日本的认识准确深刻,虽幕府将军表辞谦卑而恭顺,但代表日本国家的使臣在中国的表现则傲慢而强横,其真性情的

---

①《敬事草》卷一《论倭贡市不可许疏》,明刻本。

②(明)陈二锡撰:《无梦园初集》漫集二《纪海衅》,明崇祯六年刻本。

③《明太祖文集》卷二《诏·谕日本国王诏》,卷一六《杂著·设礼部问日本国王》《设礼部问日本国将军》,《景印文渊阁四库全书》,第1223册,第17、195、196页。

④(明)沈国元编:《皇明从信录》卷七,明末刻本。

⑤(明)李言恭:《日本考》卷二《朝贡》,中华书局,1983年,第64页。

⑥(明)黄光升:《昭代典则》卷一五《英宗睿皇帝》,明万历二十八年金陆周日校刻本。

流露反衬其表辞之虚伪。

第三,朝贡体制与勘合贸易互为表里。日本把朝贡的外衣撕得粉碎,尽让日本与中国的关系只表现出纯粹"生意"上的经济关系。最为明显的是,当日本7次遇到勘合上的"中国难题"时,不是直接面对中国,而反求朝鲜从中斡旋,以显示与中国没有上下之分。唐代日本对中国的态度又以另一种形式在明代重演。

第四,勘合贸易与倭寇侵略有明显的负相关性。一当勘合贸易满其所欲,倭侵稍息;一当其主动放弃勘合贸易,则倭侵复萌,在勘合贸易与倭寇侵略二者之间,非此即彼,日本有很大的自主选择性。"倭寇侵略"这个风向标,灵敏地反映着中日关系的变化,多少让人感到它是日本统治阶级上层手中操控的一台机器,一台战争机器。

第五,倭寇侵略给中国造成了极大危害,扰乱了中国社会正常的政治、经济秩序,给中国社会造成了严重创伤。明朝政府被迫采取的防倭抗倭军事行动,耗损了中国大量人力物力,乃至产生了严重社会问题。

本文原刊载于《廊坊师范学院学报》2018年第1期,是国家社会科学基金项目"明代中国朝鲜日本三国关系与东亚国际秩序研究"(12BZS037)阶段性成果,项目负责人为高艳林。

作者简介:

高艳林,男,1956年生,天津人。历史学博士,南开大学历史学院副教授,主要研究方向为明代中朝关系史、明代人口史、天津地方史等。著有《天津人口研究 1404—1949》,发表论文数十篇。

明清时期徽州的清明会及其清明墓祭活动初探

卞 利

  作为一项尊祖敬宗、报本追远、缅怀先人、以展孝思的祭奠去世先人活动，清明时节前往祖坟标挂与祭奠的习俗由来已久。清明墓祭本来是由家庭家长和宗族宗子组织的，但至明代中叶以降，包括徽州在内的不少地区，却出现了清明会组织的清明墓祭活动。对清明会组织的性质、功能及其开展墓祭活动的内容等问题，近年来学术界已有一些研究成果问世。冯尔康分析了清代四川、北直隶和山东等地区清明会组织的墓祭活动及其功能。[①]代容、韩朝建、陈相合等也对其他区域的清明会进行了探讨。[②]胡槐植、常建华、王振忠、史五一等则曾关注过徽州地区的清明会。[③]但就整体而言，学术界对包括徽州在内的清明会及其所组织的清明祭祖活动，基本上还处在叙述和说明阶段，尚未对明清徽州清明会产生的历史背景、结构、功能、资金来源和运行机制等问题进行系统的探究，有关明清徽州清明会的研究还有不少值得拓展的空间。本文拟以徽州文书和家谱文献资料为中心，对明清以来徽州清明会设立的缘起、结构、功能、特点、资金筹措及其运行机制等问题进行探讨和分析。

一、清明墓祭的由来暨明代中叶以前徽州的墓祭活动

  前往坟墓祭祀已逝先人的活动，称为"墓祭"。墓祭的起源，最早可追溯到

---

① 冯尔康：《清代祖坟述略》，《安徽史学》2009年第1期。

② 参见代容：《清代清明会活动考察——以〈南部档案〉为中心》，《长江师范学院学报》2015年第6期；韩朝建：《清明会与宗族结构——以河北栾城县寺北柴村为例》，《民俗研究》2015年第5期；陈相合、宋涛涛：《高县清明会的历史演变及文化传承》，《文化学刊》2016年第11期。

③ 参见胡槐植：《徽州宗族祭祀制度》，周绍泉、赵华富主编：《'95国际徽学学术讨论会论文集》，安徽大学出版社，1997年；常建华：《宋元时期徽州祠庙祭祖的形式及其变化》，《徽学》（2000年卷），安徽大学出版社，2001年；《明代宗族祠庙祭祖礼制及其演变》，《南开学报》2001年第3期；王振忠：《明清徽州的祭祀礼俗与社会生活——以〈祈神奏格〉展示的民间信仰世界为例》，《历史人类学学刊》第1卷第2期（2003年10月）；史五一：《明清徽州祭祀性会社述论》，《黑龙江史志》2010年第20期。

先秦时期。西汉时,墓祭活动已在统治阶级上层产生。东汉明帝专门制定了上陵朝制。受其影响,民间墓祭活动亦渐次展开,"盖又因上陵之制,士大夫仿之,皆立祠堂于墓所。庶人之家不能立祠,则祭于墓,相习成俗也"①。唐代寒食或清明节墓祭活动已趋定型。北宋时期,张载、程颢和程颐等理学家对有关祖先墓茔和祠堂祭祀有着较为系统的论述。南宋时期,作为理学之集大成者,祖籍徽州婺源县的朱熹对墓祭和祠祭礼仪进行了系统地整理和阐释,并撰著了《家礼》一书,倡导"四时祭"②祖之礼,即"冬至祭始祖……立春祭先祖",要求"凡祭,主于尽爱敬之诚而已,贫则称家之有无,疾则量筋力而行之,财力可及者,自当如仪"③。由此完成了祠堂祭祖和墓茔祭祀活动的礼仪化设计,寒食或清明节上坟扫墓祭祖,逐渐成为以南宋首都杭州为中心江南地区的一项重要民俗活动,"清明前三日为寒食节……朝廷遣台臣、中使、宫人,车马朝飨诸陵,原庙荐献,用麦糕稠饧。而人家上冢者,多用枣锢姜豉。南北两山之间,车马纷然,而野祭者尤多"④。

随着东汉末年以来至南宋之初三次中原地区大规模移民徽州高潮的结束,徽州次第形成了聚族而居的局面。在欧阳修、苏洵创制私家谱牒纂修体式和朱熹《家礼》的影响下,徽州地区的大姓望族开启了通过纂修族谱、创建祠堂及开展墓祭、祠祭等方式,建构宗族组织血缘认同的进程,并借此巩固和扩张宗族势力,所谓"祭祖扫坟,以思报本追远,祖宗之所望子孙者,此也;子孙之所不忘祖宗者,此也"⑤。

南宋嘉泰年间,休宁县谯国曹氏宗族倡导清明墓祭,"举族同往,不问大小"⑥。宝祐三年(1255),同属休宁县的县市吴氏宗族以该族"儒风益盛,气象轩渠,或立军功,或擢科第,其骎骎功名之途者,项背相望"得力于祖宗荫庇,组织本族成员"岁时拜扫"⑦祖宗墓茔。鉴于族中因贫乏而无力祭扫祖墓者较多,

①(清)赵翼:《陔余丛考》卷三二《墓祭》,河北人民出版社,1990年,第647页。
②(宋)朱熹撰,朱杰人等主编:《朱子全书》第7册《家礼》,上海古籍出版社、安徽教育出版社,2002年,第936页。
③《朱子全书》第7册《家礼》,第941页。
④(宋)周密:《武林旧事》卷三《祭扫》,西湖书社,1981年,第40页。
⑤万历《新安吕氏宗谱》卷五《休宁桑园家规》,1935年据万历刻本重印,第106页b~107页a。
⑥万历《休宁曹氏统宗谱》卷四《监簿膳茔记约共二章》,明万历四十三年刻本,第520页a。
⑦嘉靖《休宁县市吴氏本宗谱》卷三《文翰内集·吴氏石佛先茔序》,明嘉靖七年家刻本,第2页b。

吴氏宗族还专门创置膳茔组织,鼓励族众捐置膳茔田产,所谓"贫乏者虽有尊祖、敬宗、睦族之意,不能展布,缘此聚集寥寥,去者半,居者半,殊失瞻敬松楸之道。彼坟邻敢于玩侮,四面侵疆,使祖宗衔恨九京。职此之由,今欲创置些少膳茔,凡直下子孙,随力添助,事力未及,不必强之。倘未可置田,且以钱责之,善营运者,逐年流转。当拜扫之时,量拨几钱,少助作首之家措办"①,借以资助族众尤其是贫困族众前往祖墓进行标祀和祭扫。不过,南宋至元代,徽州宗族墓祭范围基本局限在本支、本门、本房派之内,地域范围亦多未超出本村或邻村界限。

延至明初,洪武三年(1370)成书的《大明集礼》对"品官家庙"祭祀和"祠堂制度"等重新予以规范。据吴翟考证,"洪武初,用行唐县知县胡秉节言,许庶人祭三代。三十一年,奉旨颁降祝文,祭高、曾、祖、祢四代,士庶之祭四代,由洪武始也。洪武以前,士庶不得祭高、曾"②。依据洪武初制定的祭祖礼仪,徽州宗族逐渐开始了小规模的跨地域祭祖活动。洪武十四年(1381),歙县城东许氏宗族族长许荣甫以明太祖"有产无丁,有丁无产,许令归并"榜谕为契机,联合15位宗族成员,订立《标祀膳茔约》,议将"膳茔产土照今户计,权行均答,田粮开归一十六分,受税输纳。产内租苗,仍归众管。每岁十六分内,议立四人,收掌一年,不问时岁熟旱,收到实在租利,必须开禀族长,见数封锁,毋得侵用入己。候至次年清明时节,将租谷置备俎礼,邀请本族不拘贫富大小,同诣六处祖墓祭扫,下年周而复始"③。这一清明墓祭礼制,在血缘上已逾四代之限。永乐四年(1406),歙县向杲吴氏宗族清明墓祭虽未逾四代之限,但地域上已由歙县扩展至休宁县,由歙县富饶派下堨田、岩寺、向杲、城北四大支轮流充首,通过收取膳茔田租息的方式,组织办理清明墓祭活动,并认为此系"祖宗追远报本、和睦宗族之盛典也"④。

此后,向杲吴氏宗族又分别于宣德八年(1433)、九年(1434)和正统三年(1438)进一步制定与完善了清明祖墓祭扫标祀规例及仪式,并订立《吴氏墓典》,云:"省墓之礼,存亡相保,实不可缺。族人闻请,无以私见为急,雨旸泥泞,

---

① 嘉靖《休宁县市吴氏本宗谱》卷三《文翰内集·吴氏石佛先茔序》,第2页b~3页a。

②(清)吴翟:《茗洲吴氏家典》卷六《忌日之祭仪》,黄山书社,2006年,第252页。

③ 崇祯《古歙城东许氏世谱》卷七《城东许氏宗祠标祀膳茔约议》,明崇祯八年刻本,第29页a~b。

④《徽州会社综录·向杲孟阳公叙历代祭祀》,清抄本,原件藏中国历史研究院,第1页b。

必须清晨奔赴,共襄祗祀。既毕,老少相率环历踏幸,罗石无损,沟路不更。止犯界,禁樵采,平锄铲,去蒿塞,饰词设,正碑书,一一周备,然后散胙。如是来迟,致使缺略,及有行礼不恭、饮食放肆、兢论非言,族尊举责不恕。"①其族人孟阳公还在耄耋之年立下了《祖墓标祀仪式》,要求本族"后人遵而行之,永为良规"②。

二、明代中叶以降徽州清明会的创建、类型、结构及资金筹措

(一)徽州清明会的创建与普及

截至正德以前,徽州清明祖墓标挂和祭扫活动,主要是在宗族族长(含支族)或宗子的主持下开展的。但在徽商不断取得成功和科第仕宦的次第繁荣,以及"木本水源""万殊一本"③观念不断强化的背景下,因徽商大量捐资购置墓田或祀产,各大宗族亦相继开始了跨县甚至跨府域组织墓祭活动。一些经济和政治实力雄厚的大姓望族,一方面以大规模联宗修谱的方式,纂修和刊刻了一批跨地域的统宗谱;另一方面又致力于墓田、墓祭管理规约的制定与完善。明成化五年(1469)、正德元年(1506)、嘉靖二年(1523)和嘉靖十二年(1533),休宁县倍郭程氏、藤溪陈氏、县市吴氏和歙县向杲吴氏等宗族相继制定了《标挂冢墓文款》④《重定拜扫规约》⑤《吴氏世守坟茔规戒》⑥《清明祭扫规约》⑦,以及《大四枝祭扫祖墓议约》⑧等。富甲一方的徽商捐置祀产的倡导、统宗谱的纂修和墓祭规约的制定与完善,为徽州墓祭规模在空间上的拓展与延伸提供了经济和规制上的保障。不过就笔者目前所见,大规模的联宗祭祖现象仍较少在徽州出现,有关清明会等组织开展的墓祭活动,亦仅见于正德元年(1506)休宁县藤溪陈氏宗族一例,即"祀祖及饮福合办仪物,详开《清明会簿》"⑨。

---

① 《徽州会社综录》卷下《向杲孟阳公叙历代祭祀·吴氏墓典》,第5页a。
② 《徽州会社综录》卷下《向杲孟阳公叙历代祭祀·孟阳公年七十九岁创立仪式》,第6页a。
③ (元)赵汸:《东山存稿》卷三《文·答汪德懋性理字义疑问书》,《景印文渊阁四库全书》第1221册,台湾商务印书馆,1986年,第231页。
④ 弘治《倍郭程氏敦本录》卷下《标挂冢墓文款》,明弘治十一年刻本,第56页a~58页b。
⑤ 正德《新安陈氏宗谱》附录《重定拜扫规约》,明正德二年刻本,第66页b~68页b。
⑥ 嘉靖《休宁县市吴氏本宗谱》卷一〇《吴氏世守坟茔规戒序》,第12页b~13页b。
⑦ 嘉靖《休宁县市吴氏本宗谱》卷一〇《清明祭扫规约序并条款》,第14页b~23页a。
⑧ 《徽州会社综录》卷下《向杲孟阳公叙历代祭祀·大四枝祭扫祖墓议约》,第6页b。
⑨ 正德《新安陈氏宗谱》附录《重定拜扫规约》,第66页b~68页b。

正德以后,徽州的清明墓祭活动逐渐由个体家庭、家族房(门)派等规模较小的地域空间扩展到跨地域的联宗,墓祭的对象亦由严格遵守《大明集礼》规定的三代、四代扩大至五代、十代,甚至始迁祖乃至或始祖以来的数十代。显然,单凭家长、房长、族长、宗子等一家、一房、一族之人力主持的墓祭活动,在物力与财力上已难以支撑和维系,个别宗族的主祭者——宗子甚至出现故意规避主持墓祭的现象。为应对这一形势变化,包括徽州在内的全国许多地区的宗族不得不寻求其他方式,来维持清明墓祭活动的开展。这样,以专门负责清明祖先墓茔标挂与祭扫活动资金筹措、祭祀组织、祭奠礼仪、散胙燕饮组织与安排的清明会便应运而生了。

导致徽州清明会大规模创建和普及推广的,还有另外一个重要因素,那就是嘉靖十五年(1536)夏言请求天下臣民祭祀始祖的奏疏被准。是年,礼部尚书夏言向朝廷上了一道题为"请定功臣配享及臣民得祭始祖立家庙"的奏疏,其中第二部分明确提出了"乞诏天下臣民冬至日得祭始祖"的建议,奏疏内容如下:

> 伏望皇上推恩,因心之孝,诏令天下臣民,许如程子所议,冬至祭始祖,立春祭始祖以下、高祖以上之先祖,皆设两位于其席,但不许立庙以逾分,庶皇上广锡类之孝,臣下无禘祫之嫌,愚夫愚妇得以尽其报本追远之意。溯远祖,委亦有以起其敦宗睦族之谊,其于化民成俗未必无小补云。①

这一奏疏迅即为明世宗批准,明朝对臣民立家庙祭祀始祖等祖先的条件放宽,《大明集礼》的祭祖代数限制被打破。至此,包括徽州在内的民间宗族祠堂规制和祭祖礼仪发生了重大变化,累世簪缨、名臣辈出的徽州世家大族和富甲一方的徽商家族,在明世宗祭祖礼仪制度改革后,不仅掀起了祠堂建设的高潮,而且还普遍创立清明会,以满足和适应急剧扩大的跨地域联宗祠堂祭祖与祖墓祭祀活动需求。特别是清明会,如果说嘉靖十五年(1536)之前在徽州还是个别现象的话,那么嘉靖十五年(1536)之后,便以势不可挡之势在徽州各地建立和推广开来。

---

① (明)夏言:《桂洲先生奏议》卷一七《请定功臣配享及臣民得祭始祖立家庙》,《四库全书存目丛书》史部第60册,齐鲁书社,1997年,第538页。

(二)清明会的类型和结构

与宗族族长或宗子主持的清明墓祭不同,清明会则实行会首轮流值守制,每年清明时节,值年会首按照规定,负责组织与操办宗族墓祭活动。休宁县藤溪陈氏宗族清明会即"重置簿八扇,定其规约,立其名次而轮流当首"①。清明会的祀费亦不再局限于祀田等宗族公共财产,而是通过包括徽商在内的族众和会员捐输祀田、缴纳添丁钱、婚嫁喜钱及会费(含动产与不动产)等渠道筹集,并将其用于投资,以获取收益即利息来维持清明会的持续运转,这就是"清明积储银两,递年生放,典当花利"②。

明代中叶以降,徽州清明会的类型和组织结构大体可划分为以下两种:

一是单一村落或相邻数村某一支族或房(门)派组织的清明会。此类清明会规模不大,人数较少,资金筹集渠道单一,会产规模亦相对较小。以目前所见徽州较早建立的清明会——明正德元年(1506)休宁县藤溪陈氏宗族清明会为例,其组织结构和运行模式是会首各年轮流值守制,其《重定拜扫规约》规定:"每年田租,当首之家收贮,待次年清明备祭祖之仪外,余计若干砠,付首家管领。或有故,所用及生放,会众支出,毋许一人私支。违者,议罚。"③从正德二年(1507)即丁卯年为始,陈氏宗族专门对每年族内的清明会值年会首进行了派定,"具各年轮流当首于后:丁卯年,世良、尚义;戊辰年,友仁、彦文;己巳年,远鸣、士善;庚午年,仲富、复初。已上依旧定名,周而复始"④。其会膳茔田产仅有尺字号和善字号8处,每年田租收入籼、糯谷等合计为77.5砠15斤,⑤可见其实际祀谷收入总量并不多。又明万历三十九年(1611)三月,祁门县贵溪胡氏支族清明会,仅收有胡云泽和胡云洲两人缴纳的本利纹银4两4钱4分,供当年"清明日,已收银肆钱,标挂支用"⑥。尽管如此,这种仅限于某支、某房(门)派墓祭的清明会,依然是明清时期徽州清明会的主体类型。

---

① 正德《新安陈氏宗谱》附录《扫墓膳茔田录》,第66页b。

② 万历《新安吕氏宗谱》卷五《休宁松萝门凤湖街祭祀家规》,第109页b。

③ 正德《新安陈氏宗谱》卷下《重定拜扫规约》,第67页b。

④ 正德《新安陈氏宗谱》卷下《重定拜扫规约》,第68页a。

⑤ 正德《新安陈氏宗谱》卷下《重定拜扫规约》,第67页a~b。

⑥ 王钰欣、周绍泉主编:《徽州千年契约文书(宋·元·明编)》卷八,《万历胡氏清明会簿》,花山文艺出版社,1993年,第161页。

第二种则是跨县域、府域或省域的联宗型清明会,规模较大,组织结构亦较为复杂,但亦基本按各地支族或宗族的房(门)派轮流充首、分工负责。这类跨地域联宗型清明会,大多由徽州本地科第联袂、仕宦和商贾辈出、富甲一方的大姓望族所创建,并在始祖或始迁祖的名义下,不断扩大其势力和影响范围,形成规模庞大的跨地域宗族祭祀圈,其标挂和祭扫的墓茔亦远超四代之限。此类清明会经济实力雄厚,资金来源渠道广泛,会金等会产经营获利不菲,且有经严格认定的支族或房派源源不断地加入,从而使清明会的影响波及远近。如歙县向杲吴氏宗族素系耕读传家之名族,仕宦辈出,著述宏丰。该族明初即按照富饶派下堨田、岩寺、向杲、城北四大枝,轮流对祖先墓茔进行标祀祭扫,将"祖墓远近搭为四乡,分坐四枝,为首收膳茔田租,备礼标挂一乡先茔,四年轮流,周而复始。年岁不登,为首赔足,不许旷典"[1]。其祭扫范围亦不限于歙县本地各处祖墓,远在休宁县的祖墓,每年清明也都组织族众前往标挂与祭扫,且有明确而细致的分工。在祭扫规模和燕饮人数日益增加的情况下,向杲吴氏宗族甚至不得不对前往各地祖茔标挂和祭扫的各枝人数进行限制,规定:"四枝定数共乙百叁十人,仆从共贰十七名。向杲枝六十人,仆一十二名;岩镇枝二十八人,仆六名;城北枝二十八人,仆六名;堨田枝一十四人,仆三名。如有不遵定数多来者,及未冠者,俱不许入席。其仕宦跟随仆从,不在此限。"[2]尽管如此,仍不断有本县北岸、邻县绩溪县等地吴氏支族族众经过甄选而加入。

(三)清明会资金筹措与融资功能

明清时期徽州清明会组织的清明墓祭活动,需要雄厚的资金作为支撑。特别是一些规模庞大的跨地域联宗型清明会,一年一度的清明墓祭活动,从备办祭仪、祭品,到往返舟车之劳、异地住宿、燕饮和颁胙,花费巨大。那么,明清时期徽州清明会的资产有哪些来源渠道呢?

首先是祭田,亦称"祀田"或"膳茔田",直接来源于本族专为祖墓族祭所设置的公产或资金,这也是大部分清明会资金来源的主体渠道和基本保障。"雨露既濡,启人子思亲[之]念;春秋祭祀,实生民报本之诚。非祭无以崇孝思,非

---

① 《徽州会社综录》卷下《向杲孟阳公叙历代祭祀·吴氏墓典》,第4页a。
② 《徽州会社综录》卷下《向杲孟阳公叙历代祭祀·大四枝祭扫祖墓议约》,第8页b~9页a。

财无以备享仪。"①在明清时期的徽州,大部分宗族都置有祭祀祖先的祭田等祀产。作为宗族的公产,此类祀田严格禁止出售或盗卖。对此,很多宗族的族规或祠规中都有明确规定。明万历婺源县江湾江氏宗族即在《祠规》中指出:"祀田为祭品之资,各处祀田,支下子孙务宜勤加照管。其田租自置祭品外,有余赢,增置附近膏腴,以广孝思,毋许子孙侵克私鬻,重取罪罚。"②

其次是添丁钱和婚嫁钱。明清时期徽州的清明会大都以收取本宗族或支族、房(门)派的添丁钱、嫁女和娶媳钱作为清明墓祭费用,且形成惯制。明嘉靖年间,休宁县西门汪氏宗族《重定墓祭会规约》规定:"但添一丁,即要助银一两。"③万历十五年(1587)创建的徽州某县程氏宗族余庆堂《清明会会规》也规定:"诞子者,出银壹钱入会。"④清嘉庆年间,黟县古筑孙氏宗族清明会和冬祀会亦皆以收取族众添丁钱为会产资金来源,"族向有清明会,支丁祭扫祖茔者,照筹给胙。兹议立冬至会,届节,合族人祭始祖。设《添丁簿》,祭之日,各支添丁者报名并年庚登簿,出丁钱四十文入会,会中给清明胙筹二根"⑤。清咸丰至同治年间,黟县渔亭余氏宗族《清明会簿》还记录了每年收取添丁钱、嫁女钱和继子钱的数额及缴纳人的具体情况。此外,该族"众支丁所议,族中出嫁之女,无论青衣、花轿,均同一体,公堂银贰两正"⑥。尽管总量不多,但添丁钱、继子钱和嫁女公堂银钱,却也是明清徽州清明会筹集资金不可或缺的稳定来源之一。

再次是捐输。族众捐输,是明清时期清明会又一重要资金来源渠道。尤其在仕宦辈出和富商大贾林立的徽州,清明会能否得到族中官员与富商的巨额捐助,是决定其开展包括墓祭在内的各种祖先祭祀活动规模大小与兴衰成败的关键。向以经营盐业获利的明代休宁县西门汪氏宗族,清明墓祀会的经费即是由汪显应倡议,由17位本族商人捐助的,所谓"倡于众,得十七人和之,各捐二金,义声风振,和者群兴,各捐如数"⑦。当然,在清明会首创时,宗族个别成员以省吃俭用结余下的小额资金购置墓祭(祀)田产,或捐助小块田土、山

---

① 万历《新安吕氏宗谱》卷五《休宁桑园家规》,第106页a。
② 道光《萧江家乘》卷一一《彝训》,清道光三十年刻本,第21页b~22页a。
③ 嘉靖《休宁西门汪氏族谱》附录《重定墓祭会规约》,明嘉靖六年刻本,第13页b。
④ 《余庆堂清明会老簿》,清抄本,原件藏上海图书馆,第5页a。
⑤ 嘉庆《古筑孙氏家谱》卷首《凡例》,清嘉庆十七年刻本,第11页b。
⑥ 《清咸丰八年至同治四年黟县渔亭余氏清明会簿》,清抄本,原件藏南京大学历史学院资料室,无页码。
⑦ 嘉靖《休宁西门汪氏族谱》附录《西门汪氏清明墓祭记》,第19页b。

场,也是徽州清明会资金筹集的一种常规性渠道。其实,显宦富商大贾的巨额捐助,才是徽州清明会开展联宗墓祭的重要经济支撑。明嘉靖年间,歙县城东许氏宗族巨商许朴庵"以己之田而为祀之田,以备祭祀,以明可久",遂一次性捐输祭田12亩、祭费百余两,①就很能说明这一问题。

最后,清明会会产经营生息增殖。尽管清明会组建的目的是为了祭扫和标祀祖先坟墓,但维系一年一度的清明墓祭活动持续进行,仅仅依靠宗族的祭田或膳茔田及族众的小额捐输,是非常困难的,这也是以族长或宗子主祭的清明墓祭活动被清明会取代的重要原因之一。因此,明清时期徽州几乎所有的清明会都采取了会首轮值制和会产经营生息制,以增强自身的造血功能,即"取财之出于众者生其息,以助支年管办之需,使管办者不能致窘乏而事得以不息,庶可以为族世守之成规矣"②。创建于明万历十五年(1587)的徽州某县余庆堂清明会,就曾凭经营有方的会首,使得会产迅速增殖,至天启三年(1623)时,已累积至本利三百余两。对此,该族程时达在执笔批田于清明会时,不无感慨地说:"观是会,吾祖泰昌公首率众兄弟子侄,各出微赀,令各至墓祭扫,备牲祀祖,存余赀,累积生息,真盛举也。全赖吾父怀民公拘收并添丁银,利上生利。至天启三年,共积有叁佰余金,甚非容易。"③我们统计了明万历二十八年至三十六年(1600—1608)祁门县贵溪村胡氏宗族和清咸丰八年至同治七年(1858—1868)黟县渔亭镇余氏宗族清明会产的领本生息账簿,其会产经营放贷的利率介于年息14%~22%之间。明万历至天启年间,徽州某县程余庆堂清明会产经营利率,则以每年24%起息。④但自万历二十七年(1599)起,该清明会改为根据会产本金数量多寡的方式计息。为说明问题,谨将该清明会调整后的本金、利息和利率列表于下:

表1　万历年间程余庆堂清明会本金及利息一览表

本　金	利　息	年利率
30两以上者	1分8厘	21.6%
50两以上者	1分6厘	19.2%
80两以上者	1分4厘	16.8%
100两以上者	1分2厘	14.4%

① 乾隆《重修古歙东门许氏宗谱》卷一〇《朴庵公祭田记》,清乾隆十年刻本,第49页b。
②《徽州会社综录》卷下《休宁县孚潭许氏抄白众所支年老簿规则》,第1页a。
③《余庆堂清明会老簿》,第4页a。
④《余庆堂清明会老簿》,第4页b。

我们从明至清前期徽州各地近十种清明会收支账目文书中发现,仅有极少数清明会的会产经营是亏本的。大部分清明会会产经营之所以能够维持盈利状态,主要在于各个清明会的管理者对领取会产进行生息的经营者准入条件严格,并制定相应规约对其予以监督,对违反或不遵守规约者予以严厉的惩罚。明嘉靖时,休宁县县市吴氏宗族在《清明祭扫规约》中规定:"清明银两,自后凡遇清明日,算账明白,上下交接。所有本银,眼同付答的实亲人之铺营利,不许枝下子孙承领拖延,有误祭祀。眼底大族,多因之以启争端,致伤和气,永宜戒之。"①徽州某县程余庆堂清明会《会规》明确规定:"会内银两……谅有家业者领。倘无生业者,必致将业写抵。至清明日,或本或利,面交明白。如有执匿拗众者,众坐取,仍罚前白银壹两公用。"②总之,为避免清明会会产经营折本,徽州各地清明会在借出时,一般都要求经营者必须是家境殷实老成之人,同时制定对经营不善者的惩罚条款,从而为清明会会产经营盈利提供了有力的保障。

应当指出的是,明清两代跨越近六百年,其间既有明清易代之变革,也有战乱如清末"咸同兵燹"之重创,更有清明会所在宗族内外之纷扰。因此,徽州的清明会自明代中叶徽商和科第仕宦兴盛之时得以广泛创建,并在嘉靖至万历年间一度达到极盛状态。明清易代之际,徽州的清明会曾一度陷入萧条,但旋即在康熙、雍正和乾隆之时再度走向巅峰。而咸丰、同治年间太平天国与清军在徽州各地长达十年拉锯战的"兵燹"之灾,则在造成徽州地区人口、生命与财产巨大浩劫的同时,也使得清明会会产日益萎缩,会产经营开始处于亏损状态。

三、明清徽州清明会墓祭活动的程序与内容

(一)清明会墓祭活动的组织与开展

自嘉靖十五年(1536)夏言"请定功臣配享及臣民得祭始祖立家庙"奏疏为明世宗批准以来,特别是地域性大姓望族的统宗谱和地域大族名族志如《汪氏统宗谱》《新安名族志》《休宁名族志》等纂修与刊刻,为徽州清明墓祭和祠祭规模的扩大提供了可资联宗的依据,徽州的清明会也正是在这样一个背景下应运而生并普及推广的。

①嘉靖《休宁县市吴氏本宗谱》卷一〇《清明祭扫规约序并条款》,第16页a。
②《余庆堂清明会老簿》,第5页a。

徽州的清明会普遍实行会首轮年值守制度,每年轮值司年或一人,或数人,如清末黟县渔亭余氏宗族的清明会,每年负责清明祭扫的司年由4人组成,其中咸丰八年(1858)的清明会即是由余祖和、余德鸿、余德兴和余应琦4位司年组成。①而跨地域联宗墓祭之轮流充首,则是由不同支族或房(门)派负责,如明代歙县向杲吴氏宗族清明会,则分别有来自向杲、岩镇、城北和堨田四大枝组成。不论是何种轮值制,清明会值年会首的主要任务就是组织墓祭活动。不同规模和类型的清明会,墓祭活动的组织与开展也呈现出较大的差异。

根据墓祭日期,清明会值年会首需要负责筹备墓祭仪式,购置祭品,置备祭器,准备颁胙和燕饮物品,并预先通知参加墓祭活动的族众。不过,因各个宗族的清明会墓祭时间不一,其中既有清明前、清明日,也有清明后者,最迟甚至安排至农历四月举行,如婺源县坅口俞氏宗族即是"清明定于四月做"②。但通常较为集中的墓祭时间大多在农历三月清明节前后十日内举行。

墓祭活动正式开始之前,当年清明会值年会首需提前告知墓祭活动事项,族众和墓茔非在一处或相隔距离较远者,值年会首还要以书面通知方式,提前送达给参加墓祭的各房族人,以便其准时参加墓祭活动。歙县虹梁程氏宗族规定:"清明墓祭礼生十人,每分二人,值年者一人,下首一人",要求"值年者于五日前具知单,各请书知,以免临期误事"。③

参加墓祭的人员范围,不同宗族的清明会有着不同的规定与安排。人数较少、地域仅限本村支族或房派的清明墓祭活动,清明会通常要求除年幼和年长者外,所有的男丁均须参加。明万历徽州某县程余庆堂清明会就要求"合门择日,长幼俱要登山标挂,如不去者,罚银壹钱。七十以上者,不在此例"④。对因故不能前往墓祭者,部分清明会还规定了可以请人代为祭扫,否则,将给予处罚。明嘉靖初,休宁县西门汪氏宗族墓祭会就"议定该首四人率下首四人,轿到各处墓所拜扫。一名不到者,罚银二钱。不在家者,听着亲房子侄代之。如无可代者,即将轿夫银退还会首,免罚,或举会内知本能事者补之"⑤。清代

① 《清咸丰八年至同治四年黟县渔亭余氏清明会簿》,原件无页码。

② 《乾隆五十二年至光绪二十二年金龙公清明会账簿》,黄志繁等编:《清至民国婺源村落契约文书辑录》第7册,《江湾镇一》,商务印书馆,2014年,第2967页。

③ 《清歙县虹梁程氏德卿公匣规条》,清抄本,原件藏安徽大学文学院程自信教授处,第26页b。

④ 《余庆堂清明会老簿》,第5页b。

⑤ 嘉靖《休宁西门汪氏族谱》附录《重定墓祭会规约》,第22页b~23页a。

——宋元明清卷

道光初年,婺源县江湾钟吕村清明会,则规定每家各推一人作为代表参加清明墓祭,"祭扫标挂,做清明,定于寒食日,每家头壹人至茔拨坟。回家饮清明,上下首同饮"①。

人数众多、规模较大的清明会,一般还会对参加墓祭人员予以限制。明初,歙县向杲吴氏即采取分配给四大枝名额的方式,指定参加各处墓祭的名额。为防止有人从中舞弊,故意添加祭扫人数,该墓祀会专门制作颁发了墓祭标祀签,各枝根据所领标签数量出人参加清明墓祭活动,计"向杲六十根:景分十七根,孟分十八根,丙分十四根,丁分三根,朱分五根,远分三根。城北廿八根:上北市绩邑六根,溪头六根,溪西式根,下北市吴里七根,赵干七根。埧田十四根:埧田十根,休宁县小北门四根。岩镇廿八根:高塍十四根,龙池七根,茆田七根"。随着参加墓祭支族不断增加,至清康熙时,向杲吴氏宗族又新增了标签的发放数量,"康熙十一年,增输资保祖签式根;康熙四十五年,北岸枝增签四根"②。为防止和杜绝假冒,清代婺源县汪氏宗族还要求参加湖山墓祠清明祭祀的值年头首随身携带符信,"清明祭户,原各有《保祖续编》。当头之年,来者带为符信,以杜假冒"③。

关于墓祭仪式和标祀祭品。明清时期徽州各地的清明会亦分别根据各自的经济实力和状况,规定不同的标准,有的甚至根据不同祖先的坟墓制定出不同的墓祭仪式和祭祀标准。祁门县径并吴氏宗族清明会还对祭仪和祭品做了严格规定,违者则被课以惩罚,重者甚至被以不孝罪论处,"以上仪物,用秤者俱系仪泗租秤准称,上架、上墨、挑物,用仆贰人,腐、饭首家备外,祀各给粿肆拾枚、菜各贰满碟、肉各三两、酒各壹壶。祀事严敬,仪必丰洁,所以妥先灵,非为后口腹,次、首务要秉公持正,仪苟如式。或挟私情而故意吹毛求疵者,以不睦论。苟不如式,或徇情而谬为曲护偏祖者,以不孝论"④。

(二)领胙与燕饮

在明清时期的徽州,清明墓祭活动结束后,大部分清明会还向参加祭扫标祀的族众颁发包子或肉类等胙品,同时进行燕饮。单一姓氏的村落墓祭或距

---

①《[钟]吕村道光元年至同治十三年口公清明会及收支簿》,《清至民国婺源村落契约文书辑录》第10册,《江湾镇》,第5022页。
②《徽州会社综录》卷下《向杲孟阳公叙历代祭祀·延陵家则摘录》,第12页a。
③ 道光《汪氏湖山墓祠记·议建墓祠启》,清道光二十七年刻本,第15页a。
④《祁门径并清明会簿》,第5页a。

离较近的相邻村落墓祭,一般安排在墓祭结束后回村燕饮。而跨村域、县域或府域甚至省域的墓祭,往往要在事前指定异地燕饮场所及参加人数,以便安排燕饮活动。

先来看颁胙。清明会都会根据自身的情况和经济实力,向参加墓祭的族众颁发胙品,并为此而制定了较为细致的胙品颁发标准与发放范围。所谓"胙",是指祭祀祖先或神灵的祭品。祭祀后颁胙给族众,是祖先的赐福,是一种享受祖先福佑与恩泽的象征。

为避免引起矛盾和纠纷,明清时期,徽州的清明会一般都制定有专门的条例或规约,对颁胙与活动进行规范。明崇祯十六年(1643),祁门县径并村吴氏宗族清明会即对领胙的数量和条件进行规范,制定了《清明拜扫仪例》,规定:

> 一、散胙,十陆岁始,其菜粿毋论家外,照丁均给。再到各墓,以至朱村者,各给粿拾枚。其朱村管年家备茶者,给粿壹斤、菜壹碟,永远遵守,毋得扰乱。
>
> 一、秩下子孙,如有各墓不亲到,惟至朱村领粿,魆地回家者,从众公罚银叁分入匣,仍不给粿,永远各宜遵守,此批。
>
> 一、过七旬者,不能往墓标挂,亦给粿散胙无词。
>
> 一、秩下子姓往赴祖墓表挂拜祭,固是美念,宜以七岁能行者,照中途给粿。如未七岁,举步维艰,不得给付,永为定例。[1]

至清康熙时,该径并吴氏宗族暨清明会经济条件有较大改善,遂对《清明拜扫仪例》进行了修订,专门制定了《分胙条例》,使得分胙和领胙的范围扩大。其内容如下:

> 一、主祭者,给羊肉壹斤、弗壹对。
>
> 一、礼生五人,给羊肉壹斤,各糖尖壹支。
>
> 一、进馔六人,各给桌面叁个、弗壹对。
>
> 一、司事贰人,各给桌面叁个、弗壹对。
>
> 一、散福,自十六岁以上齐集,分席以次坐,不得故意他出。如或他

---

① 《祁门径并清明会簿》,第2页 b。

出,众不候寡,其胙不存,亦不给,并不准顶替。

一、本年娶新妇,遵旧例送茶,众给弗贰对。

一、童乐,每各给米贰升半、熟亥大称贰斤、煎腐大称贰斤、常酒拾壶。

一、散福,毋得借端炒席撒泼。违者,罚银伍钱。如不服,请祖议责。如不服,闻官理论。

一、本支自七十岁以上者,给弗壹对。

一、后生能府县应考者,给弗壹对。①

清康熙年间,婺源县武口太原王氏宗族,亦对分胙作了规范,"每届清明节,五日内,务备祭物,举各房长少,遍历先垄拜扫致奠,将胙分食,毋以房分为拘,必照人数均分。惟在幼未娶者,例当减半,递递承之,岁以为常"②。

为避免因少数族众仅为领胙而不至墓茔祭扫标祀等弊端的发生,明清时期徽州清明会值年会首往往会按照规定,在与祭人员抵达祖先墓茔祭扫和标祀时颁发胙筹,祭扫后凭胙筹领取胙品。经济殷实的歙县东门许氏宗族墓祭向有颁胙之举,但部分族人却领胙而不上坟祭扫。为杜绝这一弊端,许氏宗族于崇祯八年(1635)制定了《古歙东门许氏宗祠订正祭祀配享等事定规》,规定:"我宗与墓祭者,咸有分胙。间有艰跋涉者,祭祖则不前,领胙则竞进,殊无敬祖之心,何止失礼之节?故议定至暹公墓所,发领胙筹。不至者,罚胙。故近年少不拜墓之子孙,法之善也。"③黟县古筑孙氏宗族"向有清明会,支丁祭扫祖茔者,照筹给胙"④。清代歙县虹梁程氏宗族墓祭后,甚至可以领到胙品折筹的现金,所谓"清明标祀,到墓支丁给胙筹,领取折胙钱"⑤。此外,为防舞弊,一些宗族还指令文会或专门人员,对颁胙和领胙活动进行监督,如清嘉庆时,歙县棠樾鲍氏宗族就指定该族文会对墓祭后的颁胙行为予以监督,"颁胙,设立大簿一本,将逐年各执事并文会老人、助祭支丁名数登载簿上,以便查核"⑥。

燕饮亦称"饮福""散福""会饮"等,是明清时期徽州清明会墓祭后参与墓

---

① 《祁门径并清明会簿》,第11页a~b。

② 康熙《新安太原王氏宗谱》卷二《宗规》,清康熙三十年刻本,第17页a。

③ 崇祯《古歙城东许氏世谱》卷七《规约》,第28页a~b。

④ 嘉庆《古筑孙氏家谱》卷首《凡例》,第3页b。

⑤ 《[钟]吕村道光元年至同治十三年口公清明会及收支簿》,《清至民国婺源村落契约文书辑录》第10册,《江湾镇》,第5022页。

⑥ 嘉庆《棠樾鲍氏宣忠堂支谱》卷一七《祀事》,清嘉庆十年刻本,第5页b。

祭成员集中聚餐饮酒的一项常规性活动。单一村落的支族、房(门)派清明墓祭后的饮福,一般安排在本族祠堂内举行。清道光初年,婺源县江湾钟吕村俞氏清明会就是墓祭后"回家饮清明,上下首同饮……每人给酒半壶,多者头首自认,众议酒定钱壹佰文"①。而跨村域、县域、府域甚至省域的规模较大、人数较多的联宗型清明会,清明墓祭后的燕饮,则往往事先约定异地燕饮的场所,并严格按约组织和办理燕饮活动。明代歙县向杲吴氏宗族等,即以规约的方式,对四大枝参与清明墓祭后的燕饮活动进行规范,向杲枝清明须往休宁县审坑祭扫祖墓,中午于歙县篁墩就餐。每年三月初,先选定祭日,然后令家仆奉书与看守祖墓的寺僧预约,即"于每年三月定日,先委仆赍书及白糯米二斗、曲一斤、蓼花一合、籼米一斗,送寺约日期外,三日前,奉书约族众。是日,篁墩备咸鱼、茶汤、菜饭,候族人到相待。本支先委二人管顾祭物,住寺,各支族长至篁墩时,本支请各支行拜礼……叙问起居。待饭讫,同到寺,便请山主相见"②。当晚,向杲支族还要设宴回请寺僧,"是晚,吾族设席散胙,请山主东坐,山主即住持可知。寺中师徒皆坐上,吾族一位尊长相陪,盖所以敬其奉祖先也"③。鉴于祖墓分散多处,且横跨歙县和休宁县两大县域,向杲吴氏宗族乃于明嘉靖十二年(1533)联合各支,订立《大四枝祭扫祖墓议约》,对清明墓祭活动予以规范,特别是其中的燕饮部分,特点鲜明。其文云:"其清明祭扫,原为世远地殊,势难岁遍,故析为四祭,四枝分管。每岁轮祭其一,四岁遍祭其三。当祭之期,预约各支子孙,如期往祭。祭毕而循旧例宴会,向因人无定数,席无定规,轮首之家酌量设席。若遇人来数少,则席剩有余,虚费可惜。或遇人来数多,则席设不及,竞论堪嗟。二者各有其弊。"④向杲吴氏支族最后确定四枝共130人参加,规模不可谓不大。

总之,明清时期徽州清明会组织的清明祖墓祭奠标祀活动,始终遵循会首轮年值守制度,并在墓祀规约或条例的规范下,有条不紊地开展。毕竟清明墓祭活动"上可以慰祖宗在天之芳灵,下可以启子孙统会之有自"⑤,在一定程度

---

①《[钟]吕村道光元年至同治十三年口公清明会及收支簿》,《清至民国婺源村落契约文书辑录》第10册,《江湾镇》,第5022页。

②《徽州会社综录》卷下《向杲孟阳公叙历代祭祀·孟阳公年七十九岁创立仪式》,第6页a。

③《徽州会社综录》卷下《向杲孟阳公叙历代祭祀·孟阳公年七十九岁创立仪式》,第6页b。

④《徽州会社综录》卷下《向杲孟阳公叙历代祭祀·大四枝祭扫祖墓议约》,第6页b。

⑤嘉靖《新安左田黄氏正宗谱》卷九《序类·清明祀会序》,明嘉靖三十七年刻本,第9页b。

上彰显了徽州宗族内部控制力的强化。其实,这也正是徽州宗族所一贯倡导和强调的"一本"观念之集中体现,"族中有贵有贱,有富有贫,有贤有愚,有众有寡,有强有弱,其势断不能齐。惟以祖之一身视之,则千万人之身皆一人之身也。以祖之一心推之,则千万人之心皆一人之心也。溯其源而潜其流,何非一本之所生,一身之所发? 故凡族中有事,必先去势而言情,自无贵富、贫贱、贤愚、众寡、强弱之纷异矣"①。墓祭正是在徽州宗族所一向标榜的"崇本始、明支裔、收涣散、一氏类"②的一个重要手段,是宗族每年一度的"不分亲疏,一体标祀"的"清明盛典"。③

四、结语

明代中叶以降,原本由宗族族长、宗子主持的徽州清明祖墓标挂和祭扫活动,在嘉靖十五年(1536)礼仪制度变革,科第勃兴、徽商异军突起和宗族跨地域联宗祭祖等时代背景下,开始转向由清明会出面组织。这一转向,反映了徽州纯粹由单一的宗族族长、宗子以恪尽义务形式主持的清明墓祭活动越来越难以维系,不得不面向实际,采取以会员入股集资的清明会或墓祀会方式进行,这就为规模庞大、费用浩繁的清明墓祭活动提供了充足的经济保障。而清明会所采取的会首轮年值守制、会员入股资金或田地山场生息增殖制,更是激发了清明会首和会员组织与参加祖墓标挂暨祭扫活动的主动性和积极性,这是宗族族长或宗子主祭与清明会首主祭的墓祀活动的最大区别。尽管清明会等墓祭组织的祀产中大部分依然来源于宗族的祭田、祀产和族众缴纳的添丁、婚娶等钱财,并不影响清明会主祭下宗族功能的发挥,但它确实维系了墓祭活动的持续开展。诚如万历时期休宁县林塘范氏宗族所规定的那样"主祭,吾家初议宗子,后以嫡庶贤愚有辞,且我朝典制惟继袭论嫡,士庶祭祀,无宗子明文,因未立。凡族中生娶殁讣,祠中巨细事宜,皆统之各门尊长,逐项登载祠簿,接管传流,惇叙宗谊,从来无失。虽非宗子之名,实得宗法之意。故宗祠大祭,向从祖规,以值清明祀首数人主祭事,祀首有父兄在,则父兄为主"④。因

① 道光《屏山舒氏宗谱》卷一《修谱义例》,清道光二十四年木活字本,第3页a。
② 嘉靖《张氏统宗世谱》卷首《编谱凡例》,明嘉靖十四年刻本,第1页a
③ 万历《古歙谢氏统宗志》卷首《家规》,明万历三十三年刻本,第5页a~b。
④ 万历《休宁范氏族谱》卷六《谱祠·林塘范氏祀仪》,明万历三十三年补刻本,第32页b~33页a。

此,由清明会主持和组织的徽州清明墓祭活动,不仅没有削弱宗族的控制,反而强化了宗族上层精英人物在祖先名义下对宗族成员的控制。

然而,徽州宗族族长和宗子主持的包括清明墓祭在内的祭祀活动并未完全消失,而是始终与清明会主持的墓祭等活动并存,个别宗族甚至制定强制性的祭祀规约,向族众强行摊派,但最终仍不得不面向实际。至迟在明代中叶以后,以宗族族长或宗子名义主持的墓祭,也开始以标价出售配享神位的方式,完成了向市场的转换。如明万历年间,绩溪县旺川曹氏宗族在《增订祠规》中规定:"凡捐资入祠至百金者,夫妇中龛配享;五十金者,男像中龛配享。"①清乾隆十八年(1753),富商大贾林立的绩溪县仁里敬爱堂程氏宗族甚至规定:"捐配享,议定捐足纹银五两为一正配,五十两为一大配。"②明清时期,包括墓祭在内的徽州宗族祭祖活动,正是在市场机制下,完成了从义务摊派经费到出售祖宗配享神位筹集祭祖经费的转变。

明代中叶以降,在清明祖墓祭祀活动不断出现诸如祭祀人员不至墓所,或虽至墓所而中途溜号,祭仪物品不洁,颁胙和散福中种种非礼行为之"人离心散,祭扫失时"③等问题时,徽州的清明会除制定严厉惩罚条款对其予以惩戒、以儆效尤外,还一再重申祖先墓茔的恩庇和福佑功能,称"坟山系祖宗体魄所藏之处,子孙发源之自,责任匪轻。每遇清明祭扫,躬身督令,务加培整。来龙发脉,左右护卫,乃坟墓根本所系,尤当蓄养荫木,以加兴隆"④。清康熙时,祁门县径并清明会甚至引用"祖宗发不发,当看祀事严不严"⑤俗语,以强调诚敬墓祭对会众的福佑作用,认为只有如此,才能达到"孙孙子子,服先畴于不替;绳绳蛰蛰,食祖德于无穷"的目的。⑥

不过,明清时期徽州清明会的资产募集和经营过程中也存在着一定风险,如会众出卖入股会产退出、经营不善(含经营者徇私舞弊)和投资失误等,造成入不敷出之局面,其结果势必导致墓祭活动因难以为继而暂停或取消。明天启三年(1623),徽州某县程余庆堂清明会即曾因"是年因修众厅两胁中庭,用

---

① 民国《曹氏宗谱》卷一《祠规》,民国十四年木活字本,第4页a。
② 道光《仁里程敬爱堂世守谱》卷首《重建宗祠条约》,清道光九年刻本,第10页a。
③ 嘉靖《新安左田黄氏正宗谱》卷九《序类·清明祀会序》,第9页a。
④ 万历《重修休邑城北周氏本宗谱》卷九《宗规》,明万历二十四年刻本,第6页a。
⑤《祁门径并清明会簿》,第2页a。
⑥《祁门径并清明会簿》,第9页b。

贰佰贰拾余两,仍存八拾两,各人领借,不能偿还,以致今清明寂寞若是"①。而清同治、光绪年间,黟县渔亭余氏宗族清明会亦因"今会内年来支用浩大,进收微细,历年有拔本者,年用不敷。所进不敷所出,其会难以传世",而呼吁"支丁商酌良图,以安传流芳之策"。②这也是我们在清明会研究中需要特别加以关注和强调的。

本文原刊载于《安徽史学》2019年第3期,收入本集时,个别文字略有改动。

作者简介:

卞利,1964年生,安徽泗县人,南京大学历史学博士。现为南开大学历史学院暨中国社会史研究中心英才教授,博士生导师,兼任中国社会史学会副会长等职务。主要研究方向为徽学暨明清区域社会经济史等。主持完成包括国家社科基金重大项目等在内的国家及省部级课题近20项。独著《国家与社会的冲突和整合》等著作12部,主编或编著《徽州民间规约文献精编》等5部,在《历史研究》等国内外核心期刊上发表学术论文150余篇。

---

① 《余庆堂清明会老薄》,第5页b。
② 《清咸丰八年至同治四年黟县渔亭余氏清明会簿》,原件无页码。

中国历代疫病应对的特征与内在逻辑探略

余新忠

瘟疫与人类相伴而行,中国自然也不例外。[①]在中国汗牛充栋的历史记载中,瘟疫的地位虽不显眼,但只要细心梳理和思考,就不难发现,其在漫长的历史进程中留下的诸多雪泥鸿爪,足以供我们进一步去挖掘和思考历史舞台幕后的影响因子和历史逻辑,去探究人与自然、国家和社会等诸多关系中生命的存在状态和方式。

自20世纪八九十年代以来,随着中国疾病医疗史研究的日渐兴起,已有一些研究者对中国历史上的疫病流行及其应对做了较好的探讨,[②]并进而省思了历史经验对于当代卫生防疫建设,以及应对重大公共卫生应急事件的启示。[③]从这些研究中,可以看到历代先人积累了颇为丰富的应对疫病的认识与防治举措,但并没有留下系统性的防疫知识,也没有形成制度性的防疫举措。那么,该怎么理解这一似乎矛盾的现象,又如何能够从中得到有益的历史启示

---

① 关于中国疫病的历史,目前已经有些比较初步的梳理性著作,比如张志斌的《中国古代疫病流行年表》(福建科学技术出版社,2007年)、李文波的《中国传染病史料》(化学工业出版社,2004年)和张剑光的《三千年疫情》(江西高校出版社,1998年)等,从中可以大体了解中国历代疫病的流行情况。

② 目前这方面已有不少的研究成果,比较重要的主要有班凯乐的《十九世纪中国的鼠疫》(朱慧颖译,中国人民大学出版社,2015年)、饭岛涉的《鼠疫与近代中国:卫生的制度化与社会变迁》(朴彦等译,社会科学文献出版社,2019年)、余新忠的《清代江南的瘟疫与社会:一项医疗社会史的研究》(北京师范大学出版社,2014年)、邓铁涛主编《中国防疫史》(广西科技出版社,2006年)、曹树基和李玉尚的《鼠疫:战争与和平——中国的环境与社会变迁(1230—1960年)》(山东画报出版社,2006年)、梁其姿的《麻风:一种疾病的社会医疗史》(商务印书馆,2013年)和韩毅的《宋代瘟疫的流行与防治》(商务印书馆,2015年)等。

③ 这类论述每当社会出现重大疫情,特别是2003年的SARS和2020年的新冠疫情期间,往往会比较多地出现在各类报刊中,但比较具有学理性的研究似乎并不多见,这里略举数例:中国中医研究院编:《中国疫病史鉴》,中医古籍出版社,2003年;余新忠等:《瘟疫下的社会拯救:中国近世重大疫情与社会反应研究》之结语,中国书店,2004年,第395~409页;韩毅:《宋代政府应对疫病的历史借鉴》,《人民论坛》2013年5月上期;余新忠:《明清以来的疫病应对与历史省思》,《史学理论研究》2020年第2期;等等。

呢？如要对此作出回答,我想需要以一种全局的眼光来系统地认识中国历代瘟疫应对的特征和内在逻辑。故谨对此做一探索。

一、疫病应对的特征

根据现有的研究,在传统时期,人们应对疫病的办法,大体上可以分成两类:一类是灾疫发生后,人们直接的应对举措;另一类则为与疫病相关的预防措施或卫生习俗。关于前者,国家方面采取的举措主要有:设(医)局延医诊治、制送成药、建醮祈禳、刊布和施送医方、掩埋尸体、设置留养和隔离病人的场所和局部的检疫隔离等。社会和个人方面举措有:施送医药、刊刻散发医方、恳请官府开展救疗、建立留养所等收治病人、开办医药局开展疫病诊治、闭门不出或逃离疫区,以及焚香或焚烧苍术、白术等药物以驱避疫气等。[①]而就后者来说,比较突出的是明中期以后出现的种人痘,另外还有清洁环境、勤沐浴等以保持个人卫生、驱避蚊蝇、强调生活有节以保持正气充盈、提倡饮用开水和食用葱蒜以防疫气等有利于卫生的习俗观念。[②]上述中国历史上的疫病应对经验,可以说内容颇为丰富,而且对照现实,似乎也大体类同,故现有的一些研究据此对中国传统的防疫经验大加赞赏,称:"三千年来的历史表明,中国是个勇于并善于抗击疫病的国度,有着战胜各种传染病的传统。"[③]

在传统时期,中国在应对疫病上取得的诸多成绩无疑值得肯定,而且,中国医学在疫病(伤寒、温病)治疗中,也颇有成绩。如果历史地看,中国这方面显然不输于其他任何民族。但是否就此而可以为我们古代防疫成绩而沾沾自喜呢,恐怕也未必。首先,上述举措、经验是从历史长河中众多的史料中"精选""集粹"出来的,并不是中国古代社会每遇瘟疫,都会普遍采用的。今天很多人在考察和评估中国古代的防疫举措时,实际上是将不同时空中发生的经验汇集到一个平面来进行的,由此得出的认识,难免会有失偏颇。其次,只要进入历史的情境,便很容易看到,面对瘟疫,当时社会展现给我们的更多的是

---

① 参阅邓铁涛主编:《中国防疫史》,第30~35、52~60、92~105、140~149页;张剑光:《三千年疫情》,第20~25、34~38、133~144、203~214、256~261、321~328、431~440页;韩毅:《宋代瘟疫的流行与防治》,第134~234、409~525页;余新忠:《清代江南的瘟疫与社会:一项医疗社会史的研究》,第219~253页。
② 参阅范行准:《中国预防医学思想史》,华东医务生活社,1953年,第14~81、100~133页;余新忠:《清代江南的瘟疫与社会:一项医疗社会史的研究》,第163、219页。
③ 张剑光:《中国抗疫简史》,新华出版社,2020年,第4页。

恐慌失措和人口损伤,而比较少积极的应对,更不用说行之有效的系统性防控了。对此,我们不妨以比较晚近的嘉(庆)道(光)之际的大疫为例,来做一说明。嘉庆二十五年(1820),数年前在印度爆发的霍乱,最终通过海上的商贸船只,在东南沿海登陆,并于第二年迅速通过水陆交通要道,特别是长江和运河传遍全国大部地区。这是真性霍乱的首次传入中国,由于传染性强,病死率高,引起了社会的极大恐慌。"人人恐惧,讹言四起"①"传闻已甚一时,竟视为丰都地狱"②。当时时局尚属稳定,而且恰逢新君旻宁登极未久,但面对这一大疫,官方的应对,在北京,只是道光谕令京师的官员,修和药丸施送,买棺瘗埋路毙尸体。而地方上,也不过零星地看到有些官员和民间社会力量延医设局施治或修治丸药分送。③

而更值得注意的是,历代对于瘟疫的救治,基本缺乏制度性的规定。虽然中国历来都十分重视荒政,对于水、旱、蝗等天灾的救济以及备荒,都制定了具体而系统的规定,特别是到明清时期,国家荒政在制度上已相当完备。然而瘟疫虽然也可被视为灾荒的一份子,但疫病的防治显然不同于一般灾荒的救济,普通的赈济钱粮、蠲免赋税乃至赈粮施粥,并不适用于防疫。但检视众多荒政书等文献,并未见有特别针对瘟疫的救济条款。制度性的机构,只有主要服务于宫廷的太医院(署)与此稍有关系,还有宋元时期要求各地设立的救济贫病的惠民药局,稍具这方面的功能。可见中国传统上并没有发展出针对疫病防治的制度性规定。而且宋元时期在疾病救助上相对积极的政策,到了人口更多、瘟疫更为频繁的明清时期还变得日渐消极了。不过,与此同时,民间社会力量则在其中发挥了较为积极的作用,特别是到明清时期,官府较好地利用了日渐兴起的民间社会力量,特别是其中的乡贤,鼓励和引导其借助日渐丰富的地方医疗资源和不断兴盛的慈善力量和组织,开展形式多样的临时救疗活动,创设医药局等日常救疗设施,并推动这些机构由纯粹的慈善机构逐步向经常、普遍地以诊治疫病为主要目的的方向发展。④

疫病之于文明社会,就如同病菌之于人体,引发社会的诸多反应和应对,

---

① 张畇:《琐事闲录》卷上,咸丰三年活字本,第11b页。

② 郑光祖:《一斑录·杂述二》,中国书店1990年影印道光二十五年刊本,第23a~23b页。

③ 余新忠:《嘉道之际江南大疫的前前后后——基于近世社会变迁的考察》,《清史研究》2001年第2期。

④ 余新忠:《明清以来的疫病应对与历史省思》,《史学理论研究》2020年第2期。

乃是自然的现象,特别是对于中国这样历史悠久、文明底蕴深厚的国家,形成相当丰富的疫病认识和应对经验,自在情理之中。尽管我们取得了很多成绩,但也不得不说,中国社会并没能集腋成裘,总结发展出一套系统的疫病防治举措,并催生出现代卫生防疫机制。疫病的防治,当以控制传染源、切断传播途径和保护易感人群为要,最核心的是要尽可能地控制人流以防疫病扩散。就此而论,当时比较多采用的施医送药、发布医方等举措实际上未得要领。当然,如前所述,当时已有不少检疫隔离甚至人工免疫的内容,比如,清初,满族入关后,出于对其原本较少感染的天花的恐惧,专门设置了"查痘章京",来检查民众中痘疹患者并令其隔离居住。同时也有一些在瘟疫暴发时,安置病人单独居住的事例。①不过这些在历史上只是偶一为之,且与近代制度性的强制举措大有不同,像查痘,只是特别情况下暂时性行为,而单独安置病人,不仅是比较偶然的事例,而且从记载来看,似乎更多是为了病人治疗和照顾的便利,较少提及防止传染。符合人工免疫内涵的种人痘,固然是中国非常重要的发明,但只是个例,而且也属于民间的商业性行为。不仅如此,虽然人们从直观上已意识到疫病的传染性,而采取种种自保的行为,比如躲避和一定的隔离,但这种行为不仅未能得到当时医学理论上的支持,而且还成了主流观念反对批判的对象。比如,南宋著名士人程迥在《医经正本书》中称:"盖有舍病人远去,自于他处致疾者;亦有与病人同床共舍,居然不病者。是知非传染也。……迥平生于亲戚、朋友、部曲、仆使之病,皆亲至卧内,款曲候问,商量药证,不啻数十百辈矣。考古验今,是知决无传染。"②所以完全没有必要避疫。而朱熹虽然承认疫病有可能传染,但若因可能传染而躲避不照顾亲人,则"伤俗害理,莫此为甚"。故从恩义的角度,即便会感染也不当避,何况"染与不染亦系乎人心之邪正、气体之虚实,不可一概论也"。③清初的梁章钜亦对这种避疫习俗甚为痛恨,指责说:"一为不慈,一为不孝,在僻陋乡愚,无知妄作,其罪

① 杜家骥:《清代天花病之流行、防治及其对皇族人口的影响》,第155~157页;余新忠:《清代江南的瘟疫与社会:一项医疗社会史的研究》,第196~197页。
② (南宋)程迥:《医经正本书·辩四时不正之气谓之天行即非传染第五》,中国书店,1985年,第3~4页。
③ (南宋)朱熹:《晦庵先生朱文公文集》卷七一《偶读漫记》,载朱杰人、严佐之、刘永翔主编:《朱子全书》第24册,上海古籍出版社、安徽教育出版社,2002年,第3417页。

已不胜诛,乃竟有诗礼之家,亦复相率效尤,真不可解。"①这样的言论在当时十分普遍,除了斥责,还出现了大量赞颂人们不避瘟疫照顾得病亲人而终无恙的记载,充分显示了古代反对避疫的主流伦理价值取向。②

综上,我们不难总结出传统疫病应对的以下三个特征:一是国家虽一直对瘟疫及其救治给予关注,但始终未能像对其他灾害的预防(备荒)和赈济那样,形成一套完备的制度性规定,而几乎缺乏制度性的规定,主要由民间社会自行开展疫病的救治。二是中国社会在长期的历史过程中,积累了丰富而值得肯定的疫病应对经验,但这些经验基本是零散、感性而片段的,缺乏系统的整理和总结,未能发展出体系性的疫病救治知识。三是针对疫病防治的关键环节检疫隔离,虽然出于直观的感知和本能反应及某些特定的目的,出现了大量躲避、隔离乃至检疫的行为和事例,但这样的做法一直没有得到主流社会和思想的鼓励和支持,使之在理论和实践上难以取得发展。

二、疫病应对的内在逻辑

从上面的总结中,笔者感到,至少有两个现象值得关注和省思。其一,在传统时期的疫病应对中,社会力量表现得相对更为活跃,国家虽然也有所作为,但并没有从制度建设上担负起其责任,从国家的角度来说,很难说有多少值得骄傲之处。其二,尽管累积了颇为丰富的疫病应对经验,但似乎缺乏一种积极的力量,去推动社会总结乃至提升疫病防治的知识和举措,而且在关键性的疫病传染这一议题上,还形成了对防控传染相当强烈的阻碍和反动力量。也就是说,在疫病应对上,存在着比较明显的民间社会和国家力量之间的紧张。何以如此?

关于第一个现象,原因可能主要有以下两点:首先从技术上来说,在当时的社会医疗条件下,国家要想全面担负起复杂的疫病防治责任,存在着巨大的困难。一方面,官办医疗机构效率和能力有限,不可能满足民间疾疫救治的实

① (清)梁章钜撰,陈铁民点校:《浪迹丛谈 续谈 三谈》,《续谈》卷二,《温州旧俗》,中华书局,1981年,第284~285页。
② 以上参阅范行准:《中国预防医学思想史》,第91~100页;郑洪:《南宋时期有关防疫的伦理争议》,《医学与哲学》2006年第4期;梁其姿:《中西传统的公共卫生与疾病的预防》,载赖明诏等:《2003,春之煞:SARS流行的科学与社会文化回顾》,台湾联经出版社有限公司,2003年,第68页;余新忠:《清代江南的瘟疫与社会:一项医疗社会史的研究》,第192~194页。

际需求。另一方面,瘟疫的救疗操作起来,要比饥寒的赈济复杂得多,不仅存在着疫情千变万化和病人个体性差异等复杂情况,而且古代医疗资源存在着很大的地区不平衡性,使得国家对于疫病的应对,无论是资源的储备还是调配,都困难重重。而且更重要的是,当时的医学对疫病的病原、病因的理解还非常地粗浅,缺乏科学的认识。而中医的治疗讲究阴阳、寒热、虚实、表里的差异,若不能对症施药,可能会适得其反,所以即便有资源和能力,也未必能够取效。其次,瘟疫作为颇为特别的灾害,虽有碍民生,但毕竟不像水、旱、蝗等自然灾害会对王朝的统治产生直接的危害。①

关于第二个现象,之所以在阻断疫病传染的隔离防控上,一些直观性的认知和本能性的行为反而会受到抑制,首先无疑与当时的医学对此缺乏科学认识有关。若以现代的眼光来看,这样的说教实在可以说是中国防疫思想的反动和倒退。②不过历史地看,这样的解读可能有失简单。近代以前,人们对于疫病传染往往源于直观的感受,缺乏科学的认识,并不明白其传染的内在机理,难以确认疫病如何传染,甚或是否传染。一方面,疫病的致死率、传染性各不相同,个人易感程度也千差万别,所以出于畏惧之心,不顾人伦道德简单隔离和弃置,不对疫病者进行必要的救治,是否真的是合理的应对,即便是从现在的认识来说,也是可议的。另一方面,由于缺乏科学的认识,当时的一些隔离或远避他乡的行为,不仅未必能起到隔离的成效,而且还可能造成疾疫的传播。在这种情况下,批判为了一己之私而弃亲人于不顾的反伦理行为,在中国传统社会特别重视伦理道德的情形,应该是可以理解的,尽管显然不利于人们去更好理解思考疫病的传染性及其隔离应对。

其次也因为这一认知和行为与当时国家的极力倡导的意识形态——"仁""孝"观念相冲突。中国传统政治主张"内圣外王",推崇"道德治国",宣扬实行"仁政"和"以孝治天下"。国家对"仁爱""忠孝节义"等道德的倡导和宣传,虽然不无虚伪的成分,但其无疑是历代王朝立国的根本。面对受感染的亲人或尊长,弃之而不顾,或避之而不予侍奉,显然是"不仁不义""不忠不孝"之举,乃是大逆不道,为主流观念大加挞伐也就理所当然了。至于说社会缺乏整体的推动力量,原因就复杂了,就如同中国社会何以没有发展出科学这一问题一

---

① 余新忠:《清代江南的瘟疫与社会:一项医疗社会史的研究》,第221~222页。

② 实际上,这也是诸多现代研究几乎众口一词的说法。

样,见仁见智,很难有比较确当的解释。不过有一点在笔者看来是十分重要的,即与疫病救治关联在一起的医学和医生在传统社会地位低下。虽然"医"作为一种"仁术",在宋元以后受到士人的赞赏,但作为职业的医生和医术本身,则仍广受贱视。①清代著名医家徐大椿曾对此有精当的概括:"医,小道也,精义也,重任也,贱工也。"②这种情况下,不难想见,必然很难吸引比较多的才俊之士来从事这方面的工作。

如果简单地概括,似乎可以说,中国历代在瘟疫应对中出现前述特征与现象,根本上还在于国家缺乏对于瘟疫救治的真正重视。然而历代王朝一向标榜"爱民如子",而且也往往多会在各种文书特别是赈济灾荒的诏令中表达统治者的"恫瘝在抱""民胞物与"之仁心,瘟疫伤害的直接是"子民"的生命与健康,为何会缺乏真正的重视呢?

福柯曾基于西方历史经验总结说,在传统的君主统治体制中,"君主的权利,就是使人死或让人活"③,而不像现代政治体制中,国家对于民众的生命、健康、卫生和寿命等负有责任。中国传统国家在本质上应该也是如此,作为"王权支配社会"的国家,王权的合法性来源于"天授"和武力,理论上,由王权支配的朝廷对臣民拥有绝对生杀予夺的大权,自然也不存在承担维护民众生命和健康等责任的问题。不过在具体的实践中,中国发展出来了一套非常具有弹性的刚柔结构的体制,主张通过提倡推行"仁政"乃至"民本"思想来维护自己统治的长治久安,强调君主是"天下之父母",应"抚育黎元",关心民瘼。④故而,历代统治者都十分重视对灾荒的救济,建立了完备的荒政制度。对于瘟疫的救治,我们也不能说不关注,实际上,前面谈到的诸多事例,也已表明了国家确有关注及相应的举措,特别是瘟疫与其他灾害关联在一起时,更是如此,像

① 余新忠:《"良医良相"说源流考论——兼论宋至清医生的社会地位》,《天津社会科学》2011年第4期。
② 徐大椿:《医学源流论·自叙》,载刘洋主编:《徐灵胎医学全书》,中国中医药出版社,2015年,第115页。
③ [法]米歇尔·福柯:《必须保卫社会》,钱翰译,上海人民出版社,2018年,第264页。
④ 参阅刘泽华:《中国的王权主义》,上海人民出版社,2000年,第1~143、400~448页;张分田:《民本思想与中国古代统治思想》,南开大学出版社,2009年,第1~5、743~750页。

宋代的皇帝还因此下罪己诏。①而对瘟疫的救治之所以让人觉得不像对其他灾荒那样重视，应该说跟前述瘟疫救治本身的复杂性和国家在技术与能力上的有限直接相关。在当时条件下，不对瘟疫救治作比较刚性的制度性规定，而倡导鼓励民间社会开展救疗，一定意义上不失为国家在体认到瘟疫防治的极端复杂性和自身能力不足基础上的明智之举。也就是说，其内在的逻辑是，不是国家不想管，而是难以措手，与其作难有实效的制度规定，不如放手任由民间社会自行发挥力量。

当然，仅此也不足以解释现象的全部，我们还需注意到历史的局限性和中国文化中的某些不足。传统的"王权"无论怎样倡导"仁政""爱民"，高举"民本思想"的大旗，但其政权毕竟本质上姓"王"不姓"民"，不可能首先从民众的利益出发来施政。瘟疫对民众生命和健康的巨大危害显而易见，国家对瘟疫的救治尽管困难重重，难以建立统一的制度，但无疑也还有很多可以着力之处。只要看看古代众多官方文献，实在很难认为朝廷和地方官府在整体上对瘟疫的救治有多么重视，这除了技术上的原因外，也是因为瘟疫几乎不会引发社会动乱，直接危害其统治秩序。这就是说，只要对民众生命和健康的损害不会危及江山的稳固，即使损害严重，也难以成为施政的重点，其施政的真正出发点是江山的稳固显而易见。就此而论，统治者所谓的"爱民"不过是"爱江山"的托词，个体生命很大程度上只是追求江山稳固的工具，生命本身的价值和自具的目的性往往就被消解在整体性的目标之中。本着这样的统治理念，面对瘟疫，王朝统治者考虑更多的自然就会是如何将灾害或危机尽可能地转换为展现其仁政爱民和统治合法性的契机，而非民众的生命和健康本身。从这一逻辑出发，面对难以措手的瘟疫，在民间普遍将其归为"天行"的情况下，统治者表明其关心并给予一定的救治自然也就够了。

近代以降，西方现代民主政治制度的发展催生了"生命政治"的诞生，新的统治权力从原来的"使人死或让人活"的权利逐步转变为"使人活和让人死的权利"。而这种新的"生命政治"因为负有对民众生命和健康等的责任而推动了近代公共卫生机制的产生和发展，同时也让政权获得干预生命的合法权

---

① 参阅邓铁涛主编：《中国防疫史》，第30~35、52~60、92~105、140~149页；张剑光：《三千年疫情》，第20~25、34~38、133~144、203~214、256~261、321~328、431~440页；韩毅：《宋代瘟疫的流行与防治》，第134~234、409~525页；余新忠：《清代江南的瘟疫与社会：一项医疗社会史的研究》，第219~253页。

利。①而中国自鸦片战争以来，随着国门的洞开和民族危机的日渐深重，也在外力的刺激下开启了现代化的征程。在这一过程中，以频繁出现的瘟疫为契机，中国逐步引入并创建了由国家主导、着眼于国家强盛的现代卫生防疫机制，成为中国现代化历程中颇为显眼的特色。虽然现有的研究往往都将瘟疫与现代公共卫生直接联系起来论述，但实际上，瘟疫只不过是契机而已，根本的动力还在于中国文明自身强大的内生力和自强精神，以及历来对于社会灾患的关注和重视。就此，我们显然无法轻易忽视中国疫病应对传统的意义，实际上，在现代卫生防疫机制的引建过程中，"很多情况下，只是将民间的、零散的、非制度性的内容纳入官方的、制度化的形式中去而已"②。不过与此同时也须认识到，在当时内外交困的历史背景下，时人不可能有足够的余裕去细致清理传统疫病救治的遗产，思考其与现代卫生制度的有机榫接，故而在引建中往往会凸显其"强国保种"、实现国家强盛这方面的意义，而未能较好地关注和体认卫生防疫本身具有的维护个体生命和健康的权利的意义，使得晚清民国的卫生防疫具有过于强烈的政治意涵和色彩。③

三、结语

美国著名的历史学家麦克尼尔在《瘟疫与人》中，以"微寄生"和"巨寄生"两个概念来认识人类生命的生存状态，认为"人类大多数的生命其实处在一种由病菌的微寄生和大型天敌的巨寄生构成的脆弱的平衡体系之中，而所谓人类的巨寄生则主要是指同类中的其他人"④。由致病微生物引发的瘟疫，无疑是人类所处的微寄生关系的重要表现形式，借由微寄生乃至疫病，人类与自然的勾连变得更加细密而深广。不仅如此，在作为展现人与国家关系的巨寄生体系中，瘟疫的影响也从未缺席，不仅自古就与饥荒、战争一道成为影响人类规模扩张的三大敌人，而且也因此成为影响人类文明机制和历史进程的重要

---

① ［法］米歇尔·福柯：《必须保卫社会》，第262~286页；《生命政治的诞生》，莫伟民、赵伟译，上海人民出版社，2018年，第419~428页。

② 余新忠：《清代江南的瘟疫与社会：一项医疗社会史的研究》，第306页。

③ 余新忠：《清代卫生防疫机制及其近代演变》，北京师范大学出版社，2016年，特别是第322~328、386~411页。

④ ［美］威廉·麦克尼尔：《瘟疫与人》，余新忠、毕会成译，中信出版社，2018年，第6页。

的自然性力量。①由是观之,在人类的历史上,瘟疫实际上站在了人与自然、个人和社会与国家等诸多关系的链接点上。

处于诸多链接点上的瘟疫,在给人类生命健康带来诸多伤害的同时,也对人类社会自身所存在的问题提出了警示。无论是历史还是现实,都在在显示,瘟疫不只是天灾,也是人祸,天灾或不可控,人祸自应努力避免。而要避免重蹈覆辙,反省和批判无疑是最好的武器。而对反省和批评来说,若不能立足历史来展开,必然就会缺乏深度和力度。

通过对中国历史上疫病应对特征和逻辑的梳理和省思,我们或许可以庆幸自己生活在一个美好的时代,但似乎也不难从中感知在卫生防疫中的不足和遗憾。毫无疑问,无论在技术、制度建设还是资源配置能力等方面,相较于过往,我们都有了根本性的改观,更为重要的是,"始终把人民群众生命安全和身体健康放在第一位"②,已经成为当前施政的核心指导思想。但历史的内在逻辑有着强大的惯性,如果我们不能汲取近代的教训,在引建现代公共卫生机制的过程中,对传统疫病应对的遗产做出必要的省思和清理,更多地关注和体会这套机制背后隐含的尊重个体生命和健康本身价值和权利的意义,那么瘟疫的警示意义就会大打折扣。反之,只要我们能深入体会把握"生命安全重于一切"的核心指导思想,回归卫生的本义,以多元协同的思路更专业地开展卫生防疫,那么现实的灾难自将会成为更有意义的"历史推手"。

本文原刊载于《华中师范大学学报》2020年第3期。

作者简介:

余新忠,男,1969年生,浙江省杭州市人,南开大学历史学博士,2000年7月入职南开大学历史学院,现为南开大学历史学院教授、博士生导师。主要从事中国医疗社会文化史和明清史研究。

---

① 参阅[英]弗雷德里克·F.卡特赖特、[英]迈克尔·比迪斯:《疾病改变历史》,陈仲丹、周晓政译,山东画报出版社,2004年,特别是第1~3、231~243页;[美]沃尔特·沙伊德尔:《不平等的社会:从石器时代到21世纪,人类如何应对不平等》,颜鹏飞、李酺、王公朝、曾召国、甘鸿鸣、刘和旺译,中信出版集团,2019年,237~284页。

② 习近平总书记在当前抗疫工作中的重要指示。http://cpc.people.com.cn/n1/2020/0206/c64387-31573841.html,2020年3月1日采集。

唐宋城隍信仰发展状况考论

张传勇

一、引 言

　　唐宋时期是城隍信仰发展史上一个承前启后的重要阶段。从南北朝时期的零星存在，城隍信仰历经数百年发展后，在唐宋时期呈现出怎样的状貌？这一问题值得探讨。唐宋时人已注意到此点，并有所评论。[①]后人多据此论证，城隍信仰在唐宋时期已普遍存在。清人赵翼《陔余丛考》"城隍神"条，即引李阳冰、张九龄、杜牧、陆游等人诗文，论证城隍神"至唐则渐遍"[②]。

　　今人多有类似观点。在一些概括性论说之外，[③]有些研究者试图通过重建唐宋时期的城隍庙址，呈现城隍信仰的地域分布。最有代表性的是美国学者姜士彬（David Johnson）于1985年发表的《唐宋时期的城隍信仰》（以下简称"姜文"），这是第一篇集中探讨唐宋城隍信仰的颇具影响力的长文。[④]该文所统计的150座城隍庙的地理分布显示，公元800年以前，超过一半的庙址处于以杭州与上海为中心的175公里的范围内。而在13世纪初，城隍庙在长江下游、浙江、福建和江西等地高度集中。其中，长江下游地区占27.7%，东南沿海占

---

　　① （唐）李阳冰：《缙云县城隍神记》，《唐文粹》卷七一，《中华再造善本》影印中国国家图书馆（以下简称"国图"）藏宋绍兴九年临安府刻本，北京图书馆出版社，2006年，第4叶；（宋）欧阳修：《集古录跋尾》卷七《唐李阳冰城隍神记》，李逸安点校《欧阳修全集》卷一四〇，中华书局，2001年，第2234~2235页；（宋）陆游：《渭南文集》卷一七《宁德县重修城隍庙记》，《陆游集》第5册，中华书局，1976年，第2128页。

　　② （清）赵翼撰，栾保群点校：《陔余丛考》（新校本）卷三五，中华书局，2019年，第992~994页。

　　③ 早在20世纪30年代，邓嗣禹《城隍考》一文即指出，城隍信仰最初分布在长江流域，起源于6世纪中叶，唐代渐趋普遍（燕京大学《史学年报》第2卷第2期，1935年，第249~276页）。新近的研究中，杨俊峰《唐代城隍信仰与官府的立祀——兼论其官僚化神格的形成》则指出，至迟在盛唐、中唐之交，城隍信仰在吴越地区已趋于普遍化；大约从中唐至唐末，因快速扩张而遍及天下（《新史学》第23卷第3期，2012年）。

　　④ David Johnson, The City-God Cults of T'ang and Sung China, *Harvard Journal of Asiatic Studies*, vol. 45, no. 2(1985), pp. 363-457.

19.6%，长江中游的东部占17.9%。总计为65.2%。但这些地区的面积仅占11世纪晚期宋朝疆域的22%。而占整个疆域33%的北部和西北地区，只占总庙数的14.3%。[1]其他的有关唐代或唐宋城隍庙址的统计，与此大同小异。[2]

通过统计呈现唐宋城隍信仰的发展与地域分布，并不是研究者的最终目的。姜士彬的研究，乃是以此为基础，探讨城隍信仰如何产生并传播开来的问题。他认为，城隍庙过度集中于长江中下游、东南沿海地区，与唐代以来这些地区逐步得到开发有关：伴随城镇工商业的繁荣，一个新的都市士民阶层兴起，城隍信仰正与这一阶层的需求相合，士民阶层遂成为城隍信仰发展的重要推动力量。受这一研究影响，有关唐代或唐宋时代城隍信仰的研究，多循此思路展开。[3]

上述研究重在探讨唐宋变革背景下，城隍信仰与城市及工商业发展的内在联系。很显然，这一论述建基于一种似乎已很确定的前提之下：唐宋城隍信仰在南方地区最为兴盛。而这一前提的得出，主要利用了数理统计。

对于前述探讨，有学者业已提出质疑。小岛毅认为，唐宋城隍神信众为工商业者的说法，只是诸多面相的一种而已。[4]雷闻也评论说，姜文的主旨在于说明宋代城隍信仰的发展与都市工商业阶层兴起的关系，对于唐代城隍神着墨不多。且此论断至少在其早期发展的唐代不是那么明显，因为城隍信仰最为流行的地区未必就是工商业发达的地区，如袁州、括州、潮州、桂州等地。[5]

---

① 姜文的统计，以1279年(南宋亡)作为时间下限，对北方地区城隍庙的考察，有时使用1227年(蒙古灭西夏)。就其比较的两大区域(北部、西部；长江流域及以南区域)之分界，姜文并未给出明确说明，观察姜文所绘城隍庙址分布图，大致是以淮河为界。按照今日的行政区划，大约是以河南、河北、山东、山西、陕西、甘肃等地作为北部与西北部，或者总称为北方地区；长江中游、下游之地，以及东南福建等地，称为南方地区。

② 唐宋时代的统计，参见王涛：《唐宋时期城市保护神研究——以毗沙门天王和城隍神为中心》，中国社会科学出版社，2012年，第65~69页。由于宋代城隍庙数量及其资料远胜唐代，所以名义上涵盖"唐宋"的研究，实以宋代为主。有关唐代城隍的统计，参见王涛：《唐代的城隍神信仰与唐中后期南方城市的发展》，《首都师范大学学报(社会科学版)》2006年第3期；雷闻：《唐代地方祠祀的分层与运作——以生祠与城隍神为中心》，《历史研究》2004年第2期；赖亮郡：《唐五代的城隍信仰》，《兴大历史学报》第17期，2006年。

③ 参见王涛：《唐代的城隍神信仰与唐中后期南方城市的发展》；[韩]郑淳模：《唐后半期城隍神信仰与江南开发》，《中国史研究》(韩国)第31辑，2004年。

④ [日]小岛毅：《城隍庙制度の确立》，《思想》第792号，日本岩波书店，1990年。

⑤ 雷闻：《唐代地方祠祀的分层与运作——以生祠与城隍神为中心》，《历史研究》2004年第2期。

不过,他们都未对姜士彬等人立论之赖以成立的统计问题加以检讨。①

以此为基础,本文将对唐宋城隍信仰研究中的庙址统计问题,作一较为系统的反思,希望有助于厘清学界对唐宋城隍信仰发展概况的认识上的偏差。需要指出,作为中国社会文化史研究最为重要的欧美学者之一,姜士彬的研究在同类研究中影响最大,有关的统计及分析,至今仍深具影响。②因此,本文主要以姜氏三十多年前的论点作为相关讨论之参照,应不为过。

二、明清方志与唐宋城隍庙址统计

既往研究中对唐宋城隍庙址的统计,材料使用上普遍存在一个问题:几乎完全利用唐宋文献,最晚也是明代以前的。其中,仅姜文对所用资料作了详细列举与说明,主要有:①《全唐文》;②铭刻(杨殿珣《石刻题跋索引》"杂刻"部分);③二十四史与成于宋元时代的地方史志,列于吴德明(Yves Hervouet)《宋代书录》、张国淦《中国古方志考》;④宋元随笔;⑤宋代文集;⑥《宋会要辑稿》;⑦赵与时《宾退录》;⑧笔记小说(anecdotes)。

就姜文而言,由于有些资料在当时不易见到,加之检索手段有限,其中一些城隍庙信息,并未被注意到。③此外,在笔记小说的使用上,姜文过多考虑了其作为史料的"真实性"问题,也导致笔记小说有关记载背后所反映的观念未

---

① 只有小岛毅指出了姜文在资料上没有利用明清方志的不足,见《城隍庙制度の確立》附表《洪武以前における両浙・福建の城隍廟》对所用资料的简要说明。

② 近年,对华人宗教信仰深有研究的苏庆华教授,更是撰文赞誉姜氏研究方法之独到,称其为"西方学者有关城隍信仰研究的经典之作"(见苏庆华:《西方汉学研究中所见之城隍神与其信仰》,林纬毅主编:《城隍信仰》,新加坡韭菜芭城隍庙,2008年,第199~215页)。

③ 姜氏列出了尚未看到的4种"具有潜在重要性的"宋元方志,即《(咸淳)毗陵志》《重修琴川志》《无锡志》和《南海志》。《(宝祐)仙溪志》以及一些地志类载籍如《太平寰宇记》《舆地纪胜》等,姜文也没有注意到。此外,对于数量极为可观的宋代文集,姜文未检索出的城隍庙信息,更是以十数记。

被充分关注。①

即便姜文能够充分利用上述资料,也无法克服研究资料的先天不足。作为一项基本共识,唐代存世文字著述的数量,远逊宋代;宋代存世文献在时空分布上,也有很大差异。有研究者强调了宋代民间信仰研究中材料的限制性问题:南宋文献比北宋要多,南宋时期还有东部和西部的差异;现存宋元方志、碑刻文献,主要集中在江浙、福建等地,其他地区的很少。这就使得各地之间的对比往往只能是在东南发达地区,很难作东部与西部间的比较。②

以方志为例,方志是研究地方祠庙信仰最为基本的资料。因为祠庙作为地方文化的重要组成部分,通常情况下,方志理应予以记载。就现存宋元方志的地域分布看,主要在南方江浙等地,北方地区很少。地方志的定型,始于宋代。根据研究,宋代方志编修的一个显著特点,是存在地域上的不平衡。虽然统计者对所统计的方志种类,宽窄不一,但都反映出此点。即如郑利峰统计出宋金时期共编纂近800部地方志书,如以淮河、秦岭为界,北方地区只占到1/10左右。若以黄河、长江为限,将宋朝版图分为北、中、南三片,无论北宋还是南宋,北方少于中部,而中部又少于南方,南方又以两浙路最多。③顾宏义《宋朝方志考》统计出两宋路、州(府、军、监)、镇(乡)诸类志书存佚合计1031种,以今日行政区划统计,河北、山西、陕西、甘肃、山东、河南计有73种,仅占7%,即便

① 姜士彬认为,"笔记小说通常被认为是虚构的,但保留了一些可靠的历史素材,主要有《太平广记》和(宋)洪迈《夷坚志》(只有6座城隍庙址来自后一种资料,并且每一座在下结论前均被详细评估过)"。宋代笔记小说对城隍庙多有记载,以《夷坚志》为最,其记载了约29处。除顺昌、临江、建昌、豫章、姑苏、宋州(睢阳郡)、扬州等处另有据信可靠的资料证实之外,姜士彬只采信了3处,即饶州、番阳、石城(姜氏称确认了6处,但其余3处不详)。相较而言,王涛更倾向于将《夷坚志》及《睽车志》《鸡肋编》等笔记小说作为史料直接利用(《唐宋时期城市保护神研究》,第65~69页)。笔者认为,通过方志、文集等资料,笔记小说所载城隍庙中能够确定地点者,绝大多数可以被证实存在。当然,这并不是说,笔记小说作者是知道该庙的存在的。众多笔记小说围绕城隍神展开,或者以城隍庙作为叙事场景而在无意间提及,至少反映出,作者潜意识中,城隍神庙在其地应该是存在的。因此,笔者将仅出自笔记小说的城隍庙列出,虽然倾向于相信其真实存在,但仍将其作为参考而非直接证据。
② 皮庆生:《材料、方法与问题意识——对近年来宋代民间信仰研究的思考》,《江汉论坛》2009年第3期。
③ 郑利峰:《宋代地方志南北修撰异同论》,《史学史研究》2009年第2期。

加上金朝的十余种,相较于南方各省也是微不足道的。①

既然文献资料在地域上严重失衡,我们当然有理由怀疑,据此统计出的数字,可靠性有多大。

除方志外,其他宋元存世文献,比如文集、笔记等,也会记载城隍庙信息,不过,这些记载往往具有很大偶然性。亦即,不是系统的、有意识的,而且具有唯一性——若无这一记载,后人很可能难以知晓曾经存在这样一些城隍庙。以文集为例,唐人李商隐至山东兖州,写下一篇城隍神祭文,流传至今。据此可知兖州在唐代就有城隍庙。李商隐还在广西写下桂州、灵川、永福、荔浦、理定等地城隍的祝祷之文。②如果没有这些诗文,我们也许无法想象,偏远的广西在唐代竟然建有城隍庙。

可见,除方志外,唐宋时期有关城隍庙的记载,大多只是很偶然地流传下来。如此,那些同样建于唐宋时期,但未留下记载的城隍庙,是否更多呢?可以说,依据这些具有偶然性的资料得出的统计数字,应是极不完整的。

既然唐宋文献在城隍庙统计上存在不足,是否可以利用明清文献加以弥补?姜文资料使用上的最大问题在于,除后人辑录的唐宋碑刻外,基本未利用明清文献,尤其是方志。对于明以前文献的使用,姜士彬非常强调。他虽然知道明清方志有很多关于城隍庙历史的记载,但他一方面认为部分记载是可靠的,比如他注意到一篇作于元大德三年(1299)的碑文,收于清《(同治)建昌府志》③;但又认为有一部分是值得怀疑的,而辨析这些怀疑对象,所需时间成本过高。因此,干脆将明清方志排除在外。他解释说:

> 在编制总表时,我有意把材料限定于元代或元代以前(除非碑铭集)。一些明清方志载有城隍庙的信息,称其建于唐宋时期或更早。(比如吉安《吉安府志》卷八,第10a叶)其中许多并不可靠,有些则有依据(见注释90,

---

① 顾宏义:《宋朝方志考》前言,上海古籍出版社,2010年,第4页;顾宏义:《金元方志考》前言,上海古籍出版社,2012年,第2~3页。按:对于地方志的种类,诸说宽窄不一,顾氏取其窄义,未收录全国性的总志以及山川志、寺院志、名胜志等非行政区域之志书。郑利峰对统计范围,未有特别说明。

② (唐)李商隐著,(清)冯浩详注,钱振伦、钱振常笺注:《樊南文集》卷五《祝文》、《补编》卷一一《祝文》,上海古籍出版社,2015年,第279、283~286、302~304、895页。

③ 该文为(元)刘壎《州城隍庙记》,收于(清)邵子彝修,(清)鲁琪光纂:《(同治)建昌府志》卷九《艺文·记上》,国图藏清光绪五年据清同治十一年刻本重印本,第33a~34b叶。

下文有申论）。遗憾的是，查阅所有明清方志以获取城隍崇拜的资料，并评估所有缺少文献证明的有关早期城隍信仰记载的可靠性，是一项超出我能力的工作（证实或反驳一项有疑问的断言，需要许多天细致的研究）。但是，任何不充分的研究，都将把不可接受的偏见带到结论中。所以，我在编制总表时，严格以明代以前的资料为依据，尽管这样做意味着一些真正早期的庙址会被排除出去。

他在一个很长的注释中，再次作出说明。他说，在确定了城隍信仰观念出现的时代后注意到，有些城隍庙据称建于4世纪或更早至1世纪，但却出自12至19世纪的文献。两个早期的（early）例子：宋《（淳熙）三山志》称福州城隍庙建于晋太康（280—289）中；《宾退录》称芜湖城隍庙建于吴赤乌二年（239）。姜氏对此不以为然，认为这两个以及其他声称建于更早时间的例子，都应予以批驳。不过，姜氏以"论证太长"为由，未在文中详论，仅在注释90中得出如下结论：

　　如果在这样的论述中存在一个核心的话，那就是：12世纪或其他时间（文献中）的所谓城隍庙的建筑，可以相信建于3世纪或更早，但不是作为城隍庙使用。文本（texts）的语言通常在这个意义上被解释，但这是否为作者预期的解释，另当别论。这就是我确定城隍神信仰何时开始传播时，高度重视文本日期而非文本中记述的所谓日期的原因。

明清方志对城隍庙建造时间的记载，有些确实不可靠，即如姜士彬所举《（光绪）吉安府志》之例：

　　《卢志》按云：东晋咸康末，太守孔伦筑城，时庙本在城中。而建庙之始，旧府志失考。《庐陵志》及明宣德各记，谓建庙系郭景纯所定。查郭璞，东晋咸康时人。《一统志》谓：东晋故城，咸康末太守孔伦筑。《通志》云：故城在今城南一里。则筑城与建庙同出一时，庙在城内，今始在城外。而建庙断自东晋，确为有据。①

---

　　①（清）定祥修，（清）刘绎纂：《（光绪）吉安府志》卷八《建置志》，《中国方志丛书》影印清光绪元年刊本，台湾成文出版社，第299页下栏。

《卢志》即《(乾隆)吉安府志》。按语探讨的问题是,吉安府城隍庙建于何时。姜士彬在注释90的进一步讨论,实际包含了这一问题。他认为,这类建筑,可以相信建于3世纪或更早,但并非作为城隍庙使用。实际上,如果从城隍神产生于六朝的社或土地神这样一种观点来看,[①]有关城隍庙建于魏晋时期的记载未必不可信。只是就多数情况而言,并没有更为切实的证据罢了。而且,它们所赖以成立的,只是一种观念性的推论。即如吉安府城隍庙,乾隆府志称东晋郭璞建,"按语"考证说,据更早的史志记载,[②]吉安府城为东晋太守孔伦所建,故此,庙亦应建于东晋。其逻辑是,城隍乃"城隍"(从字面意思理解,城为城墙,隍为护城沟壕;也可直接释城隍为城池)之神,建城即应有庙。故此,有些地方在不清楚城隍庙建于何时的情况下,有可能以建城时间作为建庙之始。更有甚者,唐宋以来,城隍庙通常建于郡(州)县治所,所以,人们也会把城隍庙建置时间放在设治之后。明清方志有关城隍庙始建于汉晋的说法,大多出于上述观念。

我们是否因方志记载城隍庙建造时间具有这一倾向,即可一概不予采用?这一问题,可从几个不同层面加以说明。首先,明清方志有相当多的记载,能够直接断定该地城隍庙建于唐宋时期。大致有以下几种情形:

其一,引述宋元旧志。《(万历)兰溪县志》记城隍庙:"《东阳志》云在县西北六十步,今仍之。"又记"宋崇宁四年县尉陆和中重建。紫岩杜汝霖有记,其文今亡"。[③]此《东阳志》,当为宋绍兴间婺州(明清金华府)守洪遵所撰者。可证兰溪县城隍庙宋时已建。[④]又有载录旧图者。临川县城隍庙,《(嘉靖)抚州府志》载"在顺化门外塔前街,宋天圣五年建"。同书所录"景定州治旧图"显示,

---

① 有关观点,较早见于劳干:《汉代社祀的源流》,台湾《"中研院"历史语言研究所集刊》第11本,1943年。赖亮郡《唐五代的城隍信仰》在此基础上作了引申。类似观点,又见吴泽:《汉唐间土地、城隍神崇拜与神权研究》,吴泽主编:《魏晋南北朝史论集》,1996年,第244~265页。

② 府志所谓《庐陵志》,当指(清)濮应台、(清)陆在新修、(清)彭殿元、(清)赵纵等纂,清康熙二十八年刊《庐陵县志》,详该志卷一二《祠祀志》,国图藏本,第25叶。

③ (明)徐用检修:《(万历)兰溪县志》卷三《坛壝》,《中国方志丛刊》影印明万历三十四年刊、清康熙间补刊本,台湾成文出版社,1983年,第223~224页。同书卷六《杂类志上·碑碣》著录了该碑,第593页。

④ 《(万历)兰溪县志》为《(弘治)兰溪县志》续作。弘治志之修,是以(宋)洪遵《东阳志》、(元)瞻思《(至正)东阳续志》为基础。可以确信,《(万历)兰溪县志》所引《东阳志》即洪遵所修者。参见《(万历)兰溪县志》"修志凡例",第11页;洪焕椿编著:《浙江方志考》,浙江人民出版社,1984年,第326页。

庙在城西南隅。①所谓"景定州治旧图",出自南宋景定中家坤翁修、周彦约纂《临川志》②。又,《(万历)承天府志》所附"郢州图"显示,城中有城隍庙。据考,该图为南宋郢州图,出自淳熙十五年(1188)张孝曾纂《富水志》③。京山县时隶富水,《(康熙)京山县志》卷前《京山县志图》绘"宋淳熙富水郡志京山县图",中有两座城隍庙。④

其二,载录唐宋记文。正如姜士彬所认可的《(同治)建昌府志》收录元碑之例,明清志书所收唐宋碑记,不计其数。东莞城隍庙,宋元祐五年(1090)重修,李岩有记。《(崇祯)东莞县志》载录。⑤《(道光)泰州志》载有宋元符间通判蔡絪(按:"絪"当作"駰")《城隍庙记》,可知元符二年(1099)泰州重建城隍庙。⑥《(道光)东阳县志》记城隍庙"创建无考。按唐李阳冰有当涂庙记及缙云篆碑,而本邑初建,亦云先建城隍神庙,则唐时已有之矣。宋绍定三年敕赐庙额,端平三年敕封显应侯",又云宋元丰三年(1080)知县施构修葺、宣和四年(1122)知县裘移忠重建、淳熙十六年(1189)知县赵善赞重建,其后收录元丰三年(1080)周淑、淳熙间曹冠记文。⑦此外,姜文引述《(光绪)吉安府志》卷十《建置志》所录宋天圣八年(1030)蒋概龙泉县城隍庙记文,但龙泉县并不在姜氏统计的150座之列。

其三,著录唐宋旧碑。《(成化)河南总志》著录《永安县重修城隍庙记》:"即

---

① (明)黄显修,(明)陈九川、(明)徐良傅纂:《(嘉靖)抚州府志》卷六《地理志·坛庙纪》、卷三《地理志·疆域图》,《上海图书馆藏稀见方志丛刊》第144册影印明嘉靖三十三年刻本,国家图书馆出版社,2011年,第400、114~115页。按:临川县庙本在郡城内,明初削去西南城,遂坐顺化门外。

② 《(景定)临川志》约在明清之际亡佚(顾宏义:《宋朝方志考》,第274~275页),残卷《永乐大典》引《临川志》,未见该图。乾隆五年刊《临川县志》撰者怀疑该图系明后改城后所作,"非景定本图也"(卷首,第22页),但缺乏实质性依据。

③ (明)孙文龙纂:《(万历)承天府志》卷前《图》,《日本藏中国罕见地方志丛刊》,书目文献出版社,1990年,第21页下栏;鲁西奇:《城墙内外:古代汉水流域城市的形态与空间结构》,中华书局,2011年,第205页。

④ (清)吴游龙修,(清)王演纂:《(康熙)京山县志》,《中国地方志集成·湖北府县志辑》第43册影印清康熙十二年刻本,江苏古籍出版社,2001年,第12页下栏~13页上栏。

⑤ (明)张二果修,(明)曾起莘纂,杨宝霖点校:《(崇祯)东莞县志》卷七《艺文》,东莞市人民政府办公室,1995年,第783页。

⑥ (清)王有庆、(清)刘铃等修,(清)梁桂等纂:《(道光)泰州志》卷三一《艺文》,《中国地方志集成·江苏府县志辑》第50册影印道光七年刻本,江苏古籍出版社,1991年,第349页上栏。

⑦ (清)党金衡修,(清)王恩注纂:《(道光)东阳县志》卷一一《政治志》,《中国地方志集成·浙江府县志辑》第53册影印民国三年石印本,上海书店,1993年,第116页。

今巩县，在本庙，宋立，撰无名。"①永安，北宋景德四年（1007）析巩县、偃师置，政和三年（1113）改县为军，金贞元元年（1153）改为芝田县。若碑名题写无误，则为宋碑无疑。又，《（乾隆）孝义县志》记城隍庙："方志载庙建于元大德九年知县郝思敬。而庙内立有金永安四年重修碑，则实非元时所建。"②按：金朝无永安年号，"永"疑为"承"之误，承安（1196—1200），与明嘉靖中张冕《增修城隍庙记》所谓"创建于金末，修建于元初"大致相合。③再如，《（乾隆）合水县志》载城隍庙碑厅有一碑，"题曰'庆州合水县重修城隍土地庙记'，崇宁二年十月初三日，渤海高颉立石"云云。④

或转述唐宋旧刻文字。《（同治）六安州志》记城隍庙："宋乾道四年建，有石刻，公据嵌壁，称安丰军六安县刘聚施地。"⑤安丰军，绍兴十二年（1142）置。又，《（嘉靖）重修邳州志》收录元前至元二十八年（1291）张显《城隍庙重修记》："视其旧，上栋有刻，朱书八分，曰大观丁亥岁米芾守淮扬，邦人马宥建。则元章所书，是时名淮扬军也。"⑥可知宋大观间（1107—1110），邳州已有城隍庙。

其四，所收其他碑刻记文载有唐宋城隍庙信息。宋元祐三年（1088），李公泽《新宗城县三清殿记》：元祐初，宗城县迁治，邑民郝氏鼎力修造三清殿，"而又倡率宣圣、显应、天王、城隍、增福，凡六庙"。该碑收于《（民国）威县志》⑦。又，《（光绪）重修曲阳县志》记城隍庙在县治西，创始无考，"据女冠张守度墓志，尝住持城隍庙，是金末元初已有庙矣。至正十一年县尹李脱因重修"。查该志所收张守度墓志，张氏学道四十余载，殁于元中统四年（1263）。⑧

---

① （明）孙洪修，（明）刘昌、（明）胡谧纂：《（成化）河南总志》卷一九《碑目》，原国立北平图书馆藏明成化二十二年刊本，第5a叶。

② （清）邓必安修，（清）邓常纂：《（乾隆）孝义县志》之《学校典礼》，《中国地方志集成·山西府县志辑》第25册影印清光绪六年重印本，凤凰出版社，2005年，第500页下栏~501页上栏。

③ （清）邓必安修，（清）邓常纂：《（乾隆）孝义县志》之《艺文参考》卷一，第571页上栏。

④ （清）陶奕曾纂修：《（乾隆）合水县志》卷上《坛庙》，《中国方志丛书》影印清乾隆二十六年抄本，台湾成文出版社，1970年，第52页。

⑤ （清）李蔚等修，（清）吴康霖等纂：《（同治）六安州志》卷六《坛庙》，《中国地方志集成·安徽府县志辑》第18册影印清同治十一年刻本，江苏古籍出版社，1998年，第89页。

⑥ （明）杨辅等纂修：《（嘉靖）重修邳州志》卷九《词翰三》，国图藏明嘉靖十六年蓝印本，第10叶。

⑦ 崔正春修，尚希宾纂：《（民国）威县志》卷一八《金石志》，《中国方志丛书》影印民国十八年铅印本，台湾成文出版社，1976年，第1360~1361页。

⑧ （清）周斯亿、（清）温亮珠修，（清）董涛纂：《（光绪）重修曲阳县志》卷九《礼仪风俗考》、卷一三《金石录下》，《中国地方志集成·河北府县志辑》第39册影印清光绪三十年刻本，上海书店出版社，2006年，第453页上栏、630页下栏~632页上栏。

通过以上罗列可见，明清方志确实保存了大量的唐宋城隍庙信息。而且上文所列，除抚州外，均未出现在姜文的统计中。其他学者的统计，也多未收录。

当然，转录、引述过程中，难免出现一些问题。比如，浙江宁海县城隍庙，《(嘉定)赤城志》作"唐广德中建"，《(雍正)浙江通志》卷二二二《祠祀》引《台州府志》作"唐武德中建"，《(光绪)宁海县志·建置志》则作"唐永昌中建"。①或者误以为唐宋文的情况。如清代上饶邑志有所谓宋代邑人陈文蔚《府城隍庙记》或《城隍庙圣政记》，实出明《洪武圣政记》。②类似情形，辨析颇费精力，好在较为少见。

相较于上文，更为常见的情形是，明清方志如有城隍庙建于唐宋时代的记述，往往很少有意罗列证据。在此情况下，假如其中包含具体的建造、修葺或再建时间，以及相关人员的信息，可以认为，这样的记载往往有所依据，相当程度上是可信的。地方志撰述的一个特点，即不断采录旧志，③有理由相信，像这种修建纪年、人物都很清楚的记载，极有可能依据了更早的方志。

以南宋福建路汀州为例。汀州辖长汀、宁化、上杭、武平、清流、莲城六县，长

---

① (宋)黄𥄫、(宋)齐硕修，(宋)陈耆卿纂：《(嘉定)赤城志》卷三一《祠庙门》载宁海城隍庙"唐广德中建"(《宋元方志丛刊》第7册影印清嘉庆二十三年《台州丛书》〔乙集〕本，中华书局，1990年，第7526页)，卷二《地里门》又载邑城旧在海游，"唐永昌元年徙今地"，注称"或云唐大历间"(第7292页)。则隍庙建于武德中之说，几无可能。《雍正通志》所引《台州府志》，为康熙六十一年所修者。而(清)王瑞成修，(清)张濬等纂《(光绪)宁海县志》卷四所谓隍庙建于永昌中之说(《中国方志丛书》影印清光绪二十八年刻本，台湾成文出版社，第499页)，从该书卷三《舆地志·城池》采用旧志所谓邑治"唐永昌元年自海游徙今地"一说(第317页)，即可发现端倪。

② (清)陶尧臣修，(清)周毓麟纂：《(道光)上饶县志》卷二八《祠庙志》(国图藏清道光六年刻本，第4a叶)和(清)王恩溥等修，(清)李树藩等纂：《(同治)上饶县志》卷六《祠庙志》(国图藏清同治十一年刻本，第10b叶)记府城隍庙，均谓"宋陈文蔚有记"。按：陈文蔚为南宋上饶人，邑志有传。其所谓"记"者，即(清)马之骥修，(清)祝雷声纂《(康熙)新修上饶县志》卷一二《艺文志》收录之《城隍庙圣政记》(国图藏清康熙二十三年刻本，第31叶)，(清)程肇丰《(乾隆)上饶县志》卷三《建置志》则题"陈文蔚圣政记"(故宫博物院藏清乾隆四十九年刻本，第28叶)。其文实为洪武二年正月戊申日，礼官奉命上奏神祇祭祀古制中有关城隍的内容。见不著撰者：《圣政记》卷二，《四库全书存目丛书》史部第45册影印上海图书馆藏明钞本，齐鲁书社，1996年，第557页。按：该书即为《四库全书总目提要》所谓《别本洪武圣政记》)。《全宋文》卷六六〇八误收，题"陈文蔚《府城隍庙记》"(上海辞书出版社、安徽教育出版社，2006年，第290册，第406页)。

③ 方志的递纂过程，不外续修、重修两类，不论哪一种，旧志都是新修志书最为重要的文献基础。有关研究，参见江晓敏：《浅谈地方志续修与重修之异同》，《津图学刊》1999年第1期；张英聘：《明代南直隶方志研究》，中国社会科学出版社，2005年，第309~325页；李晓方：《县志编纂与地方社会——明清〈瑞金县志〉研究》，中国社会科学出版社，2015年，第76~98页。

汀倚郭。据现存明清方志,上、武、清、莲四县在宋时已建城隍庙。即如《(嘉靖)清流县志》所载:"城隍庙旧在县南,毁于潭陂寇。宋端平间令赵樵夫建,宝祐间令陈子椿辟而新之,元至正间毁于寇。"①再如《(康熙)上杭县志》记城隍庙:"旧在县西,宋嘉定十六年知县事赵彦挺移建儒学故址,即今所也。"②除了类似的记载,其他可资佐证的明清资料较为少见。但这些记载是可信的。残卷《永乐大典》所引宋《(开庆)临汀志》,保存了宋代汀州境内城隍庙的建置信息:

> (州)城隍庙,在州西秋成门内。迁郡初创,宋朝崇宁间赐额显应。绍兴间,郡守陈公直方重创前殿,郡守董公革创后殿。庆元间,郡守陈公晔重修。
> (宁化)城隍庙,在宁化县南一里。
> (上杭)城隍庙,旧在上杭县西。今移县东。
> (武平)城隍庙,旧在武平县北谢婆岭上。绍熙间,移创县北一百五步。
> (清流)城隍庙,旧在清流县南,毁于潭陂寇。端平间,令赵樵夫重创于县门东。宝祐间,令陈子春辟而新之。
> (莲城)城隍庙,在莲城县西,绍兴间创,淳熙间令宗嗣重创。③

据此可知,清流、上杭诸县明清方志所载实有所本。而且,上引有关宁化县城隍庙的记载,与明清方志仅记该庙在明以前"旧在邑治南"对照,④可以让我们理解,一座宋代即有的城隍庙,缘何在后代志书中无从探寻建置年代。

有些明清方志所载,尽管已无宋元旧志可资验证,但从其记述源流分析,也可确认沿自更早的方志。《嘉靖惟扬志》载有"宋大城图",显示城西南有城隍庙。⑤又载辖下各州县城隍庙,其中有:

---

① (明)陈桂芳纂修:《(嘉靖)清流县志》卷三《庙祠》,《天一阁藏明代方志选刊续编》第38册影印明嘉靖二十四年刻本,上海书店,1990年,第130页。
② (清)蒋廷铨纂修:《(康熙)上杭县志》卷四《典秩志》,《清代孤本方志选》第1辑第30册影印清康熙二十六年刻本,线装书局,2001年,第325页。
③ 马蓉等点校:《永乐大典方志辑佚》,中华书局,2004年,第1275~1284页。
④ 宁化城隍庙在洪武初迁县治东,故明以来历修省志、府志及邑志,均称"旧在县治南"或"原在县南一里"。
⑤ (明)朱怀干修、(明)盛仪纂:《嘉靖惟扬志》卷一《郡邑古今图》,《天一阁藏明代方志选刊》影印明嘉靖残本,上海古籍书店,1963年,第6a叶。

扬州府城隍庙,在府西北夏禹王庙东,元至顺二年花世辅建,洪武二
年庙灾……

仪真县城隍庙,在县东,宋绍兴三十一年郡守员琦建,嘉定三年郡守
潘友文重建……

泰州城隍庙,在州东南,宋元符二年建,正统四年知州骆士隆、判官宋
庄重建。朝请郎蔡驹有记。……

通州城隍庙,在州东北隅,建隆二年知州王茂建。①

上述有关城隍庙建于宋代的记载,虽可通过其他途径证实,比如前文所见
泰州之例;不过,就《嘉靖惟扬志》所载而论,应是沿自宋代宝祐志。该志凡例
有云:"宝祐志等书,中间繁简不一。今取其善,补其遗,而削其无益劝诫者。"②
如将更多的现存宋元方志与明清方志对照,大致如此。

有些明清方志所载,虽无旧志可资印证,但从其他类型文献资料,也能证
明其可靠性。比如,武义县城隍庙,明清方志均载在县西一里许,宋建炎三年
(1129)建。③这是否可以作为武义城隍庙建于宋代的证据? 十分巧合,《宋史》
记宣和间(1119—1125)武义人项德率众抗贼,"据邑之城隍祠"④。虽然武义邑
志所载建庙年代可能只是重建时间,但建于宋代应无疑义。再如,《(康熙)武
宁县志》记城隍祠:"旧在县治东三十丈,宋乾道二年知县吴彦夔建,即宋旧学
也,西有古□□,东抵□民汪氏城脚。"⑤岳珂(1183—1242后)《金佗续编》有《南
昌武宁县城隍祠岳忠武王遗像记》,则表明武宁县至迟在嘉定年(1208—1224)
已有城隍庙。⑥

---

① (明)朱怀幹修,(明)盛仪纂:《嘉靖惟扬志》卷一一《礼乐志》,第5b~6a叶。

② (明)朱怀幹修,(明)盛仪纂:《嘉靖惟扬志》凡例,第1叶。

③ 例见(清)张营墡修,(清)周家驹等纂:《(嘉庆)武义县志》卷五《祠祀》:"城隍庙在县西一里
许,宋建炎三年建,明洪武五年知县徐嵒重建。"(《中国地方志集成·浙江府县志辑》第51册影印清
嘉庆九年刻本,第853页上栏,余不罗列。

④ 《宋史》卷四五三《忠义八》,中华书局,1977年,第13318页。

⑤ (清)冯其世修,(清)汪克淑等纂:《(康熙)武宁县志》卷二《祠祀》,国图藏清雍正三年修
镤本,第44b页。

⑥ (宋)岳珂编,王曾瑜校注:《鄂国金佗稡编续编校注》卷二七,中华书局,1989年,第
1596~1597页。

上述例子说明,明清方志如果记载了城隍庙较早时期的历史,其中包含时间、人物、沿革等要素,大致不会有误。若进一步往下探讨,明清方志只是简单地提到建于唐宋时代,无具体时间,未提及人物、沿革,这样的记载,是否可以采信?这一问题,很难回答。就个人经验,有相当一部分最终还是可以发现可资佐证的其他文献;至于那些一时缺少佐证的,只能存疑。[1]

三、南北差异及其构建

在广泛翻阅以明清方志为主的文献资料基础上,本文对北方地区与南方的今浙江、江苏南部、江西、福建等地的唐宋城隍庙作了详细统计。分区详列如下。[2]按:唐宋至元初,各地州县建置兴废不一,政区变化较大,北方地区尤甚。以此,南方地区行政区划一依《宋史·地理志》;北方地区,则依今日省级行政区划。州县俱依当时名称。

需要说明的是,南北朝至隋唐时期,存在与城隍神职能相似但无"城隍神"之名的神祇。为避免城隍信仰发展史上不易厘清的起源问题,学者一般严格按照"城隍神"之名考察早期城隍信仰。本文也采用这一做法。[3]

两浙路 宋代两浙路包括15府(州、军),辖81县(未包括监,下同),其中20县倚郭。

据姜文统计,唐宋时期,这一区域建有48座城隍庙。如不考虑附郭之区的情况,[4]从中可见区域内差异非常之大,临安府(明清杭州府)、绍兴府、台州、庆元府(明清宁波府)辖下治所,都建有城隍庙。但婺州、湖州、衢州、瑞安府(明清温州府),则所建甚少,甚至一座也没有。

不过,在姜文未统计的地方,仍有一些城隍庙建于唐宋时代的记载。赵与

---

① 上述讨论主要针对治所城隍庙,出现在明清方志中宣称建于唐宋时代的县以下聚落城隍庙,其踪迹通常难以在更早的文献中寻觅,故此,除非有碑铭、记文等资料,否则即便相关记述可能包含了人物、沿革等信息,亦难以判断其虚实。

② 梳理所有地区城隍庙的历史,笔者力有不逮。南方地区之所以选择浙江等地,是因为现存宋元方志主要集中在这些地方。

③ David Johnson,The City-God Cults of T'ang and Sung China;杨俊峰:《唐代城隍信仰与官府的立祀——兼论其官僚化神格的形成》。

④ 宋代附郭县存在单独立庙的情形,但不普遍,而且就目前的研究来看,主要集中于南方地区。参见张传勇:《附郭城隍庙考——以浙江地区为中心》,《世界宗教研究》2006年第1期。

时《宾退录》记有处州城隍，姜文失检。①另据姜氏未见之《(咸淳)毗陵志》，常州及其辖下宜兴、无锡皆建庙。②《琴川志》，姜氏亦未见，其中载及常熟城隍庙于宋嘉泰四年(1204)重建。③再如湖州长兴、德清、武康、安吉四县，《(嘉泰)吴兴志》有云："城隍庙，所在州县皆有之。莫详事始。唐杜牧为黄州刺史，有《祭城隍庙祈雨文》二首，则郡之有是祀，其来久矣。州旧有庙，绍兴十八年知州事赵叔岑重建，庙宇装饰殊严整。"④姜氏据此将湖州列入，但未留意"所在州县皆有之"一语，此句未必即指湖州而言，但出现于湖州方志，至少，湖州理应如此。此外，姜文引用《(至元)嘉禾志》时忽略了嘉兴、崇德两县。⑤

婺州武义、兰溪、东阳三县，有资料确证宋代已建庙，已见前文。婺州、信安、衢州、瑞安、德清等地明清方志则以较为详实的记述，将城隍庙建置时间推至唐宋时期。还有一种情况是，对城隍庙创建历史无明确记载，大多只是说旧址在何处、明初改建何处。即如义乌县，崇祯邑志记城隍庙："旧址在县南六十步，后徙于绣川门外三十步。洪武三年知县张永诚建于今所，在县北一百八十步。"⑥长兴县也是如此。⑦这样的地方有十余处。

综合统计，10处始于唐代，10处始于五代，46处(未含疑似6处)始于宋代。总计66处。(见附表1)

---

① (宋)赵与时著，齐治平点校：《宾退录》卷八，上海古籍出版社，1983年，第104页。
② (宋)史能之纂修：《(咸淳)毗陵志》卷一四《祠庙》，《宋元方志丛刊》第3册影印清嘉庆二十五年赵怀玉刻李兆洛校本，第3072、3076、3077页。
③ (宋)孙应时纂修，(宋)鲍廉增补，(元)卢镇续修：《琴川志》卷一〇《叙祠》，《宋元方志丛刊》第2册影印明末毛氏汲古阁刻本，第1242页。
④ (宋)谈钥纂修：《(嘉泰)吴兴志》卷一三《祠庙》，《宋元方志丛刊》第5册影印民国三年《吴兴丛书》本，第4741页。
⑤ (元)单庆修，(元)徐硕纂：《(至元)嘉禾志》卷一二《祠庙》记嘉兴县城隍庙："在县治内。考证：旧在县西二十步，晋天福四年立。后移在县治内之东偏，知县李时习重修。"记崇德城隍庙："在县西南隅语溪馆东。考证：邑令臧元士增创门道、两廊，开路东出，岳王祠附于内。"(《宋元方志丛刊》第5册影印清道光十九年刻本，第4494、4497页。)按：李时习，宋淳熙元年任，志中多处提及；臧元士，宋淳祐元年任[(明)靳一派修，(明)李太冲、(明)张洪儒纂：《(万历)崇德县志》卷四《纪官》，南京图书馆藏抄本，第3叶]，则两县在宋时已有城隍庙。又，据《(至元)嘉禾志》卷首序言，该志乃踵宋淳熙、嘉定旧志续成(顾宏义：《金元方志考》，第97~102页)。则嘉兴县庙立于五代，基本可以确认。
⑥ (明)周士英纂修，(明)熊人霖增修：《(崇祯)义乌县志》卷五《经制考上》，《稀见中国地方志汇刊》第17册影印明崇祯十三年刻本，中国书店，1992年，第407页。
⑦ (清)谭肇基修，(清)吴菜等纂：《(乾隆)长兴县志》卷四《庙祀》，国图藏清乾隆十四年刻本，第16叶。

江南西路、东路（部分） 宋代江南西路的 11 府（州、军）与东路西部的饶州、信州、南康军，辖 70 县，15 县倚郭。姜士彬统计，唐宋时期建有 20 座城隍庙。此外，建于宋代或宋代以前的尚有：

残卷《永乐大典》所引《江州志》，为明初郡人以宋代《（淳祐）江州图经》稍加增润敷演而成，[1]显示江州（明清九江府）治及辖下德安（附郭）、德化、瑞昌、湖口、彭泽诸县皆有庙。其中德安县，"南唐置。有保大丙午岁碑，刘延昌作"。又，江州城隍庙，姜文据赵与时《宾退录》引出。《江州志》则记宋至和二年（1055）重建，毛抗记。[2]信州、临川、广昌、龙泉、新淦、永丰等县有明确证据显示建于宋代。

如此，统计该地区唐宋城隍庙数量，唐代 3 处，五代 4 处，宋代 32 处。总计 39 处。另有疑似 7 处，其余未详。（见附表 2）

福建路 宋代福建路辖 1 府 5 州 2 军 49 县（按：福安县，《宋史》失载），倚郭 11 县。姜文考证，唐宋时期建有城隍庙 12 处。姜文据《宋会要辑稿》有关剑浦州顺昌县人范旺死后附祀城隍庙的记载，认定剑浦州立有城隍庙，实无确据。此庙也有可能是顺昌县庙。[3]此外尚有：

姜文引《（淳熙）三山志》卷八《公廨》，确认福州、长乐有建。但因将文中"今十二邑皆旧附县治置"一语理解为宋代城隍庙多建于治所附近，而未将其余 10 县列入表中。[4]又，汀州州治及辖下 5 县都建有城隍庙，已见前文。通过宋代文献确认的，还有仙游、光泽等地。此外，据明清方志比较确切的记载，宋代连江、将乐、政和、永春、崇安、兴化军、漳州等地也建有城隍庙。

总计：宋代福建路有迹可循的城隍庙有 31 处，其中 1 处可以追溯到唐代。另有 8 处疑似存于宋代。其余不详。（见附表 3）

以上统计中存在一个十分明显的现象：现存宋元方志几乎都记载该地建有城隍庙，而且，各府州志显示，如果不单记郡庙，则辖下治所几乎毫不例外地建有城隍庙。比如，在存留宋元方志最多的浙江地区，《（淳熙）临安志》《（嘉

---

① 顾宏义：《宋朝方志考》，第 245 页。

② 马蓉等点校：《永乐大典方志辑佚》，第 1534、1536、1648~1658 页。

③ （清）徐松辑：《宋会要辑稿》礼二〇之一六九，中华书局，1957 年，第 849 页；（宋）洪迈撰，何卓点校：《夷坚志》甲志卷二〇"义夫节妇"条，中华书局，1981 年，第 182 页。

④ （宋）梁克家纂修：《（淳熙）三山志》卷八《公廨》，《宋元方志丛刊》第 8 册影印明崇祯十一年刻本，第 7862 页。

泰)会稽志》《(嘉定)赤城志》《(宝庆)四明志》显示,所在府州普遍建有城隍庙。这也许可以理解,为何在姜文的统计中,同一地区的婺州、衢州、瑞安诸府州辖下诸县多数未有隍庙。从而显示出区域内部极大的不平衡性。

反过来也可以说,临安、会稽、四明、台州等地城隍庙之所以被统计到,很大程度上依赖于存世宋元方志,而温州、衢州、金华等处,若同样存有宋元方志,统计结果可能会大不相同。

这种情形同样存在于其他地区。《(淳祐)江州图经》让我们确切知道宋代江州属县皆建城隍庙。但这种情形难道仅出现于江州?相邻的兴国军、隆兴府、饶州等地就不是这样吗? 在福建路,《(淳熙)三山志》概括地说,下辖12县都有城隍庙;《(开庆)汀州志》则对诸县城隍庙一一开列。徽州的《(淳熙)新安志》也大体如此:州辖6县,除附郭县与绩溪外,载有1军4县的城隍庙。[①]实际上,据元丰年间苏辙的记载,绩溪也有城隍庙。[②]但是,在姜文的统计中,与徽州毗邻的宁国府(辖6县)、池州(辖6县),竟然仅有2处城隍庙!

城隍庙为何在这些地方如此集中?各该地与城隍信仰有着特殊关联吗?虽然学者使用数理统计进行此类研究时,有自己的一套逻辑,但基本的事实是,他们忽视了地方文献尤其方志在统计中的重要性,亦未考虑到地方文献在地域间的不平衡可能导致的统计误差。

如此,应该可以推断,至宋代,至少在南方的福建路、两浙路、江南西路等地区,城隍庙已经普遍建立起来。

北方地区 从文献资料看,今河南、河北、山东、山西、陕西等地能够直接确定唐宋时期建有城隍庙的地方,较前述福建、浙江、江西等地为少。从姜文的统计来看,主要有唐华州、兖州,宋开封府、河东郡、泽州、潞州、黎阳(有二处)、博平、成州等18处。其中,姜氏据《宋史·礼制五·吉礼》"告礼"所载"建隆元年,太祖平泽、潞,仍祭祆庙、泰山、城隍。征扬州、河东,并用此礼",认定泽州、潞州、扬

---

① (宋)赵不悔修,(宋)罗愿纂:《(淳熙)新安志》,《宋元方志丛刊》第8册影印清嘉庆十七年刻本,第7614、7650、7655、7664~7675页。

② (宋)苏辙有《绩溪谒城隍文》(《栾城集》卷二六,上海古籍出版社,1987年,第554~555页),作于宋元丰八年(1085)绩溪任上(系年参见孔凡礼撰:《苏辙年谱》,学苑出版社,2001年,第286页),可证绩溪有庙。

州、河东郡四处建有城隍庙,属于误解。①又,《宋会要辑稿》所记"黎阳县新垒城隍神祠"与《宾退录》"澶州黎阳县显固庙",实为一庙。②如此,共有14座。

根据笔者统计,尚有31座可以确认建于唐宋时期(元前至元十六年前)。其中,唐澄城、宋合水、永安等6处已见前文,另有唐汾州、金上京等25处。按敦煌文书中没有出现"城隍庙"字样,但据余欣等人考证,唐宋之际沙州、瓜州、凉州均有城隍庙,与敦煌毗邻的灵武亦有庙。③今从之。

除此之外,明清方志所载,主要有以下几种情形:

其一,称建于唐宋辽金时期,但不易确定。如《(万历)徐沟县志》载城隍庙建于金大定中。④《(乾隆)虞乡县志》记城隍庙在城内西街,"唐别置虞乡时所建也"⑤。《(顺治)氾水县志》载城隍庙"始建于开皇二年,毁于至大元年"⑥。这种情况有10处。

其二,称建于元代,但往往是重建,说明此前已存在或长或短的时间,可能为宋金时代所遗。比如,《(康熙)长清县志》记载,元前至元二十二年(1285),县令吕庸重建城隍庙。⑦《(乾隆)涿州志》著录《元重修城隍庙碑》:"元贞二年温迪罕德撰,赵频篆额。"⑧这种情形至少有40处。

---

① 《宋史》所载告祭城隍诸神之礼,据《宋会要辑稿》,是为庙祭,其庙属于"在京十里内祠庙"之列,并非指征伐地的城隍庙。参见《宋会要辑稿》礼一四之五、之六,第589页;周宝珠:《宋代东京研究》,河南大学出版社,1992年,第562~566页。

② 《宋会要辑稿》礼二〇之一七,第773页;(宋)赵与时:《宾退录》卷八,第111页。

③ 参见余欣《神道人心:唐宋之际敦煌民生宗教社会史研究》在综合考察敦煌地区城隍信仰的基础上,对敦煌文书P.3811《传法斋醮科仪》、P.2098《佛说天地八阳神咒经》、P.2649《宋太平兴国九年甲申岁三月廿二日归义军节度使曹延禄祭宅文》、P.2943《宋开宝四年瓜州衙推氾愿长等为设慕容客使君神座事牒》、S.5139《乙酉年六月凉州节院使刘少晏上归义军节度使状》、P.2044V《释门文范》等的考辨(中华书局,2006年,第91~98、146~151页)。余氏进一步推想归义军的县一级行政单位"亦当各置一所"。相关研究,亦见公维章:《唐宋间敦煌的城隍与毗沙门天王》,《宗教学研究》2005年第2期。

④ (明)杨国桢纂修,(明)王敷学续修:《(万历)徐沟县志》卷上《建置志·庙宇》,《上海图书馆藏稀见方志丛刊》第6册影印明万历三十五年修、四十年续修刻本,第271~272页。

⑤ (清)周大儒修,(清)尚云章等纂:《(乾隆)虞乡县志》卷五《祀典》,国图藏清乾隆五十四年刻本,第5b叶。

⑥ (清)吴与侗修,(清)贾攀麟纂:《(顺治)氾水县志》卷七《古迹志》,《国家图书馆藏珍本地方志丛刊》影印清顺治十五年刻本,天津古籍出版社,2016年,第337页。

⑦ (清)岳之岭修,(清)徐继曾纂:《(康熙)长清县志》卷四《祠祀志·坛庙》,国图藏清康熙十一年刻、雍正五年增刻本,第17a叶。

⑧ (清)吴山凤纂:《(乾隆)涿州志》卷四《建置志·碑记》,国图藏清乾隆三十年刻本,第18b页。

其三,虽然至少在元代即已存在,但缺乏确切记载。即如济南府城隍庙,现存志书均载,"旧在府城西,明洪武二年知济南府陈修移建于此"①。但移建前的情形不得而知。《(顺治)西华县志》记城隍庙,"明洪武三年主簿李兴旺即废址建"②。所谓"废址",表明此前即有城隍庙。针对类似情形,明清方志往往只是说,"其庙自昔有之,不知建始何代"③。或者,虽然明清方志某一部分会有证据表明,城隍庙在更早的时间即已存在,但在集中记述城隍庙的"祠庙"部分,仍称庙建于或创建于明代。此类事例不可胜计。(见附表4)

总而言之,北方地区大部分明清方志有关城隍庙建置的信息,的确可以用"始建未详"来概括。姜士彬利用明以前资料完成唐宋城隍庙址的统计后,翻阅了今河北地区的12种府、直隶州志,5种县志,以及今江西地区的12种府志、12种县志。这些志书基本修于清晚期(late Ch'ing)。结果显示,河北方志中,只发现6处城隍庙建于明以前的证据,都不早于1227年;江西方志中,则有31处标注了元代,其中一些更早(6处为唐代)。这和笔者的统计结果极为相似。姜士彬认为,这种情况的出现,不能归因于他翻阅的江西方志比河北多,也不能认为河北方志之编修不如江西方志详尽(thorough)、专业(scholarly)——方志真实反映了历史时期城隍庙的建置情况。姜氏的结论是:"这一清代方志的案例,为本文利用明以前资料得出早期城隍庙址图景,提供了很好的证明。"

主要经由方志反映出的城隍庙建置上的南北差异,是否可以作为历史事实的真实反映? 笔者认为,一地能否在唐宋建造城隍庙,以及该庙能否在文献中留下痕迹,而后为人所知,存在诸多因素。现有文献尤其方志资料,并不能充分反映早期尤其唐宋时代城隍庙的历史。唐宋城隍庙建置上的南北巨大差异,在很大程度上只是人们借由方志等资料构建出来的。试述如下:

城隍神是否起源于城池崇拜仍存在争议,但一个不争的事实是,在城隍信仰发展早期,城隍庙建置地点通常是治所与城垒。当然,传统时期治所往往要建筑城池。建有治所或城垒之地,可能会一时未建城隍庙,但城隍庙通常不会

① (清)王赠芳、(清)王镇修,(清)成瓘、(清)冷烜纂:《(道光)济南府志》卷一八《祠祀》,《中国地方志集成·山东府县志辑》第1册影印清道光二十年刻本,凤凰出版社,2004年,第385页上栏。

② (清)左国桢修,(清)王鼎镇、吴中奇纂:《(顺治)西华县志》卷四《秩祀志·庙貌》,国图藏清顺治十六年刻本,第13叶。

③ (清)杨善庆修,(清)田懋纂:《(乾隆)阳城县志》卷三《坛庙》,《中国地方志集成·山西府县志辑》第38册影印清乾隆二十年刻本,第38页下栏。

建于有城垒或设治之前。即如《(开庆)临汀志》记郡庙"迁郡初创",临汀迁治长汀在唐大历四年(769),若长汀初为郡治,则建置郡庙时间不太可能早于大历四年(769)。所以,考察一地在唐宋时代有无可能建有城隍庙,首先要考虑这两个因素。此外,还需特别注意以下问题:

首先,既然城隍庙通常建于治所,则治所的兴废、移徙,对城隍庙的建置影响极大。由于治所的迁移,新庙在新治建立起来,则旧庙为后人所知的可能性即大为减小。因为,其后纂修方志时,记述重点乃是新治城隍庙;后世追溯本地城隍庙历史与源头,往往也是迁治以来的历史。当然,若旧庙能够保存下来,有可能会出现于方志中;若连碑铭都未留下,也许就会湮没无闻,不留一点痕迹。寿张县于洪武十三年(1380)迁治五陵店(今寿张镇),郡志载隍庙"洪武十四年知县谭道迁县创建"①。不能据此认为寿张县庙创建于洪武十四年(1381)。旧县城应该建有城隍庙,只是,按照方志的记述习惯,除了县城里的城隍庙,其他的可记可不记。再如咸阳县,唐武德中复置,治杜邮,至洪武四年(1371)徙治。据明清方志的记载,隍庙建于洪武四年(1371)。但据元人李好文《长安志图》"咸阳古迹图",城隍庙在城西北隅。②这说明咸阳在洪武四年迁治前就有城隍庙。又如云阳县,金代即建城隍庙。云阳在元前至元中并入泾阳,其庙为今人所知,很大程度上有赖于金正隆、大定年间的两块碑记。③

其次,这几个例子还说明,若方志记城隍庙"建"或"创建"于某年,极有可能只是讲述"这座"庙的历史,而不是这一地区城隍庙的历史。也许,这一地区的其他地点建有或曾经建有城隍庙,其历史甚至更为久远。

若一处治所自唐代以来未曾迁移,后世志书是否会将庙史追溯到更早的时期?那也未必。城隍庙如果在某一时间有重大改建或异地重建,其历史很可能要从这次兴作算起。或者可以说,一座建有城隍庙的治城,虽设治较早,且从未迁治,但明清文献中的庙史未必会从该城始建城隍庙记起。

明清方志记载城隍庙,往往称建于洪武初年,或者更晚。即如河南地区,

---

① (明)易登瀛、(明)于慎行纂修:《(万历)兖州府志》卷二四《祠庙志》,影印明万历二十四年刻本,齐鲁书社,1984年,第17叶。

② (元)李好文编绘:《长安志图》卷中,《宋元方志丛刊》第1册影印清乾隆四十九年镇洋毕氏灵岩山馆刻《经训堂丛书》本,第212页。

③ (清)刘懋官修,(清)周斯亿纂:《(宣统)泾阳县志》卷二《地理志下·金石》、卷末《阙访》,《中国方志丛书》影印清宣统三年铅印本,台湾成文出版社,1969年,第181~184、963页。

《(成化)河南总志》所载113个府、州、县中,除去7处附郭县和6处洪武后建置者,各地城隍庙明确记为"建""重建"或"创建"的,洪武二年(1369)有12处,三年(1370)有26处,四年至八年(1371—1375)至少有30处。①北方如此,南方亦然。浙江洪武年间持续存在的66座官祀城隍庙,除22座无明确记载、1座笼统表述为建于洪武间外,共有32座为洪武三年至八年(1370—1375)的几年间重建,包括拓建与徙建。其中,异地重建的有13处。②研究者注意到,这一情况的出现与洪武初年的城隍祭祀制度有关。③洪武三年(1370),朱元璋令天下府州县均按一定式样建造城隍庙,要求限期完工回报,并附上图画贴说。④各地由此掀起一场建造城隍庙的运动。或依式改造,或原址重建,甚或迁址新建。笔者认为,明初的大建城隍庙对各地城隍庙的历史造成重大影响:各地城隍庙的历史相当程度上要从新建庙宇开始算起。明以前的历史无形中被泯灭了。这正是造成城隍庙虽建于明以前,但明清志书所载却是建于明初的原因所在。

当然,就一地城隍庙历史的记述而言,不同志书的倾向性不尽一致。以保定城隍庙为例,保定城毁于金末兵燹,此前是否建庙不详。元太祖时张柔重建保定城,据元好问《顺天府营建记》,当时一并建起城隍庙。⑤现存保定方志以弘治郡志为最早,其"祠庙"部分记隍庙:"庙创于汉,葺于唐,规模庙貌焕然可观。迨辽金构怨,郡城空虚,仅存者十中一二耳。后至贞祐元年十月,金主屠城,荡然煨烬。至洪武二年,本郡知府任亨鼎新,创盖正堂三间,高亢明洁。左右两庑,第其等制,各建三楹。"⑥成化七年(1471),重修城隍庙,黎淳有记,也记载了张柔开辟城池,"始建城隍庙以主祀事"。又言"值元终运,庙毁于兵,国朝

---

① 见(明)孙洪修,(明)刘昌、(明)胡谧纂:《(成化)河南总志》卷二至卷一一,不再详注。按:该志对部分城隍庙的记载不甚完整,因之上述数字实际可能更高。

② 主要依据浙江各地旧志,不再详注。周祝伟《略论明代浙江的城隍神信仰》也对明初浙江城隍庙的建置情况作了统计(《明史研究》第7辑,2001年),与本文略有不同,可参看。

③ 参见邓嗣禹:《城隍考》;赵轶峰:《明代国家宗教管理制度与政策研究》,中国社会科学出版社,2008年,第110页。

④ (明)陈让、(明)夏时正纂修:《(成化)杭州府志》卷三三《坛庙》节录该圣旨(《四库全书存目丛书》史部第175册影印南京图书馆藏明成化刻本,第456页),可参。有关明初城隍祭祀制度的变化与实践,参[日]滨岛敦俊:《朱元璋政权城隍改制考》,《史学集刊》1995年第4期。

⑤ (金末蒙古时期)元好问著,狄宝心校注:《元好问文编年校注》卷六,中华书局,2012年,第1125~1126页。

⑥ (明)张才纂修,(明)杨廷用校正:《(弘治)保定郡志》卷二〇《祠庙》,《天一阁藏明代方志选刊》影印明弘治七年刻本,上海古籍书店,1981年,第6b~7a叶。

改路为府,洪武二年(1369)重新庙祀"。黎氏所言,依据不详。嘉靖间,保定府附郭清苑县所修志书,将该文置于城隍庙条之后,不过,对于城隍庙的记述则是:"在县治北,洪武二年知府任亨鼎建。"①迨至《(光绪)保定府志》,先是承继"旧志"即康熙郡志"城隍庙在府治北"的记述,又记"明洪武三年重建"。黎纯(淳)的庙记仍旧收录其后。②

上述对于一地城隍庙的记载,不同方志虽有差异,但就各自的记述而言,都有其逻辑可寻,从这个意义上说,不能以正确与否加以评判。

洪武初年的改建庙宇为天下通制,各地所受影响应无太大差别。但表现在志书中,其实有所不同——相较于南方地区,北方庙宇所受影响最大。表现为,南方志书有关洪武初年改建或重建隍庙的记述,往往上承宋元历史。当然,也有一些方志只是记述洪武初年的建设,但并不妨碍我们从其他存世志书了解城隍庙更早时期的历史。相较而言,北方地区的方志,这样的情况较为少见,它们记述城隍庙历史,通常是以洪武初年作为开端。为什么会出现这种现象?

如前所述,一座建于唐宋时期的城隍庙,能否为后人所知,基本途径是依靠方志的记载。即使宋元方志未能流传至今,在明清时期如能为新修方志袭用、转述,相关信息也能为后人所知。但若宋元时期本未修志,或虽修志,但没有流传下来,而其他文献又不加意记载,那么城隍庙早期的历史,很可能就会湮没无闻了。所以,仅就方志对城隍庙的记载而言,南方很多方志虽未流传下来,但经明清方志转引,尚可为后人所知。但北方地区宋元方志本就相对较少,相关地方文献对旧庙又不加意记载,那么对旧庙的历史很可能就会遗忘。除非很偶然地被其他文献记载下来。

行文至此,唐宋以降北方地区城隍信仰的发展轨迹已大致明朗:至少在宋代,设治之区或虽未设治但建有城垒之地,差不多都应建有城隍庙。但在经历了因兵燹、迁治及政令等影响而进行的一次次重建之后,由于缺少方志的记载,城隍庙可以溯源的历史一次次被压缩。除了偶然存留的唐宋旧碑,或者其他存世文献的偶然记录,可以使我们知道它们久远的历史之外,绝大多数城隍

---

① (明)李廷宾纂修:《(嘉靖)清苑县志》卷三《祠祀》,《天一阁藏明代方志选刊续编》第1册影印明嘉靖十七年刻本,第133页。

② (清)李培祜、(清)朱靖旬修,(清)张豫垲等纂:《(光绪)保定府志》卷三六《工政略·坛庙》,《中国地方志集成·河北府县志辑》第30册影印清光绪十二年刻本,第552页下栏~553上栏;(清)纪弘谟修,(清)郭棻纂:《(康熙)保定府志》卷七《祠祀》,国图藏清康熙十九年刻本,第1叶。

庙的历史,基本上只能从明初甚至更晚的时间算起。

就此而论,唐宋时期的城隍信仰整体发展状况,或可概括为:宋代行政治所所在地或军事城镇,都应该建造城隍庙。在地域上不应存在大的差别。向前推至唐代,就目前的文献看,南方尤其是东南地区,应在唐代后期已经普遍。至于北方地区,由于缺少足够的史料,很难将其历史从目前所知的时间点往前推进。所以,就本文的研究来看,理论上也应该具有一定的普遍性,但较南方可能要弱一些。

四、余 论

通过统计庙址考察城隍信仰的时空分布,这一做法由来已久。邓嗣禹《城隍考》就使用清代各省通志统计魏晋以来各代城隍庙建置数量,勾勒城隍信仰的地域发展进程。姜文运用这一方法考察唐宋城隍信仰,地域之广大,资料之丰赡,前所未有,因而影响最为广泛。但统计中的一些问题,值得进一步探讨。

首先,虽然数理统计中难以确保史料的完整性,导致统计结果的有效性受到不同程度的制约,[①]但研究者仍然可以在清楚地认识诸如史料的局限性及其可能导致的误差、如何尽可能地减少误差、误差可能导致的误判等问题的基础上,借助数理统计达致对研究对象的局部或某些层面的认识与理解。但在唐宋城隍庙址的统计中,很多情况下研究者并没有这样的考虑,以致简单地将统计数字作为一种现实的反映,继而以此为基础展开地域比较或社会文化的阐释。尤其是,研究者对明清文献对于弥补唐宋元史料阙失的重要性,没有足够的重视;或虽有认识但没有付诸实践。这是十分遗憾的。

其次,数理统计中,对于统计对象的特性,应予留意。城隍信仰发展到唐宋时期,城隍庙通常建于行政治所,非行政治所但建有城垒之地抑或建庙。因此,若要统计这一时期的城隍庙,先应考虑哪里"可以"建造,并考虑到治所迁移及城池兴废对城隍庙历史的影响。

与之相关的是,通过明清文献尤其方志考察唐宋城隍庙址,应留意这些文献所反映的所谓城隍庙历史的含义。具体来说,明清时期的很多行政区,虽可

---

① 有学者已指出,史料的不完整和不确定往往成为数理统计的障碍。参见韩升:《中古社会史研究的数理统计与士族问题——评毛汉光先生〈中国中古社会史论〉》,《复旦学报(社会科学版)》2003年第5期。

追溯到唐宋,但其治所很可能已不在原地;有些行政区则是唐宋以后新设的。忽略这些因素,很多早期的城隍庙可能会被遗漏。换言之,明清方志对祠庙的记载,未必会是该地(并非该城)所有的城隍庙的历史。

最后,对一系列统计数字的分析,往往是研究者借以探求更多意义的工具。但是既往研究中,由于没有注意到城隍庙的建置特性,导致统计数字不能在区域研究中被赋予应有意义。如何使统计在地域比较中具有意义? 由城隍庙的建置特性可知,庙址统计数字虽然针对的是庙宇,但也与城池密切相关。如果将庙宇作为信仰的物化标志,则不考虑城池数而仅仅比较庙数,是不能客观反映区域间城隍信仰的差异的。①

本文的目的,仅在探讨唐宋时期城隍信仰的发展状况,倘若进一步追问本文对于唐宋城隍信仰研究中的经典议题(诸如城隍信仰的传播途径是什么、是谁支持并推动了城隍信仰,等等)有何贡献,如有可能,笔者将另文探讨。

附:

表1 宋代两浙路城隍庙址统计表②

府(州、军)	姜文已统计	本文新统计	疑似	不详
临安府	郡治☆、钱塘*、仁和*、盐官、余杭、富阳、新城、昌化、于潜、临安			
绍兴府	郡治☆、会稽*、山阴*、诸暨、萧山*、上虞、余姚、嵊县、新昌			
平江府	郡治☆、昆山	常熟	嘉定③	吴县*、长洲*、吴江
镇江府	郡治、丹阳			丹徒*、金坛

———————————

① 与唐宋元城隍庙建置显著不同,明洪武二年首次出现了统一的城隍庙制度,治所都要依式建庙,治所数与庙数基本相当。当然,各地附郭之区可能有所差异,边远地区可能建造较晚。再者,州县以下既非治所又无城垒之地,抑或建起城隍庙,并且在一些地区比较集中。相关研究,参见邓嗣禹:《城隍考》,[日]滨岛敦俊:《朱元璋政权城隍改制考》《明清江南城隍考——商品经济的发达与农民信仰》(《中国社会经济史研究》1991年第1期),张传勇:《明清陕西城隍考——堡寨与城隍庙的建置》(常建华主编:《中国社会历史评论》第11卷,天津古籍出版社,2010年,第62~83页)等。

② 说明:*表示附郭之区,☆表示存在于唐代、★表示存在于五代。下同。

③ (明)韩浚等修:《(万历)嘉定县志》卷四《营建考下》,《中国史学丛书》三编影印明万历三十三年刊本,台湾学生书局,1987年,第252页。

④《永乐大典方志辑佚》,第827页。

续表

府(州、军)	姜文已统计	本文新统计	疑似	不详
湖州	郡治★	德清[4]		乌程*、归安*、安吉、长兴、武康
婺州		郡治[1]、武义、浦江[2]、兰溪、东阳	永康[3]	金华*、义乌
庆元府	郡治★、定海★、象山☆、慈溪★、奉化☆、昌国			鄞县*
常州		郡治、宜兴、无锡		晋陵*、武进*
江阴军	郡治			江阴*
瑞安府	郡治	瑞安[4]		永嘉*、平阳、乐清
台州	郡治☆、临海*☆、宁海☆、天台★、黄岩★、仙居★			
处州	缙云☆、龙泉	郡治	松阳[5]、青田[6]	丽水*、庆元、遂昌
衢州		郡治[7]、江山[8]、信安[9]	礼贤[10]、开化[11]	西安*、龙游

---

①(明)周宗智纂修:《(成化)金华府志》卷一三《祠庙》,《上海图书馆藏稀见方志丛刊》第109册影印明成化十六年刻本,第260页。

②(明)毛凤韶纂修,(明)王庭兰校正:《(嘉靖)浦江志略》卷四《城社志》,《天一阁藏明代方志选刊》影印明嘉靖五年刻本,上海古籍书店,1963年,第2b叶。

③(明)吴宣济等修,(明)陈泗等纂:《(正德)永康县志》卷二《坛庙》,《天一阁藏明代方志选刊续编》第30册影印明正德九年修、嘉靖三年刻本,第501页。

④(明)刘畿修,(明)朱绰等纂:《(嘉靖)瑞安县志》卷五《祠祀志》,《稀见中国地方志汇刊》第18册影印明嘉靖三十四年刻本,第65页。

⑤(明)刘忠、(明)刘宣纂修:《(成化)处州府志》卷九《松阳县·坛庙》,《天一阁藏历代方志彙刊》第504册影印明成化二十二年刊本,国家图书馆出版社,第11叶。

⑥(宋)洪迈:《夷坚志》丙志卷五"青田小胥"条、卷六"范子珉"条,第404、410页。

⑦(清)陈鹏年修,(清)徐之凯等纂:《(康熙)西安县志》卷八《祠祀志》,《复旦大学图书馆藏稀见方志丛刊》第18册影印清康熙十八年刻本,国家图书馆出版社,2010年,第664页。

⑧(清)朱彩修,(清)朱长吟纂:《(康熙)江山县志》卷三《秩祀志·庙社》,《中国地方志集成·浙江府县志辑》第59册影印清康熙四十年刻本,第55页下栏。

⑨(明)沈杰修,(明)吾冔、(明)吴夔纂:《(弘治)衢州府志》卷六《祠庙》,《天一阁藏明代方志选刊续编》第31册影印明弘治十六年刻本,第210页。

⑩(清)朱彩修,(清)朱长吟纂:《(康熙)江山县志》卷三《秩祀志·庙社》,第56页上栏。按江山县治,宋咸淳(1265—1274)末至元前至元十二年丙子(1275)更名礼贤,治礼贤镇。城隍庙始建未详。

⑪(明)沈杰修,(明)吾冔、(明)吴夔纂:《(弘治)衢州府志》卷六《祠庙》,第211页。

⑫(清)马象麟修,(清)柴文卿、(清)杨汝挺纂,王俊增补:《(康熙)桐庐县志》卷二《官政类·坛壝》,《上海图书馆藏稀见方志丛刊》第85册影印清康熙十二年刻、二十年增刻本,第385页。

续表

府(州、军)	姜文已统计	本文新统计	疑似	不详
建德府	郡治☆、分水、淳安、遂安、寿昌	桐庐⑫		建德*
嘉兴府	郡治*、海盐、华亭	嘉兴**、崇德		
总计	48	18	6	25

表2　宋代江南西路、东路（部分）城隍庙统计

府(州、军)	姜文已统计	本文新统计	疑似	不详
饶州	郡治、鄱阳*	乐平①	浮梁②	余干、德兴、安仁
信州		信州③*、永丰④		上饶*、玉山、弋阳、贵溪、铅山
南康军	郡治		都昌⑤	星子*、建昌
隆兴府	郡治☆	奉新⑥、武宁	进贤⑦	南昌*、新建*、丰城、分宁、靖安
江州	郡治	德化*、德安*、瑞昌、湖口、彭泽		

---

①（清）宋良翰修，（清）杨光祚等纂：《（康熙）乐平县志》卷三《公署志》，国图藏清康熙二十年刻本，第4a叶。

②（宋）洪迈：《夷坚志》支戊卷一〇"胡画工"条，第1133页。

③（五代）沈汾：《续仙传》"宋玄白"条，（宋）张君房，李永晟点校：《云笈七签》卷一一三下，中华书局，2003年，第2493页；雷闻：《郊庙之外：隋唐国家祭祀与宗教》，生活·读书·新知三联书店，2009年，第243页。

④（宋）周必大：《周益文忠公集》卷五三《赵训之忠节录序》，日本静嘉堂文库藏宋刻本，第2b~3b叶。

⑤（明）陈霖纂修：《（正德）南康府志》卷七《坛壝》，《天一阁藏明代方志选刊》影印明正德十年刻本，上海古籍书店，1964年，第3b叶。

⑥（清）黄虞再修，（清）闵钺等纂：《（康熙）奉新县志》卷五《祠祀志》，《上海图书馆藏稀见方志丛刊》第150册影印清康熙元年刻本，第577页。

⑦（清）聂当世修，（清）陈时懋、（清）章兆瑞纂：《（康熙）进贤县志》卷八《典祀志上·坛祠》，国图藏清康熙十二年刻本，第15b~17a叶。

⑧（明）康河修，（明）董天锡纂：《（嘉靖）赣州府志》卷六《祀典》，《天一阁藏明代方志选刊》影印明嘉靖十五年刻本，上海古籍书店，1962年，第32叶。

⑨（清）孔兴浙修，（清）孔衍倬纂：《（乾隆）兴国县志》卷六《坛庙》，国图藏清乾隆十五年刻本，第3叶。

⑩（明）赵勋修，（明）林有年纂：《（嘉靖）瑞金县志》卷六《祀典类》，《天一阁藏明代方志选刊》影印明嘉靖二十二年刻本，上海古籍书店，1961年，第2a叶。

⑪（清）冉棠修，（清）沈澜纂：《（乾隆）泰和县志》卷七《学校志·祠庙》，国图藏清乾隆十八年刻本，第3b~4a叶。

⑫（明）王昂纂修：《（嘉靖）吉安府志》卷六《舆地志·坛庙》，《北京图书馆古籍珍本丛刊》第31册影印明嘉靖闲刻本，书目文献出版社，1998年，第566页上栏。

续表

府(州、军)	姜文已统计	本文新统计	疑似	不详
赣州	郡治、石城	龙南⑧	兴国⑨、瑞金⑩	赣县*、虔化、信丰、雩都、会昌、安远
吉州	郡治、安福*	泰和⑪、龙泉	吉水⑫	庐陵*、永新、永丰、万安
袁州	郡治☆、分宜			宜春*、萍乡、万载
抚州	郡治*	临川①*、宜黄②	金溪③	崇仁、乐安
瑞州	郡治、新昌	上高④		高安*
兴国军	郡治			永兴*、大冶、通山
南安军	郡治、上犹			大庾*、南康
临江军	郡治	新淦⑤		清江*、新喻
建昌军	郡治、南丰☆	广昌⑥、南城⑦*		
总计	20	19	7	38

①（明）黄显修，（明）陈九川、（明）徐良傅纂：《（嘉靖）抚州府志》卷六《地理志·坛庙纪》、卷三《地理志·疆域图》，《上海图书馆藏稀见方志丛刊》第144册影印明嘉靖三十三年刻本，第400页、第114~115页。

②（宋）高定子：《重修儒学记》（宋淳祐四年），（清）尤秉章修，（清）欧阳斗照等纂《（康熙）宜黄县志》卷七，国图藏清康熙十八年增刻本，第13b~16a叶。

③（清）松安等纂修：《（道光）金溪县志》卷二《坛祠》，国图藏清道光六年刻本，第376叶。

④（清）刘启泰修，（清）李凌汉纂：《（康熙）上高县志》卷二《祠祀》，国图藏清康熙十二年刻本，第4叶。

⑤（宋）黄干：《勉斋先生黄文肃公文集》卷二二《新淦谒庙文·城隍》，《宋集珍本丛刊》第67册影印元刻本，线装书局，2004年，第762页。

⑥（明）夏良胜纂修：《（正德）建昌府志》卷一〇《祀典》，《天一阁藏明代方志选刊》影印明正德十二年刻本，上海古籍书店，1964年，第22b叶。

⑦（明）夏良胜纂修：《（正德）建昌府志》卷一〇《祀典》，第12a叶。（宋）洪迈：《夷坚志》补卷二五"陈唐兄弟"条，第1778页。

⑧（清）辛竟可修，（清）林咸吉、（清）蓝孙璇等纂：《（乾隆）古田县志》卷五《坛庙》，国图藏清乾隆十六年刻本，第5~7叶。

⑨（明）黄仲昭修纂：《（弘治）八闽通志》（修订本）卷五八《祠庙》，福建人民出版社，2006年，下册，第513页。本表同出该书者，连江县、罗源县，卷五八《祠庙》，第511、517页；崇安县、漳州郡治、漳浦县，卷五九《祠庙》，第531、541、543页；尤溪县、福安县，卷六〇《祠庙》，第554、577页。

⑩见（清）陈焱等修，（清）俞荔等纂：《（乾隆）永福县志》卷九《艺文》所收宋人黄彝《威济庙记》及宋邑主簿李德榕《威济灵应记》，《中国方志丛书》影印清乾隆十四年刻本，台湾成文出版社，1967年，第423~425、432~434页。

⑪（宋）梁克家纂修：《（淳熙）三山志》卷八《公廨》，第7862页。

表3　宋代福建路城隍庙址统计

府(州、军)	姜文已统计	本文新统计	疑似	不详
福州	郡治☆、长乐、宁德	古田⑧、福清⑨、福安、连江、罗源、永福⑩	长溪⑪	闽县*、侯官*、闽清、怀安*
建宁府	郡治	崇安、政和①	嘉禾②	建安*、瓯宁*、浦城、松溪
泉州	郡治、惠安	永春③、德化④	南安⑤、安溪⑥	晋江*、同安
南剑州	剑浦*	顺昌	将乐⑦、尤溪	郡治、沙县
漳州		郡治	漳浦、龙岩⑧	龙溪*、长泰
汀州	郡治	宁化、上杭、武平、清流、莲城		长汀*
邵武军	郡治、泰宁、建宁	光泽⑨		邵武*
兴化军		郡治、仙游⑩		莆田*、兴化
总计	11	20	8	18

①《宋会要辑稿》瑞异三之二三、二四，第2115~2116页。

②(明)赵文、(明)黄璇纂修，(明)袁钺续修：《(景泰)建阳县志》卷四《祠庙》，《四库全书存目丛书》史部第176册影印天一阁文物保管所藏明弘治刻本，第31页下栏。

③(明)阳思谦修，(明)徐敏学、(明)吴维新纂：《(万历)重修泉州府志》卷八《秩祀志》，《中国史学丛书》三编影印明万历四十年刻本，第670页。

④(明)许仁修，(明)蒋孔炀纂：《(嘉靖)德化县志》卷五《坛庙》，原国立北平图书馆藏明嘉靖间刻本，第14叶。

⑤(明)阳思谦修，(明)徐敏学、(明)吴维新纂：《(万历)重修泉州府志》卷八《秩祀志》，第668~669页。

⑥(明)汪瑀修，(明)林有年纂：《(嘉靖)安溪县志》卷二《规制类·庙祠》，《天一阁藏明代方志选刊》影印明嘉靖间刻本，上海古籍书店，1963年，第5叶。

⑦(明)何士麟修，(明)李敏纂：《(弘治)将乐县志》卷六《坛壝》，《天一阁藏明代方志选刊续编》第37册影印明弘治十五年修、十八年刻本，第267页。

⑧(明)汤相、(明)莫亢纂修：《(嘉靖)龙岩县志》卷下《文教志》，原国立北平图书馆藏明嘉靖三十七年刻本，第19叶。

⑨(宋)李吕：《澹轩集》卷七《告城隍文》(宋淳熙八年)，《景印文渊阁四库全书》第1152册，台湾商务印书馆，1986年，第253页。

⑩(宋)赵与泌修，(宋)黄岩孙纂：《(宝祐)仙溪志》卷三《祠庙》，《宋元方志丛刊》第8册影印宋宝祐五年修、清瞿氏铁琴铜剑楼抄本，第8307页。

表4　北方地区唐宋城隍庙统计表

省份	姜文已统计	本文新统计	疑似
山东	唐兖州,宋博平	宋兰陵①、金莱州②、元黄县③	
山西	五代解州	唐汾州④、宋芮城⑤、洪洞⑥、金孝义	唐虞乡、乐平⑦、金徐沟、高平⑧、保德⑨
河南	唐怀州、睢阳郡、宋开封府、黎阳、开封大内、开德府、拱州	唐滑州⑩、五代光州⑪、宋蔡州⑫、永安,元彰德府⑬	汜水

①（宋）桑范:《兰陵新移城隍庙记》(宋元祐间)，(清)邵十修、(清)王壎、(清)尚天成纂:《(康熙)沂州志》卷七《艺文部上》,国图藏清康熙十三年刻本,第30b~32a叶。

②《知州李诚修莱州城隍庙记》(元大德间)，(明)龙文明修、(明)赵燿、(明)董基纂:《(万历)莱州府志》卷八《艺文志下》,国图藏民国二十八年铅印本,第4叶。

③《县侯孔公重修神庙记》(元前至元九年)，(清)方汝翼、(清)贾瑚修、(清)周悦让、(清)慕容棨纂:《(光绪)增修登州府志》卷六五《金石上》,《中国地方志集成·山东府县志辑》第49册影印清光绪七年刻本,第344页。

④（宋）朱长文纂辑,何立民点校:《墨池编》卷一八《碑刻二·唐碑下·祠庙》著录《汾州创置城隍祠记》,浙江人民美术出版社,2012年,第596页。

⑤（明）李侃、(明)胡谧纂修:《(成化)山西通志》卷一七《碑目》,《四库全书存目丛书》史部第174册影印山西大学图书馆藏民国二十二年影钞明成化十一年刻本,第707页上栏。(明)李斗修、(明)薛一鹗纂:《(隆庆)芮城县志》卷二《政教》,《国家图书馆藏地方志珍本丛刊》影印明隆庆间刻本,第16叶。

⑥（明）乔因羽修、(明)晋朝臣纂:《(万历)洪洞县志》卷五《秩祀志》,国图藏明万历十九年刻本,第10~13叶。

⑦（清）宋良翰修、(清)杨光祚等纂:《(康熙)乐平县志》卷三《公署志》,国图藏清康熙二十年刻本,第4a叶。

⑧（明）杨应中:《重修城隍庙记》(万历间)，(清)范绳祖修、(清)庞太朴纂:《(顺治)高平县志》卷一〇《艺文志》,国图藏清顺治十五年刻本,第37a~40b叶。

⑨（明）贾允恪:《重修城隍庙记》(弘治间)，(清)王克昌原本、(清)王秉韬续纂:《(乾隆)保德州志》卷一一《艺文》,《中国地方志集成·山西府县志辑》第15册影印清乾隆五十年刻本,第620页。

⑩《太平广记》卷三〇二《神十二·韦秀庄》,中华书局,1961年,第2396页。

⑪（五代）陈致雍:《议废淫祀状》,《全唐文》卷八七三,影印中华书局图书馆藏清嘉庆刻本,中华书局,1983年,第9134页下栏。

⑫（宋）秦观撰,徐培均笺注:《淮海集笺注》卷三一《代蔡州太守谒城隍文》,上海古籍出版社,1994年,第1041页。

⑬（明）孙洪修、(明)刘昌、(明)胡谧纂:《(成化)河南总志》卷一〇《彰德府·祠庙》,第16叶。

续表

省份	姜文已统计	本文新统计	疑似
河北 (含北京)	元大都	宋宗城,金曲阳、平山①,蒙古顺天府(今保定),元顺德府②、涿州③	宋林县④、磁州⑤
甘肃	宋成州	唐宋之际沙州,五代凉州,宋瓜州、庆州⑥、合水、王家城	金兰州⑦
陕西	唐华州,宋兴元府	唐岐州⑧,宋澄城⑨,金云阳、西安⑩、蒲城⑪	宋洋县⑫
宁夏		唐宋之际灵武	
黑龙江		金上京⑬	
合计	14	31	10

---

① (金)吴浩:《重修平山县城记》(金大定二年),(清)汤聘修,(清)秦有容纂:《(康熙)平山县志》卷五《艺文志》,国图藏清康熙十二年刻本,第1b~3a叶。

② (金末元初)宋子贞:《顺德府通真观碑》,陈垣编纂:《道家金石略》,文物出版社,1988年,第504页。

③ (清)吴山凤纂:《(乾隆)涿州志》卷四《建置志·碑记》,第18b叶。

④ (晚清民国时期)张凤台修,(晚清民国时期)李见荃等纂:《(民国)林县志》卷六《建置·坛庙》,《中国方志丛书》影印民国二十一年石印本,台湾成文出版社,1968年,第447页。

⑤ (宋)张师正:《括异志》,中华书局,1996年,第79页。

⑥ (宋)范纯仁:《范忠宣公文集》卷一一《祭庙文》(宋熙宁八年),《宋集珍本丛刊》第15册影印元刻明修本,第451页。

⑦ (明)黄谏:《城隍庙记》,(清)吴鼎新修,(清)黄建中纂:《(乾隆)皋兰县志》卷一八《碑记》,国图藏清乾隆四十三年刻本,第11b~13a叶。

⑧ (宋)赞宁撰,范祥雍点校:《宋高僧传》卷一一《唐洛京伏牛山自在传》,中华书局,1987年,第245~246页。赖亮郡《唐五代的城隍信仰》对该文有所考证。

⑨ (元)刘宏远:《城隍庙碑》(元后至元四年),(清)金玉麟修,(清)韩亚熊纂:《(咸丰)澄城县志》卷二一《金石下》,国图藏清咸丰元年刻本,第17b-18b叶。

⑩ (元)骆天骧撰,黄永年点校:《类编长安志》卷五《寺观》,中华书局,1990年,第152页。

⑪ (金)符节:《城隍庙碑记》(金大定二十四年),李约祉主纂:《(民国)蒲城县志稿》之《宗教祠祀志》,中国文史出版社,2015年,第443~444页。

⑫ (明)赵廷瑞修,(明)马理、(明)吕柟纂:《(嘉靖)陕西通志》卷一三《土地八·古迹下》,《华东师范大学图书馆藏稀见方志丛刊》第2册影印明嘉靖二十一年刊本,北京图书馆出版社,2005年,第253页。

⑬ 《金史》(点校本二十四史修订本)卷二四《地理志上》,中华书局,2020年,第591页。

本文原刊载于《文史》2020年第3辑。

作者简介：

张传勇，1975年生，山东邹平人。历史学博士。2006年7月至今，任职于南开大学历史学院中国古代后期史教研室，教授，主要从事明清社会文化史、方志学研究。在《台湾"中研院"史语所集刊》《文史》等刊物发表论文20余篇。

清初的奏事体制与政务运作

马子木

文书流转与政令传递是透视传统王朝国家权力分配与制度运作的重要向度。清代的文书体系与决策机制素来是清史研究中的热点问题,围绕题本、奏折两大文书系统及其依托的行政衙署内阁与军机处,前辈学者已有极为丰富的成果。然而由于清前期史料简略,顺治、康熙朝文书与政令传递的具体情况仍不完全明了。内阁票拟与御门听政是否涵括了所有需要决策且行诸文书的行政事务,奏折作为一种文书形式是在何种制度环境下产生的,君臣利用文书直接交流是如何渐次实现的,似均有续作研究的余地。

一、顺治年间的章奏进御与处理

明代中后期的会极门进本、发阁票拟、票拟后呈览以及最终批红,均假手于司礼监、文书房,宦官成为明代文书行政不可或缺的参与者,形成阁、监"对柄机要"的二元体制。[①]明清易代后,这一制度基础不复存在,由于满、汉政治传统的博弈,顺治朝的章奏处理流程数度变易。顺治十年(1653)后,通过太和门批旨、学士批红等一系列改革,本章处理由部院面奏取旨变为内院批旨,最终恢复票拟制度,其中曲折学者论之已悉。[②]需要追问的是,太和门批旨出现前,政事是否不关白内阁;世祖亲政后,在本章之外君臣间有无另外的交流途径。

内院在顺治初曾被赋予票拟之权,但持续未久。根据顺治二年(1645)三月关于章奏转进的谕旨,内院票拟已形同虚设:

---

① 方志远:《明代国家权力结构及运行机制》,科学出版社,2008年,第80~83页。明代中央文书处理流程,参见 Silas Wu, Transmission of Ming Memorials and the Evolution of the Transmission Network, 1368-1627, T'oung Pao, 54(4/5), pp.275-287;王天有:《明代政制论纲》,《明清论丛(第五辑)》,紫禁城出版社,2004年,第130~133页。

② 郭成康:《十八世纪的中国与世界(政治卷)》,辽海出版社,1999年,第4~9页;姚念慈:《评清世祖遗诏》,《清初政治史探微》,辽宁民族出版社,2008年,第388~397页。

今后部院一切疏章,可即速奏,候旨遵行。至于各衙门应属某部者,有应奏事宜,即呈该部转奏。至直省抚按总兵等官,凡有章奏,与某部相涉者,亦必具文该部,部臣即请旨定夺。或部臣不听,致有迟误,或部议舛谬,不合事宜,或冤抑苦情,不肯代为上达,或有参劾部臣章奏,俱赴都察院即为奏闻。其有与各部无涉,或条陈政事,或外国机密,或奇特谋略,此等本章俱赴内院转奏。①

先行研究一般认为,这一举措使内院与闻政事受到严格限制,章奏处理流程部分回到了关外不需票拟的旧制。②不过细绎此谕,相较于明制,主要有三方面的改动。首先,部本绕过"御览—票拟—御览—批红"的程序,由部院官员面奏取旨,"回署录出,方送内院"③,内院事实上只具有传递发抄的中转作用,此制沿用至顺治十年(1653)初方改为皇帝批旨,十月又改为太和门票旨,内院票拟由是渐次恢复。十年(1653)正月,御史吴达指责内院此先缮旨时听任户部过错而未加匡正,大学士以"彼时票拟原在各衙门,故事未画一"④自解,亦可证内院原不票拟部本。其次是外官本章(通本),似略去通政司检查封进的程序,径与相关部院对接。但此议的落实程度却值得怀疑。二年(1645)七月,通政使李天经因"近见本章有不经臣司者",要求"以后在外本章不论满汉俱由臣司封进",从之。⑤三年(1646)四月,浙江福建总督张存仁批评通政司进本效率低下,疏请"原封各疏依时转达,不得另行拆分",可知通政进本已成定制。⑥以决策过程而论,顺治二年(1645)六月户部具题称:

山东清吏司案呈奉本部送户科抄出河南巡抚罗绣锦题前事内称……顺

①《清世祖实录》卷一五,顺治二年三月戊戌。

②王思治:《清承明制说内阁》,《清史论丛(2000年号)》,中国广播电视出版社,2000年,第83页;郭成康:《十八世纪的中国与世界(政治卷)》,第6页;姚念慈:《评清世祖遗诏》,第378页;高翔:《清朝内阁制度述论》,《清史论丛(2005年号)》,中国广播电视出版社,2005年,第14页。

③《清世祖实录》卷七一,顺治十年正月癸酉。

④《朱马喇等题为遵旨会议吴达所参诸款题本》(顺治十年二月初三日),中国第一历史档案馆编:《清代档案史料丛编》第十三辑,中华书局,1990年,第206页。

⑤《清世祖实录》卷一九,顺治二年七月己巳,第172页。

⑥顺治三年四月二十八日张存仁揭帖,张伟仁主编:《明清档案》第4册,台湾联经出版事业公司,1986年,A4-84号,第B1815~1816页。

治二年六月初六日奉圣旨：户部确议具奏，钦此。钦遵抄出到部送司。①

则外臣本章无须关白该部，部院只能通过科抄获知处理结果。现存清初部院题覆疏中此类案例不胜枚举，应属通例。②外臣具文、部臣请旨的决策模式恐仅短暂存在，甚或始终未尝付诸实践。通本封进后有无经过内院票拟？中国第一历史档案馆藏有满文票签档，始自顺治二年（1645）六月，③或可推测，至少满文本章应部分送交内院票拟，票拟之权的恢复，固不必迟至顺治十年（1653）。再看谕旨中对内院转奏事项的限定。明末内阁并无转奏文书之责，但入关之初，内院一度成为文书投递之总汇，其中甚至包括大量"公文呈状"，"外州县不知事体，径以公文申□内院。官生军民多以虚词琐事混投呈状"，内院不堪其扰，明示申严内院所收公文仅限于塘报、揭帖，此外"一概不收"。④此谕限定内院转奏事项，与其说是旨在削弱内院之权，毋宁说是重建规范化的文书流转体制。

单士魁先生认为，题本进呈时，例备揭帖三份，分送本司、关系部与六科。⑤此说不见于康熙、雍正《会典》，未知是何时定制。以清初制度而言，应以投送内阁的揭帖最为重要，这是内院与明末内阁颇为显著的差异之一，亦使内院在清初的政务运作中能够与闻政事、不致沦为闲曹。按明制，阁臣在本章御览发下前预知其内容的唯一合法方式即是揭帖，沈一贯云"各处本章，例有揭帖到阁，臣得讲究"⑥。但就万历、天启两朝的情况来看，揭帖送阁与否完全系

---

① 顺治二年六月户部题本，《明清档案》第3册，A3-3号，第B1015~1016页。

② 以顺治二年为例，仅史语所藏内阁大库档案内即可找到如下案例。二年七月兵部题本，《明清档案》第3册，A3-43号、A3-44号；二年七月户部题本，同前书，A3-48号、A3-49号；二年九月初八日户部题本，同前书，A3-62号；二年十月兵部题本，同前书，A3-100、A3-101、A3-102、A3-106、A3-107、A3-110号；二年十月户部题本，同前书，A3-108号；二年十一月兵部题本，同前书，A3-142、A3-149、A3-153号；二年十二月二十四日吏部题本，同前书，A3-188号；二年十二月兵部题本，同前书，A3-194、A3-196号。

③ 吴元丰：《清内阁满文档案述略》，《满文档案与历史探究》，辽宁民族出版社，2015年，第27页。

④ 《明清史料》丙编第二本，无年月内院残示稿，影印本《明清史料》第7册，台湾维新书局，1972年，第256页。汤若望曾亲见军民俱赴内院呈奏的混乱场景，参见[德]魏特：《汤若望传》第1册，杨丙辰译，知识产权出版社，2015年，第155~156页。

⑤ 单士魁：《清代历史档案名词简释·揭帖》，《清代档案史料丛编》第三辑，中华书局，1979年，第198页。

⑥ 《明神宗实录》卷三四七，万历二十八年五月戊申。

乎题奏者的意愿。①万历末神宗不发章奏,首辅方从哲云"近来外廷之间用人行政之大,臣多不得与闻"②,正由于此。明清易代后,题奏者无分京官外官,皆需同时具揭到阁,故顺治十六年(1659)三月,新成立的内阁开列本衙门职掌即有"收揭帖、红本、票签档子"一款。③这一转变或可上溯至顺治三年(1646),以台湾"中研院"史语所藏内阁大库档案为例,是年五月二十四日送到巡抚刘应宾揭帖,封面钤有"本揭对同"之印,而此前揭帖封面仅标记到阁日期与题奏人(衙署)。④"本揭对同"印记的出现,说明对勘章疏与揭帖文字已成通政司的固定职司,也意味着揭帖呈送内院著为定制。质言之,顺治初年内院的票拟之权虽然受到限制,但并未完全取消,而揭帖呈送的制度化又使内院获得了晚明内阁所不具备的信息渠道,内外官员的题奏文书在处理过程中或多或少均需要关涉内院(内阁)。

《清世祖实录》记顺治十三年(1656)六月谕吏部云"向来科道及在京满汉各官奏折,俱先送内院,今后悉照部例,径诣宫门陈奏",这是"奏折"一词在清代官修史籍中首度出现。前辈学者对此条史料多谨慎存疑,庄吉发先生认为此奏折实为奏本,"奏折字样似出自史馆儒臣之手";郭成康先生认为此系需要保密的奏本,文书的机密性与宫门陈奏的进御方式"已具备了日后通行奏折的实质性内容"。⑤检《清世祖实录》初纂本,此句原作"向科道及在京满汉各官奏章先送内院,今后悉如部例,径自诣阙陈奏"⑥,至乾隆重修本始改奏章为奏折,恰可证成庄吉发的推测。所谓"诣阙陈奏"或"诣宫门陈奏",语意颇为含混,可指御前面奏取旨,如多尔衮时期六部政事由"议政王口定"之传统;也可指由宫门投进本章,如明代会极门进本故事。据谈迁顺治十年至十三年(1653—1656)

① 天启元年,郧阳巡抚疏报兵变,阁臣称"尚无揭帖到阁,臣等未知本内何事,及蒙发下原本,知为四川土司兵变",参见南炳文校正:《校正泰昌天启起居注》,天津古籍出版社,2012年,第1册,第182页。

② 南炳文等辑校:《辑校万历起居注》,天津古籍出版社,2010年,第5册,第3115页。

③《清世祖实录》卷一二四,顺治十六年三月己未。

④ 顺治三年五月刘应宾揭帖,《明清档案》第4册,A4-92号,第B1837页。

⑤ 庄吉发:《清代奏折制度》,台北故宫博物院,1979年,第26页;任青(郭成康):《清初奏折探析》,《清史研究》1996年第3期。

⑥ 康熙初修本《清世祖实录》卷一〇二,顺治十三年六月甲申,国家图书馆藏《皇朝实录》抄本,第3b~4a页;《清世祖实录》卷一〇二,顺治十三年六月甲申,日本京都大学人文科学研究所藏《大清三朝实录》抄本,无页码。关于国图藏本的研究,参见孟森:《清世祖实录初纂本跋》,《明清史论著集刊》,中华书局,2006年,上册,第337~339页。

在京中所闻，由于世祖临朝迟晏，御前奏事效率低下，部院事务"往往延缓"①。十七年(1660)六月，翰林院学士折库讷有鉴于"数年以来，止凭章奏敷陈，召见诸臣甚疏"，疏请举行召对之典，"以后一切事务宜令诸臣面奏"，②可知世祖亲政后君臣交接并不频繁，"宫门陈奏"当非面奏取旨。这一谕旨改变的只是本章的进御流程，而非有意建立一种新的机密渠道。

那么顺治朝有无绕开内阁、实现君臣直接交流的文书？杨启樵举出王熙自订年谱顺治十八年(1661)条内"前此屡有面奏及奉谕询问密封奏折，俱不敢载"③一语，认为君臣间已有密件来往。④王熙的个案并非仅见，世祖与大学士成克巩亦有类似的交流，"居常或中夜，出片纸作国书，密询时事，克巩亦入片纸占对"⑤，虽未用奏折之名，实质上正是王熙所谓的"奉谕询问密封奏折"。值得注意的是，成克巩与王熙均为内院(内阁)官，成克巩于顺治十年(1653)起为大学士，王熙自十四年(1657)起为学士。票拟制度完全恢复后，学士的地位在顺治中后期愈发亲要。⑥王熙的同僚胡兆龙亦号称"启赞朝庙军国事甚多"，"然其讦谟甚秘，世莫得而闻"。⑦由此来看，这种相对具有机密性的交流方式规模有限，主要行用于世祖与其亲信大学士、学士之间，尚无史料证明该模式曾推广至内院(内阁)之外的官员。

回到本节文首提出的问题，阁监对柄机要的制度真空在清初如何填补。从上行文书来看，司礼监的批红权逐渐由内阁(内院)学士吸收，随后更有批本处的设立，配合学士批红。但下行文书特别是谕旨下达的情况则较为复杂。以明代的政令流转为例，除经内阁拟旨缮写后颁发的谕旨外，假手于内监的传奉与宫门捧出谕旨等非制度渠道下达的政令亦占有相当比重。与之相应，顺治朝亦建立起一套发端于内廷的政令传递模式。顺治十年(1653)，世祖设十

① (明)谈迁：《北游录》纪闻下，《启奏》，中华书局，1997年，第386页。

②《清世祖实录》卷一三六，顺治十七年六月丁亥。

③ 王熙：《王文靖公集》附载《年谱》，《清代诗文集汇编》第109册，上海古籍出版社，2010年，第443页。

④ 杨启樵：《雍正帝及其密折制度研究(增订本)》，岳麓书社，2014年，第160~161页；杨启樵：《清代密折制度探源》，《明清论丛(第四辑)》，紫禁城出版社，2003年，第159页。

⑤ 钱仪吉纂：《碑传集》卷七，《内秘书院大学士成公克巩传》，中华书局，1993年，第1册，第136页。

⑥ 姚念慈：《评清世祖遗诏》，《清初政治史探微》，辽宁民族出版社，2008年，第395页。

⑦《碑传集》卷八，计东《胡宛委先生兆龙传》，第1册，第182页。

三衙门,仍保留司礼监名号,由此造成顺治末年的"宦寺极盛时代"①。司礼监是否有文书处理之责,限于史料无法详考,但可以确知的是,十三衙门是顺治中后期政令传递的一环。顺治十二年(1655)六月户部题本云"据乾清宫宣使兼内管监掌印佟吉饬交得,少保兼太子太保、议政大臣费扬武传奉旨,曾奏请给汤若望茔地,敕令佟吉详细询问所求之地后具奏,钦此"②。顺治十五年(1658)勘选荣亲王墓园,亦由佟吉传旨并主持勘测,他因"奉有密旨"凌驾于礼部堂官之上,"各部院大臣等凡是均按佟吉之意而为"③。世祖崩后,辅臣废置十三衙门,称"满洲佟义"与内官吴良辅朋比,把持各衙门事务,"权势震于中外"④,佟义即是佟吉。⑤其人能够干预部务,正是借助作为皇帝与外廷中间人之身份,而谕旨中特别强调他"满洲"的族属,亦透露出顺治末宦寺权力结构的特殊之处。按《清世祖实录》所载设立十三衙门之谕,有"满洲近臣与寺人兼用"及"寺人不过四品"的规定,但对于如何兼用则语焉不详。⑥此谕底稿尚存,其中保留了更多细节,"其印务皆用满洲近臣掌管,而以寺人供役使,各衙门二三品必用满洲,四品以下始用寺人;衙门掌印亦必用满洲,五品以下始用寺人"⑦。易言之,十三衙门并不是完全的宦官机构,而是在满官监临之下的内廷机构。

有学者注意到,内大臣作为皇帝在外朝的代理人,能够指挥部院,在顺治中后期一度成为新的权力中心。⑧内大臣向部院传旨,甚至直接向内院授意起草谕旨,是顺治朝颇为常见的现象。据前引户部题本,佟吉所奉谕旨的直接来

---

① 郑天挺:《清代包衣制度与宦官》,《探微集(修订本)》,中华书局,2009年,第121页。

② 顺治十二年六月初五日户部尚书郎球等题本,安双成编译:《清初西洋传教士满文档案译本》,大象出版社,2015年,第4页。"内管监"应为"内官监"之误译。

③ 康熙四年三月二十三日礼部尚书祁彻白等题本,安双成编译:《清初西洋传教士满文档案译本》,第261、264页。

④《清圣祖实录》卷一,顺治十八年二月乙未。

⑤ 佟吉、佟义为满文tunggi之异译(见中国第一历史档案馆藏《清世祖实录》《清圣祖实录》满文本),《清世祖实录》汉文初纂本译作"通议",至定本始改译为"通吉"。他于顺治十七年正月前去世,其子承袭三等阿达哈哈番(见《清世祖实录》卷一三一,十七年正月壬午),这与十八年二月谕旨中称佟义"已服冥诛"且有世职相合,亦可为旁证。

⑥《清世祖实录》卷七六,顺治十年六月癸亥。

⑦ 顺治十年六月二十九日上传稿,《明清档案》第17册,A17-66号,第B9436页。

⑧ 姚念慈:《评清世祖遗诏》,第370~371页;Jerry Dennerline, "The Shun-chih Reign", in Willard Peterson ed.: *The Cambridge History of China*, vol.9, part 1, Cambridge University Press, 2002, p.105。

源是议政大臣费扬武(fiyanggū)，而他同时亦是内大臣。尤有进者，当时尚未形成建制的内务府恐亦是内廷政令传递路线的一环。顺治初年已有所谓"总管内事"的"勋旧大臣"①，索尼便曾经长期以内大臣派充此差，顺治八年(1651)八月所立的诰命碑记其结衔有"总理内事多尔机昂邦"②。十三衙门设立后，与由包衣发展来的早期内务府机构并无明确的界线划分，佟吉是正黄旗包衣，而索尼一方面参与十三衙门的管理，另一方面仍然频繁向外廷衙署直接传宣谕旨，甚至参与部院具体的行政事务。③由此可以推断，顺治中后期诏令下达的内廷渠道事实上是由内大臣、十三衙门满洲官员共同构成的，且与尚在雏形阶段的内务府关系密切。正是这条线索填补了司礼监文书职掌消失后，下行内降文书方面产生的制度真空，构成皇帝绕过内院(内阁)乃至议政会议等中间机构，直接指挥诸司的重要渠道。十三衙门废除后，这一渠道仍维系不辍，并与建制化的内务府结合，成为内廷奏事体制的滥觞。

二、奏事体制的渊源与奏事官群体的产生

康熙四十七年(1708)十二月，左副都御史劳之辨保奏废太子，遭严旨饬责，据其自记上疏始末云：

> 十二月初八日赴畅春苑，以有密本告传事大人傻子转奏上折阅。傻子传旨："朕身子才好，这事情还可以缓得。劳之辨系年纪大的人，为何说话如此繁琐？本发还。"及余午刻回邸寓，刑部传薄暮到部，另行宣旨发落。④

---

① 《清世祖实录》卷七七，顺治十年七月丁酉。

② 盛昱辑：《雪屐寻碑录》卷一，《丛书集成续编》第74册，上海书店，1994年，第13页。多尔机昂邦即内大臣(dorgi amban)。

③ 佟吉的包衣身份与索尼对十三衙门事务的介入，参见祁美琴：《清代内务府》，中国人民大学出版社，1998年，第68~70页。索尼传宣旨意，例见《清世祖实录》卷七八，顺治十年十月戊子(传谕刑部)；卷九九，十三年三月丁未(传谕提督张勇)；卷一四〇，十七年九月甲寅(传谕吏部)。参与部务例见《清世祖实录》卷八三，十一年五月癸丑(会同礼部议定服饰仪制)；卷九五，十二年十一月乙酉(会审顾仁案)；卷一〇三，十三年九月庚申(会同理藩院议蒙古事)；卷一〇四，十三年十一月戊戌(会同内院、刑部清狱)；卷一二一，十五年十一月甲寅(会同佟吉审钦天监官员)等。

④ 《碑传集》卷二〇，劳之辨《自序》，第2册，第678页。

其所上密本即密题本，[①]密题本的进御与处理流程基本与普通题本无异，只是必须密封传递，批红后直接"密封到部"，不发科抄。[②]劳之辨此本则未经相应流程，直达御前，阅后发还。从文字来看，傻子所传当为口谕，并不代表决策结果，而刑部"另行宣旨"亦即《清圣祖实录》所记革职杖责之旨，方是圣祖的最终裁断。[③]值得注意的是，所谓"传事大人"在君臣交流中起到了相当重要的居中传递作用，章奏进御由是得以减省中间环节、突破传统模式。康熙朝文书流转与政情交通体制最为显著的变化，当属御门听政的常态化与密折的行用，学者论之已详。奏事官群体与奏事制度的出现，为理解这两种渠道的背面与周边提供了颇具意义的视角。

劳之辨所记"传事大人"当为俗称，在康熙朝官方文献中，一般写作奏事官、奏事某官，或径称奏事某人，为行文之便，以下概称为奏事官。就笔者所见，最早的用例见于康熙二十二年（1683）八月，由奏事敦柱向讲官传旨，"嗣后改于启奏前进讲"[④]。二十三年（1684）四月，讲官奏请暂停进讲一日，由奏事敦柱转奏，复由敦柱传旨不许。[⑤]"奏事"之名可能至康熙二十二年（1683）前后方才形成，但其职事却有更早的渊源。康熙十年（1671）十二月十八日，学士傅达礼谢恩，先由一等侍卫、衣都额真噶思哈代奏，复奉旨至懋勤殿召见；十一年（1672）七月，陕西按察使巴锡陛辞，一等侍卫飞耀色传旨赏赐；同月，圣祖于乾清门赐宴总兵马维兴，并遣一等侍卫吴丹传谕勉励；十二年（1673）五月，总兵王可臣至乾清门陛见，一等侍卫、衣都额真吴丹及一等侍卫班第传旨赏赐；十六年（1677）五月，海澄公黄芳世至乾清门陛见，一等侍卫、衣都额真郎覃传温旨慰劳；十八年（1679）五月，巡抚杨雍建至瀛台陛见，由一等侍卫、衣都额真对亲及日讲起居注官、侍读学士常书传谕赏赐。[⑥]类似事例，在康熙前期《起居注》中不胜枚举。十五年（1676）正月，衣都额真飞耀色向步军统领传谕，令勘

　　①《碑传集》卷二〇，杨瑄《都察院左副都御史诰授中宪大夫劳公之辨墓志铭》附载，第2册，第665~666页。

　　②外官所题密本，通政司无权拆阅，参见《史科进呈章奏文册》，《文献丛编》下册，台联国风出版社，1964年，第1073页；密本不关白六科的实例，参见《明清史料》甲编第五本，顺治十七年二月二十四日兵部揭帖，第497页；同编第六本，顺治十二年十月洪承畴揭帖，第550页。

　　③《清圣祖实录》卷二三五，康熙四十七年十二月辛巳。

　　④中国第一历史档案馆编：《康熙起居注》，中华书局，1984年，第1038页。

　　⑤《康熙起居注》，第1173页。

　　⑥《康熙起居注》，第12、43、44、99、307、414页。

测京城各门里程,说明侍卫传谕或转奏的范围绝不限于宫城内的召见、陛辞等礼仪性场合。①从现有史料来看,侍卫在康熙前期政令流转中的作用应偏重于传旨,而非转奏,其转奏、代奏者大多是对所传谕旨的回奏,属谢恩之套语。内廷事务虽久已有侍卫口奏、面奉谕旨的惯例,②但外廷事务可否通过侍卫转奏以直达御前,尚缺乏足够的史料证明。

奏事官的性质是差使而非职任,故档案中有所谓"奏事承差"③(baita wesimbure takūrsi)之谓,或径称"承差"④(takūrsi)。康熙十七年(1678),内务府大臣海拉逊将奉旨议奏事宜口述与三等侍卫敦柱具奏。二十年(1681)七月,赐宴诸臣于瀛台,敦柱作为"亲随侍卫"随内大臣佟国维、内务府总管费扬古等传旨。同年十一月,学士库勒纳请假,由侍读学士朱马泰交亲随侍卫敦柱转奏。⑤则最早被冠以奏事之名的敦柱,其本职正是侍卫,早已参与内府事务的转奏,且在奏事之名正式出现前,已开始转呈外廷官员的本章。敦柱其人身份的变化,一方面显示出奏事体制与传旨侍卫间密切的制度渊源;另一方面,在康熙二十二年(1683)后,敦柱在官方文献中均以"奏事"或"奏事近侍"的身份见诸记载,⑥差使重于职任,可知奏事官最初是由负责转奏的侍卫分化而来,并在实际的政务运作中逐渐疏离于后者,这也是奏事官群体此后独立发展的基础。

正因奏事官产生之初的这种差遣性质,政书中对其并无明确的记载,而奏事官群体的来源、迁转与派充时间亦不甚明了。王美珏、马维熙曾根据已经刊布的《孙文成奏折》与《有关江宁织造曹家档案史料》列出康熙朝奏事人员表,稍嫌简略。⑦笔者以《康熙起居注》为主,益以满汉文档案,共辑录出康熙年间的奏事官11名,表列如下。除列出每人在史料中首次与最晚出现时间外,凡其职衔有变动者,亦列出其始见年月,以见奏事官群体升转之大略。

---

① 康熙十五年正月二十四日费扬古折,《宫中档康熙朝奏折》第八辑《满文谕折(第一辑)》,台北故宫博物院,1977年,第9~10页。汉译参文见中国第一历史档案馆编译:《康熙朝满文朱批奏折全译》,中国社会科学出版社,1996年,第3页。惟误译十五年为十一年。

② 侍卫口奏之例,参见大连图书馆编:《大连图书馆藏清代内务府档案》,国家图书馆出版社,2010年,第1册,第79页。

③ 大连图书馆编:《大连图书馆藏清代内务府档案》,第1册,第284页。

④ 中国第一历史档案馆等编:《清内阁蒙古堂档》,内蒙古人民出版社,2005年,第13册,第291页。

⑤ 分见《大连图书馆藏清代内务府档案》,第1册,第127页;《康熙起居注》,第729、780页。

⑥ 例见《康熙起居注》,第1302、1318~1319、1873、1886、1890页。

⑦ 王美珏、马维熙:《清代奏事处续考》,《史学月刊》2019年第7期。

表1　康熙朝奏事官简表

姓名	结衔	年月	出处	姓名	结衔	年月	出处
敦柱	奏事	22/8	KXQJZ,1038	傻子/沙孜	奏事员外郎	50/8	QD,19-10877
	奏事	36/5	QD,10-5676		治仪正①	51/6	QD,20-11470
存柱	批本	35/9	QD,8-4540			52/5	HWZP,4-833
	奏事	37/2	QD,11-6246	双全	奏事主事	46/7	MWZP,531
	奏事主事	39/2	QD,14-7769		奏事员外郎	51/11	QD,21-11709
	奏事治仪正	41/12	QD,17-9766		奏事六品官	56/1	KXQJZ,2347
	奏事	47/10	HWZP,2-213		奏事员外郎	61/10	JNCJ,156
桑格	批本	36/闰3	QD,10-5469	苏成额	司库	52/6	QD,22-12222
常寿	奏事	38/9	QD,13-7420	张文彬	奏事	52/6	QD,22-12222
	奏事主事	39/8	QD,15-8140		批本笔帖式	54/11	MWZP,1078
	蓝翎	40/1	TD,16-191		奏事	58/6	JNCJ,152
来保	奏事	41/6	QD,17-9411	杨万程	检讨	53/4	MGTD,19-37
	奏事蓝翎	41/12	QD,17-9766		洗马	54/5	KXQJZ,2167
	奏事	46/1	TD,17-360		洗马	61/10	JNCJ,156
傻子	奏事	45/2	IHP,167067号	奇勒伦	进士	53/4	TD,19-113
	奏事治仪正	47/1	NLC		编修	54/4	KXQJZ,2167

注：史料来源以"缩略语，册数-页码"表示。缩略语：HWZP=《康熙朝汉文朱批奏折汇编》；JNCJ=《关于江宁织造曹家档案史料》；KXQJZ=《康熙起居注》；TD=《清内阁蒙古堂档》；MWZP=《康熙朝满文朱批奏折全译》；QD=《清代起居注册·康熙朝》；NLC=国家图书馆藏《清圣祖起居注》稿本；IHP=台湾"中研院"历史语言研究所藏《满文本清圣祖起居注稿》。

　　王美珏、马维熙认为奏事之名自康熙三十九年（1700）后大量出现，奏事人员相对固定，多出身于侍卫处或内务府，负责诏令与行政文书的上呈下达。② 结合上表，仍有需为补正之处。首先，奏事官的起源甚早，已如前论，而非始于

---

　　① 康熙五十一年十一月二十五日孙文成折内称是年八月二十日请安折由奏事员外郎（baita wesimbure aisilakū hafan）傻子、奏事双全奏入（《宫中档康熙朝奏折》第九辑《满文谕折（第二辑）》，第272页）。康熙朝《起居注》五十一年八月二十六日记为"奏事治仪正傻子"，十月初一日记为"奏事员外郎傻子"，同月初五日复为"奏事治仪正傻子"（以上参见台北故宫博物院编：《清代起居注册·康熙朝》第21册，台湾联经出版事业公司，2009年，第11566、11603、11616页），傻子或当为治仪正兼员外郎。

　　② 王美珏、马维熙：《清代奏事处续考》，《史学月刊》2019年第7期。

康熙三十九年(1700)。这又涉及奏事处起源的问题。《钦定八旗通志》满丕本传云康熙二十八年(1689)"诣行在奏事处,乞代奏,愿往归化城北路军营效力"①,《八旗通志初集》作"向奏事端柱跪请曰",覆按满文本,知端柱即是敦柱(dunju),②则前者之奏事处实出追改,不足据。又,《钦定八旗通志》来保本传云其康熙三十九年"在奏事处行走"③,此文虽无更早的文本来源可供追溯,来保卒于乾隆二十九年(1764),奏事处已成定制,史臣以时制记述,亦难尽信。由上表可见,康熙中叶以降,奏事官数量明显增加,形成多人共事的格局。如康熙五十三年(1714)四月,内阁将班禅奏文交与奏事员外郎双全、司库苏成额、奏事张文彬、检讨杨万程、进士奇勒伦转奏,五名奏事官系以品阶高低为序。④但翌年杨万程已升任洗马(从五品),奇勒伦已授职编修,而五人排序未变。⑤可知奏事官的排序与品阶无关。列名首位的奏事官具有更大的话语权,五十四年(1715)九月,御史任奕弥至热河奏事,苏成额、杨万程均主上奏,双全不许,且责备杨不谙条例,⑥说明奏事官群体内已分化出了明确的领班,这也是奏事体制趋于成熟的表现。但是这并不意味着作为固定机构的奏事处的出现。从满文史料来看,康熙朝奏事官并无固定的名称。《起居注》稿本作 baita ulame wesimbure takūrsi 或 baita wesimbure。⑦《蒙古堂档》或作 baita ulame wesimbure,或作 baita be ulame wesimbure。⑧《清内阁蒙古堂档》五十三年的一条文书翻译记录中,记双全结衔为 baita be ulame wesimbure aisilakū hafan(转奏事员外郎),张文彬结衔则径作 baita wesimbure(奏事)。⑨虽语意无别,但表述的歧异足见这一群体不存在固定的官称,更不存在固定的机构,奏事处之雏形或可上溯至

---

① 《钦定八旗通志》卷一七六《满丕》,吉林文史出版社,2002年,第5册,第3097页。

② 《八旗通志初集》卷一六六《满丕》,东北师范大学出版社,1985年,第4103页;满文本《八旗通志初集》卷一六六,第23a页。

③ 《钦定八旗通志》卷一六一《来保》,第4册,第2757页。

④ 《清内阁蒙古堂档》,第19册,第112~113页。

⑤ 《康熙朝满文朱批奏折全译》,第1022页。

⑥ 《康熙朝满文朱批奏折全译》,第1059页。

⑦ 前者见《满文本清圣祖起居注稿》,康熙三十二年五月十九日,台湾"中研院"历史语言研究所藏,167317号;三十二年六月初十日,167318号。后者见《满文本清圣祖起居注稿》,康熙三十七年二月十四日,167321号;康熙五十年八月初七日,167078号。

⑧ 前者见《清内阁蒙古堂档》,第16册,第191页(康熙四十年);第17册,第49页(四十一年)。后者见同书,第16册,第224页(康熙四十年);第17册,第360页(四十六年)、第532页(四十八年)。

⑨ 《清内阁蒙古堂档》,第19册,第37页。

奏事体制与奏事官,但不能说后者已经形成了建制化的规模。

其次是奏事官的出身。敦柱、来保本职为侍卫,常寿初为主事,后为蓝翎,傻子历任治仪正、员外郎,双全由主事递升员外郎,杨万程与奇勒伦为词臣,构成较为复杂,通过本职来判断出身稍欠妥当,必须考察诸官的旗籍。敦柱、存柱、桑格、常寿、苏成额旗籍不详。来保系正白旗满洲喜塔腊氏,奇勒伦为正白旗满洲专塔氏。①张文彬为"正白旗包衣管领下人",杨万程则为"正黄旗汉军都统包衣佛伦浑托和下人"。②傻子、双全旗籍亦不可考,康熙四十七年(1708)二月俞益谟折中记二人为"传旨大人苏傻子、汪双全"③,可知二人姓氏。覆按《八旗满洲氏族通谱》,汪氏卷内有"正黄旗包衣管领下人"凤祥,其孙双全"原任郎中",可比定为一人。④以此类推,傻子的出身当与之相仿。质言之,奏事官中至少傻子、双全、张文彬与杨万程均为包衣,主事、员外郎等职亦当是内务府司官,而非部院系统。这恰与奏事官早期与侍卫的渊源形成对比,可以推定,随着奏事体制的成熟,奏事官的性质与人员来源均日趋向内务府系统靠拢。

三、奏事体制与康熙朝的文书行政

奏事官的作用是上传下达,自不必论,但奏事体制的制度细节仍有晦暗不清之处。从运作流程上看,奏事官之中转文书是否另有协作者,侍卫传旨的传统如何与奏事体制并存? 从文书种类上看,何种体例的文书或关于何种事项的文书必须经奏事体制上达御前? 奏折的出现与行用又与此体制有何关系?以下试就这些问题略作探索。

如前所述,奏事官是由侍卫分化而来,但这并不意味着奏事官转移承担了侍卫沟通上下的全部职能。先谈政令下达。以第三次亲征平准为例,圣祖于康熙三十六年(1697)二月起行,五月回京,奏事官存柱随行。根据康熙朝《起居注》所记,其间凡有转奏事宜,基本均通过存柱进呈,唯一的例外是五月初五日有藏传

---

① 来保传记见《钦定八旗通志》卷一六一《来保》,第4册,第2757页。奇勒伦旗籍见《八旗通志初集》卷一二五《选举表一》,3405页;姓氏见《八旗满洲氏族通谱》卷五七,辽海出版社,2007年,第644页。

② 分见《八旗满洲氏族通谱》卷七四,第805页;《康熙四十二年癸未科三代进士履历》,美国普林斯顿大学东亚图书馆据日本内阁文库藏清刻本影印,第1a页。

③ 中国第一历史档案馆编:《康熙朝汉文朱批奏折汇编》第1册,档案出版社,1985年,第828页。

④《八旗满洲氏族通谱》卷七七,第842页。

佛教僧侣奏请建庙,系由乾清门侍卫喇西(拉锡)转奏。①传宣谕旨者则主要是侍卫,包括亲近侍卫关保、吴什、海青、乾清门侍卫马武、拉锡,一等侍卫纳喇善、吴达禅等。而由奏事官传旨的场合则寥寥无几。二月初九日,存柱为马政事向扈从官传旨;十二日随关保传谕副都御史,令其稽查官员仆从;四月二十五日传旨议政大臣,令询问采买牲口事。②但首次亲征平准时,随行的奏事官敦柱在传宣谕旨上显然扮演了更为重要的角色,曾多次向皇子、大学士、议政大臣以及随扈八旗大臣传谕。③宣谕对象与所关事项均与侍卫传旨存在明显的交集,似难断言二者有无明确的分工。在承平时期,奏事官可向内阁、内务府、八旗官员、部院衙门以及督抚、织造传旨的事例屡见记载,有单独传旨者,亦有会同侍卫传旨者。④或可推测,在康熙朝的谕旨颁降机制中,奏事体制与侍卫传旨的传统轻重无分、未易轩轾,除此以外,同样供奉御前的哈哈珠子及宦官均构成此机制中的一环。⑤由于史料阙略,这一机制——特别是其内廷部分——如何运作无法详考,这些身份迥异的皇帝侧近人员有无协作,仍有待进一步的研究。

再看政治信息的上传。奏事官在转奏文书时,与由侍卫派充的伊都额真(idui ejen)有分工协作。伊都额真雍正时改伊都章京,汉名班领,"掌启闭殿门,宿卫之职也"⑥。第二节所举侍卫传旨、转奏之例中,即不乏伊都额真,康熙十六年(1677)五月,允海澄公黄芳世"遣人问安,与在外藩王一体,着衣都额真转奏"⑦,可知此差较早即具有沟通上下之责。二十九年(1690)十二月,户部为拨给新迁达斡尔官兵口粮事,缮折具奏,交衣都额真罗密(lomi)转奏,奉旨依议,

---

① 《清代起居注册·康熙朝》,第 10 册,第 5663~5664 页。

② 《清代起居注册·康熙朝》,第 9 册,第 4957、4969~4970 页;第 10 册,第 5605~5606 页。

③ 敦柱传旨见《清代起居注册·康熙朝》,第 7 册,第 3871、3877、3893、3926 页;第 8 册,第 4073、4090、4170、4176、4209、4259、4305 页。

④ 奏事官单独传旨之例见《康熙朝满文朱批奏折全译》,第 572、682、831、1046 页(向内务府);《康熙朝满文朱批奏折全译》,第 531、1017 页(向领侍卫内大臣、议政大臣、都统);《康熙朝汉文朱批奏折汇编》,第 1 册第 319、547、828 页,第 2 册第 173 页,第 4 册第 833~834 页及《康熙朝满文朱批奏折全译》第 571、616 页(向督抚);《康熙朝汉文朱批奏折汇编》第 1 册第 425 页,第 2 册第 213 页,第 4 册第 93~94 页(向织造)。会同侍卫传旨者,见《康熙朝汉文朱批奏折汇编》第 1 册,第 544 页,系头等侍卫五十、奏事傻子、来保向兵部转传上谕。

⑤ 关于哈哈珠子参与政令运作的事例,参见李文益:《清代"哈哈珠子"考释》,《清史研究》2016 年第 1 期。

⑥ 萧奭:《永宪录》卷二上,中华书局,1997 年,第 84 页。

⑦ 《康熙起居注》,第 307 页。

似其亦可转呈文书。①五十四年(1715)九月,御史任奕弥因被殴而至热河申诉,奏事官双全称"前条陈、参劾之事,均由班领承接转交我等上奏",故命任先送折与伊都额真,可知伊都额真仅协助奏事官收取部分并非要务的章奏。时任伊都额真的额尔金亦云"奏事者在宫内,凡事不能通达伊者,则我等受之,告知伊等后上奏。若出宫在外,则凡事由尔等受之上奏",则奏事官与伊都额真实有内外之分,前者方是奏事体制中最为核心的部分。②尤有进者,奏事官因在皇帝侧近,对文书的处理进展、皇帝的批答意见均能及时掌握。三十八年(1699)二月,内阁翻译第巴蒙文奏疏两份、尼麻唐呼图克图藏文奏疏一份,初八日奏入,十一日发出,因无谕旨,内阁票签主事询问奏事官桑格,后者云"御览送出,并无谕旨,循例交予尔等"③。四十年(1701)十一月,内阁将班第致理藩院尚书满丕之蒙文行文翻译满文、缮写奏折,交奏事官存柱转奏,同日存柱回复以"已经御览,然无所言"④。

有学者认为,作为奏事处的雏形,奏事官专司转呈奏折,这事实上低估了奏事官在文书行政中的重要性。除奏折外,部分题奏文书与绿头牌亦需经奏事官上达。前引劳之辨自述,可知奏本可经奏事官上达。康熙四十二年(1703),户部尚书李振裕至畅春园进呈乃父李元鼎遗集,具奏本交存柱转奏,亦可为证。⑤题本一般需要经过烦琐的流程,但在特殊情况下,亦可减省程序,由奏事官直达御前。三十六年(1697)闰三月,抚远大将军费扬古为黑龙江官兵米粮调拨事之题本,径由理藩院员外郎西立教存柱转奏,奉旨"会议具奏"⑥。是日费扬古另有一疏,当系奏折,亦由理藩院交存柱转奏,同下议政大臣会议。奏折与题本经同样的处理流程,很可能是军前决策的权宜之计。此外,皇帝驻跸热河时,本章例由内阁汇送行在,至四十七年(1708)五月始允言官"出口启奏",是时言官无权具折,其所奏如非私事,只能利用题本,此类本章亦需由随扈的奏事官转奏。⑦

---

① 康熙三十年正月十四日墨尔根城副都统咨文,全国少数民族古籍整理研究室等编:《达斡尔资料集》第九集《档案专辑》(一),民族出版社,2009年,第123页。

② 《康熙朝满文朱批奏折全译》,第1058~1059页。

③ 《清内阁蒙古堂档》,第14册,第325页。

④ 《清内阁蒙古堂档》,第16册,第519页。

⑤ (明末清初)李元鼎:《石园全集》卷首,李振裕进书奏文,《清代诗文集汇编》第9册,第446页。

⑥ 《清代起居注册·康熙朝》,第10册,第5453~5455页。

⑦ 《碑传集》卷二〇,劳之辨《自序》,第2册,第677页。

绿头牌(绿头签)是满洲传统的文书,用于启奏"紧急事或涉琐细者",且流程灵活,"不时入奏取旨,不下内阁票拟"①。顺治二年(1645)定议,"各衙门奏事,俱缮本章,不许复用木签",木签即绿头牌。②但这一规定似未得到彻底落实,绿头牌至康熙年间仍普遍应用于部院奏事,且签上仅书满文,汉官例不与闻,是满官与皇帝交流的专有渠道。③绿头牌可在御门听政时奏上,由皇帝当面作出裁决,部臣奉旨执行,相关事例在《康熙起居注》中俯拾即是。④未及面奏者则由奏事官转奏,如康熙三十六年(1697)闰三月初九日议政大臣以绿头牌开列拟遣往准噶尔使者职名,由侍郎安布禄交与存柱呈览。⑤值得注意的是,安布禄同时将议政大臣奉旨会议缘由以及拟定原则告知存柱,盖绿头牌尺幅有限,难以备述一事之始末,故需由奏事官口奏说明。由此来看,奏事官的职司并不仅是传递文书,其对于文书内容当有一定程度的了解。

奏事官所转奏的最为重要的文书即是奏折。郭成康先生颇具洞见地指出,康熙朝的奏折大抵有密折与非机密奏折两类,后者"对政治的深刻影响当不在密折之下",部院奏折与发阁部看议的督抚奏折均属后者。⑥奏事官负责转奏的奏折,兼有密折与非机密奏折。如康熙五十三年(1714)十月初六日,杭州织造孙文成请安折由双全、苏成额、张文彬奏入;五十八年(1719)八月初九日,山东巡抚李树德奏折由其赍折家人于热河行在交双全、张文彬转奏,同日朱批后发下,此类密折的上传下发均由奏事官完成。⑦皇帝如有赏赐或简单口谕,亦由奏事官在发还奏折时向具折人之家人或差官传达。⑧

相较于密折,非机密奏折出现较早,在奏事体制中的地位更为重要。遗憾的是,此类文书的流转过程极少见诸记载,以下仅以内阁与部院奏折为例,略作说明。

①(清)王士禛:《池北偶谈》卷二《绿头牌》上册,中华书局,1982年,第43页。
②《清世祖实录》卷一六,顺治二年五月甲辰;《顺治朝内国史院满文档案》,顺治二年六月初三日,中国第一历史档案馆藏缩微胶卷。
③(清)王士禛:《渔洋山人自撰年谱》卷下,康熙三十一年条,《北京图书馆藏珍本年谱丛刊》第82册,第259页。
④《康熙起居注》,第657、731、743、925、929、949、966、1214、1372、1532、2388页。
⑤《清代起居注册·康熙朝》,第10册,第5299页。
⑥任青(郭成康):《清初奏折探析》,《清史研究》1996年第3期。
⑦《康熙朝满文朱批奏折全译》,第1044页;《康熙朝汉文朱批奏折汇编》第8册,第614页。
⑧《康熙朝汉文朱批奏折汇编》第2册,第173页;第4册,第93~94、833~834页。

内阁蒙古房职司蒙藏文书的撰拟与翻译,就笔者所见,至迟至康熙二十七年(1688),外藩奏疏翻译后已由蒙古房缮折。①一般情况下,奏折经御览后发回内阁,由内阁交理藩院,或存档,或交与相应人员议奏。②不过亦有例外,二十八年(1689)八月,内阁收到达赖喇嘛、班禅呼图克图等奏疏七份,翻译满文后"与本章同送至行围处具奏"。九月初三日,因译文有误,奏事官桑格传旨命对勘改译。初六日再奏,奉旨交部,"票签处将满文折子七件批红发科"③。桑格作为奏事官传旨,则这批奏折亦应由桑格转奏,进御渠道与奏折无异,但经御览后批红发科,具有等同于题本的行政效力,奏事体制与内阁协作完成了这批文书的处理。类似之例亦见于四十二年(1703)三月,亲王扎西巴图鲁蒙文奏疏一份,内阁满译缮折具奏,发下后"钦遵将所奏折子(wesimbuhe jedz)送科"④。内阁缮拟的奏折,除一部分由大学士、学士在御门听政时当面具奏外,大多均由奏事官转奏,以档案存世较多的康熙四十年(1701)为例。正月青海额尔德尼贝勒蒙文奏疏、四月青海亲王扎西巴图鲁蒙文奏疏、十月策妄阿拉布坦来文、十一月第巴来文均由内阁缮折后交奏事官存柱转奏。⑤除此类机构性的奏折外,大学士亦不乏与皇帝的文书交流,同样是经奏事官进御,如五十年(1711)正月二十四日,大学士温达等筹议查明朝鲜边界以立柳条边事,即具折交奏事官傻子转奏。⑥部院奏折则如四十五年(1706)六月,兵部奏调拨八旗马匹,奏折交傻子、来保转奏,奉旨命与向导处会议,翌日议定后,再次具折交二人转奏。四十六年(1707)七月,兵部与领侍卫内大臣等奉旨会议马政事宜,具折交傻子、双全奏入。⑦

奏事官每日经手的文书总量无法确知,但台北故宫博物院所藏的满文康熙

---

①《清内阁蒙古堂档》,第8册,第52页。

②《清内阁蒙古堂档》,第14册,第163、168、174、364页;第15册,第357、491、569、583页;第16册,第146、151、160、195、216页。此类事例在《清内阁蒙古堂档》中所在皆是,不备举。

③《清内阁蒙古堂档》,第8册,第376~377页。

④《清内阁蒙古堂档》,第17册,第179页。

⑤《清内阁蒙古堂档》,第16册,第224、350、509页。外藩王公奏疏,《堂档》均记为bithe,内阁翻译缮写之件则记为jedz。

⑥《清代起居注册·康熙朝》,第19册,第10492~10493页。

⑦《康熙朝满文朱批奏折全译》,第430、529~531页。

四十八年(1709)奏事档(wesimbuhe baita be ejehe dangse)或可供参考。①此档每月一份,均写于折件上,逐日开列内阁、部院九卿、内务府、宗人府等衙署及八旗都统以折子或绿头牌所奏事件,大多与内廷或八旗事务有关。其记事体例,或径书某衙门奏,或作伊都额真某奏某衙门奏某事,如正月十三日"伊都额真噶勒图(galtu)将镶蓝旗满洲都统车纳辅等查明原任监察御史拜都(baidu)家户之折子具奏,奉旨依议"②。如前所述,奏事官与伊都额真内外有别,此云伊都额真奏某事,当为转交奏事官具奏,则此档或即奏事官部分经手文书的记录。③三月初十日的奏事档中,记有傻子、双全等人传与宗人府之谕旨,可为旁证。④以三月初一至十五日为例,半月之中,共传宣上谕6次,奏事82项,其中由伊都额真转进者37项。以文书体例计之,折子奏事31项、绿头牌奏事23项、本章奏事2项、进呈文稿或清单3项,其余23项泛称"奏",未详体例。以责任衙署计之,部院25项、内务府系统23项、八旗系统16项,宗室王公7项、内阁5项、宗人府3项、光禄寺及太医院1项,另有事由模糊、无法判断衙署者1项。需要指出的是,此份奏事档基本未记外官奏事,京官奏事也仅记录了部分内容,如十月二十八日傻子、双全转奏内阁所译策妄阿拉布坦来文,翌月十三日二人复转奏内阁撰拟致策妄阿拉布坦之行文,此档皆失记。⑤但即使是从这一不完全的记录中,仍可以看到奏事官经手文书之广,奏事体制成为朝廷政务运作不可或缺的环节。

此外,奏事官亦可转达官员的口奏。三十六年(1697)闰三月初九日,陕西总督吴赫口奏请由内地回銮,奉旨不许,吴赫再次执奏,圣祖答以无事之时再巡陕西。吴赫既系口奏,则圣祖的回答亦当为口奏,君臣间两度往返,均由存

---

① 台北故宫博物院藏宫中档,418000426号(正月)、418000427号(二月)、418000428号(三月)、418000429号(四月)、418000431-1号(五月)、418000430号(六月)、418000431号(七月)、418000297号(八月)、418000427-1号(九月)、418000424号(十月)、418000425号(十一月)、418000295号(十二月)。正月二十一日档云"领侍卫内大臣公鄂飞等奏,八阿哥跪奏云马齐先时曾具奏称我好,我乃皇上之子,亦有牛录,请将马齐之世管牛录移至我处",此月档末有浮签云"阿其那奏为请马齐等牛录",当为雍正时检出旧档所加,可知原档应为康熙时故物,而非后世重抄。又,三月十四日档内出现"hošoi cin wang in jen(和硕亲王胤禛)"字样,未避世宗御讳,亦未加签,并可为证。

② 台北故宫博物院藏宫中档,418000426号。

③ 雍正二年规定奏事处每月汇奏所奉谕旨,此类奏折今尚存不少(影印本见《宫中档雍正朝奏折》第30、31辑,译文参见《雍正朝满文朱批奏折全译》下册,黄山书社,1998年,第1567~1568、1716~1735、1747~1769、1776~1798页),格式与形制均与此奏事档相似,或可为旁证。

④ 台北故宫博物院藏宫中档,418000428号。

⑤ 《清内阁蒙古堂档》,第17册,第532、544页。

柱居中传达。而圣祖当日已召见吴赫,后者口奏当系召对时未尽之语。①此外,如事非紧急,又未及形成文书者,亦由奏事官口头转达。如同月二十五日,有蒙古台吉来朝,议政大臣即向批本桑格口奏称贺。②但这只是特殊情况下的变例,恐非奏事体制的常态。

四、余论

清朝在关外时代,政务决策以面奏取旨为主。天聪末汉官刘学诚云"设立六部分理民事,逢五日、十日,各部汇奏"③,此系就庶务而言,机务有无定期汇奏不可考。按《清太宗实录》满文本,此所谓"奏"乃alanjirengge,④知系口奏。写定成文的汉官本章,也多由内院或六部"说奏"。⑤入关后,清代的政务运作经历了所谓"文书化",亦即从"口头体制"到"文书体制"的转换。⑥从顺治朝文书传递与政令运作的实践来看,下行的诏令传递形式较为灵活,但作为上行文书主体的题奏文书,其进御与处理的管道均相当有限,需经过内阁、六科抄发该部落实。君臣间有限的密件文书交流均属顾问性质,不具备行政效力。因此,在上行文书的环节扩展君臣直接交流的渠道是康熙朝文书行政亟待回应的议题。如所周知,奏折的行用为解决这一问题提供了文书载体,但更应注意的是,奏事体制的出现与成熟则为奏折的行用提供了制度基础。

奏事体制的核心是奏事官,这一群体最初由负责传旨、转奏的侍卫中分化而来,形成固定的差遣,而承差者则逐渐变为以内务府包衣为主,并最终过渡形成内务府系统所属的外奏事处,显示出朝政处理"内廷化"的端倪。⑦以职责

---

① 《清代起居注册·康熙朝》,第10册,第5300~5305页。
② 《清代起居注册·康熙朝》,第10册,第5458~5462页。
③ 顺治本《清太宗实录》卷一三,天聪八年十二月二十二日,中国第一历史档案馆藏缩微胶卷,第21a~b页。
④ 满文初修本《清太宗实录》卷二一,天聪八年十二月二十二日,中国第一历史档案馆藏缩微胶卷,第24b页。
⑤ 《明清史料》甲编第一本,《恭顺王孔有德奏本》《续顺公沈志祥奏本》,第60~61页。
⑥ [日]宫崎市定:《清朝における国語問題の一面》,《宫崎市定全集》第14卷,日本岩波书店,1991年,第289~295页;[日]谷井俊仁:《顺治時代政治史試論》,《史林》第77卷第2号(1994年),第146~148页;[日]内田直文:《清朝入関後における内廷と侍従集団——顺治·康熙年間を中心に—》,《九州大学東洋史論集》第37号(2009年),第117页。
⑦ 关于朝政内廷化与朝臣近侍化的讨论,参见祁美琴:《从清代"内廷行走"看朝臣的"近侍化"倾向》,《清史研究》2016年第2期。

而言,明代宦官机构的文书处理职能在易代后被分解,其中部分被奏事体制所继承,这与清代允许官员、护卫、内务府包衣等日常供事内廷的惯例一脉相承,也构成行政内廷化的基础。①奏事官与侍卫,特别是由侍卫派充的伊都额真分处内外,协作完成上行文书的进御与谕旨的颁行。常规的奏本只是奏事官经手文书的小部分,内外奏折与满洲传统的绿头牌方是奏事体制需要处理的大宗。从政务运作的流程来看,取意便捷的奏折与绿头牌可以绕过内阁、六科,实现君臣相对直接的交流,与御门听政时君臣面见议事恰相辅相成。内阁与皇帝的交流甚至亦被整合入该体系,其作为文书总汇的性质在某种程度上遭到削弱。这一新的政务运作模式,正是建立在奏事体制对文书有效处理的基础上。

限于篇幅,关于外藩事务的处理本文未能充分讨论。雍正以降外奏事处有蒙古奏事侍卫亦即所谓"卓亲辖"(joocin hiya),负责"理藩院奏蒙古事件"与"引见外藩蒙古人员"。②康熙朝的政务运作中虽无此名,③但已有其实,最显著之例莫过于侍卫拉锡(rasi),以《清内阁蒙古堂档》内文书处理记录来看,康熙末年涉及准噶尔、西藏的重要文书,基本均由拉锡居中上传下达,他甚至亦参与文书的翻译与敕谕的撰拟。此外需要指出的是,奏事体制虽然是奏事处的早期形态,④但后者的制度化仍有复杂的过程。后者一方面在奏事体制的基础上,发展出安排大臣值日班次、传进引见官员及呈递贡物等日常化职能,奏折处理的方式亦不同于前;⑤另一方面,奏事体制早期具有明显近侍性质的职能,如收存内廷银两,⑥则逐渐消失。凡此种种,均有待后续研究。

---

① 杜家骥:《明清两代宫廷之差异初探》,《北京社会科学》2013年第5期。

② (清)奕赓:《佳梦轩丛著·侍卫琐言补》,《清史资料汇编补编》上册,河洛图书出版社,出版年不详,第431页。

③ 检《清内阁蒙古堂档》,joocin hiya之名最早见于雍正十三年九月,内阁所撰颁与达赖喇嘛、班禅呼图克图之敕谕,交蒙古头等奏事侍卫呼必图(joocin-i uju jergi hiya hūbitu)转发。参见《清内阁蒙古堂档》,第21册,第204页。

④ 双全至雍正朝、张文彬至乾隆初仍作为奏事官见诸记载,二人当为外奏事处建置之初较早的组成人员。双全见《雍正朝满文朱批奏折全译》下册,第1790页;张文彬见张荣选编:《养心殿造办处史料辑览(第二辑·乾隆朝)》,紫禁城出版社,2012年,第87页。

⑤ 单士元:《清代奏事处考略》,中国第一历史档案馆编:《明清档案论文选编》,档案出版社,1985年,第1072~1083页;李文杰:《清代同光年间的早朝》,《文史》2018年第2辑。

⑥ 康熙四十九年,侍卫海青病笃,圣祖命"从傻子所存银中取一千两,著三阿哥亲往赏给",参见《康熙朝满文朱批奏折全译》,第691页。

最后有必要附及的是奏折在康熙朝政务运作中的作用。康熙朝的奏折是否具备或部分具备了正式文书的行政效力,学者对此颇有争议。[1]如康熙四十四年(1705)十二月,九卿具折奏请南巡河工,内阁"票拟上亲往字样进呈"[2],处理流程与常规题奏文书无异;而五十六年(1717)六月初五日御门听政,有行在刑部、正白旗都统奏刑案两折,均奉旨交部"缮本具奏"[3]。前一例中的奏折具有完全的行政效力,后一例则显示出奏折只是正式题奏文书的先行文本,这与部分密折作用相近,惟不具备机密性而已。在笔者看来,对于康熙朝奏折的用途与性质,似不应一概而论,不仅密折与非密折性质有别,即便同是非机密奏折,亦未可等而视之。以京内衙署的奏折为例,既有作为题奏的先行文书者,亦可作为清单、对题奏的附件或补充说明。除此以外,由奏事官负责上传下达的京官奏折中,部分即具有直接的行政效力,甚至还可抄入邸报。[4]如前举批红发科诸折及康熙四十八年(1709)奏事档内所记诸款皆是。正如学者指出奏折具有多种可能的起源,"奏折"事实上具有相当多元的意涵,或可理解从不同渊源发展而来的、形制相近的文书体裁的统称,其性质视乎应用场合与所奏事项而转移,在康熙年间恐不能简单理解为一种同质化的概念。此类具有行政效力的奏折之出现与普遍行用,时间上正与奏事体制的草创基本同步,两者交互为用,共同促成了雍正以降政务运作模式的革新性突破。就此意义而言,奏事体制或当是考察奏折制度早期演进的一个不可忽视的侧面。

本文原刊载于《清史研究》2021年第2期。

作者简介:

马子木,1992年生,山东济南人。中国人民大学历史学学士(2014)、硕士(2016)、博士(2020)。现任南开大学历史学院副教授。研究方向为明清政治文化史、官僚制度史。

---

① 任青(郭成康):《清初奏折探析》,《清史研究》1996年第3期;朱金甫:《清代奏折制度考源及其他》,《明清档案与历史研究:中国第一历史档案馆六十周年纪念论文集》,中华书局,1988年,第518~523页。

②《康熙起居注》,第2060页。

③《康熙起居注》,第2400页。

④ 奏折入邸报之例,参见《康熙朝满文朱批奏折全译》,第424、426、732页。

宋金之际中国北方云门宗的传承

——以佛觉法琼、慧空普融法脉为中心

刘　晓

　　云门宗为禅宗五家七宗之一,北宋曾盛极一时。此后的云门宗,学界多留意其在南宋的情况,对北方地区金元两代云门宗的发展,则几乎没有关注。数年前,笔者曾发表论文,重点讨论金元北方云门宗的历史,认为来自真定十方洪济禅院的佛觉琼,应是金元北方云门宗的开创者,大圣安寺则是当时北方云门宗的传播中心。[①] 至于佛觉琼的师承渊源,拙文依据元樊从义撰《红螺山大明寺碑》,以及《续传灯录》《禅灯世谱》等禅宗谱牒资料,认为慈觉宗赜诸弟子中的"洪济琼"应当就是佛觉琼。笔者的上述讨论,已得到佛教史学界的一些呼应,佛觉琼的师承渊源,也获得不少学者认同。[②] 当然,现在看来,拙文有待发覆之处仍有不少。其实,当时拙文的一位评阅人即指出,对佛觉琼的云门法嗣来源,仅凭长芦宗赜(即慈觉宗赜)的弟子中有洪济琼,而佛觉琼也曾住洪济,就断言洪济琼当即此处所探讨的佛觉琼公,至少是不能令传统灯录的作者们信服的。因此,如何进一步寻找证据,将"佛觉琼"与"洪济琼"联系起来,实现宋金云门宗法脉传承的对接,成为笔者一直追求的目标。近年笔者通过搜集翻检资料,不仅基本可确认佛觉琼的师承确实来自慈觉宗赜,而且还发现慈觉宗赜另一弟子慧空普融以河北定州为中心的法脉传承。为此草成此文,希望能推动相关研究进一步走向深入。

　　[①] 刘晓:《金元北方云门宗初探——以大圣安寺为中心》,《历史研究》2010年第6期。

　　[②] 如包世轩:《金中都燕京大圣安寺佛觉大师史事探微》,《北京佛教人物考》,金城出版社,2014年;邢东风:《红螺寺僧史小考》,《北京社会科学》2017年第10期。需要提到的是,前者虽关键性材料与论证思路均与拙文雷同,但丝毫未提及拙文,后者虽在注释中提及拙文,但对拙文理解偶有失误。此外,还有不少论著依然只关注云门宗在江南的流传情况,如仲红卫:《云门宗源流述略》,暨南大学出版社,2014年;江泓:《禅门鼎盛与师法渐衰——以云门断续为例》,《船山学刊》2016年第1期。

一

慈觉宗赜(1037—1106),俗姓孙,河北洺水永年人。据学界最新研究,宗赜在北宋元丰八年(1085)三月到元祐三年(1088)间任洺州普会禅院住持,绍圣二年(1095)四月十八日始住真定府洪济禅院,崇宁四年(1105)转任真州长芦崇福禅院住持。[①] 宗赜传世著作有不少,如《慈觉禅师劝化集》《禅苑清规》《慈觉禅师语录》等,其中《慈觉禅师语录》三卷,分别收录了宗赜住持普会、洪济与长芦三寺期间的语录,住持洪济时的语录分别由普式与法琼记录,法琼所记见《慈觉禅师语录》卷中,题曰"侍者法琼录"[②]。这位法琼,作为宗赜住持洪济禅院期间的侍者,应该就是《续传灯录》与《禅灯世谱》提到的"洪济琼"。

法琼被称为"洪济琼",更重要的原因是他继慈觉宗赜后出任真定洪济禅院住持。法琼担任住持的记载主要见真定洪济禅院所立《敕文札子》碑。此碑20世纪70年代发现于河北正定县西北城墙基下,1983年被正定县文管所征集,移置正定隆兴寺内。石碑上部摹刻北宋大观二年(1108)六月九日尚书省给付成德军洪济禅院的札子,下部摹刻同年七月十八日成德军府照会洪济禅院执行敕命的帖子。此碑已有不少学者录文并作过介绍,但学者关注的主要是公文的内容格式、发布机构与题名等,均未注意到法琼其人的重要性。[③] 为讨论方便起见,兹据各家录文将碑文主要内容转录如下。

碑文上截:

> 真定府十方洪济禅院住持/僧法琼状:"近陈状叙述:本院/元系本府申奏朝廷将本/院改作十方禅院。应系常住/供众田产,除二税、役钱外,并/免诸般差科。后来被州县逐/旋增添,与甲乙寺院一例均/摊。伏念本院物产荒薄,难为/安众。窃见本府天宁寺元系/永泰寺,近蒙/敕改充天宁禅寺

---

① 阳珺:《慈觉大师宗赜生平新补》,《中国佛学》总第33期,社会科学文献出版社,2013年。

② 《慈觉禅师语录》,日本学者椎名宏雄曾以驹泽大学图书馆藏江田文库本为底本整理出版,笔者未曾见到此书。这里根据的是阳珺:《宋僧慈觉宗赜新研》,硕士学位论文,上海师范大学,2012年。

③ 邱茜:《读正定出土〈敕文札子碑记〉》,河北省社会科学院:《"黑水城汉文文献与唐宋金元史"学术研讨会论文集》,内部资料,2007年4月;刘友恒、郭玲娣、樊瑞平:《正定洪济寺、舍利寺相关文物综述》,《文物春秋》2008年第3期;杨倩描:《北宋〈真定府洪济禅院敕文札子碑〉考析》,《河北大学学报》2012年第6期。

名额。续蒙/圣旨,与依崇宁寺例,除二税/外,与免诸般差科等。欲乞将/本院名额改作大观万寿禅/院,除二税外,乞免诸般差科、役钱。承礼部告示,难议施行。/伏望特垂悯恤,乞赐判送左/右司,指挥礼部,捡取本府天/宁寺改赐名额及免差科体/例,赴朝廷看详。若依得上/项体例,欲望朝廷指挥施/行。"六月六日,奉/圣旨:"依例许免差科。改院额/不行。"

右札付真定府十方洪济禅院。

尚书省印

大观二年六月九日

碑文下截:

使

准提举常平司牒,准尚书户部符,准户部左曹关,准祠部关。大观二年六月七日/敕中书省:尚书省送到真定府十方洪济禅院住持僧法琼状:"近陈状叙述:本院元系本府申奏朝廷将本院改作十方禅院。/应系常住供众田产,除纳二税、役钱外,并与免诸般差科。后来被州县逐旋增添,与甲乙寺院一例均摊。伏念本院物产荒薄,难为/安众。切见本府天宁寺元系永泰寺,近蒙敕改充天宁禅寺名额。续蒙/圣旨,依崇宁寺例,除二税外,与免诸般差科等事。欲乞将本院名额改作大观万寿禅院,除二税外,乞免诸般差科、役钱。承/礼部告示,难议施行。伏望特垂悯恤,乞赐判送左右司,指挥礼部,捡取本府天宁寺改赐名额及免差科体例,欲望/朝廷指挥施行。"六月六日,奉/圣旨:"依例许免差科,所乞改院额不行。"奉/敕如右,牒到奉行。前批:六月九日午时付礼部,仍关合属去处。今关请一依/敕命指挥,仍关合属去处及右曹照会。除已施行外,所有乞免役钱,不属左曹。今关请照会,一面任自施行。符:本司主者一依关内敕命指挥施行。牒:请详尚书户部符内敕命指挥施行,仍关合属去处。并据知事僧普圆状:本院昨于今年六月六日奉/圣旨:"二税外,依例许免诸般差科、役钱。"切缘本府行唐县、赵州高邑、赞皇县界各有常住供众田产。欲乞行下逐处照会,庶得遵依/圣旨施行者。/右使司契勘,除已施行外,今帖十方洪济禅院照会,一依前项/敕命指挥施行。大观二年七月十八日帖 住持传法赐紫沙门法琼书 监院僧普圆立石

（以下职官人名略）①

此碑上下两件公文均提到"真定府十方洪济禅院住持僧法琼"，碑文亦由"住持传法赐紫沙门法琼书"。公文给我们提供的主要信息为：洪济禅院虽已改为十方禅院，但地方官府仍按甲乙寺院例均摊差科，为此，洪济禅院住持法琼向朝廷申请改寺额为"大观万寿禅院"，"除二税外，乞免诸般差科役钱"。最后免诸般差科役钱的申请获得朝廷批准，但改院额一事却未能成功。帖子还提到"本府行唐县、赵州高邑、赞皇县界各有常住供众田产"，也即真定府行唐与赵州高邑、赞皇两县，各有洪济禅院田产，或有可能还有隶属洪济禅院的下院。前面提到，宗赜是在绍圣二年（1095）至崇宁四年（1105）间任真定洪济禅院住持的，而此碑显示，至少在大观二年（1108），法琼已接任洪济禅院住持。作为宗赜弟子，法琼应该就是继慈觉宗赜之后，接掌洪济禅院住持的，将法琼比定为《续传灯录》与《禅灯世谱》中的"洪济琼"，应无太大疑义。

二

《光绪重修曲阳县志》所收蔡珪撰《文慧禅师塔铭》，不仅对我们揭示"佛觉琼"与"洪济琼"的关系非常重要，而且还为我们提供了慈觉宗赜另一弟子慧空普融的法脉传承信息。以下为碑文全文。

　　昔长芦大禅师以无上密印付之慈觉老人，河朔之禅于是大兴。其后佛觉琼公居镇阳洪济，镇阳之学者皆祖之；慧空融公居中山天宁，中山之学者皆祖之。师，融公子也，曲阳宕城其乡里，邵其姓，永寿其名。母方娠师，遽不肉食。生七龄，志求出家，父母不能夺而从之，以本县永宁寺宗远法师为落发师。年十有四，得具坛戒。初习《金刚》《百法》等经论，深解义趣，应缘敷演。居师席者十余年，因僧举德山见龙潭事，遂依融师以居，参究宗旨，竟蒙印可。继入洪济，从佛觉淘汰，知见者久之。天会五年，天宁虚席，定守少师赵公以礼迎致，俾主寺事。时兵革甫定，寺屋颓散，斋厨索然，师处之裕如也。缘力既广，遂有余积。未几，废者兴之，故者新之，曾不数年，悉复其旧。天眷初，郡人推师为管内僧正，因锡命服，与今孚师牢

---

① 上述公文标点，参考了北京师范大学历史学院游彪教授的部分意见，在此谨致谢忱。

让，不见从。及杜定公充以行台至郡中，师得伸于知己，遂解僧职。尔后禅老为州郡敦逼者，皆藉此以得免。师于慧炬山南预营觉园，为菟裘之地，今大觉院是也。遂以天德四年退隐其间，明年六月初示疾，六日溘逝，安坐如生者。旬日阇维之后，分灵骨而两之，一在大觉，一在天宁祖茔。为世寿者五十九，为僧夏者四十五。门人八十三人，其出世为人天眼者四人，住持□因寺者了中，前住定州天宁者了同，后住者了祖，住真定西天宁者了孚。师没二十余年，孚遣人来京师见无可居士，使铭其塔。居士顷过中山，累访师于丈室，而与真静圆音禅师有旧。孚得法于圆音者也，故圆音助之请，义不可辞，乃为铭曰：

中山之禅，由融公兴。嗣公而后，师得其承。兵余岁艰，人不暇给。师当是时，如有余力。掉两空臂，兴大丛林。家风不坠，蒙休至今。无缝之塔，既坚既好。取无可铭，孝哉孚老。[1]

按：碑文首句提到的"长芦大禅师"即长芦应夫，"慈觉老人"即慈觉宗赜，二人分别为云门宗文偃下第六代、七代传人。接下来碑文提道："其后佛觉琼公居镇阳洪济，镇阳之学者皆祖之；慧空融公居中山天宁，中山之学者皆祖之。""佛觉琼公"与"慧空融公"应该都是宗赜弟子。"佛觉琼公"即前面提到的法琼，"镇阳洪济"则为前面提到的真定洪济禅院。大概在北宋灭亡后，法琼离开洪济禅院北上，辗转抵达燕京，因受金朝赐祐国佛觉大禅师号，又被称为"佛觉琼"。《大圣安寺记》有如下记载：

金天会中，佛觉大师琼公、晦堂大师俊公自南应化而北，道誉日尊，学徒万指。帝、后出金钱数万为营缮赀，成大法席。皇统初，赐名大延圣寺。大定三年，命晦师主其事，内府出重币以赐焉……七年二月，诏改寺之额为大圣安。[2]

---

① （清）周斯亿修，（清）董涛纂：《光绪重修曲阳县志》卷一三《金石录下·文慧禅师塔铭》，《中国地方志集成·河北府县志辑》第39册，上海书店、巴蜀书社、江苏古籍出版社，2006年，第621~622页。录文亦可见薛瑞兆：《金代"国朝文派"蔡珪佚文辑校》，《内江师范学院学报》2017年第1期。

② 《顺天府志》，北京大学出版社，1983年，第6页。按：此文源出《元一统志》，系缪荃孙辑自《永乐大典》卷四六五〇《顺天府七》，而非真有所谓《顺天府志》。

据樊从义撰《红螺山大明寺碑》:"金大定间,世宗遣使请佛觉禅师于真定之洪济,以镇兹山,四方学者云集。"① 从天会中(1123—1137)到大定间(1161—1189),即使从天会末至大定初算起,时间前后相隔也达二十多年。如果樊从义所记无误,我们只能认为法琼在天会年间抵达燕京后,或在大定三年(1163)前又曾南返真定洪济禅院(时已改名大洪济寺),以后又受金世宗邀请北上,住红螺山大明寺。考虑到法琼在北宋大观年间已任洪济禅院住持,到金大定年间年寿应已很高,他最后终老于大明寺的可能性较大。

从前引《大圣安寺记》记载来看,与"佛觉大师琼公"也即法琼一起北上的"晦堂大师俊公",应该也是由宋入金的云门宗僧人,他在大定三年(1163)受命住持大延寿寺(大圣安寺前身)。1934年,南京支那内学院创始人、院长欧阳竟无的弟子蒋唯心,在调查《赵城金藏》期间,发现《赵城金藏》中有晦堂俊的记载,并揭示出大圣安寺与《赵城金藏》的一段特殊渊源:

> 《藏经》中鞠帙《观无量寿佛经》卷首今有另刻序文一篇,末署"丁丑九月十五日燕京大圣安寺晦堂和尚洪俊序",元明各藏无此序文,亦无另刻加序之例,而今独有之者。据《元一统志》:"圣安于皇统初赐名大延圣寺,大定三年命晦堂主其事,七年二月诏改寺额为大圣安。"(《顺天府志》十六引)晦堂于大定中为圣安寺主,朝命崔氏受具圣安即应奉晦堂为阇黎,郑重其文,追加藏内,亦恒情也(依原序甲子应是正隆二年,晦堂未主圣安时之作,其后刻版加题圣安耳)。由此不可见《藏经》之与圣安有特别因缘乎?②

据此,晦堂俊法名当作洪俊,晦堂俊亦可称"晦堂洪俊"③。由于金世宗生

---

① (清)吴景果等修:《怀柔县新志》卷五《文》,《中国方志丛书》华北地方第132号,台湾成文出版社,1968年,第212页。中国人民政治协商会议北京市怀柔区委员会文史资料委员会编:《怀柔碑刻选》,内部资料,2007年,第6页。

② 蒋唯心:《金藏雕印始末考》,南京支那内学院,1935年。按:序文今见《中华大藏经》第18册,中华书局,1989年,第661页。

③ 包世轩与邢东风前揭文均提及晦堂洪俊《观无量寿经》序,但均未明言蒋唯心实为此序言之最早发现者。

母贞懿皇后李氏师从佛觉法琼,法名洪愿,① 与晦堂洪俊同属"洪"字辈,似可认为晦堂洪俊应即佛觉法琼传法弟子。

晦堂洪俊后继者中最有名者当属圆通广善,其同辈弟子尚有名广温者,② 二人同属"广"字辈。在圆通广善时代,大概因世宗生母这一层关系,金廷对云门宗的尊崇再上一个新台阶,广善成为金朝国师,且历三朝(世宗、章宗、卫绍王)而不衰。③ 广善与真定洪济禅院(大洪济寺)也有密切关系。《金大明禅院记》末题:"时大定十九年岁次己亥中秋日记。真定府大洪济寺月庵中虚道人广善撰。真定府大洪济寺西堂沙门广惠书。"④ 这位广善,极有可能就是我们这里所讨论的圆通广善,他与大洪济寺前住持(即所谓"西堂")广惠或为同门师兄弟。定州曲阳香严禅院有大定十六年(1176)立《香严禅院记》,文字虽已漫漶不清,但从记文所称"天宁寺受业于洪济老,人间谓惠老者此也""始以广惠之"云云,⑤ 创建者智□禅师似可认为是广惠传人。如推断属实,则广惠任真定大洪济寺住持前,或曾住定州天宁寺。

据广善撰《大明禅院记》,定州唐县大明禅院,是由慧明禅师创建的一所云门宗寺院。慧明早年"蒙父母送入本州(定州)天宁寺,礼僧智灯为师,训今法号",兵革后由乡里富民资助建寺,"尝请滹阳栖禅院洪济禅师(滹阳即真定,栖禅院洪济禅师或当作洪济禅院栖禅师)居之,一方钦仰。明师晨夕参问,淘汰古今。栖禅师欲令出世,演法利生,师辞而不为"。后至住持善庆时,始于大定三年(1163)获赐大明禅院额号。广善《院记》又提道:"昔大定己丑岁(九年,1169),余在银山宝严院云堂闲居,庆公(善庆)常依栖余之左右,优游烟霞水石之间,共享尘外之清乐。解制之后南归,余住持邢州之天宁,承嗣奇公禅师,一日来洪济月庵,为余言其事迹之详。余为文以记之。"⑥ 其中"银山宝严院"即昌

---

① 有关洪愿禅师生平,参见邹宝库:《辽阳市发现金代〈通慧圆明大师塔铭〉》,《考古》1984年第2期;张博泉:《〈辽阳市发现金代〈通慧圆明大师塔铭〉〉补正》,《考古》1987年第1期;方殿春:《金代〈通慧圆明大师塔铭〉再证》,《北方文物》2007年第1期。需要提到的是,不少论著据碑文认为世宗生母名李洪愿,可补《金史》之阙,是不太恰当的,洪愿并非俗名,而是李氏出家后所取法名。

② 《广温和尚碑》:"参云门晦堂,印许之。"《北京图书馆藏中国历代石刻拓本汇编》第46册,中州古籍出版社,1990年,第97页。

③ (元)耶律楚材著,向达校注:《西游录》,《西游录 异域志》,中华书局,1981年,第18页。

④ (清)陈咏修、(清)张惇德纂:《光绪唐县志》卷一一《杂稽志·寺观》,《中国地方志集成·河北府县志辑》第36册,第346页。

⑤ 《光绪重修曲阳县志》卷一三《金石录下·尚书礼部牒并香严禅院记》,第624页。

⑥ 《光绪唐县志》卷一一《杂稽志·寺观》,第346页。

平银山宝严禅寺，是大圣安寺下院，元初住持潜云道泽为大圣安寺住持西岩和公弟子。①

三

前揭《文慧禅师塔铭》提到的"居中山（即定州）天宁"之"慧空融公"，当属慈觉宗赜另一法脉。慧空融公，又见天眷元年戊午（1138）《文慧禅师觉园记》，其中提道："师讳永寿，慈觉禅师讳宗赜法孙，慧空禅师讳普融法嗣也。"② 据此，"慧空融公"法名应作普融，为慈觉宗赜弟子。文慧永寿则为慧空普融弟子，慈觉宗赜再传弟子。慧空普融生平，目前我们所知甚少。定州天宁寺有碑，末题："政和元年十月十一日，天宁万寿禅寺住持传法赐紫沙门普融立石。"③ 时间比佛觉法琼住持真定洪济禅院稍晚，当即其人。④

文慧永寿（1095—1153），据蔡珪撰《塔铭》，俗姓邵，定州曲阳宕城人。七岁于本县永宁寺从宗远法师出家，十四岁受具足戒。永寿起初修习的是《金刚经》《百法明门论》等经论著作，"深解义趣，应缘敷演，居师席者十余年"，应该说已有相当造诣。后因有某僧举德山宣鉴（782—865）参龙潭崇信故事，⑤ 遂往参天宁寺慧空普融，乃蒙印可。"继入洪济，从佛觉淘汰，知见者久之。"永寿往真定洪济禅院参佛觉法琼，应距北宋灭亡已不远。天会五年（1127），天宁寺住持出现空缺，定州守"少师赵公"礼请永寿担任住持。天眷初（1138），出任定州僧正，直到杜充以行台右丞相按部定州，始求获免，解去僧职。后于天德四年（1152）退隐本州慧炬山大觉院，次年圆寂。

永寿身后弟子众多，多以"了"字取名。"门人八十三人，其出世为人天眼者四人，住持□因寺者了中，前住定州天宁者了同，后住者了祖，住真定西天宁者

---

① （清）麻兆庆辑：《昌平金石记》卷四《元银山宝严禅寺上下院修殿堂记》，《石刻史料新编》第3辑第23册，台湾新文丰出版公司，1986年，第288~289页。参见刘晓：《金元北方云门宗初探》。

② 《光绪重修曲阳县志》卷一三《金石录下·文慧禅师觉园记石刻》，第614页。

③ （民国）何其章修，（民国）贾恩绂纂：《民国定县志》卷一九《志余·金石篇中·天宁寺偈碑》，《中国地方志集成·河北府县志辑》第35册，第664页。

④ 宋人苏过有多篇诗文涉及普融，其中《天宁寺钟铭》有"有宋宣和辛丑（三年，1121）某月日，颍昌府天宁万寿禅寺住持比丘普融老"云云，但目前尚无法确定是否即本文所讨论之慧空普融，姑附记于此。见（宋）苏过撰，舒星校补，蒋宗许、舒大刚等注：《苏过诗文编年笺注》卷九，中华书局，2012年，第901页。

⑤ 参见（宋）赞宁撰，范祥雍点校：《宋高僧传》卷一二《唐朗州德山院宣鉴传》，中华书局，1987年，第275页。

了孚。"此外，《塔铭》正文后，"末前行书'大定十六年丙申三月朔日(缺)宁万寿禅寺传法住持法如若皓立'。后题'承安三年五月日，法孙副院僧法兴、前监院僧法昌重立石。乡贡进士王佐书并题额。真定府大洪济寺传法住持孚劝(缘?)'"①。也即《塔铭》曾先后于大定十六年(1176)、承安三年(1198)两次立石。以此之故，其中了孚前后头衔有所不同，前为真定西天宁寺住持，后为真定大洪济寺住持。永寿法孙辈，多以"法"字取名，其中法如若皓为天宁万寿寺住持，当为其嫡传法孙。

《塔铭》背面有尚书礼部牒，对了解永寿法脉传承也颇有价值。

> 谨案此碑阴上刻尚书礼部牒，首行题云尚书礼部牒(一行)牒奉(一行)敕赐大觉禅院牒至准(一行)敕故牒(一行)中宪大夫行员外郎李(一行)郎中(一行)侍郎(一行)中奉大夫礼部尚书兼翰林学士承旨知制诰修国史王(一行)押，中间有小印字，盖用印处也。牒中隙处刻请牒原状云：定州曲阳县□□北峪村院主僧了印、了愿等状告：了印等并系本州天宁寺□业，自来□□□北峪村院住持，别无名额，已纳讫合(缺)作大觉禅院。勘会是实，须合给赐者。大定三年三月十七日，令史向升押，主事安押。下刻大觉禅院四至，文云：东至(缺)墙东，有军地□□亩。西至大龙□□墙西，有军地贰拾柒亩叁分。南至南山。北至分水岭。可见地分军民，由来已久。中刻院僧文慧禅师(居上)、了愿、了善、了孚、了印、了宗、了行(一列)、了坚、了同、了本、了□(一列)、院主法福、副院法兴、见管句库头法贤、法衍、法昌、法辛(一列)、法运、法聪、觉悟、觉智(一列不齐)，余刻文觉孙、邵进、邵仲，及本村韩谊妻刘氏，宕城村□琛妻张氏，惠炬村成宝等各施主姓名，不备录。②

这个大觉禅院应该就是永寿晚年于慧炬山退隐与圆寂的场所。大定三年(1163)，也即永寿圆寂后十年，始由弟子了印、了愿等状请，获赐"大觉禅院"额号。碑文还记载了永寿的徒子、孙辈二十余人，其中《文慧禅师塔铭》所列"出世为人天眼者四人"中，即有了孚与了同。因永寿俗姓邵，碑文中的"邵进、邵

---

① 《光绪重修曲阳县志》卷一三《金石录下·文慧禅师塔铭》，第621~622页。
② 《光绪重修曲阳县志》卷一三《金石录下·文慧禅师碑阴》，第623~624页。

仲"很有可能是永寿的同宗族人。

永寿弟子辈中，了孚生平主要见《孚公禅师灵塔记》。孚公禅师灵塔位于河北唐县军城乡娘子村北，此处原为金牛寺旧址，1984年被列为县文物保护单位。灵塔三面刻有《孚公禅师灵塔记》，不少字迹已漫漶不清。北京大学图书馆古籍特藏库藏拓片（典藏号A36356），共41行，行34字，虽摹拓时间较晚（21世纪10年代），难以识别的文字很多，但仍透露出不少有价值的信息。① 为讨论方便起见，兹据拓片过录文字如下：

吾门鼻祖云门……记而出，/道始中兴，迨于……/圣朝皇统间，佛觉禅师……诏旨上都演法，器用供帐……依者唯恐其后，四/方云水，户屦常满，繇是云门一派洋洋而流润万□□室一灯□□而垂□天……/孚公禅师实圆音门人麟角者，其履践深稳，眼目明……其名，定/州曲阳宫城里人。为□童时乐□出家，逢一梵僧持锡行而谓师曰：我锡立定，子当出家。/师毅然对曰：锡定不定，我志已定。里……本州天宁，礼文慧/禅师为师，为沙弥□□□□□□丹霞之……适遇/圣恩普度，进具谢戒才毕，包衣杖锡，诣真定之洪济……席下，晨夕咨参，/寸阴不舍。一日，闻举非思量处，识情难测之语……颂曰：非思量处/不思量，才尔无思便厮当。金磬罢敲寒月殿，正灯……闲时构置速/更道看。师即应曰：从来祇管作业，刚把鼻头扭捻。□□□散长空，露出一轮明月。圆音可/之，曰：后凡举古今公案，或□□□□。一道契心，如针投钵，一语投机，如埙应箎。饱参禅衲，/望风景服。正隆四年，祁阳天宁义禅师命师继席□□□□□持。大定九年，定州天宁虚位，/军府具疏请师开堂唱法，寺澍一雨，群汇普露□□□□□□雄席。定十三年，迁真定金牛，不数年间，倦于□□□□□洪山之新罗，爱其林泉幽胜，有养浩终焉之志，深云不出/□，以三年为期，养□□□□□□鸠工化财，崇建堂宇于新罗故基。定二十一年，定武/天宁仰师余爱，复……店，接待方来，祖令提□，启沃后进。人喜其/□正如□……瞻仰灵迹。回后应真定洪济之命，立规/定矩，处身及人，充……归洪山□□山门诸事，并付嗣法/门人悟净者主之……许吉祥而卧。小师法琮曰：和尚/临行可无一语……父母来生前，已曾向汝道一句，汝还举得么？ 琮不对。师/曰：汝若

---

① 感谢北京大学历史学系苗润博博士代笔者查阅抄录拓片，并提供拓片照片。

举得□向……示诲。师乃□笑瞑目长往。举众哀恸,如失恃怙。茶毗之/际,异香留人……五十九,世寿七十四。嗣法住持者祖云智觉等三/人,具咸得度……一人并参学密证者,不可备举也。分灵骨为三,一起塔/于定武天宁,一起塔于□□□□,一起塔于洪山新罗。新罗一日专使驰书达金牛清隐/曰:先师平日道□□□□□无,如在左右,人以洪山二老称之。今欲刻行于石,传于无既,/幸吾师惠顾前好□□□□□应之曰:□人行履处,不离今时路。上常行空劫,已前不可/以事会,不可以迹求,□□□□无下口处。吾何言哉? 吾何言哉? 谨以众人所知事迹之实/书之于右,不敢以……铭曰(下略)

　　中秋日洪山新罗嗣法小师悟净立并书

　　小师法柔化缘 小师法彝管勾 恒岳杨彦 石琪 贾□ □□ □□造并刊

　　前引《大圣安寺记》提到,佛觉法琼在天会中(1123—1137)北上,"帝、后出金钱数万为营缮费,成大法席。皇统初,赐名大延圣寺"。因天会年号为金太宗、熙宗所共有,笔者以前尚不敢确定所谓"帝、后"为谁。据此碑文"圣朝皇统间,佛觉禅师""诏旨上都演法""繇是云门一派洋洋而流润"云云,则《大圣安寺记》所谓"帝、后"可确定为金熙宗及其皇后裴满氏无疑。了孚为定州曲阳宕城里人,与文慧永寿是同乡,此后即至"本州天宁,礼文慧禅师为师"。不过,了孚当时所受只是沙弥戒,而据碑文"孚公禅师实圆音门人麟角者","诣真定之洪济……席下","圆音可之",则真正授其衣钵者应为真静圆音。这也印证了前面提到的《文慧禅师塔铭》"孚得法于圆音者也"的记载。真静圆音禅师生平不详,但有可能与文慧永寿一样,同出慧空普融法脉。"正隆四年,祁阳天宁义禅师命师继席",祁阳即定州临境之祁州。在这一年,了孚正式接任祁州天宁寺住持。"大定九年,定州天宁虚位,军府具疏请师开堂唱法",则是年了孚转任定州天宁寺住持。大定十三年(1173),又迁真定金牛,后退隐洪山新罗。二十一年(1181),了孚第二次担任定州天宁寺住持,"回后应真定洪济之命",又担任真定大洪济寺住持。圆寂时,僧腊五十九,俗岁七十四。了孚弟子中,"嗣法住持者祖云智觉等三人",又有"洪山新罗嗣法小师悟净"等。《孚公禅师灵塔记》即为悟净所立。

　　了孚文存世者主要有《普照禅院满公禅师塔记》,"一面大书第四代满公禅师塔,后题定州曲阳县普照禅院满公禅师塔记,中山天宁万寿禅寺传法住持嗣祖沙门了孚撰,岑庵道人智宗书及题额,末题大定二十八年戊申三月三十日,慧炬寺住持嗣祖小师智海立"①。所谓"中山天宁万寿禅寺"即定州天宁寺,了孚曾两次住持定州天宁寺,此为第二次。

综上所述,真定洪济禅院慈觉宗赜法脉在北方的传承,目前所见,主要有佛觉法琼、慧空普融两支。两支法脉大致如下图所示:

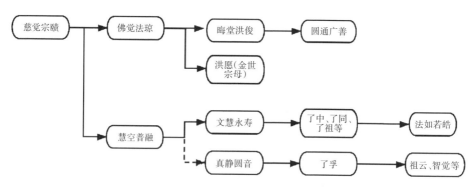

图1　佛觉法琼、慧空普融两支法脉示意图

其中佛觉法琼一脉主要依托中都大延圣寺(大圣安寺),慧空普融一脉主要依托定州天宁寺(中山天宁万寿禅寺),真定洪济禅院(大洪济寺)则是这两支法脉的共同发祥地,且与二者一直有密切关系。金元两代,佛觉法琼一脉因地缘等因素,一直是华北地区云门宗发展的主流,其中圆通广善贵为金世宗、章宗、卫绍王三朝国师,云山慧从则屡受元廷眷顾,加荣禄大夫、大司空,有"山中真宰相"的美誉。②相比之下,慧空普融一脉则显得冷清许多,金亡后传承即渐趋不明。

本文原刊载于《中国史研究》2021年第2期。

作者简介:

刘晓,1970年生,山东烟台人。历史学博士。现为南开大学历史学院教授、中国元史研究会会长。入选"国家百千万人才工程""有突出贡献中青年专家",享受政府特殊津贴。

①《光绪重修曲阳县志》卷一三《金石录下·普照禅院满公禅师塔记》,第627页。
②语出(元)释梵琦《寄云山长老》诗,梵琦另有《赠圣安长老从云山》诗云:"棕毛小殿屡传宣,请说云门派下禅。即日赐金三万两,连朝开法九重天。"据此可窥元廷尊崇云山慧从之一斑。见(元)楚石著,吴定中、鲍翔麟校注:《楚石北游诗》,浙江古籍出版社,2010年,第22、25页。

论孝定李太后崇佛与晚明佛教复兴

——以福建宁德支提寺为例的考察

何孝荣

孝定李太后（1545—1614）是明穆宗贵妃、明神宗生母，在万历初政及"国本之争"中都发挥了一定作用，是明代为数不多的较有政治成就的后妃。她狂热地礼僧建寺布施，是晚明佛教复兴的重要推手。福建宁德支提寺作为所谓的天冠菩萨道场，万历年间也得到孝定李太后的大肆崇奉布施而复兴，成为晚明佛教复兴的一个样板和组成部分。

迄今对孝定李太后崇佛的研究，主要有陈玉女、笔者及聂福荣等的论著，[①]分析了李太后崇佛的各种表现。论述晚明佛教复兴者，有夏清瑕、陈永革、戴继诚及魏道儒等人的论著，[②]着眼于剖析晚明佛教复兴的表现特征、佛学思想、禅宗流派复兴等。而对于孝定李太后崇佛促进晚明佛教复兴，包括她对支提寺和天冠菩萨道场的赏赐布施及其佛教复兴，尚缺乏阐发。本文通过考察孝定李太后对福建宁德支提寺崇奉布施促进该寺和天冠菩萨道场佛教的复兴，来展示晚明佛教复兴中孝定李太后的助力，以揭示晚明佛教复兴的诸多面相，深入解读明代佛教史、社会生活史。

一、唐宋时期天冠菩萨道场的打造和支提寺兴废

福建宁德支提寺和支提山在中国佛教中是所谓的天冠菩萨道场，经历了唐宋时期下自僧人、上迄朝廷的长期打造，逐渐为僧俗官民人等崇奉礼拜。

---

① 参阅陈玉女：《明万历时期慈圣皇太后的崇佛——兼论佛、道两势力的对峙》，台湾成功大学历史学系《历史学报》第23号，1997年；何孝荣：《明代北京佛教寺院修建研究》，南开大学出版社，2007年，第291~335页；聂福荣：《万历朝慈圣李太后崇佛考论》，吉林大学硕士学位论文，2007年。

② 参阅夏清瑕：《心学的展开和晚明佛教的复兴》，《江淮论坛》2001年第3期；夏清瑕：《晚明佛教复兴的特点及倾向》，《五台山研究》2002年第1期；陈永革：《经世佛教与出世解脱：论晚明佛学复兴的困境及其反思》，《佛学研究》2002年卷；戴继诚、赫丽莎：《晚明佛教：短暂的辉煌与深远的影响》，《宗教学研究》2006年第3期；魏道儒：《中华佛教史·宋元明清佛教史卷》，山西教育出版社，2013年，第270~327页。

(一)支提山天冠菩萨道场的佛经来源

支提寺位于今福建省宁德市西北40公里的霍童镇支提山。"支提山"之名，则出自一部重要佛教典籍——《华严经》。

《华严经》全称《大方广佛华严经》，是佛陀成道后在菩提场等处，借普贤、文殊各大菩萨显示其因行果德如杂华庄严、广大圆满、无尽无碍妙旨的佛教经典，宣扬世界是毗卢遮那佛的显现，一微尘映世界，一瞬间含永远，一即一切，一切即一，无尽缘起。《华严经》具有无量法门、无量义理，被称为"经中之王"。佛教宣扬，读了《华严经》，方知佛位之高、法义之广，所以古代有"不读《华严经》，不知佛富贵"的说法。

《华严经》在中国有三个译本，分别是东晋佛驮跋陀罗译六十卷本、唐武周时实叉难陀译八十卷本、唐贞元时般若译四十卷本。其中，实叉难陀译《大方广佛华严经》因文义最为畅达，品目也较完备，在汉地流传最盛，八世纪以后华严学者大都依其讲习疏释，并创立华严宗。通常所说的《华严经》即指此译本。

实叉难陀译《大方广佛华严经》记载：

> 尔时，心王菩萨摩诃萨于众会中告诸菩萨言：佛子！……东北方有处名清凉山，从昔已来，诸菩萨众于中止住；现有菩萨名文殊师利，与其眷属诸菩萨众一万人俱，常在其中而演说法……东南方有处名支提山，从昔已来，诸菩萨众于中止住；现有菩萨名曰天冠，与其眷属诸菩萨众一千人俱，常在其中而演说法……①

即心王菩萨在法会中对诸菩萨说，山海之间有二十二处菩萨住所，其中东北方有清凉山，是文殊菩萨与其眷属诸菩萨一万人居住说法之处；东南方有支提山，是天冠菩萨与其眷属诸菩萨一千人居住说法之处。佛驮跋陀罗译本也记载了这次说法，但说法地点译为"枝坚固"。②般若译本则未提到这次说法和支提山。

---

① (唐)实叉难陀译：《大方广佛华严经》卷四五《诸菩萨住处品第三十二》，《大正藏》第十册第279号，中华电子佛典协会(CBETA)"电子佛典集成"，2018年，第24页。
② (东晋)佛驮跋陀罗译：《大方广佛华严经》卷二九《菩萨住处品第二十七》，《大正藏》第九册第278号，第589~590页。

此外，《杂阿含经》《摩诃僧祇律》也提到支提山。《杂阿含经》称"有众多比丘住支提山侧，皆是阿练若，比丘着粪扫衣，常行乞食"①。"阿练若"又译作"阿兰若"，意为比丘住处。《摩诃僧祇律》记载，持律第一的尊者优波离"在支提山中住"②。无论《杂阿含经》，还是《摩诃僧祇律》，所记支提山都是没有多少特色的僧人住处。而实叉难陀译《华严经》中支提山为天冠菩萨和其眷属诸菩萨一千人住所，是一个大型菩萨道场，给信众以神圣和震撼之感，又因该经在中国广泛流传，遂为僧俗人等所熟知和重视。佛驮跋陀罗译《华严经》流传和影响远不及实叉难陀译本，"枝坚固"之名显然也不如"支提山"典雅明了，因此未能为后人所熟知和采用。

那么"支提山""支提"是什么意思呢？华严宗第四代祖师澄观注曰："支提山者，此云生净信之所。有舍利者为塔，无舍利曰支提。或山形似塔，或彼有支提，故以为名。"③《一切经音义》也解释："支提本是塔庙之名，此云山，似之故，因为号。"④即支提本意为没有埋瘗舍利的塔庙（方坟），支提山因其山形状如之而得名，是佛教徒礼拜而生净信之处。

（二）唐朝至吴越国时期支提山天冠菩萨道场的初步打造

中国古代佛教学者在翻译和阐释佛经时，往往刻意将其中一些佛教场所比附、指实到中国，以吸引中国僧俗人等信奉，传播佛教，是佛教中国化的表现之一。如澄观疏注："清凉山，即代州雁门郡五台山也，于中现有清凉寺。以岁积坚冰，夏仍飞雪，曾无炎暑，故曰清凉……昔云既指清凉为东北，则东南影响吴越。然吴越灵山虽众，取其形似者，天台之南赤城山也，直耸云际，ꞏ若霞起，岩树相映，分成数重，其间有白道猷之遗踪，或即当之矣。"⑤即《华严经》所说的东北方清凉山为山西代州五台山，而东南方支提山则是浙江天台赤城山。前者得到中国僧俗人等认可，五台山被打造成为文殊菩萨道场，而后者赤城山被比附为支提山在后世则影响不大。

---

① （南朝宋）求那跋陀罗译：《杂阿含经》卷五〇，《大正藏》第二册第99号，第371页。

② （东晋）佛驮跋陀罗、（东晋）法显译：《摩诃僧祇律》卷三〇，《大正藏》第二十二册第1425号，第470页。

③ （唐）释澄观：《大方广佛华严经疏》卷四七《诸菩萨住处品第三十二初》，《大正藏》第三十五册1735号，第859页。

④ （唐）释慧苑：《一切经音义》卷二二，《大正藏》第五十四册第2128号，第441页。

⑤ （唐）释澄观：《大方广佛华严经疏》卷四七《诸菩萨住处品第三十二初》，第859页。

约在唐末至吴越国时,僧俗人等开始将福建宁德霍童山打造为支提山和天冠菩萨道场。霍童山据说本是神仙霍童所居,为道教三十六洞天之首。而佛教僧人也看中了这块"福地"。《宋高僧传》记载:

> 释元表,本三韩人也。天宝中,来游华土。仍往西域,瞻礼圣迹,遇心王菩萨,指示支提山灵府。遂负《华严经》八十卷,寻访霍童,礼天冠菩萨。至支提石室而宅焉……表赍经栖泊,涧饮木食,后不知出处之踪矣。于时属会昌搜毁,表将经以花桐木函盛,深藏石室中。殆宣宗大中元年丙寅,保福慧评禅师素闻往事,躬率信士,迎出甘露都尉院,其纸墨如新缮写。①

这是霍童山被比附为支提山天冠菩萨道场的最早全部记载。

上引记载充满神异色彩。一是元表年岁。他于天宝年间来中国,即使按天宝最后一年即十五年(756)起算,到唐武宗最早颁布禁佛令的会昌二年(842)终计,起码相隔八十五年。加上他在朝鲜出生、出家、修行等,则元表藏经时在九十五岁以上,这很难令人相信。二是他"遇心王菩萨"。据《金刚三昧经》《华严经》记载,心王菩萨为佛陀弟子,二人同时代。②排除宗教神异,心王菩萨绝不可能在佛陀圆寂一千二三百年后仍存于世,并与僧元表在"西域"相遇。因此,我们怀疑,元表事迹及霍童山被指为支提山天冠菩萨道场可能是唐朝后期,即上引所谓唐宣宗大中元年(847)保福寺慧评禅师"迎出"《华严经》时编造出来的,"其纸墨如新缮写"或可透露出一些信息。

这一比附得到朝廷认可并崇祀则在吴越国时期。南宋李弥逊作《支提山天冠应现记》说道:"南海之滨,有大宝山,名曰支提,众山围绕,于其中闻有大菩萨号曰天冠,与千众俱。往昔吴越有大檀那谥曰忠懿,建阿兰若,集瞿昙子,庄严佛事,是诸菩萨现诸实相,令诸众生起诸信根。"③即吴越国末代国王——忠懿王钱俶在此修建寺院,崇祀天冠菩萨。其后《淳熙三山志》抄录《宋高僧

---

① (宋)释赞宁:《宋高僧传》卷三〇《唐高丽国元表传》,范祥雍点校,中华书局,1987年,第743页。
② (北凉)佚译:《金刚三昧经·序品第一》,《大正藏》第九册第273号,第365页;(唐)实叉难陀译:《大方广佛华严经》卷四五《阿僧祇品第三十》,第237页。
③ (宋)李弥逊:《筠溪集》卷二二《支提山天冠应现记》,《景印文渊阁四库全书》第1130册,台湾商务印书馆,1983年,第15页。

传》相关记载(但把"慧评"误为"惠平","都尉院"写作"山下都尉寺"),称"钱氏起废为寺,号大华严",并收录钱俶在宋太祖开宝九年(976)作疏:"国家自辛未年中,爰舍金帛,命所司建精舍,仍铸天冠菩萨梵容,斤斧功成,藻绘事就","及差灵隐寺副寺主辩隆为寺主"。①钱俶于开宝九年(976)二月朝见宋帝,太平兴国三年(978)正式归降,其新建大华严寺的"辛未年"为其统治吴越国末期,时当北宋开宝四年(971)。

可见,经过僧人比附、编造神异,小朝廷认可、布施赐额,支提山天冠菩萨道场在唐朝后期至吴越国时期初步打造,大华严寺即支提寺为其核心。

(三)宋朝支提山天冠菩萨道场打造完成

宋朝时期,支提寺僧人继续进行支提山天冠菩萨道场的打造。前引《宋高僧传》的记载,如元表归宿、与慧评的交代、钱俶何以知晓等,简单粗疏,并不充分完满,神异色彩也不足,因此说服力并不强。宋代寺僧遂对此加以改编增补,显求《支提山记》记载宣扬说,元表得心王菩萨指示,携《华严经》住霍童山那罗延窟,"旦夕披诵,金光发现"。法师元白闻之,往见,元表曰:"吾所诵《华严经》也。汝就龙王借一片地以卓庵,吾即付汝。"元白"遂陈悃,果感龙王涌沙填地"。元表"乃现神通,腾空而去"。元白"出甘露寺,邀都尉司僧慧平、慧泽,率乡老迎请此经,具奏闽王"。闽王"阅遍,复进钱王"。钱王"宣问灵隐寺了悟禅师","于是遣沈相国同了悟禅师来闽寻访"。清耸等入山,见到化成大寺和天冠菩萨千躯,甚至还和他们"栖宿共话"。钱王叹异,"敕了悟相地建刹,装塑三宝及天冠千尊、心王菩萨一尊,化诸有情,同登佛道"。②这样,支提山天冠菩萨道场叙事里增加了"法师元白",使其从元表处得到指示,且各展示出神异,再由元白等报告给闽王,闽王奏报钱王,钱王派清耸禅师与沈相国往探,结果他们真的在霍童山中见到变幻出来的寺庙和天冠菩萨千躯。虽然仍多史实抵牾和神话,却建构起一个较为严密、完整的支提山天冠菩萨道场传承叙事,而且活灵活现,让人不得不信。

钱俶建大华严寺成,"延了悟禅师居之"。了悟禅师即僧清耸,晋安郑氏子。出家后,"初参法眼"即法眼宗创宗人文益禅师,"后因阅《华严》感悟,承眼

---

① 《淳熙三山志》卷三七《寺观类五·僧寺》,《景印文渊阁四库全书》第484册,第24页。

② (宋)释显求:《支提山记》,(明)谢肇淛等修,(清)释照微增补:《支提寺志》卷四《文》,清同治重刊本,第1~2页。

印可",为吴越国王室礼敬。钱俶"命于临安两处开法","后居灵隐上寺日,署了悟禅师"。他奉命与"沈相国"到宁德,据说见到天冠菩萨及化成寺。钱俶"大惊叹,敕有司建寺",以为住持,"称开山祖云","嗣法眼益禅师"①。不久清耸回灵隐寺,"命记室隆禅师继席"②。"记室隆禅师"即僧辩隆,先在灵隐寺依清耸出家,后"闻悟师卓锡支提复归,侍巾瓶,命典书记,因称记室云"。宋太宗太平兴国元年(976),辩隆"以钱王之命,继主法席"③,住持大华严寺。清耸为禅宗法眼宗僧,兼弘华严,辩隆为其弟子,二人先后上堂说法。实际上,清耸与支提山寺的交涉,也多是编造。

宋朝皇室重视天冠菩萨道场。雍熙二年(985),宋太宗敕赐大华严寺改名为"雍熙寺","分太平寺金字经一藏赐之,岁度僧四人"④。淳化元年(990),宋太宗召见辩隆于便殿。辩隆阐述禅理,宋太宗赐号"佑国记室禅师",并赐紫衣、绢、钱及田四庄等。⑤政和五年(1115),雍熙寺"更律为禅",即由律宗寺院变更为禅宗寺院。六年(1116),宋徽宗改赐寺额为"政和万寿寺"⑥。

大华严寺(雍熙寺、政和万寿寺)所在山位于"霍童万山中"⑦,"在霍童之右"⑧,随着皇室的提倡和崇奉,以及僧人宣传、打造,天冠菩萨道场信仰日益为民众所接受,皇室、官民将该山称为支提山。《宋史》记载:宋真宗大中祥符五年(1012)十二月,"宁德县支提山石上生芝草十五本"⑨。南宋初期担任过户部侍郎的李弥逊作《支提山天冠应现记》,《淳熙三山志》登载"支提政和万寿寺"在"支提山"。南宋《释氏通鉴》明确指出:"福州支提山乃天冠菩萨道场。"⑩而寺院名称,最晚在南宋时民众已俗称其为支提寺。《淳熙三山志》记载:"西湖新买官地砧基簿十本,内四本藏之本州及三县架阁库,六本藏之雪峰、鼓山、东禅、

①《支提寺志》卷三《僧·开山了悟禅师》,第3页。

②《支提寺志》卷二《寺·华严、雍熙、华藏、万寿禅寺》,第1页。

③《支提寺志》卷三《僧·继席辩隆禅师》,第3页。

④《淳熙三山志》卷三七《寺观类五·僧寺》,第24页。

⑤《支提寺志》卷三《僧·继席辩隆禅师》,第3页。

⑥《淳熙三山志》卷三七《寺观类五·僧寺》,第24页。

⑦(清)郑方坤:《全闽诗话》卷一二《天冠千佛》,清乾隆刻本,第25页。

⑧(清)汪大润:《支提寺志序》,《支提寺志》,第2页。

⑨《宋史》卷六三《五行志二上》,中华书局,1997年,第1391页。

⑩(宋)释本觉:《释氏通鉴》卷一二,《卍新纂续藏经》第七十六册第1516号,中华电子佛典协会(CBETA)"电子佛典集成",2011年,第132页。

西禅、支提寺、紫极宫常住,永远照用。"①此后,支提寺俗称一直沿用,至清朝康熙年间真正改名"支提寺"。

中国古代小农经济,收成受旱涝灾害影响最大,因此祈晴求雨基本上是官府、民众求神拜佛的最重要目的和仪礼之一,受到崇奉的神佛往往需要具备此"灵异"。支提山天冠菩萨道场既被打造,就势必要回应和满足官民祈求保佑,尤其是祈晴求雨的要求和愿望。南宋时,福州府"亢旱日久",官民"发心远诣支提山,迎请千圣天冠菩萨圣象,入府祈求甘雨"。结果天冠菩萨显灵,"大施润泽,连日滂沱,三农遂获有秋之望"。后天冠菩萨"法驾还山",天仍阴雨,官民竟再祈求天冠菩萨停雨放晴,"以全圣力者"。②这些表明,僧俗人等对支提山天冠菩萨道场的打造工作基本完成。

二、元朝至明朝中期天冠菩萨道场的衰微圮废

元朝至明朝中期,虽然最高统治者多崇奉佛教,但关注、垂念天冠菩萨道场者很少,加上个别时期国家政策、地方形势的变化,支提山天冠菩萨道场和支提寺时兴时废,但总体上衰微不振,直至圮废为墟。

(一)元朝支提寺修建和天冠菩萨道场兴废

元朝时期,支提山天冠菩萨道场为僧俗人等认可和崇拜。但是,由于最高统治者崇奉藏传佛教而压制汉传佛教,以及福建和宁德地方小环境的变化,支提寺也曾遭毁废。如至元二十年(1283),建宁路总管黄华叛乱,政和万寿寺毁于兵火,"佛像、宸章、碑记灰烬,无有存矣"③。据说,当地民众盗窃铁天冠菩萨像铸釜,"洪炉鼓锻,相好俨然,惟流水若汗液状。锻炼数四,终不能坏"。乡民惊惧,"仍送还山"。④这既反映了支提寺被毁废破坏,也可以看出民众中的天冠菩萨信仰。

次年,元世祖敕愚叟澄鉴禅师重建。澄鉴为本县人,年幼出家,"参无文璨禅师,遂入其室"。后历主各寺,"学者望风而至",是一位知名禅僧。他奉敕重建支提寺,"历十五载,始得复命"。大德三年(1299),元成宗赐号"通悟明印大

---

① 《淳熙三山志》卷四《地里类四·西湖》,第25页。
② (宋)史浩:《鄮峰真隐漫录》卷二三《福州谢雨祈晴疏》,清乾隆刻本,第8~9页。
③ (明)陈鸣鹤:《支提寺始末记》,《支提寺志》卷四《文》,第3页。
④ 《支提寺志》卷六《逸事·铁佛流汗》,第2页。

师"。澄鉴又"以其羡置竹、福田二庄,为寺修造之费"①。这样,支提寺殿堂修复,寺院经济增强,天冠菩萨道场又一定程度地兴旺。不过,钱俶所铸赐天冠菩萨像却难以恢复,所谓"后寺毁于黄华之难,像亦遭劫火。元重兴,获三四于故址"②。

(二)明朝前期帝后赏赐修建和支提寺短暂兴盛

明朝建立后,明成祖大力提倡和保护佛教,取消"僧、道限田制",在南京兴建大报恩寺、静海寺等寺院,多次举办佛教法会,编撰佛教著作《神僧传》等,并两次编集、刊刻《大藏经》(《永乐南藏》《永乐北藏》),崇信藏传佛教。皇后徐氏也崇奉佛教,在南京兴建唱经楼,"唱念佛曲,化导愚氓"③,还与明成祖一起伪造《佛说第一希有大功德经》,为他们发动"靖难"之役夺取皇位提供"合法性"④。对宁德支提寺,永乐五年(1407)宦官周觉成"建大殿",明成祖赐额"华藏寺","诏无碍禅师住持"。⑤无碍为霍童陈氏子,"少从明极和尚薙染,住仁丰、凤山二刹"。明成祖命其住持华藏寺,"赐紫衣一袭"⑥。徐皇后则重铸千尊天冠菩萨像,"高尺许,赍至山中,仍建宝阁于佛殿之西,以祠焉"⑦。元末以来接近毁废的支提山天冠菩萨道场,在明初得以重建为"敕赐支提山华藏禅寺"。

借助明成祖、徐皇后的布施赏赐,无碍禅师大力经营,"殚心竭力,开本山井尾田,播种二石。其徒祖靖继之,播种五石。东至院前堂池,南至大坑,西至墓后垄,北至大岭,以为佛殿长明灯资"⑧。支提寺再次兴复,支提山天冠菩萨道场恢复兴盛。

(三)明朝中期支提寺和天冠菩萨道场毁废

明朝中期,虽然最高统治者仍多崇奉佛教,但历朝帝后没有关注支提寺和天冠菩萨道场者。而国家佛教政策的变动,地方动荡,也波及支提寺、天冠菩萨道场。

---

① 《支提寺志》卷三《僧·重兴澄鉴禅师》,第7页。
② 《支提寺志》卷一《山·晒衣岩》,第9页。
③ (明)葛寅亮:《金陵梵刹志》卷二四《唱经楼》,何孝荣点校,南京出版社,2017年,第298页。
④ 何孝荣:《明成祖与佛教》,《佛学研究》2002年总11期。
⑤ 《支提寺志》卷二《寺·华严、雍熙、华藏、万寿禅寺》,第1页。
⑥ 《支提寺志》卷三《僧·重兴无碍禅师》,第7页。
⑦ (明)陈鸣鹤:《支提寺始末记》,《支提寺志》卷四《文》,第3页。
⑧ 《支提寺志》卷二《寺·田》,第15页。

先是,正德十五年(1520),宁德邻县古田县有张包奴起事,"据古田鸡啼寨,剽掠四境"。古田县尉钟奎带兵镇压,"逐贼至寺,时属夜半,昏黑不辨。僧恐有诈,不敢开户,止宿于山门之外"。钟奎大怒,"又惧不能平贼,遂以鸡啼为支提,文饰其罪",即将发音接近的"鸡啼""支提"混淆上报,诬称支提寺僧参与起事。"监司信之",遂檄宁德知县桂宗美毁寺。桂宗美"虽力白其冤,寺亦遭毁"。①《支提寺志》也记载:"宗美知其诬,白之,虽置勿问,而僧众厄于残暴,不能守矣。"②寺僧逃散,寺院逐渐荒废。

嘉靖时期,明世宗推行禁绝佛教政策,清除宫中佛像,焚烧佛骨等物,拆卖各地私建寺院及荒废寺院,停止开度僧人,强令尼僧还俗,严禁僧人设坛传戒说法,打击了佛教。③在宁德,嘉靖六年(1527)倭寇劫掠,支提寺再"遭兵燹",殿堂焚毁殆尽,"唯祖堂岿然独存,实伽蓝呵护之灵"。④不管伽蓝怎么"呵护",支提寺已经圮废至极。弘治《八闽通志》尚记载,宁德县支提寺等四十三寺"俱存"⑤。到了嘉靖《宁德县志》则称:"寺观近例多废"⑥,支提寺"今废"⑦!

支提寺寺院经济也遭毁废。宋太宗时,赐以大印庄、太平庄等处四庄,"共计四十六顷零",支提寺是十足的寺院大地主。至明朝洪武十四年(1381),"丈量本寺田册",有田十六顷三十六亩,⑧寺院经济仍很强盛。正德年间,"寺毁业荒",田产被民人分占,"官佃纳租"。至嘉靖二十二年(1543),御史陈豪题准,变卖支提废寺田产,"价银二千九百余,解京助工"⑨。其后,嘉靖三十二年(1553),僧人一阳来支提寺废址,"于乱烟荆莽中结茅独守,二十余年不倦,山场赖以有存"⑩。他"志存兴复",但是"力不从心"⑪。支提寺、天冠菩萨道场变成了废墟。

---

① (明)陈鸣鹤:《支提寺始末记》,《支提寺志》卷四《文》,第3页。
②《支提寺志》卷二《寺·华严、雍熙、华藏、万寿禅寺》,第1页。
③ 何孝荣:《论明世宗禁佛》,《明史研究》第7辑,黄山书社,2001年。
④《支提寺志》卷二《寺·华严、雍熙、华藏、万寿禅寺》,第1页。
⑤ 弘治《八闽通志》卷七九《寺观》,明弘治刻本,第20页。
⑥ 嘉靖《宁德县志》凡例,明嘉靖刻本,第2页。
⑦ 嘉靖《宁德县志》卷二《寺观·支提禅寺》,第18页。
⑧《支提寺志》卷二《寺·田》,第15页。
⑨ 乾隆《宁德县志》卷二《寺观》,《中国地方志集成·福建府县志辑》第十一册,上海书店,2000年,第650页。
⑩ (明)陈鸣鹤:《支提寺始末记》,《支提寺志》卷四《文》,第3~4页。
⑪《支提寺志》卷三《僧·中兴大迁和尚》,第8页。

三、孝定李太后赏赐修建和支提寺、天冠菩萨道场的佛教复兴

万历年间,明神宗生母孝定李太后狂热地崇奉佛教,再次对支提寺加以赏赐、修建,支提寺、天冠菩萨道场佛教得以复兴。

(一)孝定李太后狂热崇奉佛教

孝定李太后(1545—1614),顺天府漷县(今北京通州)人。嘉靖年间选入宫,为明世宗第三子裕王朱载垕王府宫女。嘉靖四十二年(1563),李氏生子朱翊钧。隆庆元年(1567),明穆宗朱载垕册封为贵妃。隆庆六年(1572)五月,明穆宗驾崩。六月,明神宗朱翊钧即位。七月,尊为"慈圣皇太后"。时明神宗年方九岁,因此李太后严厉管束教育,是内廷的实际主宰者,在外她信任和支持大学士张居正辅政,推行改革。《明史》称:"后性严明,万历初政,委任张居正,综核名实,几于富强,后之力居多。"①万历十年(1582)张居正去世后,神宗亲政,李太后基本不再干预军政大事。但在"国本之争"中,她两次隐忍而终发,先后迫使神宗册立皇长子常洛为太子、命福王常洵之国,使拖延已久的"国本之争"得以解决。因此,她是明代为数不多的较有政治成就的后妃。②万历四十二年(1614)二月,李太后去世,谥"孝定"③。

明神宗冲龄继位,李太后"忧勤鞠育,为祖宗社稷、天下重器所寄"④。为了"资福"去世的穆宗、保佑小皇帝神宗及大明王朝,她"大作佛事"。明神宗亲政以后,她安居养老,仍狂热地崇奉佛教,欲借佛教力量保佑皇室康宁、宗社安定。其崇佛表现有:

1.大肆修建寺院

孝定李太后"好佛,京师内外多置梵刹,动费巨万"⑤。她不仅自己出资,而且经常裹挟年幼的明神宗、其他后妃、王子、公主及宦官、宫女等共同布施。据不完全统计,李太后带领神宗等人修建的寺院,在北京有十八所,外地二十余

---

① 《明史》卷一一四《孝定李太后传》,中华书局,2017年,第3535页。

② 何孝荣:《万历年间的国本之争》,《山东大学学报》1997年第4期;林延清:《李太后与"国本之争"》,《东岳论丛》2008年第1期。

③ 《明史》卷一一四《孝定李太后传》,第3535页。

④ (明)释德清:《憨山老人梦游集》卷二一《贺僧录左善世超如应公住持大慈寺序》,台南市和裕出版社,1998年,第42页。

⑤ 《明史》卷一一四《孝定李太后传》,第3536页。

所。①建寺数量众多,殿堂佛像庄严,花费帑金巨大,在中国古代是空前的。

2.礼敬皈依僧人

李太后"崇重三宝"②,其大肆修建寺院,皆以礼敬之僧住坐。不仅如此,李太后还给僧人大肆赏赐佛教法器、法物,以及金钱、田地、冠服等生活用品。一些名僧、高僧去世,李太后往往赐祭葬、建塔。她皈依高僧憨山德清,甚至要延清德清入宫,"面请法名"。德清不敢,"绘像命名以进"。她"悬像内殿",令神宗"侍立","拜受法名"。③

3.频繁举办佛教法会

万历初年,李太后等多次在京城普安寺"建立斋坛",内经厂宦官"效为佛事"者还从而学习。④李太后又在各地"大作佛事","天下名山自五台始,延高僧十二员"。⑤万历十八年(1590),僧如迁奉李太后懿旨,"于慈寿寺开净土法门,在会者千二百众"⑥。华严宗高僧镇澄,李太后"命于都城千佛寺讲所著《楞严正观》,又于慈因寺讲演诸经"⑦。她频繁举办法会,祈求皇室安宁、明王朝统治稳固。

4.编集、刊刻《续入藏经》,颁赐《大藏经》于各地寺院

李太后"亲阅藏经,深得佛祖之意"⑧,有感于明初的《永乐北藏》(636函)收录不全,遂命编刊《续入藏经》41函,一起颁赐全国各地寺院。如万历十四年(1586),神宗"敕颁十五藏,散施天下名山"⑨。万历十七年(1589),李太后又捐内帑银两,于汉经厂刷印二十藏,"散施各省名山寺院"⑩。据不完全统计,万历

---

① 何孝荣:《明代北京佛教寺院修建研究》,第299~335页。

② 《憨山老人梦游集》卷二七《云栖莲池宏大师塔铭》,第32页。

③ (明)释福徵:《憨山大师年谱疏》卷上,万历二十二年甲午,河北省虚云印经功德藏1994年版,第63~64页。

④ 《憨山老人梦游集》卷二九《敕建大护国慈寿寺开山第一代住持古风淳公塔铭》,第20页。

⑤ 《憨山老人梦游集》卷二二《修五台山凤林寺下院方顺桥大慈宣文寺碑记》,第24页。

⑥ (民国)喻谦:《新续高僧传四集》卷四三《明怀庆龙冈寺沙门释如迁传》,上海古籍出版社,1991年,第902页。

⑦ 《憨山老人梦游集》卷二七《敕赐清凉山竹林寺空印澄法师塔铭》,第41页。

⑧ (明)释觉淳、(明)释道安等:《大明续诸经未入藏者添进藏函序》,转引自李富华、何梅:《汉文佛教大藏经研究》,宗教文化出版社,2003年,第444~446页。

⑨ 《憨山老人梦游集》卷五三《憨山老人自叙年谱实录》上,第52页。

⑩ (清)范承勋:《鸡足山志》卷八《慈圣宣文明肃贞寿端献皇太后谕大觉寺懿旨》,清康熙刻本,第2页。

年间李太后与明神宗颁赐给各地寺院的《大藏经》近五十部,[1]花费难以数计。此外,她还经常赏赐单部或多部佛经给一些寺院、僧人。

孝定李太后狂热地崇奉佛教,在万历时期掀起了一股强劲的皇室崇佛风潮。当时人说她"信佛甚殷,布施甚广,京师人称佛老娘娘"[2]。

(二)孝定李太后对支提寺赏赐修建

孝定李太后对天冠菩萨也信奉甚殷,多次布施赏赐,修复支提寺,礼敬寺僧。

1.派遣僧人圆慧重建支提寺,改赐寺额为"万寿禅寺"

万历元年(1573),据说李太后"一夕兆梦僧人前导,至一高岳,名曰支提,有千天冠示现"。醒后,她命宦官在京城寻找梦中的导引僧人,结果在吉祥寺找到了大迁圆慧,"携之复命,命图形以进,酷肖梦中"。李太后召见圆慧,"谈称懿旨,敕行来山,重兴古刹"。[3]这样的说法也是神异,不可尽信。我们怀疑,李太后阅读或听说过《华严经》及疏注,知悉天冠菩萨道场、支提寺和僧人圆慧(甚至是宦官和圆慧合谋而哄诱李太后),于是编造出这一神话,再派宦官去找到圆慧,命他前往修复支提寺。

圆慧,字大迁,京师军籍。嘉靖六年(1527)十九岁时,依京师吉祥寺临济宗高僧翠峰德山禅师出家。寻受具足戒。"立禅三年,誓明大事"。其后四处游方,"居终南,徙伏牛,游淮浙,历陕蜀,参拙牛、秋月、大休、白云、太虚六十余员善知识"。再到峨眉山谒性天禅师,得印可,"付以衣法"[4]。他"复回都下,博涉《华严》"[5],是一位兼弘华严的禅宗高僧。

圆慧奉敕重建支提寺,"命工度材,凡七载告竣,殿宇廊庑,焕然一新"[6]。原本沦为废墟的"华藏禅寺",至此神宗改赐为"万寿禅寺"[7],明显寓含为李太后及朱明王朝祝釐之意。

---

① 何孝荣:《明代北京佛教寺院修建研究》,第315~322页。

② (明)释福徵:《憨山大师年谱疏》卷上,万历五年丁丑,第41页。

③ (明)林懋和:《中兴支提寺赐紫圆慧大迁禅师塔志铭》,《支提寺志》卷四《文》,第18页。

④ 《支提寺志》卷三《僧·中兴大迁和尚》,第8页。

⑤ (明)林懋和:《中兴支提寺赐紫圆慧大迁禅师塔志铭》,《支提寺志》卷四《文》,第17页。

⑥ 《支提寺志》卷三《僧·中兴大迁和尚》,第9页。

⑦ 《支提寺志》卷二《寺·华严、雍熙、华藏、万寿禅寺》,第2页。

2.赏赐《大藏经》及冠服仪仗等

万历十八年(1590)春，圆慧"诣京复命"，李太后"迎居慈寿寺"。[①]慈寿寺位于京城阜成门外八里庄，万历四年(1576)李太后带领潞王、公主等捐建，择其礼敬老僧觉淳"主之"[②]。李太后"又赐园一区，庄田三十顷，食其众"[③]。作为李太后主建的皇家寺院，慈寿寺"亦称上方兜率院，方丈布地，无非毡锦，供佛果馔，悉四方珍物"[④]，"华焕精严，真如游化城乐邦"[⑤]。李太后将圆慧迎居于寺，"遣近侍张近朝左右供奉"[⑥]，可见其礼敬。

不久，圆慧要求回山，李太后慰留。圆慧再住八个月，复请回山，李太后才同意。万历十八年(1590)底，她派慈寿寺僧万安赍送"敕赐全藏六百七十八函，金冠一顶，五爪金龙紫衣一袭，黄盖一把，御杖、金瓜锤、龙凤旗各一付"[⑦]，前往支提寺供奉，并护送圆慧。

万历十九年(1591)闰三月，万安等入闽，福建巡抚赵参鲁"因疏请留经于[省]城之开元寺"[⑧]。具体原因，据寺志记载，赵参鲁"以支提居万山中，艰于祝诵"，"遵旨奉《龙藏》及御器并师于本省开元寺供养"。[⑨]而据实录记载，赵参鲁奏报说，支提寺附近有宝丰、遂应二个银矿，容易招致采矿者私聚，生出变乱。因此，他要求"将支提寺僧移入省城寺中，并申矿禁"，"部复，从之"。[⑩]不久，礼部又题称，"近福建有僧妄称钦差，欲重建支提寺，以觊银坑之利"，称圆慧要重建支提寺，私采银矿，易致祸乱，神宗"命严逐重治之"。[⑪]但支提寺僧并未迁，圆慧也未"严逐重治"，而是"遵旨奉《龙藏》及御器并师于本省开元寺供养"。[⑫]这样，李太后赐给支提寺的《大藏经》等及圆慧都被留奉于福州开元寺。万斯

---

①《支提寺志》卷二《寺·华严、雍熙、华藏、万寿禅寺》，第2页。

②(明)于慎行：《谷城山馆文集》卷一三《敕建慈寿寺碑文(代)》，明万历刻本，第9页。

③(明)张居正：《张太岳集》卷一二《敕建慈寿寺碑文》，明万历刻本，第9页。

④《憨山大师年谱疏》卷上，万历二十二年甲午，第63页。

⑤(明)沈德符：《万历野获编》卷二七《释道·京师敕建寺》，中华书局，1959年，第686页。

⑥《支提寺志》卷三《僧·中兴大迁和尚》，第8页。

⑦《支提寺志》卷二《寺·华严、雍熙、华藏、万寿禅寺》，第2页。

⑧(明)熊明遇：《文直行书诗文文选》卷十六《登支提山记》，清顺治刻本，第15页。

⑨《支提寺志》卷二《寺·华严、雍熙、华藏、万寿禅寺》，第2页。

⑩《明神宗实录》卷二三四，万历十九年闰三月丁卯，上海书店，1990年，第4332~4333页。

⑪《明神宗实录》卷二三四，万历十九年闰三月己丑，第4351页。

⑫《支提寺志》卷二《寺·华严、雍熙、华藏、万寿禅寺》，第2页。

同《明史》称"参鲁怒毁寺,徙其僧。大迁闻,逸去海上"①,记载不实。

万历二十一年(1593),圆慧再次入京谢恩,李太后"传旨慰劳"。他在京"居五阅月,奏归,仍赐紫衣四袭,敕中使王文送至江南"。次年,安庆诸绅衿留住,圆慧"遂有终焉之志",但弟子们"坚请回山"。②八月,圆慧去世,寿八十六,僧腊六十七。

3.赏赐渗金大毗卢佛像等

李太后崇奉天冠菩萨,念念不忘支提寺。万历二十五年(1597),她又"遣内官张文赍赐渗金大毗卢一尊,绕座千佛重一千斤,供大殿中"③。其实,李太后这次赏赐还有"《华严》《楞严》《般若》《金光明心地》《涅槃》《报恩经》各一部,龙文幡二合,铜钟磬各一件"④。

4.明神宗再赐《大藏经》

明神宗幼年被李太后严厉管束,亲政后也孝事李太后,对其崇佛多有"助施"。万历二十七年(1599),他"念皇太后前赐支提寺《藏经》,已从守臣之议,移镇城郭,复命所司刻印全藏,特差内经厂掌坛御马监太监赵永赍送支提"⑤。新赐《大藏经》送至,成为支提寺的"镇山"。

(三)支提寺和天冠菩萨道场的修复和佛教复兴

孝定李太后对支提寺的修复赏赐,促成了支提寺和支提山天冠菩萨道场佛教的复兴。

第一,支提寺修复,山中庵院林立。圆慧奉李太后命重建支提寺,得到地方官员、僧俗人等重视和支持。经过七年经营,"一时殿阁寮舍,备极雄丽"⑥。其后,李太后又陆续赏赐,进一步建设支提寺,使其成为远近闻名的皇家寺院。借此身份,支提寺继续得到明朝皇家赏赐和僧俗人等修建。皇家赏赐,如崇祯九年(1636),田贵妃"遣替僧华严赍赐铜准提一尊,时留供辟支银千两,修皇忏祝圣"⑦。僧人修建,如万历三十一年(1603),圆慧上首弟子住持明启等"募缘

---

① (清)万斯同:《明史》卷三三一《赵参鲁》,清钞本,第21页。
② 《支提寺志》卷三《僧·中兴大迁和尚》,第9页。
③ 《支提寺志》卷二《寺·华严、雍熙、华藏、万寿禅寺》,第2页。
④ (明)熊明遇:《文直行书诗文文选》卷一六《登支提山记》,清顺治刻本,第15页。
⑤ 《文直行书诗文文选》卷一六《登支提山记》,第15页。
⑥ 《支提寺志》卷二《寺·华严、雍熙、华藏、万寿禅寺》,第2页。
⑦ 《支提寺志》卷二《寺·华严、雍熙、华藏、万寿禅寺》,第2页。

重建"大殿,"极尽华美";①十二楼,原为斋堂,寻焚毁,崇祯十一年(1638)僧性敏"募福州弘衍林公建为僧寮,曰七透"②;雍熙堂,即祖堂,崇祯十二年(1639)僧真隆"鸠众重建";禅堂"窄狭",崇祯十三年(1640)僧性敏"募宪副林公弘衍重建"③。可见,支提寺从此修建有人,保持兴盛。

与此同时,僧人来山者日多,在山中也陆续建复了不少庵院。所谓"嗣后说法开士日盛,各各选胜,辟静居焉。西有那罗、辟支岩,东有安溪、法华、师子窝,南则金灯精舍、东湖南峰庵、天冠坪,而北紫芝庵"④。仅《支提寺志》"庵"条明确记载的万历至崇祯年间建复庵院就有十余所。⑤支提寺和天冠菩萨道场走向繁盛。

第二,高僧说法授徒,僧众汇聚修习。圆慧作为来自京城、兼弘华严的禅宗高僧,奉敕重建并住持支提寺,提高了支提寺、支提山的声誉和佛学水平。他"戒行精严,接物应机,不假文字"⑥,声名远播,"四方弟子,山中云臻"⑦。他"度众甚多,惟择有功行者十六人住山,分福、寿、康、宁、祖五房,余各遣化一方,为倡导之师云"⑧,培养出大批弟子。

一些高僧居山修习讲法。《支提寺志》作传的明朝高僧四位,即前期无碍禅师,万历时期圆慧禅师、真受法师、真常律师。真受,字(号)天恩,福建汀州清流吴氏子。他在万历三年(1575)二十七岁时,来支提寺,圆慧推荐寺僧明香为其师,"薙染受具"。真受"常问义学于冬晖法师,而得其传。复叩心印于一山大师,尽得其旨。又与三淮师为友,朝夕咨决。由是,渐、顿之教,泮然无疑"。"冬晖法师"为讲宗僧人,"一山大师"为知名禅僧,"三淮"为"三怀"之误,即明末兼弘唯识的华严宗高僧雪浪洪恩。万历十一年(1583),真受别构精舍于支提山金灯峰下,"四方争迎,开讲无虚日矣"。他"见地超脱,言行端凝,至于诱诲学者,不假辞色。凡主讲席一十九处,所著《心性录》《金刚解》《心经要集》行

---

① 《支提寺志》卷二《寺·华严、雍熙、华藏、万寿禅寺·殿》,第3页。
② 《支提寺志》卷二《寺·华严、雍熙、华藏、万寿禅寺·楼》,第6页。
③ 《支提寺志》卷二《寺·华严、雍熙、华藏、万寿禅寺·堂》,第6页。
④ (明)崔世召:《募天岩静室开山疏》,《支提寺志》卷四《文》,第16页。
⑤ 《支提寺志》卷二《寺·庵》,第8~12页。
⑥ 《支提寺志》卷三《僧·中兴大迁和尚》,第9页。
⑦ (明)崔世召:《募天岩静室开山疏》,《支提寺志》卷四《文》,第16页。
⑧ 《支提寺志》卷三《僧·中兴大迁和尚》,第9页。

世"①,是一位禅、讲兼通的高僧。真常,字(号)樵云,福建漳州周氏子。幼年出家,"律身清苦,过中不食。思诸佛以戒为师,行持不怠"。万历二十七年(1599),真常来支提山,依辟支岩"缚屋以居","与其徒如信处之志坚,啖蕺茹蕨,不求世营,凡十余年所"。后往住开元寺,"四方云衲争依之","为四众广授木叉大戒"。万历四十年(1612),回辟支岩,"扩充殿宇,顿成奇观。由是,缁素不惮寒暑,而往参焉"②,是律宗高僧。

圆慧、真受、真常等高僧弘传禅宗、华严宗、律宗等各宗派,支提寺、支提山成为僧人汇聚、佛教兴旺之所。时支提山"亡论住山焚修之众,即十方参禅之僧,与夫游人羁客,日不下千余指"③。明末有官员游支提寺,见"诸僧皆披夹衲,左右侍,说无生话"④。所谓"无生",即涅槃的道理,即指佛法。天恩真受法师居金灯精舍,"徒子莫不学通内外,义明顿渐"⑤,具有一定的佛学水平。

第三,官民皈依信向,布施礼拜。圆慧得到宁德乃至福建官民人等信奉礼敬,"其时,三山王参知应钟(山东右参政王应钟,引者注)、林方伯懋和(广东左布政使林懋和,引者注)诣师,征诘奥义,赞赏不已。及当道刘中丞尧诲(福建巡抚刘尧诲,引者注)、商直指为正(监察御史商为正,引者注)、郑观察善(疑为福建按察使邹善,"郑"为"邹"之误。下文有"观察邹公善"。引者注),并诸藩臬大臣、乡搢绅先生,莫不延之上席"。官员信奉礼敬圆慧如此,普通人就更不用说,"海内缁素,望风皈向,参请殆无虚日,座下恒绕数千指"⑥。真常居辟支兰若,"远近僧俗,望风皈信"⑦。真西在山中"结茅住静","道俗向化"⑧。各位僧人能够建寺立庵,都是皈依信向的官民布施捐舍的结果。时人谢肇淛即说圆慧"以无上法宝,引导当途诸宰官,为天冠菩萨重建华藏寺于宁德县之支提山"⑨。僧超宗募捐"建六度堂于支提之说法台",有商孟和"愿舍百金,而诎于

---

①《支提寺志》卷三《僧·天恩法师》,第9~10页。

②《支提寺志》卷三《僧·樵云律师》,第10页。

③(明)王应钟:《支提山华藏寺复田碑记》,《支提寺志》卷四《文》,第5页。

④《文直行书诗文文选》卷一六《登支提山记》,第19页。

⑤(明)谢肇淛:《小草斋文集》卷一〇《金灯精舍记》,江中柱点校,福建人民出版社,2009年,第232页。

⑥《支提寺志》卷三《僧·中兴大迁和尚》,第8页。

⑦《支提寺志》卷二《寺·庵》,第9页。

⑧《支提寺志》卷二《寺·庵》,第10页。

⑨《小草斋文集》卷一六《支提山华藏寺重建佛殿碑记》,第337页。

赀,乃作画百幅以代之"。①

另外,支提山天冠菩萨道场的"神异",也吸引着官民信众前来礼拜崇奉。自宋代以来,支提山天冠菩萨道场就有"圣钟铿鸣、天灯烨煜,求以诚心则应","岁旱祷雨颇验"等"灵异"。②此为嘉靖《宁德县志》所记。万历年间支提寺、支提山建复后,这些"神异"仍得流传。如祷雨祈晴灵验之说,清人记载说:"寺前有五龙潭,祷雨神应。"③再如"天灯烨煜",万历二十五年(1597),宦官张文赟送大渗金毗卢佛像等至寺,据说"虔祷三昼夜,越夕,果现于峰前。初见一灯,须臾为二,渐至三十有六。久之,得四十九,错落虚空,照耀山谷"。再如秦川张大光游山,宿金灯精舍,据说"忽见殿庭晃耀,遽出视之,圆光大如车轮,起峰顶,倏合为一,复散为三"。张大光合掌赞叹,"踊跃无量"④,成为虔信的护法宰官。

其四,赎田置产,寺院经济强盛。寺院经济是佛教、寺院存续的经济基础。明代中期,支提寺寺废田失,寺院经济毁废。因此,圆慧重建寺院,同时着力恢复寺院经济,募缘赎回寺田:万历元年(1573),"观察邹公善(福建按察使邹善,引者注)、邑侯韩公绍(宁德知县韩绍,引者注)赎回原田二百亩";万历五年(1577),"大中丞刘公尧诲(福建巡抚刘尧诲,引者注)赎回三百亩零";万历十五年(1587),"大方伯陶公大顺(福建右布政使陶大顺,引者注)、按察司张公偲(福建按察使张偲,引者注)、县尹徐公文翰(宁德知县徐文翰,引者注)、延平丞吴公某先后捐俸,共赎田五百余亩,咸以供僧"。这样,十余年中,支提寺已经赎回"霍童并本山四处"寺田一千余亩。诸檀越"更议赎各庄之田",圆慧"坚辞,恐田多粮广,有妨净业","议遂寝"。⑤其后,天启三年(1623),该县石堂信士林奇玉又买得二十四都堂边田十四亩零,"喜舍千冠座前香灯并祭田,祈求子孙昌盛者"⑥。支提寺山场,正德年间被"乡民恃强侵占"。万历二十一年(1593),寺僧如提控告,"抚院许(福建巡抚许孚远,引者注)、按院刘(福建巡按御史刘芳誉,引者注)审断归寺,仍给示立界,禁止再占"⑦。而山中庵院也垦田

---

①(明)何伟然:《十六名家小品·选曹能始先生小品》卷二《支提山说法台超宗上人募建六度堂引》,明崇祯刻本,第20页。

②嘉靖《宁德县志》卷二《寺观》,第18页。

③《全闽诗话》卷一二《天冠千佛》,第30页。

④《支提寺志》卷六《逸事·圣灯现瑞》,第3页。

⑤《支提寺志》卷二《寺·田》,第15页。

⑥《支提寺志》卷二《寺·田》,第15页。

⑦《支提寺志》卷二《寺·山场》,第16页。

购地。如天恩真受法师建金灯精舍，"又于山坳芟草柞木，垦田数段，于是香积不匮，撒速恒足"①。

由于孝定李太后的崇奉赏赐，寺僧圆慧等人艰苦经营，支提寺、支提山天冠菩萨道场在万历以后得到修复，佛教复兴。人称"[大]迁[圆慧]师兴复于前，[明]启等缵继于后，朝廷宠锡，山川光重，八宇精蓝，无有逾此"②。乾隆《宁德县志》仍称"寺复振兴，至今称盛焉"③。

四、结论：孝定李太后狂热崇佛促进了晚明佛教复兴

中国佛教在历经明朝中期一百余年的衰微之后，到了万历年间，"出现了声势浩大、发展迅猛、席卷全国的复兴浪潮"，这就是所谓的"晚明佛教复兴"。④它是千余年中国古代佛教史上回光返照式的一抹亮色，同时也是近代佛教的曙光。晚明佛教复兴的动因无疑是当时佛教内部的振兴自救，但是官民信众人等的檀助，尤其是万历年间孝定李太后狂热地崇奉佛教，也提供了强劲动力。万历以后支提寺和天冠菩萨道场佛教的复兴，正是一个极好的诠释。

第一，什么是"晚明佛教复兴"？

晚明佛教复兴是针对明代中期甚至元代以来佛教衰微而言的。唐朝"会昌法难"以后，中国佛教走上了衰微的道路。五代、宋朝时期，佛教各宗派仍能有所发展和创新，稍显振兴。但至元朝，统治者崇奉藏传佛教，贬抑汉传佛教，且尊教抑禅，使"禅学浸微，教乘益盛"⑤。而所谓的"教乘益盛"也不过是表面现象，教僧们宣讲的仍是"唐代各宗注疏讲经"，"殊少创新"。⑥

明太祖、明成祖支持和崇奉汉传佛教，使佛教各宗派都获得一定程度的振兴。不过，明朝佛教政策也导致佛教进一步衰微。明太祖要求僧人重视佛教经典学习，且为统一思想，"诏天下沙门讲《心经》《金刚》《楞伽》三经，命宗泐、如圯等注释颁行"⑦，使禅僧向义学靠拢，讲僧也"以融合诸宗学说为特色，专弘某一派或某一经的人极少"⑧。尤其是明太祖将寺院、僧人分为禅、讲（指华严、

①《小草斋文集》卷一〇《金灯精舍记》，第232页。
②《支提寺志》卷二《寺·华严、雍熙、华藏、万寿禅寺》，第3页。
③ 乾隆《宁德县志》卷二《寺观》，第650页。
④ 魏道儒：《中华佛教史·宋元明清佛教史卷》，山西教育出版社，2013年，第270页。
⑤（元）释念常：《佛祖历代通载》卷二二，见《大正藏》第四十九册第2036号，第732页。
⑥ 魏道儒：《中华佛教史·宋元明清佛教史卷》，第211页。
⑦《金陵梵刹志》卷二《钦录集》，洪武十年丁巳，第38页。
⑧ 魏道儒：《中国华严宗通史》，江苏古籍出版社，1998年，第277页。

天台、律等宗派）、教（专做经忏法事者）三类，使教僧（赴应僧、经忏僧）专业化，严令只许他们为民间做法事，于是佛教内部出现了向有可靠收入的教僧的倾斜，明代中期以后"占到整个僧侣总数的将近半数"[1]，佛教也被斥为"死人佛教""经忏佛教"，社会形象和声誉低落。加上明代中期最高统治者主要崇奉藏传佛教，大肆鬻卖度牒，嘉靖年间推行禁佛政策，使佛教越发衰微，"自宣德以后，隆庆以前，百余年间，教律净禅，皆声闻阒寂"[2]，宗派不振，传承艰难。嘉靖年间停止度僧，禁止新建、修复寺院，甚至下令变卖毁废寺院，佛教衰微至极。

晚明佛教复兴是明清佛教史研究的一个重要课题，学界对此有一些专门探讨。有学者指出："佛教在经过宋元及明中期前的相对沉寂后，万历年间出现了一种较为盛行的复兴气象，主要表现为高僧的辈出、寺院的繁兴、义学的兴起以及僧侣融入主流文化之中，佛法充当社会精神支柱等。"[3]有学者认为："寺院重建与扩建是晚明佛教复兴的突出表现"，"晚明佛教复兴另一重要表现是教内外僧众再次掀起研究佛教经典的兴趣"，"晚明四大师与禅宗诸大德是晚明佛教复兴的核心与纽带"。[4]有学者强调，万历年间不仅涌现出"晚明四大师"等佛教高僧、名僧，"而且还出现了佛教宗派、佛教文化等领域的全面复兴景象"，高僧、名僧"以重修佛教寺院为弘法中心，带动了当地佛教的发展"，"寺院僧人与佛教居士都致力于佛教著述的编纂汇集与刊刻流通"。[5]还有学者从僧人佛学思想、所属宗派、集聚方式等角度指出："明末佛教复兴运动自然划分为两股潮流，或者说两个阵营。一股潮流主要在都市城镇里奔涌，是以所谓'明末四大高僧'为代表的'佛教综合复兴运动'；另一股潮流主要在山林村野中流淌，是以临济、曹洞为主体的'禅宗复兴运动'。"[6]总之，学者讨论的晚明佛教复兴，主要表现为寺院繁兴、高僧辈出、宗派兴起、僧侣融入主流文化、居士佛教发展等方面。

第二，孝定李太后狂热崇佛促进了晚明佛教复兴。

晚明佛教的复兴，无疑是当时佛教内部的振兴自救，当然也离不开官民信众

---

① ［日］龙池清：《明代の瑜伽教僧》，日本《东方学报》（东京）第11册第1期，1940年。

② 陈垣：《明季滇黔佛教考》，中华书局，1962年，第13页。

③ 夏清瑕：《晚明佛教复兴的特点及倾向》。

④ 戴继诚、赫丽莎：《晚明佛教：短暂的辉煌与深远的影响》。

⑤ 赖永海：《中国佛教通史》（第十二卷），江苏人民出版社，2010年，第16~18页。

⑥ 魏道儒：《中华佛教史·宋元明清佛教史卷》，第270页。

人等的檀助。笔者在考察明代南京寺院及佛教时,对此曾有阐述。①而在官民信众人等的檀助中,尤其以孝定李太后的狂热崇佛给当时的佛教复兴以强力推动。

以寺院修建而言。万历年间,李太后在京城及各地修建寺院近四十所。这些皇家寺院的修建,强势带动了官民僧俗人等在京城及各地修建寺院之风,使明代中期以来相当多的圮废寺院得以修复重建。有僧人称,李太后"承悲愿力,现国太身,兴隆三宝,建大法幢,使域内名山皆成宝地,寰中胜迹尽化伽蓝"②。时京师"名蓝精刹甲宇内,三民居而一之,而香火之盛,赡养之腴,则又十边储而三之"③。

以高僧、名僧而言。万历前期、中期,京师高僧、名僧汇聚,"学道人如林,善知识则有达观、朗目、憨山、月川、雪浪、隐庵、清虚、愚庵诸公,宰官则有黄慎轩、李卓吾、袁中郎、袁小修、王性海、段幻然、陶石篑、蔡五岳、陶不退、蔡承植君,声气相求,函盖相合,莫不曰髯公语语,皆从悟后出,遂更相唱叠,境顺心纵"④。慈慧院、慈悯庵、千佛寺、卧佛寺等"皆具讲席,名僧居坐,善信如云,四处听讲者千百计"⑤。这些高僧、名僧中,不少人是李太后礼请而来,还有的是为京城佛教兴盛环境而来,所谓"走京师","上者参宿访耆,证明大事,次者抱本挨单,文字润泽,下者趋骛宰官,营办衣食"⑥。他们在北京参访听法,修学结士,赢得名声,不少人也成为高僧、名僧,奔向各地,再把佛教复兴的种子撒向全国。还有一些外地高僧、名僧未曾入京,但李太后也予以赏赐布施,礼敬表彰,对其说法授徒颇有助益。

晚明高僧、名僧各据一方,传法授徒,或棒喝呵骂,倡导禅宗,或讲经解疏,弘传教门(指讲宗诸派),或高扬禅净一致,禅教兼弘,诸宗整合,于是禅宗、华严宗、天台宗、律宗以及唯识学、净土教等宗派、学说重新有了讲授传承,"禅教律净一时并兴"⑦,主体则表现为以"晚明四大师"为代表的"佛教综合复兴运

---

① 何孝荣:《明代南京寺院研究》,中国社会科学出版社,2000年,第194~197页;何孝荣:《明朝华严名僧素庵真节与栖霞寺佛教》,《学海》2014年第5期;何孝荣:《明代寺院经济研究——以南京八大寺公田租税纠纷与诉讼为中心的考察》,《暨南学报》2019年第9期。

② 《憨山老人梦游集》卷二二《伏牛山慈光寺十方常住碑记》,第27页。

③ (明)王元翰:《王谏议全集·杂著·书湛然僧卷》,清嘉庆刻本,第40~41页。

④ (明)王元翰:《王谏议全集·尺牍·与野愚僧》,第33~34页。

⑤ (清)释湛佑:《弘慈广济寺新志》卷中《满月清法师传》,《中国佛寺志汇刊》第一辑第44册,台湾明文书局,1980年,第112页。

⑥ (明)王元翰:《王谏议全集·杂著·书湛然僧卷》,第41页。

⑦ 赖永海:《中国佛教通史》(第十二卷),第350页。

动"和以临济、曹洞为主体的"禅宗复兴运动"二股潮流，^①改变了明代中期以来的佛教面貌。至于僧侣融入主流文化、居士佛教发展，则与高僧、名僧辈出及宗派兴起等有因果关系。这些，无疑都与孝定李太后狂热地崇佛有一定关系。

另外，李太后发起编集、刊刻《续入藏经》，并将其与《永乐北藏》一起赏赐给全国各地寺院，对各寺院殿堂修建、经藏配备、寺僧研习佛经乃至寺院声誉提高也有极大的助益。

孝定李太后狂热地崇奉佛教，且长寿安居，明神宗又孝事之，对其崇佛加以纵容和支持，使得她崇佛持续时间长，布施赏赐力度大，涉及地域范围广，影响深远，超过历史上的其他后妃和明代帝王，"对汉传佛教不能不说是一个强大的刺激，一些沉寂已久的佛教宗派又呈现兴盛状态，佛学研究也比以往繁荣活跃许多，促使其从明代中期以来衰微中走向复兴"^②。

第三，孝定李太后对支提寺的赏赐布施，促进了支提寺和天冠菩萨道场的佛教复兴，是李太后狂热崇佛推动晚明佛教复兴的极好诠释。如前所述，支提寺、支提山天冠菩萨道场因为李太后的崇奉，敕命京城高僧圆慧前往重建，并改赐寺额，又赐佛像、《大藏经》等，带动了支提寺和天冠菩萨道场的重建和后续修建，支提寺、支提山从明代中期的废墟中一变而为"殿阁巍然，缁流踵至"^③，禅宗、华严宗、律宗等兴起，官民僧俗人等崇信，支提寺和支提山天冠菩萨道场佛教复兴，成为晚明佛教复兴的一部分。清人缕述支提寺、支提山兴废指出："考自唐、宋，而元而明，再经毁废，都缘劫运而变更；三度兴隆，皆荷天恩之浩荡。"^④历经清代、民国，尽管也曾有过兴废，但支提寺至今仍立于支提山中，李太后、明神宗所赐渗金大毗卢佛像、《大藏经》等也供奉于寺。总之，支提寺、支提山天冠菩萨道场佛教的复兴，是孝定李太后狂热崇佛推动晚明佛教复兴的极好例证。

本文原刊载于《安徽师范大学学报》2021年第3期。

作者简介：

何孝荣，1966年生，江苏涟水人。历史学博士，南开大学历史学院研究员、博士生导师，南开大学故宫学与明清宫廷研究中心主任，中国明史学会副会长，研究方向为明史、中国佛教史、故宫学。

---

① 魏道儒：《中华佛教史·宋元明清佛教史卷》，第270页。
② 何孝荣：《明代北京佛教寺院修建研究》，第322页。
③ （明）陈鸣鹤：《支提寺始末记》，见《支提寺志》卷四《文》，第4页。
④ 《支提寺志》释普现序，第2~3页。

再论大观改元

——从宋代历史语境中的《易·观》谈起

曹 杰

大观,是宋徽宗的第三个建元之号,继崇宁而启政和。不过相较于建中靖国、崇宁、政和、重和、宣和这些年号名义之易解,[①]"大观"的意涵却相对晦涩,诸多有关徽宗朝的研究亦未提及,或仅仅沿袭古人说辞。就宋代的年号而言,若向前拉长视线可以注意到,自神宗变革时代以降,直至崇宁,被采用的年号基本上都与当时的"国是"关系密切,甚至可以看作是"国是"的象征符号。[②]那么在这一背景下,作为年号的"大观"到底有何意涵? 我们又可以对这一改元事件及其前后时期形成哪些新认知?

一、崇宁五年天变与大观改元

关于徽宗改元大观之直接动因,史籍中的记载都指向了天变。崇宁五年(1106)年初出现了较为凶险的天象,即"彗出西方,其长竟天"[③]——这是自绍圣四年(1097)以来有记录的首次彗见。[④]向来重视上天征兆的徽宗未敢怠慢,"默思咎征,尽除京诸蠹法,罢京"[⑤],而有学者甚至将该年天变之后蔡京第一次当国的结束称作"政变"[⑥];此外,还有避殿减膳、求直言、赦天下等长久以来的例行举措。或许由于这一系列对应,故《铁围山丛谈》径言:"彗出,乃改明年为大观。'大观'者,取《易》'大观在上',但美名也。"[⑦]而同年七月,当宋廷上下为可

---

① (宋)蔡绦撰,冯惠民、沈锡麟点校:《铁围山丛谈》卷一,中华书局,1983年,第12~13页。

② 余英时:《朱熹的历史世界:宋代士大夫政治文化的研究》,生活·读书·新知三联书店,2011年,第250~267页。

③ (元)脱脱等:《宋史》卷五六《天文志九》,中华书局,1977年,第1228页。

④ (元)脱脱等:《宋史》卷二〇《徽宗本纪二》,崇宁五年正月戊戌条,第375页。

⑤ (元)脱脱等:《宋史》卷三五一《赵挺之传》,第11094页。

⑥ [日]藤本猛:『风流天子と「君主独裁制」——北宋徽宗朝政治史の研究』,京都大学学术出版会,2014年,第33~55页。

⑦ (宋)蔡绦:《铁围山丛谈》卷一,第13页。

能出现的凶象而颇感不安之时,却"日当食不亏",可谓化"险"为夷。据《宋史》记载,七月壬寅,亦即该月朔日"日当食不亏"的十二日后,"诏改明年元"。[①]

由于目前徽宗朝史料缺损严重,改元相关的事先讨论过程,以及正式制诏目前尚未能寻得,只能看到保留在《宋大诏令集》中的《改大观元年赦》,兹引全文如下:

> 门下:朕膺盈成之基,式顾谋之训。奉承大业,抚宁四方。若涉渊水,罔敢豫怠。永惟继志之重,深念守文之艰。总揽万微,绪熙百度。勤于政,庶以图天下之佚;俭于家,庶以资天下之丰。昭恩信以怀戎,敦廉耻以励俗。乃正律度,乃宾贤能,八年于兹,海内绥靖。兵革不试,囹圄屡空,边陲妥安,年谷丰稔。乾端垂象,日当交而不亏;坤厚荐珍,禾与芝而并秀。顾岂眇躬之克享,寔赖昊穹之博临。嘉与群黎,导迎景贶。是用因三朝之庆会,顺一气之发生。易冠元之名,章作解之泽。既革而当,惟新是图。可大赦天下:云云。于戏!发政施仁,任德以承于天意;赦过宥罪,好生乃洽于民心。诞敷纯被之恩,并广布新之令。更赖百官修职,三事协恭。时若熙丰之大猷,共济唐虞之极治。咨尔多士,咸体朕怀。[②]

由于赦书是展现改元后施行"仁政"的手段之一,所以在该赦文中并未对年号之由来作过多的解释,但从其中特意提到的"乾端垂象,日当交而不亏"可以看出,宋廷君臣对当年七月"日当食不亏"一事也相当重视。在现存史料中,我们可以看到一些"日当食不亏"后群臣表贺、称贺的记载,[③]可见在时人看来,此事并非异象,某种程度上甚至可以看作吉兆。联系时事可知,自元符三年(1100)正月即位至崇宁五年(1106),通过施行"党禁"等举措,以徽宗、蔡京等为统治主体的朝野基本稳固,"总揽万微",大抵所言不虚。而当年频见的异象容易造成朝野心态的变化,尤其诸不满蔡京所为者可借"求直言"之机发表议论,甚至

---

① (元)脱脱等:《宋史》卷二○《徽宗本纪二》,崇宁五年七月庚寅、壬寅条,第377页。

② 佚名编:《宋大诏令集》卷二《改大观元年赦》(崇宁五年十二月三十日),中华书局,1962年,第9页。

③ 如(宋)李焘:《续资治通鉴长编》(以下简称《长编》)卷八三,大中祥符七年十二月癸丑条,中华书局,2004年,第1905页。又,日食灾异/祥瑞说在传统社会一直存在变动,始终与具体时代的意识形态相关,相关研究参见陈侃理:《儒学、术数与政治:灾异的政治文化史》,北京大学出版社,2015年,第229~243页。

有可能形成对政治局面的挑战。在此时选择改元，应是借以转换运数，进而缓解朝野上下紧张感的手段之一。①——当然，"时若熙丰之大猷，共济唐虞之极治"继续宣示着对"绍述"这一"国是"的坚持——这样来看，蔡絛仅言"但美名也"，或许是有失深思。

至于时人对此次改元的基本观感，在两份难得的贺表中的措辞或可资一窥：

刘安节《大观改元贺正旦》：

> 维绍休于烈考，以钦命于昊穹。正月始和，茂对乾元之首；大观在上，一新涣号之孚。②

王安中《谢大观改元赦表》：

> 窃以正月始和，于焉布德而施惠；大观在上，所以藏用而显仁。惟好生之洽民心，则设教而服天下。……授朔又朔，乃推策以端朝；开天之天，因纪年而示象。肆覃睿泽，以格欢心。罔不惟刑之恤哉！兹谓有孚而颙若。臣外叨分阃，任实近民。仰宣作解之慈，共睹观生之庆。③

刘安节此时约是诸暨县主簿任满、将"出按学官"④，王安中则约任大名县主簿，⑤皆属初入仕途、尚未改官的选人。总的来看，二人当时处在仕途的起始期。从以上引文可见，二人皆引用了"大观在上"，这是《观》卦的象辞。出现包含相同元素的行文，可能是旨在应和改元诏中措辞，也可能表现了群僚看到此年号后的自然联想。尽管事例有限，但由此似乎可以认为，蔡絛指出的"大观"年号与《观》卦有联系的说法当不虚妄。

---

① 可参读辛德勇：《建元与改元》中篇《汉宣帝地节改元事发微》，中华书局，2013年，第177~240页。事异而意近，故此处受辛文理路启发。不过，颇为讽刺的是，大观元年十一月、二年五月及四年九月皆有日食现象，参见《宋史》卷五二《天文志五》，第1084页。

② （宋）刘安节：《刘左史文集》卷一，《宋集珍本丛刊》影印清乾隆四十四年吴氏古欢堂钞本，线装书局，2004年，第465页。

③ （宋）王安中：《初寮集》卷四，《宋集珍本丛刊》影印清乾隆翰林院钞本，第212页。

④ （宋）刘安节：《刘左史文集》卷四《附录·墓志》，第500页。

⑤ （元）脱脱等：《宋史》卷三五二《王安中传》，第11124页。

既然"大观在上"语出经文,那么,在北宋经解的语境中考察这句象辞,乃至整个《观》卦在宋人思想世界中的一般图景,应是完整理解"大观"的内涵的基础性工作之一。

二、北宋经解中的《观》卦象辞与九五爻辞

《观》的卦象为☲,坤下巽上。而阳爻在上、阴爻在下的卦象,不止《观》卦,尚有《姤》《遁》《否》《剥》,至于《观》"独不以阴盛为忧",洪咨夔在为理宗进讲时这样说道:"二阳在上,四阴顺听于下,是上有阳刚之君,仪表一世,阴柔虽众,方将化而为君子之归,其为观甚大也。《观》合《巽》《坤》为卦,以九居五,顺巽而中正也。循理而行,无所拂逆,可以怀天下,未足以观天下。观天下必中,且正大明当。天万物咸仰,一有偏倚,必有照临不及之地,此圣人所以为天立极也。"①由此可知,《观》卦是"以九居五",合于《乾》卦"九五,飞龙在天,利见大人"②之义。但洪咨夔已处于南宋后期,已是百余年间宋人部分认识的沉淀,因而需要回顾截至十二世纪初期,随经学发展而变动的有关经解。

《观》卦的象辞首云:"大观在上,顺而巽,中正以观天下。"③如前述,这可能是"大观"年号的直接来源。在先宋的注疏中,"大观在上"与"顺而巽,中正以观天下"被分开诠释。关于前者,王弼仅提及"而上贵也",孔颖达作疏云"大为在下所观,唯在于上,由在上既贵,故在下大观,今大观在于上"④。这些都仅提出了"大观"与居上位者的关联。及至北宋前期,这种联系有所延伸。比如范仲淹在非易学的"语义场"(或许源自其易学主张)中说道:"《易》曰:'大观在上。'言天下所观在国家之为也。自古国家兴行风教,使天下观之,必先乎庙。"⑤这基本上是以"大观在上"涵盖了对整个《观》卦的理解,并将中古注疏中指向不够明确的"上"具化为"国家",无疑表现出现实感。而在宋代儒学复兴背景下,较早完整地对《观》卦这首句象辞进行的阐释,则是与范仲淹同时代的

---

① (宋)洪咨夔:《平斋文集》卷二八《讲义下》,侯体健点校《洪咨夔集》,浙江古籍出版社,2015年,第673页。

②《阮刻周易兼义》卷一《乾》,《四部要籍选刊》影印清嘉庆刻本,浙江大学出版社,2014年,第37页。

③《阮刻周易兼义》卷三《观》,第232页。

④《阮刻周易兼义》卷三《观》,第232页。

⑤ (宋)范仲淹:《范文正公文集》卷一八《乞召杜衍等备明堂老更表》,薛正兴校点《范仲淹全集》,凤凰出版社,2004年,第374~375页。

胡瑗：

> "大观在上"者，谓此卦以二阳居于上，临观于下，使其教化浃洽，而天下之所观仰也。"顺而巽"者，此以二体而言，下坤为顺，上巽为权也。夫圣贤之人，虽有刚明之德以临于下，然在乎不自尊大，不自高抗。凡所作为，皆用柔顺之道以下于民，则天下之民悦而从之，无所懈倦；而又示之以权变之道，使民由之而不知其所以然也。"中正以观天下"者，夫观有二义，以度而言之则谓之观，以目所观亦谓之观也。此一句指九五而言，盖以阳居阳，又处上卦之中，履至尊之位，有大正大中之德以临于天下，使天下皆有所观法也。①

胡瑗的解释紧密结合卦象，建立了阳爻、阴爻的分布与象辞之间的关系，并指出适用的主体乃是居"至尊之位"的"圣贤之人"，无形中将关于"上"的理解引向君王，进而提示"柔顺"与"权变"作为《观》卦之"教"。此后，程颐将胡瑗的说法简化为："五居尊位，以刚阳中正之德，为下所观，其德甚大，故曰大观在上。下坤而上巽，是能顺而巽也。五居中正，以巽顺中正之德为观于天下也。"②明确了对"中正之德"的强调，其门人亦基于此说有所阐发。如杨时解作"二阳在上，居中履正而得尊位，下之所观也，故曰大观在上"③，又是更为简易的说法。而郭忠孝则在《观》卦各爻辞间区别出了层次，即"在下而观上谓之观，童观、阙观、观国之光是也；在上而眂下谓之观，大观在上、观我生、观民是也。故在下者观上之好恶，而风知所移；在上者不求于下，至诚以示之而已，故曰大观在上"④。由此可知，郭忠孝将初六、六二及六四三爻的卦辞对应"观上"，象辞及六三、九五的卦辞对应"眂下"，在对举中暗示君王应以"示诚"使民知其"好恶"。只是杨、郭等人的经解鲜有后继者。总的来说，在程氏理学的脉络中，有关"大观在上"的注解日益强调上下间的互动，试图达到以上化下的统治格局。这些认识也通过南宋日益高涨的理学运动，成为后世心目中宋人的

---

① （宋）胡瑗：《周易口义》卷四《观》，《景印文渊阁四库全书》第8册，台湾商务印书馆，1986年，第274页。

② （宋）程颐：《周易程氏传》卷二《观》，王孝鱼点校《二程集》，中华书局，2004年，第798页。

③ （宋）杨时：《大易粹言》卷二《观》引《易说》，叶五。

④ （宋）杨时：《大易粹言》卷二《观》引《易说》，叶六。

主流观念。

然而在相对多元化的北宋学术界,程学之外,新学的相关经解也不容忽视,只是目前较为完整流传下来的,仅有龚原、耿南仲二家之说(横线为笔者所加):

龚原:

> 观生于有所观。观者,有所示也。大而在上者有所示,则小而在下者观之也。虽然大者在上,而不得位,不足以观也,《剥》是也。在上而非大者,亦不足以观也,《大壮》是也。二阳得位而在上,四阴在下而观之,此足以观也。故曰"大观在上"。大观在上,有位而已矣。有位而无道德以示之,则虽有观焉而不及化,故曰顺而巽中正以观天下。顺而巽者,以道因民也。中正者,以德观民也。①

耿南仲:

> 观者,显此道以示天下,而天下观之以化也。夫化之可以成也,观感而已。以龟之相顾,鸠之相视而化,则圣人之于为天下,固可使观而化也。将使之观而化,则何俟乎钳键而驱率之哉?顺而巽以辅其自然,斯可矣。顺而巽者,道也。中正者,德也。所贵乎极者,谓其可以取中也。所贵乎表者,谓其可以取正也。以中正观天下,是犹建极立表于民上耳,其孰有不属目哉?②

龚原与耿南仲都主要活动于北宋后期,因而可以看作是崇宁、大观的共时亲历者。两相对照,二人对"示""化""道""德"等语汇的使用有相近之处;而在龚原解说中出现的"得位""有位"等,事实上也可以在耿南仲对其他卦象的注解中看到。③如此,二人对"大观在上"的理解应该可以认为是接近的。综言之,新学也要求上位者以道德示下,从而引领教化,表面上看似乎与理学的脉络有类似之

---

① (宋)龚原:《周易新讲义》卷三《观》,南宋绍兴中闽刻本,第10叶。有关龚原及其《周易新讲义》的情况,可略参顾永新:《经学文献的衍生与通俗化》,北京大学出版社,2015年,第591~598页。

② (宋)耿南仲:《周易新讲义》卷三《观》,《景印文渊阁四库全书》第9册,第636页。

③ 张钰翰:《北宋新学研究》,北京师范大学出版社,2022年,第118~122页。

处。但是,新学似乎更强调"位"的获得、"中正"(与主张折中、调和的建中靖国之政无关,而是君王的独尊之位)的建立,是进一步教化万民的前提,尤其耿南仲还使用了"极"这一表述。[①]因此,尽管新学的表述中亦能看出"有位"并不自然引出有"道德",但其经学主张中并不能表现出如理学般的明确。

要言之,相较于宋徽宗日后标榜的、同样源自《易》的"丰亨豫大"的经解,[②]各家针对《观》卦象辞首句的注解,大多表现出谨慎的态度,并无过多演绎,其共识表现为对"在上"者具有的崇高地位,及其对教化的引领作用的体认,因而似乎深意无多。而在该卦的各爻中,九五由于地位特殊,故有关其爻辞的解读亦需要考察。

"九五,观我生,君子无咎。"[③]——"观我生"亦见"六三,观我生,进退"[④],"君子无咎"亦见"上九,观其生,君子无咎"[⑤]。前者是处在下位的《坤》卦的最上一爻,因而带有瞻前顾后以决定"进退"的意味。[⑥]后者则不同,其行为的施行主体为天下,某种程度上可以看作是九五的延伸。[⑦]职此之故,九五一爻毫无疑问是历代注解中最受强调的部分。这一点,王弼在注中已尽数表露,即:"居于尊位,为观之主。宣弘大化,光于四表,观之极者也。上之化下,犹风之靡草,故观民之俗以察己之。百姓有罪,在于一人,君子风著,己乃无咎。上为观主,将欲自观乃观民也。"[⑧]如此盛词之下,倾向于"从某氏一家之说"[⑨]的孔颖达,其作疏的余地已然无多。而胡瑗的解释则更具现实感:

① 顾永新在比对了王安石《易解》与龚、耿二人讲义中相对应的语句后指出,龚、耿二人皆立足于《易解》而进一步阐发,但龚原与王氏之说的关联更为紧密,耿南仲则多与现实相联系。参见《经学文献的衍生与和通俗化》,第598~600页。 因此,尽管无法看到王安石《易解》的全貌,尤其是他对《观》卦的解读,但通过龚、耿二人的著作也可以管窥王氏之学。

② 相关研究可参看方诚峰:《北宋晚期的政治体制与政治文化》,北京大学出版社,2015年,204~212页。

③《阮刻周易兼义》卷三《观》,第235页。

④《阮刻周易兼义》卷三《观》,第235页。

⑤《阮刻周易兼义》卷三《观》,第236页。

⑥ 参见王弼注及孔颖达疏,《阮刻周易兼义》卷三《观》,第235页。

⑦ 参见王弼注及孔颖达疏,《阮刻周易兼义》卷三《观》,第236页。

⑧《阮刻周易兼义》卷三《观》,235~236页。

⑨ 有关义疏学解经的风格差异,可参看乔秀岩:《义疏学衰亡史论》,台湾万卷楼图书股份有限公司,2013年,第101~128页。

九五,居至尊之位,为天下之所观仰也。风教号令一出于己也,是以下观于民,若民善则知己风教之善也,民恶则知己风教之恶也。然而九五履正居中,而又处至尊之位,以天下之大,或风教有未至,奸邪有未去,习俗未尽善,礼乐未尽兴,则皆其咎也。然九五能观察于民,而修饰于己,使向之未至者,皆趋于道,是君子居之,则得其无咎也。①

胡瑗在这段文字中一方面将"风教有未至,奸邪有未去,习俗未尽善,礼乐未尽兴"作为"咎"的表现提出,另一方面则强调君子居九五之位方能切实观民内省,以"道"行风教。循此释义,程颐也提到人君所为关乎"时之治乱,俗之美恶",需要属意于天下之俗是否合乎"君子之道",亦即理想的治道。②对此,耿南仲的解释道:

在下者常失于好进,好进则诱于前而不复顾矣。在上者常失于好胜,好胜则过在身而不能自检矣。六三,"观我生",则非在上不能自明也。在下观我生也,此犹有折足之惧,而不敢必承也。在上者而观我生,则非盛德,孰能若是,于是称君子焉。六三"进退"未过,未有以施于民,其观我生则观诸己而已。九五既以加施于民,则我生宜观焉,所谓当于民鉴,视民知治也。③

目前流传下来的耿南仲的《易》学著作为进讲而准备的,④故此处的解说具有比较丰富的细节。他在解说中首先分析了下"好进"、上"好胜"的常见过失,但"在上"者既有能力自省,又可以观察到"在下"者的不足。而其隐含的前提是,君王已有所作为——与六三爻辞不同——因而需要注重民众的反应,进而把握此后的走向。

结合此前分析的象辞,可以认为,《观》卦的九五爻辞提供了与治道联系较为紧密的思想资源,既有对"在上"者地位的推崇,又对人君有所教示。故综上

---

① (宋)胡瑗:《周易口义》卷四《观》,第276页。

② (宋)程颐:《周易程氏传》卷二《观》,第801页。

③ (宋)耿南仲:《周易新讲义》卷三《观》,第637~638页。

④ 耿南仲曾任定王侍读、太子詹事等,参见(元)脱脱等:《宋史》卷三五二《耿南仲传》,第11130页。

所述,截至十二世纪初,在时人的理解中,《观》卦的象辞及关键的九五爻辞意在表达这样的理念:君王为万民所观仰,身处高位,需要谨慎行事,时刻反躬内省,"中正"地推行教化。如此,结合前述崇宁、大观之际的时事背景,笔者认为,"大观"得以成为年号,其可能的表意指向之一在于,天变出现对君臣上下提出警示,急进的"绍述"政治需要逐渐放缓,并探求良善的治道以推行风教。不过,治道的问题无法单纯依靠经学获致解决,现实的政治局面,既往的政治实践,乃至君臣的行事风格都可能成为需要考量的因素。那么,具体到崇宁、大观之际,徽宗君臣的视线会聚焦于何处?

三、"神道"与"绍述"

综合以上两节的考察,笔者认为,"大观"在宋代经学"语义场"中的意味,与崇宁五年(1106)时北宋君臣所面临的局面有相合之处:天变警示时人对既往政策有所内省,以示知"咎"(前文提及的"默思咎征"的说法,或许可以为此作一注脚),进而探寻消弭凶象的治下之"道"。不过,年号的变更并不直接表明"道"的内涵,或者至多只能看作政治姿态的宣示,而时人对于经学论说与政治实践耦合途径的选择应是颇为慎重的。那么《观》卦自身是否提供了某些启示?前文在分析《观》卦象辞时,重点放在与年号可能直接相关的"大观在上,顺而巽,中正以观天下"上,至于该句后面的内容,即所谓"观天之神道而四时不忒,圣人以神道设教,而天下服矣"[1],或许可以引发宋代身处官僚群体以及知识阶层的士大夫们的某种独特联想,因为在此前曾出现过一次与此存在微妙关联的具化的政治文化实践。

在时人的历史叙述中,"神道设教"的说法与真宗朝规模盛大的天书神降、东封西祀等活动联系起来,而后者是颇为学界关注的史事。既有研究的基本共识在于,真宗希望借此举宣示王朝的政治合法性、权威性,塑造新朝的礼仪秩序。[2]新近的研究则分析认为,"神道设教"是太祖、太宗直至真宗为实现太平治世所凭借的重要手段之一,君臣普遍将其具体化为"祭神祈福",而神祇的

---

① 《阮刻周易兼义》卷三《观》,第233页。

② 邓小南:《祖宗之法:北宋前期政治述略》(修订版),生活·读书·新知三联书店,2014年,第316~331页。

内涵并不固定。①尽管《易》在文字表述方面艰深古奥的特点往往引起解释的不确定性，②但不可否认的是，真宗及以王钦若等人为代表的群僚在理解"神道设教"时基本上是进行了有意的断章取义式的误读，最终在杂糅谶纬、道教等因素后，导向了盛极一时的"神圣运动"③。随着天书等"从葬永定陵"④，仁宗以降的统治方式逐渐趋向务实、理性。另一方面，关于"神道设教"的注解，以"推明治道"为旨趣的儒学复兴运动⑤在复归本义的同时，更注重阐发新意。

走出大中祥符时代后不久的胡瑗有注解云："神道者，阴阳不测之谓也。天运至神之道，生育万物，春生夏长，秋成冬固，使物皆遂其性，而不可推测。其用四时之行无或差忒，圣人法之，亦以至神之道设为仁义之教，以成治天下，使天下之人各安其性而怀其业，不知其所以然而然也。"⑥可见，"神道"被诠释为自然之道，"圣人"所应推行的教化也被强调为遵循"神道"基础上的"仁义之教"，与经文及中古注疏的本义相去不远。⑦及至徽宗即位之初，晁补之在章奏中对"神道设教"的使用也表达了类似的含义，即"陛下神道设教，纪纲既正，天下大定，燕居而高拱，百工安职，四民乐业矣"⑧。总之，北宋中期以来的经解试图以顺应自然之理的"仁义之道"，消解"神道"在理解上可能存在的神秘主义倾向，进而表达有关治道的主张。然而来自新学方面的解释则并不完全一致。龚原云：

> 道之为言，无乎不在，则亦无乎不是，而此曰"神道"者，以为是也虽有所示，而莫知其所以然也。无言也，运以至健之精，昭以灿然之象，而四时不忒者，天之神道也。无为也，顺性命之理以佑万物之神，而天下服者，圣

---

① 张维玲：《从天书时代到古文运动：北宋前期的政治过程》，台大出版中心，2021年，第141~145页。

② 邓小南：《"内外"之际与"秩序"格局：兼谈宋代士大夫对于〈周易·家人〉的阐发》，《朗润学史丛稿》，中华书局，2010年，第343~346页。

③ 杜乐：《宋真宗朝中后期"神圣运动"研究——以天书和玉皇、圣祖崇拜为切入点》，北京大学硕士学位论文，2011年。

④ （宋）李焘：《长编》卷九九，乾兴元年九月己卯条，第2297页。

⑤ 相关解读参见余英时：《朱熹的历史世界》，第289~314页。

⑥ （宋）胡瑗：《周易口义》卷四《观》，第274页。

⑦ 参见《阮刻周易兼义》卷三《观》，第233页。

⑧ （宋）晁补之：《鸡肋集》卷二四《上皇帝论北事书》，《四部丛刊》景印明诗瘦阁仿宋刊本，第1叶。

人之神道也。[①]

在这里,“神道”的内涵并未具化。而“运以至健之精,昭以灿然之象”“顺性命之理以佑万物之神”的表述似乎仍旧显示出某种神秘主义。与“莫知其所以然”相近,耿南仲亦指“神道”为“不知披拂主张之为谁者”[②],这或许是难以完全消解“神道”神秘性的根源所在。

要之,经学脉络中的“神道”被认为是理想的治道,“在上”者以“神道”治下,并不断观察效果以守道,最终达至太平治世:这应是非神秘主义下对《观》卦政治意涵的完整阐释。由此也可以进一步看出,时人应对天变的思想基础已非机械的“天人感应”式的灾异说,而更重视实际的政治修为。[③]大观改元赦有云:“既革而当,惟新是图。”面对天变,调整治道以实现统治方式的更新,是徽宗君臣面临的课题。那么,改元大观是否意味着新的“神道”的确立?这首先需要明确自徽宗即位到崇宁五年(1106)的政治局面。

在短暂的“建中靖国”,亦即调和分裂许久的朝野各派、平衡各种势力之后,蔡京取代曾布等人被委以重任,采取了较哲宗“绍述”更为激烈的、号称回复熙丰之政、打击政敌的举措。[④]徽宗固然有志于“绍述”,但无法与蔡京实现完全的“君臣一体”。已有学者指出,如何超越父兄之治影响着徽宗政治行为的考量。[⑤]因此,仅仅呈现一个扩大化的熙丰时代——可以认为是蔡京行事的最终导向——并非徽宗的政治目标,且蔡京此时的行政风格颇有揽权之嫌。而崇宁四年、五年(1105、1106)间与辽在西夏问题上的交涉,也使得徽宗与蔡京之间在边事进退与否上的分歧逐渐明朗化。[⑥]在这一背景下,意欲宥和的徽宗罢黜力主开边的蔡京,消除掣肘之力,同时抑制蔡京对朝政的过度掌控,这一行为对徽宗而言便具备了政治上的合理性。随后,徽宗以赵挺之为尚书右仆

① (宋)龚原:《周易新讲义》卷三《观》,第10叶。

② (宋)耿南仲:《周易新讲义》卷三《观》,第636页。

③ 陈侃理:《儒学、术数与政治》,第283~296页。

④ John Chaffee, Huizong, Cai Jing, and the Politics of Reform, Patricia Buckley Ebrey and Maggie Bickford ed, *Emperor Huizong and Late Northern Song China: the politics of culture and the culture of politics*, Harvard University Press, 2006, pp.33-44. [美]伊沛霞(Patricia Ebray):《宋徽宗》,韩华译,广西师范大学出版社,2018年,第85~112页。

⑤ 方诚峰:《北宋晚期的政治体制与政治文化》,第187页。

⑥ [日]藤本猛:『风流天子と「君主独裁制」』,第57~66页。

射,并在其拜相制的最后说道:"虑以动,惟厥时。道不同,归于治。傅说之诏,乃辟以继先王之功;宋璟之善,守文以持天下之正。往服朕命,永孚于休。"①如果可以把拜相制词看作君王对承受者的宣谕与训诫,那么反过来也可以看作君王对某段时间内的政治方针的表述。此处用傅说、宋璟的典故,一方面仍然表达了对"绍述"的坚持,另一方面也显示出对"守文"的强调。于是,在蔡京复起之前,赵挺之"独相"不到一年的时间内,西北边事基本了当。②

然而除了边事,对内政策的走向则并未完全地改弦更张,"绍述"依旧是被坚持的"国是",一度被废止的法令也在天变影响逐渐消弭后被恢复,徽宗在蔡京罢相制中也没有谕以严词,而是颇为优款:"姬旦居丰,不替保周之志;留侯谢事,靡忘傅汉之心。顾出处之虽殊,尚安危之是倚。往钦注意,毋怠告猷。"③这在某种程度上能够表明罢相仅是权宜之计,能够看出徽宗对蔡京仍旧抱有倚重之意。至大观元年(1107)正月,蔡京再次被任命为尚书左仆射,制词有云:

> 矧今符瑞洊至,讲礼乐以文颂声;贤能并兴,恢庠序而善风俗。有怀制作,多所建明。……举皋陶而不仁者远,朕则克难于任人;贤周公而大治至今,尔其永休于前政。往服定命,勉成厥功。④

与之前被除左仆射,期望蔡京建立如堪比萧何、裴度般的功勋相比,⑤尽管在此用更为古远的皋陶、周公作典,但徽宗似乎在暗示蔡京的主要任务应是协助君王敷扬盛世。⑥在此之前,被认为受意于蔡京的党羽曾进言称:"学校、大乐等数事,皆是绍述神考美意,今一切皆罢,恐非绍述之意。"⑦郑居中亦有言:"陛下

---

① (宋)徐自明撰、王瑞来校补:《宋宰辅编年录校补》卷一一,中华书局,1986年,第727页。

② 由此似乎也可以理解为何在《改大观元年赦》中看不到"知咎改元"的意味,因为从各个方面看,到了崇宁五年底,天变引发的朝局紧张得到舒解,故发布赦文指向的是对未来新局面的期待。

③ (宋)徐自明撰,王瑞来校补:《宋宰辅编年录校补》卷一一,第723页。

④ (宋)徐自明撰,王瑞来校补:《宋宰辅编年录校补》卷一二,第731~732页。

⑤ 崇宁二年正月制词云:"位冠群臣,孰越萧何之画;爵隆五等,盖先裴度之功。惟乃殊勋,无愧前哲。"见(宋)徐自明撰,王瑞来校补:《宋宰辅编年录校补》卷一一,第708页。

⑥ 按:韦兵在考述蔡京此次罢相、复相时仅关注到天变的影响,而未考虑到此时徽宗与蔡京的关系,故仍有进一步商议的余地。参见《星占历法与宋代政治文化》,四川大学博士学位论文,2006年,第55~59页。

⑦ (宋)李埴撰,燕永成校正:《皇宋十朝纲要校正》卷一六,中华书局,2013年,第453~454页。

建学校、兴礼乐,以藻饰太平;置居养、安济院,以周拯穷困,何所逆天而致威谴乎?"[1]这些与拜相制中强调的内容相当接近。可见,君臣试图建立这样的认识:政务层面急进的"绍述"可能会招致天变,无法完美实现的政治目标,盛事礼乐或许是值得进一步着力的方向。

笔者认为,联系经解与政治的双重背景,大观改元在政治上所宣示的意味基本得以明确:完善制礼作乐应是徽宗试图寻找的"神道"。不过,相关的制礼作乐实践却并非仅仅从改元这一刻开始。

四、从崇宁到政和:徽宗对"大观"之位的追求

如前述,大观改元可以看作是徽宗对其所追求的施政丰富性的微妙宣示,此后制礼作乐的目的性日益明显,即通过对封禅的准备,重新宣布"太平"之世的降临。如果向前考察哲宗末期的某些举措,我们似乎可以看出这一施政侧面的渊源。绍圣五年(1098)正月,礼部奏咸阳县人段义"劚地得古玉印记"[2]。三月,翰林学士承旨蔡京等上奏,以之为所谓"汉以前传国之宝"[3],遂于五月朔日"行朝会礼"以"受传国宝"[4],并决定自六月朔改元元符。在讨论改元之事时,哲宗曾以汉武帝元鼎的史事询于群僚,其对此事的重视可见一斑。而曾布则提醒时人,"昔天书降,尝于承天门里作元符观,后以火废,则元符之号,亦不甚佳",但这并未影响新年号的确定。[5]由此细节也可以看出,相比于章惇等人,曾布的消极表态似乎表明他并不认可声张符命之事。[6]在帝制时代,符命的获得被认为与盛世存在一定的关联。如果将真宗时期"神圣运动"看作北宋前期对"太平"的追求,那么自仁宗时西北边患兴起,在多方外患的挤压之下,重新获得"太平"的局面便成为神宗"大有为"的目标之一。如此,哲宗等人对符命的重视也可以被归入这一脉络之中。及至徽宗时,这种追求逐渐在施政中占据重要的位置。

崇宁二年(1103)九月,徽宗在设立议礼局的手诏中云:"王者政治之端,咸

---

① (元)脱脱等:《宋史》卷三五一《郑居中传》,第11103页。

② (宋)李焘:《长编》卷四九四,元符年正月丙寅条,第11732页。

③ (宋)李焘:《长编》卷四九六,元符元年三月乙丑条,第11793~11794页。

④ (宋)李焘:《长编》卷四九八,元符元年五月戊申朔条,第11840~11841页。

⑤ (宋)李焘:《长编》卷四九九,元符元年五月丙寅条,第11855页。

⑥ 宋代士人对传国玺多持怀疑态度,参见刘浦江:《"五德终始"说之终结——兼论宋代以降传统政治文化的嬗变》,《中国社会科学》2006年第2期。

以礼乐为急。盖制五礼则示民以节,谐六乐则道民以和。夫隆礼作乐,实治内修外之先务。损益述作,其敢后乎?"①可见,追求"隆礼作乐"的意志已被明确地表露出来,大晟乐的推出便是崇宁年间这方面的重要表现。尽管实际操作者为魏汉津、刘昺等人,但蔡京亦扮演了引荐、提携的角色。而此次大晟律最为独特之处便来自魏汉津的"指律"理论。相关研究业已指出,大晟律重新确定了宋代黄钟的标准音高,②可谓"成一代之制"③。由此,徽宗个人的尊崇地位取得了能够为世人进一步体认的途径,在天变引起的短暂波折之后,大观元年(1107)五月,大晟乐正式颁行。④此后在诸多国家典仪上,大晟乐均是重要的元素。乐成之后,礼典的修纂也重新启动。复置议礼局的手诏于大观元年(1107)正月一日发布,可见此事受重视的程度。三年后,《大观新编礼书》先次编成,包含《吉礼》《祭服制度》及《祭服图》等内容;又三年,《政和五礼新仪》修成,而其修纂的蓝本则是徽宗御制的《冠礼沿革》。⑤这也再次体现了徽宗在制礼作乐方面的参与。

如果乐律、礼书尚是王朝建构合法性、确立秩序必备的文献基础,那么规模宏大的祥瑞体系则能够突出显示出徽宗朝"神道"的面貌。伴随大晟律的制定而出现的崇宁九鼎,可以看作此后祥瑞涌现的发端之一。及至大观二年(1108)正月,徽宗于大庆殿受八宝。⑥其中六玺的制作乃是继元丰未成之事,加之哲宗所获"传国之宝",再增益以徽宗自己的受命宝。⑦如此,徽宗借这种形式再次确立与父兄的承继关系。而此后政和又出现的"定命宝"⑧,则意在试图建立徽宗个人的超越性。至于自崇宁至政和间,所谓嘉禾、瑞鹤、甘露等传统的祥瑞符号的出现,更是数不胜数。⑨对此,有学者在分析徽宗时期频频制造祥瑞时指出,"徽宗朝的祥瑞体系不为合法性。而是要呈现自身的历史定位,故追求的是全面展现王朝形象:君主本身有神性的,其统治就是圣治,当下

① 徐松辑:《宋会要辑稿》职官五之二一,中华书局影印本,1957年,第2473页。

② 李幼平:《大晟钟与宋代黄钟标准音高研究》,上海音乐学院出版社,2004年,第98~116页。

③ 佚名编:《宋大诏令集》卷二《赐大晟乐名御笔手诏》(崇宁四年八月二十七日),第551页。

④ (清)徐松辑:《宋会要辑稿》乐五之二〇,第342页。

⑤ (清)徐松辑:《宋会要辑稿》职官五之二二,第2473页。

⑥ (元)脱脱等:《宋史》卷二〇《徽宗本纪二》,大观二年正月壬子条,第380页。

⑦ (宋)蔡絛:《铁围山丛谈》卷一,第8页。

⑧ (元)脱脱等:《宋史》卷二〇《徽宗本纪三》,政和七年七月庚子条,第398页。

⑨ (元)脱脱等:《宋史》卷六四至六五《五行志二至三》,第1408、1410、1428~1429页。

就是圣时。正是这种时代定位——当代秩序的完美,而非传统政治符号,赋予了徽宗朝祥瑞体系以正当性"①。而自汉代以来,以上诸事皆可以看作儒家所看重的王朝盛典,是合法性的完美征兆。②因此,徽宗是在传统的脉络中不断宣示自身在王朝之中崇圣的地位,这一点已然使其具备区别于父兄的鲜明形象,也是徽宗在此时追求以自身为核心的"神道设教"的表征。

伴随制礼作乐的进程,权力进一步向徽宗集中的趋势也不断加强,而身居相位的蔡京自然是徽宗着重考虑的对象。与真宗时谶纬提供"神道"的重要思想资源不同,徽宗对谶纬、象数等似有些反感。大观三年(1109)五月朔日朝会之上,"精于《易》"的学官孟翊"于群班中出一轴,所画卦象赤白",并试图阐发"本朝火德应中微,有再受命之象,宜更年号、官名,一变世事,以厌当之"之意。③这些异论自然是徽宗通向封禅过程中的不和谐音。当月,因被控与孟翊有关联,蔡京第二次罢相。而此前因大观元年(1107)张怀素之狱的发酵,蔡京之弟蔡卞由于被认为与张怀素有联系,遭降职、与宫观等处置,蔡京本已由此面临政治地位的危机。考虑到蔡卞曾在王安石重病时受吴氏之托,"诣茅山谒刘混康问状"④,还撰有三篇与茅山相关的文字,包括元符观落成赐名的记文,以及刘混康、笪净之的传记资料,足见蔡氏具有与茅山关系密切的道教背景。由此可以看出,徽宗利用政治的方式进一步将对道教、道术等使用的权力收归自身,同时抑制臣僚或地方企图借无稽之言谋求个人利益的可能。⑤

至次年五月,彗"入紫微垣"⑥——蔡京亦被首次明确责降⑦——这几乎是崇宁五年(1106)改元契机的再现,临时的应变举措亦同于此前。但最终改元政和的形式是南郊改元,这体现出些微的区别。⑧对照前文大观改元赦书,政和改元的赦书,尽管包含对十年间政事的概括,但措辞几乎如出一辙:

① 方诚峰:《祥瑞与北宋徽宗朝祥瑞文化》,《中华文史论丛》2011年第4期。

② 巫鸿:《武梁祠:中国古代画像艺术的思想性》,柳扬、岑河译,生活·读书·新知三联书店,2015年,第91~121页。

③ (宋)蔡絛:《铁围山丛谈》卷三,第41页。

④ (宋)张邦基撰,孔凡礼点校:《墨庄漫录》卷二,中华书局,2002年,第75页。

⑤ 相关考述参见[日]藤本猛:『风流天子と「君主独裁制」』,124~127页;方诚峰:《北宋晚期的政治体制与政治文化》,第259页。

⑥ (元)脱脱等:《宋史》卷五六《天文志九》,第1228页。

⑦ (宋)徐自明撰,王瑞来校补:《宋宰辅编年录校补》卷一二,第749~752页。

⑧ 韦兵认为,徽宗在大观以后对天变的态度发生变化,但又以其为"自欺欺人",未免失之偏颇。参见《星占历法与宋代政治文化》,第65~66页。

　　荷上帝之降康,底群生之咸遂。礼制乐作,仁洽道丰。抚五纬以宣精,翕九河而顺轨。干戈弗试,囹圄屡空。同云应尺泽之祈,甘露协中台之瑞。三登既格,六府允修。昭受闵休,敢忘大报。……朕忝承圣绪,遹追先猷。荷穹昊之休,蒙宗庙之佑。昭事有翼,夙夜惟寅。中外靖绥,年谷登稔。礼乐明备,百志用成。嘉与多方,布新显号。可以来年正月一日改元政和。云云。于戏! 一人有庆,既数锡于蕃厘;庶政惟和,其永绥于极治。尚赖辅弼,励相宜,师交修。增隆不拔之基,益固无疆之祚。①

　　蔡絛阐释政和年号的含义,应是源于此赦书的语句"庶政惟和"。②但徽宗在此时提出"政和",一方面宣扬即位十年来国家总体的面貌,另一方面则仍旧保持对政治目标的坚持,即达于"极治"。总之,徽宗在行"神"的过程中已能够压制蔡京个人权力的膨胀,进一步确立了对朝政的掌控。换言之,在《观》卦的语境中,徽宗已据有"大观"之位。政和二年(1112),蔡京三度为相时,已是受重重制约下的"公相"。③

　　经过此前十余年的渲染,政和三年(1113),兖州、郓州、开德府、河南府等地方相继上书要求封禅。④而该年十一月南郊之时——《政和五礼新仪》颁行后的首次——,与百余年前颇为相似的一幕出现了:"天神降"。据徽宗在当年冬至日所作《天真降临示现记》,可知其大体情形为:

　　自宫徂郊,出自庙门,南至玉津。朕祗栗精专,无思无为。顾瞻东方,忽见宫殿台观,重楼复阁,半隐半现。顾执绥蔡攸曰:"此是何处?"攸对以郊外无楼阁,惟有斋宫。朕顾青城,在南尚远。攸时面西,朕令回视。攸奏曰:"楼去地十余丈,半隐空际。"朕顾云中人物涌出……或若持简道流,或若垂髫童子,或衣朝服,或冠道士大冠。……又有一辂,青色不类马状,若龙虎前后,拥约数千人,云气渐开,衣纹眉目,历历可辨。……朕问攸及侍臣刘友

---

　　① 佚名编:《宋大诏令集》卷一二二《大观四年南郊改来年政和元年赦天下制》,第417~418页。
　　② (宋)蔡絛:《铁围山丛谈》卷一,第13页。
　　③ 方诚峰:《北宋晚期的政治体制与政治文化》,第147~164页。
　　④ (元)脱脱等:《宋史》卷一〇四《礼志七》,第2534页;(清)徐松辑:《宋会要辑稿》礼二二之一九,第892页。

端、张祐,所见悉同。又谕卫士、行门、亲从等,悉皆瞻睹嗟叹。……先是辛卯六月一日夜,梦至一宫殿,有幢、幡、羽、盖、旌、节,跪受帝训,兴隆道教,与今所见大概相类。夙夜震栗,不敢遑宁。今上帝降格,来止来临,顾何德以堪之。……①

相比于真宗时"神降"的情形,此次所谓的"天神降",徽宗及蔡攸等人似乎并没有真正看到"天神"的面貌,在形象上不及圣祖般明晰,②仅描述其随从似多有道教相关人物,故而道教意味浓厚,体现出徽宗对道教资源的利用;而且此次"天神降"的场合为徽宗前往南郊的途中,具有一定的开放性。而无论从徽宗的自我陈述,还是从日后并未大肆宣扬"天神降"的意义,似乎都可以看出徽宗以"神降"为一种祥瑞,而不是某一被集中崇奉的对象。但从次年道阶的设置、③六年(1116)上玉皇徽号等,④可以看出此事无疑促使政权体系中汇入更多道教因素。此后政和七年(1117),天神又降于坤宁殿,⑤具体情形已不可详考。

尽管多方面的准备工作看似进展顺利,但最终徽宗并没有进行东封西祀。有学者以政和六年(1116)刘正夫劝止徽宗封禅为该计划中止的一个可能的原因。⑥不过,封禅未行,并不代表营造礼乐符瑞之事的停歇。此后的政和七年(1117),徽宗自称"教主道君皇帝",⑦显示出其儒家理想热情的降温。

至于重和、宣和以后,徽宗进一步借助道教完成自我神圣化的巅峰,已是另一政治文化的课题。

五、余论:"大观"与"皇极"

以上,笔者大致勾勒了崇宁五年(1106)因彗星这一天变而改元大观的前后徽宗统治方式的面貌,并推测其试图达成的政治目标。

如果大观年号的出现,及此后徽宗以制礼作乐、试求封禅为内容的"绍

---

① (清)徐松辑:《宋会要辑稿》礼二八之一七至一八,第1027~1028页。

② 真宗所提及的圣祖形象为"星冠绛袍",参见(宋)李焘:《长编》卷六八,大中祥符元年正月乙丑条,第1518页。

③ (元)脱脱等:《宋史》卷二一《徽宗本纪三》,政和七年正月戊寅条,第393页。

④ (元)脱脱等:《宋史》卷二一《徽宗本纪三》,政和六年九月壬戌条,第396页。

⑤ (元)脱脱等:《宋史》卷二一《徽宗本纪三》,政和七年十二月戊辰条,第399页。

⑥ [日]藤本猛:『风流天子と「君主独裁制」』,第164~165页。

⑦ (元)脱脱等:《宋史》卷二一《徽宗本纪三》,政和七年四月庚申条,第398页。

述",是《观》卦在宋代政治文化中的突出事件,那么此后南宋时唐仲友引《观》卦阐发"皇极"的政治思想则是宋人借此立说的另一表现。

"皇极"语出《尚书·洪范》,是引发宋代知识阶层聚讼的经学概念,乃至政治理念之一,余英时对相关问题已有所考述。①孝宗时唐仲友作《帝王经世图谱》,卷二有《皇极建用图》,以"建极""作极"及"敷言"三个层次解说"建用其极",并用《易》之《观》《贲》《咸》对应这三个层次(见图1):

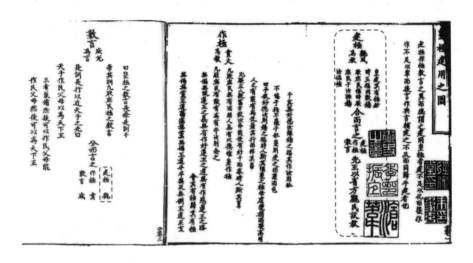

图1 皇极建用之图②

图1中黑虚线框所在的位置即与《观》卦相关者。如前所述,北宋末耿南仲已将"建极"引入对"中正"的阐述,而唐仲友的诠释理路则有所不同。在该图之后,唐仲友有解说如下:

民之性明而易觉者,咸复其性,以保其极。虽不待亲接于都俞,而其锡君多矣。故曰"惟时厥庶民于汝极,锡汝保极",是之谓"建极"。此《易》之《观》也:"大观在上,顺而巽,中正以观天下","皇建其有极"也;"观盥而不荐,有孚颙若,下观而化也","锡汝保极"也。③

---

① 余英时:《朱熹的历史世界》,第808~840页。

② (宋)唐仲友:《帝王经世图谱》卷二,《中华再造善本》影印宋嘉定元年金式赵善镂本,北京图书馆出版社,2003年,第1~2叶。

③ (宋)唐仲友:《帝王经世图谱》卷二,第3叶。

可见,唐仲友在此处以《观》卦象辞直接与《洪范·皇极》中部分语句对应,以示其对"建极"的理解。在有关《尚书》的阐释中,孔颖达以"大"训"皇",以"中"训"极",并认为"大中"意在说明"人君为民之主,当大自立其有中之道,以施教于民"①。而"惟时厥庶民于汝极,锡汝保极"被解释为民众对上所施教的效法。②从这些解读看,《观》卦所谓"中正"——集中表现对"在上"者尊崇地位——的描述确与之有相合之处。此外,唐仲友还将"建极""作极""敷言"三者"合而言之"指向了《观》卦的象辞,即"先王以省方观民设教",故知其将"建极"视作"皇极"的重中之重。《帝王经世图谱》约作于宁宗庆元年间,③或许可以看作时人对孝宗、光宗之际"国是"——"皇极"的认识。

据此,如果由唐仲友的时代,上溯至北宋末的"大观"前后,或许我们能够进一步了解,宋代政治文化中对皇权独尊这一帝制时代最基本社会共识的多重建构。④

本文原刊载于《唐宋历史评论》第8辑,2021年。

作者简介:

曹杰,1989年生,河北石家庄人。历史学博士。先后在北京师范大学历史学院、北京大学历史学系学习,曾赴日本早稻田大学交流访学,现为南开大学历史学院讲师。主要研究方向为宋史、中国古代政治制度史,曾在《文史》《文献》等刊物发表多篇学术论文。

---

① 《阮刻尚书注疏》卷一二《洪范》,《四部要籍选刊》影印清嘉庆刻本,浙江大学出版社,2014年,第677页。

② 《阮刻尚书注疏》卷一二《洪范》,第678页。

③ 唐仲友约卒于嘉泰元年(1201)之前,参见(宋)周必大:《文忠集》卷五四《〈帝王经世图谱〉题辞》,《宋集珍本丛刊》影印明澹生堂钞本,第232~233页。

④ 陈侃理在分析帝制时代"神道设教"内涵的变迁时着重以清代为例,指出"道""势"合一的走向,参见《儒学、术数与政治》,第301~304页。不过对于这一复杂的问题,若仅仅考虑清代的经验,则不能完整揭示其在政治文化史上的意义。

元朝太庙中的蒙古"国礼"

马晓林

　　蒙古、汉二元文化构成了元朝制度的主体。越靠近权力中心,蒙古因素影响力越大,体现在元代文献中,就是"国制""国礼""国俗"。这些词汇中的"国",非指现代意义上的"国",而是指蒙古传统。研究"国礼",有利于加深对元朝制度的理解。中原传统礼制中地位最高的郊祀、太庙祭祀,在蒙古因素影响下如何承续和嬗变,尤能体现元朝的意识形态。元朝郊祀的建立缓慢迟滞,而太庙祭祀在元世祖忽必烈即位之初即已开始,受"国礼"影响既久且深,最具典型意义。

　　拉契涅夫斯基在1970年用德文发表《元史·祭祀志·国俗旧礼》译注研究,其中就包括太庙祭祀问题,文章认为元朝官方祭祀在较晚时候具有了交融性质(einen synkretistischen charakter)。[1]此文具有开拓性和启发性,但是未臻细致。后之学者虽未利用拉契涅夫斯基之文,但已将这一领域大幅推进。黄时鉴、刘迎胜、马晓林、刘晓等对庙号、庙制、神主等问题有所研究,[2]高荣盛、闫宁对仪式的探索尤为深入。[3]不过,迄今相关研究中仍有含混笼统之说和有待发覆之处。一方面,传统礼制还有很大的探索空间,另一方面,西方学界的蒙古礼俗文献研究也需要国内学者的更多措意。

---

　　[1] Paul Ratchnevsky, Über den mongolischen Kult am Hofe der Grosskhane in China, in Louis Ligeti ed., *Mongolian Studies*, Amsterdam, 1970, pp. 417~443.

　　[2] 黄时鉴:《元朝庙制的二元性特征》,《元史论丛》第5辑,中国社会科学出版社,1993年,第131~135页;刘迎胜:《从七室之祀到八室之祀——忽必烈朝太庙祭祀中的蒙汉因素》,《元史论丛》第12辑,内蒙古教育出版社,2010年,第1~20页;刘迎胜:《至元元年初设太庙神主称谓考》,《清华元史》第1辑,商务印书馆,2011年,第250~282页;马晓林:《元朝太庙演变考——以室次为中心》,《历史研究》2013年第5期;刘晓:《太庙祭祀》,吴丽娱主编:《礼与中国古代社会(隋唐五代宋元卷)》,中国社会科学出版社,2016年,第357~378页。

　　[3] 高荣盛:《元代祭礼三题》,《南京大学学报》2000年第6期,收入氏著:《元史浅识》,凤凰出版社,2010年,第99~113页;闫宁:《〈元史·祭祀志〉研究》,硕士学位论文,内蒙古师范大学历史文化学院,2008年;闫宁:《元代宗庙礼中蒙古因素的重新审视——以"蒙古巫祝"职能为中心》,《古代礼学礼制文献研究丛稿》,商务印书馆,2018年,第142~150页。

有鉴于此,本文将对元代太庙中的"国礼"进行系统性考察,依次探析牲酒、仪节、执事人员等方面,实证地填补以往研究中的空白并解决疑问,并在此基础上,从动态发展的角度评估元代国家礼仪的变迁、蒙汉文化的互动与融合问题。

一、太庙牲酒中的"国礼"

元代太庙牲酒特色鲜明,受"国礼"影响很大。元朝将中原礼制原有的牛、羊、豕三牲,改为马、牛、羊、野豕、鹿五牲,还增加了不少猎获的野生动物。从三牲到五牲,经历了相当长过程。

元世祖忽必烈登基后,创立元朝太庙制度。中统元年(1260),始用中原礼制在中书省祭祀祖宗神位;中统四年(1263),始建太庙于燕京;至元二年(1265)九月,"初命涤养牺牲"。[①]不久,监察御史王恽上奏指出,"太庙岁祀牺牲,有司临时取办,在涤不及两月即用"[②]。可见忽必烈在位初期太庙牺牲制度处于粗疏草创阶段。

忽必烈全面建设国家制度。太庙礼制中引人注目的一连串动作,是改造三牲。至元七年(1270)十月,"敕来年太庙牲牢,勿用豢豕,以野豕代之";至元八年(1271)九月,"敕享太庙毋用牲牛"[③]。至元九年(1272),监察御史魏初上奏:

> 十月八日,太庙省牲,为不见用牺,问得太常杨寺丞,称:"为此,已曾闻奏。"今来参详:祭享太庙,国家大事,三牲之礼,自古为重,今特用羊,合行复奏,以备供祀祖宗之礼,天下幸甚。[④]

这条史料存在问题。《元史·世祖本纪》载,至元九年(1272)十月壬辰(七日),享于太庙。[⑤]按照惯例,省牲,在祀前一日。因此魏初奏议中的"八日"很可能是"六日"之讹。三牲的改造,让太常寺有些不知所措。结果是祀前一日,

---

① 《元史》卷七四《祭祀志三》,中华书局,1976年,第1831~1832页。

② (元)王恽:《秋涧集》卷八九《乌台笔补·为牺牲在涤不及九旬事状》,《元人文集珍本丛刊本》,台湾新文丰出版公司,1985年,第2册,第446页。

③ 《元史》卷七《世祖纪四》,第131、137页;卷七四《祭祀志三》,第1833页。

④ (元)魏初:《青崖集》卷四《奏议》,《景印文渊阁四库全书》,台湾商务印书馆,1986年,第1198册,第757页。

⑤ 《元史》卷七《世祖纪四》,第143页。

不见用牲。豢豕、牛既已不用，而捕猎野豕毕竟不是礼官的传统职能，为太庙供应猎物的职司制度大概还没有建立。太常寺对羊的置办也很消极，已经闻奏，还在等待皇帝意见。监察御史魏初见状，又上奏，希望皇帝对用三牲或"特用羊"的实施办法有所指示，以免误了祀礼。可见从至元七年（1270）开始，元世祖改造三牲的态度很明确，但新制度尚不完备。

元朝之所以改造三牲，首先与蒙古饮食和祭祀习俗有关。蒙古作为游牧民族，不饲养家猪，因此太庙的豢豕最先被弃用。南宋使臣彭大雅记载蒙古人"牧而庖者，以羊为常，牛次之"，而徐霆却说自己在草地数月"不曾见鞑人（蒙古人——引者注）杀牛以食"。①牛可能不是当时蒙古常见的肉食。而牲羊，即使得以特用，也应该与原来的制度有所不同，因为蒙汉宰牲方式迥异，蒙古风俗忌见血，杀牲不用抹脖割喉，而是在牲畜胸腹之间割破一个口子，伸手入内掐断心脏处的大动脉，让血流入腹腔。这种屠宰方式，被列入蒙古习惯法"札撒"之中，②成为有明文记载的"国俗"，具有较深内涵。至元十六年（1279），忽必烈有旨"禁回回抹杀羊"③，与元朝政治乃至蒙古在西域的统治都有密切关联。④至元十年（1273）或其后不久，世祖遣太常卿字罗向太常太祝申屠致远问"毛血之荐"，应该是因为中原宰牲法与蒙古风俗相抵触。至元十二年（1275）九月，世祖谕太常卿合丹："去冬享太宫，敕牲无用牛，今其复之。"⑤可见在太常官员的坚持下，世祖妥协，牲牛暂时得以恢复。

元朝之所以改造三牲，也受到佛教的影响。至元十八年（1281）前后，又出现了替代牲牛的新方案。田忠良的墓志记载："至元十八年，（田忠良）除太常寺丞。或者言庙祀当去牺牲，用面肖形以代。公至上前，反复论列，以谓：'萧

---

① 许全胜：《黑鞑事略校注》，兰州大学出版社，2014年，第28、33页。

② ［波斯］志费尼：《世界征服者史》，何高济译，江苏教育出版社，2005年，第166、221页；［波斯］拉施特主编：《史集》第二卷，余大钧、周建奇译，商务印书馆，1985年，第86、346~347页。

③ 《元典章》卷五七《刑部十九·禁宰杀·禁回回抹杀羊做速纳》，陈高华等点校，天津古籍出版社、中华书局，2011年，第1893~1894页。

④ Francis W. Cleaves, The rescript of Qubilai prohibiting the slaughtering of animals by slitting the throat, *Journal of Turkish Studies*, 16 (1992), pp.67–89; Timothy May, Spilling Blood: Conflict and Culture over Animal Slaughter in Mongol Eurasia, in Rotem Kowner, et al., eds. *Animals and Human Society in Asia*, Cham, Switzerland: Palgrave Macmillan, 2019, pp. 151–177.

⑤ 《元史》卷一七〇《申屠致远传》，第3989页；卷八《世祖纪五》，第170页；卷七四《祭祀志三·宗庙上》，第1834页。

梁故事,岂可为法?'牺牲卒得不废。"①《元史·田忠良传》的记载稍有不同:"国制,十月上吉,有事于太庙。或请牲不用牛,忠良奏曰:'梁武帝用面为牺牲,后如何耶?'从之。"②这两条史料遣词造句互有参差,但记事是一致的。史料中没有交代是谁提议用面肖形代牲,笔者推测应该是与佛教有关。其一,佛教因素在忽必烈即位前已渗透入政治制度,宪宗蒙哥便已颁布圣旨,在全境推行定期或不定期的禁屠、素食。③其二,至元六年(1269),忽必烈命帝师八思巴在太庙做佛事,造木质金表神主,④已将佛教因素引入太庙。其三,田忠良援引了梁武帝故事。梁武帝萧衍是中国历史上第一位推行素食的统治者,⑤田忠良以梁武帝佞佛而亡,劝谏忽必烈,显然与佛教针锋相对,最终保留了牲牛。

将猎获的野生动物进献太庙,始于元世祖至元十年(1273)九月,"敕自今秋猎鹿、豕先荐太庙"⑥。九月是元朝在草原上举行大围猎的时节,狩猎对于游牧民族的经济、军事、文化都非常重要。⑦《蒙鞑备录》记载,蒙古人"如出征中国,食羊尽,则射兔、鹿、野豕为食"⑧。《黑鞑事略》记载,蒙古人"猎而得者,曰兔,曰鹿,曰野彘,曰黄鼠,曰顽羊,曰黄羊,曰野马,曰河源之鱼"⑨。鹿、野豕(野彘)是主要的大型猎物。鹿还具有图腾式的文化内涵,因为《元朝秘史》开

① 李雨濛:《〈大元故光禄大夫大司徒领太常礼仪院事田公墓志铭〉考释》,《故宫博物院院刊》2016年第5期。

②《元史》卷二〇三《方技传·田忠良传》,第4537页。

③ 参见[日]山本明志:「モンケの圣旨をめぐって——屠杀、狩猎、及び刑罚を禁じる日」、[日]赤木崇敏、[日]伊藤一马、[日]高桥文治等々『元典章が语ること:元代法令集の诸相』、大阪大学出版会、2017年、第117~126页;马晓林:《马可·波罗、鄂多立克所记元朝天寿圣节》,《杨志玖先生百年诞辰纪念论文集》,天津古籍出版社,2017年,第409~424页。

④《元史》卷七四《祭祀志三》,第1843页。

⑤ 康乐:《素食与中国佛教》,林富士编:《礼俗与宗教》,中国大百科全书出版社,2005年,第128~172页。

⑥《元史》卷八《世祖纪五》,第151页。

⑦ 参见[日]吉田顺一:「モンゴル族の游牧と狩猎——十一世纪~十三世纪の时代」、『东洋史研究』第40卷第3期、1981年、第512~547页。Denis Sinor, Some Remarks on the Economic Aspects of Hunting in Central Eurasia, *Die Jagd bei den altaischen Völkern: Vorträge der VIII. Permanent International Altaistic Conference vom 30.8 bis 4.9.1965 in Schloss Auel*, Wiesbaden: O. Harrassowitz, 1968, pp. 119–128.

⑧ 王国维:《蒙鞑备录笺证》,《王国维遗书》,上海古籍书店,1983年,第13册,第13a页。

⑨ 许全胜:《黑鞑事略校注》,第28页。

篇即云,蒙古人的祖先是苍色的狼与惨白色的鹿。[①]元朝太庙起初每年一祭,时间正是秋猎结束的时节。至元十三年(1276)九月,"享于太庙,常馔外,益野豕、鹿、羊、葡萄酒",至元十五年(1278)十月,"享于太庙,常设牢醴外,益以羊、鹿、豕、葡萄酒"。[②]此处"豕"不是家畜,而是猎获的野豕,"羊"很可能是猎获的黄羊,[③]这些反映出游牧狩猎习俗的影响。

马是许多游牧民族礼俗中最尊贵的祭品,[④]蒙古人同样如此,"致祭曰烧饭,其大祭则用马"[⑤]。元朝太庙祭祀用马,始于祭祀皇太子真金别庙的礼仪。至元二十二年(1285)十二月,皇太子真金薨,世祖用太常、中书、翰林之议,谥明孝太子,立别庙奉祀,至元二十五年(1288)冬享,制送白马一。这是元朝第一次用马祀庙。真金之子成宗铁穆耳即位后,真金正式进入太庙,庙号裕宗。大德元年(1297)十一月,太保月赤察儿等奏请庙享增用马,制可。大德二年(1298)正月,特祭太庙,用马一,牛一,羊、鹿、野豕、天鹅各七。[⑥]此后元朝太庙牲品基本固定下来,用马、牛、羊、野豕、鹿五牲。

元朝太庙除了五牲之外,还辅以其他野生动物,集中体现在荐新仪中。荐新,即每月进献时令物产,至元四年(1267)初步定制。元代荐新之物,较有特色的有雁、天鹅、野鸡、黄鼠、鹬老、野马、黄羊、塔剌不花,等等。[⑦]这些牲品在其他朝代的太庙中很少见,而在元朝饮膳太医忽思慧所著《饮膳正要》中基本上都有记载。例如塔剌不花,又译塔剌巴合、打剌不花、塔剌不欢(蒙古语 tar - buqa[n] ~ tarbaqa),学名旱獭,[⑧]《饮膳正要》记载,"一名土拨鼠……生山后草泽

① 乌兰校勘:《元朝秘史(校勘本)》,中华书局,2012年,第1页;Igor de Rachewiltz, *The Secret History of The Mongols: A Mongolian Epic Chronicle of the Thirteenth Century*, Vol.1, Leiden: Brill, 2004, p. 224。

② 《元史》卷九《世祖纪六》,第185页;卷一〇《世祖纪七》,第205页。

③ 例如,定宗元年(1246)冬猎黄羊,参见《元史》卷二《定宗纪》,第39页。

④ 参见 Victor Mair, Horse Sacrifices and Sacred Graves among the North(west)ern Peoples of East Asia,《欧亚学刊》第6辑,2004年,第22~53页。

⑤ (元)叶子奇:《草木子》卷三下《杂制篇》,中华书局,1959年,第63页。

⑥ 《元史》卷七四《祭祀志三》,第1836页。

⑦ 《元史》卷七四《祭祀志三》,第1832、1845页。

⑧ Paul D. Buell and E.N. Anderson, *A Soup for the Qan: Chinese Dietary Medicine of the Mongol Era As Seen in Hu Sihui's Yinshan Zhengyao: Introduction, Translation, Commentary, and Chinese Text*, Leiden: Brill, 2010, pp. 139–140.

中,北人掘取以食"。①塔剌不花对当时蒙古人而言,是一种较重要的肉食和皮毛来源。②《元朝秘史》记载,成吉思汗幼年丧父后,一家人常捕土拨鼠为食。③可以说,太庙祭祀所用的这些野生动物,很大程度上反映了元代蒙古饮食习俗。

元朝太庙祭祀所用酒品,不仅有中原谷物酒,还新增了草原马湩、西域葡萄酒,有鲜明的时代印记。中原传统太庙祭祀所用的谷物酒,按照清浊程度的不同,称为"五齐三酒",由元朝光禄寺酿制。④马湩(马奶酒)是草原上的酒。葡萄酒由西域高昌、山西等地上贡。⑤太庙的五种主要礼仪类型,使用的酒品有差别。在等级最高的亲祀、亲谢仪中,皇帝用中原传统的酒祭三爵,随后用玉爵祭马湩。在摄祀仪中,献官用中原酒祭三爵,再用金玉爵斝祭马湩、葡萄酒各一,大概在顺帝时取消了葡萄酒。在每月的荐新仪中,太常礼仪使主祭,三祭酒后三祭马湩。摄行告谢仪,只用中原酒。⑥概言之,太庙与郊祀用酒的规律是相似的,⑦纯用中原酒的只有告谢仪。摄行告谢仪等级相对不高,用于受尊号、上太皇太后和皇太后册宝,册立皇后和皇太子等场合,而等级更高的礼仪则是并用中原酒、马湩、葡萄酒,呈现出"国礼"与汉礼并重的特点。

总之,元朝太庙牲酒可以概括为五牲、三酒。在五牲之中,马、鹿皆为"国礼",用野豕、羊则是对汉礼进行改造的结果;在三酒之中,除中原谷物酒之外,皆为"国礼",而中原牲酒的基本理念得以保留,并调整、扩充了内容,体现出元朝对中原礼制的继承和蒙汉文化的融合。

---

① (元)忽思慧:《饮膳正要》卷三,尚衍斌等:《〈饮膳正要〉注释》,中央民族大学出版社,2009年,第227页。

② 参见方龄贵:《古典戏曲外来语考释词典》,汉语大词典出版社,2001年,第121~125页;孙立慧:《〈饮膳正要〉中几种稀见名物考释》,尚衍斌等:《〈饮膳正要〉注释》,第390~391页;Frances Woodman Cleaves, The Biography of Bayan of the Barin in the Yuan Shih, *Harvard Journal of Asiatic Studies*,Vol.19.3/4,1956, pp.263–265, n. 292.

③ 乌兰校勘:《元朝秘史(校勘本)》,第54、56页;Igor de Rachewiltz, *The Secret History of The Mongols*, Vol.1, p. 383.

④《元史》卷七四《祭祀志三》,第1845页。

⑤ 杨印民:《帝国尚饮:元代酒业与社会》,天津古籍出版社,2009年,第31~46页。

⑥《元史》卷七四《祭祀志三》,第1852、1862页;卷七五《祭祀志四》,第1869、1872~1874页;卷七七《祭祀志六》,第1923页。

⑦ 马晓林:《蒙汉文化交会之下的元朝郊祀》,《中国史研究》2019年第4期。

二、太庙仪节中的"国礼"

元代太庙仪节受"国礼"影响突出,主要有三方面。第一是废止燔膋膟;第二是增设割奠礼,即割牲、奠马湩,还包括与之相关的抛撒茶饭礼俗;第三是增设蒙古巫祝致辞之礼。《元史·祭祀志》云:"其祖宗祭享之礼,割牲、奠马湩,以蒙古巫祝致辞,盖国俗也。"①

(一)废止燔膋膟

燔膋膟,又称膟膋萧蒿,即将动物脂膏和香蒿一起焚烧产生馨香,是中原古礼。《礼记·郊特牲》:"取膟膋燔燎,升首,报阳也。"元朝将这一古礼废止,《元史·祭祀志》载:"膟膋萧蒿,至元十八年五月弗用,后遂废。"②至元十八年(1281)五月,太庙为何举行祭祀,史料未载,我们略作推测。

至元十八年(1281)发生两件大事。第一件是元大都新庙建成定制。至元十七年(1280)十二月,祖宗神主从燕京旧庙迁入新建成的太庙安奉,经过一段时间的讨论,至元十八年(1281)三月十一日最终确定庙制。③第二件大事是世祖皇后察必去世升祔。察必于二月二十九日去世,"冬十月乙未,享于太庙,贞懿顺圣昭天睿文光应皇后祔"④,这是元朝太庙建立之后第一次有帝后去世。这两件大事,对太庙而言都有发凡起例的意义。

然而我们无法完全确定至元十八年(1281)五月太庙祭祀与这两件大事之间的关联。当时太庙中已有太祖、睿宗两位神主,但五月并不是在太庙中祭祀他们的时节。只有察必与这一时间可能有关联。按照元朝制度,帝后去世,归葬漠北起辇谷,葬后烧饭祭祀49日。⑤从察必去世,算上归葬漠北路程上的时间,再加49天,正当五月。元大都烧饭园应该会举行祭祀,⑥太庙与之相呼应也并非不可能。察必虽是在十月时享的同时升祔,但其神主有可能已先行奉入

---

① 《元史》卷七四《祭祀志三》,第1831页。

② (清)孙希旦:《礼记集解》卷二六《郊特牲第十一之二》,沈啸寰、王星贤点校,中华书局,1989年,第717页;《元史》卷七四《祭祀志三》,第1845页。

③ 《元史》卷七四《祭祀志三》,第1835页。

④ 《元史》卷一一《世祖纪八》,第230、234页。

⑤ 《元史》卷七七《祭祀志六》,第1925页。

⑥ 烧饭园每年大致在三、五、九、十二月祭祖。参见马晓林:《元朝火室斡耳朵与烧饭祭祀新探》,《文史》2016年第2期。

太庙。上述解释遽难定论,但换个角度而言,至元十八年(1281)五月太庙祭祀既然与中原礼制颇难契合,那就应该深受蒙古观念影响。

至元十八年(1281)五月燔膋膟废止后,太常博士提出:"燔膋膟与今烧饭礼合,不可废。"这是争取恢复这一古礼的尝试。闫宁认为,在被废止之前,元代燔膋膟由司禋监的蒙古巫祝负责。[1]他的观点主要有两条依据,一是认为"禋"的字义指燔烟,二是《元史》记载祭器有"燎炉一,实以炭"。[2]闫宁似未考虑到,司禋监设立于元代中后期,而当时燔膋膟早已废止。"禋"虽有燔烟之义,但元代司禋监的职责是"掌师翁祭祀祈禳之事",所以禋应该泛指蒙古巫觋的祭祀祈禳活动。燎炉与炭虽在祭器之列,但从仪注来看,膟膋、萧蒿只是盛在豆、筐之中,[3]并不燔燎。

燔膋膟是与烧饭相似的焚烧祭品仪式。高荣盛认为,燔膋膟被烧饭礼所取代。[4]如果至元十八年(1281)五月太庙祭祀与烧饭园祭祀同时举行,那么可以说是一种取代。但需要强调的是,太庙中既没有燔膋膟也没有烧饭。从唐、宋、金礼制角度看,太庙礼仪似乎有欠完整。其缺失的祭祀须由烧饭园补充,而元代绝大多数时候太庙与烧饭园祭祀并不同时举行。这种情况对太庙并未造成本质性影响,因为明清两代似乎也没有恢复燔膋膟礼仪。

(二)增设割奠礼

割奠礼,即用蒙古人的传统方式宰割牲体、奠酹马湩。这对应了中原传统太庙仪注的两个主要环节。

第一个环节是祭祀前一日的"省牲器"。在中原传统祭祀礼仪中,三献官最重要的任务是出席三献礼,而无须参与"省牲器"的陈设工作。世祖设立太庙之初,由太常卿在陈设时施行割奠之礼。至元二十四年至二十八年(1287—1291),桑哥为相,代表皇帝摄祀,亲率三献官割奠陈设,于是形成了"三献等官同设之仪"。这是为了凸显对蒙古割奠礼的尊崇,"盖以国礼行事,尤其所重也"。然而太常博士提出反对,因为献官在献礼前一日上殿,打乱了原来的礼

①《元史》卷七四《祭祀志三》,第1842页。闫宁:《〈元史·祭祀志〉研究》,第29~31页;《元代宗庙礼中蒙古因素的重新审视——以"蒙古巫祝"职能为中心》,《古代礼学礼制文献研究丛稿》,第149~150页。

②《元史》卷七四《祭祀志三·宗庙上》,第1846页。

③《元史》卷九二《百官志八》,第2330页;卷七四《祭祀志三》,第1846页。

④ 高荣盛:《元代祭礼三题》,《元史浅识》,第104页。

仪程序,"恐非诚悫专一之道"。这种不合中原礼制的"三献等官同设之仪",大约到元文宗时才被取消。《元史·祭祀志·宗庙》的仪注,史源是文宗朝官修《经世大典·礼典》,反映出文宗时陈设之礼由太常卿施行,回归了中原传统。[①]而《元史·祭祀志·国俗旧礼》史源是明洪武二年(1369)为编纂元顺帝朝史而从北平(元大都)采集的史料,[②]反映出至正时期仪式又变成了三献官同设。这说明元朝不同时期对陈设之礼的态度有反复。

第二个环节是太庙的核心仪式进馔、酌献。中原传统仪式为三献礼,而蒙古割奠礼紧随其后,共同构成了太庙核心仪式。三献礼,按传统配有音乐。大乐署长建言:"割奠之礼,宜别撰乐章。"而太常博士认为:"三献之礼,实依古制。若割肉,奠葡萄酒、马湩,别撰乐章,是又成一献也。"结果是割奠时仍奏三献礼的音乐,既没有破坏三献机制,也尊崇了国礼。[③]顺帝时情况有变化,据《析津志》记载,"四孟以大祭,雅乐先进,国朝乐后进,如在朝礼"[④]。雅乐是三献礼的音乐,国朝乐则与割奠礼相配,是新创制的,丰富了"国礼"的内容。

割奠礼的第二步骤"酌奠",文宗时是"太庙令取案上先设金玉爵斝马湩、葡萄尚酝酒,以次授献官",而顺帝时是"太仆卿以朱漆盂奉马乳,酌奠"。不同之处主要有三点。第一是取酒者,文宗时是太庙署令,秩从六品,是中原传统的礼仪职官;顺帝时是太仆卿,秩从二品,虽用了中原传统的官名,本质上仍是游牧马政职官,由亲信大臣担任。[⑤]第二是酒的种类,文宗时用马湩和葡萄酒两种酒,顺帝时只用马湩。第三是盛酒的容器,文宗时用金玉爵斝,顺帝时用朱漆盂。总体而言,顺帝时的酌奠礼,礼官用蒙古人,酒品单纯化,酒器质朴化,显然比文宗时更强调蒙古本俗。

在核心仪式割奠礼结束之后的收尾仪式,是饮福受胙、抛撒茶饭之节。饮福受胙,是中原传统的仪式,与祭官领受祭祀所剩的酒肉。元朝完整接纳饮福

---

① 《元史》卷七四《祭祀志三》,第1841~1842、1849页。

② 马晓林:《〈元史·祭祀志〉史源蠡测》,《中国史学》第30卷,日本朋友书店,2020年,第67~80页。

③ 《元史》卷七四《祭祀志三》,第1842、1852~1854页;卷七五《祭祀志四》,第1862~1863、1872页。

④ 《析津志辑佚》,北京古籍出版社,2001年,第213页。

⑤ 《元史》卷七五《祭祀志四》,第1872页;卷七七《祭祀志六》,第1923页;卷八八《百官志四》,第2218页;卷九〇《百官志六》,第2288页。

受胙，①又增加了一项国礼："以割奠之余，撒于南棂星门外，名曰抛撒茶饭。"②
这源于蒙古礼俗。《元朝秘史》第70节记载，蒙古人祭祖时要分配祭祀所剩的余
胙。③《元朝秘史》连用了两个蒙古语词 bile' ür（旁译"余胙"）和 sarqut（旁译
"胙"），是祭祀中专用的术语，但后者旁译不准确。蒙古语词 sarqut 源于突厥
语，④本义为奶酒，引申义为丰盛、剩余，又专指祭祀所剩的福酒。⑤因此《元朝
秘史》中的蒙古语词 bile' ür 和 sarqut，义为余胙与福酒，即割奠之余。据16世纪
末17世纪初蒙古语仪式抄本记载，成吉思汗祭祀仪式中有 yeke tügegel（即"大
分配"之意）的环节，⑥将余胙和福酒分给与祭者。20世纪初，有学者观察到鄂
尔多斯成吉思汗祭祀结束时，将大块的肉分给贵族，小块的肉分给平民。⑦蒙
汉文化皆有饮福受胙的理念，但是祭祀中所用的酒、肉已经不同，分配仪节自
然不同。元代太庙在汉式仪节结束后抛撒茶饭，也是为了彰显国礼之尊。

（三）增设蒙古巫祝致辞之礼

蒙古巫祝，即萨满巫觋，是蒙古人本俗中的祭祀专家。蒙古巫觋参与了元
朝太庙的两个主要仪节。第一是省牲之节，蒙古巫觋与三献官共同升殿，三献
官同设之礼结束后，紧接着是蒙古巫觋告腯的仪式，也就是礼官省察牲品肥腯
后，蒙古巫觋"以国语呼累朝帝后名讳而告之"⑧。第二是进馔、酌献之节。这
与割奠礼密不可分，包括三个步骤：首先，蒙古庖人（博儿赤）割牲体以授献官，
献官跪奠于帝主神位前，次奠于后主神位前；其次，献官酌奠马湩于沙地；最

---

① 《元史》卷七四《祭祀志三》，第1853~1854页；卷七五《祭祀志四》，第1863页。

② 《元史》卷七五《祭祀志四》，第1872页。

③ 乌兰校勘：《元朝秘史（校勘本）》，第42页。阿尔达扎布：《新译集注〈蒙古秘史〉》，内蒙古
大学出版社，2005年，第541、737页。Igor de Rachewiltz, *The Secret History of The Mongols*, Vol.1,
p. 345.

④ Gerhard Doerfer, *Türkische und Mongolische Elemente im Neu-persischen*, III, Wiesbaden,
1967, pp. 245–246. Lajos Ligeti, Le sacrifice offert aux ancetres dans l' *Historie Secrète*, *Acta Orienta-
lia Academiae Scientiarum Hungaricae*, Vol.27.2 ,1973, pp.160~161.

⑤ Mefküre Mollova, Nouveaux côtés dévoilés du Codex Cumanicus, Wiener Zeitschrift für die
Kunde des Morgenlandes, Vol.83, 1993, pp. 126~129.

⑥ Elisabetta Chiodo, The Book of the offerings to the Holy Činggis Qayan (Part 2), *Zentralasi-
atische Studien*, Vol.23, 1992, pp. 110~111.

⑦ Цыбен Жамцарано, Культ Чингиса в Ордосе: Из путешествия в Южную Монголию в
1910 г., Central Asiatic Journal, Vol. 6, 1961, p. 220.

⑧ 《元史》卷七七《祭祀志六》，第1923~1924页；卷七四《祭祀志三》，第1849页。

后,蒙古巫祝以国语告神,具体做法是蒙古巫祝依次进入太庙各室,"呼帝后神讳,以致祭年月日数、牲齐品物,致其祝语",其后又有翰林词臣担任读祝官,读汉文祝文。①因此,蒙古语、汉语祝文各读一次。

蒙古巫祝有特定的仪式服装。《元史·祭祀志·国俗旧礼》记载,在太庙四祭中,蒙古巫祝身着"法服"。②拉契涅夫斯基认为,法服始用于元世祖中统元年(1260)十二月。③其所据为《元史·世祖纪》载,中统元年(1260)十二月,"始制祭享太庙祭器、法服"④。当时始立太庙,因此制作中原式的祭器和法服。然而蒙古巫祝穿着的更可能是传统萨满服装,只不过是借用了汉语专名"法服"而已。萨满法服自有传统,元代是否受到汉制影响,史料阙如。

元代蒙古巫祝确实有体现出蒙汉文化交融的一面。蒙古巫觋在太庙中,承担了传统太庙礼仪中的一部分职能。闫宁指出,元朝太庙蒙古太祝与南宋宗庙"荐香灯官"都有出纳神主的职能,体现了蒙汉祭祀传统的融合。⑤不仅如此,更重要的是,蒙古巫觋在元中后期逐渐职官化和制度化。

所谓职官化,即司禋监的设立。世祖时有司禋大夫一职,至元八年(1271)七月,"以郑元领祠祭岳渎,授司禋大夫"。司禋大夫,是唐代礼部职官,元代仅此一任。郑元或郑元领,生平不详,承担祠祭岳渎的职责,很可能是一位道士。世祖时期的司禋大夫与蒙古巫觋无关,无官署,后来就不再设了。元中期却重拾司禋之名,创设司禋监,成为掌管蒙古巫觋的机构。但司禋监旋设旋废。武宗至大三年(1310)正月初设禋监,至大四年(1311)五月被仁宗裁撤,当年闰七月复置,皇庆元年(1312)八月复罢。顺帝至元六年(1340)正月立司禋监,二月罢。直到至正元年(1341)十二月复立司禋监,才固定下来,给四品印,掌师翁祭祀祈禳之事。⑥师翁,即萨满巫觋。可见蒙古巫觋的职官化经历了较为曲

---

①《元史》卷七五《祭祀志四》,第1872页;卷七四《祭祀志三》,第1841~1842、1853页。闫宁误以为祝文也是蒙古巫祝读的,参见《元代宗庙礼中蒙古因素的重新审视——以"蒙古巫祝"职能为中心》,《古代礼学礼制文献研究丛稿》,第146页。

②《元史》卷七七《祭祀志六》,第1923~1924页。

③ Paul Ratchnevsky, Über den mongolischen Kult am Hofe der Grosskhane in China, p. 419.

④《元史》卷四《世祖纪一》,第68页。

⑤闫宁:《〈元史·祭祀志〉研究》,第29~31页;《元代宗庙礼中蒙古因素的重新审视——以"蒙古巫祝"职能为中心》,《古代礼学礼制文献研究丛稿》,第148~150页。

⑥《元史》卷七《世祖纪四》,第136页;卷二三《武宗纪二》,第521页;卷二四《仁宗纪一》,第543、545、553页;卷四〇《顺帝纪三》,第853~854页;卷九二《百官志八》,第2330页。

折的过程。文宗时没有设立官署,而是将蒙古巫觋纳入祠庙系统。文宗天历二年(1329),为蒙古巫觋立祠;至顺二年(1331),封蒙古巫者所奉神为灵感昭应护国忠顺王,号其庙曰灵佑。[①]立祠封神是宗教化、制度化的举措,显然是借鉴了汉制。而《元史·祭祀志·国俗旧礼》载"用司禋监官一员,名蒙古巫祝"[②],反映出顺帝时蒙古巫觋由司禋监统一管理。

三、太庙礼仪中的怯薛执事

元代太庙行礼过程中,有太常卿(掌礼仪)、光禄卿(掌酒醴)、太仆卿(掌马乳)、监察御史(负责监礼)等。这些职官古已有之,而职能与蒙古本俗相通,因此元朝也委派蒙古人担任,可以说体现出了蒙汉融合。而元朝最典型的蒙古职官是怯薛。怯薛是蒙古语kešig的音译,义为番直,取轮番入值侍卫之义。成吉思汗创立的怯薛与千户制度,是蒙古政权的两大支柱。怯薛作为皇帝近侍,在内侍从起居,在外执政掌兵,构成了政治组织的核心。终元一代,怯薛从未官僚化,是所有蒙古机构中保留原来面目最多的一个。[③]怯薛按照执事的不同分为若干类,至少有五类怯薛参与太庙礼仪,其中三类负责置办牲酒,还有一类负责割牲之礼,一类负责奏乐。

首先是贵赤(güyügči),又译贵由赤。其词根 güyü–意为疾走、奔跑,贵赤意为疾走者。[④]贵赤是元代最重要的怯薛执事之一,据李治安研究,其职司是徒步携犬行猎,[⑤]马可·波罗释贵赤(ciuici)为猎师(signori della caccia)。[⑥]实际上正是因为贵赤在行猎时具有首领地位,所以贵赤一词疾走者之本义被忽略了。《元史·祭祀志·宗庙》载:"凡祀,先期命贵臣率猎师取鲜獐、鹿、兔,以供脯醢醯

① 《元史》卷三三《文宗纪二》,第732页;卷三五《文宗纪四》,第775页。
② 《元史》卷七七《祭祀志六》,第1923~1924页。
③ 萧启庆:《元代的宿卫制度》,《内北国而外中国:蒙元史研究》,中华书局,2007年,第216~255页。
④ Paul Pelliot, *Notes on Marco Polo*, Vol. 1, Paris: Imprimerie Nationale, 1959, pp. 572~573。
⑤ 李治安:《元朝诸帝"飞放"围猎与昔宝赤、贵赤执役考论》,《历史研究》2018年第6期。
⑥ 猎师之说,参见16世纪意大利的学者剌木学整理的意大利语本《马可·波罗游记》(简称R本)。Samuela Simion and Eugenio Burgio ed., Giovanni Battista Ramusio: De I viaggi di Marco Polo, gentil'huomo venetiano, In Secondo volume Delle Navigationi et viaggi, Digital edition, Venezia: Edizioni Ca' Foscari, 2015, Libro II, cap. 15, http://virgo.unive.it/ecf-workflow/books/Ramusio/commenti/R_II_15-main.htm0l,访问日期:2022年5月15日。参见英译本 A. C. Moule and Paul Pelliot, Marco Polo the Description of the World, Vol.1, London: G. Routledge and sons, 1938, p. 228。

醢。"①贵臣,字面意思似乎是贵显之臣,但笔者认为应理解为蒙古语音译,即güyügči(贵赤)加上了尾音-n,这是蒙古语中常见的现象。怯薛贵赤的猎获物,是太庙祭祖牲品的重要来源。

其次是昔宝赤(siba'uči),又译昔博赤、失宝赤,意为鹰人。昔宝赤鹰房极受蒙古贵族重视,人员众多,构成了怯薛内最庞大的分支集团。②《经世大典·政典·鹰房捕猎》载,鹰房的职司之一是打捕"荐新活雁鸭",进献入太庙神厨局。③荐新是每月一次的太庙祭祀活动,禽类是鹰房打捕的主要猎物。

再次是太仆寺挏马官,即哈赤、哈剌赤。太仆寺,掌御位下、大斡耳朵马。④哈赤语源不详。至于哈剌赤,据《元史》载,钦察人土土哈"掌尚方马畜,岁时挏马乳以进,色清而味美,号黑马乳,因目其属曰哈剌赤",因此哈剌赤(qarači)得名于黑马乳之黑(qara)。⑤《元史·兵志》载:"牧人曰哈赤、哈剌赤;有千户、百户,父子相承任事。自夏及冬,随地之宜,行逐水草,十月各至本地。……太庙祀事暨诸寺影堂用奶酪,则供牝马。"《元史·祭祀志》载,太庙"将有事,敕太仆寺挏马官,奉尚饮者革囊盛送焉"。元代宫廷"殿上执事"之中,有主湩二十人,"国语曰合剌赤"。⑥合剌赤即哈剌赤。可见,哈剌赤职掌宫廷宴饮、祭祀所需的马湩。

复次是博儿赤(ba'urči),又译博尔赤、宝儿赤,是"亲烹饪以奉上饮食者"。博儿赤因为侍奉皇帝饮食,所以在怯薛中地位极为显要。《元史·祭祀志·宗庙》载,在三献礼之后的割奠仪式上,"蒙古庖人割牲体以授献官",此即《国俗旧礼》所载"蒙古博儿赤跪割牲"。⑦蒙古庖人即蒙古博儿赤。"献官"由皇帝或者摄祀大臣担任,从博儿赤手中接过割好的牲体,献给祖先。割牲是太庙祭祀的核心礼节,博儿赤是皇帝身边最亲近的重要角色。

---

① 《元史》卷七四《祭祀志三》,第1842页。

② 参见李治安:《元朝诸帝"飞放"围猎与昔宝赤、贵赤执役考论》,《历史研究》2018年第6期。

③ (元)赵世延等撰,周少川、魏训田、谢辉辑校:《经世大典辑校》,中华书局,2020年,第743页。

④ 《元史》卷九〇《百官志六》,第2288页;卷一〇〇《兵志三》,第2553页。

⑤ 《元史》卷一二八《土土哈传》,第3132页;方龄贵:《古典戏曲外来语考释词典》,第281~283页;乌云毕力格:《喀喇沁万户研究》,内蒙古人民出版社,2005年,第14~20页。

⑥ 《元史》卷一〇〇《兵志三》,第2554页;卷七四《祭祀志三》,第1841页;卷八〇《舆服志三》,第1997页。

⑦ 《元史》卷九九《兵志二》,第2524页;卷七五《祭祀志四》,第1872页;卷七七《祭祀志六》,第1923页。

最后，在顺帝时期，割奠礼配有国朝乐，因此必然有蒙古乐师。《元史》记载怯薛有云："奏乐者，曰虎儿赤。"[1]虎儿赤(qu'urči)，又译忽儿赤。其词根qu'ur义为胡琴，泛指各种弦乐器。[2]元代公文中有"大乐忽儿赤"[3]，当指大乐署的蒙古乐官。

总之，怯薛在元朝太庙祭祀中是不可或缺的。怯薛在太庙中的任务，与其自身的执事功能相契合，太庙祭祀仪式作为国家权力的象征，也展现了怯薛在元朝政治结构中的地位。

四、结论

在元朝创建太庙制度之时，蒙古"国礼"就在太庙中出现并发挥重要作用。拉契涅夫斯基所谓元朝祭礼较晚时候具有交融性质之说，有失严谨。元世祖、成宗在建立太庙礼仪过程中，不断用"国礼"改造太庙礼仪，经过朝臣的反复讨论和尝试，最终奠定一代制度。元代中后期诸帝对太庙的态度虽然不尽一致，但大的趋势是太庙礼仪日趋丰赡，局部稍有调整。这与清前期宫廷礼乐的发展过程尤有可比性。据研究，清代宫廷起初惟用满洲礼俗，自崇德年间转而开始吸收汉儒礼乐，顺治晚期尤以汉儒礼乐为标准，到康熙乾隆时期汉、满礼乐皆达到成熟完备。[4]元代经历了大致类似的过程。从元太祖成吉思汗建国算起的前四汗时期，惟用国礼；元世祖开始吸收汉礼；元文宗呈现出以汉礼为标准的倾向，取消与汉制抵牾的三献等官同设仪便是例证；元顺帝时礼制尽管不如清康乾时期完备，但"国礼"确实有制度化和丰赡化的趋势。

从元世祖到顺帝，蒙汉文化在太庙中的互动交流历时百年，长久且深入。"国礼"对太庙礼仪起了三种作用。第一是简化汉礼。宋金时期繁缛的礼仪类型，[5]到元朝简化为时享、告谢、荐新三种。元朝废弃唐、宋、金的燔膋膟礼，这一举措也被明朝沿用，正如元朝改弦更张的太庙室次被明朝继承。[6]可以说，元

①《元史》卷九九《兵志二》，第2525页。

② 参见方龄贵：《古典戏曲外来语考释词典》，第13~14页。Gerhard Doerfer, *Türkische und Mongolische Elemente im Neu-persischen*, I, Wiesbaden, 1963, pp. 443~445.

③《元典章》卷三一《礼部四·学校一·儒学·儒人差役事》，第1092页。

④ 邱源媛：《清前期宫廷礼乐研究》，社会科学文献出版社，2012年，第228~231页。

⑤《宋史》卷一〇七《礼志十》，中华书局，1977年，第2579页；《金史》卷三〇《礼志三》，第777页；卷三一《礼志四》，中华书局，2020年，第803页。

⑥ 马晓林：《元朝太庙演变考——以室次为中心》，《历史研究》2013年第5期。

朝礼制的一些变动,虽是蒙古因素使然,但也符合长时段的变迁趋势,具有因时制宜的意义。

第二是用"国礼"改造和扩充汉礼。礼仪类型新增加荐、配荐、特祭三种名目,[1]在省牲器仪式中增添三献等官同设仪,以尊"国礼"。牲品由三牲改为五牲,且新增一些野生动物,酒品新增马湩与葡萄酒,体现游牧狩猎饮食文化习俗。世祖试图以面食替代牺牲,命藏僧造金表神主,是受佛教影响。这也提醒我们,"国礼"所代表的元朝蒙古皇室礼俗,也吸纳了其他文化的一些因素,有待未来继续研究。

第三是在不改变汉礼的基础上增加"国礼"。这使"国礼"与汉礼呈现并置的状态,拉长了太庙单次祭祀的时间。汉式三献礼之后又有蒙古割奠礼,汉式饮福受胙之后又有蒙古式的抛撒茶饭,蒙古语致辞之后又读汉文祝文,都是功能重叠的仪节并置。重要的仪节几乎都是蒙、汉礼各行一次,行礼时间即使不是翻倍也是显著变长。至元七年(1270)就有官员上奏抱怨,"计其漏刻,几于一日,以致老者不堪其疲,壮者委顿于地"[2]。但终元一代,太庙礼节二元并置,行礼时间冗长的情况无法改变。"国礼"基本上由蒙古职官施行,怯薛置办牲酒、割牲、奏乐,蒙古巫觋祝告。蒙古职官,成为元朝太庙祭祀中不可或缺的要素。

蒙汉文化在元朝太庙祭祀中密集交流,相互交融。尽管元朝统治者简化、改造汉仪,但仍保存了太庙传统礼仪的主体。蒙汉文化之间存在广泛的共通点,深刻体现在太庙礼仪的融合性上。蒙古巫觋,实际上承担了传统太庙礼仪中出纳神主的部分职能。在太庙中执礼的太常卿(掌礼仪)、光禄卿(掌酒醴)、太仆卿(掌马乳)、监察御史(监礼)、大乐署(奏乐),人员兼有蒙汉,职能共通融合。

蒙汉文化在元朝太庙中的互动交流,也影响了蒙古礼俗。据最近白石典之的考古研究,13世纪后期,漠北草原成吉思汗大斡耳朵的烧饭祭祀,应该就已受到汉礼的影响。[3]元中后期,蒙古"国礼"对汉制的借鉴,主要表现为职官化和制度化。蒙古巫觋的职官化,在武宗、仁宗时初现端倪,文宗为巫觋设立

---

① 高荣盛:《元代祭礼三题》,《元史浅识》,第103页;闫宁:《〈元史·祭祀志〉研究》,第13~15页。

② (元)王恽:《秋涧集》卷八六《乌台笔补·太庙行礼早晏事状》,第414页;[日]冲田道成、[日]加藤聪、[日]佐藤贵保、[日]高桥文治、[日]山尾拓也、[日]山本明志:「『烏臺筆補』譯註稿(3)」,『内陸アジア言語の研究』第20期、2005年、第77~79頁。

③ [日]白石典之:「モンゴル帝國における『燒飯』祭祀」,『東洋史研究』第80卷第1期、2021年、第69~103頁。

祠庙,顺帝时最终设立汉式官署司禋监。顺帝为蒙古割奠礼创制国朝乐,强化酹奠礼官、酒品、酒器的蒙古特色,使"国礼"更为制度化和丰赡化。这些应该是在与中原礼仪文化的交流中,得到的启发和借鉴。

元朝太庙将传统礼仪简化、改造和扩充,展现出空前丰富的内涵,有利于汉人之外的其他族群的接受和参与,促进了民族文化的交流与交融,体现出统一多民族国家的格局,不仅没有改变汉制在太庙中的主体地位,而且拓展了国家礼仪的维度,有因时制宜的积极意义,是对国家礼制的新发展。

本文原刊载于《历史研究》2022年第3期,系国家社科基金冷门绝学专项"13—14世纪欧洲文献中的蒙元史料译注与研究"(20VJXG009)阶段性成果。

作者简介:

马晓林,男,1984年生,山东烟台人。历史学博士。现为南开大学历史学院副教授。主要研究方向为元史、中外关系史。兼任中国元史研究会副秘书长、中国民族史学会理事。曾为北京大学博士后研究人员,日本大阪大学、意大利乌迪内大学、美国宾夕法尼亚大学访问学者。著有《马可·波罗与元代中国:文本与礼俗》、译著《世界历史上的蒙古征服》等,在《历史研究》《民族研究》《中国史研究》《文史》等期刊发表中文、英文、意大利文、俄文学术论文50余篇。

编 后 记

　　南开大学的宋、元、明、清（鸦片战争前）史研究，发端于民国时期，崛起于新中国成立后，至改革开放后渐成重镇。早在西南联大时期，攻读研究生的杨志玖就于1941年发表《关于马可·波罗离华的一段汉文记载》，证明马可·波罗到过中国。研究生毕业后，杨志玖即在西南联大、南开大学任教，研究涉及蒙元史、中西交通史等诸多领域，并且取得令世界瞩目的重要学术成就。著名明清史学家谢国桢于1949年来南开大学历史系任教，讲授明清史、目录学、历史文选等课程，一度担任中国史教研室主任。在1957年调入中国科学院历史研究所之前，谢国桢屡以南开大学名义发表有关明末农民起义的学术文章。1952年院系调整后，郑天挺从北京大学调入南开大学，先后担任南开大学历史系主任和副校长，为推动南开大学的中国史研究做出重大贡献，并促成南开史学的明清史研究后来居上，蔚为翘楚。其后，一批毕业于20世纪五六十年代的后期史学者相继来到南开大学，其中包括1954年北京大学历史系毕业后即来南开大学历史系的王文郁，1955年南开大学历史系毕业后留校任教的傅贵九，1959年南开大学历史系毕业后留校任教并攻读研究生的冯尔康，1960年复旦大学历史系毕业来南开大学明清史研究室的汤纲，1963年从中国科学院历史研究所调入南开大学历史系的郑克晟，1966年南开大学历史系毕业并留校任教的李宪庆，1971年从中国科学院中国近代史研究所调回南开大学历史系的南炳文等，当然还要包括1956年毕业于南开大学历史系并随郑天挺攻读明清史副博士研究生，后因"反右"而终止学业，下放劳动，1978年再回南开大学历史系任教的陈生玺。以上先生的学术研究多以明清史为主。

　　改革开放为南开大学的中国史研究带来新的重大机遇。其后，南开大学的古代后期史研究队伍日益壮大，学术影响持续增强。1978年，李小林本科毕业后留明清史研究室任教。1981年，跟随郑天挺攻读明清史研究生的白新良、林延清、汪茂和硕士毕业后留历史研究所工作。1984年，王晓欣、王静硕士毕业后留校任教。1985年，李治安、杜家骥、常建华硕士毕业后留校任教，周晓红就职于历史研究所。1986年，李晟文硕士毕业后留校任教。此后，许檀、卞利、刘晓等先后调入南开大学历史学院，何孝荣、高艳林、余新忠、庞乃明、张传勇、薛磊、马晓林、曹杰、马子木、陈拓、张叶、沈雪晨、朱亦灵等，在获得硕士、博士学位后相继加盟南开史学，南开大学的后期史梯队日臻合理，研究水平蒸蒸日上。研究领域除传统的元、明、清断代史仍具优势外，政治制度史、社会史、医疗史等逐渐成为新的学术增长点，并在多个领域引领中国历史学科发展。

值此南开史学百年之际，回顾中国古代后期史的发展历程，不禁让人感慨万千。几代南开史学人筚路蓝缕，薪火相传，精耕细作，守正创新，终于成就南开史学的百年荣光。我们编辑这部文集，就是要梳理古代后期史研究的南开学脉，温故知新，继往开来，为下一步的发展积蓄动能。因此，本卷收入的各篇论文，均为作者在南开大学历史学科工作期间公开发表的以南开大学为第一署名单位的学术论文。其中既有令人仰止的奠基一代，如郑天挺、杨志玖、谢国桢三位先生；有见证南开史学崛起的郑克晟、白新良、李治安三位先生；有南开史学第四代代表人物杜家骥、许檀、常建华三位先生，也有加盟南开史学不久的诸位青年才俊。断代范围则集中在中国古代后期史，即宋、元、明、清（鸦片战争前）各断代。

征得编委会同意，论文筛选采取以下三种方式：一些故去老先生的学术论文，由其弟子或再传弟子确定；个别故去的老先生，以及身在海外、无法取得联系的南开前贤，其学术论文由本卷主编确定；目前健在者，无论退休与否，均由其自己确定。每人限选一篇。编排顺序以最初发表的时间先后为序。2022年底，我们确定了作者范围和论文题目，随后集齐论文，进入编辑阶段。在选编过程中，我们得到中国古代后期史教研室各位老师的大力支持，许多前辈先生的认真配合令人动容。天津人民出版社的李佩俊女士作为责编，为本卷出版付出了大量心血，南开大学博士研究生宋华政、邓彬协助校阅了部分稿件，在此特别致谢。冯尔康、南炳文、汪茂和、李小林四位前辈，以及陈拓博士、沈雪晨博士、朱亦灵博士三位青年老师提供的论文，因和史学理论与史学史内容更为接近，被安排在专门史卷中，特此说明。

红日初升，其道大光。前途似海，来日方长。唯愿我"唯真惟新、求通致用"的南开史学活力永驻，再创辉煌。

庞乃明
2023年8月于南开园